Academia de Ciencias Políticas y Sociales

Dr. Humberto Romero-Muci

Academia de Ciencias Políticas y Sociales

LIBRO HOMENAJE AL DOCTOR HUMBERTO ROMERO-MUCI

TOMO I

Coordinadores:
Luis Cova Arria, Rafael Badell Madrid
Gabriel Ruan Santos, Juan Cristóbal Carmona Borjas

AVDT Asociación Venezolana de Derecho Tributario

editorial jurídica venezolana

Caracas / Venezuela 2023

Academia de Ciencias Políticas y Sociales

Libro Homenaje al Doctor Humberto Romero-Muci. (Coordinadores) Luís Cova Arria, Rafael Badell Madrid, Gabriel Ruan Santos, Juan Cristóbal Carmona Borjas. Caracas, Venezuela

4 tomos. Total páginas de la obra 2755

Hecho el depósito de Ley
Depósito Legal: DC2023001632
ISBN: Obra completa: 978-980-416-057-8
ISBN: Tomo I: 978-980-416-058-5

ACADEMIA DE CIENCIAS POLÍTICAS Y SOCIALES
Avenida Universidad, Bolsa a San Francisco,
Palacio de las Academias
Caracas 1121-A
Teléfonos: (0212) 482 88 45 - 482 86 34
Fax: (0212) 483 26 74
e-mail: academiadecienciaspoliticas@gmail.com
Página web: www.acienpol.org.ve

Diseño de portada: Evelyn Barboza V.

Diagramación: Mirna Pinto

Impreso en Venezuela

Academia de Ciencias Políticas y Sociales

MIEMBROS CORRESPONDIENTES EXTRANJEROS

COLABORADORES ESPECIALES DE LA ACADEMIA DE CIENCIAS POLÍTICAS Y SOCIALES

ESTADO ANZOÁTEGUI
Prof. José Getulio Salaverría Lander

ESTADO ARAGUA
Dr. Gilberto Guerrero Quintero
Dr. Jorge L. Lozada González

ESTADO BOLÍVAR
Prof. José Carlos Blanco Rodríguez

ESTADO CARABOBO
Dr. Pedro Rondón Haaz
Dr. Aníbal Rueda Rueda
Prof. Edgar Núñez Alcántara

ESTADO LARA
Dr. Jorge Rosell Senhem

ESTADO MÉRIDA
Prof. Egberto Abdón Sánchez Noguera

ESTADO TÁCHIRA
Dr. Rodrigo Rivera Morales

ESTADO ZULIA
Dr. Jesús Esparza Bracho
Dra. Ana Elvira Araujo

Presidente de la
ACIENPOL
WEIL

ÍNDICE

TOMO I

TOMO II

DERECHO FINANCIERO Y TRIBUTARIO (CONTINUACIÓN)

ÍNDICE

TOMO III

DERECHO FINANCIERO Y TRIBUTARIO (FIN)

DERECHO INTERNACIONAL

DERECHO CIVIL

TOMO IV

DERECHO MERCANTIL

DERECHO PROCESAL - ARBITRAJE

DERECHO CONSTITUCIONAL

DERECHO LABORAL

TEMAS VARIOS

PRÓLOGO

LA PERSONA DESTINATARIA DEL HOMENAJE

Gabriel Ruan Santos

Con humildad y como un gran honor he aceptado escribir este prólogo, a proposición del comité organizador de esta obra colectiva patrocinada por la Academia de Ciencias Políticas y Sociales, a fin de encabezar este libro homenaje al doctor **Humberto Romero-Muci**, ilustre jurista venezolano con quien desde hace muchos años me han unido lazos fraternos de índole personal y académica. En el año 2005, a petición suya, tuve el privilegio de escribir el prólogo de una de sus obras principales, *La Racionalidad del Sistema de Corrección Monetaria Fiscal*, y allí expresaba con amplitud mi profunda admiración por Romero Muci al afirmar que, no obstante, su juventud, pues nació en 1961, él era uno de los integrantes más valiosos del gremio jurídico venezolano, porque reunía en su persona las cualidades de un gran abogado en ejercicio, de un culto autor de derecho, de un profesor universitario dedicado con mística a la docencia y la de un científico en varias disciplinas del saber, que ha llegado a tener un conocimiento profundo, denso y sólido de la realidad económica y contable del país y de sus empresas, desde el prisma del análisis jurídico, principalmente en sus vertientes financiera, tributaria, mercantil y contable. Su dominio del conocimiento del fenómeno inflacionario a través de la información económica, de la lógica de las ciencias, de la filosofía del derecho, de la teoría y análisis contable, así como del estudio aplicativo de la doctrina y la jurisprudencia relativa a dicho fenómeno, representa la superación de los límites dogmáticos y prácticos del saber y del oficio del abogado, inspirada esa superación en la orientación economicista del derecho en Norteamérica.

Hoy en día, no dudo al ratificar esos conceptos acerca de la persona de Humberto Romero-Muci. Sobre todo, porque en el presente él ha llegado a consolidar e incrementar esa visión intelectual que irradia su persona, que no sólo yo sino muchos otros académicos hemos tenido de él desde hace mucho tiempo. Por ello, Romero Muci es en este momento, como lo era en el 2005, uno de los ejemplos más destacados a seguir por los jóvenes profesionales del derecho en la Venezuela del siglo XXI.

Un vistazo general a la formación académica del doctor Romero Muci nos revela que es un brillante abogado, egresado de la Facultad de Derecho de la Universidad Católica Andrés Bello con mención *Summa Cum Laude*; Magister en Leyes de la Harvard Law University, con Especialización y Diploma en Tributación Internacional; Doctor en Derecho de la Universidad Central de Venezuela; Individuo de Número de la Academia de Ciencias Políticas y Sociales, habiendo sido en sucesivos períodos su tesorero, secretario, vicepresidente y presidente, y publicado múltiples y valiosos trabajos con esta ilustre corporación de derecho público. Ha sido prestigioso profesor de pregrado y postgrado en la Universidad Católica Andrés Bello y en la Universidad Central de Venezuela, en derecho financiero y tributario, en derecho administrativo de la economía y en derecho de la contabilidad, con destacado liderazgo en dichas materias. Ha escrito, hasta 2021, 11 libros en las mencionadas disciplinas, 75 artículos monográficos en revistas indizadas nacionales y extranjeras, 22 prólogos y más de 44 discursos académicos, muchos de los cuales encabezan la demanda de los lectores en los ámbitos a que ellos se refieren y son de cita obligatoria por parte de los investigadores. Ciertamente, una esplendorosa trayectoria.

Los comienzos de su obra

Comienza nuestra fructífera amistad desde los tiempos en que ambos cultivábamos el derecho administrativo como camino de especialización en nuestra profesión, etapa que fuimos superando con la dedicación al estudio y práctica del derecho tributario. En dicha etapa inicial, Romero Muci tuvo su mayor aporte en la monografía de su autoría intitulada "Contribución al Estudio de la Acción de Carencia en el Contencioso Administrativo Venezolano", la cual fue galardonada en 1989 con el Premio Anual Procuraduría General de la República, por el excelente análisis que hace de esa figura prácticamente desconocida en el derecho venezolano, a pesar de haber sido importada por la legislación nacional del derecho francés, tan influyente en los estudios jurídicos durante los siglos XIX y XX en nuestro país. Esta obra de juventud proyectó a su autor como un promisor escritor jurídico.

Más adelante y a mitad de camino entre el derecho administrativo y el derecho tributario, resalta otra obra sobresaliente del profesor Romero Muci, la que lleva por título "Jurisprudencia Tributaria y Autonomía Local (1936-1996)" publicada en tres tomos por la reputada Editorial Jurídica Venezolana, en el año 1997, y reeditada en cinco tomos en 2005. En esta obra de referencia y análisis jurisprudencial se revela con brillo la perseverancia y generosidad del trabajo de información jurídica organizada, a la altura de la realizada por conocidos autores nacionales como Allan Brewer-Carías, Oscar Lazo, y Luis Ortiz Álvarez, entre otros altruistas y prestigiosos divulgadores del saber jurídico en Venezuela. Hoy cabe reiterar, sin exageración, que luego de la publicación de esa obra de compilación clasificada y comentada realizada por Romero Muci, seguidora de los excelentes trabajos anteriores del profesor Allan R. Brewer-Carías, la tributación municipal dejó de ser una fuente de incertidumbre para constituir un instrumental normativo y de conocimiento indispensables para la actividad económica y para el ejercicio profesional. Lamentamos que, en la actualidad, la tributación municipal se haya extraviado nuevamente en la anarquía legislativa, en la dispersión doctrinal y en la voracidad fiscal. Por ello, cabe reivindicar esta obra de Romero Muci para inspirar un retorno al orden de la legislación y gestión de los tributos municipales.

En su afán por dar orden a los tributos municipales, Romero Muci ha publicado también otros títulos puntuales: "Los Límites de la Autonomía Rentística del Municipio" (1992); "El Establecimiento Permanente como Criterio de Vinculación Territorial del Poder Tributario en el Impuesto Sobre Patente de Industria y Comercio" (1999); "La Distribución del Poder Tributario en la Nueva Constitución" (2001). Este último trabajo se alinea con la propuesta de capítulo sobre el sistema tributario presentada por la Asociación Venezolana de Derecho Tributario a la Asamblea Nacional Constituyente de 1999, en cuya coordinación y elaboración participó quien escribe este prólogo.

El desarrollo de su obra

La obra general de Humberto Romero Muci podría ser dividida en varias líneas de investigación y doctrina, que intentamos exponer resumidamente a los fines de este libro homenaje a su figura, tales como el derecho tributario municipal -ya enunciado- la inflación y la corrección monetaria en el derecho tributario; la contabilidad y el derecho tributario; la desinstitucionalización y las distopías en el derecho tributario; el régimen cambiario, la dolarización y el Petro; y la doctrina de la Academia de Ciencias Políticas y Sociales; sin que esta agrupación de materias pretenda agotar los innumerables títulos que componen su extensa obra.

Contemporáneamente con sus trabajos iniciales en el derecho administrativo, antes mencionados, desde el año 1991 Romero Muci inicia una serie de publicaciones enmarcadas dentro de una línea de investigación sobre la sujeción del derecho al fenómeno monetario de la inflación. Enfoca su estudio en las distorsiones económicas que provoca ese fenómeno en el impuesto sobre la renta, principal tributo en el ordenamiento jurídico nacional. En ese año es publicada su obra pionera en la materia bajo el título "Ajuste por Inflación en la Ley de Impuesto Sobre la Renta", la cual sirvió de orientación primordial a la reforma de esa ley, la cual introdujo el método de corrección monetaria de los elementos de ese impuesto, denominado "ajuste y reajuste por inflación", cuya implantación y desarrollo significó la evolución más importante de la legislación tributaria de la década de los años noventa, coronada por la reforma de 1999. Esta obra fue merecidamente galardonada con la mención de honor del Premio Anual de la Academia de Ciencias Políticas y Sociales, correspondiente al año 1991.

La mencionada serie de estudios continuó con múltiples títulos, entre los principales citamos: "La Noción de Desvalorización por Inflación como Elemento Integrador de la Base de Cálculo del Impuesto al Activo Empresarial", premiada por la Asociación Venezolana de Análisis Económico del Derecho (1997); "Lo Racional y lo Irracional de los Intereses Moratorios en el Código Orgánico Tributario" (2003); "El Uso y Abuso de la Unidad Tributaria" (2003); "La Racionalidad del Sistema de Corrección Monetaria" (2005); "Los Aspectos Protervos en la Eliminación del Ajuste Integral por Inflación Fiscal a las Entidades Financieras y de Seguros" (2015); "El Impuesto a la Inflación sobre el Patrimonio Bancario"

(2016); y "Sobre la Deducibilidad de la Pérdida Monetaria por Inflación en el Impuesto sobre la Renta, Un Caso de Resistencia Constitucional" (2019).

En general, la obra de Romero Muci tiene como eje principal la *racionalidad*, bien sea como criterio existencial y práctico, como paradigma del pensamiento, como fin, como valor, como técnica, y hasta como apasionada ideología, la que se proyecta ostensiblemente sobre su lenguaje, su actividad profesional y sus escritos jurídicos, impregnados intensamente con el ingrediente filosófico-lógico. Opino que es en su libro *La Racionalidad del Sistema de Corrección Monetaria Fiscal* donde él explaya con mayor fuerza la base teórica racional que lo inspira y lo hace exclamar que "lo irracional no es Derecho", en contraposición con todo voluntarismo en materia jurídica. Desde luego, hay que reconocer que dicha afirmación es una toma de posición firme frente al poder autocrático, que suele manifestarse en la imposición voluntariosa e irracional, y que para algunos debe ser admitida fácticamente como derecho.

Sostiene Romero: "La noción de racionalidad y su aplicación en el derecho y en particular al sistema tributario permiten una reconstrucción ideal a través del razonamiento jurídico. La propiedad racional del sistema fiscal se convierte en un instrumento para volver inteligible sus acciones y desde un punto de vista normativo, un ideal para evaluar y criticar tanto las normas formalmente válidas de los impuestos como su efectividad. … En el contexto del sistema tributario, la corrección monetaria es el paradigma ideado para abordar el problema de la distorsión de la inflación sobre la estructura de los tributos. El expediente tiene urdimbre en las metodologías técnicas para fines financieros, con las adaptaciones que forzosamente exigen la juridificación de la materia y en particular la asociada a la exacción de los tributos".

Romero trata de simplificar la complejidad del tema, cuando nos dice: "En esencia los mecanismos de corrección monetaria fiscal se fundamentan en las mismas metodologías contables sobre la materia. El reto práctico es esencialmente el mismo: rescatar el uso de una unidad de medida uniforme que permita la comparabilidad de la información monetaria que sirve de fundamento a la cuantificación de la base de cálculo. El problema de los resultados fiscales en inflación se circunscribe fundamentalmente a la asignación de valores a los elementos del balance, esto es un problema de valuación o valoración. En tiempos de envilecimiento monetario, los estados financieros contienen partidas valuadas en términos de dinero de aparente igual valor nominal, pero con muy distinto poder adquisitivo, esto es valores heterogéneos". Por consiguiente, abreviamos nosotros, la corrección de la información monetaria permitirá la actualización de los valores y partidas de contabilidad, mediante la homogeneización de la unidad monetaria utilizada y, en definitiva, se encamina a evitar la imposición sobre una "renta ficticia", por causa de la discordancia entre valores históricos y valores actuales.

Por su importancia, en lo que respecta a la inflación, debemos destacar la tenaz crítica de Romero Muci a las manipulaciones de la Unidad Tributaria U.T por parte de la Administración Tributaria, a través de su monografía intitulada "Uso, Abuso y Perversión de la Unidad Tributaria", en cuyas páginas concluye en la ilegal e inconstitucional manipulación de la U.T, tanto por su subestimación como por la postergación de su ajuste, con grave incidencia sobre la medición de la capacidad tributaria de los contribuyentes. La hiperinflación ha hecho que el gobierno abandone en muchos campos la Unidad Tributaria y adopte -de modo acomodaticio- como referencia de valor a monedas extranjeras y al criptoactivo de creación oficial denominado Petro, con lo cual, lejos de alcanzar la corrección monetaria, ha aumentado la incertidumbre.

Tal vez por la estrecha relación entre los tributos y la contabilidad, acrecentada en períodos inflacionarios, es por lo que Romero resuelve adentrarse en el campo de la contabilidad, pero lo hará sin prescindir de su impostación teórica racional, que eleva la práctica contable a niveles de abstracción no usuales, con el objeto de desentrañar la función de lo contable en el derecho. Dentro de esta línea de investigación, Romero Muci ha publicado "La Naturaleza Jurídica de los Principios de Contabilidad de Aceptación General en Venezuela y su Determinación en la Renta Financiera para la Determinación del Impuesto Sobre la Renta de Dividendos" (2002); "El Derecho – y el Revés- de la Contabilidad" (2011); "El Sinsentido de la Objetividad y de la Verdad Contable, Una Perspectiva Jurídica" (2009); "El Interés del Derecho en la Contabilidad (2009); "Apostillas Sobre la Técnica Probatoria de la Contabilidad" (2009); "Conflictos Normativos entre el Derecho y la Contabilidad en Materia de Impuesto Diferido Sobre el Pasivo de Prestaciones Sociales (el caso de las entidades bancarias" (2019); "Tributación y Contabilidad en Venezuela" (2020); "El Petroengaño Contable (análisis jurídico del Decreto N° 4025, de la Providencia 097-2019 de SUNACRIP, y del Proyecto de BA VE NIF N°12 de la FCCPV Sobre Tratamiento Contable de la Tenencia de Criptoactivos en los Estados Financieros preparados de acuerdo con VE NIF y la Presentación de los Estados Financieros Medidos en Criptoactivos" (2020); "El Fundamento Constitucional de la Información Financiera" (2021); y "El Derecho Contable" (2021).

Con respecto a esta línea de publicaciones, nos permitimos destacar su obra emblemática e innovadora sobre la naturaleza y fines de la contabilidad, su relación con la determinación de los tributos y de ciertos delitos, así como la necesidad de un derecho contable, la cual lleva por título "El Derecho y el Revés de la Contabilidad". Nos atrevemos a destacar en esta obra y en algunas que le precedieron, una de las conclusiones más polémicas del autor acerca de la esencia de la contabilidad: "De la información contable sólo es predicable la calidad de correcta-incorrecta, o lo que es lo mismo, en contabilidad no hay verdades sino interpretaciones...Predicar la verdad o falsedad de la información contable es un sin sentido del lenguaje normativo y un reduccionismo sobre los hechos que no pueden ser descritos en sentido estricto". Adicionalmente, Romero afirma que para el derecho la contabilidad es una cuestión de hecho y objeto de prueba, y su corrección o razonabilidad dependerá de su conformidad con los procedimientos y reglas técnicas que se deben seguir en su elaboración.

En este punto, nos permitimos con satisfacción, una anotación personal. Existe un concepto en la doctrina creada por Romero Muci que nos une, se trata de la "*juridificación de la regla contable*", para referirnos a aquel fenómeno en el cual –con palabras de Romero- "el legislador hace suyo el significado de un dominio epistemológico definido en la técnica contable", porque, según expresa Romero, "la regla técnica de contabilidad no sólo es necesaria para cumplir un fin práctico propuesto, sino que también es obligatoria jurídicamente"; lo cual suele suceder con frecuencia en el derecho mercantil y en el derecho tributario. Sin embargo, no obstante que el desarrollo del concepto es obra de Romero, él mismo ha reconocido su origen en la sentencia con asociados de fecha 11 de agosto de 2000, del Tribunal Superior Cuarto de lo Contencioso Tributario de la Circunscripción Judicial del Área Metropolitana de Caracas, en la cual la juridificación de la regla contable "es el valor obligatorio que se puede dar en derecho a los procedimientos contables, a propósito del artículo 91 de la Ley de Impuesto Sobre la Renta", según numeración de la época en que fue dictada la sentencia. En efecto, quien esto escribe fue co-ponente de dicha sentencia –junto con el doctor Iván López Ruíz- y de ella resaltamos el uso del término "juridificación" para identificar la adopción que la legislación y la reglamentación tributarias hacen de las reglas contables, cuando "los principios, procedimientos y prácticas contables son *juridificados* por virtud de esas normas, con la finalidad de unificarlos y adaptarlos a los fines de la legislación tributaria", sin que por ello cambien de naturaleza esos conceptos provenientes de la ciencia y de la técnica contable, que "siguen en el dominio de la disciplina a que pertenecen y que normalmente requiere la intervención de las personas con conocimiento" en la materia.

Un espacio importante en la obra de Romero es ocupado por un conjunto de trabajos que podríamos englobar libremente –a los efectos de este prólogo- en la desinstitucionalización del Estado de Derecho y en las distopías jurídicas, con especial referencia al impuesto sobre la renta y a las llamadas contribuciones parafiscales. Se refiere el autor a la "deconstrucción" de conceptos, mediante la atribución normativa de significados diversos o vaciamientos de su contenido, o el uso del lenguaje conversivo, con el fin de alterar su naturaleza y evadir el sentido ético y la disciplina jurídica que les corresponde, pues en el derecho los conceptos se construyen a partir de las normas. De esta manera, lo que es, deja de ser y lo que no es, pasa como si lo fuera. Este proceder se extiende cada vez más en el actuar del legislador claudicante, en el de los tribunales serviles al poder político y en el de la autoridad ejecutiva usurpadora, y da lugar a verdaderas distopías o anti-utopías, que son representaciones negativas de la sociedad donde prevalecen los males y la destrucción de los valores. En sus palabras: "es una utopía perversa donde la realidad transcurre en términos opuestos a los de una sociedad ideal...hace referencia a una sociedad ficticia donde las consecuencias de la manipulación y el adoctrinamiento masivos, generalmente a cargo de un Estado autoritario o totalitario, llevan al control absoluto, condicionamiento o exterminio de sus miembros bajo una fachada de benevolencia".

En esta línea de investigación se incluyen numerosos e impactantes títulos, de los cuales sólo señalamos algunos, como los siguientes: "El Deconstruccionismo y la Huida del Derecho Tributario. El caso de las contribuciones previstas en las leyes de ciencia, tecnología e innovación y en la ley contra el tráfico ilícito y el consumo de sustancias estupefacientes y psicotrópicas" (2006); "Razones y Emociones en la Sentencia Interpretativa de la Sala Constitucional que Reeditó el Artículo 31 de la Ley de Impuesto Sobre la Renta" (2007); "Dialéctica entre Forma y Materia en el Derecho Tributario Venezolano"(2008); "La Desinstitucionalización del Concepto de Deducción en el Impuesto Sobre la Renta. Un caso de Manipulación Semántica en el Lenguaje Jurídico" (2014); "Desinstitucionalización y Desigualdad desde el Estado: el Caso Venezolano" (2017); "Inmoralidad Tributaria en Venezuela. Entre la Distopía y la Anomia Social" (2018); "Desinstitucionalización Tributaria en Venezuela. Entre la Distopía y la Anomia Social" (2021).

Ciertos párrafos de la última obra citada nos revelan la tragedia de la desinstitucionalización del derecho en Venezuela: "El déficit institucional y la deriva autoritaria se expresan en la práctica en la inexistencia de la separación y autonomía efectiva de los poderes públicos... se practica una indeterminación radical del derecho y su disolución en la política... la desinstitucionalización del derecho tributario se ha hecho especialmente evidente con la degradación de la reserva legal tributaria, garantía esencial de la creación y modificación de los tributos. El principio fundacional según el cual *no hay tributación sin representación* ha sido ilegítimamente desaplicado, mediante los decretos ley, por las constantes delegaciones legislativas en el Ejecutivo Nacional, a través del expediente de leyes habilitantes, y más recientemente con la declaratoria de emergencia económica, las llamadas leyes o decretos constitucionales, emanados de la inconstitucional asamblea nacional constituyente (2018), todos cohonestados por la Sala Constitucional del Tribunal Supremo de Justicia".

Romero Muci concluye las afirmaciones anteriores con lo siguiente: "Los tributos son creaciones caprichosas, inconsultas, arbitrarias, incoherentes. Esto lo comprueban los aproximadamente 375 decretos ley aprobados en los últimos veinte años, mediante leyes habilitantes y otras medidas deslegalizadoras, la distópica aparición de 24 tipos parafiscales, la artera eliminación del ajuste por inflación en la Ley de Impuesto Sobre la Renta, la subestimación radical y la postergación de la Unidad Tributaria U.T. Y lo más perverso: la hiperinflación, el impuesto más regresivo e inconsulto... La desinstitucionalización tributaria se ha radicalizado con la disminución de las posibilidades de defensa frente a unas administraciones tributarias robustecidas de competencias exorbitantes para la determinación de los tributos y de privilegios procesales que empalidecen las garantías del debido proceso y la tutela judicial efectiva".

En tiempos más recientes, Romero Muci se ha enfocado en temas de actualidad con estrecha relación entre sí, los cuales ha venido tratando con persistencia desde hace algunos años atrás, como son el régimen cambiario, la reconversión monetaria, la dolarización y el Petro. Entre ellas, podemos señalar "la Contribución al Estudio de la Reconversión Monetaria: Aspectos Legales, Fiscales y Financieros" (2007); "Aspectos Financieros y Fiscales del Nuevo Régimen cambiario de 2014" (2014); "Notas Sobre las Oscuridades Intencionales del Régimen cambiario de 2018: aspectos jurídicos y contables" (2018); "El Petroengaño Contable..." (2020) obra antes reseñada con el tema contable; "La Disfunción del Bolívar y la Dolarización de Facto de la Economía: aspectos legales y fiscales" (2020); y "La Metamorfosis Kafkiana de la Unidad Tributaria y la Dolarización de las Sanciones" (2021). Resulta conveniente, a los fines de esta reseña de la obra de Romero Muci, tomar algunos fragmentos de sus últimos trabajos, en especial de la Metamorfosis...y de la Desinstitucionalización Tributaria en Venezuela.

Nos dice Romero: "Desde 2013 a 2020 el fracaso del control sobre la economía (control de precios, salarios, intereses y cambio externo) impuso la necesidad ideológica de ocultar el inmenso fiasco de la gestión económica del régimen y partido de gobierno. Hubo un interés en ocultar fundamentalmente la hiperinflación y con ello su reconocimiento a los fines fiscales. Esto ocurrió subestimando el ajuste anual de la UT, pero también eliminando la corrección monetaria (o el ajuste integral por inflación) de la base imponible del ISR."

Romero enfatiza en las verdaderas causas de la inflación en Venezuela, que pretenden ser encubiertas: "La causa de la hiperinflación se ubica en la pérdida de la autonomía del BCV en desmedro del equilibrio socioeconómico del país. Un incumplimiento de sus deberes constitucionales y legales de mantener la estabilidad de los precios y preservar el valor interno y externo de la unidad monetaria. Perdió su facultad para administrar las reservas internacionales, obligándosele a financiar o convalidar políticas fiscales deficitarias o a otorgar créditos directos al Gobierno Nacional y de la Estatal Petrolera (PDVSA). Esto degeneró en monstruosos déficits fiscales, endeudamiento externo e interno desproporcionado, emisión descontrolada de dinero inorgánico, pérdida del valor externo del bolívar y la perversa hiperinflación. Ambas situaciones ilícitas y dañinas son imputables al Estado Venezolano".

Según Romero, la desinstitucionalización de los tributos ha sido profundizada por la ruina económica persistente del país, provocada por las políticas públicas: "El desastre económico continua hoy. Solo para tener una idea del tamaño de la destrucción de la economía venezolana basta con mencionar la serie estadística sobre las variaciones del producto interno bruto (PIB) entre los años 2014 hasta el primer trimestre de 2021. Estas cifras revelan el colapso macroeconómico más agudo de la historia mundial: (i) un ciclo recesivo (decrecimiento económico) de 8 años seguidos, (ii) una contracción agregada de 77% del PIB".

Lo anterior lo lleva a una conclusión lapidaria: "De allí la ilegitimidad de cualquier medida de corrección o ajuste de obligaciones tributarias principales o accesorias a favor de cualquier administración tributaria, vinculadas al uso de otra moneda o referencia de valor como el dólar o del llamado Petro. Se trataría de un provecho o lucro indebido a expensas del daño creado por el propio Estado, pues nadie puede beneficiarse de ilícito propio o ajeno (*Ex turpi causa non oritur actio).*" El Estado sólo busca –decimos nosotros- unilateralmente reponerse a costa del contribuyente de los estragos que produce la hiperinflación en la economía pública, a pesar de haberla provocado el gobierno mismo.

Romero explica con claridad su rechazo a la invención oficial del Petro: "...el uso del Petro como unidad de cuenta o pago o como pretendido mecanismo de corrección de la obligación y sanciones tributarias viola frontalmente la (i) obligación de determinar y pagar la obligación tributaria y sus accesorios en bolívares según el artículo 146 (encabezado) del COT de 2020, la (ii) indeterminación de su valor implica una deslegalización prohibida, (a) por tratarse de una materia de estricta reserva legal tributaria, según confirman el articulo 3 *eiusdem* y ultimadamente (b) porque el Petro no es moneda ni unidad monetaria y mucho menos tiene curso legal en Venezuela."

Romero destaca el inútil y perverso propósito de imponer el Petro como moneda de cuenta y pago de tributos: "Por las mismas razones fracasó estrepitosamente el Decreto No. 3.719 de fecha 28 de diciembre de 2018, cuyo objeto fue la determinación y pago en "moneda extranjera" o en "criptomonedas" de obligaciones tributarias por transacciones ocurridas en territorio nacional denominadas en moneda extranjera o en criptomonedas. Nunca fue implementado por la propia Administración. Con razón fue cuestionado como inconstitucional e ilegal, no solo por ser una frontal usurpación de materia de rango legal a través de un acto normativo sublegal, sino por contrariar el mandato del artículo 146 del COT de 2014 que prescribe el uso del bolívar como unidad de cuenta y pago de las obligaciones tributarias y con ello, pretender deslegalizar la unidad de cuenta y pago de las obligaciones tributarias, aunque sea para transacciones en moneda extranjera, como estableció el finado Decreto 3.719."

El verdadero objeto del Petro es desenmascarado por Romero así: "El uso del Petro constituye una forma de "dolarización" por "sustitución de activos" que tiene su causa en la hiperdevaluación y la hiperdepreciación del bolívar. Su objetivo es la sustitución del bolívar y el uso indirecto de la moneda extranjera de referencia que usa el Petro, como reserva de valor para la denominación de las obligaciones tributarias y sus accesorios. Independientemente de su ilicitud, económicamente, esa sustitución asegura una medida de equilibrio entre el uso del bolívar y la protección de valor indirectamente en el dólar o alguna moneda dura. En efecto, el valor del Petro no responde a los cambios del poder de compra del bolívar. Solo pretende medir la especie a la que se refiere implícitamente, la cual no tiene conexión ni causalidad con la unidad de medida de la obligación tributaria que pretende ajustar. Es simplemente la sustitución indirecta del bolívar por otra moneda de valor estable."

Romero nos explica que la creación del Petro fue el reconocimiento oficial de la disfunción de la moneda nacional: "Ante esa situación de ruina del poder de compra interno y externo del bolívar se hizo evidente la disfunción de la moneda de curso legal. Perdió su capacidad para servir como medio para denominar obligaciones pecuniarias, como medio de pago y para atesorar valor, a pesar de la rigidez constitucional que dispone al bolívar como moneda de curso legal ex artículo 129 Constitucional y 106 de la Ley del Banco Central de Venezuela. El bolívar quedó reducido a un simple medio para presentación de información financiera por la rigidez del mandato del articulo 129 y 130 ejusdem."

A lo cual añade, con penetrante agudeza: "El pretendido uso del Petro o de cualquier especie como unidad de cuenta de una obligación pecuniaria originalmente denominada en bolívares, la desnaturaliza, sustituyéndola por sustancia del mismo Petro o de la especie del criptoactivo que se convierte en medio de ajuste, aunque se pague en bolívares. Con el Petro o con la moneda extranjera no se procura un valor homogéneo o constante de la obligación denominada en bolívares, sino la actualización de un valor específico en Petros o en la moneda extrajera que se use como referente. Esto en sí mismo no es idóneo ni necesario para asegurar un valor estable de la obligación. Las diferencias de valor por la actualización de la especie que sustituye al bolívar en el cálculo de la obligación tributaria o sus accesorios por encima del valor constante constituirán un incremento injustificado de la obligación original y un lucro indebido a favor de la entidad acreedora *ex turpi causa*."

Romero Muci se opone también a la perversa "dolarización" de las sanciones: "...en el COT 2020 se modificaron los artículos 91 y 92 con la inclusión de un ajuste de las sanciones pecuniarias mediante la fórmula de cuantificación en términos de un número de "...veces el tipo de cambio oficial de la moneda de mayor valor publicada por el Banco Central de Venezuela vigente a la fecha de pago de dichas obligaciones". Se trata de un mecanismo absolutamente indeterminado y desproporcionado que desnaturaliza la obligación tributaria causada en bolívares, para convertirla en una obligación medida en términos de la moneda extranjera que se utiliza como especie de corrección. La multa ya no se determinará en bolívares sino en la moneda extranjera que ventajosamente se decida aplicar "como la de mayor valor", aunque se pague en bolívares. Económicamente un reconocimiento de la disfunción del bolívar como unidad monetaria y jurídicamente un subterfugio para "dolarizar" las sanciones tributarias." En definitiva, decimos nosotros, la supresión del fin rectificador de la sanción, para convertirla en medio de voraz recaudación e intimidación del contribuyente.

Con suma franqueza, Romero indica la causa de la permanencia marginal del bolívar y de la U.T., como moneda legal e índice de valor, respectivamente: "Ahora bien, ¿por qué el régimen mantiene el ajuste de la UT (en bolívares) y sin embargo dolarizó las sanciones? Primero, porque el régimen no puede deshacerse del bolívar por razones económicas, políticas y jurídicas. Ante todo, porque como explica Leonardo Vera Azaf

> "... eliminar el bolívar no es opción para el gobierno [...], pues la miseria se [...] reparte en salarios y pensiones, a 7 millones y medio de empleados públicos y pensionados, sólo puede hacerse en bolívares (que es lo que produce). El pago en petros es una opción que sólo tiene viabilidad mientras haya convertibilidad con el bolívar, pues con el dólar resultó en un pronosticado fracaso". A ello se añade la rigidez constitucional y legal que obliga a utilizar el bolívar como unidad de cuenta y presentación obligatoria de la información económica. Segundo, porque con esta ambigüedad el régimen puede (i) manejar a su antojo el valor de la UT, subestimándola a conveniencia, con el fin de aumentar la presión fiscal a discreción, (ii) garantizarse un poder adquisitivo "actualizado" para un ingreso por las sanciones vinculado al valor de una divisa estable, a la par que (iii) mantiene una política de intimidación y control social sobre los contribuyentes, en el contexto de una gestión recaudatoria sin debido proceso."

Romero Muci opone al "deconstructivismo" de las políticas del gobierno el sentido constructivo de los principios tributarios de un Estado de Derecho. Resalta que en la capacidad económica para contribuir está la "substancia de los tributos", y no en la expoliación del contribuyente, por ello sentencia: "La capacidad contributiva como índice económico de riqueza y causa del gravamen, tiene que ser una riqueza efectiva. El impuesto no debe gravar la capacidad *productiva,* sino la riqueza obtenida *efectivamente.*" Con base en este principio, rechaza la actitud del gobierno de hacer prevalecer la eficiencia recaudatoria del tributo sobre la justicia, representada esta última en la capacidad para contribuir y sobre todo en la racionalidad del sistema tributario. De allí que destaquemos este párrafo sobre su concepción de la eficiencia: "La promoción de la racionalidad del sistema se traduce en la eficiencia, esto es en la realización de los fines que la predeterminan. La eficiencia del sistema tributario no debe ser confundida con la eficiencia de la administración tributaria. La primera implica y comprende la segunda. La eficiencia del sistema se refiere más ampliamente a la (i) incidencia neutral del tributo sobre la economía, esto es, evitar distorsiones en la asignación de los recursos, (ii) la suficiencia del producto en relación con el costo de la recaudación, (iii) la minimización del costo de cumplimiento para el sujeto pasivo y para los terceros y (iv) la recaudación eficaz por la administración tributaria, recordando el principio instrumental de la gestión administrativa al servicio del ciudadano y su sometimiento pleno a la ley y al derecho ex artículo 141 de la Constitución."

Además de toda la obra escrita de Romero Muci, antes reseñada, él ha escrito muchos artículos sobre temas puntuales que, en su momento, han marcado una pauta en la dinámica de la doctrina administrativa y tributaria. Nos permitimos citar sólo algunos, según la selección personal de este prologuista: "Consideraciones sobre la Naturaleza Jurídica y Tratamiento Fiscal de los American Depositary

Receipts (ADRs) en Venezuela" (1996); "El Efecto Positivo del Silencio Administrativo en el Derecho Urbanístico Venezolano" (1998); "El Amparo Constitucional por Omisión o por Retardo" (1989);"Mitos y Realidades Sobre la Compensación en el Derecho Tributario Venezolano" (1999); "Superación de un Paradigma Interpretativo: Sobre la Deducibilidad de la Provisión por Riesgo de Crédito Bancario en el Impuesto Sobre la Renta" (2013); y muchos otros. De todos los temas puntuales, me permito destacar el de la deducibilidad de las provisiones contables por los riesgos de la cartera crediticia de los bancos, tema en el cual coincidimos con Romero Muci y sostuvimos –ambos, con propios argumentos- posiciones públicas favorables a dicha deducibilidad, que han permitido aminorar la voracidad del fisco frente a la banca nacional.

Humberto Romero Muci y la Academia de Ciencias Políticas y Sociales

A nuestro juicio, el doctor Humberto Romero Muci corona su brillante obra académica con la actividad desplegada como individuo de número de la Academia de Ciencias Políticas y Sociales de Venezuela, en la cual ha ocupado su sillón N°14, habiéndose incorporado en el año 2006, con la presentación de su trabajo intitulado "Razón Práctica y Capacidad Contributiva", con discurso de contestación del académico Luis Cova Arria.

A lo largo de su trayectoria en la Academia mencionada, en la cual ha desempeñado los cargos de tesorero, secretario, vicepresidente y presidente, Romero Muci ha sido factor de múltiples actividades y publicaciones de esa honorable corporación pública, de las cuales reseñaremos ahora una brevísima selección a los efectos de este homenaje. Destacamos, en primer lugar, la recopilación, clasificación y prólogo ilustrativo de la segunda parte de la Doctrina Académica Institucional, Instrumento de Reinstitucionalización Democrática. Pronunciamientos años 2012-2019. Publicada durante su presidencia, como Tomo II, Academia de Ciencias Políticas y Sociales, Caracas 2019. Es de señalar que la Doctrina que recoge este valioso trabajo corresponde a varios períodos en los cuales ha tocado a la Academia de Ciencias Políticas y Sociales y al conjunto de las Academias Nacionales, enfrentar con valentía y decoro la desinstitucionalización de la democracia venezolana y la peor crisis económica y social del país, circunstancia que remarca el valor de los pronunciamientos allí recogidos.

Un lugar especial de su actividad académica debe ser reconocido a la compilación, organización y publicación del libro "El Falseamiento del Estado de Derecho", obra colectiva que recoge los trabajos presentados por académicos iberoamericanos en la Opening Session del 16 de marzo de 2021, celebrada en Caracas, en el marco del XXVII World Law Congress, celebrado en la ciudad de Barranquilla, Colombia, los días 2 y 3 de diciembre de 2021. Dicha publicación fue coordinada por Humberto Romero Muci conjuntamente con el doctor Allan R. Brewer Carías y realizada por la Editorial Jurídica Venezolana. Esta obra contiene 21 ensayos sobre el tema enunciado, escritos por académicos de España y de América

Latina, incluido el del doctor Romero Muci, y además prologado eficientemente por él.

Se hace notar que la participación de la Academia de Ciencias Políticas y Sociales en dicho congreso mundial celebrado en Colombia, fue la culminación de una labor de acercamiento y cooperación con la Academia Colombiana de Jurisprudencia, iniciado durante el período 2017-2019, en el cual tocó presidir la mencionada Academia a quien esto escribe, y desarrollarla y culminarla con excelentes resultados debido a la extraordinaria labor del doctor Romero Muci, como Presidente de la Academia, a partir de 2019.

Romero Muci ha elaborado y realizado 21 prólogos y 51 discursos y presentaciones, en su mayor parte como Presidente de la Academia, trabajos que revelan no sólo una actividad protocolar esmerada sino una abundante continuidad de su producción intelectual. Esta producción intelectual revela contemporáneamente la incesante actividad promotora desarrollada como Presidente de la Academia de Ciencias Políticas y Sociales, en cuyo informe de gestión se acumulan varias decenas de eventos, foros, conferencias y seminarios de primera categoría organizados por él, en numerosos temas jurídicos, históricos, políticos y económicos, en los cuales abrió las exposiciones con profundos y sólidos discursos, de ardua enumeración.

No escapa a este prólogo su participación determinante en la realización de varias obras vinculadas a la historia de la Academia. En primer lugar, en el Libro Homenaje al Centenario de la Academia de Ciencias Políticas y Sociales (1915-2015) coordinado por el académico Alfredo Morles Hernández, pero en cuyo financiamiento y concepción fue muy importante la gestión de Romero Muci, como miembro de la Junta Directiva. Luego, destacamos la organización y financiación de dos concursos literarios para honrar la memoria de dos grandes figuras de la Academia, como fueron los doctores Pedro Manuel Arcaya y Pedro Tinoco hijo, como consecuencia de los cuales se premiaron dos obras importantes de carácter biográfico para enaltecer las figuras ejemplares de esos ilustres personajes.

Fue de su iniciativa y gestión la creación de la orden académica especial Juan Germán Roscio, para honrar a personas -en Venezuela o fuera de ella- que hayan prestado servicios extraordinarios al país, la cual fue otorgada y entregada, a propuesta suya, al doctor Luis Almagro, secretario general de la Organización de Estados Americanos, por su valiente defensa del Estado de Derecho y los derechos humanos en Venezuela.

Sin embargo, en relación con sus dos períodos presidenciales al frente de dicha Academia (2019-2021) es de resaltar todavía más la actividad tenaz, la eficiencia cabal, la creatividad organizativa y la abundancia de resultados positivos, con las cuales enfrentó la etapa más severa de la pandemia del covid-19, gestión que multiplicó la participación a distancia de los académicos, la realización de eventos virtuales y la cantidad de obra escrita producida por la Academia o patrocinada por ella, en una dimensión superior a todos los períodos anteriores. El hecho que amenazaba con paralizar la Academia fue convertido por la acción de Romero Muci en la gran oportunidad para hacerla crecer y proyectar su imagen y productividad. Supo poner la tecnología al servicio de la actividad académica y buscar los recursos para sortear los difíciles tiempos. Rendimos un tributo de agradecimiento por esta valiosa labor.

Para finalizar este prólogo, desearía destacar un hecho personal que siempre nos ha unido, a Romero Muci y a mí, fue el afecto y la admiración por el doctor Tomás Enrique Carrillo Batalla, ilustre economista, hacendista, tributarista, historiador y escritor venezolano, un verdadero compendio de "ciencia, enseñanza y divulgación", como dijo el doctor Luis Villalba de su persona y obra, individuo de número de tres Academias Nacionales: de Ciencias Políticas y Sociales, de la Historia y de las Ciencias Económicas; quien fue entusiasta promotor de nuestra elección para ingresar en la Academia de Ciencias Políticas y Sociales y siempre nos brindó generosamente su apoyo y amistad para alcanzar nuestros logros profesionales y académicos, en unión de su recordada esposa Agatha Lucas Briceño, a quienes debemos profundo agradecimiento.

Caracas, 31 de julio de 2022.

PRESENTACIÓN DEL LIBRO HOMENAJE AL DR. HUMBERTO ROMERO-MUCI

Rafael Badell Madrid

La Academia de Ciencias Políticas y Sociales ha decidido realizar un Libro Homenaje al académico Dr. Humberto Romero-Muci, destacado jurista venezolano y valioso miembro de esta Corporación, donde se ha desempañado con brillantez como académico y, dentro de su Junta Directiva, en los cargos de tesorero, secretario, segundo y primer vicepresidente, y donde tuvo una destacadísima actuación como presidente desde el 19 de marzo de 2019 hasta el mismo día del año 2021.

Humberto Romero-Muci ha desarrollado una notable carrera académica. Es profesor titular de Derecho Financiero de la Universidad Católica Andrés Bello, donde fue jefe de la cátedra; ha sido profesor en pregrado, postgrado y doctorado en la Universidad Central de Venezuela y en las Universidades Metropolitana, Universidad de Carabobo, Universidad Lisandro Alvarado y el Instituto de Desarrollo Profesional de los Colegios de Contadores Públicos del Distrito Capital y Estado Miranda.

Romero-Muci es autor de una densa y extraordinaria obra jurídica que incluye once libros, setenta y cinco artículos monográficos en revistas indizadas nacionales y extranjeras en derecho financiero y tributario, derecho administrativo de la economía y en derecho de la contabilidad; veintidós prólogos y más de cuarenta y cuatro discursos académicos. Además, Romero-Muci posee una vigorosa capacidad de trabajo, disciplina y perseverancia, lo que se refleja en su muy exitoso desempeño profesional.

De manera que nos dio mucha satisfacción coordinar, junto con los académicos Luis Cova Arria, Gabriel Ruan Santos y Juan Cristóbal Carmona Borjas este libro homenaje al Dr. Romero-Muci, que consta de cuatro tomos y más de mil novecientas páginas, en las que se desarrollan setenta y cinco interesantes estudios realizados por ochenta y cuatro autores muchos de ellos venezolanos y otros notables profesores de otras nacionalidades.

El libro homenaje está dividido en diez secciones: (I) Temas Políticos-Históricos; (II) Derecho Administrativo – Regulatorio; (III) Derecho Financiero y Tributario; (IV) Derecho Internacional; (V) Derecho Civil; (VI) Derecho Mercantil; (VII) Derecho Procesal – Arbitraje; (VIII) Derecho Constitucional; (IX) Derecho Laboral; y (X) Temas varios.

El Tomo I de la obra comienza con la semblanza del Dr. Romero-Muci elaborada por el académico **Dr. Gabriel Ruan Santos**, dedicada a reconocer no sólo la extraordinaria trayectoria profesional del Dr. Humberto Romero-Muci, sino también a destacar su valiosísima obra académica.

Luego, la primera sección del libro denominada "*Temas Políticos-Históricos*" inicia con un interesante artículo del profesor **Julio Rodríguez Berrizbeitia**, titulado "*Globalización, instituciones y democracia, una armonía difícil de lograr en el futuro Iberoamericano*", donde el autor reflexiona sobre el proceso de globalización y su incidencia en las instituciones y, en particular, en el derecho; a la vez que explica los retos y riesgos de la democracia en Iberoamérica frente a la globalización, e ilustra el caso de Venezuela como un ejemplo aleccionador de autoritarismo moderno y desmantelamiento de las instituciones.

El notable académico **Dr. Allan R. Brewer-Carías**, realizó un estudio denominado "*El Pacto de Punto Fijo*" *de 1958 como punto de partida para el establecimiento y consolidación del sistema democrático y del Estado Constitucional de Derecho en Venezuela*". Brewer-Carías formula una reconstrucción de los objetivos, principios y compromisos asumidos en el Pacto de Punto Fijo, así como de las consecuencias que tuvo en el proceso democrático que inició en el año 1958 y que culminó con el desmontaje del Estado de derecho a partir de 1999; concluyendo que dicho pacto político constituye un documento fundamental que debe ser objeto de reflexión por parte del nuevo liderazgo que se aboque a construir una nueva democracia en Venezuela.

El **Dr. Eugenio Hernández-Bretón**, Individuo de Número de la Academia de Ciencias Políticas y Sociales, elaboró una investigación titulada *"Anotaciones para el descubrimiento de los abogados (y otros estudiantes de derecho) "inmigrantes" españoles en Venezuela (por causa de la guerra civil)"*, en la que hace un merecido reconocimiento a diversos inmigrantes españoles que hicieron vida jurídica profesional y académica en Venezuela.

El **Dr. Ramón Escovar León,** profesor jubilado de la Universidad Central de Venezuela y de la Universidad Católica Andrés Bello, y también Individuo de Número de esta corporación, en un original estudio denominado *"Reflexiones a partir de la evolución reciente del Derecho Venezolano",* expuso cómo ha sido la metamorfosis del pensamiento jurídico sufrida con la llegada del chavismo al poder; en particular, basándose en la obra de diversos pensadores, llevó a cabo un excelso análisis del discurso y de la "nueva interpretación constitucional" asumida por la Sala Constitucional del TSJ en los últimos años.

Carlos García Soto, profesor de Derecho Administrativo en la Universidad Central de Venezuela, denominó su alentador trabajo como *"El pensamiento jurídico venezolano: una historia de resistencia intelectual"*, donde hace un repaso de diversas instituciones que, pese a la grave crisis del Estado de Derecho en Venezuela, han estado en la vanguardia del desarrollo del pensamiento jurídico venezolano.

Por su parte, **Alejandro González Valenzuela**, profesor de postgrado en la Universidad Monteávila, colaboró en el homenaje con un estudio intitulado *"El populismo del s. XXI: una renovada amenaza a la democracia representativa"*. Este trabajo -como el propio autor lo señala- parte de la preocupación por la crisis que comienzan a experimentar las democracias representativas, así como por la amenaza latente del resurgimiento populismo, aludiendo a la experiencia venezolana de las últimas décadas como un claro ejemplo de las graves consecuencias que pueden devenir de no resolverse esta alarmante situación. Al respecto, el profesor González Valenzuela propone reforzar el sistema democrático liberal mediante un sistema de pesos y contrapesos institucionales que impida la vulneración del Estado de derecho.

El profesor de la Universidad Católica Andrés Bello y la Universidad Monteávila, **Leonardo Palacios Márquez**, realizó un estudio denominado "*Del 'Municipio, raíz histórica de la República' a la comuna. Desarraigamiento republicano"* en el que hace un recuento de la figura histórica del municipio en Venezuela y su pretendida transmutación por el modelo de Estado comunal como unidad primaria de organización, concluyendo que "*Estamos en presencia de lo que hemos denominado el «síndrome de la negación histórica del Municipio y la creación artificiosa de la Comuna»*".

En la segunda sección del libro -*Derecho Administrativo - Regulatorio*-, la valiosa Individuo de Número de esta Academia de Ciencias Políticas y Sociales, **Dra. Hildegard Rondón de Sansó**, estudió el interesante tema de *"La licencia obligatoria de las patentes sobre productos farmacéuticos, con especial referencia a las vacunas"*. En su artículo, la autora emprende su investigación situando a las licencias obligatorias dentro del campo del derecho de la propiedad intelectual, delimitando su régimen jurídico aplicable, para aterrizar en la difícil situación sanitaria de Venezuela, especialmente por causa del COVID-19; proponiendo, en casos de graves emergencias sanitarias y de conmoción social, el régimen de licencias obligatorias de patentes para los fármacos y vacunas.

El **Dr. Ramsis Ghazzaoui**, profesor de derecho administrativo y derecho constitucional de la Universidad Católica Andrés Bello, escribió sobre la "*Responsabilidad Patrimonial de la Administración y el COVID-19: Aspectos sobre su fundamentación y consecuencias"*, donde analiza los principios y supuestos generadores de responsabilidad patrimonial de la Administración, con motivo de las medidas tomadas u omitidas para hacer frente a la crisis sanitaria generada por el COVID-19.

Santiago Rodríguez Senior, profesor adjunto del Instituto Empresa (IE) de Madrid, tuvo la gentileza de colaborar en este homenaje con un fascinante estudio denominado *"Naturaleza jurídica de los Criptoactivos y su ámbito regulatorio en España y Latinoamérica"*, en donde no solo da una lacónica pero sustancial introducción a la tecnología blockchain y al mundo complejo de los criptoactivos, sino que también hace un estudio comparado de su ámbito regulatorio en España, Argentina, Brasil y México.

Seguidamente, **Gabriela Rachadell de Delgado**, LL.M. por la Universidad de Harvard, y MBA por la London School of Economics y Political Science, Stern Escuela de Negocios de la Universidad de Nueva York y HEC Escuela de Administración (Paris), y **Franco Valentino Di Miele,** Master en Diritto Commerciale Internazionale por la Sapienza Università di Roma y Master of Science Business Studies por la School of Business and Trade, compartieron unas reflexiones sobre la *"Transformación digital en la industria del petróleo y gas"*, donde hacen una aproximación jurídica a esta novedosa temática, con especial atención a los riesgos y retos legales en la materia.

La siguiente sección del libro referente al *Derecho Financiero y Tributario*, área de especialización del Dr. Romero-Muci, cuenta con treinta valiosos artículos en los que se tratan diversos temas financieros, tributarios y contables.

En primer lugar, en esta sección publicamos una importante colaboración de la **Dra. Sary Levy Carciente**, Individuo de Número de la Académica de Ciencias Económicas, y de **Miguel Á. Martínez Meucci**, profesor de la Universidad Simón Bolívar, de la Universidad Católica Andrés Bello y de la Universidad Austral de Chile, titulado *"Del Petro-Estado al Crony Socialismo. Involución económica de la Venezuela del siglo XXI"*, donde sostienen que la inusitada debacle económica que ha atravesado Venezuela en el presente siglo es producto de la imposición de un *Crony* Socialismo, que ha devenido en la desinstitucionalización del Estado venezolano y en la configuración de políticas extractivas, corruptas y predatorias que coartan las libertades ciudadanas y han generado la destrucción de la nación.

Posteriormente, el economista y profesor titular de la Universidad Central de Venezuela y miembro de la Academia de Ciencias Económicas, **Dr. Humberto García Larralde**, contribuye con importante estudio sobre las *"Instituciones extractivas, petróleo y el colapso de la democracia en Venezuela"*. El profesor García Larralde desarrolla la idea de que el deterioro de la democracia venezolana está relacionado con las instituciones extractivas que se impulsaron desde el Estado por el modelo de economía rentista-petrolera, lo que paulatinamente fue sentando las bases para la demolición del Estado de derecho con la llegada del expresidente Chávez al poder y, consigo, de su modelo de gobierno autoritario.

Los distinguidos abogados **Fulvio Italiani, Carlos Omaña** y **Ronald Pettersson** contribuyen en conjunto con esta obra con un interesante artículo intitulado *"Temas sobre reestructuración de la deuda externa"*, en el que hacen importantes consideraciones sobre los aspectos legales y de políticas públicas de una posible reestructuración de la deuda pública externa de Venezuela en general, y de PDVSA en particular, haciendo énfasis de la necesidad de mirar la experiencia de otros países que han atravesado crisis financieras similares.

José Ignacio Hernández G., autor de importantes estudios en materia de derecho público, colabora con este libro homenaje con una investigación titulada "*El Estado fallido en Venezuela y la anomia del Derecho Tributario*", según la cual *"el Derecho Tributario venezolano puede ser catalogado como fallido, debido a que el Estado no cuenta con capacidad suficiente para ejecutar las reglas tributarias, de lo cual deriva una brecha entre esas reglas -ámbito de iure- y la realidad -ámbito de facto"*, a lo que debe sumársele la imperante informalidad que hace nugatoria la función económica del Derecho Tributario.

Más adelante figura un trabajo significativo de **Ricardo Larrazábal Muro** que lleva por título *"La dolarización en Venezuela: su posible aplicación y desafíos regulatorios nacionales e internacionales"*. En el estudio, el autor ofrece valiosas consideraciones sobre la dolarización en Venezuela, tanto desde un punto de vista formal como un fenómeno *de facto*, para lo cual ilustra las experiencias de otros países y de su posible aplicación al caso venezolano; a la vez, explica los hipotéticos retos y pasos a seguir si Venezuela acogiera al dólar como moneda de curso legal.

El académico **Dr. Juan Cristóbal Carmona Borjas**, realizó un útil aporte a esta obra, titulado *"Indexación de la obligación tributaria. Viabilidad jurídica y ética"*, mediante el cual hace un recuento de cómo ha sido el tratamiento de la indexación de las obligaciones pecuniarias en el contexto económico y jurídico de Venezuela, para luego pasar al análisis de la naturaleza jurídica de la obligación tributaria y su posible indexación, culminando con algunas reflexiones ético-jurídicas sobre el tema.

Seguidamente, el especialista **Thomy. J. Céfalo** formula sus "*Comentarios fiscales sobre la moneda funcional dólar, moneda funcional bolívar, moneda de presentación en bolívares, moneda de presentación en dólares*", donde realiza diversas aclaraciones contables y fiscales de interés para las entidades que operan en Venezuela, en particular para la presentación de estados financieros y la toma de decisiones financieras.

El primer tomo de este libro homenaje culmina con un aporte relevante y de suma utilidad de parte del destacado profesor **Luis Fraga-Pittaluga** sobre *"El valor probatorio de los estados financieros a los fines tributarios"*, en el cual analiza la importancia de los estados financieros como fuente fundamental de información a los efectos tributarios y, particularmente, el valor probatorio de estos documentos.

El segundo tomo de este libro homenaje sigue estando dedicado al *Derecho Tributario y Financiero*. Inicia con el estudio del **Dr. Eduardo Meier García**, profesor de la Universidad Central de Venezuela, sobre la *"Aproximación a la* *teoría analítica del Derecho Tributario"*, donde plantea la necesidad del manejo adecuado de la teoría analítica del derecho como herramienta fundamental para darle sentido y coherencia a la praxis jurídica, en particular, frente a las normas de contenido tributario dictadas en contravención de los valores, principios y garantías democráticas.

José Andrés Octavio, profesor de la Universidad Central de Venezuela, de la Universidad Metropolitana y de otras instituciones, contribuyó con artículo intitulado *"La interpretación de las normas tributarias"*, en el que procura analizar los diversos métodos interpretativos para determinar el sentido y alcance de las normas tributarias a los fines de su correcta aplicación, con base en la legislación y en los criterios jurisprudenciales y doctrinales en la materia.

El **Dr. Carlos E. Weffe** colaboró con un estudio sobre *"La inmunidad fiscal intergubernamental y su recepción en el derecho venezolano. Algunas consideraciones"*. El profesor Weffe analiza la inmunidad fiscal en Venezuela como institución que tiene por fundamento la racionalidad y que suponen la imposibilidad de que nazca la obligación tributaria en personas jurídicas estatales; al efecto, aborda su conceptualización, evolución histórica, principios que la rigen, y su tratamiento jurisprudencial.

El profesor de postgrado de la Universidad Central de Venezuela **José Rafael Belisario Rincón** realizó un valioso aporte a esta sección con un artículo titulado *"Principio de la capacidad contributiva. Patologías del sistema tributario venezolano. Análisis de las alteraciones sistémicas de la tributación venezolana a través de las constantes violaciones al principio de la capacidad tributaria mediante el establecimiento de hechos y bases imponibles totalmente divorciadas de las reglas que impone la correcta aplicación de este principio"*, mediante el cual hace una revisión de la doctrina académica y judicial sobre el principio de la capacidad contributiva como base y límite de la tributación, para luego analizar algunos de los muchos casos en los que dicho principio constitucional ha sido flagrantemente violentado en Venezuela.

Burt S. Hevia O, abogado y contador público por la Universidad de Los Andes, colaboró con una investigación que denominó "*La utópica tributación transhumana. ¿Existe capacidad contributiva en los robots?*, donde estudió la temática de los robots dotados de inteligencia artificial como activos tecnológicos que inciden, no solo en la fuerza laboral, sino también en la tributación; descartando de antemano la posibilidad de considerarlos como sujetos de derecho y, por tanto, capaces jurídicos para el pago de tributos.

Carlos Enrique Paredes, miembro de la Asociación Venezolana de Derecho Tributario (AVDT) y del Instituto Peruano de Derecho Tributario (IPDT), aportó un estudio sobre la *"Situación presente de la fiscalidad de la economía digital en Perú y Venezuela. Perspectivas a futuro"*, mediante el cual plantea un análisis comparativo del tratamiento fiscal de la economía digital en Venezuela y Perú de acuerdo con sus ordenamientos jurídicos nacionales, así como de las posturas de tales países frente a las propuestas que han surgido sobre la materia en el Marco Inclusivo de la OCDE/G-20.

La profesora **Dra. Betty Andrade Rodríguez**, se sumó al homenaje al Dr. Romero-Muci con un estudio que se titula *"Las cláusulas de tax sparing como mecanismos de protección de los incentivos fiscales en los países en desarrollo"*. La autora realiza un extenso análisis jurídico sobre las cláusulas de *tax sparing*, a partir de "*su situación actual en la red mundial de tratados, su impacto en el diseño de las políticas fiscales internas de los Estados y su interacción con otras posibles disposiciones cuya aplicación concurrente podrían generar conflictos, como las normas CFC*".

También colaboró en esta sección **Juan C. Castillo Carvajal**, profesor de Finanzas Públicas en la Universidad Central de Venezuela y expresidente de la Asociación Venezolana de Derecho Tributario, con un trabajo sobre el *"Tratamiento en materia del impuesto sobre la renta de los aportes a título de prima en emisión de acciones en los aumentos de capital (Apuntes para una redefinición de la base imponible del impuesto sobre la renta)"*. En su estudio, el profesor Castillo Carvajal examina la emisión de acciones con prima y su incidencia en materia de impuesto sobre la renta, en relación al incremento de patrimonio que se verifica con motivo del pago de la prima, concluyendo que tal incremento no es gravable en la medida en que no constituye un enriquecimiento neto.

Isabella Pecchio Brillembourg presentó una importante investigación que denominó *"Sobre los intangibles y su tratamiento en la Ley de Impuesto sobre la Renta"*, en el cual, primero, explica la naturaleza y clasificación de los bienes intangibles o inmateriales, para luego centrarse en su tratamiento fiscal en Venezuela, mediante el examen de las previsiones de la Ley de Impuesto sobre la Renta y de sus cambios recientes en materia de disponibilidad de los ingresos y deducibilidad de los gastos.

El **Dr. Víctor Hugo Guerra Hernández**, Magister en Leyes por la Universidad de Hardvard, *Magister Scientiarum* en Derecho Internacional Privado y Comparado por la Universidad Central de Venezuela y profesor de diversas universidades en Venezuela y en Colombia, realizó un interesante y muy actual estudio sobre *"El concepto de territorialidad en el Metaverso: ¿acaso un punto de encuentro entre el Derecho Tributario y el Derecho Internacional Privado?"*, mediante el cual plantea los retos que impone la era digital, y más específicamente el Metaverso, en el ámbito del Derecho Internacional Privado y el Derecho Tributario, proponiendo la noción de territorio como lugar de encuentro entre ambas disciplinas.

En esta sección, el profesor **Ronald Evans Márquez**, Magister en Leyes por la Universidad de Harvard y presidente del Capítulo Venezolano de la Asociación Fiscal Internacional (IFA), presenta como homenaje al Dr. Humberto Romero-

Muci un artículo intitulado *"El federalismo cooperativo en el sistema constitucional venezolano, con especial referencia a la configuración del sistema tributario venezolano. Antecedentes históricos y de derecho comparado"*.

El profesor Evans, valiéndose de estudios históricos y del derecho comparado, hace un examen del modelo federal de gobierno en Venezuela, con miras de comprender el sistema tributario venezolano actual en sus distintos niveles. Concluye que *"(...) en Venezuela nunca hemos podido superar ese abismo tan enorme entre el federalismo como ideal y el que lamentablemente hemos tenido como práctica política"*.

La reconocida profesora **Dra. Cecilia Sosa Gómez**, Individuo de Numero de esta Academia de Ciencias Políticas y Sociales, con la experiencia de haber sido Magistrado y presidente de la Corte Suprema de Justicia, realizó un *"Análisis de la sentencia de la Sala Político Administrativa del TSJ que reconoce la competencia de los municipios para gravar los servicios de mejoramiento en la explotación de hidrocarburos"*, en la que demuestra cómo la mencionada Sala, en sentencia del 22 de junio de 2022, aplicó de forma errada la interpretación vinculante establecida por la Sala Constitucional en sentencia del 18 de octubre de 2007, Exp. No. 02-1622, y -por tanto- concluyó equivocadamente que las actividades de mejoramiento de hidrocarburos estaban sujetas al pago del impuesto municipal de actividades económicas de industria, comercio, servicios o de índole similar.

El profesor **Pier Paolo Pasceri Scaramuzza**, contribuyó con un artículo que denominó "*La tributación en el impuesto municipal sobre actividades económicas a propósito del comercio electrónico. Una visión hermenéutica alternativa*". El profesor Pasceri Scaramuzza hace una propuesta para la reinterpretación de la norma tributaria en materia del Impuesto sobre Actividades Económicas de Industria, Comercio, Servicios, o de Índole Similar, a los efectos de implementar una correcta hermenéutica jurídica que permita el cobro de tributos municipales provenientes de las transacciones que se realizan en el comercio electrónico, con la finalidad de aumentar los ingresos propios de los municipios y, consigo, procurar su sustentabilidad financiera.

Jorge Luis Lozada González, Doctor en Derecho Ambiental por la Universidad de Alicante, profesor titular de la Universidad de Carabobo y miembro Colaborador Especial de la Academia de Ciencias Políticos y Sociales por el Estado Aragua, expuso unas *"Breves consideraciones sobre la fiscalidad ambiental y pago de servicios ambientales en la legislación venezolana y en el derecho comparado"*, en las que brinda acucientes reflexiones sobre los gravámenes ecológicos y su casi inexistente consagración en el derecho venezolano.

La profesora **Elvira Dupouy Mendoza**, ex Presidenta y Miembro Honorario de la Asociación Venezolana de Derecho Tributario, colaboró a esta sección con un estudio sobre la "*Base imponible de la contribución establecida en la LOCTI, un caso de incongruencia e injusta imposición*", donde analiza las deformaciones tributarias que se han introducido -primero mediante providencia del FONACIT, y luego por vía de reforma legislativa- con la contradictoria e irracional reestructuración del hecho imponible y la base cálculo de la contribución prevista en la Ley Orgánica de Ciencia, Tecnología e Innovación.

Serviliano Abache Carvajal, profesor de la Universidad Central de Venezuela y de la Universidad Católica Andrés Bello, contribuyó con este libro homenaje con un estudio denominado *"Falseamiento determinativo y desconfiguración del tributo. El caso de la Providencia Nº 015-047/2021 del FONACIT y la reforma de la LOCTI/2022"*. El estudio es una visión crítica sobre la situación que enfrentan los contribuyentes del tributo establecido en la LOTCI, frente a, en un primer lugar, la manifiesta arbitrariedad que incurrió FONACIT al emitir la providencia No. 015-047/2021, que (i) falseó la determinación tributaria de tal contribución parafiscal, y (ii) desconfiguró su hecho y base imponible; y, en segundo lugar, a la cuestionable reforma legislativa del año 2022, que pretendió legalizar estas irracionales e inconstitucionales antinomias normativas.

El segundo tomo del Libro Homenaje al Dr. Humberto Romero-Muci culmina con un estudio del profesor **Ignacio J. Andrade Cinfuentes** intitulado *"La incidencia tributaria de la regulación prudencial bancaria. Caso de estudio: las normas prudenciales sobre la aplicación de la revaluación de activos en las instituciones bancarias"*, en el que, partiendo de un análisis de las regulaciones prudenciales y de los tributos a los cuales están sujetas las entidades bancarias, concluye que las normas relativas a la aplicación de la revaluación de activos en las instituciones bancarias dictadas por la SUDEBAN tienen -en palabras del autor- *"una simple función informativa del patrimonio y el nivel de solvencia de los bancos"* y que, por entrañar ajustes o revalorizaciones que no constituyen obligaciones tributarias previstas en la ley, no son relevantes fiscalmente.

El tercer tomo de esta obra homenaje al Dr. Humberto Romero-Muci continua con la última parte de la sección *Derecho Tributario y Financiero*, que comienza con un artículo del **Dr. Rodrigo Rivera Morales**, profesor en diversas universidades de Iberoamérica, autor de valiosas obras jurídicas y miembro Colaborador Especial de esta Academia de Ciencias sociales y Políticas, que denominó *"El cobro ejecutivo tributario en el ámbito electrónico"*. En este estudio, el autor ofrece unas importantes reflexiones sobre el procedimiento de intimación y cobro ejecutivo electrónico en materia tributaria, haciendo alusión a los retos y dificultades para su implantación en Venezuela.

A continuación, **Xabier Escalante Elguezabal**, profesor de pregrado y posgrado de la Universidad Central de Venezuela, presenta un estudio sobre *"La negación de tutela cautelar de amparo al principio constitucional de legalidad tributaria en la jurisprudencia venezolana. Breve análisis de racionalidad jurídica"*. Bajo el enfoque de la racionalidad, el profesor Escalante formula un análisis sobre los recurrentes desatinos de la Sala Político Administrativa del TSJ acerca del principio de legalidad tributaria, al sostener -irracionalmente- que dicho principio no constituye por sí mismo una garantía constitucional que tutele un derecho subjetivo susceptible de protección por vía de amparo cautelar.

El profesor de la Universidad Monteávila y vicepresidente del Consejo Directivo de la Asociación Venezolana de Derecho Tributario, **Juan Esteban Korody Tagliaferro**, colaboró con este libro homenaje con *"Un ensayo sobre la interpretación como medio para desechar ficciones y falsas presunciones en las normas de derecho sustantivo tributario"*, donde propone un método interpretativo de las normas de derecho tributario material, en el cual se tenga por *ratio legis* encontrar la verdadera capacidad económica del contribuyente, para lo cual emprende un interesante análisis crítico de las presunciones y ficciones legales en materia tributaria.

José Rafael Bermúdez, ex profesor posgrado en la Universidad Central de Venezuela, Universidad Católica Andrés Bello y del Instituto de Estudios Superiores de Administración, realizó un estudio sobre la *"Significación jurídica de los principios de contabilidad de general aceptación en Venezuela"*. El profesor Bermúdez, contextualizando el debate sobre la naturaleza jurídica o extrajurídica de las normas VEN-NIF, considera que son *"normas jurídicas de origen paraestatal"* que *"forman parte del derecho contable venezolano"*, de modo que deben ser interpretadas conforme a los principios, reglas y criterios interpretativo y de aplicación del derecho, así como atendiendo a los conocimientos de la ciencia contable.

Para culminar con esta sección, **José Manuel Valecillos**, con estudios de posgrado en Derecho Tributario del Georgetown University Law Center y es representante venezolano en la "Young IFA Network" de la Internacional Fiscal Assoication (IFA), emitió sus *"Opiniones sobre posiciones inciertas de impuesto sobre la renta venezolano a fines de su contabilización"*. El autor examina las principales premisas que deberían considerar los abogados al emitir una opinión legal sobre posiciones inciertas del impuesto sobre la renta venezolano, con miras de contribuir a la uniformidad de esta práctica jurídica.

La sección IV de este libro en homenaje al Dr. Humberto Romero-Muci contiene estudios de *Derecho Internacional*, e inicia con un artículo de mi autoría -**Rafael Badell Madrid**- sobre los *"Aspectos procesales del caso 171 de la Corte Internacional de Justicia: Guyana contra Venezuela"*, en el que expongo algunas consideraciones de carácter procesal sobre el procedimiento que cursa ante la Corte Internacional de Justicia, en virtud de la demanda incoada por la República Cooperativa de Guyana contra la República de Venezuela, donde solicita que se declare la validez y efecto vinculante del Laudo de París de 1899.

El académico **Carlos M. Ayala Corao**, presentó un estudio que denominó *"El derecho-garantía al non bis in idem ó ne bis in idem bajo el Derecho Internacional de los Derechos humanos"*. El profesor Ayala Corao desarrolla el principio del *ne bis in idem* como un derecho-garantía que ha adquirido la condición de un derecho humano universal, haciendo especial referencia a su tratamiento en los tratados de extradición.

Héctor Faúndez Ledesma, Individuo de Número de esta Academia de Ciencias Políticas y Sociales, contribuyó con este libro homenaje con ensayo intitulado *"Res judicata y un laudo mal dictado. El caso Guyana c. Venezuela"*, en el que se refiere a la determinación de la nulidad o validez del laudo dictado en París el 3 de octubre de 1899.

El Dr. Faúndez Ledesma explica cómo ha sido el tratamiento jurisprudencial y doctrinario del principio de la cosa juzgada, afirmando que *"no es una regla pétrea e irreductible, incompatible con un mínimo de control judicial para verificar que un laudo ha sido debidamente dictado"*; a la par, examina las causales de nulidad de los laudos arbitrales propuestas por la doctrina, y, refiriéndose al mencionado Laudo de París, concluye que *"todas las causales de nulidad antes referidas suenan plausibles, aunque algunas de ellas tengan más solidez que otras"*.

Finaliza esta sección sobre *"Derecho Internacional"* con un trabajo de la investigadora y profesora de Derecho Internacional Público de la Universidad Complutense de Madrid, **Dra. Thairi Moya Sánchez**, titulado *"El acceso a la justicia ante el sistema de protección de derechos humanos regional por parte de las víctimas de violencia sexual: África y América Latina en un breve acercamiento"*, mediante el cual hace un examen de las diversas posturas que han adoptado las instancias cuasijudiciales y los tribunales internacionales en relación a la violencia sexual, así como a las limitantes en el acceso a la justicia que podrían existir en la jurisdicción nacional con motivo a este crimen.

La cuarta sección de esta obra alude a temas de *Derecho Civil*, y cuenta, en primer lugar, con el aporte de **Carlos Eduardo Acedo Sucre**, Individuo de Número de la Academia de Ciencias Políticas y Sociales, sobre *"La imposibilidad y la dificultad en el cumplimiento de las obligaciones contractuales"*. El Dr. Acedo Sucre repasa las instituciones contractuales de la causa no imputable y de la mayor onerosidad en el cumplimiento de las obligaciones, así como sus problemas inherentes; a la vez, hace una revisión de la teoría de la imprevisión -no acogida por el autor-, analizando el caso particular de los contratos de adhesión, y formula unas sugerentes reflexiones como alternativas para la excesiva onerosidad sobrevenida en los contratos.

Luego, **Biba Arciniegas Mata** y **Enrico Giganti Castro**, colaboraron en conjunto con un artículo que denominaron *"Los entresijos del pago de prestaciones sociales en moneda extranjera"*, en el que comparten interesantes reflexiones sobre algunas de las consecuencias devenidas por el uso de moneda extranjera como moneda de pago de las prestaciones sociales, concluyendo que *"el diferimiento de su pago hasta el término de la relación laboral, supone una subestimación de la capacidad del trabajador para ahorrar"* y que, por tanto, *"se convierte en una carga inútilmente gravosa para el empleador"*.

Enrique Urdaneta Fontiveros, profesor titular de la Universidad Católica Andrés Bello e Individuo de Número de la Academia de Ciencias Políticas y Sociales, estudió extensamente el tema de la *"Responsabilidad del deudor por sus auxiliares"*. El profesor Urdaneta Fontiveros hace una revisión detallada de la doctrina y de la legislación comparada en materia de responsabilidad contractual indirecta del deudor frente a su acreedor por la conducta del auxiliar en el cumplimiento de la obligación pactada; analizando *in concreto* sus supuestos de procedencia y su régimen jurídico, así como la responsabilidad del auxiliar frente al acreedor, y la eventual acción que tendría el deudor frente al auxiliar.

La **Dra. Claudia Madrid Martínez**, investigadora en la Universidad de Colonia y profesora de la Universidad Central de Venezuela y de la Universidad Católica Andrés Bello, colaboró con un trabajo que tituló *"Corrupción y Contratos en Venezuela"*. Allí analiza el problema de la corrupción en el mundo de los contratos y explora las alternativas que pueden ser menos lesivas a la nulidad absoluta de los contratos por corrupción, de acuerdo con las particularidades de cada caso, considerando que *"Anular un contrato e impedir la repetición de lo pagado puede terminar beneficiando al corrupto"*, y que *"(...) mantener la validez del contrato puede, en algunos casos, tener un efecto persuasivo sobre la parte corrupta"*.

Desde otra perspectiva, el **Dr. Andrés Gaszó** comparte una "*Crítica al concepto de causa en el derecho venezolano, un análisis comparativo con la doctrina anglosajona de la consideración*", mediante la cual hace una revisión del concepto tradicional de causa como elemento existencial de las obligaciones en el contrato con especial referencia al derecho venezolano, el cual, a juicio del autor, carece de contenido y función práctica; paralelamente, ofrece una interesante visión alternativa de la definición y utilidad de esta institución, en comparación del instituto del *consideration* de los sistemas jurídicos anglosajones.

El **Dr. Fred Aarons P.**, profesor de posgrado de la Universidad Central de Venezuela, comparte algunas notas sobre "*La dolarización de la economía y los mecanismos de ajuste del valor de las obligaciones a la luz de las sentencias del Tribunal Supremo de Justicia en Venezuela*". El profesor Aarons realiza una aproximación a la pauta de interpretación sistemática asumida por nuestro máximo tribunal en relación con las obligaciones en moneda extranjera, las deudas de valor y los aspectos relacionados con la corrección monetaria y la indexación, a partir del análisis de diversas decisiones adoptadas por diferentes Salas del Tribunal Supremo de Justica.

Aura Janesky Lehmann González, Doctora en derecho y profesora de la Universidad Católica Andrés Bello, formula un "*Análisis crítico de la sentencia nº 0652 de la Sala Constitucional del Tribunal Supremo de Justicia sobre las capitulaciones matrimoniales*", en el que hace un examen de los vicios de la mencionada sentencia que transforma, con carácter vinculante, el régimen jurídico de las capitulaciones matrimoniales, generándose una usurpación de las funciones del poder legislativo que "*pone en riesgo el derecho a la defensa y al debido proceso consagrados en la C.R.B.V*".

Dubraska Galarraga Ponce, profesora de la Universidad Católica Andrés Bello, realizó un ensayo que denominó *"Capitulaciones matrimoniales: autonomía de la voluntad"*, en el que concluye que "(…) *la mutabilidad de los capítulos matrimoniales o patrimoniales, la libertad de pactos que organicen o modifiquen la economía del matrimonio o de la unión estable de hecho, es un gran avance en cuanto a la aplicación del principio de la autonomía de la voluntad en la esfera familiar del Derecho civil patrimonial, con sujeción a las limitaciones propias para su debida implementación, como serían los principios sistemáticos de igualdad entre los cónyuges, de actuación en régimen de paridad y de solidaridad en la gestión, administración y disposición de sus patrimonios"*.

Culmina el Tomo III y la sección *Derecho Civil* con un estudio acerca de *"La responsabilidad civil de los robots con inteligencia artificial"*, elaborado de forma conjunta entre **Blas Rivas Alejandro**, presidente de la red internacional de abogados Iurisgal International Network of Law Firms, y **Blas Rivas Santos**, miembro de la Nova Talent Network, en el que realizan un análisis de los desafíos regulatorios de la responsabilidad civil extracontractual derivada de la acción u omisión de los robots y, particularmente, de la implementación de instrumentos que utilizan inteligencia artificial, poniendo en relieve las posturas y tendencias jurisprudenciales asumidas en esta materia en distintos ordenamientos jurídicos.

El tomo IV inicia con un primer artículo en la sección *Derecho Mercantil*, a cargo del profesor **José Antonio Muci Borjas**, Individuo de Número de esta Academia de Ciencias Políticas y Sociales, quien escribió sobre *"El levantamiento del velo corporativo de las empresas del Estado. Reflexiones sobre la anunciada privatización parcial de diversas empresas del Estado a la luz de la Ley Orgánica de Creación de la Comisión Central de Planificación"*.

En este artículo, el profesor Muci Borjas concluye que es factible el levantamiento del velo corporativo de las empresas del Estado, ya que en virtud del del artículo 4 numeral 3 de la Ley de la Comisión Central de Planificación se encuentran controladas directa o indirectamente por la República; de modo que, ante un posible escenario de privatización, para que la colocación de acciones representativas del capital social de este tipo de empresas sea exitosa, es necesario un nuevo marco normativo que fundamentalmente establezca: (i) que estas empresas deben perseguir objetivos de naturaleza comercial, y no solo finalidades públicas; (ii) el reconocimiento de la autonomía del giro de sus negocios; y (iii) que la administración empresarial sea encomendada a gerentes profesionales.

José Getulio Salaverría Lander, Colaborador Especial de la Academia de Ciencias Políticas y Sociales por el Estado Anzoátegui, y **Salvador R. Yannuzzi Rodríguez**, profesor emérito de la Universidad Católica Andrés Bello e Individuo de Número de esta Corporación, contribuyeron con esta sección con un trabajo conjunto sobre "*La fracción de la acción de las sociedades anónimas*", que se desarrolla bajo las interrogantes de ¿existe o no la posibilidad de que un accionista pueda mantener la fracción de una acción en las sociedades anónimas? Y, en caso afirmativo, ¿cuáles serían los derechos y deberes de ese accionista frente a la sociedad?

De otra parte, **Inés Parra W.**, presidenta del Comité de Finanzas y Mercado de Capitales de Venamcham, formula unas consideraciones sobre *"Las reconversiones. Efectos en el valor del capital y de las acciones de las sociedades anónimas. Posibles medidas y consecuencias"*. La autora aborda la situación problemática en que se encuentra la mayoría de las compañías anónimas no reguladas por leyes especiales, a propósito de que el valor nominal de sus acciones haya quedado reducido a una fracción ínfima de su valor original como consecuencias de las reconversiones monetarias; aclarando que, si bien no hay obligación legal de aumentar el capital estatutario de tales compañías, es recomendable hacerlo, para lo cual expone posibles mecanismos jurídicos y sus respectivas consecuencias.

El Doctor en Derecho por la Universidad de Navarra (España), **Alejandro Silva Ortiz**, realizó un artículo sobre *"La cláusula de recall en los contratos de suministro y distribución de productos"*, en el que estudia las *"(i) características de la cláusula de recall o retirada en los contratos de suministro y distribución de productos; (ii) el manual de retirada de productos; (iii) la retirada forzosa de los productos del mercado; (iv) tratamiento regulatorio del régimen de retirada de productos en Latinoamérica"*, y, en quinto lugar, culmina con unas importantes conclusiones a tomar en cuenta para la adopción de cláusulas de *recall* o de retirada en los contratos de suministro y distribución.

Más adelante, **Geraldine d'Empaire de Sosa**, especialista en Derecho Mercantil por la Universidad Católica Andrés Bello, y **Arnoldo José Troconis Herrera**, *Master of Comparative Jurisprudence* por la Universidad de Texas en Austin, presentaron un estudio sobre el *"Obstruccionismo de los accionistas minoritarios en la sociedad anónima de capital cerrado. Su tratamiento en el derecho venezolano. Algunas soluciones del derecho comparado"*.

En este trabajo, los autores explican cómo de la dinámica entre los accionistas de una sociedad anónima de capital cerrado pueden surgir un ejercicio abusivo por parte de los accionistas minoritarios de sus derechos de protección. Al respecto, ilustran diversas actividades que pueden considerarse como obstruccionistas, así como las doctrinas jurídicas destinadas a contrarrestarlas y las soluciones que ofrece el derecho comparado, haciendo especial referencia al caso venezolano y a la falta de una norma específica en la materia.

Cierra esta sección con un ensayo sobre las *"Características de operaciones de fusiones y adquisiciones en Venezuela entre 2014 y 2020"* de **Fulvio Italiani** y **Giancarlo Carrazza**, en el que describen los principales caracteres de las operaciones de fusiones y adquisiciones que surgieron como resultado de que muchas de las multinacionales que operaban en el país decidieran vender sus operaciones a terceros.

La siguiente sección de este libro homenaje al Dr. Humberto Romero-Muci contiene 6 interesantes estudios en materia de *Derecho Procesal-Arbitraje*. Inicia con el estudio del Doctor en Derecho y profesor titular jubilado de la Universidad de Carabobo, **Pedro Rafael Rondón Haaz**, miembro colaborador de esta Academia de Ciencias Políticas y Sociales por el Estado Carabobo, sobre la *"Situación actual del tribunal Supremo de Justicia de Venezuela"*. Con la experiencia de ser magistrado emérito de la Sala Constitucional del Tribunal Supremo de Justicia, el Dr. Rondón Haaz emprende un riguroso y aleccionador análisis sobre la situación irregular e ilegítima que gobierna hoy al Tribunal Supremo de Justicia, con motivo la entrada en vigencia de su nueva Ley Orgánica, y de la Decisión No. 83 del 21 de marzo de 2022 que declaró la improcedencia de una demanda de inconstitucionalidad que se intentó contra esta.

El profesor **Edgar Darío Núñez Alcántara**, Colaborador Especial de la Academia de Ciencias Políticas y Sociales por el Estado Carabobo, realizó un trabajo intitulado "*Aspectos procesales en una obra inédita de Humberto Cuenca. Especial referencia a la materia probatoria y específicamente a la exhibición de cosas, personas e instrumentos en el proceso civil*".

El autor da a conocer tres escritos inéditos del profesor Humberto Cuenca, nunca antes publicados, que serían eventualmente el tomo III y IV de su colección sobre Derecho Procesal Civil, en los que recoge su perspectiva de diversos aspectos del procedimiento ordinario y de los procedimientos especiales; y un estudio relativo a su visión de la prueba de exhibición de cosas e instrumentos, "*partiendo del modelo que la figura tenía en el código procesal común del 4 de julio de 1916, con la transformación que sufrió en la reforma del mismo código en su versión 1987, con una tentativa visión al futuro*".

El **Dr. Álvaro Badell Madrid**, profesor de la Universidad Católica Andrés Bello y de la Universidad Central de Venezuela, contribuyó con un ensayo sobre la "*Justicia telemática. Principio y fin de la justicia virtual en Venezuela*", en el que explica cómo fue la aplicación fugaz e improvisada de la justicia virtual en nuestro país con motivo de la pandemia del COVID-19, y explica la experiencia de otros países de la región en la materia; a la vez, aboga por una reforma del Código de Procedimiento Civil en el cual se incluya el uso de medios digitales como herramientas ordinarias para la realización de actos procesales, en pleno acatamiento a las garantías constitucionales del proceso.

Pedro Alberto Perera Riera, especialista en Derecho Procesal Civil por la Universidad Católica Andrés Bello, reflexiona acerca de la interrogante *"¿Defensor ad litem en el arbitraje?"*. En relación a esta polémica temática, el autor preliminarmente concluye -y con ánimos de fomentar el debate- que los árbitros *"podrían, en principio, estar obligados a designar de oficio al defensor ad litem, aun cuando la LAC, el acuerdo arbitral y los reglamentos de arbitrajes no prevean esta figura para la defensa del demandado en arbitraje, so pena de que el laudo arbitral pudiese posiblemente quedar, en principio, inválido al menoscabar el derecho constitucional a la asistencia jurídica"*.

El profesor **José Gregorio Torrealba R.**, LL.M y candidato a PhD por el King's College London de la University of London, escribió sobre *"El estándar del trato justo y equitativo como garantía del respeto al Estado de Derecho en el derecho internacional de inversiones"*, donde realiza una aproximación a los diferentes enfoques que han venido sosteniendo la jurisprudencia arbitral y la doctrina sobre el estándar del trato justo y equitativo; en particular, desarrolla el criterio según el cual dicho estándar implica un límite a la actuación del Estado con relación al principio de legalidad, el debido proceso y al Estado de derecho en general.

El profesor **James Otis Rodner S.**, Individuo de número de la Academia de Ciencias Políticas y Sociales, cierra la sección titulada "*Derecho Procesal - Arbitraje*" con un estudio sobre *"La ejecución del Acuerdo de Transacción en la mediación internacional; la Convención de Singapur"*, mediante el cual analiza los supuestos para la ejecución de un convenio o acuerdo de transacción resultante de una medicación comercial internacional en el marco de la Convención de las Naciones Unidas sobre los Acuerdos de Transacción Internacionales Resultantes de la Mediación, mejor conocida como Convención de Signapur.

La siguiente sección de esta obra referida al *Derecho Constitucional* inicia con un trabajo sobre *"La jurisdicción constitucional y la transición a la democracia"* del profesor **Jesús María Casal**, Individuo de Número de la Academia de Ciencias Políticas y Sociales, en el que examina el rol que puede desempeñar la jurisdicción constitucional en el ámbito de una transición democrática, a la luz de la experiencias de otros países y de los estudios del Derecho comparado en la materia, concluyendo con algunas orientaciones sobre los pasos que pueden darse a fin de apuntalar la democratización.

La profesora **Margarita Escudero León**, Doctora en Derecho por la Universidad Central de Venezuela, y LL.M. por la Universidad de Harvard, Individuo de Número de la Academia de Ciencias Políticas y Sociales, contribuyó con este Libro Homenaje al Dr. Humberto Romero-Muci con un estudio sobre *"La cláusula del Estado de derecho a la luz de la Constitución de 1999"*, donde se refiere al Estado de derecho moderno, sus principios y elementos teóricos, a propósito de confrontarlos con nuestra realidad institucional actual y la difícil situación en que se encuentra el Estado de derecho en Venezuela.

María Amparo Grau, Doctora en Derecho por la Universidad CEU-San Pablo, Madrid-España, y profesora de Derecho Administrativo de la Universidad Central de Venezuela y de la Universidad Católica Andrés Bello, realizó un artículo intitulado *"La imposición por vías de hecho de un inconstitucional modelo de economía socialista en Venezuela"*. La Dra. Grau examina las actuaciones del gobierno dirigidas a destruir el modelo de economía social de mercado previsto en la Constitución de 1999, y sustituirlo por un modelo de economía socialista.

Para finalizar esta sección, el profesor de la Universidad Católica Andrés Bello y de la Universidad Monteávila, **Dr. Juan M. Raffalli A.**, comparte sus reflexiones sobre *"El abuso de la habilitación legislativa presidencial como herramienta absolutista"*, concluyendo que el exceso de esta práctica legislativa, cuyo abuso ha sido evidente desde que se inició la revolución bolivariana, *"se trata de una conducta deliberada destinada a exacerbar los poderes del presidente de la República dando al traste con el principio de separación de poderes y evitando el diálogo parlamentario y el balance de fuerzas que permiten un control político sobre la actividad de gobierno."*

La novena sección contiene dos artículos sobre *Derecho Laboral*. El primero de ellos es de los profesores **Humberto Villasmil Prieto**, Miembro de la Academia Iberoamericana de Derecho del Trabajo y de la Seguridad Social, y **César Augusto Carballo Mena**, Individuo de Número de esta Academia de Ciencias Políticas y Sociales, quienes contribuyeron en conjunto con un ensayo titulado *"Sistema normativo de la OIT y Derecho Laboral Iberoamericano"*, en el que ofrecen "*múltiples trazas que permitan advertir y ponderar el influjo centenario de las Normas Internacionales del Trabajo en la configuración del Derecho laboral iberoamericano"*, y ponen de manifiesto *"el protagonismo de la región en el desarrollo de la función normativa de la OIT*".

Victorino Márquez Ferrer, LL. M. por la Universidad de Harvard, y profesor de la Universidad Católica Andrés Bello y del Institutito de Estudios Superiores de Administración, comparte un útil y práctico trabajo sobre *"Los trabajadores de dirección"*. El profesor Márquez Ferrer estudia el trabajo de dirección como una modalidad especial de trabajo, para lo cual examina su tratamiento en la legislación y en la jurisprudencia venezolana, las particularidades de la remuneración del trabajador de dirección y su fiscalidad, así como la peculiar figura de los trabajares de dirección expatriados; concluyendo con una propuesta para el replanteamiento de la regulación del trabajador de dirección enfocada en la desregularización.

La última sección de esta obra denominada *"Temas varios"* contiene tres interesantes estudios sobre derecho marítimo, planificación estratégica empresarial, y derechos culturales.

El muy distinguido **Dr. Luis Cova Arria**, Individuo de Número y expresidente de la Academia de Ciencias Políticas y Sociales, coordinador y profesor de la especialización en Derecho de la Navegación y Comercio Exterior de la Universidad Central de Venezuela, contribuyó con esta obra con un ensayo sobre "*La uniformidad del Derecho Marítimo. La labor realizada por el Comité Marítimo Internacional (CMI), el Instituto Iberoamericano de Derecho Marítimo (IIDM) y la Asociación Venezolana de Derecho Marítimo (AVDM) (CMV)"*, mediante el cual ofrece una muestra de la función unificadora del derecho marítimo que han desempeñado estas tres instituciones -en las que el Dr. Cova Arria ha participado y colaborado destacadamente como consejero, miembro o presidente fundador- a nivel nacional e internacional.

El profesor **Andrés Felipe Guevara Basurco**, investigador del Centro de Divulgación del Conocimiento Económico para la Libertad (CEDICE Libertad), realizó un interesante trabajo que tituló *"La planificación estratégica como elemento de la práctica jurídica"*, mediante el cual realiza una aproximación de la relación existente entre la planificación estratégica y el Derecho, con el fin de poner de relieve algunas reflexiones que pueden mejorar la praxis jurídica en el entorno organizacional-corporativo.

Esta obra llega a su fin con una investigación del profesor **Alberto Blanco-Uribe Quintero**, Máster en Derecho Ambiental y Ordenación del Territorio y en Derecho Público por la Universidad de Estrasburgo (Francia), y en Derecho Humanos por la Universidad de Castilla-La Mancha (España), intitulada *"Alcance y contenido esencial de los derechos culturales. Los derechos humanos culturales y su interdependencia"*. El profesor Blanco-Uribe Quintero desarrolla el derecho humano a la cultura como un derecho cultural implícito que abarca el conjunto de derechos y mecanismos para autodeterminarse culturalmente, individual y colectivamente; aclarando que la cultura, como un bien jurídico tutelado dentro de los derechos fundamentales, requiere de políticas públicas que conduzcan -en sus propias palabras- a la protección integral del goce efectivo de los derechos humanos culturales.

TEMAS POLÍTICOS HISTÓRICOS

GLOBALIZACIÓN, INSTITUCIONES Y DEMOCRACIA, UNA ARMONÍA DIFÍCIL DE LOGRAR EN EL FUTURO IBEROAMERICANO*

*Julio Rodríguez Berrizbeitia***

SUMARIO

1. Algunas reflexiones preliminares

Hace ya algún tiempo, no tan poco como para recordar todos los detalles, ni tanto como para olvidarlos, me contaba un compañero la siguiente historia, luego de una clase de políticas públicas en Harvard: La globalización invitó a cenar a dos buenos amigos, la institución y la política. La velada transcurrió sin mayores contratiempos hasta que la institución se sintió algo ignorada en el diálogo que se realizaba. En efecto, sentía que toda la atención se la llevaba la política, de alguna manera era evidente que la globalización se sentía cautivada por ella. De cualquier forma, la globalización pretendía asumir su rol con una larga lista de promesas tales como: bienestar, eficiencia, mejores condiciones de vida, acceso a los mercados financieros, tecnología, mano de obra preparada, gerencia de primer nivel, etc. En realidad, los beneficios parecían desbordar cualquier límite que le impusiéramos a nuestro pensamiento. La política no se quedó atrás y de forma no to-

---

* El trabajo que hoy ofrecemos en este libro homenaje al ex presidente de la Academia de Ciencias Políticas y Sociales Dr. Humberto Romero-Muci fue presentado por nosotros en ocasión del III Encuentro Iberoamericano de Academias de Ciencias Morales y Políticas. Argentina-España, octubre de 2020.

** Individuo de Número de la Academia de Ciencias Políticas y Sociales, Caracas, Venezuela.

talmente convincente, ofreció un apoyo limitado que le permitiera conservar algunas de sus prerrogativas tradicionales. Además, estaba de por medio el espinoso tema de las exigencias democráticas de la sociedad que podía poner en peligro el planteamiento globalizador. Al final dijo la política: el riesgo es nuestro porque es a mí a quien le van a atribuir proporcionadamente el éxito y desproporcionadamente el fracaso del proyecto a realizar. Mientras tanto la institución, que no había tomado una parte activa en la discusión, pero que sí había cumplido con el protocolo social para el caso, preguntó: ¿Qué nos toca hacer a nosotros? Al unísono los otros dos participantes señalaron: lo más importante, darle una forma eficiente, creíble y justificada a todo lo hablado. Lo anterior supone que debes cambiar algunas de tus formas anteriores y respetar el derecho de los ciudadanos y de la comunidad a manifestarse libremente.

De alguna manera, lo evocado anteriormente me recuerda lo señalado por Dani Rodrik, Premio Princesa de Asturias de Ciencias Sociales 2020, con respecto al "Trilema político fundamental de la economía mundial":

> No podemos perseguir simultáneamente democracia, autodeterminación nacional y globalización económica. Si queremos impulsar más la globalización, tenemos que renunciar en parte a la nación-Estado o a la política democrática. Si queremos conservar y profundizar la democracia, tenemos que elegir entre nación-Estado e integración económica internacional. Y si queremos mantener la nación-Estado y la autodeterminación, tenemos que elegir entre profundizar la democracia o profundizar la globalización. Nuestros problemas tienen sus raíces en nuestra renuncia a enfrentarnos a estas opciones ineluctables.[1]

Ciertamente Rodrik nos genera interrogantes, no fácilmente solucionables, con respecto a la ortodoxia asumida por muchos con respecto a la globalización y a sus efectos sobre regiones importantes de la vida política, social y cultural de los pueblos. El otro aspecto señalado por algunos filósofos con respecto a las paradojas se refiere a las premisas intuitivamente aceptadas que pudieran generar algún grado importante de contradicciones. Tal pudiera ser el caso relativo a la sobrevivencia de algunos valores en nuestras sociedades luego de la implementación institucional requerida por la globalización.[2]

El encuentro que hoy agrupa a académicos de dos continentes nos pone por delante una serie de premisas sobre las cuales debe fundarse nuestra reflexión: en primer lugar la globalización es un fenómeno asociado con la manera de ser del mundo de hoy; en segundo lugar, no podemos hablar de algo que se puede implementar sin generar fuertes desafíos a nuestra manera política, social, cultural e

---

1 Dani Rodrik, La paradoja de la globalización. Democracia y el futuro de la economía mundial, Antoni Bosch editor, Barcelona, 2011, p. 20.

2 Sobre el sentido que asumimos de las paradojas ver Roger Scruton, *Modern Philosophy*, Penguin Books, New York, 1994, p. 397.

institucional de llevar las cosas; en tercer lugar el fenómeno descrito va más allá de los ajustes requeridos en el ámbito económico y comienza a interpelarnos acerca de qué es lo tolerable desde la perspectiva de los valores asumidos por muchas comunidades a nivel mundial, y es precisamente en este aspecto que la democracia, los derechos humanos, las libertades individuales y el respeto por la cultura propia de cada actor, en el ámbito internacional, cobra un papel de relevancia y, por último, el Derecho, como gran regulador de la vida social, debe determinar en un ámbito más amplio que el de los Estados soberanos, cuál debe ser su rol frente a realidades que desbordan todas nuestras viejas concepciones acerca de una teoría normativa legal. Al final pudiera pensarse, siguiendo a Kant, que la razón que, como tal, y en cuanto que es facultad de lo universal, ordena imperativamente.[3]

No estamos totalmente seguros, como plantean algunos economistas, si la razón basta por sí sola para determinar esa armonización requerida entre la gobernanza local y la global. En todo caso, es un buen punto de partida al cual deben hacerse adecuados correctivos, a veces importantes, en la evolución de los procesos.

Lo que sí persiste como elemento asociado a cualquier consideración de lo global, es que hay ideas que de por sí tienen un ámbito de reflexión mucho más amplio, así lo expresó Hume citado por Sen:

> Supongamos una vez más que varias sociedades distintas mantienen un tipo de intercambio para mutua conveniencia y ventaja, las fronteras de la justicia se extienden aún más, en proporción a la extensión de las opiniones humanas y a la fuerza de sus conexiones recíprocas.[4]

Hagamos algunos comentarios acerca de la globalización (mundialización), de las instituciones con alguna referencia a las jurídicas y la democracia para hablar de Iberoamérica con especial mención a Venezuela. Nuestros breves comentarios se referirán, al final de este trabajo, a los riesgos ya presentes y a algunas consideraciones con respecto a ellos.

---

3 Ver Emile Bréhier, *Historia de la Filosofía. Siglos XVIII-XX,* Volumen II, Tecnos, Madrid, 1988, p. 198.

4 Amartya Sen, *La idea de la justicia*, Taurus, Madrid, 2009, p. 203. En el pie de página recién citado indica Sen: "La reciente transformación del mundo en un lugar mucho más pequeño, gracias a las innovaciones en las comunicaciones y el transporte, y al actual desarrollo de los medios globales y las organizaciones transnacionales, hacen muy difícil no darse cuenta de nuestras extensas conexiones a lo largo y ancho del planeta, que tienen profundas implicaciones no sólo en el contenido y la forma de una teoría de la justicia... sino también para la política y la supervivencia globales".

2. La globalización: recuento de una experiencia que llegó para quedarse

Martin Wolf trata de darnos una aproximación a la globalización como "la integración de las actividades económicas por la intermediación de los mercados". Los progresos derivados de la tecnología suponen una disminución de los costos de transporte y de comunicación. Los gobiernos promueven la globalización como forma de lograr ventajas sobre las fuerzas del mercado. La mundialización se ha asociado con la necesidad –algunos hablan de emergencia– de una sociedad global. Martin Shaw, por su parte, escribe que por primera vez "es posible describir un sistema de redes de relaciones sociales que comprenden a todos los pueblos".[5] El tema referente a las redes se potencia con la capacidad actual de las comunicaciones, las cuales permiten tomar decisiones en tiempo real, lo cual cubre los riesgos dependientes de la incertidumbre que genera el paso del tiempo. María Concepción Rayan B. nos aporta un concepto amplio que cubre de forma adecuada la realidad generada por la globalización:

> La globalización es un fenómeno universal que se experimenta en todo el planeta y que se desenvuelve desigualmente entre unos países o zonas del mundo y otras que conlleva profundas transformaciones: económicas, culturales, políticas, sociales, militares, ecológicas, jurídicas, etc. Supone el desarrollo de una nueva estructura económica del mundo que afecta la independencia de las economías nacionales, crea vínculos y redes de relaciones en espacios sociales transnacionales, enlaza grandes extensiones de territorios, regiones y continentes y permite un intercambio e interrelación en el plano local, nacional, regional internacional y global.[6]

Si bien el estudio de la profesora Rayón se concentra en el tema del impacto del fenómeno globalizador en el Estado-nación y en el Derecho, da una idea clara de los problemas que tenemos por delante. Sólo el tema del debilitamiento del Estado-nación frente a las exigencias de la globalización ha dado pie a comentarios contundentes como el de Jürgen Habermas: "*Par rapport a l'ancrage territorial de l'État-nation, le terme de mondialisation évoque en effet l'image de rivières en crue qui sapent les contrôles aux frontières et risquent de provoquer l'effondrement de l'edifice national*".[7] No obstante lo señalado, creo que es prudente mencionar el aporte de Rodrik en este asunto: "Los mercados y los gobiernos se complementan, no se sustituyen. Si quieres más y mejores mercados tienes que tener más (y mejor) gobernanza. Los mercados funcionan mejor no donde los estados son débiles, sino donde son fuertes".[8]

---

[5] *Le Dictionnaire Des Sciences Humaines*, Puf, París, 2006, p. 789.

[6] María Concepción Rayón Ballesteros, "La globalización: su impacto en el Estado-nación y en el Derecho", *Revista Jurídica Derecho*, N° 8, volumen 7, enero-junio, Universidad Mayor de San Andrés, 2018, p. 21.

[7] *Le Dictionnaire Des Sciences Humaines*, *ob. cit.*, p. 789.

[8] Dani Rodrik, *ob. cit.*, p. 20.

Sin embargo, no se puede negar, lo cual se ha hecho patente en muchos países de Latinoamérica en los últimos años, que las expectativas han desbordado a los resultados.

En este caso se espera un crecimiento del bienestar general de la población que no se produce con la intensidad y el alcance deseado. Lo anterior da pie, al igual que en otros continentes, a la búsqueda de modelos económicos ya superados en la historia de la humanidad, al populismo y al ultranacionalismo disgregador. En Latinoamérica, a pesar de los esfuerzos realizados para la integración de los mercados, los intereses regidos por determinadas ideologías políticas han constituido un serio obstáculo para el desarrollo de ese esfuerzo integrador que nos va a llevar con mayor fortaleza a la globalización. En tal sentido, escribimos en una obra acerca de Mercosur:

> No solamente hablamos de manifestación de un regionalismo estratégico, que estuvo en la cabeza de algunos de los actores iniciales del proceso de integración. Más bien, nos referimos al establecimiento de estándares económicos, políticos y morales que nos presenten frente a los demás bloques de integración como actores confiables y capaces de construir su propio futuro sin prescindir del apoyo y entendimiento con los demás.[9]

En este esfuerzo frente a los retos de la globalización, el apoyo y entendimiento iberoamericano se hace imprescindible.[10] La era de la globalización ha incrementado la necesidad de conocimiento, el mismo es clave para despejar la incertidumbre y potenciar fórmulas que permitan una salida hacia un crecimiento social sostenido. La globalización involucra una integración de mercados, países y tecnología a un nivel nunca visto, de esa manera permite a los individuos, organizaciones y países llegar más lejos en el mundo, de forma más rápida y profunda y con una mayor tasa de crecimiento económico.[11]

El tema clave es si esa generación de riqueza creada con las nuevas tecnologías, producto de un conocimiento más sofisticado, se traduce por igual entre toda la población o por lo contrario sólo favorece a una élite más educada y capaz de acceder a las exigencias requeridas por el proceso globalizador. Lo anterior puede

---

9 Julio Rodríguez Berrizbeitia, *Venezuela ante el Mercosur*, compiladoras Astrid Uzcátegui y María Inés de Jesús, Academia de Ciencias Políticas y Sociales, Universidad de los Andes y Universidad Católica Andrés Bello, Mérida, 2015, p. XXIII.

10 Rafael Caldera expresidente de Venezuela escribía en 1976: "España y Portugal son países de Europa: hacen falta en y les hace falta la Comunidad Europea. Son, también y al mismo tiempo, miembros de honor de la Comunidad Latinoamericana. La providencia las señaló como cabecera de puente, como lazo de unión entre dos mundos. Su importancia crece de punto a medida que se aparte el dilema. Deben ser voz latinoamericana en Europa, voz europea en Latinoamérica. Voz, no exclusiva ni excluyente, sino amplia y vinculante. Rafael Caldera, *Reflexiones de la Rábida*, Seix Barral, Barcelona, 1976, p. 77.

11 *Harvard Deusto Business Review*, Número 181, julio 2009.

colocar a los gobiernos entre el dilema de la globalización o la pérdida de democracia para mantener el estatus deseado. Ciertamente, no era fácil para los gobiernos el poder resistir el embate de las exigencias sociales que pedían, para todos, resultados inmediatos. Si se tiene una verdadera democracia, con elecciones libres, los resultados en muchos casos no van a favorecer, al que espera conseguir soluciones efectivas (incluyendo el ámbito de lo socio-económico), en el corto plazo. Tal como señala Rodrik haciendo referencia a una obra suya (*Has Globalization Gone Too Far?*) de 1997: "Me preocupaba que el boom del comercio internacional y del outsourcing exacerbara las desigualdades, acentuara los riesgos en el mercado de trabajo y erosionara el pacto social dentro de las naciones".[12]

En el fondo creo, que incluso en nuestros países, se tiene la conciencia de que la globalización debe mantenerse y no debe dar marcha atrás. Las últimas crisis nos han enseñado cosas tan importantes como el estar atentos, lo que antes no veían tan claro algunos, a que el régimen comercial global es, en su comportamiento, diferente al financiero. De alguna forma gracias a planteamientos como, por ejemplo, los de Larry Summers no se puede pensar en desmontar las regulaciones nacionales y los estándares laborales internacionales. Tal como expresa Rodrik: "se requiere que se creen instituciones nuevas y mecanismos compensatorios –nacionales o internacionales– que hagan que la globalización sea más eficaz, más justa y más sostenible".[13] Estoy absolutamente convencido de que en nuestros países no se puede vender la eficiencia que promueve la globalización sacrificando las condiciones de vida de la población. Más aún exigiéndole a los trabajadores condiciones laborales inaceptables en la mayoría de los países desarrollados que promueven la globalización.

En otro orden de ideas, la globalización supone, para los países de este continente donde históricamente ha predominado, con honrosas excepciones, el caudillismo, el militarismo y el presidencialismo, un reto todavía más complicado de superar. Rodrik lo expresa así:

> El desequilibrio entre al alcance nacional de los gobiernos y la naturaleza global de los mercados constituye el talón de Aquiles de la globalización. Si se da demasiado poder a los gobiernos se obtiene proteccionismo y autarquía. Si se da demasiada libertad a los mercados, se obtiene una economía mundial inestable. Con escaso apoyo social y político de aquellos a quienes se pretende ayudar.[14]

Con la crisis del Covid-19 y las ayudas de la Reserva Federal en Estados Unidos las bolsas han crecido mientras que el desempleo ha ido subiendo. Es lo

---

12 Dani Rodrik, *ob. cit.*, p. 12.

13 *Ibíd.*, p. 17.

14 *Ibíd.*, p. 18.

que en un artículo reciente Kathryn Roooney menciona al referirse a que "los universos paralelos del mercado y la economía chocarán".[15] De alguna manera en la crisis que estamos viviendo se potencializa el desequilibrio ya señalado.

3. Las instituciones y su relación con la globalización

3.1. Las instituciones

Las instituciones son fundamentales para lograr ordenar y coordinar la vida social. En el caso iberoamericano compartimos, en su origen, un conjunto importante de instituciones comunes. Ello es una ventaja inagotable, no obstante, no puede dejar de considerarse que la evolución institucional en los países ha llevado a cambios diferenciados a pesar de los orígenes comunes. Es decir, la génesis común no determina un funcionamiento similar a lo largo del tiempo. De alguna forma ello está contenido en la definición de Durkheim cuando señala que: "podemos llamar instituciones a todas las creencias y todos los modos de conducta instituidos por la colectividad; en tal sentido, la sociología puede ser definida como la ciencia de las instituciones, su génesis y su funcionamiento".[16]

En realidad, el mencionado enfoque sociologista parece no cubrir completamente el alcance actual del término, el cual, siguiendo a Weber, parece referirse más bien, a una forma de organización. En efecto, en *Economía y sociedad* el mismo se refiere a la institución como un grupo que asume reglas establecidas racionalmente.[17] En el tema que nos ocupa, se trata de repensar las instituciones locales con el objeto de saber si las mismas son capaces de responder a los retos planteados. Ciertamente que en el mundo iberoamericano se ha popularizado la idea, errónea en muchos casos, de la falta de instituciones, ya que muchas de las nuestras no son similares, ni de lejos, a las de otros países que entran en el juego de la globalización. Pero, en realidad, las instituciones en la mayoría de los casos, están ahí. El problema no se refiere a su existencia, lo cual no quiere decir que, para asumir el reto de la globalización, no debamos crear instituciones nuevas, no, más bien se refiere a la legitimidad de las mismas. Lo cual quiere decir, no que las instituciones hayan envejecido y perdido la funcionalidad lo cual es evidentemente posible, sino lo más grave es que han perdido su legitimidad. Esa legitimidad no sólo se adquiere con contratos, convenciones, cambios legales y constitucionales, sino también, con un acuerdo alrededor de valores que sirvan de punto de partida para cualquier cambio.

---

15 Kathryn Rooney, "Los universos paralelos del mercado y la economía chocarán", artículo publicado en *El País* de España, 15 de agosto de 2020.

16 *Le Dictionnaire Des Sciences Humaines*, *ob. cit.*, pp. 633 y 634.

17 *Ibíd.*, p. 634.

3.2. El Derecho como orden normativo

Si bien el Derecho realiza directamente su actividad a través de instituciones, él es un factor clave en toda cultura societaria, en el diseño, creación e implementación de instituciones, sean estas de carácter estrictamente jurídico o no. El mismo responde del alcance y los límites de los entes que contribuye a crear. Ciertamente que en este proceso vale la pena entender las limitaciones que el jurista puede imponer en su labor, lo que puede generar en la sociedad la sensación de que no nos permite ir más allá o supone barreras importantes para los cambios deseados. Hagamos algunos comentarios sobre esto, con el objeto de continuar avanzando en la comprensión de lo institucional para la globalización.

En primer lugar, el Derecho como orden normativo que cumple una función esencial de coordinación, se sirve de las instituciones para lograr dicho objetivo. En el tema de la globalización la gran pregunta se puede formular en términos de la relación del Derecho nacional con el global (incluyendo el derivado de usos y costumbres). Ciertamente, no se acepta fácilmente, por ejemplo, la imposición del llamado "soft law" frente a las exigencias derivadas de un Derecho formal como es el continental europeo. En el caso de las instituciones podría plantearse, como veremos más adelante, la repetición de modelos institucionales que han tenido éxito en países más desarrollados, lo que ha originado la crítica de "monocultivo institucional", el cual ha sido definido por Peter Evans como:

> ...la tendencia que muestran las instituciones para la gobernanza global a constituir estructuras institucionales formales en el Sur Global, y en los países transicionales a partir de versiones idealizadas de las instituciones que supuestamente funcionan bien en el Norte, hoy en día. El monocultivo institucional, al intentar cambiar las instituciones formales como si no tuvieran conexión con las expectativas culturales y las normas informales producto de la historia, es probable que se traduzcan en cambios superficiales, que enmascaran la ausencia de un cambio real, o que genere efectos perversos no previstos.[18]

En segundo lugar, el Derecho como orden normativo institucional, hace posible la creación, en forma explícita, de reglas legisladas y el despliegue de principios subyacentes a través de la adjudicación y el desarrollo de la ciencia jurídica. Ahora bien, en el caso que nos ocupa, pensemos en los problemas generados por la adjudicación, en el sentido que le otorga la filosofía legal anglo-americana, a la aplicación del Derecho por parte de los jueces. Puede que no tengamos tan claro qué juez va a aplicar el Derecho, si el local o el de otro país o institución mundial.

---

[18] Peter Evans, *Instituciones y desarrollo en la era de la globalización neoliberal*, Colección en Clave del Sur, editor César Rodríguez Garavito, Ilsa, Bogotá, 2007, p. 24.

¿A qué principios va a recurrir? Lo anterior pone en duda el orden normativo institucional al cual nos hemos acostumbrado. Súmenle a lo anterior, la utilización cada vez más frecuente del arbitraje frente al sistema jurisdiccional.[19]

El tercer lugar, el carácter institucional del Derecho es inteligible si se adopta el presupuesto de que los fines intrínsecos de la actividad de gobierno de acuerdo al Derecho, son la realización de la justicia y el bien común. Ahora bien, en el caso de la globalización, si no es fácil definir la justicia a la cual nos referimos, ya sea la de los países, o ya sea globalmente; es más complicado definir un concepto de bien común que arrope a todos los participantes en el proceso globalizador. Siempre van a producirse concesiones y sacrificios que la política local debe asumir y justificar, si realmente se va a producir y, hay la intención, de profundizar en el proceso globalizador. Por otro lado, no podemos perder de vista que todos los movimientos globales de defensa de derechos humanos, ecología y protección del ambiente, derechos de los menores y las mujeres, etc., han increpado seriamente a países que tienen economías que van orientadas al mercado, pero en las cuales se producen serias violaciones a los derechos ya señalados. Latinoamérica, lamentablemente, no ha sido una excepción a eso a pesar de las mejoras logradas.

Por último, debemos resaltar que si bien la institucionalización del Derecho supone que el ordenamiento jurídico estatal tiene un carácter positivo (o puesto). Cómo entran en juego en ese análisis global la relación con la moral autónoma que es propia, lo cual no quiere decir que no haya elementos comunes con la humanidad en general, a pesar de las diferencias culturales. En pocas palabras, la globalización económica sólo es una parte de un fenómeno mucho más amplio que tiene expresiones en un multiculturalismo que a veces se entiende, pero no se asimila fácilmente.[20]

Lo que no nos cabe la menor duda es el rol del Derecho en la creación y cambio de las instituciones. En este sentido podríamos tomar el modelo señalado por Cotterrell relativo a cómo los jueces desarrollan el Derecho para explicar cómo cambiamos las instituciones. Una primera aproximación sería la "instrumentación" en la cual lo esencial es lograr el objetivo trazado (en este caso, facilitar la globalización) a través de una "ingeniería social". En tal caso, las instituciones se pueden cambiar de acuerdo a exigencias externas a las mismas, como: imperativos económicos, factores políticos, presiones sociales y cualquier otro tipo de consideraciones requeridas. El otro enfoque es el "organicista" en función del cual las instituciones son capaces de generar sus propios cambios de acuerdo

---

19 María Rayón en este tema señala "la superación del principio de la territorialidad para el juzgamiento de temas como: comercio internacional, internet, movimientos migratorios, ecología, etc.". Ver María Concepción Rayón Ballesteros, *ob. cit.*, p. 19.

20 Sobre el tema de las instituciones y el Derecho ver: Neil Maccormick, *Instituciones del Derecho*, Marcial Pons, 2011, pp. 374 y 375.

con unas técnicas y principios contenidos en ellas mismas.[21] Si bien el modelo puede lucir extremo en la escogencia de una u otra fórmula, lo cierto es que en la vida diaria del manejo que hemos asumido de las instituciones frente al reto de la globalización, se dan ambos casos. Probablemente, lo que llama más la atención, es el uso inadecuado no sólo de las instituciones económicas directamente relacionadas con la globalización, sino también el de otras que hacen, frente a un esfuerzo globalizador, mostrar una profunda debilidad institucional de los países. Lo anterior lleva a pensar en que no hay instituciones o las que hay no cumplen los objetivos para los cuales fueron diseñadas.

3.3. Las instituciones frente al reto de la globalización

José Alberto Garibaldi se refiere a las dificultades presentes a la hora de acometer un cambio institucional:

> Para lograr un cambio efectivo no bastaba que un nuevo contrato favoreciese el desarrollo de nuevas instituciones. Era necesario, además, discutir qué era lo que se quería de ellas. Hacía falta una visión crítica de cada una de ellas, que discutiese lo que se deseaba. Las tradiciones jurídicas como un modelo mental, un marco de pensamiento que permanece la más de las veces oculto, pero que puede constituirse en una importante restricción a la conducta.[22]

De alguna manera las instituciones contribuyen, a pesar de sus limitaciones naturales producto, en muchos casos de situaciones previas a la globalización, a convertir lo abstracto en un proceso.

Peter Evans, ya citado en este trabajo, logra aproximarnos a una idea de las instituciones dentro del marco de la globalización. En tal sentido señala:

> Las instituciones que se entenderán aquí (se refiere a su obra ya citada anteriormente) como las reglas del juego definidas históricamente y construidas socialmente, que se reflejan en las normas y prácticas compartidas informalmente por las personas y que se confirman mediante las rutinas de interacción entre ellas.[23]

A la larga, las ciencias sociales han tenido que comprender el contexto institucional en el que se desarrolla una actividad combinada de instituciones entre las cuales algunas son gubernamentales y otras no. La dinámica de esa relación puede traducirse en lo que Evans llama "una tensión creativa". Él mismo reconoce el contexto en el cual se realiza una actividad, del mismo no se puede prescindir, hacerlo sería un grave error, de las instituciones públicas. Lo anterior lo expresa así:

---

21 Roger Cotterrell, *The Politics of Jurisprudence. A Critical Introduction to Legal Philosophy,* University of Pensylvania Press, Philadelphia, 1994, p. 156.

22 José Alberto Garibaldi, www.cervantes.virtual.com

23 Peter Evans, *ob. cit.*, p. 19.

La importancia fundamental de las instituciones públicas, que proporcionan la maquinaria organizativa y legítimamente autorizada para la enunciación y la realización de las aspiraciones colectivas, se reconoce casi universalmente. Mi atención a la organización del Estado de naciones concretas y a las instituciones para la gobernanza global es un reflejo de mi participación en ese contexto.[24]

Pero frente a las instituciones tradicionales o formales existen otros productos de lo que algunos llaman "instituciones de oposición", las cuales merecen toda la atención ya que constituyen una piedra en el camino, muchas veces importante, para el proceso globalizador. Tal como menciona Evans: "Las ideologías, prácticas, redes y organizaciones que se generan gracias a los esfuerzos de los excluidos son igualmente importantes".[25] Ciertamente, lo anterior obliga a los gobiernos a desarrollar un notable esfuerzo: por un lado, de justificación y por el otro de atención a las instituciones de oposición, sean nacionales o globales. Dentro de ellas, por no mencionar sino dos, están las relativas a la protección de los derechos humanos y las que luchan por la protección del ambiente. Ciertamente hay que admitir, adicionalmente, que la globalización, específicamente en sus aspectos económicos, se ha vuelto un tema clave dentro de la discusión política interna de los países.

Toda la discusión va a retornarnos siempre al Estado como elemento persistente en la forma de concebir el interés nacional. En este sentido Evans señala una composición ideal, que lamentablemente ha estado muchas veces lejos de nuestra historia real, lo cual no lo convierte en un desiderátum por el cual no valga la pena luchar. Así indica:

> El Estado, su componente interno esencial, es la capacidad burocrática weberiana, cuyas bases son la contratación meritocrática, las carreras en el servicio público con recompensas predecibles y un espíritu interno de cuerpo. El complemento externo necesario de esa capacidad son los lazos estructurales fuertes con otros grupos importantes de la sociedad civil (por ejemplo, industriales).[26]

Lo que a todas luces se hace evidente es que el análisis institucional ha llegado a dominar la teoría del desarrollo contemporáneo. La misma economía que parecía haber abandonado durante un largo período de tiempo lo institucional lo ha retomado con enorme vigor. Desde esta perspectiva se puede señalar que el análisis económico del desarrollo ha dado un giro institucional.[27]

---

24 *Ídem.*

25 *Ídem.*

26 *Ibíd.*, p. 21.

27 *Ibíd.*, p. 187.

Hoff y Stiglitz (2001) citados por Evans señalan: "El desarrollo no puede verse ya principalmente como un proceso de acumulación de capital, sino que debe verse como un proceso de cambio organizativo".[28] Más adelante, en su obra Evans añade: "El cambio viene determinado por la concatenación de ideas que forman las estructuras de las organizaciones y las instituciones".[29] Pero cualquier cambio va a estar determinado por la búsqueda de agentes sociales y de procesos políticos que tengan esa fórmula que se requiere para generar cambios institucionales. Sin los mismos, no vamos a lograr que la globalización se convierta, no en un beneficio para unos pocos, sino más bien en un instrumento fundamental para el desarrollo integral de nuestros países. Tal como nos aporta Evans:

> En el corazón del programa político favorable al cambio se encuentran las teorías acerca de cómo construir instituciones capaces de vincular la distribución de recursos y la organización de la producción al intercambio y las discusiones públicas reales entre los ciudadanos comunes.[30]

No es accidental que hablemos de requerimientos institucionales cuando en muchos de nuestros países se pretende, insisto, mantener las instituciones, con fines distintos a los originales lo cual crea situaciones difíciles de ser legitimadas o bien se pretende destruir el marco institucional con argumentos políticos que nos sumergen en una incertidumbre total y que generan fuertes reservas a los que nos ven desde afuera. Hay toda una exigencia de patrones sistemáticos, expectativas compartidas, presupuestos no cuestionados, normas aceptadas y rutinas de interacción que generan las instituciones. Ello constituye un componente fundamental en la conformación de las motivaciones y en el comportamiento de grupos de actores sociales interconectados.[31]

No es fácil admitir que nuestros políticos, al igual que muchos científicos sociales, no comprenden cabalmente el rol de las instituciones en la construcción de un proceso globalizador que genere bienestar para sus ciudadanos. Pero, igualmente tenemos que enseñar a nuestras instituciones, que supuestamente deberían sobrevivir a los gobiernos de turno, lo cual no siempre sucede en este lado del mundo, a comprender la dinámica de la globalización. Ellas son factores de promoción y apoyo a la misma. Son un motor imprescindible para acercar a los ciudadanos a un proceso que a veces puede lucir ambiguo para muchos.

Las instituciones no sólo involucran restricciones a la actividad social en general. Son, lo cual es más importante en mi opinión, facilitadoras y, constitutivas de las preferencias y de las visiones del mundo de las bases políticas. Tienen una dimensión simbólica que nos aproxima al conocimiento de los valores y de la visión del mundo de los individuos que las componen. Ello les da a las personas

---

28 *Ibíd.*, p. 189.

29 *Ibíd.*, p. 193.

30 *Ibíd.*, p. 207.

31 *Ibíd.*, p. 217.

que se rigen por ellas, una forma de actuar que ha sido descrita en estudios relativos a la "etnografía" como, por ejemplo, los de Bruno Latour.[32]

Por ello, cuando se exige, frente a hechos como la globalización, la exigencia de cambio intelectual, estamos frente a una tarea ardua. No se trata sólo de modificar estructuras burocráticas sino también de cambiar nuestra visión de percibir la realidad y de actuar sobre ella. Es algo más profundo que un simple cambio producto de la búsqueda de eficiencia y de intereses distintos a los inicialmente concebidos. El primer elemento no visible explica por qué en muchos casos las instituciones tradicionales permanecen a pesar de no ser eficientes y no responder a nuevos intereses como, por ejemplo, los generados por una exigencia de globalización.[33]

Frente a las paradojas derivadas de un proceso de globalización que está frente a nosotros, aunque no hayamos dado los pasos necesarios para entenderlo o para asumirlo, con más beneficios que perjuicios, tendemos a recurrir a lo que pensamos que mejor conocemos y es más seguro. El tema es que lo conocido a veces no es tan seguro como pensábamos. En este sentido señala Evans: "Las instituciones internacionales del liberalismo solidario dependían fuertemente de los cimientos del Estado-nación, cuyo poder fue recortado por la mayor velocidad y magnitud de las transacciones internacionales".[34]

Por otra parte, el crecimiento derivado de la globalización genera preocupaciones asociadas con la corrupción, la cleptocracia y los Estados depredadores.[35] El crimen internacional parece tomar ventajes de la globalización a un ritmo difícil de predecir. Moisés Naim en su trabajo *Illicit* señala:

> El crimen global no solamente ha subido en volumen, sino que, gracias a su habilidad para amasar beneficios colosales, se ha transformado en una fuerza políticamente poderosa... Detrás de esta ascendencia de las redes criminales globales está una dinámica de globalización que es poderosa, pero usualmente pasada por alto.[36]

El tema anterior sería un elemento más a los retos a asumir como consecuencia de la globalización. Pero hay un elemento que luce contradictorio en el mundo de hoy que es el recurso al nacionalismo o a los intereses nacionales cuando no se está satisfecho con las cargas impuestas por la globalización. Lo anterior luce más contradictorio en países que se han servido de los beneficios de la globalización,

32 Ver Peter Evans, *ob. cit.*, pp. 222 y 224. Ver Bruno Latour, *The Making of Law. An Ethnography of The Conseil D'État*, Polity, Malden, 2010.

33 Peter Evans, *ob. cit.*, p. 246.

34 *Ibíd.*, p. 252.

35 *Ibíd.*, p. 289.

36 Moisés Naim, *Illicit. How Smugglers, Traffickers and Copycats Are Hijacking The Global Economy*, Anchor Books, New York, 2006, p. 13.

al menos económicamente, a lo largo del siglo pasado y de los primeros años del presente. Es más, pareciera que hay una fuerte presión para poner en duda la eficiencia de las organizaciones internacionales, tal como ha sucedido, por ejemplo, con la pandemia del Covid-19. Todo lo anterior añade un cariz de "oportunismo" que afecta profundamente nuestra percepción de los temas en juego.

3.4. Rol de la democracia frente a la globalización

Para Rawls: "La idea definitiva de la democracia deliberativa es la idea misma de deliberación. Cuando los ciudadanos deliberan, intercambian opiniones y debaten sus razones en favor de cuestiones políticas públicas".[37]

Es evidente, para cualquier observador común, que los temas relativos a la globalización deben ser sometidos a un amplio debate público ya que afectan a la forma de vida y a los valores de los ciudadanos. No se trata de forzar un modelo político que se ha impuesto en Occidente, sino conseguir la mejor manera de lograr participación y hacer transparente todo el desarrollo interno de un país tendente a armonizar sus instituciones con el reto que la globalización impone.

Si uno de los objetivos de la globalización, aceptado por casi todos los participantes en los países con economías de transición, es el desarrollo, el mismo se encuentra íntimamente relacionado con la democracia. Amartya Sen señala:

> Si el desarrollo es entendido en una forma amplia, con énfasis en las vidas humanas, entonces se hace inmediatamente claro que la relación entre desarrollo y democracia tiene que verse desde el punto de vista de su conexión constitutiva en lugar de sólo a través de sus vínculos externos. Aun cuando se ha planteado con frecuencia la cuestión de si la libertad política es "conducente para el desarrollo", no debemos omitir el reconocimiento crucial de que las libertades políticas y los derechos democráticos están entre los "componentes constitutivos" del desarrollo. Su relevancia para el desarrollo no tiene que ser establecida indirectamente a través de su contribución al crecimiento del producto nacional bruto.[38]

El tema de la democracia es más complejo que el del voto. Sen, comentando la afirmación de Samuel Huntington que señala "las elecciones abiertas, libres y equitativas constituyen la esencia de la democracia, el ineludible *sine qua non*" nos indica:

> ...la efectividad de los votos depende, de manera decisiva, de lo que se juega en las urnas, como la libertad de expresión, el acceso a la información, y el derecho a disentir. Votar a secas puede ser en sí mismo completamente

---

37 John Rawls, *Collected Papers*, Harvard University Press, Cambridge, Mass, 1999, pp. 577 y 580.

38 Amartya Sen, *ob. cit.*, p. 378.

inadecuado, como lo muestran con elocuencia las insólitas victorias electorales de tiranías en ejercicio o regímenes autoritarios del pasado y del presente...[39]

El esfuerzo colectivo, la rendición de cuentas requerida y la transparencia que debe imponer a los países un proceso de globalización encaminado al bien común de una sociedad, no puede realizarse sin la presencia de los valores propugnados por una democracia deliberativa. Cómo pensar en un entorno propicio para la globalización en un ambiente, por ejemplo, como el de la Venezuela actual, en el cual predomina una forma de gobierno autoritaria subordinada a una ideología que sólo puede ser caracterizada como "oportunista". La situación anteriormente señalada se ha montado sobre la base de: censura; reglamentación y limitación a la prensa, lo cual incluye cierre de medios de comunicación y el uso del Derecho como medio de coacción frente a conductas indeseadas; supresión de la disidencia; proscripción de candidatos y de autoridades de los partidos políticos de oposición; encarcelamiento de los disidentes, etc.

Sin lugar a dudas, con situaciones como la descrita, es lógico pensar o en una postura escéptica frente a los valores en juego o bien en una exigencia de cambio que modifique los elementos indeseables del modelo político. Aun en el supuesto de una gran eficiencia, que no es el caso del ejemplo recién citado, el éxito de la globalización no se puede montar sobre la base del sacrificio de las libertades democráticas de los ciudadanos. Es por ello que Arthur M. Okun señala:

> A democratic capitalist society will keep rearching for better ways of drawing the boundary lines between the domain of rights and the domain of dollars. And it can make progres. To be sure, it will never solve the problem, for the conflict between equality and economic efficiency is inescapable. In that sense, capitalism and democracy are really a most improbable mixture. Maybe that is why they need each other-in put some rationality into equality and some humanity into efficiency.[40]

Al final como diría Adolf Reinach: "Las antinomias suponen una situación vital en las que están mandadas con el mismo peso acciones contradictorias".

4. Venezuela una experiencia que es valioso compartir

El delicado equilibrio requerido entre organización administrativa (instituciones), participación democrática y señales de mercado pone el peso de nuestra reflexión en los retos impuestos por cada uno de esos factores. La ausencia de democracia y de un debate público abierto constituye una limitación difícil (casi imposible) de superar para lograr el ajuste institucional requerido con el objeto de adecuar las instituciones a las exigencias globalizadoras. El hecho de no contar

---

39 *Ibíd.*, pp. 356 y 357.

40 Arthur M. Okun, *Equality and Efficiency. The Big Tradeoff*, The Brookings Institution, Washington, D.C., 1975, p. 120.

con una estructura institucional pública que sea transparente y un sistema judicial autónomo son factores que desestimulan la inversión en cualquier país. Sólo la expectativa de ganancias desmedidas –contrarias a los intereses del país receptor de la inversión– pueden justificar ese tipo de riesgos. Ello sin contar con razones geopolíticas que normalmente no se traducen en bienestar para las poblaciones que se ven involucrados en esos procesos. Al final no son las poblaciones respectivas las que determinan ese tipo de decisión sino elementos políticos aunados a la ausencia de otras fuentes de recursos (por las mismas razones geopolíticas).

En cualquier caso, en la Venezuela reciente se ha presenciado un largo proceso de destrucción institucional que se ha generado, en gran parte, por la concentración de todos los poderes del Estado en el ejecutivo. Por ejemplo, en lo económico señala el doctor Humberto Romero-Muci en su discurso de contestación al discurso de incorporación del profesor Juan Cristóbal Carmona Borjas a la Academia de Ciencias Políticas y Sociales de Venezuela, dice así al académico Romero-Muci:

> En Venezuela la deriva autoritaria ha desmantelado el Estado democrático y social de Derecho durante los últimos 18 años. Producto de su ...progresiva desconstitucionalización, desjuridificación, desjudicialización y desdemocratización..., en su lugar y bajo sus despojos, se ha ensamblado un Estado totalitario, una dictadura totalitaria, que ha pasado a controlar todos los aspectos de la vida política, social y económica del país.
>
> Se han instalado todo tipo de controles sobre la economía (control de cambio, control de precios, tasas de interés, importaciones, exportaciones, etc.). Estos controles sólo han servido para crear más distorsiones, asfixiar la economía, generar inseguridad jurídica y una red clientelar y de corrupción entretejida por el régimen y partido de gobierno. En definitiva, se ha puesto en pie todo tipo de leyes para imponer el modelo económico de un Estado corporativo excluyente, con el fin de sustituir el sistema democrático de equilibrio económico.
>
> El privilegio monopolístico en la creación de dinero ha sido pervertido por el Gobierno con la complicidad del Banco Central de Venezuela (BCV) como un instrumento recaudatorio para financiar sus déficits fiscales... El trabajo de incorporación representa una denuncia sobre el más reciente artilugio del régimen y partido de gobierno por continuar desarticulando el sistema monetario nacional: la invención del llamado "petro". Un cripto-activo que encubre el propósito de ser un pretendido salvavidas financiero para el proyecto político fracasado y destructivo. Esta vez, amparado por el halo de impunidad

que ofrecen la complejidad de la tecnología blockchain, la novedad del llamado dinero digital y la ambigüedad regulativa del tema, tanto de las criptomonedas como del propio "criptoactivo venezolano"[41]

Sobre el sistema financiero venezolano ha dicho el académico Alfredo Morles Hernández:

> En lugar de seguir el objetivo de regulación internacional de seguridad, con el fin de garantizar un funcionamiento eficiente del mercado, sistema que se estructura sobre tres pilares, la regulación, la supervisión y el tratamiento de situaciones de crisis, el régimen venezolano subordina el funcionamiento del sistema financiero al cumplimiento de los fines ideológicos del socialismo del siglo XXI.[42]

En realidad, el tema va más allá de la intervención del gobierno en la actividad económica privada del país, se ha extendido a las instituciones del Estado, que en el pasado presentaban una burocracia profesional hasta cierto punto dotada de autonomía, que constituía frente a los actores externos una garantía de contar el país con los interlocutores adecuados para, a nivel técnico, aportar el insumo requerido en un proceso como el globalizador. La burocracia anterior fue sustituida por elementos políticos altamente ideologizados los cuales presentan altas ratas de rotación en sus cargos, lo cual constituye una agravante adicional a los problemas planteados.

Por su parte las academias nacionales, tal como lo señalan las leyes constitutivas de las mismas, han venido emitiendo una serie de pronunciamientos a fin de alertar a los ciudadanos y al propio gobierno de lo grave de la situación planteada. Sería un tema de otro trabajo el poder referirse a todas las consideraciones académicas emitidas en este sentido, no obstante, a título ejemplificativo, permítanos

---

41 Humberto Romero-Muci, "Discurso de contestación" en Juan Cristóbal Carmona Borjas, *ob. cit.*, pp. 84 a 86.

42 Alfredo Morles Hernández, *La Banca. En el marco de la transición de sistemas económicos en Venezuela*, segunda edición, Universidad Católica Andrés Bello y Universidad Monteávila, Caracas, 2016, p. 54. El mismo autor que acabamos de citar menciona en otra obra: "No obstante el rechazo de la reforma constitucional, el gobierno nacional ha logrado la adopción de una legislación penetrada por los elementos ideológicos del socialismo del siglo XXI, como son el poder popular, el Estado comunal y la contraloría social incorporados a leyes orgánicas dictadas en diciembre de 2010 al margen de la Constitución. Estas leyes han sido consideradas por autorizados constitucionalistas como pertenecientes a una corriente de desconstitucionalización a la que también se ha calificado de brecha paralela para la construcción del Estado comunal comunista o como una mutación constitucional (práctica de establecer valores, principios y reglas contrarias a la Constitución sin acudir a los procedimientos consagrados para su reforma)". Ver Alfredo Morles Hernández, *Historia del Derecho Mercantil venezolano*, Universidad Monteávila y Universidad Católica Andrés Bello, Caracas, 2015, p. 233.

referirnos a algunos de los juicios emitidos en este sentido. En materia de tributos, por ejemplo, la Academia de Ciencias Políticas y Sociales (ACPS) señaló con respecto a la "Ley Constitucional que crea el impuesto a los grandes patrimonios":

> La ACPS reitera su criterio sobre la ilegitimidad de origen de la Asamblea Nacional Constituyente y sobre la espuria intención de anular y suprimir a la Asamblea Nacional, único órgano del Poder Público legitimado por el pueblo venezolano mediante elecciones libres, universales, directas y secretas, para legislar en la materia de competencia nacional. Consecuentemente, condena la inconstitucional pretensión de la usurpadora Asamblea Nacional Constituyente de legislar sobre materias de reserva legal y sustituirse en las competencias legislativas en materia tributaria de exclusiva y excluyente atribución de la Asamblea Nacional como legislador nacional. (En Caracas a los 10 días del mes de junio de 2019).[43]

Lo anterior evidencia la intención de crear una Asamblea Constituyente, inconstitucionalmente constituida, para asumir las funciones que corresponden a la Asamblea Nacional, dentro de las cuales están las legislativas como vimos en el caso descrito.

Otro asunto que podría afectar al tema de los negocios globales se refiere a la Sentencia de la Sala de Casación Civil del Tribunal Supremo de Justicia venezolano que declara que "la Convención Interamericana sobre eficacia extraterritorial de las Sentencias y Laudos Arbitrales extranjeros dejó de surtir efectos en Venezuela". En tal sentido la Academia de Ciencias Políticas y Sociales señaló:

> ...esta Academia ratifica que la Convención Interamericana se mantiene en pleno vigor y vigencia jurídica, surtiendo efectos en el país, en virtud de no haber sido denunciada por Venezuela, conforme a las normas del Derecho Internacional y las disposiciones de ese tratado. En consecuencia, la afirmación contenida en la sentencia por la Sala de Casación Civil del Tribunal Supremo de Justicia, según la cual la Convención Interamericana de Eficacia Extraterritorial de las Sentencias y Laudos Arbitrales Extranjeros dejó de surtir efectos en nuestro país, constituye un error jurídico inexcusable que atenta gravemente contra la integridad del ordenamiento jurídico y la seguridad jurídica, tanto nacional como internacional (a los seis días del mes de agosto de 2019).[44]

En otra muestra ejemplificativa de las acciones del gobierno en un área sensible como la laboral, la Academia de Ciencias Políticas y Sociales refiriéndose al Informe de la Comisión de Encuestas OIT (República Bolivariana de Venezuela de 17 de septiembre de 2019), señala:

---

[43] Disponible en: https//www.acienpol.org.ve

[44] *Ídem.*

La Academia exhorta al gobierno de la República Bolivariana de Venezuela a cumplir con sus obligaciones internacionales bajo los tratados y convenios vigentes y, en consecuencia, a adoptar más allá de su respuesta inicial al Informe, las medidas idóneas para el cumplimiento de la Comisión de Encuesta OIT: 1) Promover un clima desprovisto de violencias, amenazas, persecución, estigmatización, intimidación u otra forma de agresión, en que los interlocutores sociales, puedan ejercer sus actividades legítimas, incluida la participación en un diálogo social con todas las garantías... respetar la autonomía de las organizaciones de empleadores y de trabajadores, en particular con relación al gobierno o a partidos políticos... y suprimir toda injerencia y favoritismo de las autoridades estatales... crear y convocar a la mayor brevedad (múltiples mesas de diálogo para acompañar la aplicación de las (anteriores) recomendaciones... (a los diez días del mes de enero de 2020).[45]

Las violaciones señaladas por la Organización Internacional del Trabajo han creado un ambiente laboral violatorio de las convenciones internacionales suscritas por el país y contrario al diálogo que debe imperar en un sistema democrático.

A lo anterior, entre otros muchos actos que afectan al régimen democrático y a los derechos humanos se suman las sentencias de la Sala Constitucional del Tribunal Supremo de Justicia (conformada de acuerdo a un procedimiento contrario a la Constitución) que pretenden regular la elección de los miembros del Consejo Nacional Electoral, por desacato del órgano competente que es la Asamblea Nacional. Adicionalmente han suspendido las directivas de las organizaciones con fines políticos, procediendo a nombrar autoridades de esas instituciones *ad hoc*. Ante lo anterior la Academia de Ciencias Políticas y Sociales ha advertido públicamente que "bajo las actuales condiciones consistentes, entre otras, en la falta de independencia e imparcialidad del Consejo Nacional Electoral; la ilegalización e intervención de los principales partidos de la oposición; la inhabilitación, detención arbitraria y persecución de actuales diputados y dirigentes políticos de oposición; y la ausencia en general de las garantías esenciales para la celebración de elecciones libres, justas y creíbles como expresión de la soberanía del pueblo, no es posible la realización de elecciones legítimas como las de diputados a la Asamblea Nacional (a los dieciocho días del mes de junio de 2020).[46]

El reacomodo institucional requerido en Venezuela con el objeto de lograr una democracia verdadera –no es el caso aquí de examinar si deliberativa o participativa– luce indispensable para poder asumir los retos que un mundo cada vez más globalizado va a exigir. Sin ser exageradamente seguidores del espíritu de la ilustración planteado por Kant en su ensayo de 1784 referente a "Idea para una historia universal desde el punto de vista cosmopolita", publicado en el periódico *Berlinische Monatsschrift*, podemos compartir con él la idea cosmopolita de la

45 *Ídem*.

46 *Ídem*.

unidad fundamental de la humanidad, la que a pesar de todas las vicisitudes que podamos sufrir, sin embargo, muestra una constante tendencia hacia el "progreso".[47] De cualquier forma, es un hecho notorio hoy, a pesar de los intereses de los actores internacionales que no son siempre ideológicos como se pretende mostrar, que el tema relativo a los derechos humanos, la democracia, la protección del ambiente, la justicia social, la discriminación, la salud, etc. constituyen elementos constantes en la consideración de la sociedad global de hoy en día. Ante ello podemos legítimamente preguntarnos ¿Cuáles son los límites tolerables para aceptar acompañantes válidos en el proceso de globalización? La respuesta no es sencilla, pero va a determinar una gran parte de la ruta que debemos tomar.

5. La globalización: un camino con riesgos a seguir en Iberoamérica

Gabe Mythen en su obra acerca de Ulrich Beck señala que lo que es significativo acerca de la situación actual, es el alcance según el cual lo global y lo local se "entrecruzan". Las decisiones tomadas a nivel internacional, como, por ejemplo, acerca del comercio internacional, el poder nuclear o el calentamiento global, producen un sinnúmero de consecuencias en las actividades locales. De manera similar, las prácticas locales, exceso de producción, conflictos regionales o la producción que implica emisiones nocivas para la salud, generan consecuencias que producen sus efectos en regiones distantes. Tal como señala la autora en comento en las últimas décadas, la perspectiva de la sociedad de riesgo ha tenido una gran influencia, lo cual ha permitido servir de punto de partida para importantes estudios académicos, ambientales y para el diálogo político. Lo anterior coloca este tipo de análisis en un lugar preponderante en la teoría social y cultural. En los últimos meses con el tema referente al Covid-19 y los efectos que ha tenido en la economía global, análisis como el de riesgo vuelven a estar, en primera línea, dentro de las consideraciones relativas a los pro y contra de la globalización. Sin lugar a dudas, no se puede entender nuestro tiempo sin considerar los factores de riesgo a los cuales estamos expuestos, entre otros casos, por los efectos de una mundialización que teje sus efectos sobre toda la humanidad. La teoría del riesgo constituye hoy en día un capítulo imprescindible de cualquier agenda académica como la planteada en este encuentro iberoamericano.[48]

6. Algunas reflexiones finales

El tema de la reinstitucionalización en algunos países de Iberoamérica, como el caso venezolano, al cual hemos hecho referencia, plantea obstáculos importantes a la globalización. Es un desafío que no permite esperar en búsqueda de un cambio político e institucional, que, como el barco de Neurath, citado por Quine,

---

[47] Ver Vincenzo Ferrone, *The Enlightenment. History of An Idea*, Princeton University Press, Princeton and Oxford, 2015, p. 7.

[48] Gabe Mythen, *Ulrich Beck A Critical Introduction To The Risk Society*, Pluto Press, London, 2004, edición electrónica de Amazon Kindle, pp. 138 a 160. Ver *Le Dictionaire des Sciences Humaines*, *ob. cit.*, p. 78.

debe repararse tabla por tabla mientras el barco navega.[49] El tema de la democracia es otro que debe ejecutarse al igual que lo mencionado anteriormente, mientras el barco navega. Unas elecciones "limpias" son un buen comienzo, pero no es todo. Como señala Sen:

> El éxito de la democracia no consiste únicamente en disponer de la más perfecta estructura institucional imaginable. Depende ineludiblemente de nuestros patrones reales de conducta y del funcionamiento de las interacciones políticas y sociales. No hay esperanza de confiar el asunto en las manos seguras del virtuosismo puramente institucional.[50]

No podemos exigir, para lograr la globalización que todos queremos, el cumplimiento absoluto de lo que la conciencia global de hoy exige. Pero hay que dar los pasos en esa dirección. Lo anterior, supone para nosotros, un esfuerzo encaminado en cuatro rutas que al final llevan al mismo camino. Primero hay que lograr un equilibrio, lo cual exige ceder en ambos lados (el local y el global), entre los intereses en juego. Ello requiere saber de antemano cuáles son o al menos aproximarnos a ellos.

Segundo, hay que profundizar en el desarrollo de nuestras instituciones sin olvidar que son los propios ciudadanos de nuestros países los mejores jueces para evaluar la capacidad de respuesta de las mismas. Tercero, lo político-social es imprescindible y no acepta fórmulas extremas, ya pertenezcan estas a la derecha o a la izquierda. La tentación del populismo, del nacionalismo, del militarismo, de la antipolítica siempre van a estar presentes y si no las confrontamos, política y socialmente, vamos a repetir experiencias no deseadas.

Finalmente, no se puede definir lo que se quiere y cómo se va a lograr, si no se definen previamente los valores imperantes en una sociedad. Ciertamente que podemos ponerle límites a la globalización, lo cual también constituye un reto, pero ello sólo se puede justificar cuando los valores asumidos por una comunidad están en riesgo. En este sentido sí debe cumplirse lo que Louis de Bonald le criticaba al dogma de la soberanía popular: "que el dique nazca del torrente".[51]

REFERENCIAS BIBLIOGRÁFICAS

ACADEMIA DE CIENCIAS POLÍTICAS Y SOCIALES de Venezuela. Disponible en: https//www.acienpol.org.ve

BRÉHIER, Emile, *Historia de la Filosofía. Siglos XVIII-XX,* Volumen II, Tecnos, Madrid, 1988.

---

49 Willard Van Orman Quine, *Word and Object,* The Mitt Press, Cambridge, 2013, p. 3.

50 Amartya Sen, *ob. cit.*, p. 386.

51 Emile Bréhier, *ob. cit.*, p. 229.

CALDERA, Rafael, *Reflexiones de la Rábida*, Seix Barral, Barcelona, 1976.

CARMONA BORJAS, Juan Cristóbal, "Discurso y trabajo de incorporación como individuo de número en el sillón número 30 de la Academia de Ciencias Políticas y Sociales", *Múltiples caras de los criptoactivos. Especial referencia al caso petro*, Academia de Ciencias Políticas y Sociales, Caracas, 2018.

COTTERRELL, Roger, *The Politics of Jurisprudence. A Critical Introduction to Legal Philosophy,* University of Pensylvania Press, Philadelphia, 1994.

EVANS, Peter, *Instituciones y desarrollo en la era de la globalización neoliberal*, Colección en Clave del Sur, editor César Rodríguez Garavito, Ilsa, Bogotá, 2007.

FERRONE, Vincenzo, *The Enlightenment. History of An Idea*, Princeton University Press, Princeton and Oxford, 2015.

GARIBALDI, José Alberto, www.cervantes.virtual.com.

Harvard Deusto Business Review, Número 181, julio 2009.

LATOUR, Bruno, *The Making of Law. An Ethnography of The Conseil D'État*, Polity, Malden, 2010.

Le Dictionnaire Des Sciences Humaines, Puf, París, 2006.

MACCORMICK, Neil, *Instituciones del Derecho*, Marcial Pons, 2011.

MORLES HERNÁNDEZ, Alfredo, *La Banca. En el marco de la transición de sistemas económicos en Venezuela*, segunda edición, Universidad Católica Andrés Bello y Universidad Monteávila, Caracas, 2016.

____ *Historia del Derecho Mercantil venezolano*, Universidad Monteávila y Universidad Católica Andrés Bello, Caracas, 2015.

MYTHEN, Gabe, *Ulrich Beck A Critical Introduction To The Risk Society*, Pluto Press, London, 2004 (edición electrónica de Amazon Kindle).

NAIM, Moisés, *Illicit. How Smugglers, Traffickers and Copycats Are Hijacking The Global Economy*, Anchor Books, New York, 2006.

OKUN, Arthur M., *Equality and Efficiency. The Big Tradeoff*, The Brookings Institution, Washington, D.C., 1975.

QUINE, Willard Van Orman, *Word and Object,* The Mitt Press, Cambridge, 2013.

RAWLS, John, *Collected Papers*, Harvard University Press, Cambridge, Mass, 1999.

RAYÓN BALLESTEROS, María Concepción, "La globalización: su impacto en el Estado-nación y en el Derecho", *Revista Jurídica Derecho*, N° 8, volumen 7, enero-junio, Universidad Mayor de San Andrés, La Paz, 2018.

RODRÍGUEZ BERRIZBEITIA, Julio, *Venezuela ante el Mercosur*, compiladoras Astrid Uzcátegui y María Inés de Jesús, Academia de Ciencias Políticas y Sociales, Universidad de los Andes y Universidad Católica Andrés Bello, Mérida, 2015.

RODRIK, Dani, *La paradoja de la globalización. Democracia y el futuro de la economía mundial*, Antoni Bosch editor, Barcelona, 2011.

ROMERO-MUCI, Humberto, "Discurso de contestación" en Juan Cristóbal Carmona Borjas, *Múltiples caras de los criptoactivos. Especial referencia al caso petro.* "Discurso y trabajo de incorporación como individuo de número en el sillón número 30 de la Academia de Ciencias Políticas y Sociales", Academia de Ciencias Políticas y Sociales, Caracas, 2018.

ROONEY, Kathryn, "Los universos paralelos del mercado y la economía chocarán", artículo publicado en *El País* de España, 15 de agosto de 2020.

SCRUTON, Roger, *Modern Philosophy*, Penguin Books, New York, 1994.

SEN, Amartya, *La idea de la justicia*, Taurus, Madrid, 2009.

EL "PACTO DE PUNTO FIJO" DE 1958 COMO PUNTO DE PARTIDA PARA EL ESTABLECIMIENTO Y CONSOLIDACIÓN DEL SISTEMA DEMOCRÁTICO Y DEL ESTADO CONSTITUCIONAL DE DERECHO EN VENEZUELA

Allan R. Brewer-Carías[*]

SUMARIO

El 18 de octubre de 1958 se suscribió en Caracas el llamado *Pacto de Punto Fijo*,[1] documento político mediante el cual, luego de la caída del régimen de Marcos Pérez Jiménez en enero de 1958, se inició en Venezuela el complejo proceso

---

* Profesor Emérito de la Universidad Central de Venezuela.

1 Véase el texto en Presidencia de la República, *Documentos que hicieron historia*, Tomo II, Caracas 1962, pp. 443 a 449. Sobre el Pacto de Punto Fijo y las consideraciones que formulamos aquí véase: Allan R. Brewer-Carías, *Tratado de Derecho*

de establecer un régimen democrático, el país que para entonces era el que menos tradición democrática había tenido en toda la historia de América Latina.

Dada la satanización o demonización que a partir de 1999 se hizo del Pacto de Punto Fijo, en paralelo al proceso de demolición sistemática de las instituciones democráticas que condujo el gobierno del Presidente Hugo Chávez Frías, es importante recordar cuál fue realmente el contenido y efectos de aquél Pacto, particularmente porque la mayoría de las veces cuando se formulan críticas en contra el mismo, las mismas provienen de personas que ni siquiera lo han leído, sumándose al coro de estigmatización por ignorancia e incomprensión. En la situación actual, de demolición completa de la democracia y de colapso total del Estado de derecho en Venezuela, pienso que es de interés volver a estudiar dicho documento, no sólo para comprender el aporte que el liderazgo que lo concibió hizo para establecer la democracia, sino porque en algún momento futuro, un nuevo pacto político será necesario para poder restablecer la democracia.

En 1958, los líderes de los tres más importantes partidos democráticos que en una u otra forma habían contribuido desde la clandestinidad al derrocamiento del dictador Pérez Giménez (Acción Democrática, Partido Social Cristiano Copei, y Unión Republicana Democrática),[2] con vista a la necesidad de la realización de unas elecciones generales en ese mismo año de 1958, y a la posterior conformación del gobierno y de un sistema político que consolidara la democracia en el país, suscribieron dicho *Pacto de Punto Fijo*, con el cual no sólo reconocieron y establecieron entre ellos unas "reglas de juego" político-partidistas para guiar sus relaciones en el futuro, sino que fijaron las bases de un mínimo de entendimiento que garantizara el funcionamiento del régimen democrático a establecerse. Se trató, como lo describió nuestro recordado amigo el profesor Juan Carlos Rey, de:

> "uno de los más notables ejemplos que cabe encontrar en sistema político alguno, de formalización e institucionalización de unas comunes reglas de juego, al propio tiempo que muestra la lucidez de la élite de los partidos políticos venezolanos."[3]

Constitucional, Tomo IV, Instituciones del Estado democrático de derecho en la Constitución de 1961, Colección Fundación de Derecho Público, Editorial Jurídica Venezolana, Caracas, 2014, pp. 142-155.

2 Los partidos Acción Democrática, Copei y URD, que fueron los signatarios del Pacto asumiendo el compromiso de mantener el sistema democrático, obtuvieron más del 92% de los votos en las elecciones generales de 1958.

3 Véase en Juan Carlos Rey, "El sistema de Partidos Venezolanos", *Politeia,* número 1, Instituto de Estudios Políticos, Caracas, 1972, p. 214; y *Problemas Socio–Político de América Latina,* Caracas, 1980, p. 315. Esto lo escribió el profesor Rey en 1972, seis años antes de 1978, cuando otro pacto político de enorme importancia, como fueron los Pactos de la Moncloa, condujo a establecer el régimen democrático en España en la época post-franquista.

Los partidos democráticos habían aprendido que el enemigo de la democracia había que ubicarlo en el sector militar, en los grupos de presión económica, y en los partidos de extrema izquierda, y que, por tanto, la lucha fundamental por establecer lograr la supervivencia del régimen democrático no estaba entre ellos. Por ello convinieron en poner de lado el sectarismo que caracterizó la lucha interpartidista entre 1945 y 1948, y particularmente AD comprendió que el exclusivismo en el juego político no era la mejor vía para establecer una democracia funcional y asegurar la conducción del gobierno.[4]

Se trató, por tanto, de un convenio entre partidos democráticos, suscrito entre ellos partiendo del supuesto de que tenían "la responsabilidad de orientar la opinión para la consolidación de los principios democráticos," para lograr puntos de unidad y de cooperación y sentar las bases conducentes a la consolidación del régimen democrático.

Por eso es importante revisar en qué consistió efectivamente dicho Pacto político, escudriñar cuales fueron los principios generales que llevaron a los partidos democráticos a suscribirlo, y determinar los compromisos políticos que del mismo derivaron, para poder establecer su real importancia en la consolidación del régimen democrático en Venezuela, habiendo sido como en efecto fue uno de sus productos inmediatos, la sanción de la Constitución de 1961. Ello permitirá, además, apreciar porqué fue satanizado a partir de 1999, y con ello, porqué se demolió la democracia en el país.

I. LOS PRINCIPIOS GENERALES DEL PACTO DE PUNTO FIJO

El Pacto de Punto Fijo, en efecto, fue un acuerdo de convivencia entre los partidos democráticos para garantizar el desarrollo de un proceso electoral de 1958, de manera que condujera a la formación de un gobierno democrático con participación de los diversos sectores políticos. Para lograrlo, los partidos políticos democráticos acordaron:

En *primer lugar*, establecer unas pautas de convivencia basadas en el mutuo respecto, inteligencia y cooperación entre las diversas fuerzas políticas, sin perjuicio de la autonomía organizativa de cada una de ellas o de sus características ideológicas.

---

4 Es de observar, por ejemplo, que a pesar del triunfo electoral mayoritario del Partido AD en las elecciones de 1973, la tesis de prometer un Gobierno de consenso nacional y no de carácter monopartidista fue expuesta insistentemente por el Presidente C. A. Pérez al ser electo. *V.* por ejemplo, *El Nacional,* 12 de diciembre de 1973. *Cfr.* asimismo, C. A. Pérez, *Acción de Gobierno.* Caracas, 1973, p. 6, donde señaló que "nuestro Gobierno no será monopartidista ni sectario". Las lecciones del trienio 1945-1948 ciertamente que fueron demasiado duras, por lo que su no asimilación para el gobierno iniciado en 1974 podría ser peligroso.

Estas pautas de convivencia se consideraron como una garantía para no romper el frente unitario que ellas implicaban, y buscaban prolongar la tregua política que se había establecido luego de la caída de Pérez Giménez, despersonalizar el debate y erradicar la violencia partidista.

En *segundo lugar*, ese esfuerzo de cooperación entre las fuerzas políticas democráticas tenía un fin inmediato: lograr, entre todos, que se desarrollase el proceso electoral de diciembre de 1958, y que los poderes públicos que resultaren electos de ese proceso, respondieran a pautas democráticas. Se trataba, por tanto, de un acuerdo para el establecimiento de un sistema democrático.

En *tercer lugar*, como principio general del Pacto se adquirió el compromiso de que se estableciera como resultado de las elecciones un gobierno y unos cuerpos representativos que agruparan equitativamente a todos los sectores de la sociedad interesados en la estabilidad de la República como sistema popular del gobierno. Por tanto, en este aspecto, el Pacto fue más allá del acuerdo de respeto mutuo y de cooperación, y se convirtió en un acuerdo para lograr la participación de todos los sectores interesados en la formación del nuevo gobierno democrático, lo cual se hizo realidad, no sólo en la estructuración del primer gobierno de Rómulo Betancourt en 1959, con participación ministerial de los tres principales partidos democráticos, sino por el establecimiento del principio de la representación proporcional de las minorías, para lograr la "equitatividad" en la representación en los cuerpos deliberantes, de manera que todos los sectores de la sociedad interesados en la estabilidad republicana estuviesen representados en ellos, sin que quedasen algunos de aquéllos fuera del juego político.

Por supuesto, se trataba de un acuerdo "de todos los sectores de la sociedad interesados en la estabilidad republicana", por lo que quedaron fuera del Pacto aquellos sectores que no estaban interesados en esa estabilidad, representados por los sectores del perezjimenismo y de la conspiración militar, y por el Partido Comunista de Venezuela, [5] el cual tampoco estaba interesado en la estabilidad republicana, como quedó demostrado por la lucha subversiva interna que se desarrolló en el país durante más de un lustro, a partir de esa fecha.

---

[5] El Partido Comunista, que no obtuvo más del 5% de los votos en las elecciones de 1958, fue dejado fuera del pacto debido a su programa y doctrinas antidemocráticas. En contraste, en dichas elecciones, los partidos Acción Democrática, Copei y URD, obtuvieron más del 92% de los votos. Por tanto, ni en ese momento, ni en ningún otro en la historia política de Venezuela, se podía considerar al Partido Comunista como "una fuerza considerable en la política venezolana." Véase Daniel Hellinger, "Political Overview: The Breakdown of *Puntofijismo* and the Rise of Chavismo", en Steve Ellner & Daniel Hellinger, *Venezuelan Politics in the Chávez Era. Class, Polarization & Conflicrs*, Lynne Reiner Publishers, London, 2003, p. 29. Cuarenta años después, en las elecciones generales de 1998, el Partido Comunista solo obtuvo el 1.25% de los votos. Véase Richard Gott, *Hugo Chávez and the Bolivarian revolution*, Verso, London, 2005, p. 139.

II. LOS COMPROMISOS POLÍTICOS DEL PACTO DE PUNTO FIJO

Hemos dicho, que entre los principios generales que motivaron el Pacto entre los partidos políticos, estuvo el de garantizar entre todos, que no se rompiera el frente unitario que se había establecido, y que la tregua política que se había logrado con motivo de la Revolución democrática de 1958 fuera prolongada. Es decir, prolongar la tregua política, no romper el frente unitario, despersonalizar el debate y erradicar la violencia partidista, fueron los principios generales que están en la base del Pacto de Punto Fijo, y que fueron los que provocaron el establecimiento de tres compromisos formales entre los partidos signatarios.

Estos compromisos fueron los siguientes:

1. Defensa de la constitucionalidad y del orden democrático

En primer lugar, la defensa de la constitucionalidad y del derecho a gobernar conforme el resultado electoral, lo cual, en definitiva, se configuró como un acuerdo de unidad popular defensivo del sistema constitucional, del sistema democrático, y de las elecciones que se iban a realizar.

En relación con este compromiso debe señalarse que la Revolución Democrática de 1958 no derogó la Constitución de 1953, que había sido producto de una Asamblea Constituyente convocada y dominada por la dictadura; de manera que el Acta Constitutiva de gobierno que se constituyó el 23 de enero de 1958, dejó en vigencia el régimen constitucional precedente, que era el de la Constitución de 1953, con las modificaciones que la Junta de Gobierno pudiera adoptar,[6] no convocándose para sustituirla ninguna Asamblea Constituyente.

En esta decisión sin duda, había una motivación práctica. El convocar elecciones para una Asamblea Constituyente, elaborar una Constitución y luego convocar a elecciones para constituir los nuevos Poderes Públicos conforme a la nueva Constitución, era entrar en un proceso que podía remover o socavar la propia unidad que se buscaba establecer, la tregua política que se había logrado y la despersonalización del debate, y quizás, hubiera sido caer en una lucha interpartidista al máximo. Por ello se dejó en vigencia el régimen constitucional de 1953, a pesar de que se hubiera incluso opinado que lo que debió haber hecho la Junta de Gobierno era derogar la Constitución de 1953, para poner en vigencia la Constitución de 1947 y realizar todo el proceso político al amparo de ésta.[7]

---

6 Véase el Art. 3 del Acta Constitutiva de la Junta Militar de Gobierno de la República de Venezuela, publicada en *Gaceta Oficial* N° 25.567, del 23 de enero de 1958. Véase en Allan R. Brewer-Carías, *Las Constituciones de Venezuela*, Academia de Ciencias Políticas y Sociales, Tomo II, Caracas, 2008, p. 1377.

7 Eso fue lo que había ocurrido en 1948 con motivo del golpe militar contra el presidente Rómulo Gallegos, cuando se derogó la Constitución de 1947 y se restableció

Sin embargo, esto no se hizo: como señalamos, se dejó en vigencia la Constitución de 1953 y se fue directamente a un proceso electoral de acuerdo con las previsiones de la Ley Electoral que se había dictado en mayo de ese mismo año 1958 por la Junta de Gobierno, a los efectos de elegir al Presidente de la República y a una Asamblea-Congreso que debía elaborar la nueva Constitución,[8] y en el cual se declaró como inexistentes el plebiscito y elecciones que se habían realizado en diciembre de 1957.

Por eso, el primer compromiso del *Pacto de Punto Fijo* fue la defensa de la constitucionalidad, y ésta era la establecida en la Constitución de 1953, con las modificaciones establecidas por el Gobierno *de facto*.

Ahora bien, este compromiso implicaba ir a elecciones y respetar el resultado de las mismas, por lo que el Pacto configuró una "unidad popular defensiva" del sistema constitucional y del resultado de las elecciones.

Para lograr este primer objetivo del *Pacto de Punto Fijo*, en su texto se establecieron una serie de compromisos concretos:

En *primer lugar*, el compromiso político de que los Poderes Públicos para el período 1959-1964 serían los resultantes de las elecciones; en *segundo lugar*, el que todas las fuerzas políticas consideraban como un delito contra la patria, la intervención por la fuerza contra las autoridades electas, en virtud del compromiso de respetar el resultado electoral; en *tercer lugar*, la obligación general de las fuerzas políticas de defender las autoridades constitucionales contra todo intento de golpes de Estado que se pudieran producir; compromiso que asumieron las fuerzas políticas, aun cuando no estuviesen participando en el futuro gobierno y estuviesen, en lo que se llamó en el Pacto, "en una oposición legal y democrática al Gobierno" o sea, dentro del mismo juego democrático; y en *cuarto lugar*, así como se estableció que se consideraba delito contra la patria la intervención por la fuerza contra las autoridades electas, se estableció, también, como un "deber patriótico", la resistencia contra la fuerza o contra todo hecho subversivo.

Como consecuencia, también se consideró como un delito contra la patria, la colaboración con las fuerzas y con los hechos subversivos, que pudieran provocar la ruptura de la estabilidad constitucional y democrática que resultara de las elecciones.

---

la vigencia de la Constitución de 1936 reformada en 1945. Véase "Acta de constitución del Gobierno Provisorio de los Estados Unidos de Venezuela e 24 de noviembre de 1948," publicada en *Gaceta Oficial* N° 22778, del 25 de noviembre de 1948. Véase en Allan R. Brewer-Carías, *Las Constituciones de Venezuela*, Academia de Ciencias Políticas y Sociales, Tomo II, Caracas, 2008, p. 1345

8 Por Decreto-ley N° 20 de 3-2-1958 se había derogado la Ley de Elecciones de 1957, publicada en *Gaceta Oficial* N° 25.576 del 3 de febrero de 1958.

2. La constitución de un gobierno de unidad nacional

El segundo compromiso político establecido en el Pacto fue el de la constitución de un gobierno de unidad nacional, como exigencia para darle estabilidad al Estado de Derecho. Por tanto, no sólo se trató de un acuerdo político para establecer una unidad popular defensiva del sistema democrático, sino, además, de un pacto para convertir dicha unidad, dentro del sistema constitucional y como producto del hecho electoral, en un gobierno unitario nacional. Este compromiso político no tenía, además, límite temporal: la idea de establecer el gobierno unitario fue un compromiso que se adquirió por tanto tiempo como perdurasen los factores que amenazaban el ensayo republicano.

Por otra parte, el establecimiento de un gobierno de unidad nacional se consideró como el camino para canalizar las energías partidistas, para evitar que la oposición sistemática debilitara el movimiento hacia la democracia, y por supuesto, para evitar la discordia interpartidista.

Por último, otro elemento fundamental de este compromiso de búsqueda de un gobierno de unidad nacional fue el de declarar que no debía haber hegemonía en el Gabinete Ejecutivo que resultara designado una vez que se produjeran las elecciones y, por tanto, que las corrientes políticas democráticas nacionales estarían representadas en él, junto con los sectores independientes, a los efectos de garantizar la participación de todos los actores en el proceso político.

3. La adopción de un programa electoral mínimo común

En tercer lugar, para constituir ese gobierno de unidad nacional se llegó a un tercer compromiso político del Pacto, que fue establecer un programa mínimo común para concurrir al proceso electoral.

Si se trataba de un compromiso de cooperación interpartidista para mantener el régimen democrático, y para formar un gobierno de unidad nacional, era lógico que se estableciese un programa mínimo común entre los partidos participantes. Por ello, las fuerzas políticas se comprometieron a acudir al proceso electoral con un programa mínimo común.

Como consecuencia de este compromiso político, se acordó que ninguno de los partidos debía incluir en sus programas puntos contrarios al programa mínimo común, lo que desde el punto de vista práctico implicaba, hasta cierto punto, la renuncia por los partidos políticos participantes del Pacto, de ir contra el programa mínimo común en sus respectivos programas electorales.

Por supuesto, no se trataba de una renuncia a tener puntos discordantes, sino a ponerlos en sus programas de gobierno. Podía, por tanto, haber discusión sobre los puntos no incorporados en el programa mínimo común y los puntos no comunes, pero se estableció el compromiso -y este fue otro de los puntos centrales del Pacto, de los más importantes- de que la discusión pública de los puntos que no estuvieran en el programa mínimo común, debía mantenerse dentro de "los límites de tolerancia y mutuo respecto", a lo cual los obligaban los intereses superiores de la "unidad popular" y de la "tregua política".

Aquí, de nuevo, se insistió en el elemento central de la unidad popular, de la tregua política y del mutuo respeto, que fue lo que motivó, básicamente, este ensayo de establecer unas nuevas reglas de juego para el sistema político democrático.

Estos tres fueron, sin duda, los tres puntos básicos del Pacto; luego vinieron otros tres puntos de implementación que también se configuraron como compromisos políticos.

III. LOS COMPROMISOS DE IMPLEMENTACIÓN

A los efectos de materializar los compromisos políticos del Pacto, también se adoptaron específicos compromisos de implementación del mismo.

1. Los principios para la participación en la contienda electoral

Así, en *primer lugar*, se establecieron compromisos básicos sobre el sistema de elección de los representantes. Para ese momento, octubre del año 1958, los partidos políticos no habían podido llegar a un acuerdo sobre una candidatura única presidencial, ni sobre listas únicas para los cuerpos representativos. Por ello, en el Pacto renunciaron a un candidato único y a planchas unitarias, y acordaron que cada quien presentara su candidato presidencial y sus listas de candidatos a los cuerpos deliberantes, lo cual se consideró como compatible con la unidad. Por ello, en el documento se estableció el propósito común de fortalecer el sentimiento común de interés patriótico, así como la voluntad de tolerancia y del mutuo respeto de las fuerzas unitarias.

2. Los mecanismos para asegurar el cumplimiento de los acuerdos políticos

En segundo lugar, se estableció una *Comisión Interpartidista de Unidad*, es decir, un sistema de vigilancia del cumplimiento del Pacto, para garantizar la tregua política y la convivencia unitaria de las organizaciones democráticas. A tal efecto, la Comisión Interpartidista de Unidad debía vigilar el cumplimiento de los acuerdos, orientar la convivencia interpartidista, y conocer de las quejas que pudieran formularse contra estos principios de unidad por desviaciones personalistas o sectarias. La Comisión, además, tenía por misión realizar diligencias para morigerar y controlar todo lo que pudiera comprometer la convivencia democrática.

3. Los principios relativos a la forma de participación en el proceso electoral para evitar la pugna interpartidista

En tercer lugar, se establecieron una serie de compromisos de implementación relativos al proceso electoral que se iba a desarrollar, como resultado de la voluntad común de fortalecer la democracia.

En efecto, se estableció el compromiso de que aun cuando habría candidatos diferentes, sin embargo, debía garantizarse la "tolerancia mutua", de nuevo, entre los partidos y candidatos, durante la campaña electoral, para asegurar que debían cumplirse los compromisos, cualquiera que fuera el partido que ganara las elecciones. Por ello se trató de un Pacto, no sólo para las elecciones de 1958, sino posteriormente, para la formación del gobierno. De allí la declaración común de que todos los votos que se obtuvieran eran para consolidar el sistema democrático y el Estado de Derecho, y de que esos votos debían considerarse como votos comunes en favor del régimen constitucional.

Por ello, asimismo, se estableció el compromiso de todos los partidos de realizar una campaña positiva, imbuida de un espíritu unitario, y que evitara -y este fue otro punto central del Pacto- planteamientos y discusiones que pudieran precipitar "la pugna interpartidista, la desviación personalista del debate y divisiones profundas" que luego pudieran comprometer la formación del Gobierno de Unidad Nacional.

4. Los principios para la formación del nuevo gobierno de unidad

En este excepcional documento político, por tanto, no sólo había un programa mínimo común, no sólo se comprometían los partidos a no discutir públicamente puntos disidentes con el mismo; a no incorporar en sus programas puntos contrarios; y a discutir públicamente los asuntos divergentes en forma que no comprometiera la unidad, sino además, se estableció el compromiso de realizar la campaña en forma tal que no se cayera en lo que se quería evitar: la pugna interpartidista, las desviaciones personalistas, y las divisiones entre los diversos partidos que pudieran comprometer la formación del futuro gobierno. Concluyó el documento con el compromiso de todos de respaldar el nuevo gobierno y de prestarle leal y democrática colaboración.

Cuando se lee de nuevo este documento, realmente uno se percata del hecho de que los partidos políticos sí habían aprendido una dura lección, que fue que: la lucha interpartidista extrema, basada en la destrucción del adversario y la hegemonía de un partido sobre otros, había provocado la destrucción del novel sistema democrático en la década de los cuarenta y habían provocado la dictadura. El *Pacto de Punto Fijo* fue una expresión de voluntad formal de evitar caer en la misma situación. Por supuesto, no es frecuente encontrar este tipo de Pacto Político como base para el establecimiento de un sistema político, lo que como se dijo, llevó a Juan Carlos Rey a calificarlo como "uno de los más notables ejemplos que cabe encontrar en sistema político alguno"[9], de un pacto entre partidos para concretar una voluntad común para implementar la democracia, luego de un régimen autoritario.

---

9 Véase Juan Carlos Rey, *Problemas Socio–Político…*, *ob. cit.*, p. 315.

Mediante este compromiso político, por tanto, se estableció en Venezuela un sistema de partidos, basado en relaciones mixtas de cooperación y conflictos, para asegurar la defensa del sistema frente a los enemigos antagónicos que no estaban incorporados al Pacto: las fuerzas perezjimenistas, por una parte, y las fuerzas de la extrema izquierda, por la otra, que conspiraban ambas contra el régimen democrático.

IV. LOS COMPLEMENTOS DEL PACTO: LA DECLARACIÓN DE PRINCIPIOS DE DICIEMBRE DE 1958 Y EL PROGRAMA MÍNIMO COMÚN

Realizada y desarrollada la campaña electoral hasta diciembre de 1958, conforme a las prescripciones del Pacto de Punto Fijo, para reforzar sus principios y el espíritu que lo animó, en diciembre de 1958, concluida dicha campaña y antes de la elección, los candidatos presidenciales, Rómulo Betancourt, Rafael Caldera y Wolfang Larrazábal, firmaron en la sede del Consejo Supremo Electoral el 6 de diciembre de 1958, una Declaración de Principios ratificatoria del Pacto y el Programa Mínimo Común que se habían comprometido elaborar.[10]

La Declaración de Principios se hizo, "con el propósito de reafirmar el clima unitario" que había prevalecido en Venezuela desde el 23 de enero de 1958, "de asegurar la convivencia interpartidista y la concordia del pueblo venezolano y para disipar cualesquiera diferencias que hubieran podido surgir entre las organizaciones políticas en el curso del debate cívico" que venía de concluir, pues se consideraba que eran "condiciones todas indispensables a la estabilidad de las instituciones democráticas y del próximo gobierno constitucional."

Con base en esos propósitos, los candidatos a la Presidencia de la República, "tomando en cuenta el contenido y el espíritu del Pacto de Unidad suscrito por Acción Democrática, COPEI y Unión Republicana Democrática" el 31 de octubre de 1958, formularon una Declaración de Principios en torno a los siguientes cinco puntos:

1. El respaldo al resultado de las elecciones y defensa del régimen constitucional

En *primer lugar*, en cuanto al respeto absoluto del resultado de las votaciones y defensa del régimen constitucional, en cuanto al candidato a la Presidencia que resultare electo por voluntad popular, el mismo gozaría del respaldo de los otros candidatos y de los partidos que suscribieron el Pacto,

[10] Véase el texto en el *Pacto suscrito…*, folleto publicado por el Concejo Municipal del Distrito Federal, *cit.*, pp. 15 y ss.

"comprometiéndose todos actuar en defensa de las autoridades legítimamente constituidas y de las instituciones democráticas en el caso de que se produjera una acción que pretenda vulnerar y desconocer la decisión soberana del pueblo".

2. La organización de un gobierno de unidad nacional

En *segundo lugar*, se reiteró la voluntad de que con el objeto de darle efectiva vigencia a la unidad popular y obtener de ella sus máximos frutos, el presidente constitucional que resultara electo debía organizar "un gobierno de unidad nacional sin hegemonías partidistas" en el cual debían estar representadas las corrientes políticas nacionales y los sectores independientes del país.

3. El desarrollo de una política basada en el Programa mínimo común adoptado

En *tercer lugar*, los candidatos a la Presidencia declararon que el gobierno constitucional que resultara de las elecciones, debía "realizar una administración inspirada en el programa mínimo de gobierno" que en esa misma fecha aprobaron y firmaron los candidatos, en el cual se establecieron definiciones de acción gubernamental en las áreas "Acción Política y Administración Pública", "Política Económica", "Política Petrolera y Minera", "Política Social y Laboral", "Política Educacional", "Fuerzas Armadas", "Política Inmigratoria" y "Política Internacional."

4. El mantenimiento de la tregua política interpartidista

En *cuarto lugar*, se reiteró que la preocupación fundamental del Presidente de la República, de su gobierno y de las organizaciones políticas signatarias del Pacto de Punto Fijo, sería "el mantenimiento y consolidación de la tregua política y la convivencia unitaria de las organizaciones democráticas como las mejores y más sólidas garantías del afianzamiento y permanencia de las instituciones republicanas", a cuyos efectos, tanto el gobierno como los partidos debían adoptar las providencias que estimaran necesarias al cumplimiento de tan importantes finalidades.

5. La voluntad común de reconstruir la democracia como obra permanente

Por último, en *quinto lugar*, en la Declaración de Principios de diciembre de 1958, los tres candidatos a la Presidencia de la República reiteraron el espíritu unitario de la reconstrucción democrática, al declarar que la firma de la misma tenía por propósito llevar a la conciencia de los venezolanos la convicción de que al terminar ese proceso electoral, ejemplar en nuestra historia democrática, era indispensable el concurso generoso y responsable de todos para realizar con sentido de permanencia la obra de recuperación democrática, cultural, espiritual y económica que reclamaba el país.

V. LA CONSECUENCIA DEL PACTO DE PUNTO FIJO: LA CONSTITUCIÓN DE 1961

El Pacto de Punto Fijo, puede decirse, tuvo como producto fundamental el texto de la Constitución de 1961, y ello resulta del hecho de que la primera tarea que se impusieron los Senadores y Diputados electos en las elecciones generales de diciembre de 1958 fue la elaboración del texto constitucional.

1. La sanción de la nueva Constitución por el Congreso electo conforme a la Constitución de 1953

En efecto, como se dijo, el *Pacto de Punto Fijo* se suscribió en octubre de 1958; las elecciones generales se realizaron en diciembre de 1958; el 23 de enero de 1959 se celebró el primer aniversario de la Revolución democrática de 1958, y el 2 de febrero de 1959 se instaló en el Congreso la Comisión de Reforma Constitucional, como Comisión Bicameral en el Congreso electo.

Puede decirse que en la historia constitucional venezolana sólo ha habido dos casos en los cuales una Constitución no fue elaborada por una Asamblea Constituyente, sino por el Congreso existente o electo, y esas fueron las Constituciones de 1936 y de 1961.

En 1936, luego de la muerte del dictador J. V. Gómez, fue el Congreso que existía el que reformó la Constitución, lo cual se explica porque al asumir el poder el general Eleazar López Contreras se abrió un período de transición, sin que hubiese habido una ruptura total del sistema anterior. Sin embargo, en 1958 a pesar de que hubo una ruptura completa en el proceso político, pues incluso en febrero se declaró inexistente el plebiscito celebrado el 15 de diciembre de 1957 y las elecciones realizadas en esa fecha para los cuerpos representativos, los cuales fueron formalmente disueltos, no se optó por convocar una Asamblea Constituyente, habiéndose procedido a elegir los diputados y senadores al Congreso, habiendo asumido entonces el Congreso electo, confirme a lo dispuesto en la Constitución de 1953, el proceso de elaboración y sanción en el nuevo régimen, de la nueva Constitución.

2. Los acuerdos para la elaboración de la nueva Constitución en la Comisión Bicameral designada

La Comisión de Reforma Constitucional, como se dijo, se instaló el 2 de febrero de 1959 y en su segunda reunión que tuvo lugar el 23 de febrero de 1959 se formularon tres acuerdos básicos que orientaron la elaboración del Proyecto de Constitución:

En *primer lugar*, se acordó tomar como base de discusión el texto de la Constitución de 1947, y de allí todas las semejanzas que existen entre el texto de 1947 y el de 1961.

Además, la Constitución de 1947 había sido intensamente discutida en una Asamblea Constituyente, en la cual habían intervenido todos los partidos políticos que participaron en el Pacto de Punto Fijo.

En *segundo lugar*, se acordó que los miembros de la Comisión y los partidos políticos debían precisar los puntos de divergencia con relación al texto de la Constitución de 1947.

Y, en *tercer lugar*, se acordó también que debían precisarse los puntos de divergencia entre los partidos políticos respecto al proceso de reforma constitucional.[11]

De las discusiones de la Comisión, en su segunda sesión, se evidenció la existencia de un acuerdo tácito: que la reforma constitucional debía concebirse en el seno de la propia Comisión al elaborarse el Proyecto, y que no debía abrirse la discusión en las Cámaras al presentarse el Proyecto a las mismas. Este Acuerdo se precisó luego, en la tercera reunión de la Comisión el 26 de febrero de 1959.

En efecto, en el texto del Acta N° 3, consta que se dio lectura a una comunicación del Partido Comunista, que había participado en las elecciones, aun cuando no era parte del Pacto de Punto Fijo, en la cual señaló que estaba conforme con que se iniciara la elaboración de la Constitución partiendo del texto de 1947, pero advirtiendo que en la oportunidad en la cual se discutiera una reforma a fondo de la Constitución, sostendrían sus puntos de vista sobre las cuestiones que considerasen debían ser incluidas en el texto. En relación a ello, el Senador Raúl Leoni, Presidente del Senado y quien luego fue Presidente de la República (1964-1969), manifestó que en dicha comunicación "se ha dejado abierta la posibilidad de plantear una discusión filosófica en el seno de las Cámaras *lo que es precisamente lo que se ha querido evitar.*"[12]

Evitar discusiones filosóficas sobre un texto no era otra cosa que abogar por el mantenimiento del espíritu unitario que existía, y ese fue el criterio que se siguió en la Comisión Bicameral, en la cual se discutió el proyecto, no habiendo sido el mismo objeto del debate en las Cámaras.

En el mismo sentido, el entonces Diputado Rafael Caldera y luego también Presidente de la República (1969-1974), formuló la propuesta de que los partidos políticos debían presentar los temas que pudieran ser polémicos para discutirse en la Comisión, pero con la advertencia de que los partidos no debían fijar posición "ya que esto último puede suscitar diferencias ideológicas"[13], con lo cual se buscaba evitar que se cerrara el debate y la posibilidad de llegar a acuerdos por diferencias ideológicas, que luego no permitieran llegar a un consenso.

---

11 Véase el texto en *La Constitución de 1961 y la evolución constitucional de Venezuela*, Tomo I, Vol. 1, Caracas, 1971, p. 5.

12 *Ibíd.*, pp. 6 y 7.

13 *Ibíd.*, p. 8.

3. La redacción de la Constitución de 1961 sin rigidez ideológica

Por tanto, sin duda, el espíritu de la Comisión Bicameral de Reforma Constitucional, de un Congreso cuya elección era el resultado de un pacto unitario, fue el de redactar un texto que también fuera reflejo de ese pacto político.

Ello resulta claro, por otra parte, de la propia Exposición de Motivos del Proyecto, al hacer el recuento del trabajo realizado por la Comisión. Se afirmó, en efecto, que:

> "se ha trabajado en el seno de la Comisión Bicameral con gran espíritu de cordial entendimiento. Se ha mantenido en todo instante el propósito de redactar un texto fundamental que no represente los puntos de vista parciales, sino aquellas líneas básicas de la vida política nacional en las cuales pueda haber y exista convergencia de pensamientos y de opiniones en la inmensa mayoría, quizás podríamos decir en la totalidad de los venezolanos."[14]

Este párrafo de la Exposición de Motivos, en el cual se afirmó que la Comisión Bicameral quiso elaborar un texto que no representara el punto de vista parcial y que representara las líneas básicas de la vida política nacional, de manera que realmente fuera un pacto político - como es toda Constitución - de la sociedad venezolana en un momento determinado, evidencia que fue una consecuencia de un pacto político previo para establecer un sistema de partidos, como lo fue el Pacto de Punto Fijo, con base a criterios unitarios y por sobre las luchas políticas democrática.

De allí que en esa Exposición de Motivos de la Constitución de 1961 se afirmara que:

> "Esta idea nos ha conducido a hacer de todas y cada una de las reuniones de la Comisión, una ocasión de intercambiar puntos de vista y esforzarnos para encontrar *fórmulas de aceptación común*. Las deliberaciones no se han mantenido en los límites formales del debate parlamentario; han tenido más bien carácter de conversaciones sinceras e informales, tras de las cuales hemos logrado en la mayoría de los casos una *decisión unánime.*"[15]

Resulta, por tanto, de la Exposición de Motivos, el empeño que tuvo la Comisión Bicameral en lograr fórmulas de aceptación común, que no representaran puntos de vista parciales, sino las líneas básicas de la vida política nacional. Por ello, el texto no podía representar una opción rígida político-ideológica, agregándose en la propia Exposición de Motivos, que el texto:

---

[14] Véase el texto en *Revista de la Facultad de Derecho*, N° 21, Caracas, 1961, pp. 205 y ss.

[15] *Ibíd.*, p. 205.

"deja cierta flexibilidad al legislador ordinario para resolver cuestiones e injertar modificaciones que correspondan a las necesidades y a la experiencia de la República sin tener que apelar a la reforma constitucional."[16]

Esto fue muy importante, pues expresó la idea de la Constitución como un instrumento que no respondía a un punto de vista parcial, cuyos dispositivos podían ser complementados por el legislador ordinario, para adaptarla a las nuevas realidades concretas, derivadas de la experiencia de vida republicana, sin llegar a modificar el texto. Por supuesto, la "flexibilidad" de la cual habla la Exposición de Motivos, no se refiere a que la Constitución de 1961 no fuera rígida, que lo era, por los mecanismos especiales de Enmienda y Reforma General que previó, sino a que la misma no tendría rigidez ideológica, en cuanto a las opciones para su desarrollo y adaptabilidad en el proceso político.

4. La reafirmación de la Constitución de 1961 como producto del Pacto de Punto Fijo

Ahora bien, ese carácter de la Constitución de 1961 como producto directo del Pacto de Punto Fijo, se confirmó en diversas expresiones formuladas por los propios redactores del Proyecto de Constitución, y basta para constatarlo mencionar las opiniones de tres de las personas que estuvieron directamente involucradas en el proceso: la del Presidente Raúl Leoni, quien fue Presidente de la Comisión Bicameral; la del presidente Rafael Caldera, quien fue Vicepresidente de la Comisión Bicameral, y la del Secretario de la propia Comisión Bicameral, el profesor José Guillermo Andueza.

En efecto, Raúl Leoni, Presidente del Congreso para el momento en el cual se promulgó la Constitución, y luego fue Presidente de la República (1964-1969), en el discurso que pronunció en el "Congreso al conmemorarse el X Aniversario de la Constitución" el 23 de enero de 1971, expresó que después del 23 de enero de 1958:

> "se cancela el desorden instituido en el gobierno y lógicamente, el recobrar de la soberanía reclama la elaboración de una nueva Carta Fundamental. Fruto de un tácito pacto de todas las fuerzas políticas, la dictadura se derrumba. Un clima de armonía preside el Congreso que dicta la Constitución. Y este ambiente de transacción y conciliación trasciende el ámbito mismo de la Comisión Redactora. Así, el resultado permite que *ideologías a veces contrapuestas, coincidan en una finalidad superior*, como era la de lograr con la promulgación de la Constitución, el cabal retorno a la legalidad y la derogatoria de un ordenamiento constitucional espurio que debió haber sido derogado el 23 de enero."

Luego agregó Leoni:

16 *Ídem.*

> "La Constitución del 61 permite la transformación de la sociedad venezolana, sin que tenga como contrapartida el doloroso sacrificio de las libertades. Más que una Constitución pragmática, de lo cual nos cuidamos mucho sus elaboradores, es una Constitución flexible.
>
> No en el sentido que le dan los constitucionalistas ortodoxos, sino en el mucho más amplio que nos enseña la semántica"[17].

Quedó clara, así, la apreciación de Raúl Leoni de que la Constitución fue elaborada bajo el espíritu de unidad, de transacción, de conciliación derivado del proceso del 23 de enero de 1958, origen del Pacto de Punto Fijo, y de que era un texto "flexible," en el sentido de no comprometido, que permitía luego su desarrollo en el proceso democrático.

El Presidente Rafael Caldera también coincidió con esta apreciación. En su discurso ante el Congreso sobre el "Pensamiento Político Latinoamericano con motivo del Bicentenario del Libertador Simón Bolívar," en junio de 1983, señaló que:

> "Estaban frescas todavía las experiencias de la etapa que se inició imperfectamente de 1936 a 1945 y que tuvo un ritmo especial de 1945 a 1948. Los fracasos, los desengaños, los peligros fueron, sin duda, una advertencia, y todo ello se refleja en una Constitución que contiene una mezcla de idealismo y de realismo, que tiene una inspiración ideal, clara, marcada, proyectada hacia adelante y que tiene en sí misma el resumen de la experiencia, de las dificultades experimentados y de los fracasos sufridos en oportunidades anteriores."[18]

Este pensamiento lo expresó Rafael Caldera desde el mismo momento en el cual se promulgó la Constitución. Y así, en el discurso que pronunció en el acto de promulgación de la Constitución el 23 de enero de 1961, dijo lo siguiente:

> "Queríamos una Constitución del pueblo y para el pueblo; una Constitución de todos y para todos los venezolanos. Para ello necesitábamos animar el espíritu de unidad nacional que caracterizó el movimiento del 23 de enero. En la Comisión y en los debates consta el elevado espíritu que pudo mantenerse, de lo cual hay elocuente testimonio en variadas intervenciones. Se solventaron casi siempre con espíritu venezolano, las comprensibles discrepancias; las que subsistieron -como no podía menos de ocurrir- no alcanzaron a borrar el anchuroso espacio de la convergencia."[19]

---

17 Véase en Raúl Leoni, *X Aniversario de la Constitución de 1961, Discurso de Orden*, Caracas, 1971, p. 11.

18 Consultado en original, p. 8.

19 Véase en *Anuario de la Facultad de Derecho*, Universidad de Los Andes, N° 7, p. 32.

Posteriormente, en el discurso que pronunció a los 15 años de la Constitución, Caldera resumió el planteamiento en una frase: "El presupuesto básico de la Constitución reside en el consenso, en su aceptación general,"[20] lo que llevó al profesor José Guillermo Andueza a expresar que: "El espíritu del 23 de enero, tuvo, en verdad, su mejor expresión en la Carta Fundamental."[21]

El mismo Andueza destacó "el espíritu del 23 de enero" como uno de los factores ambientales que influyeron mucho en algunas de las decisiones políticas tomadas en la Constitución de 1961.[22]

En todo caso, basta leer el texto del *Pacto de Punto Fijo* y seguir el proceso político posterior, para constatar que la Constitución de 1961 fue un producto directo del mismo: su texto se elaboró influido por los principios que hemos visto de unidad, de concordia, de evitar las divergencias interpartidistas y de lograr acuerdos entre ellos, para establecer un texto flexible, no comprometido definitivamente con ninguna orientación y que sentará las bases de la República, de acuerdo al espíritu unitario, dentro de un régimen democrático. Por ello, la Constitución de 1961 fue la de más larga vigencia en la historia constitucional anterior, más que la de la Constitución de 1830 que duro hasta 1858.

En todo caso, si se analiza globalmente la Constitución de 1961, a la luz de sus antecedentes políticos, puede concluirse que ese "espíritu del 23 de enero" tuvo efectos directos en el texto constitucional, particularmente en tres aspectos: en el establecimiento de un régimen político democrático representativo, con previsiones para su mantenimiento que marcó la constitución política del Estado; la estructuración de un Estado constitucional de derecho; y en el establecimiento de un peculiar sistema político-económico-social, que configuró la constitución económica, basada en el principio de la libertad económica con posibilidad para el Estado de promover el desarrollo económico y restringir dicha libertad.

En particular, en cuando al establecimiento de los principios para el funcionamiento del Estado de derecho, en la Constitución de 1961, como pacto político adoptado por el pueblo en ejercicio de su soberanía, que resultó del pacto de Punto Fijo, se aseguró que los representantes del pueblo fueran siempre electos democráticamente mediante sufragio universal, directo y secreto; que quienes gobernasen y ejercieran el poder público estuviesen sometidos a controles conforme al principio de la separación de poderes, y con sujeción plena a la Constitución y a las leyes (principio de legalidad); y que el funcionamiento del Estado se desarrollara en un marco en el cual la primacía de la dignidad humana estuviese garanti-

20 Rafael Caldera, *A los 15 años de la Constitución Venezolana*, Caracas, 1971, p. 11.

21 Véase su nota "Rafael Caldera, Constitucionalista" en *Estudios sobre la Constitución Libro Homenaje a Rafael Caldera*, Tomo I, Caracas, 1979, pp. XXVI y XXVII.

22 Véase en "Introducción a las Actas" en *La Constitución de 1961 y la evolución constitucional de Venezuela*, *cit.*, Tomo I, Vol I, p. XXIV.

zada, y los derechos del hombre que se declararon expresamente en el texto constitucional, fuesen protegidos, pudiendo los ciudadanos exigir el control judicial de todos los actos del Estado.

La satanización del Pacto de Punto Fijo por parte de Hugo Chávez, en realidad, no fue otra cosa sino una satanización de la propia democracia, y ello es lo que explica que hubiera sido progresiva y deliberadamente demolida a partir de 1999, con las políticas y acciones de su gobierno.[23]

En todo caso para cuando haya que restablecer la democracia en el país, la enseñanza del liderazgo y de los partidos políticos de 1958, reflejadas en la suscripción del pacto de Punto Fijo, es algo que deberá tener en cuenta el nuevo liderazgo que tenga que asumir esa tarea.

New York, enero 2022.

---

23 Véase Allan R. Brewer-Carías, *Dismantling Democracy. The Chavez Authoritarian Experiment*, Cambridge University Press, New York, 2010.

ANOTACIONES PARA EL DESCUBRIMIENTO DE LOS ABOGADOS (Y OTROS ESTUDIANTES DE DERECHO) "INMIGRANTES" ESPAÑOLES EN VENEZUELA (POR CAUSA DE LA GUERRA CIVIL)

Eugenio Hernández-Bretón[*]

El problema era simple: sobrevivir,
Pedro Grases.

Un pueblo nuevo puede improvisarlo todo, menos la cultura,
Marcelino Menéndez Pelayo.

SUMARIO

---

[*] Individuo de número de la Academia de Ciencias Políticas y Sociales; Decano de la Facultad de Ciencias Jurídicas y Políticas de la Universidad Monteávila; Profesor de Derecho Internacional Privado, Derecho Procesal Civil Internacional y Derecho Comparado en la Universidad Central de Venezuela, Universidad Católica Andrés Bello y en la Universidad Monteávila.

Introducción y saludo

Con este trabajo sobre los abogados (y otros estudiantes de Derecho) españoles que emigraron a Venezuela a raíz de la guerra civil española (1936-1939) damos continuación a algunos escritos anteriores[1] en los que hemos expuesto pensamientos en los que de manera puntual hemos destacado la importancia que ha tenido para Venezuela, en particular para el sector académico y universitario, la labor de los inmigrantes, especialmente la de los españoles venidos al país forzados de alguna manera por la trágica guerra civil que se llevó a cabo en tierra española entre julio de 1936 y abril de 1939.[2] Con este dato, sin embargo, no queremos significar que las razones para emigrar de España hacia otros destinos, incluida Venezuela, producidas por la guerra civil cesaran al concluir esa guerra, sino que se prolongaron en el tiempo vistas las persecuciones que sufrieron los contrarios derrotados y la "depuración" de las universidades españolas, así como las dificultades económicas que se presentaron durante el proceso de reconstrucción que siguió al fin de las actividades bélicas, y por eso esa inmigración se extiende en el tiempo hasta varios años después de cesado el conflicto.

Queremos ahora, para homenajear al muy apreciado doctor Humberto Romero-Muci, brindarle este estas "Anotaciones" en las que tratamos de identificar con nombre y apellido a esos españoles, que formados como abogados o en proceso de formación jurídica, emigraron a Venezuela y aquí hicieron vida entre nosotros, incluso algunos completando sus estudios en Venezuela, haciendo especial mención a la diversidad de labores que debieron realizar, no siempre en el área del Derecho, para hacerse de los elementos que les permitieran una vida digna.

---

1 Ver mis trabajos "Palabras del doctor Eugenio Hernández-Bretón con ocasión de los 80 años del inicio de la guerra civil española, leídas en el salón de sesiones de la Academia de Ciencias Políticas y Sociales, 19 de julio de 2016", *Boletín de la Academia de Ciencias Políticas y Sociales* No. 154, Caracas, enero-diciembre 2015, pp. 553 a 556; "Joaquín Sánchez-Covisa (1915-1974), Profesor de Derecho Internacional Privado en la UCV", *Tesoros de Derecho Internacional Privado y Comparado en América Latina*, Universidad Monteávila-Baker McKenzie, Caracas, 2020, pp. 257-271; "La labor del Instituto Técnico de Inmigración y Colonización (1938-1949)", en Karl Krispin (Comp.), *La inmigración europea a Venezuela desde lo que es hoy la Unión Europea entre los años de 1936 y 2006,* Unión Europea, Caracas, 2006, pp. 137-150.

2 De la amplia literatura sobre la guerra civil española preferimos los siguientes textos: Hugh Thomas, *The Spanish Civil War*, Harper & Brothers, Publishers, New York, 1961; Guillermo Cabanellas, *La Guerra de los mil días*, Editorial Heliasta, 2a. Edición, 2 volúmenes, Buenos Aires, 1975; Gabriel Jackson, *La República española y la guerra civil (1931-1939)*, Ediciones Orbis, S.A, Buenos Aires, 1985; Antony Beevor, *La guerra civil española*, Crítica, Barcelona, 2005; Paul Preston, *El holocausto español. Odio y exterminio en la guerra civil y después*, Debate, Barcelona, 2011; Juan Eslava Galán, *Una historia de la guerra civil que no va a gustar a nadie*, Planeta, Barcelona, 2022.

Sin embargo, no pretendemos que este trabajo cierre el tema, que requiere de mucha más investigación, sino más bien que anime a otros a aportar sus investigaciones sobre el asunto a fin de ofrecer un panorama más completo y preciso de esa época de la historia reciente venezolana. Celebramos este merecido reconocimiento al doctor Romero-Muci.

1. La emigración española a Venezuela como consecuencia de la guerra civil

La guerra civil española, iniciada en julio de 1936, desencadenó un éxodo masivo, pero paulatino, de nacionales españoles a variados destinos en el mundo. Venezuela, ciertamente fue uno de ellos, pero sin que fuera el país que recibió los mayores contingentes, por lo menos no como resultado de la tragedia de la guerra civil.[3] Tal éxodo ha sido calificado como "un exilio sin precedentes en la historia de España, tanto por el número de personas afectadas como por la duración y su dispersión geográfica".[4]

En cuanto al exilio de los españoles en el extranjero, quienes han estudiado el tema distinguen diferentes etapas y categorías, destacando además que "el año 1939, fue - ¡con mucho! - el más intenso de la toda la historia española".[5] Recordemos que la guerra civil española formalmente concluyó el 1° de abril de 1939.

Por ello, al hablar del éxodo español a causa de la guerra civil se habla de "exilios en plural".[6] En tal sentido se distinguen cinco etapas del exilio español a raíz de la guerra civil. Un primer exilio en los meses inmediatos siguientes al alzamiento de julio de 1936 contra el gobierno republicano, del cuyo exilio formaron parte personas "-republicanas o no-, destacados burgueses, militantes de partidos democráticos conservadores, miembros de la clerecía secular y regular, así como algunas de sus más altas jerarquías, etc, …".[7] El segundo exilio fue producto

---

3 Ver Víctor Sanz, *El exilio español en Venezuela,* Ediciones de la Casa de España y del editor José Agustín Catalá, Tomo I, El Centauro, Caracas, 1995, pp. 11 y ss.; María Ramírez Ribes, "La huella familiar de la inmigración española en Venezuela durante el siglo XX", *Las inmigraciones a Venezuela en el siglo XX. Aportes para su estudio,* Fundación Mercantil-Fundación Herrera Luque, Caracas, 2004, pp. 65-75; Juan José Martín Frechilla, *Forja y Crisol. La Universidad Central de Venezuela y los exiliados de la guerra civil española 1936-1958,* Universidad Central de Venezuela, Caracas, 200, pp. 151 y ss.

4 Salomó Marquès Sureda y Juan José Martín Frechilla, *La labor educativa de los exiliados españoles en Venezuela,* Universidad Central de Venezuela, Caracas, 2002, pp. 11 y ss.

5 *Ibíd.*, p. 22.

6 *Ídem*; Martín Frechilla, *ob. cit.*, p. 293.

7 Marquès Sureda y Martín Frechilla *ob. cit.*, pp. 22-23; Martín Frechilla, *ob. cit.*, p. 293-294. Sanz, *ob. cit.*, pp. 259-260, los llama "Los tempraneros". Al respecto dice:

de los avances y resultados militares en las regiones españolas durante la guerra civil, especialmente en el norte peninsular, que motivó el éxodo mayoritariamente vasco hacia Francia y Gran Bretaña.[8] El tercer exilio coincide con "el inicio del fin de la guerra Civil",[9] durante enero y febrero de 1939, con destino a Francia desde la zona fronteriza de Cataluña, que llevó a "una parte del ejército republicano y (a) un sinfín de civiles" y a "un buen número de funcionarios del Gobierno a abandonar su país.[10] Este exilio durante 1939 es "sin duda el mayor -cualitativa y cuantitativamente hablando- de la historia española".[11] Las etapas cuarta y quinta del exilio español a causa de la guerra civil tienen lugar durante la primera década del régimen franquista.[12] En particular, el cuarto exilio forzó a los españoles refugiados en Francia, principalmente, finalizando la Segunda Guerra Mundial a radicarse en otras partes.[13] Por su parte, el quinto exilio fue "consecuencia de la represión policial y de las dificultades de insertarse en el mercado laboral, tanto de los que poco a poco iban saliendo de las cárceles como de los que, sin haber pasado por ellas, sufrían presiones difícilmente sostenibles en lo ideológico y en lo económico".[14] Particularmente, esa es la época de las "depuraciones" universitarias.[15]

Para los intelectuales españoles, el final de la guerra civil "significó un desastre, no solo por las pérdidas materiales, sino por la destrucción de los valores del espíritu, falta de la independencia del pensamiento que se militarizaba estrictamente en las pautas oficiales que debían regir desde la creación literaria y artística a la reglamentación cuartelera".[16] Por ello, este quinto exilio fue clandestino en su mayoría, hacia Francia o Portugal, y se entronca con el denominado exilio interior, en busca del anonimato en otros lugares de España, y que

---

"Los primeros arribantes no tocaron las costas venezolanas como consecuencia del triunfo de Franco; pero sí a causa de la guerra que desataron contra la república los que con él se sublevaron, o al menos, en algún que otro caso, tal fue la razón de que ya no regresaran. Algunos lo hicieron huyendo de esa misma guerra o por discrepar con ella y sus derivaciones, o aún, aprovechando las ocasiones que se les ofrecieron."

8 Marquès Sureda y Martín Frechilla *ob. cit.*, p. 23; Martín Frechilla, *ob. cit.*, p. 294.

9 Marquès Sureda y Martín Frechilla *ob. cit.*, p. 23.

10 *Ídem*; Martín Frechilla, *ob. cit.*, p. 294.

11 Marquès Sureda y Martín Frechilla *ob. cit.*, p. 23.

12 *Ibídem*, pp. 23-24.

13 Martín Frechilla, *ob. cit.*, p. 296.

14 *Ídem.*

15 *Ídem.* Al respecto ver Luis Enrique Otero (Director) et al., *La destrucción de la ciencia en España. Depuración universitaria en el franquismo,* Editorial Complutense, Madrid, 2006, *passim.*

16 Cabanellas, *ob. cit.*, Volumen 2, p. 954.

constituye "(p)unto de quiebre de difícil dilucidación entre la inmigración política y la económica desde la década de los cincuenta".[17]

2. La llegada de los inmigrantes españoles a Venezuela y su incorporación a la vida profesional y académica

Una vez en Venezuela, los inmigrantes españoles, ya fuera solos o acompañados de sus familiares, debieron cubrir las necesidades más elementales de la vida. Algunos de los inmigrantes españoles arribados a territorio venezolano llegaron con "despacho y tareas asignadas"[18], es decir con contratos de trabajo, particularmente contratados por el propio Estado venezolano, ya fuera la administración pública o la universidad, mientras que otros "con las credenciales profesionales y académicas bajo el brazo, bregaron con éxito sus contratos".[19] Sin embargo, muchos otros tuvieron que ubicarse en actividades económicas que no necesariamente se relacionaban con sus áreas de formación.

Para los profesionales con grado universitario, como los abogados, era necesario cumplir con la normativa local para el ejercicio de la respectiva profesión. Esto suponía adecuarse a la Ley de Abogados vigente para la fecha. Así tenemos que la Ley de Abogados y Procuradores de 16 de julio de 1930[20], la Ley de Abogados y Procuradores de 19 de octubre de 1936[21] y la Ley de Abogados de 3 de

---

17 Martín Frechilla, *ob. cit.*, pp. 296-297. Autorizada opinión explica al respecto: "El movimiento migratorio de España a Venezuela durante el siglo XX estuvo fundamentalmente marcado por dos corrientes, 1) la de los exiliados de la Guerra Civil Española y 2) la de tipo económico en busca de un mejor nivel de subsistencia. En ocasiones estas dos características han coincidido. Por ejemplo, fueron muchos los simpatizantes republicanos que permanecieron en España después de la guerra pero que posteriormente y a causa de las penurias, tanto de la post guerra española como de la post guerra europea decidieron buscar nuevos horizontes fuera de España. De ahí que el mayor movimiento migratorio de España a Venezuela durante el siglo XX se diera entre 1936 y 1958 y luego entre 1962 y 1966 aproximadamente." Ver Ramírez Ribes, *ob. cit.*, p. 66.

18 Martín Frechilla, *ob. cit.*, p. 297.

19 *Ídem.* Ver también en cuanto a los inmigrantes españoles contratados por el gobierno venezolano Marquès Sureda y Martín Frechilla *ob. cit.*, pp. 147-182 y en cuanto a los profesores en la Universidad Central de Venezuela en la misma obra pp. 183-208.

20 Artículo 13, Ley de Abogados y Procuradores de 16 de julio de 1930, *Leyes y Decretos Reglamentarios de los Estados Unidos de Venezuela*, Ministerio de Relaciones Interiores, 1942, Tomo I, Caracas, pp. 23 y ss.

21 Artículo 11, Ley de Abogados y Procuradores de 19 de octubre de 1936, *Leyes y Decretos Reglamentarios de los Estados Unidos de Venezuela*, Ministerio de Relaciones Interiores, Caracas, 1942, Tomo I, pp. 15 y ss.

agosto de 1942[22], esta última vigente hasta la entrada en vigor de la Ley de Abogados de 25 de julio de 1957[23], imponían a los "abogados extranjeros" que pretendieren obtener el título de abogado de la República la presentación del certificado de reválida conforme a la Ley de la materia. En todo caso, quedaba abierta la posibilidad de cursar y completar la carrera de abogado (entonces de Doctor en Ciencias Políticas) en una universidad venezolana y luego cumplir con los demás requisitos de la Ley vigente. En esos tiempos no se exigía la prueba de reciprocidad de trato a los venezolanos en el país de origen del abogado extranjero para poder ejercer como abogado en Venezuela, tal como hoy lo hace la vigente Ley de Abogados de 16 de diciembre de 1966, que sigue exigiendo la certificación de la reválida de estudios extranjeros.[24]

La inmediatez de las más elementales necesidades cotidianas enfrentadas a los cada vez más engorrosos trámites de la burocracia universitaria seguramente hizo desistir a más de un abogado o estudiante inmigrante de aspirar a la reválida o la completación de sus estudios para poder luego ejercer la profesión de abogado en Venezuela. Hubo dificultades hasta "para entenderse en un idioma, que era el mismo, pero distinto".[25]

Un ejemplo de las dificultades encontradas se encuentra al revisar el transitar del entonces estudiante de derecho Joaquín Sánchez-Covisa, quien habiendo cursado cuatro años de estudios de Derecho en la entonces Universidad Central de Madrid (hoy Complutense), emigró a Venezuela en mayo de 1939, junto con su familia y su padre el doctor José Sánchez-Covisa, eminente médico y autoridad mundial en el campo de la Dermatología y otras áreas relacionadas, quien había sido contratado como asesor técnico de la División de Venerología del Ministerio de Sanidad y Asistencia Social y brindar a la vez servicios docentes en la Universidad Central de Venezuela.

Es ilustrativo recordar que ya en Caracas y apenas le fue posible, Joaquín Sánchez-Covisa dirigió solicitud a las autoridades de la Universidad Central de Venezuela "a efecto de que le sean convalidados los estudios realizados en la Universidad de Madrid" y así poder terminarlos en Caracas. El 28 de junio de 1939 ya le respondía el Consejo Universitario previo informe del Consejo de la Facultad de Ciencias Políticas. La respuesta no le satisfizo: se resolvió "que el expresado ciudadano debe ingresar en el Primer año a cursar Principios Generales de Derecho y seguir sucesivamente seis años sin tener que rendir exámenes de las materias

22 Artículo 11, Ley de Abogados de 3 de agosto de 1942, *Compilación Legislativa de Venezuela, Anuario 1943*, Editorial "Andrés Bello", Tomo III, Caracas, pp. 30 y ss.

23 Artículo 5, Ley de Abogados de 25 de julio de 1957, *Compilación Legislativa de Venezuela, Anuario 1957*, Editorial "Andrés Bello", Tomo VI, Caracas, pp. 537 y ss.

24 Artículos 8 y 13, Ley de Abogados de 16 de diciembre de 1966, publicada en *Gaceta Oficial* No. 1.081 Extraordinario, del 23 de enero de 1967.

25 Sanz, *ob. cit.*, Tomo I, p. 91, nota 30.

que tenía aprobadas en España." Lo que siguió fue un lento proceso burocrático que primero ordenó inscribirlo al Quinto año y tomar al final del curso 1940/41 los exámenes de las materias no cursadas y más tarde inscribirlo como alumno ordinario de sexto año en el curso 1941/42. Cursó entonces diez materias y las aprobó con un promedio de veinte puntos. En virtud de ello, y luego de solicitud motivada, el Consejo Universitario le eximió de presentar el examen integral exigido en esa época.[26]

Superadas esas dificultades, Joaquín Sánchez-Covisa pudo doctorarse en mayo de 1943 y recibir luego su título de abogado expedido por la Corte Suprema del Distrito Federal.[27] En total cuatro años para poder recibir el título profesional que le habilitaba para ejercer la profesión de abogado en Venezuela. Por otra parte, uno de los pocos abogados españoles que logró revalidar en Venezuela su título de Doctor en Ciencias Políticas obtenido en España fue Bernardo Jofre Roca, quien, sin embargo, parece que se dedicó a otras actividades diferentes de las de abogado.[28] Sobre el volveremos más adelante.

Circunstancias similares a las relatadas[29] llevaron a una gran mayoría de los inmigrantes españoles a optar por las más variadas actividades económicas tales como empleados, empresarios, comerciantes o industriales en diferentes lugares de la geografía nacional. Ejemplo de lo anterior lo encontramos en la experiencia de Pedro Grases, que formado como abogado ejerció como tal asociado con su compañero de aulas universitarias, el catedrático José Puig Brutau, en Barcelona, y al llegar a Venezuela en agosto de 1937, de casi 28 años de edad, dedicó los primeros quince días a trabajar como "flamante vendedor (de máquinas de escribir) de la Casa Blohm".[30] Luego, a través del profesor Josep Antoni Vandellós,

---

26 Hernández-Bretón, "Joaquín Sánchez-Covisa (1915-1974), Profesor de Derecho Internacional Privado en la UCV", *ob. cit.*, pp. 260 y ss., esp. p. 266.

27 *Ibíd.*, pp. 266-267.

28 Marquès Sureda y Martín Frechilla, *ob. cit.*, p. 185. El doctor Jofre Roca revalidó en 1940, ver *Egresados de la Universidad Central de Venezuela 1725-1995*, Tomo I, 1725-1957,Universidad Central de Venezuela, Caracas, 1996, p. 446.

29 Para más detalles ver Martín Frechilla, *ob. cit.*, pp. 395 y ss.; Marquès Sureda y Martín Frechilla *ob. cit.*, pp. 209-213.

30 Horacio Jorge Becco, "Cronología y bibliografía", en Pedro Grases, *Escritos Selectos*, Biblioteca Ayacucho, Caracas, 1989, p. 481-482. Ver Pedro Grases, "La responsabilidad de tercero en los accidentes del trabajo (Una cuestión de Derecho)", *Obras de Pedro Grases*, Volumen XIII, *Ensayos y Reflexiones (I)*, Barcelona, 1983, pp. 385-409. También fue publicado en la *Revista del Colegio de Abogados del Distrito Federal*, No. 25, Caracas, julio-agosto 1941, pp. 31-6. Ese es el único artículo jurídico que publicó Grases. Fue reproducido en sus *Obras*, *Ibídem*, "con la sensación de ser un hito en una vida que abandoné, como tantas otras cosas, cuando estalló la Guerra Civil española" (p. 386). Está dedicado al Dr. José Puig Brutau, "meritísimo jurista que compartió conmigo el placer de la presente investigación" (p. 386).

también licenciado en Derecho por la Universidad de Barcelona, creador de la estadística moderna en el país y el primero de los emigrados españoles por causa de la guerra civil en llegar a Venezuela,[31] Grases tuvo contacto con el Ministro de Educación, doctor Rafael Ernesto López, quien lo rescató para la educación y pasó a ser profesor en el Liceo Fermín Toro y en la Escuela Normal Superior, y posteriormente en el Instituto Pedagógico Nacional y en el Liceo Andrés Bello en Caracas.[32]

Estos avatares de la vida de muchos que cambió radicalmente como consecuencia de la guerra civil española imponen una reflexión en cuanto al sacrifico y a la labor realizada por esos hombres y esas mujeres cuya obra, en muchos casos anónima, no ha sido todavía reconocida. Por ello, con mucha razón se ha apuntado que: "Abandonar el país de origen, no saber cuándo se volverían a contemplar los paisajes de la infancia y juventud, si es que acaso tal acontecimiento podría ocurrir, someterse al traumático y desgarrador proceso del desarraigo, implica algo más que entrega al proceso de adaptación, fácil de decir, difícil de cumplir. El lugar común de las anteriores líneas pudiera adquirir incuestionado valor cuando el proceso forma parte del cotidiano que hacer, cuando se han vivido y padecido años significativos, que no se pueden borrar con la mera superposición de diferentes paisajes o nuevas y preciosas amistades. El desarraigo es sustituido por la ilusión de la nueva vida, (…), pero la incertidumbre de los primeros días era tan grande que hacía difícil el camino. Desconsuelo y nostalgia, mucha nostalgia, ha debido entorpecer el alma durante los primeros días en el nuevo suelo. No es fácil asumir, ahora, como hecho cumplido que en esta Tierra de Gracia estaba el futuro y que, cortadas las amarras, la única alternativa era ponerse a trabajar, ni siquiera en lo que se quería y se sabía hacer, escribir y enseñar, sino vendiendo máquinas. Verlo con la perspectiva actual, superados los obstáculos, aliviados los dolores, llenados los vacíos, calmadas las angustias, con la alegría y el consuelo de los nietos, es como hacer trampa, es como engañar a la propia vida, al convertir un futuro incierto en moldeado y estable pasado".[33] Cada uno se hizo su camino, pero la labor de todos, sin duda alguna, contribuyó al elevamiento del nivel educativo, social, cultural y profesional del país.

3. Algunos abogados (y otros estudiantes de Derecho) "inmigrantes" españoles y su actividad en Venezuela

Nadie quiere más abogados, mucho menos quieren los abogados del patio la competencia de abogados extranjeros. En alguna forma, muestra de la anterior aseveración la encontramos en documentos oficiales del gobierno venezolano. En el documento llamado "Hoja de Instrucciones para los Ciudadanos Agentes de

31 Sanz, *ob. cit.*, Tomo I, p. 260; Ramírez Ribes, *ob. cit.*, p. 67; Marquès Sureda y Martín Frechilla, *ob. cit.*, p. 154; Martín Frechilla, *ob. cit.*, pp. 317-318.

32 Horacio Jorge Becco, *ob. cit.*, p. 482.

33 Rafael Di Prisco, "Prólogo", en Pedro Grases, *ob. cit.*, pp. XIX-XX.

Inmigración, Cónsules y Agentes Comerciales de Venezuela en el Exterior. Selección de Inmigrantes Espontáneos", en la cual se fijan las directrices que debían guiar a los funcionarios venezolanos en el proceso de selección de inmigrantes expresamente se fijaba que los funcionarios venezolanos competentes en ningún caso debían seleccionar a "buhoneros, comerciantes, periodistas, escritores, **abogados, procuradores**, empleados de oficina, ministros de culto, telegrafistas, personas sin oficio determinado" (Destacado nuestro).[34]

En esta sección vamos a reseñar los abogados o estudiantes de Derecho españoles inmigrantes y dejar testimonio de su actividad en el país. Para ello nos hemos valido principalmente - pero no únicamente - de la recopilación hecha por Víctor Sanz en su estudio sobre *El exilio español en Venezuela*,[35] pues se trata del intento más extenso de reconocer los nombres de los olvidados y de los más conocidos de los inmigrantes españoles que, sin duda, tanto aportaron con su trabajo y sus labores diarias, en cualquiera que haya sido el sector de la economía en el cual se desenvolvieron. No obstante, estamos seguros de que cualquier listado es incompleto y habrán quedado por fuera algunos. Sea esta una oportunidad para iniciar la búsqueda de esos nombres y rendirles a ellos adecuado tributo. Como

---

34 "Hoja de Instrucciones para los Ciudadanos Agentes de Inmigración, Cónsules y Agentes Comerciales de Venezuela en el Exterior. Selección de Inmigrantes Espontáneos", publicada en la *Gaceta Oficial* No. 20.059, del 15 de diciembre de 1939.

35 Todo el Tomo II de esa obra está dedicado a listar los inmigrantes en sus diversas especialidades y antecedentes, ver Víctor Sanz, *El exilio español en Venezuela*, Tomo II, Ediciones de la Casa de España y del editor José Agustín Catalá, El Centauro, Caracas, 1995. Esta recopilación es criticada por Marquès Sureda y Martín Frechilla, *ob. cit.*, pp. 24-25, nota de pie de página 23, en los siguientes términos: "El libro de Sanz tiene, en nuestra opinión, varios inconvenientes: pretende ser exhaustivo al reservar todo el segundo volumen para un apéndice biográfico de los exiliados españoles que, como es natural, presenta omisiones significativas además de innumerables errores de información en las reseñas biográficas y desigualdades inexcusables; no explica los criterios para incluir unos nombres y excluir otros (p.e. hijos de exiliados nacidos en Venezuela reseñados por una más que discutible concesión a su notoriedad); ofrece un tono nostálgico y apologético del exilio y, finalmente, utiliza reiteradamente, sin indicar las referencias, nombres y reseñas biográficas (p.e. «Vasco, profesor de la Escuela de Artes Aplicadas en Caracas». vol. II, p. 19, o «Salmantino, director de Educación Sanitaria en Caracas». vol. II, p. 291, recuérdese el listado de 1976 de Sáenz de la Calzada citado en la nota 12, o las notas biográficas de Ernest Maragall y Carlos Pi Suñer, entre otros, copiadas sin indicarlo de *200 catalans a les Amèriques 1493-1987. Barcelona: Comissió Catalana del Cinquè Centenari del Descobriment d'Amèrica,* 1988). El libro de Sanz fue apoyado financieramente por la Agregaduría Laboral de la Embajada de España en Caracas y por la Casa de España." Hay obras que no pude consultar pero que sin duda enriquecerían este trabajo. Ellas son: Rafael Domingo (Dir.), *Juristas universales*, 4 volúmenes, Madrid-Barcelona, 2004; y Manuel J. Peláez (Dir.), *Diccionario crítico de juristas españoles, portugueses y latinoamericanos*, Zaragoza-Barcelona, 2005.

muy acertadamente destaca uno de los más conspicuos "trasterrados" españoles: "En la historia de las manifestaciones culturales de Venezuela no hay investigación ni estudio que no suscite infinidad de asuntos nuevos o poco tratados, que esperan los ojos ávidos de quien quisiera desentrañar su secreto".[36] Esto es lo que me propuesto.

A continuación, los nombres, las trayectorias de esos hombres y sus aportes al país al cual quisieron ser útiles.

Álvarez Buylla De Lozana, Vicente

Nació en Oviedo, Asturias en 1890. Fue alumno de la Institución Libre de Enseñanza. Estudió Derecho en la Universidad de Oviedo y se doctoró en la Universidad Central de Madrid. Destacado futbolista, jugó la final de la Copa del Rey en 1910 con el Español de Madrid contra el Barcelona FC. Fungió como diplomático en Cuba y Tánger. Fue trasladado a Londres en 1934 como Cónsul General, estuvo a cargo de la Embajada por un tiempo, allí pasó la guerra, gestionando la compra de armamentos. Terminada la guerra, entro en la agencia Reuter y seguidamente en la BBC, en un programa deportivo y otro sobre el desarrollo de la guerra. En 1922 publicó la conferencia "La pintura contemporánea en España" y en 1932 el libro "Economía y legislación extranjera acerca de energía hidroeléctrica, líneas y redes". Fue Secretario del Consejo de Energía y del Consejo de Obras Hidráulicas, organismos del Ministerio de Obras Públicas de España. Emigró a Venezuela en 1951 y, se menciona, aunque no lo hemos podido verificar, que durante varios años regentó la Cátedra de Derecho Internacional Privado en la Universidad Central de Venezuela. Investigó para la Fundación Boulton. Representó al gobierno exiliado en Venezuela y presidió la Casa de España, el Centro Asturiano y el Tribunal Disciplinario de la Liga de Fútbol de Venezuela. Regresó a España en 1964 en donde falleció en 1969.[37]

Amézaga Aresti, Vicenti (Bingen) de

Nació en Algorta (Getxo), Vizcaya en 1901. Se licenció en Derecho en Valladolid y fue Director General de Enseñanza en el Gobierno Autónomo Vasco. Fue juez de paz en Getxo, Vizcaya. Se exilió en Francia y vivió un tiempo en Argentina y luego en Montevideo, en cuya Facultad de Humanidades desarrolló un curso de cultura vasca, que preparó para ser editado en Venezuela. Llegó a Venezuela en 1955. Académico correspondiente de la lengua vasca en Venezuela, tradujo a dicho idioma varias obras, entre ellas "Hamlet" de Shakespeare y "Platero y yo" de Juan Ramón Jiménez. Colaboró en diversas revistas, entre ellas, de la Sociedad Bolivariana, el Boletín de la Academia Nacional de la Historia, y también en periódico El Universal, siempre sobre temas vascos. Fue coautor junto

---

36 Pedro Grases, "Prólogo", *Obras de Pedro Grases,* Volumen I, *Estudios sobre Andrés Bello, I. Investigaciones monográficas*, Editorial Seix Barral, Caracas, Barcelona, México, 1981, p. XXIX.

37 Sanz, *ob. cit.*, Tomo II, p. 11.

con Edgar Pardo Stolk de una biografía de "Jesús Muñoz Tébar (1847-1909)" y trabajó como investigador en la Fundación Boulton. En 1963, publicó "Hombres de la Compañía Guipuzcoana", con prólogo de Pedro Grases y en 1966 "El elemento vasco en el siglo XVIII venezolano". También publicó "El hombre vasco" (1967), "Jesús de Galíndez" (1958) y "Nostalgia" (1993). Reunió un total de 3.200 apellidos vascos de gentes que vinieron o tuvieron que ver con Venezuela entre 1730 y 1785. Falleció en Caracas en 1969.[38]

Amores y Herrera, Fernando

Nació en Madrid en 1898. Se doctoró en Ciencias Políticas en la Universidad Central de Venezuela en 1928.[39] Se naturalizó en 1936. Fue titular de la cátedra de Medicina Legal en la Universidad Central de Venezuela, consultor Jurídico de la Oficina Nacional del Trabajo y abogado del Banco Agropecuario. También ejerció libremente su profesión en Caracas. Publicó diversos trabajos, entre ellos "Fundamentos sociológicos de la eugenesia matrimonial" (Tesis doctoral), "Apuntes de clases de Medicina Legal", "El secreto profesional médico con relación a la profesión de enfermera", "Bosquejo histórico de la Medicina Legal y plan de división de la materia", "Ponencia sobre la moralidad profesional". Fue distinguido por la Real Academia Hispano-Americana de Ciencias y Artes de Cádiz.[40] Falleció en Caracas en 1965.

Azcarate y Flórez, Justino de

De apellido vasco, pero nacido en Madrid en 1903. Doctor en Derecho por la entonces Universidad Central de Madrid (hoy Complutense), en donde fue ayudante de Derecho Político, secretario y abogado de la Federación de las Empresas Mineras de Carbón, representante de dichas empresas ante el Consejo Nacional de Combustibles; subsecretario de Justicia en el primer gobierno de la República y Diputado a las Cortes Constituyentes por León, miembro del Consejo Nacional de Economía, subsecretario de Gobernación en el gobierno de coalición republicana de 1933-1934. Formó parte de la Agrupación al Servicio de la República. Llegó a Venezuela en agosto de 1939. Comenzó desempeñando las cátedras de

---

38 *Ibíd.*, pp. 12-13; Pedro Grases, "Vicente de Amézaga (1901-1969). Un vasco recrea linajes", *Obras de Pedro Grases*, Volumen VII, *Maestros y Amigos*, Editorial Seix Barral, Caracas, Barcelona, México, 1981, pp. 383-395.

39 *Egresados de la Universidad Central de Venezuela 1725-1995*, *Ob. cit.*, Tomo I, p. 405. Luego del nombre y apellidos de Amores y Herrera aparece entre paréntesis la palabra Acta. Su tesis doctoral aparece registrada entre las presentadas en 1927, en "Tesis de Grado", *Revista de la Facultad de Ciencias Jurídicas y Políticas,* Caracas, Universidad Central de Venezuela, p. 363, esp. p. 379.

40 Julio Cárdenas Ramírez (Director), *Diccionario Biográfico de Venezuela*, Primera Edición Blass, S.A. Tipográfica, Caracas, Garrido Mezquita y Compañía Editores, Madrid, 1953, p. 34. Hemos incluido al doctor Amores y Herrera visto el carácter "experimental" de este ensayo y por su destacada trayectoria universitaria en Caracas en época muy próxima al desarrollo de la guerra española.

Economía y Hacienda en el Instituto de Administración Comercial y de Hacienda del Ministerio de Educación, trabajó durante seis años como secretario ejecutivo de la Junta Reguladora de Precios y la Comisión Nacional de Abastecimiento, dependientes del Ministerio de Fomento, y realizó diferentes estudios para la Comisión de Problemas de Postguerra, que integró, y la Corporación Venezolana de Fomento. En 1946 fue designado asesor de la Cámara de Comercio de Caracas, hasta 1977, y se ocupó de la administración de empresas de la construcción hasta 1952. En 1948 comenzó a colaborar con Eugenio Mendoza en la Fomentadora Inmobiliaria, destinada a construir viviendas para empleados y obreros de las empresas. En 1951, fue nombrado gerente general de la Fundación recién creada y en 1964 fue presidente ejecutivo. Hasta su designación como senador por el rey Juan Carlos, en junio de 1977, fue Vicepresidente de la Fundación para la Vivienda Popular y del Banco Hipotecario de la misma, miembro del Consejo de Directores de la Fundación Universidad Metropolitana y del Consejo Superior de la Universidad, Director del Departamento Social Mendoza y de varias compañías anónimas, primer Vicepresidente de la Federación de Instituciones Privadas de Asistencia al Niño, etc. Recibió las órdenes Francisco de Miranda en tercera clase, en 1965, y Andrés Bello en tercera clase en 1967 y, en segunda, en 1974, siéndole otorgada la clase Banda de Honor en 1982, y la de Mérito al Trabajo en primera clase en 1979. Fue también miembro de la directiva de El Universal. Desde su regreso a España, volvió a ser senador por la provincia de León, de 1979 a 1982, por la UCD. Entre 1980 y 1987 fue Presidente de la Asociación para la Conservación del Patrimonio Histórico Español *Hispania Nostra* y en 1982 fue designado Presidente del Patronato del Museo del Prado. Falleció en Caracas en 1989.[41]

Bentata, Jacobo

Nació en Tánger, Marruecos en 1895. Abogado. Pasajero del crucero universitario por el Mediterráneo en 1933. Fue anfitrión de García Lorca en su gira con La Barraca por Marruecos. Emigró a Venezuela en 1942. Fue un destacado agente de la propiedad industrial lo cual le permitió desarrollar una merecida fama en el gremio. Activo colaborador de las actividades israelitas en Venezuela. Autor de por lo menos tres libros. Falleció en Caracas en 1982.[42]

---

41 *Ibíd.*, pp. 22-23; Martín Frechilla, *ob. cit.*, pp. 306-307; Pedro Grases, "En el homenaje al doctor Justino de Azcárate", *Obras de Pedro Grases*, Volumen XVIII, *Ensayos y Reflexiones (III)*, Barcelona, 1989, pp. 78-82; Fernando Jáuregui, "Justino Azcárate", *El País*, Madrid, 25 de noviembre de 1984; Luis Enrique Otero Carvajal, "La depuración de la Universidad de Madrid", en Luis Enrique Otero Carvajal (Dir.), *La destrucción de la ciencia en España. Depuración universitaria en el franquismo.* Editorial Complutense, Madrid, 2006. pp. 73-147, esp. 135.

42 Sanz, *ob. cit.*, Tomo II, p. 29.

Carrandi y Otaola, Joaquín María de

Llegó a Venezuela en 1939 junto con sus padres exiliados. Finalizando la guerra su padre, un destacado veterinario de Vizcaya y miembro de gobierno vasco, fue contratado por el entonces equivalente del Ministerio de Agricultura y Cría.[43] Obtuvo el grado de Doctor en Ciencias Políticas en la Universidad Central de Venezuela en 1940.[44] Junto con el profesor Lorenzo Herrera Mendoza publicó un breve estudio intitulado "Elementos de Derecho Internacional Privado en la España de la Edad Media".[45] Su tesis doctoral fue "Comentarios a los artículos 627 y 628 del Código de Comercio".[46] Ejerció de abogado en Caracas.

Carsi Zacarés, Francisco

Doctor en Derecho por la Universidad Central de Madrid (hoy Complutense). Fue de la Carrera Judicial española y del Ministerio Fiscal de España. Coautor de la "Compilación Legislativa de Venezuela", desde 1942, junto con los doctores A. Pulido Villafañe, Luis Loreto, en una primera etapa, y luego también con el doctor Andrés Aguilar Mawdsley. Colaboró en la obra de Luis Jiménez de Asúa "Códigos penales iberoamericanos según los textos oficiales. Estudio de legislación comparada", en dos volúmenes, 1946.

Casanovas, Domènec (Domingo)

Nació en Barcelona, Cataluña en 1910. Fue discípulo de J. Xirau y Serra Hunter. Vivió en París durante la guerra, perteneciendo al Instituto de Estudios Hispanoamericanos de la Sorbona. Emigró a Venezuela en 1939, comenzando como profesor de Filosofía en escuelas secundarias y especiales y con ciclos de conferencias y cursos de Derecho, Historia de las Ideas y Filosofía en la Universidad Central de Venezuela. Colaboró asiduamente con El Universal, en la sección "Los trabajos y los días", desde 1940 hasta su muerte. También lo hizo en El Nacional, Diario de Occidente, Revista Nacional de la Cultura, etc. Fue fundador, junto con Mariano Picón Salas, de la Facultad de Filosofía y Letras, luego de Humanidades y Educación, y le fue conferido el título, junto con otros fundadores, en 1951.

---

43 "Joaquín Carrandi Jainaga. Presidente del Colegio de Veterinarios de Bizkaia y ejecutivo del gobierno vasco en la II República Española", disponible en: https://dialnet.unirioja.es/servlet/articulo?codigo=7638551; José Manuel Etxaniz Makazaga, *Veterinarios vascos en el exilio como consecuencia de la Guerra Civil 1936 - 1939*, p. 4, nota 2, disponible en: https://www.historiaveterinaria.org/update/veterinarios-vascos-en-el-exilio-1456419193.pdf; visitados el 30 de septiembre de 2022.

44 *Egresados de la Universidad Central de Venezuela 1725-1995*, *ob. cit.*, Tomo I, p. 446.

45 En Lorenzo Herrera Mendoza, *Estudios sobre Derecho Internacional Privado y Temas Conexos*, Empresa El Cojo, Caracas, 1960, pp. 96-107.

46 "Tesis de Grado", *ob. cit.*, p. 405.

Desde 1947 hasta 1951 fue su Decano. También fue profesor de Filosofía del Derecho en la Facultad de Derecho. Los artículos de su columna "Los trabajos y los días" fueron recopilados y publicados, en 1955, por Editorial Ariel. Publicó además varios trabajos y libros en Francia y Venezuela, entre ellos, "La duda peregrina: Una breve historia de la filosofía", Filosofía contemporánea", "*Esquisse de la littérature espagnole*", "La Filosofía del Derecho en Venezuela"; "Las tendencias fundamentales de la filosofía actual y otros ensayos"; "Filosofía del Derecho: Vigencia y cumplimiento de la ley, contribución a la fenomenología jurídica". Falleció en 1978.[47]

Castells Torres, Helios

Nació en 1932. Abogado egresado de la Universidad Central de Venezuela en 1959.[48] Profesor de Derecho Mercantil en la Universidad Católica Andrés Bello.[49]

De Miguel, Isidro

Nació en Madrid en 1906. Se exilió en Francia en febrero de 1939 y luego pasó a la República Dominicana donde se licenció en Filosofía en 1943. En octubre de 1944 emigró a Venezuela. A su llegada trabajó como secretario-taquígrafo en el Escritorio Penzini Hernández-Herrera Uslar y luego como jefe de contabilidad de la fábrica de pinturas Covequin (Pinco) en Caracas. Se encargó de taquigrafiar las lecciones que dictó el profesor Luis Jiménez de Asúa durante su visita a la Universidad Central de Venezuela entre enero y mayo de 1945. Paralelamente estudió Derecho en la Universidad Central de Venezuela egresando como Doctor en Ciencias Políticas en 1951.[50] Acompañó al profesor Luis Jiménez de Asúa durante su estadía en Venezuela. Fue profesor de Derecho Penal en la Universidad Central de Venezuela hasta 1974. Autor de "Derecho Penal: Principios generales", publicado por la Universidad Central de Venezuela. Fundó y dirigió la publicación "Repertorio Forense" en Caracas. Regresó a España en 1976. Fue Senador del PSOE por Madrid entre 1987 y 1989. Falleció en Madrid en 1998.[51]

---

47 *Ibíd.*, pp. 47-48; Martín Frechilla, *ob. cit.*, pp. 362, 372, 465-466, 498-503, 505-506.

48 *Egresados de la Universidad Central de Venezuela 1725-1995*, Tomo II, Volumen I 1958-1981, Universidad Central de Venezuela, Caracas, 1996, p. 14.

49 Ver Sanz, *ob. cit.*, Tomo II, p. 304. Ver Pere Grases, "*Catalans a les Ameriquès*", en *Obras de Pedro Grases*, Volumen XVI, *Hores de joventut i de maduresa*, Caracas, Barcelona, México, 1987, pp. 3-51, esp. p. 37.

50 *Egresados de la Universidad Central de Venezuela 1725-1995, ob. cit.*, Tomo I, p. 528.

51 Disponible en: https://www.fpabloiglesias.es; visitada el 9 de agosto de 2022; Martín Frechilla, *ob. cit.*, pp. 468-472.

Eguidazu y Garay, Tomás de

Nació en Santurce, Vizcaya en 1903.[52] Emigró a Venezuela en marzo de 1939. Antes de exiliarse en Venezuela en 1939 publicó en España varios estudios como "Facultades del Tribunal Supremo para procesar, al conocer, en Casación, de un auto de sobreseimiento", "El Caserío y su venta a los inquilinos; La ley agraria, su inaplicación en Euzkadi y consecuencias si se aplicase; A las Comisiones Gestoras", "La navegación en crisis, sus causas secundarias y modo de remediarlas". En Venezuela publicó, entre otros, "El Estatuto del Funcionario Público y el Procedimiento Contencioso Administrativo", "Índice alfabético de leyes, decretos, reglamentos y resoluciones" y "Crítica de las decisiones judiciales". Colaboró en la catalogación de las "Actas del Cabildo de Caracas 1573-1600", en 1943 junto con el Dr. Vicente Dávila. Falleció en Caracas en 1965.

Fernández-Shaw Iturralde, Daniel

Nació en Madrid en 1901. Estudió Derecho en Madrid. Diplomático. Cuando se proclamó la República estaba destinado en el consulado de Porto Alegre, Brasil. En 1935 fue trasladado como agregado a Londres, donde pasó la guerra. Trabajó en la BBC y posteriormente dio clases en la Universidad de Cambridge y estudió economía. En 1948 emigró a Venezuela. Llegó para trabajar en el Ministerio de Fomento, pero se encontró con que el trabajo ya había sido ocupado por otro. Al poco tiempo ingresó en el Ministerio de Relaciones Exteriores, en economía y en la Universidad Central de Venezuela, donde creó el Centro de Estudios Internacionales y regentó esa cátedra. Acabó ingresando en el Ministerio de Fomento y, por último, retomó al de Relaciones Exteriores. Tradujo las obras escogidas de A. Marshall para el Fondo de Cultura Económica y escribió "Organización internacional" con prólogo del doctor Eduardo Arroyo Lameda, y "Etapas de la vida económica española", publicadas por la Universidad Central de Venezuela, y "Negociaciones comerciales", que lo fue por el Ministerio de Fomento. Falleció en Caracas en 1962.[53]

García Pelayo y Alonso, Manuel

Nació en Corrales del Vino, Zamora, Castilla y León, en 1909. Estudió Derecho en la Universidad Central de Madrid (hoy Complutense), instalándose en la Residencia de Estudiantes. Se doctoró en Madrid en 1934. De septiembre de 1934 a fines de 1935, estudió en Viena. Formó parte de las filas republicanas, obtiene el grado de Capitán y de Jefe de Estado Mayor de varias agrupaciones o divisiones. Estuvo recluido en campos de concentración desde el final de la guerra hasta 1941. En 1951, abandonó el Instituto de Estudios Políticos, en Madrid, al que pertenecía desde 1948, y se exilió voluntariamente en Argentina, dictando

---

52 Disponible en: https://www.euskonews.eus/zbk/373/efemeride-el-abogado-y-publicista-tomas-eguidazu-garay-muere-el-11-de-diciembre-de-1965-en-caracas/ar-0373006002C/; visitada el 12 de septiembre de 2022.

53 Sanz, *ob. cit.*, Tomo II, pp. 82-83.

clases en la Universidad de Buenos Aires. En 1954 marchó a Puerto Rico para dar clases de Ciencias Políticas, y, en 1958, fue llamado por la Universidad Central de Venezuela, para organizar el Instituto de Estudios Políticos, que dirigió hasta su jubilación en 1979. La Universidad Central de Venezuela le otorgó los títulos de doctor honoris causa[54] y de profesor honorario. También fue doctor honoris causa por la Universidad Nacional Autónoma de México. Fue miembro de la Real Academia de Ciencias Morales y Políticas de Madrid. En 1980 el rey Juan Carlos le invitó a formar parte del Tribunal Constitucional español, del cual sería elegido su primer presidente y le fue ofrecido un Libro Homenaje por Facultad de Ciencias Jurídicas y Políticas de la Universidad Central de Venezuela en dos tomos. En 1986 dimitió de su cargo y regresó a Venezuela. Publicó numerosos libros y ensayos entre ellos: "El imperio británico", Madrid, (1945): "Derecho constitucional comparado", Madrid, (1950), con ocho ediciones hasta 1968, "El reino de Dios, arquetipo político", Madrid, (1959), "Federico II de Suavia y el nacimiento del Estado Moderno", Caracas, (1959); "Constituciones europeas", Caracas, (1960); "Mitos y símbolos políticos", Madrid, (1964), "Del mito y de la razón en la historia del pensamiento político", Madrid, (1968), "Las formas políticas en el Antiguo Oriente", Caracas, (1969): "Las funciones de los modernos parlamentos bicamerales", Caracas, (1971), "Burocracia y tecnocracia, y otros escritos", Madrid, (1974): "El estado social y sus implicaciones", México, (1975), "El tema de la nacionalidades; la teoría de la nación en Otto Bauer", Madrid, (1975), "Las culturas del libro", Caracas, (1976): "Las transformaciones del Estado contemporáneo", Madrid, (1977), "Los mitos políticos", Madrid, (1981): "Idea de la política y otros escritos", Madrid (1983), "El estado de partidos". Falleció en Caracas en 1991.[55]

---

54 *Egresados de la Universidad Central de Venezuela 1725-1995*, *ob. cit.*, Tomo II, Volumen I 1958-1981, p. 144.

55 *Ibíd.,* pp. 98-99; Ricardo Combellas, "Manuel García-Pelayo: Trayectoria y legado en Venezuela", en Tulio Hernández (Comp.), *Humanistas españoles en Venezuela. El aporte intelectual de la migración española del siglo XX*, Librería Lugar Común, Caracas, 2015, pp. 23-43; Josu De Miguel, "De la libertad en ambos hemisferios", en *El País*, Madrid, 11 de marzo de 2022; Francisco Rubio Llorente, "Manuel García-Pelayo; In memóriam", en *El País*, Madrid, 26 de febrero de 1991; José Ortega Spottorno, Dos pensadores españoles", en *El País*, Madrid, 26 de noviembre de 1992; Bonifacio de la Cuadra, "Manuel García-Pelayo, primer presidente del Tribunal Constitucional", en *El País*, Madrid, 26 de febrero de 1991; Hildegard Rondón de Sansó, "García-Pelayo, un español de ambos hemisferios", *Revista de la Facultad de Ciencias Jurídicas y Políticas*, No. 82, Universidad Central de Venezuela, Caracas, 1991, pp. 13-28; "García Pelayo, Manuel", *Diccionario de Historia de Venezuela,* Tomo 2, Primera reimpresión de la Segunda Edición, Fundación Empresas Polar, Caracas, 2010, pp. 459-460.

Gaubeca Marcaida, Félix de

Nació en 1902. Abogado y profesor en la Universidad de los Andes, Mérida.[56]

Gavilá Rivera, Antonio

Nació en Alcoy, Alicante, en 1911. Estudiante de Derecho, se alistó como voluntario y actuó en la intendencia en los frentes de Teruel, el Ebro y Levante, alcanzando el grado de capitán. Estuvo preso por dos años en Valencia a la terminación de la guerra. En 1945, emigró a los Estados Unidos, con su esposa e hija su hija. Con parientes suyos, se empleó en un local de aparatos eléctricos, y llegó a Venezuela para establecer una sucursal, que dirigió durante unos cuatro o cinco años. Luego se estableció por su cuenta en la imprenta Servi Beta, de la que se retiró en 1986, para regresar a Valencia, España donde murió en 1993.[57]

Granell Muñiz, Manuel

Nació en Oviedo, Asturias, en 1906. Inició sus estudios en la Facultad de Ciencias de la Universidad de Oviedo pensando en estudiar luego Arquitectura. Al entrar en contacto con un "seminario para doctores en ciernes" que dictaba José Ortega y Gasset en Madrid, quiso estudiar Filosofía, pero se decidió por Derecho y se licenció en la Universidad de Oviedo en 1929. En 1936 se licenció en Filosofía y Letras. Colaborador de la Revista de Occidente. Exiliado en Francia regresó a España y se dedicó a la enseñanza privada y a publicar trabajos. Autor de "Cartas filosóficas a una mujer", "Lógica", "Estética de Azorín". En octubre de 1949 recibió una oferta de la Universidad Central de Venezuela para dictar clases en la entonces Facultad de Filosofía y Letras. Emigró a Venezuela en 1950 para dictar clases. Fue uno de los fundadores de la Sociedad Venezolana de Filosofía. Revalidó su licenciatura en Filosofía en 1960[58] y en 1964 recibió el doctorado en Filosofía[59] en la Universidad Central de Venezuela con la tesis "La vecindad humana. Fundamentación de la Ethología", la cual recibió el Premio de Investigación de la Universidad Central de Venezuela en 1970. También publicó "Filosofía latino-americana y espíritu viajero", "Humanismo integral. Antología filosófica", y en coautoría "Ortega y Gasset y el destino de América Latina". Falleció en Caracas en 1993.[60]

---

56 Sanz, *ob. cit.*, Tomo II, p. 304.

57 *Ibíd.*, p. 100.

58 *Egresados de la Universidad Central de Venezuela 1725-1995*, *ob. cit.*, Tomo II, Volumen I, 1958-1981, p. 32.

59 *Ibíd.*, p. 109.

60 "Manuel Granell Muñiz", Real Academia de la Historia, disponible en: www.dbe.rah.es, consultado el 15 de agosto de 2022; Martín Frechilla, *ob. cit.*, p. 494; Sanz, *ob. cit.*, Tomo II, p. 110.

Grases i Gonzàlez, Pere (Pedro)

Nació en Vilafranca del Penedés, Cataluña en 1909. Se licenció en Filosofía y Letras y en Derecho en la Universidad de Barcelona en 1931. Se doctoró en ambas disciplinas en la Universidad Central de Madrid (hoy Complutense) en 1932. Fue colaborador de varias revistas catalanas en su juventud, codirigiendo algunas de ellas. Ejerció como abogado en Barcelona junto con el afamado jurista José Puig Brutau. Durante 1933-35 fue encargado del curso de lengua árabe en la Universidad Autónoma de Barcelona. Secretario del político Carlos Pi y Suñer, abandonó España en 1937, para irse a Francia y, de allí, venirse a Venezuela. Inicialmente se dedicó a vender máquinas de escribir, hasta que el doctor Josep Antoni Vandellós, le presentó al Ministro de Educación. Enseñó historia de la literatura española en varios institutos de enseñanza secundaria, entre ellos el Colegio América, cumplió tareas bibliográficas en la Biblioteca Nacional, dirigió varias ediciones y la página literaria de "El Heraldo". Más adelante fue también profesor en el Instituto Pedagógico y la Universidad Central de Venezuela y la Universidad Católica Andrés Bello y la Universidad Metropolitana. Dedicó su actividad principal a estudiar la personalidad y la obra de Andrés Bello, de quien fue su más importante exégeta, a lo que se agrega una vastísima labor didáctica, bibliográfica y de preparación de ediciones, que le aseguró un sitial destacado en la intelectualidad venezolana. A él se deben las más completas series bibliográficas con que se cuenta. Trabajó con más ahínco y en forma más sistemática que nadie lo había hecho, en la historia del periodismo y de la imprenta en Venezuela. Fue encargado de la compilación de los escritos de Simón Rodríguez, confeccionó una antología de Cecilio Acosta y dirigió la recopilación de las obras completas de Roscio y de Baralt. Cuidador de las actas de Angostura, publicadas por la UCV, se interesó también por los antecedentes y el proceso de la independencia, incluyendo el pensamiento de Bolívar. Organizó con Ramón J. Velásquez los más de ciento cincuenta volúmenes sobre el pensamiento político venezolano en el s. XIX. Compartió con Manuel Pérez Vila la dirección de Artegrafía y colaboró con él en las obras que se mencionan en el apartado de éste. Prologó la edición facsimilar de la Historia de Oviedo y Baños, que se hizo como homenaje a los residentes españoles. Enseñó en Harvard y Cambridge, entre otras. Recibió varios premios y condecoraciones, entre ellas, la Orden del Libertador y, al cumplir los setenta años le fue tributado un homenaje por el Congreso venezolano. Recibió la Orden del Libertador en su primera clase. Fue uno de los cuatro venezolanos postulados para el premio Cervantes de 1989. Fue numerario de la Academia Venezolana de la Lengua y de la Academia Nacional de la Historia, entre otras. Recibió el doctorado honoris causa de la Universidad de los Andes, de la Universidad San Marcos de Lima, de la Universidad de Miami-Coral Gables, de la Universidad de Barcelona y de la Universidad Metropolitana de Caracas, entre otras. El Amherst College creó el Pedro Grases Prizes for Excellence in Spanish en 1983. Falleció en Caracas en 2004.[61]

---

61 *Ibíd.*, pp. 110-111; Francisco Javier Pérez, "El sabio Pedro Grases", en Tulio Hernández (Comp.), *ob. cit.*, pp. 45-63. Ver notas de pie de página 30, 32 y 33.

Jofre i Roca, Bernat (Bernardo)

Nació en Andratx, Mallorca en 1902. Se licenció en Derecho por la Universidad de Zaragoza mientras trabajaba de telegrafista. Ejecutivo del sector turismo. Abandonó España en 1936 como agregado de la República española en Niza, Francia en donde luego se desempeñó como Cónsul. Emigró a Venezuela en 1939. Revalidó su título de Doctor en Ciencias Políticas en la Universidad Central de Venezuela en 1951. Fue Presidente del Centro Catalán y de la Inmobiliaria Catalana. Comentarista de política internacional del diario "Ahora" durante la II Guerra Mundial y reportero radial y luego en "El Heraldo". Entró después en el Instituto Rockefeller y se hizo consejero de confianza de Nelson Rockefeller para sus inversiones en América del Sur y Vicepresidente de la International Basic Economic Corporation. Fue traductor para las Naciones Unidas en Ginebra. Falleció en un accidente automovilístico, yendo de Lausana a Ginebra, Suiza, en 1969.[62]

López de Sagredo y Bru, José L.

Nació en Valencia, España en 1894. Licenciado en Derecho por la Universidad central de Madrid (hoy Complutense). Fue Director del Laboratorio de Técnica Policial de Barcelona, España. Publicó "Identificación Monodactilar", "Dactiloscopia Civil", Comisaría General de orden público. Laboratorio de técnica policial", entre otras." Emigró a Venezuela hacia 1939, primero a Mérida y luego a Maracaibo. Escribió reportajes en "La Esfera" de Caracas y luego artículos de su especialidad en "Panorama" de Maracaibo, y sobre literatura española en "La Columna", de dicha ciudad. Fue Director de la Escuela de Policía de Maracaibo. En 1955 publicó "El lago de Maracaibo" y en 1959 publicó "Cuando yo era policía en Cataluña, durante la sublevación fascista, año 1936 al 1939". De 1945 a 1969 fue secretario de la Cámara de Comercio del Zulia, cuya historia publicó bajo el título de "Historia del Club de Comercio (1891-1943)" y también fue Bibliotecario del Club de Comercio y del Club Náutico de Maracaibo. Falleció en Maracaibo en 1965.[63]

Magariños Torres, Santiago

Nació en Madrid en 1902. Doctor en Derecho y en Filosofía y Letras y profesor de la Universidad Central de Madrid (hoy Complutense). Fue separado de su cátedra en 1936, en la que había sucedido al profesor Rafael Altamira, uno de los más grandes juristas españoles de su tiempo, por las autoridades republicanas.

---

62 *Ibíd.*, p. 129; "In memoriam. Don Bernardo Jofre Roca", en *París-Baleares*, Reims, No. 166, Marzo 1969. Ver nota de pie de página 26.

63 Sanz, *ob. cit.*, Tomo II, p. 145; F. de Antón y Barberá, "Contribución española al auge en el uso de la dactiloscopia", en Gaceta internacional de ciencia forense, No. 27, abril-junio, 2018, pp. 18-50, esp. pp. 36-37, ISSN 2174-9019; Jesús Angel Semprún Parra y Luis Guillermo Hernández, "López de Sagredo y Bru, José", en *Diccionario General del Zulia*, 2a. Edición, Tomo II D-L, Sultana del Zulia Editores, Maracaibo, 2018, p. 1166.

Luego de la guerra civil fue catedrático de Historia en la mencionada Universidad, desempeñándose como Presidente del Instituto de Cultura Hispánica. Fue forzado al exilio en 1950 al anunciarse que el Instituto iba a publicar una antología de Miguel Hernández que Magariños había autorizado, viniendo entonces a Venezuela por gestión del embajador de Venezuela en España don Augusto Mijares. Fue fundador y Director del Instituto de Arte de la Universidad Central de Venezuela, donde desplegó una extraordinaria actividad, preparando exposiciones, interviniendo en cursillos, en ciclos de conferencias o teniéndolos exclusivamente a su cargo, sobre música, pintura o personalidades literarias, como Lope de Vega, Pérez Galdós, Cervantes y otros, historia de América, en diversos lugares de Caracas y del interior. Fue autor de "Quijotes de España", "Alabanza de España", "Maestros europeos en colecciones venezolanas", "La ciudad y el hombre", "Canciones populares de la edad de oro", entre otras. El 16 de mayo de 1972, con motivo de cumplir 70 años, y al frente del Instituto de Arte de la Facultad de Humanidades, se recordó su "ejemplar misión pedagógica", su permanente disposición para la consulta y el diálogo" y su incansable labor, plasmada en "conferencias, charlas, publicaciones, artículos, exposiciones didácticas, cursillos" además de su tarea docente. Recibió la Orden Andrés Bello. Siguió actuando como profesor de Cultura Hispánica en la Universidad Central de Venezuela y la Universidad Católica Andrés Bello, dando conferencias e interviniendo en actividades culturales, hasta su fallecimiento. En marzo de 1983, el CONAC creó un premio de teatro con su nombre, como parte de la programación cultural del bicentenario del Libertador Simón Bolívar, consistente en diploma y un premio en efectivo. Dejó un legado de 45.000 diapositivas, 35.000 libros, 10.000 discos. Falleció en Caracas en 1979.[64]

Martín De Villodres y Jiménez, Enrique

En 1927 se desempeñó como abogado fiscal en propiedad ante la Audiencia provincial de Jaén y estuvo agregado al Ministerio de Agricultura, adscrito al Instituto de Reforma Agraria en 1936. Fiscal ante el Tribunal Supremo y, durante la guerra, del Central de Espionaje y Alta Traición. En 1939, junto con Santiago Sentís Melendo y Demófilo de Buen, entre otros, fue separado definitivamente de sus funciones por órdenes del Jefe del Servicio Nacional de Justicia. Fue juzgado por el Tribunal Especial para la Represión de la masonería y el Comunismo. Trabajó en París, como mozo de carga y descarga, en la estación de Austerlitz. Llegó a Venezuela en 1947. Autor de "La verdad desnuda: (mi soviet en Jaén)".[65]

Moles Caubet, Antonio

Nació en Puigcerdá, Girona, en 1900. Se licenció en Derecho por la Universidad de Valladolid y se doctoró en Derecho por la Universidad Central de Madrid

---

64 Sanz, *ob. cit.*, Tomo II, pp. 151-153. "Ha muerto en Venezuela el profesor español Santiago Magariños", *El País*, Madrid, 30 de marzo de 1979.

65 Sanz, *ob. cit.*, Tomo II, p. 156.

(hoy Complutense). Realizó estudios de ampliación en Universidad de París. Ejerció como abogado en Barcelona y fue profesor agregado en la Universidad de Barcelona entre 1932 y 1938. Al final de la guerra se exilió en Francia y fue profesor en el Instituto de Derecho Comparado de la Universidad de Toulouse hasta 1940 cuando emigró a México en donde fue profesor en la Universidad Michoacana de San Nicolás de Hidalgo. Posteriormente fue contratado por la recién creada Universidad de Panamá. En 1947, el doctor Humberto García Arocha, discípulo de Augusto Pi Suñer, gran amigo de Moles, le llamó para trabajar en la Universidad Central de Venezuela, aunque no pudo aceptar, por los compromisos contraídos. Llamado nuevamente por el entonces Decano, Suárez Flamerich, se integró a la entonces Facultad de Derecho de la Universidad Central de Venezuela hasta su jubilación en 1979. Fue un notable profesor de Derecho Administrativo y fundador y primer Director del Instituto de Derecho Público de la UCV, que dejó huella imborrable en el Derecho Administrativo y la universidad venezolana. Recibió el doctorado honoris causa en Ciencias Políticas de la Universidad Central de Venezuela.[66] La Facultad de Ciencias Jurídicas y Políticas le obsequió un Libro Homenaje en dos tomos en 1981, al cual se unió la Academia de Ciencias políticas y Sociales. El Instituto de Derecho Público le dedicó en homenaje el Tomo III, en dos volúmenes, del "Archivo de Derecho Público y Ciencias de la Administración 1972-1979", en 1981. La Biblioteca de la Sala Políticoadministrativa del Tribunal Supremo de Justicia lleva su nombre. Fue autor de muchos artículos y recibió condecoraciones nacionales e internacionales. Con ocasión de su fallecimiento la Facultad de Ciencias Jurídicas y Políticas de la Universidad Central de Venezuela dictó un acuerdo en el que llamó a Moles "patrimonio de nuestra Facultad, reserva de laboriosidad, espíritu académico y afecto por la Universidad y la tierra que lo acogió como segunda patria". Falleció en Caracas en 1989.[67]

Ortega Gómez, Fernando

Nació en París en 1924. Hijo de Eduardo Ortega y Gasset. Regresó a España, para salir nuevamente en los días de la guerra civil. Se graduó en La Habana de licenciado en derecho diplomático y administrativo. En 1955 emigró a Venezuela a trabajar en la compañía publicitaria Obelleiro-Carvajal Publicidad y en ARS

---

66 *Egresados de la Universidad Central de Venezuela 1725-1995*, *ob. cit.*, Tomo I, p. 559.

67 *Ibíd.*, pp. 169-170; Martín Frechilla, *ob. cit.*, p. 475; Edison Lucio Varela Cáceres, "Antonio Moles Caubet", *Revista Venezolana de Legislación y Jurisprudencia. Edición homenaje a: Juristas españoles en Venezuela,* No. 8, Caracas, 1987, pp. 86-100; Carlos García Soto, "Antonio Moles Caubet y sus aportes al Derecho Administrativo venezolano", *Id.*, pp. 101-128; Fernando Parra-Aranguren, "Presentación", *Revista de la Facultad de Ciencias Jurídicas y Políticas*, No. 75, Universidad Central de Venezuela, Caracas, 1990, pp. 8-10; Tomás Polanco Alcántara, "Antonio Moles Caubet", en *Venezuela y sus personajes*, Academia Nacional de la Historia *et al.*, Caracas, 1997, pp. 419-423.

Publicidad durante unos cinco años, tras los cuales, fundó su propia empresa STOP Publicidad (Sociedad Técnica Organizada de Publicidad) y funcionó de 1968 a 1985, año en que se retiró.[68]

Ortega y Gasset, Eduardo

Nació en Madrid en 1882. Cursó los estudios de Derecho y Ciencias Sociales en la Universidad Central de Madrid (hoy Complutense), donde se graduó de Doctor en Derecho con la máxima puntuación en 1905. Ejerció su profesión de abogado compartiéndola con el periodismo. Fue miembro del Ateneo de Madrid, de la Academia de Jurisprudencia y otros altos centros culturales y contribuyó a la fundación del Ateneo Popular, de que fue presidente. Realizó notables investigaciones históricas en el campo del derecho consuetudinario español. En 1911 fue elegido diputado a Cortes y continuó siéndolo en todos los parlamentos sucesivos hasta 1936. Ocupó numerosos cargos de responsabilidad, director general de prisiones; subsecretario de Justicia; ministro interino en 1915. En octubre de 1936 fue nombrado Decano del Colegio de Abogados de Madrid y en diciembre del mismo año fue nombrado Fiscal General de la República. Fundó en Madrid el diario "La Libertad", en el que denunció la tragedia de la guerra colonialista en África. Su libro "Annual; relato de un soldado e impresiones de un cronista", produjo grandes polémicas. Luchó contra la dictadura de Primo de Rivera y se expatrió a Francia y, junto con Miguel de Unamuno, publicó sus famosísimas "Hojas Libres", que enviaba clandestinamente a España. Publicó en París, en 1925, "España encadenada; la verdad sobre la dictadura" y formó parte del Instituto de Derecho Comparado de La Sorbona. Caída la dictadura, fue Presidente de la Sección de Ciencias Morales y Políticas del Ateneo de Madrid y, al proclamarse la II República fue el primer gobernador civil del Madrid republicano. En 1933 se editó su libro "Etiopía". Fue elegido diputado a Cortes por tres provincias. Salió de España; pero continuó actuando desde Francia en favor de la República hasta diciembre de 1939, en que embarcó para Cuba. Allí permaneció hasta 1953, revalidó su título de abogado y colaboró en periódicos y revistas, escribiendo ensayos diversos y ejerciendo la docencia en la Universidad. Fue colaborador de "La Esfera", desde 1957 y de "El Mundo", desde el año siguiente, colaborando también en varias revistas y diarios de Europa e Hispanoamérica. Muchas veces utilizó en sus escritos el seudónimo "León Orgaz", y con él firmó en Caracas -como antes en España- varios trabajos. Aquí publicó una serie de monografías históricas sobre Simón Bolívar, Magallanes, Miranda, Martí, entre otros. En 1958 publicó su libro "Monodiálogos de don Miguel de Unamuno", con observaciones y notas tomadas durante el exilio de ambos en Francia. Falleció en Caracas en 1965.[69]

---

[68] Sanz, *ob. cit.*, Tomo II, p. 183.

[69] Sanz, *ob. cit.*, Tomo II, pp. 183-184.

Pardo González, Nicanor Samuel del

Nació en Becerreá, Lugo, en 1916. Polemizó con Jiménez de Asúa, en el terreno del derecho a poco de escaparse del régimen franquista, en los inicios de 1948. Fue profesor de Derecho Penal y de Economía Política en la Universidad de los Andes, en donde también fue miembro del Consejo de Catedráticos de la Facultad de Derecho. Autor de "La enciclopedia de ciencias penales" (1950), "Esquema de Derecho Penal. Un ensayo de sistematización" (1952), "Introducción a la economía, sus bases lógicas, históricas y filosóficas" (1953), "Los ideales políticos" (1976), con prólogo de Manuel Fraga Iribarne y "El Mundo Físico y el Derecho" (1981), publicado como separata del Colegio de Abogados de Madrid y que tiene su origen en una conferencia en la Academia de Jurisprudencia. Fue colaborador en la prensa americana y española, destacan sus artículos "Magistratura y totalitarismo" (1977), en Diario 16 y "El genio guerrillero del pueblo español" (1981), en Diario de Burgos, así como otros en El Progreso. Regresó a España, fue directivo del Ateneo de Madrid y ejerció activamente su profesión de abogado participando en sonados casos como la estafa de la inmobiliaria Sofico, cuando representa los intereses de los inversores engañados, y un pleito sobre la custodia del niño hispano-noruego, Alejandro Fuentes Börnes, hijo de Bernardo Fuentes y de Hallis Börnes, Falleció en Madrid en 1999.[70]

Paz y Mateos, Alberto de

Nació en Ponferrada, León, en 1915. Graduado en Derecho en Madrid en 1936. Seguidor García Lorca y su teatro. Se exilia en 1939 en Francia y luego República Dominicana. En febrero de 1945 llega a Venezuela y en marzo fue nombrado director del teatro experimental del liceo Fermín Toro. En 1948 se trasladó a Estados Unidos, actuando como asistente de la cátedra de Literatura de la Universidad de Wyoming, luego viajó a Hollywood, donde trabajó para la NBC. Regresó en 1950, siendo su primera actividad la traducción y dirección de "El bello indiferente" de Jean Cocteau, en un montaje que fue calificado de memorable, para la actriz Juana Sujo. Fue el primer director artístico de la Televisora Nacional, desde su fundación en 1952 hasta 1957, en que abandonó ese campo para dedicarse exclusivamente a una intensa actividad teatral. Falleció en Caracas en 1967.[71]

---

70 *Ibíd.*, p. 190; José de Cora, "Nicanor del Pardo González. El último escándalo con Franco. Sofico deshauciado", *El Progreso*, 17 de noviembre de 2020, disponible en: https://www.elprogreso.es/articulo/album-de-los-lucenses/nicanor-pardo-gonzalez/202011052100121468372.html, visitado el 12 de agosto de 2022.

71 *Ibíd.*, pp. 192-195; "Paz y Mateos, Alberto de", *Diccionario de Historia de Venezuela*, Tomo 3, Primera reimpresión de la Segunda Edición, Fundación Empresas Polar, Caracas, 2010, p. 534.

Rodríguez Melo, Manuel

Abogado; firmante en favor de los huelguistas de Asturias en 1962.[72]

Ruíz Avilés, Francisco

Nació en Murcia en 1911. Se graduó de abogado a los veintiún años. Fue Fiscal del Tribunal Popular al inicio de la guerra y luego pasó a magistrado del mismo Tribunal. Posteriormente fue enviado a Valencia como juez del Tribunal de Espionaje y Alta Traición y, con el gobierno se trasladó a Barcelona y Figueres. En 1939 se exilió en Francia. Al comenzar la Segunda Guerra Mundial emigra a la República Dominicana, para después emigrar a Venezuela en julio de 1944. El primer trabajo que tuvo en Venezuela fue como vendedor de la Editorial González Porto, de libros de Derecho. Luego trabajó en la oficina de ventas de la urbanización Los Chaguaramos. En sociedad se dedicó a la industria de la construcción y realizó varios proyectos, entre ellos el edificio Residencias del Este, en la avenida Rómulo Gallegos, frente al Parque Miranda. Fue directivo de la Casa de España.[73]

Sampere Oliveras, Salvador

Nació en Barcelona, Cataluña. Se graduó en Derecho en 1906. Exiliado una primera vez en Francia antes de la proclamación de la República. Fue presidente de la comisión de enlace de los funcionarios militares y civiles durante la guerra. Emigró a Venezuela como periodista. Falleció en Caracas en 1950.[74]

Sánchez-Covisa Hernando, Joaquín

Nació en Madrid en 1915. Hijo del eminente dermatólogo doctor José Sánchez-Covisa y sobrino del muy prestigioso médico doctor Teófilo Hernando. Cursó cuatro años de derecho en la Universidad Central de Madrid (hoy Complutense). Entre 1934 y 1936 cursó estudios Economía en el Instituto de Estudios Internacionales y Económico de Madrid. Viajó a Venezuela en 1939 luego de exiliarse con sus familiares en Francia. Se doctoró en la Universidad Central de Venezuela en 1943. Fue profesor de la Facultad de Derecho en las asignaturas Economía Política de 1944 hasta 1952 y Derecho Internacional Privado desde 1949 hasta 1974, y de cursos de seminario sobre "Introducción a la Ciencia del Derecho", "Problemas de colisión material, espacial y temporal de las leyes" y "Bases del Derecho Internacional Privado". Jefe del Departamento de Derecho Privado en 1949, miembro del Consejo de la Facultad de Derecho. Profesor titular de Derecho Internacional Privado y jefe de cátedra de la misma materia. En la Facultad de Economía fue profesor de Economía General en el Departamento de Administración Comercial de la Facultad, desde 1946 hasta 1949, profesor encargado de la cátedra de Teoría Económica en 1949 y de la cátedra de Teoría Monetaria,

---

72 Sanz, *ob. cit.,* Tomo II, p. 235.

73 *Ibíd.*, pp. 241-242.

74 *Ibíd.,* p. 248.

desde 1949 hasta 1951. Fue asesor de la Cámara de Industriales de Caracas, de la Cámara Venezolana de la Construcción, de la Comisión de Estudios de la Posguerra y de la Electricidad de Caracas entre 1944 y 1972. Miembro de la comisión redactora de un anteproyecto de Código de Comercio de 1958 a 1960, redactor de los anteproyectos de normas sobre nacionalidad de la Constitución Nacional de 1961 (en colaboración con el doctor Gonzalo Parra-Aranguren) y de Ley de Normas de Derecho Internacional Privado (en colaboración con los doctores Roberto Goldschmidt y Gonzalo Parra-Aranguren) entre 1963 y 1965, miembro de la comisión redactora de un anteproyecto de Ley de Industrias, designado por el Ministerio de Fomento en 1960. Fundador del Comité Venezolano de la Sociedad de Derecho Comparado y Director del Instituto Venezolano de Análisis Económico y Social, desde 1961 hasta 1974, dirigiendo también la publicación periódica "Orientación Económica". En diciembre de 1974, la Electricidad de Caracas publicó una selección de sus trabajos económicos bajo el título "Economía, Mercado y Bienestar" y, al año siguiente, la Facultad de Derecho de la Universidad Central de Venezuela publicó un libro-homenaje de 1.100 páginas, complementando el tributo se le ofreció en la Academia de Ciencias Políticas y Sociales un sentido homenaje. La profesora Tatiana B. de Maekelt, discípula que fue de Sánchez-Covisa, compiló los trabajos jurídicos de este último, que fueron publicados en 1976, por la Contraloría General de la República bajo el título de "Obra Jurídica de Joaquín Sánchez-Covisa". Le fueron concedidas las órdenes del Libertador en grado de Comendador, José María Vargas y 27 de junio, en segunda clase. Falleció en Caracas en 1974.[75]

Serra y Valls, Ángel

Nació en Barcelona, Cataluña, en 1927. Salió con su familia hacia Francia, en febrero de 1939, con intención de embarcar a América, lo que la Guerra Mundial impidió, regresando luego a España. Estudió Derecho en la Universidad Central de Madrid (hoy Complutense). En 1959 emigró a Venezuela para reunirse con su familia que ya se había radicado en el país. Ante la imposibilidad de revalidar su título, por no ser venezolano, se dedicó a dar clases de matemáticas y castellano y luego en la Escuela Técnica Industrial y varias academias particulares. Trabajó

---

75 *Ibíd.*, p. 250; Pedro Grases, "Joaquín Sánchez-Covisa (1915-1974)", *Obras de Pedro Grases*, Volumen VII, *Maestros y Amigos*, Editorial Seix Barral, Caracas, Barcelona, México, 1981, pp. 425-427; "Joaquín Sánchez-Covisa", *Diccionario de Historia de Venezuela*, Tomo 3, Primera reimpresión de la Segunda Edición, Fundación Empresas Polar, Caracas, 2010, pp. 1071-1072; Claudia Madrid Martínez, "Joaquín Sánchez-Covisa y el Derecho Internacional Privado", en *Revista Venezolana de Legislación y Jurisprudencia. Edición homenaje a: Juristas españoles en Venezuela*, No. 8, Caracas, 1987, pp. 30-41; y en la misma Revista el trabajo de Edison Lucio Varela Cáceres, "Joaquín Sánchez-Covisa (Madrid 1915 / Caracas 1974), pp. 21-29; y también en la misma Revista mi trabajo "Bienestar, inflación y responsabilidad moral: El ideario económico de Joaquín Sánchez-Covisa", pp. 43-53. En general ver Hernández-Bretón, "Joaquín Sánchez-Covisa (1915-1974)...", *ob. cit.*, *passim*.

en la Dirección de Cultura de la UCV, encargándose de la coordinación de los cursos de extensión cultural en los llanos occidentales. Fue secretario de la Escuela de Física y Matemáticas de la Facultad de Ciencias de la Universidad Central de Venezuela. En 1964 fue nombrado Secretario del Comité de Educación del IVIC y luego fue encargado de organizar sus archivos y puesto al frente del departamento de reclutamiento y selección de personal y de los becarios al exterior. Luego de naturalizarse procedió a la revalidación de su título de abogado y, al cabo de diecisiete años, se retiró del IVIC para ejercer como abogado litigante. Ejerció la docencia en Derecho, primero en la Universidad Católica Andrés Bello y luego en la Universidad Central de Venezuela, como profesor de Derecho Romano. Fue miembro de la Junta Directiva y Vicepresidente del Centro Catalán. Fue Presidente de la Casa de España y formó parte de la del Instituto de Cultura Hispánica.[76]

Serrano Poncela, Segundo

Nació en Madrid en 1912. Se licenció en Derecho y en Filosofía y Letras en la Universidad Central de Madrid (hoy Complutense). Delegado de Orden Público de la Junta de Defensa de Madrid en noviembre de 1936. Exiliado primeramente en República Dominicana y Puerto Rico, fue profesor de Literatura Española. Fue también profesor de la Universidad de Columbia en Nueva York. En Venezuela fue crítico literario y profesor de Historia de la Cultura, Teoría literaria y Literatura Española en la Universidad Central de Venezuela y en la Universidad Simón Bolívar dirigió y organizó la División de Ciencias Sociales y Humanidades y los Estudios Generales. Colaborador del Papel Literario de "El Nacional". Publicó "Seis relatos y unos más", "La venda", "La raya oscura", "El hombre de la cruz verde", sobre la inquisición española durante el reinado de Felipe II, que fue adaptada al cine por José maría Forqué en su película "El segundo poder", "Un peregrino español", "Formas de vida hispánica", "Antonio Machado, su mundo y su obra", "La viña de Nabot" (post mortem) "La puesta de Capricornio", "El pensamiento de Unamuno", "Del romancero a Machado", "Habitación para hombre solo" (1964), "Introducción a la crítica literaria", "La metáfora", entre otros. También escribió teatro. Falleció en Caracas en 1976.[77]

Sesto, Xosé (José)

Nació en Pontevedra, Galicia en 1909. Estudiante de Arte en Madrid, becario de la diputación de Pontevedra, funcionario en Vigo, abogado, orfebre, poeta y periodista en gallego y castellano. Se licenció en Derecho en la Universidad de Santiago de Compostela. El clima político de la posguerra y las dificultades económicas lo forzaron a emigrar a Venezuela en 1955, donde fue precedido por su hermano Manolo. Dirigió el taller de encuadernación "Finisterre", encargándose

---

76 Sanz, *ob. cit.*, Tomo II, p. 261.

77 *Ibíd.*, p. 264. Ver también: "Segundo Serrano Poncela", disponible en: es.m.wikipedia.org, consultado el 13 de agosto de 2022.

de la restauración del Acta de la Independencia. Fue profesor de la Escuela de Artes y Oficios de San Juan y de la Escuela de Artes Plásticas Cristóbal Rojas. Fundó, en Las Acacias (Caracas), el Instituto Galaxia. Fue Director del Laboratorio de Restauración del Departamento de Patrimonio Histórico y Artístico de la Alcaldía de Caracas y trabajó para el Laboratorio de Recuperación Documental y Bibliográfica del Congreso de la República y nombrado "Conservador" de la Biblioteca Nacional de Venezuela. En 1982 se incorporó al Museo Arqueológico de La Coruña como pintor. Realizó los murales de la capilla del Museo Arqueológico e Histórico Castelo de San Antón. Miembro de las Academias Gallega y Española de la Lengua y de la Real Academia de Historia Gallega. En 1995 recibió la Medalla Castelao de la Xunta de Galicia junto con la poetisa Pura Vázquez Iglesias, también residente en Caracas. Escribió poesía "A lua está ahí" y fue autor de "Refraneiro da muller", "Lo Gallego de Simón Bolívar" y del prólogo del libro de Xerardo Álvarez Galego "Vida, paixón e morte de Alexandre Bóveda" y del libro de Jorge Sotomayor (José Fernando Fernández Vázquez), "Yo robé el Santa María", entre otros escritos. Falleció en Caracas en 1998.[78]

Stuyck y Candela, Antonio

Nació en Madrid en 1911. Hermano de Livinio Stuyck y Candela, creador de la Feria de San Isidro, la festividad taurina más importante del mundo que cada año se celebra en Madrid desde 1947, y descendiente de la familia vandergoten-Stuyck, tejedores flamencos que se encargaron a petición de Felipe V de la fabricación y restauración de tapices y alfombras, fundando la Real Fábrica de Tapices en Madrid. Se licenció en Derecho en la Universidad Central de Madrid (hoy Complutense). Después de obtenida la licenciatura, se dedicó a preparar oposiciones a agregado comercial y salió a Francia e Inglaterra a estudiar idiomas. La guerra civil estalló estando él en Londres y regresó a España. Desempeñó un cargo de oficial del Ejército de la República, en el cuerpo de carabineros, desde 1936 hasta el final de la guerra. Salió a Francia y luego viajó a Londres en calidad de refugiado político. En 1940 consiguió su primer trabajo en Londres en una compañía de demolición. Desde 1941 hasta 1947, en que dejó ese país, trabajó en la Anglo-Mediterranean Mercantile Ltd., como encargado de los negocios de importación y exportación con España y América Latina. En 1947 llegó a Venezuela invitado por Luis Gonzalo Marturet, primer Presidente de FEDECAMARAS y empezó a trabajar en la compañía Seguros La Seguridad. En 1948 trabajó en la Corporación Venezolana de Fomento, como asistente del Jefe del Departamento de Pesca. De 1949 a 1950 desempeñó el cargo de gerente general de Marturet Internacional S.A., y a finales de 1950 se asoció en una empresa que se dedicaba

78 Sanz, *ob. cit.*, Tomo II, p. 265; Xurxo Martínez Crespo, "Xosé Sesto, o home que non só vivía de pan", disponible en: disponible en: es.calameo.com; y "Xosé Sesto", gl.m.wikipedia.org, visitadas el 14 de agosto de 2022.

a la compra, venta y representación de materiales para la construcción. Simultáneamente fundó una finca en el entonces Distrito Silva del Estado Falcón que le mantuvo activo hasta su fallecimiento. Falleció en Caracas en 1980.[79]

Vandellós Sola, Josep Antoni (José Antonio)

Nació en Figueres, Girona, en 1899. En 1921 se licenció en Derecho en la Universidad de Barcelona. En 1921 y 1922 participó en la guerra de Marruecos cumpliendo su servicio militar. En 1924 obtuvo una bolsa de estudios otorgada por la administración municipal de Barcelona para estudiar, por dos años, economía y estadística en la Universidad de Padua y en la Universidad de Londres. Fue nombrado, en 1927, Jefe de Estadística de Fomento del Trabajo Nacional de Barcelona y elegido primer miembro de la representación de España en el Instituto Internacional de Estadística de La Haya en 1929, y director de la página económica del diario "La Publicitat". De 1930 a fines de 1936 dirigió el Instituto de Investigaciones Económicas de Cataluña. Al proclamarse la República, trazó el plan para la organización de la estadística oficial en España. Participó al año siguiente en las actividades del Instituto de Estudios Comerciales y dirigió el "Diario Mercantil". Fue jefe del Servicio Central de Estadística de la Generalitat de Cataluña de 1934 a 1936, profesor de estadística de la Universidad Autónoma de Barcelona y de la Institución de Estudios Comerciales de la Generalitat, además, becario de la Rockefeller Foundation en 1935. En 1936 organizó el censo de población de Cataluña. Había publicado, además "Catalunya poble decadent", "La inmigración a Catalunya" y "El porvenir del cambio de la peseta", además de colaborar en varias revistas especializadas. La obra "Desenvolvimiento económico de España de 1900 a 1935", financiada por la fundación Rockefeller, quedó interrumpida por el estallido de la guerra. Contratado por el gobierno de Venezuela para organizar la estadística oficial, llegó en noviembre de 1936 y, luego de dar un curso en la Universidad Central de Venezuela, fue designado profesor de Estadística y Economía del Ministerio de Fomento y profesor de geografía económica venezolana en la Escuela de Diplomacia del Ministerio de Relaciones Exteriores, en cuya fundación participó. Por dos años más prosiguió su actividad en la Universidad. A partir de 1938 dirigió y supervisó el primer censo agrícola y pecuario industrial de Venezuela. Fue nombrado también director de la Escuela de Preparación Estadística y presidió la delegación oficial de Venezuela al Congreso de Estadística de Praga. Además, reanudó la publicación del Anuario Estadístico y elaboró el proyecto de Ley de Estadísticas y Censos Nacionales. En 1939 dirigió la primera investigación sobre el costo de la vida en Caracas y, con posterioridad formó parte de la comisión interministerial para el estudio de los problemas económicos producidos por la Segunda Guerra Mundial. Al año siguiente fue nombrado consultor técnico en la Dirección de Estadística y de Comercio Exterior del

---

[79] Sanz, *ob. cit.*, Tomo II, p. 271-272; P. Barrera, "Livinio Stuyck, creador de la Feria de San Isidro", disponible en: www.opinionytoros.com, visitada el 14 de agosto de 2022.

Ministerio de Relaciones Exteriores Fue remplazado en la jefatura del servicio, en aplicación de una ley recién aprobada que prohibía tales funciones a los extranjeros. Ese mismo año fue consultor del Banco Agrícola y Pecuario y uno de los promotores del Banco Central de Venezuela. En 1941 fue uno de los fundadores del Instituto Interamericano de Estadística. Su trabajo "Discusión sobre la duración media de vida en Venezuela" en 1941 causó gran polémica. Por motivos de salud, en 1944 se trasladó a Estados Unidos y entró a trabajar en la ONU como experto en asuntos económicos. Regresó, por un corto lapso. En 1990, la Academia Venezolana de Ciencias Económicas recordó, en sesión solemne, su enorme contribución a las tareas modernizadoras del país. Falleció en Ithaca, estado de Nueva York, en 1950.[80]

Vázquez Gayoso, Jesús

Nació en A Pontenova, Vilaodriz, Lugo, Galicia, en 1912. Estudió Derecho en la Universidad de Oviedo y se doctoró en la Universidad Central de Madrid (hoy Complutense). Profesor ayudante en esta última Universidad. Emigró a Francia y luego a Cuba en 1939 y fue profesor en la Universidad de La Habana y en la Facultad de Derecho en la Universidad de Panamá. En 1945 emigró a Venezuela y dictó clases de Historia del Derecho y de Derecho Indiano en la Universidad Central de Venezuela. En 1947 fundó en Caracas "una denominada Academia Universitaria de Estudios Histórico-Jurídicos", cuyas bases envió al Rector de la Universidad Central de Venezuela, con individuos de número, miembros correspondientes, etc.[81] Cónsul General del gobierno español en el exilio, fue expulsado por Pérez Jiménez y saqueada su residencia. Desde La Habana, siguió colaborando con "El Nacional" y "Ultimas Noticias". En 1953 revalidó su título de Doctor en Derecho y Ciencias Sociales en Cuba. Regresó a Venezuela en junio de 1958 y permaneció hasta 1962. Después emigró a México donde falleció en 1970.[82]

---

80 José Antonio Vandellós, *Diccionario de Historia de Venezuela*, Tomo 4, Primera reimpresión de la Segunda Edición, Fundación Empresas Polar, Caracas, 2010, p. 195; Marquès Sureda y Martín Frechilla, *ob. cit.*, p. 154, nota de pié de página 10; Sanz, *ob. cit.*, Tomo II, pp. 287-289.

81 Martín Frechilla, *ob. cit.*, p. 474.

82 Sanz, *ob. cit.*, Tomo II, p. 289-290; Marquès Sureda y Martín Frechilla *ob. cit.*, p. 192 y también allí la nota de pie de página 92; Martín Frechilla, *ob. cit.*, pp. 229, 473-475; Luis Enrique Otero Carvajal, "La depuración de la Universidad de Madrid", *ob. cit.*, p. 136; "Jesús Vázquez Gayoso", disponible en: www.ecured.cu; "Historical Background", disponible en: www.iro.umontreal.ca, visitadas el 14 de agosto de 2022.

Vázquez Gayoso, Juan

Nació en A Pontenova, Vilaodriz, Lugo, Galicia. Hermano de Jesús Vázquez Gayoso. Profesor ayudante en la Universidad Central de Madrid (hoy Complutense). Fue Juez en Orihuela (Alicante). Fundó la Librería Minerva en Caracas.[83]

Vila Comaposada, Marc-Aureli (Marco Aurelio)

Nació en Barcelona, Cataluña, en 1908. Pasó parte de su infancia en Bogotá, donde su padre, Pablo Vila, dirigía el Gimnasio Moderno. En 1934 se licenció en Derecho en la Universidad Autónoma de Barcelona, donde también hizo estudios de postgrado en Medicina Legal y Psiquiatría. Trabajó como funcionario del Consejo de Cultura de la Generalitat, juez del Tribunal Tutelar de Menores y asesor jurídico de la Cruz Roja de Cataluña. Exiliado al finalizar la guerra en Francia, en Narbona. Luego emigró a Colombia y se doctoró en Derecho en 1941. En 1943 se trasladó a Caracas, donde permaneció hasta finales de 1978. En 1944 comenzó la enseñanza de la geografía en secundaria y normal. Hasta finales de 1971 fue catedrático de las Facultades de Ciencias Económicas de la Universidad Central de Venezuela y de la Universidad Católica Andrés Bello. En 1972 fue designado jefe de la División de Geoeconomía de la Corporación Venezolana de Fomento, recorriendo todo el país para legar una monografía por cada estado o territorio federal. Fue condecorado por sus trabajos de investigación en el campo geográfico y geohistórico de Venezuela. Perteneció a diversas academias y entidades científicas, como la Academia de Ciencias Matemáticas, Físicas y Naturales de Venezuela, Academia Argentina de Geografía y de la Sociedad Mexicana de Geografía y Estadística. Fue presidente honorario del Centro Catalán de Caracas. Retornó a Cataluña en 1978, y fue elegido diputado al parlamento catalán por Esquerra Republicana (1984-1988). Autor de "Geografía de Venezuela", "Zonificación económica de Venezuela", "Los capuchinos catalanes en Venezuela", "Conceptos de geografía histórica de Venezuela" y "Aspectos geográficos de los estados de Venezuela" (abarcando todo el país); "Diccionario de tierras y aguas de Venezuela", "Antecedentes coloniales de los centros poblados de Venezuela", "Geoeconomía siglo XVI", "La geografía en Doña Bárbara", "El obispo Martí' en dos volúmenes, entre otros. Falleció en Barcelona, Cataluña en 2001.[84]

REFLEXIÓN FINAL

Al valorar el impacto de la guerra civil para España y los países americanos, Arturo Uslar Pietri destacó que la actividad desarrollad en nuestros países por

83 Sanz, *ob. cit.*, Tomo II, p. 290; Luis Enrique Otero Carvajal, "La depuración de la Universidad de Madrid", *ob. cit.*, p. 136.

84 Antonio De Lisio, "Marco Aurelio Vila: La geografía plantada en la memoria de las localidades venezolanas", en Tulio Hernández (Comp.), *Humanistas españoles en Venezuela ..., ob. cit.*, pp. 175-195, esp. pp. 178-180; Sanz, *ob. cit.*, Tomo II, p. 292-293.

tanta gente tan valiosa que vinieron a "inventar una experiencia americana, casi de descubrimiento ... y traer (consigo) lo más valioso y fecundo de la España de su tiempo" no ha sido bien reconocida.[85]

Lo que si escapa de cualquier duda es que "(f)ue indudablemente un enriquecimiento para la América Española y lo fue también para España. Se echaron las bases fundamentales para la formación de una nueva conciencia viva de la comunidad histórica y cultural, cuyos frutos han sido copiosos y varios y que constituye el comienzo de un nuevo tiempo para la mutua y más profunda comprensión entre los distintos miembros de la comunidad iberoamericana. En Venezuela, como en tantos otros países americanos, la llegada de esos hombres marcó de inmediato una ampliación del horizonte intelectual y una aceleración de los procesos del saber y el crear".[86]

Como reconoce uno de esos inmigrantes que tanto dio y tanto hizo por la patria a la que quiso ser útil: "Probablemente, si no todos, la gran mayoría de los emigrados a tierras colombinas, ignorábamos cómo eran estos países a donde nos condujo el azar. Tengo muy presente la indignación (hasta vergüenza) que sentía porque no se nos hubiese explicado en nuestros estudios anteriores en España, la existencia de pueblos y naciones tan cercanos a nosotros. Solía yo decir que ni en primaria, ni en los seis años de secundaria, ni en los cinco de universidad, ni en posgrado, se me había abierto los ojos para saber de un mundo de gentes americanas, como las que encontré en Venezuela".[87] Fue entonces un reconocimiento y un enriquecimiento mutuo.

La llegada a Venezuela del grupo de inmigrantes españoles con motivo de la guerra civil, en sus diversas etapas, de gente de tan diversas regiones de España, con formación jurídica los aquí mencionados, con orientaciones políticas no siempre coincidentes, con experiencias y vivencias únicas, trayendo consigo su inmensa cultura centenaria, sus gustos personales, sus tradiciones familiares, llevó la cultura nacional en general a niveles muy superiores a los que hasta entonces se habían alcanzado en país por obra de individualidades notabilísimas. Nos cambiaron la manera de vivir y para mejor. Se multiplicaron las fuentes de sabiduría, se diversificó el conocimiento. Nos ayudaron a crear nuevos oficios y nuevas profesiones. Con ellos se rompieron los diques de un deseo retenido de aprender y de saber, reprimidos en un país que apenas se asomaba al siglo XX.

Como bien lo apuntó Uslar Pietri al presentar una obra del gran Pere Grases, un inmigrante que dejó de lado su carrera de abogado español (por causa de la guerra civil) para convertirse en uno de los más grandes educadores venezolanos

---

85 Arturo Uslar Pietri, "Presentación", en *Pedro Grases. Escritos Selectos*, *ob. cit.*, pp. IX-XII, esp., p. IX. Martín Frechilla dice al respecto: "la valoración general y particular del peso intelectual del exilio republicano está por hacerse", *ob. cit.*, p. 298.

86 *Ídem.*

87 Grases, "Prólogo General", *ob. cit.*, p. XXV.

de todos los tiempos: "La cultura ha tenido tan poca función en el curso de nuestra historia porque, mientras la barbarie de los más profundos cauces autóctonos, lo que llamábamos la cultura era una entelequia inoperante. Era apenas el entendimiento, el refugio, y estoy casi por decir el vicio, de una ínfima minoría, sin capacidad de acción y sin voluntad de comprender. Florecían los filólogos cuando necesitábamos economistas; teníamos jurisconsultos solemnes, y faltaba un geógrafo; legiones de poetas y de torrentosos oradores, y ni un geólogo, ni un veterinario, ni un agrónomo, ni un higienista. Mientras el pueblo de Venezuela se desangraba en la guerra civil "[...] la clase culta se reunía en el salón de algún antiguo convento para celebrar con frases vacías la designación de uno de los suyos como miembro correspondiente de la Academia Española...".[88]

Aunque con muy contadas excepciones los abogados españoles inmigrantes no ejercieron de abogados, ni fungieron de funcionarios judiciales, y la gran mayoría tuvo que sobreponerse a las múltiples dificultades y buscar su sustento en otras actividades no jurídicas, en cada una de sus áreas marcaron un nuevo camino con aires de cultura y de devoción por la tarea a cumplir en el mejor y más amplio sentido de las palabras. En el campo de las Ciencias Jurídicas la labor de los inmigrantes españoles, cuya cantidad quedó superada por la calidad académica y humana de los participantes, se centró en la universidad, en donde han dejado una imborrable presencia. Enseñaron métodos, disciplina, otros estilos, otra cara de la vida universitaria, otra cultura universitaria. Sus enseñanzas continúan vivas hoy y sus discípulos siguen la ruta que les mostraron esos hombres venidos a hacer "más patria que patrimonio". La universidad venezolana agradecida siempre los ha de recordar y su obra nos acompañará en la búsqueda de ser nosotros cada vez más útiles a nosotros mismos, a la universidad, a la sociedad y al país.[89]

---

[88] Arturo Uslar Pietri, citado por Rafael Di Prisco, "Prólogo", Pedro Grases. *Escritos Selectos*, *ob. cit.*, p. XVI.

[89] El autor agradece cualquier información para mejorar el contenido de este estudio inicial.

REFLEXIONES A PARTIR DE LA EVOLUCIÓN RECIENTE DEL DERECHO VENEZOLANO

Ramón Escovar León[*]

SUMARIO

Introducción

Me resulta grato participar en este homenaje para Humberto Romero-Muci, quien ejerció acertadamente la presidencia de la Academia de Ciencias Políticas y Sociales desde el 19 de marzo de 2019 hasta el 19 de marzo de 2021. Su gestión se caracterizó por una vigorosa actividad, pese a que parte de su periodo coincidió con el auge del COVID-19. Romero-Muci es abogado *suma cum laude* de la Universidad Católica Andrés y doctor en Derecho de la Universidad Central de Venezuela. Reúne, entonces, la condición de egresado de las dos universidades.

En este trabajo voy a desarrollar un ensayo sobre algunos aspectos relacionados con la evolución reciente del derecho venezolano. Con este propósito voy a reflexionar en, primer lugar, sobre la idea de derecho desarrollada en Venezuela desde la llegada del chavismo al poder. En segundo lugar, consignaré algunas críticas sobre la interpretación constitucional de nuestra jurisprudencia reciente. En tercer lugar, me referiré a la propuesta de Jeremy Waldron sobre algunos límites al activismo judicial, para pasar, en cuarto lugar, al asunto del neoconstitucionalismo.

---

* Abogado *summa cum laude* UCAB (1974). Doctor en Derecho UCV (1990). Magister en Administración de Empresas, mención finanzas, UCAB (1997). Licenciado en Letras *magna cum laude* UCV (2016). Profesor titular jubilado de la UCV y UCAB. Miembro del Instituto Iberoamericano de Derecho Procesal y del Instituto Venezolano de Derecho Social. Individuo de Número de la Academia de Ciencias Políticas y Sociales.

Posteriormente, dedicaré las secciones quinta y sexta al sistema de justicia vernáculo y a la necesidad de elaborar una política judicial; y, finalmente, consignaré mis conclusiones.

I. La idea de derecho[1]

Para aproximarse a la idea de derecho desarrollada a partir de la llegada del chavismo al poder es necesario referirse al pensamiento de José Delgado Ocando. Este jurista zuliano fue la fuente intelectual de la jurisprudencia revolucionaria. Su propuesta es que la función judicial debe estar al servicio de los intereses del proyecto político chavista, la expresa sin vacilar al afirmar que "Con razón se ha dicho que el derecho es una técnica normativa puesta al servicio de una política, y que la interpretación es un esfuerzo de racionalización de la función judicial al servicio del proyecto político prevalente"[2].

No pretendo aquí personalizar mis críticas en Delgado Ocando, sino resaltarlo como líder ideológico y mejor expositor de las razones –si es que las hay- que inspiran toda la jurisprudencia de la Sala Constitucional, dictada para fortalecer un modelo político que no goza del respaldo mayoritario de los venezolanos.

Además del texto citado, hay otros dos trabajos de Delgado Ocando que dialogan entre sí. En primer lugar, "Revolución y Derecho"[3]; y, en segundo lugar, su discurso de apertura del año judicial del 11 de enero de 2001. En el primero de los textos mencionados, el autor hace un análisis marxista, y autoritario, de la ciencia jurídica. En ese sentido, destaca que el Derecho debe ser puesto al servicio de la "revolución" y formula declaraciones como la que se cita a continuación: "Ética de la revolución significa en este contexto que el Estado debe ajustarse al programa de la nueva hegemonía [...] No obstante, el contexto internacional hegemónico ha conseguido un grado tan grande de organización y eficacia que el hecho revolucionario requiere muchas veces un uso sobranero (*sic*) de la violencia política [...] En todo caso, el nuevo orden no puede retroceder en el uso de la fuerza política, so pena de que la revolución fracase"[4]. Este fragmento del texto, que parece escrito por Lenin y no por un jurista libre de dogmas, es suficiente para

---

1 Esta sección está tomada en parte de mi trabajo "Del Neoconstitucionalismo al contraconstitucionalismo" publicado en *Libro Homenaje al Dr. Pedro* Nikken, Academia de Ciencias Políticas y Sociales, Editorial Jurídica Venezolana, Caracas, 2021, T. II, pp. 661-675. Ahora presento el tema con añadidos.

2 José Delgado Ocando, *Estudios de Filosofía del Derecho*, Tribunal Supremo de Justicia, Caracas, 2003, p. 717.

3 José Delgado Ocando, "Revolución y Derecho", en *Estudios sobre la Constitución. Libro Homenaje a Rafael Caldera*, Tomo IV, Universidad Central de Venezuela, Caracas. 1979, pp. 2595-2600.

4 *Ibíd.*, p. 2598.

entender que el marxismo jurídico privilegia los intereses de la "nueva hegemonía" (PSUV) y que justifica el uso de la "violencia política" para garantizar el éxito de la "revolución".

Una vez investido como magistrado de la Sala Constitucional, en el mencionado discurso de apertura del año judicial del 2001, Delgado Ocando dejó claro cómo trabaja un juez chavista; y ratificó su tesis de que la interpretación del Derecho debe ponerse al servicio de un proyecto político. En efecto, de acuerdo con la tesis del entonces Magistrado, la elaboración jurídica llevada a cabo por las jurisprudencias del máximo tribunal "son desarrollos inéditos de una filosofía del derecho constitucional, que ha ofrecido al proceso constituyente un esfuerzo sin precedentes para permitir el ejercicio de la soberanía popular sin censuras normativas".

A lo largo de su discurso, el orador usa dos palabras distintas pero determinantes para la exposición de su opinión y, en consecuencia, de su postura político-ideológica: *proceso y proyecto*. Cuando emplea la voz *proceso*, lo hace para referirse a todo el *íter* jurídico recorrido desde la controvertida sentencia -por las consecuencias que se le atribuyen- de la Sala Política Administrativa de la extinta Corte Suprema de Justicia, de fecha 19.01.1999, que declaró el carácter originario y, por lo tanto, plenipotenciario del proceso constituyente, en abierta violación de la Constitución de 1961. Cuando usa la palabra *proyecto*, lo hace para hacer alusión al carácter político y progresista del mismo; y en este punto, no vacila en darle su respaldo.

Aunque inicialmente era algo ambiguo, el llamado *proyecto* se refería a los intereses políticos de Hugo Chávez. Más recientemente, el mismo corresponde al "Plan de la Patria" y demás planes para consolidar el proceso revolucionario. Incluso muchos de ellos contradictorios con el plan original, como lo es la creación de zonas económicas especiales. Todo esto evidencia un desorden ideológico en la evolución de la idea del derecho que se ha evidenciado en los últimos años[5].

La evolución de las sentencias de la Sala Constitucional a favor del proyecto revolucionario ha ido en franco deterioro, en lo que atañe a la calidad de su argumentación jurídica. Los fallos recientes, padecen de fallas lingüísticas y metodológicas: están salpicados de transcripciones y citas textuales que no guardan conexión con lo que se pretende razonar. Como buen ejemplo de esto, podemos citar la sentencia de la Sala Constitucional número 7 del 26 de enero de 2016, en la cual se declaró -como pronunciamientos al margen de lo solicitado (*obiter dictum*)- la ilegitimidad de la elección de la nueva junta directiva de la Asamblea Nacional, porque la misma se encontraría en "desacato", y se solicitó a la Contraloría y Procuraduría General de la República y al Ministerio Público que ejercie-

---

5 Para estudiar este tema, véase Francisco José Delgado, *La idea del Derecho en la Constitución de 1999,* Universidad Central de Venezuela, Caracas, 2008.

ran las actuaciones que correspondieran, lo que se amolda al concepto de "violencia política" al cual se refería Delgado Ocando en el mencionado trabajo "Derecho y revolución".

Esta decisión se fundamenta en "citas de autoridad", de *Wikipedia* y se apoya en un "autor" que no es reconocido en Venezuela, ni en ninguna parte. Recurrir a *Wikipedia* como fuente bibliográfica no es recomendado en las investigaciones jurídicas –ni en las académicas-, porque, aunque esta página puede ser útil para el conocimiento en general sobre algún tema, no tiene la rigurosidad científica necesaria en el ámbito que nos ocupa –el jurídico-, en el que siempre debe acudirse a la fuente original y no a referencias de segunda mano. La decisión que comento contiene párrafos ininteligibles que delatan la premura y la falta de reflexión con la que se elaboran las sentencias políticas. Aquellos fallos, de la autoría de Delgado Ocando, eran de inspiración marxista, pero respetaban las reglas metodológicas del Derecho y de la lengua. Lo que pone de relieve que ahora lo importante es poner el Derecho al servicio de la "revolución" a través de la jurisprudencia autoritaria.

II. La interpretación constitucional libre de prejuicios

La idea de derecho que ha definido la Sala Constitucional con sus sentencias nos conecta con el tema de la interpretación constitucional sobre la base de nociones ajenas a lo jurídico. Esta es una discusión siempre presente en la vida jurídica. Ello se relaciona igualmente con la posibilidad de que se dicten decisiones antidemocráticas por parte de la justicia constitucional.

Este asunto ha sido expuesto por John Hart Ely en su obra canónica *Democracia y desconfianza*[6] que es una referencia en las discusiones más elevadas sobre el papel de la justicia constitucional en una democracia. Y esta es una cita recurrente en la doctrina constitucional contemporánea.

Hay una desconfianza natural de los ciudadanos en los procesos políticos dominados por los intereses partidistas. Así ocurre en aquellos sistemas donde las tendencias ideológicas se adueñan de la justicia constitucional, al someter la interpretación constitucional a simpatías políticas y no a los beneficios generales de la sociedad. Si no hay confianza en la justicia constitucional, esta se convierte en una amenaza para la libertad. La jurisdicción constitucional se deslegitima en la medida en que sus sentencias son instrumentos del poder para aniquilar derechos o para beneficiar a determinados sectores.

El asunto ha adquirido resonancia en los tiempos recientes debido al abandono del precedente constitucional sobre el aborto en el caso *Roe vs Wade* (1973). Este precedente fue abandonado en una decisión del 24 de junio de 2002 en el

---

6 John Hart Ely, *Democracy and Distrust. A Theory of Judicial Review,* Harvard University Press, Cambridge Massachussets, 1980.

caso *Dobbs vs Jackson Women's Health Organization*. Esta sentencia también abandonó el precedente del caso *Planned Parenthood of Southeastern Pa. Vs. Casey* (1992). Estas decisiones plantean la discusión sobre la interpretación constitucional sobre la base de dogmatismos religiosos y propuestas políticas de grupos identificables con una posición política.

Frente a los problemas constitucionales complejos se debe escoger entre las distintas opciones aquella que se ajuste más a la protección de los derechos individuales, sobre todo cuando se pueden entender como derechos adquiridos. Se trata de resolver los asuntos difíciles desde la mayor objetividad posible. Los dogmas religiosos no pueden usarse para restringir libertades.

Entre los problemas difíciles se pueden mencionar, además del aborto, los derechos de los homosexuales, la eutanasia y otros equivalentes por su complejidad. En Venezuela se debe añadir las materias que involucren derechos humanos, libertades ciudadanas y, sobre todo, la transparencia e igualdad electoral. Si la justicia constitucional obstaculiza estos valores, se convierte en un factor de perturbación de la libertad y los derechos ciudadanos. Una república necesita jueces imparciales que defiendan las reglas democráticas consagradas en la Constitución.

Ely propone que la Corte Suprema de Justicia de los Estados Unidos –que es el sistema que analiza– no puede anular por inconstitucionales actos del poder legislativo, en vista de que esto es antidemocrático. Además, expone dos reglas nucleares adicionales que deben orientar al juez constitucional: defender la representación popular y facilitar los caminos de la alternancia política. El papel del juez constitucional es, en definitiva, garantizar el voto para que todos los sectores políticos puedan participar en igualdad de oportunidades. Por eso la justicia constitucional sí tiene un papel relevante que jugar en la democracia; pero siempre como instrumento que facilite el juego político y no que los obstaculice.

La restricción de los derechos y de la libertad en función de unos "valores superiores" defendidos por una élite no democrática lo explica Ely a través del "principio del Führer". Este principio se sustenta en la afirmación de Hitler: "Mi orgullo es que no reconozco a ningún estadista del mundo que, con mayor derecho que yo, pueda decir que él representa a su pueblo"[7].

Por otra parte, conviene recordar las palabras de Carl Schmitt expresadas en 1934, porque no dejan margen para la duda: "El *Führer* protege el derecho de su peor abuso cuando, en el instante de peligro y por obra de su liderazgo, como supremo señor de los tribunales crea derecho de modo inmediato"[8]. En otras pa-

---

7 Hart Ely, *ob. cit.*, p. 68.

8 Véase Bernd Rüthers, *Derecho degenerado. Teoría jurídica y juristas de cámara en el Tercer Reich*, Marcial Pons Ediciones, tr. Juan Antonio García Amado, Madrid, 2016, p. 141. La cita del texto proviene de este libro (*loc, cit*). La obra examina el

labras, la fuente del Derecho es la voluntad del Führer tal como pretendió justificarlo la inteligencia del citado Schmitt, al sostener la tesis según la cual la voluntad de un dictador podía ser fuente de Derecho. Esta chocante afirmación se traduce en que, en los regímenes totalitarios, los jueces hacen lo que diga el autócrata y de esa manera convierten en realidad la propuesta de Schmitt.

El "principio del Führer" permitió modificar las sólidas instituciones jurídicas del sistema romano-germánico y lo sustituyó por el sistema jurídico nazi. La figura del magistrado independiente fue sustituida por jueces incondicionales al programa del nacionalsocialismo. La fuente del Derecho dejó de ser la prestigiosa Constitución de Weimar, reemplazada, en primer lugar, por la voluntad del *Führer*; y, en segundo lugar, por el nefasto programa del partido nazi. En ese contexto, el nazismo alimentaba al Poder Judicial, al tiempo que los estudios jurídicos fueron modificados para cambiar el perfil del abogado alemán por el del abogado nazi. Si a esto se suma –explica Ely– la definición soviética de democracia, tendríamos el cuadro completo en el cual la élite que controla el poder evitará "como sea" que el pueblo decida por medio del voto libre[9].

Hay, entonces, dos nociones necesarias en una democracia: la justicia constitucional y el sistema electoral libre y transparente. Son el *yin* y el *yang* del sistema, y constituyen dos pilares nucleares para garantizar que sean las mayorías quienes decidan. La justicia constitucional debe garantizar el sistema electoral en caso de desvaríos. No es una élite que se atribuye la representación del "pueblo", como lo creía Hitler; ni un estado que todo lo controla, como lo predicaba Stalin.

Para muchos los poderes del juez constitucional han estado bajo sospecha y por eso su facultad de anular actos del poder legislativo –elegido democráticamente– debe ser eliminada. Aquí se corre el riesgo de que no habría control sobre una ley con apariencia de inconstitucional, pero es un riesgo menor al lado de lo que significa el poder desbordado del juez constitucional.

La obra de John Hart Ely es una valiosa contribución para reflexionar sobre estos problemas que afectan los valores de la democracia.

III. La propuesta de Jeremy Waldron

La experiencia vivida por los venezolanos en estos últimos años evidencia que la justicia constitucional, tal como fue concebida, y como ha sido entendida,

---

pensamiento de los juristas alemanes más destacados que pusieron sus talentos al servicio del régimen de Hitler ("Juristas del horror", según la denominación de Ingo Müller). Entre los hechos que se analizan llama la atención la participación del mencionado Schmitt en la consolidación del sistema jurídico nazi; el texto puede ser leído, en gran medida, como una biografía jurídica de dicho autor, entre cuyas obras destacan la *Teoría de la Constitución* y el *Concepto de lo político*.

9 *Ídem.*

se ha convertido en un instrumento que restringe los derechos ciudadanos y que afecta la idea misma de la democracia. Este tema ha sido abordado por el pensador y filósofo del derecho Jeremy Waldron[10], quien combina la teoría general del derecho con la teoría política para concluir que este tipo de justicia, más allá de que estemos o no de acuerdo con sus decisiones, atenta contra la democracia. Esta tesis luce acertada en el caso venezolano; pero es discutible en jurisdicciones constitucionales reconocidas, como la colombina[11].

La justicia constitucional, según los "juristas" del socialismo del siglo XXI, como fue antes señalado, es una mezcla de la tesis de Kelsen sobre el control concentrado de la constitucionalidad en manos de un Tribunal Constitucional, y el *judicial review* creado por el legendario juez John Marshall en su célebre decisión *Marbury-Madison* (1803), que es el tipo de control difuso que se ejerce para acoplar las leyes con el sentido del Texto Fundamental. Surge así el control de la constitucionalidad de las leyes.

El mecanismo ideado por Kelsen supone que el Tribunal Constitucional tiene como misión proteger la Constitución; en especial, en aquellos casos en los que la sociedad transita del autoritarismo a la democracia. En este contexto, dicho órgano debe proteger los derechos fundamentales y fortalecer el sistema democrático y la libertad de posibles abusos por parte del poder. Es decir, la justicia constitucional debe garantizar los derechos de los ciudadanos, y no restringirlos como ocurre hoy en Venezuela. En nuestro país, contrario a lo expuesto por Kelsen, el Tribunal apuntala el autoritarismo, restringe los derechos ciudadanos y los vulnera directamente convirtiéndose en un mecanismo de a las políticas oficialistas. Un tribunal o sala constitucional que no atiende a su esencia se convierte, sin dudar, en un factor perturbador e inconveniente para la democracia.

El modelo difuso o del *judicial review*, presenta el dilema de si es posible que un órgano no electo (el Tribunal Constitucional o Sala Constitucional) pueda anular leyes dictadas por el Parlamento que ha sido electo por el pueblo. Este esquema presenta como riesgo la invasión de las competencias del Poder Legislativo al disponer de la facultad para anular leyes; y es contra dicha facultad que Jeremy Waldron enfoca sus reparos.

El núcleo de su posición se centra en la distinción de los derechos que forman parte de la noción de democracia. En este sentido, Roberto Gargarella y José Luis Martí, quienes presentan la edición española de *Democracia y desacuerdo*, resumen tales derechos en los siguientes: el derecho de participación, la libertad de expresión, libertad de asociación y derechos hereditarios. El primero es constitutivo del proceso democrático; el segundo y tercero son condiciones de legitimidad

---

10 *Democracia y desacuerdos,* Marcial Pons, José Luis Martí y Águeda Quiroga (trad.), Madrid, 2005.

11 Véase mi trabajo "Del Neoconstitucionalismo al contraconstitucionalismo", p. 661 y ss.

democrática, y, el último no está vinculado con la idea de democracia. Sobre estos hay desacuerdos en las sociedades divididas por creencias religiosas, ideologías y posturas políticas, como ocurre en Venezuela. El contenido de los derechos mencionados –según Waldron– no puede ser definido por un tribunal, porque los jueces no pueden ser el elemento determinante de la democracia. Es el legislador el llamado a darle sentido a estos derechos que generan desacuerdo, porque este cuerpo es producto de la voluntad del elector[12].

La tesis de Waldron tiene seguidores y detractores, pero no debe soslayarse por el constitucionalismo venezolano en momentos en los que la Sala Constitucional se ha convertido en un obstáculo para la imparcialidad judicial, por cuanto se ha encargado de derrumbar, sentencia tras sentencia, el principio de separación de poderes.

La tesis de Jeremy Waldron no debería pasar inadvertida para los abogados venezolanos, pues invita a una seria discusión sobre el porvenir de la sala que se ha encargado de "interpretar" la Constitución. Son muchas las reflexiones que abre Waldron para los venezolanos: ¿cómo comenzó la falta de credibilidad de la justicia constitucional?, ¿cómo se consolidó?, ¿cómo salir de esta crisis? La respuesta a la primera pregunta es sencilla: con el uso y abuso de la justicia constitucional.

Más allá de la discusión sobre este tema que enfrenta al legislador con el juez constitucional, hay que reconocer que el mecanismo constitucional marchaba muy bien cuando su impulso se lo daba la jurisprudencia de la época, la cual respetaba al legislador. En este sentido vale la pena recordar al juez Alirio Abreu Burelli –juez de familia reconocido por su probidad– quien le dio vitalidad, reciedumbre y credibilidad a la institución del amparo. Fueron notables sus decisiones. Luego que el amparo había sido definido por el juez, vino el legislador quien se hizo eco de la evolución jurisprudencial y le dio forma de ley. Con posterioridad, y lamentablemente, comenzaron los abusos, pues no se usó el amparo para proteger un derecho constitucional, sino para asuntos privados de naturaleza civil, mercantil, laboral, administrativa y penal. Se distorsionó el amparo y con ello se alimentó la inseguridad jurídica.

Lo señalado en el párrafo anterior nos sugiere que hay que buscar el diálogo democrático entre el juez constitucional y el legislador, para lograr espacios de entendimiento en los temas constitucionales, como ha funcionado en Colombia con el denominado "estado de cosas inconstitucional". Este instrumento está destinado a proteger los derechos fundamentales de la población. En todo caso, se requiere de jueces confiables, para que la aplicación de normas –que las más de las veces son ambiguas y vagas– pueda ser desarrollada: los jueces sumisos y elegidos sin respeto a sus méritos, genera inseguridad y constituyen una amenaza permanente para la justicia y la libertad. Solo puede haber justicia constitucional con jueces probos, independientes y preparados intelectualmente.

---

12 *Ibíd,* pp. XIII-XLVIII.

Luego vino la figura de la revisión constitucional que le permitió a la Sala Constitucional dictar sentencias en todos los asuntos como *Deus ex machina*. Con ello se resintió el concepto de cosa juzgada y se privilegió un elenco de sentencias contradictorias y desbordadas. Por si fuera poco, dicha Sala se atribuyó a sí misma la potestad de designar altos funcionarios, amparada en la denominada "omisión legislativa". La primera sentencia fue la N° 223 del 23.09.2002 que permitió nombrar el suplente del fiscal general de la república. Posteriormente, vino la sentencia 2747 del 7.11.2002, con la cual se mantuvo en sus funciones a los miembros del Consejo Nacional Electoral. Esta "jurisprudencia", de estirpe autoritaria, es la que ha permitido "designar" los rectores del Consejo Nacional Electoral, pese a que es el Parlamento el facultado para hacerlo.

A todo lo anterior se añade la inédita jurisprudencia de la Sala Constitucional dictada desde que la oposición ganó la Asamblea Nacional, lo que es sobradamente conocido por la opinión pública, entre las que destacan las dictadas para declarar el "desacato" del parlamento.

Por ahora, basta decir que la tesis de Jeremy Waldron–independientemente de que se discrepe con ella– debe ser objeto de reflexión en nuestras Escuelas de Derecho para ponderar la conveniencia de que la Sala Constitucional sea revisada por ser un factor que perturbación de la democracia.

Una propuesta para el futuro puede ser crear un Tribunal Constitucional independiente del Poder Judicial, integrado por jueces probos y capaces intelectualmente, que respondan al sentido de justicia y no a los deseos de la autocracia del momento. Los venezolanos hemos aprendido la lección a un precio muy alto. El asunto del futuro de la justicia constitucional merece una serena y profunda discusión, para convertirla en un instrumento que garantice la libertad y los derechos humanos de los ciudadanos.

De lo que se trata es que la justicia constitucional sea un acicate para el Estado constitucional de derecho, y no un obstáculo.

IV. Neoconstitucionalismo y anticonstitucionalismo

El desarrollo del derecho constitucional nos pone de frente con el neoconstitucionalismo. Se trata de un concepto que surge a partir de algunas constituciones europeas de la postguerra, concretamente de la italiana (1947) y de la alemana (1949), así como de la jurisprudencia de los tribunales constitucionales en Europa[13]. Estas cartas políticas consagran un amplio catálogo de derechos fundamentales, al tiempo que plasman los valores de libertad e igualdad, y establecen límites al poder.

---

13 Véase mi trabajo citado "Del Neoconstitucionalismo al contraconstitucionalismo", p. 661 y ss.

Para que esto último pueda llevarse a cabo satisfactoriamente, es indispensable un esquema de separación de poderes que pueda garantizar el equilibrio institucional.

A los dos textos constitucionales mencionados se añaden las denominadas *constituciones de la transición* de Portugal (1976) y España (1978) que se producen en países que han padecido dictaduras militares que tenían en común, entre otras cosas, la represión, la ausencia de elecciones y la violación permanente de los Derechos Humanos. Como reacción a esta circunstancia, incluyen unos catálogos amplios de derechos fundamentales. Podría decirse entonces que hay una relación simétrica entre neoconstitucionalismo y proyección de los derechos fundamentales.

En el neconstitucionalismo, la norma constitucional se interpreta sobre la base de la ponderación de principios. Independientemente de que se lleva a cabo de esta manera o no, es lo que defiende esta corriente, que es la que caracteriza al sistema constitucional colombiano y, también, al venezolano (aunque este último haya sido distorsionado por la visión marxista del Derecho). Al momento de interpretar la Constitución según la posición del intérprete en cuestión, se puede llegar a resultados y conclusiones diametralmente opuestos, bien para potenciar la democracia o bien para aniquilarla. Mientras en Colombia hay una justicia constitucional que enriquece estos valores; en Venezuela, al contrario, los vapulea y los dinamita, como ha sucedido con fuerza a partir del año 2016.

La comparación entre la jurisprudencia del tribunal constitucional colombiano con la de la Sala Constitucional venezolana nos permite medir el grado de democracia de ambos países. Mientras la colombiana se encuentra a la vanguardia de América Latina, la venezolana es la más atrasada y, sobre todo, un buen ejemplo de lo que significa una "justicia" constitucional al servicio de un proyecto ideológico, que ha vaciado de contenido los derechos fundamentales consagrados en el texto fundamental, así como los valores democráticos como la libertad, la igualdad y elecciones libres.

Tomando como punto de partida las decisiones de la Sala Constitucional se podría escribir una dilatada obra, pero para los efectos de lo que pretendo señalar aquí es suficiente apuntar la ristra de fallos que se iniciaron en el año 2016 y cuya evolución se traducen claramente en un proceso de anticonstitucionalismo autoritario.

Al socaire de una supuesta interpretación constitucional, la norma se ha vaciado de contenido para colocarnos ante un gobierno autoritario, sin las debidas garantías electorales, con inhabilitados, sin la garantía de los Derechos Humanos, sin independencia de poderes y bajo la amenaza de un autoritarismo eterno.

V. La evolución del sistema de justicia

Todo lo que aquí señalado tiene que ver con el desarrollo del sistema de administración de justicia en Venezuela. Este sistema ha sido muy afectado por la politización de la justicia en lo que atañe a la idea del derecho ya expuesta.

En relación con los aspectos procesales, se introdujeron cambios de corta duración debido a los efectos del covid-19. El deterioro es evidente y una de sus expresiones es la lentitud, la corrupción y la politización de los asuntos judiciales. La ineficiencia para manejar los efectos letales de la pandemia ha sido evidente. La decisión es seguir así o avanzar por medio de la tecnología, mirando la sustancia y teniendo en cuenta las garantías procesales.

La justicia arbitral, por su parte, se ha adaptado de forma coherente y eficiente a las necesidades que la realidad impone. En ese sentido, los centros de arbitraje han actualizado sus reglamentos según las necesidades del momento. De ahí que se permite la presentación de demandas arbitrales vía correo electrónico y la celebración de audiencias virtuales por los medios que la tecnología ofrece, siempre con las garantías necesarias para evitar el fraude. Esto es relevante porque el arbitraje es uno de los medios de que dispone el ciudadano para que el valor justicia sea posible, por mandato del artículo 253 de la Constitución. La jurisdicción ordinaria, en cambio, ha dado algunos pasos aislados en ese sentido, que resultan insuficientes.

En este contexto debe verse la sentencia número 125 del 27 de agosto de 2020[14] dictada por la Sala de Casación Civil del Tribunal Supremo de Justicia, que permite la presentación del recurso de casación por correo electrónico, tal como es posible hacerlo con los amparos y solicitudes de revisión ante la Sala Constitucional. Más allá de los justificados reparos a la justicia de la revolución bolivariana, hay que pensar en que los medios electrónicos y virtuales son necesarios para impulsar a la jurisdicción ordinaria.

La decisión de la Sala de Casación Civil que permite la presentación del recurso de casación por medio de correos electrónicos ha recibido tanto críticas como reconocimientos por parte de abogados litigantes. Los reparos se refieren a sostener que este tipo de reformas solo puede hacerse por vía legislativa. Quienes la respaldan afirman que la justicia debe adaptarse a los cambios tecnológicos para apoyarse en ellos y facilitar el ejercicio del derecho a la defensa y el acceso a la justicia.

Los cambios procesales corresponden al Poder Legislativo, lo que no impide que, a través de la interpretación progresiva de la norma jurídica, se puedan hacer los ajustes que los avances tecnológicos recomienden.

---

14 Disponible en: http://www.tsj.gob.ve/es/web/tsj/decisiones#

En todo caso, de lo que se trata es de adaptar el proceso vigente a las nuevas tecnologías, como ocurrió cuando las máquinas de escribir fueron sustituidas por computadoras.

Este cuadro impone actualizar tecnológicamente el Poder Judicial para amoldar el proceso civil a las circunstancias del presente. La plataforma de los tribunales debe ofrecer garantías de buen funcionamiento; las computadoras deben ser actualizadas. Solo en un sistema con apoyos técnicos confiables es posible que la declaración de la sentencia número 125 citada de la Sala de Casación Civil tenga sentido.

Por otra parte, la sentencia autoriza la presentación del escrito por vía electrónica, pero, al mismo tiempo, exige que sea presentado en original "en la primera oportunidad que pueda trasladarse a la sede de este Máximo Tribunal". Esta exigencia es vaga porque no se sabe qué se entiende por "primera oportunidad", al tiempo que no es posible cumplirla mientras no se superen los obstáculos para que los abogados del interior puedan trasladarse a Caracas sin trabas, como alcabalas y, en algunos lugares, deficiencia de los servicios públicos. Basta pensar en los abogados que viven en el estado Táchira o en Nueva Esparta o en cualquier otro lugar distante de la capital. Por eso basta que se envíe el escrito en formato PDF con la firma digital de quien lo presente.

La sentencia que comento no tuvo en cuenta la Ley sobre Mensajes de Datos y Firmas Electrónicas ni la posibilidad de admitir el escrito usando la firma digital certificada. El sistema jurídico funciona como un todo, es pleno (como diría Carlos Cossio), por lo que las decisiones no pueden dejar por fuera la legislación aplicable al caso que le toca decidir. La rectoría da cada estado debe disponer de una unidad tecnológica que permita el registro descentralizado de las firmas digitales de los abogados de la región, por medio de una alianza con alguna empresa de certificación de firmas electrónicas. Lo que no se puede hacer por medios electrónicos es la citación, la cual debe ser personal para garantizar el derecho a la defensa de las partes. (Los modelos de Italia y Chile de justicia digital nos pueden servir de referencia).

En una resolución del 21 de noviembre del 2018 (N° 0014) se creó el expediente judicial electrónico para los tribunales con competencia en materia de delitos contra la mujer y tribunales del sistema penal de responsabilidad del adolescente (que fue publicada en la Gaceta Oficial N° 41.620 del 25.4.2019). Este tipo de expediente debe extenderse gradualmente a todo el sistema judicial para ir creando la cultura digital[15].

---

[15] Para abordar estos temas los profesores María Auxiliadora Gutiérrez y Román José Duque Corredor escribieron un valioso trabajo titulado *Los despachos virtuales en la jurisdicción civil. Primer intento de la justicia para enfrentar el COVID-19 en Venezuela.*

Asimismo, mediante Resolución 02-2020 la Sala de Casación Civil estableció el "despacho virtual" como plan piloto para los estados Aragua, Anzoátegui y Nueva Esparta, con vigencia a partir del 29 de julio de 2020. En este sentido, las videoconferencias se pueden usar para los actos procesales que requieren la presencia de las partes. Igualmente, el Poder Judicial puede apoyarse en los mecanismos que brinda la inteligencia artificial para el análisis de pruebas y el manejo de los recursos financieros.

Avanzar en la digitalización de la justicia requiere la participación de todos: jueces, abogados, gremios, universidades y academias. Es una materia de interés nacional que trasciende los dogmas ideológicos y los intereses políticos circunstanciales.

VI. Hacia una política judicial

Todo lo señalado hasta ahora sugiere que el diseño de una política judicial es tarea pendiente. En efecto, el sistema de administración de justicia venezolano quedó afectado desde el inicio de la pandemia del covid-19. Es ahora, que la pandemia ha disminuido o nos acostumbramos a vivir con ella, que ha comenzado su reactivación.

Sin embargo, la respuesta dada ha sido improvisada e ineficiente. En nuestra vecina Colombia la paralización inicial ha comenzado a encontrar respuestas en la digitalización y este modelo se ha convertido en una referencia en América Latina. Lo mismo ocurre en Costa Rica, Argentina y en Chile, por ejemplo.

El avance hacia los procesos virtuales requiere que los servicios funcionen con eficacia. Las fallas de Internet y electricidad son el principal obstáculo para que la justicia venezolana pueda amoldarse a la nueva realidad que nos ha tocado vivir. Para que el cambio sea hacia un sistema de justicia que se ajuste a los mandatos constitucionales, es necesario, como paso previo y fundamental, la despolitización de la justicia. Pero esto es asunto que solo podrá lograrse en un sistema de libertades y de controles institucionales.

Además de las fallas de servicios, carecemos desde hace muchos años de una política judicial. Los jueces y funcionarios judiciales carecen de sueldos atractivos para evitar la corrupción. Ello porque el Poder Judicial ha sido relegado a un tercer nivel desde hace más de cincuenta años. Los vicios que existían antes de 1999 fueron repotenciados en un recorrido indetenible hacia el control total del sistema de justicia, lo que ha sido la moneda de cuenta en esta área.

Nada se logrará si no se diseña previamente una política judicial dirigida a garantizar la independencia de los jueces. Esta política debe contemplar, además de la despolitización, otros objetivos fundamentales: mejoras de las condiciones salariales y de seguridad de los jueces y demás funcionarios judiciales, la construcción de la infraestructura física necesaria para los nuevos tiempos, la dotación de servidores y equipos de computadoras a todos los tribunales del país, la elaboración de sistemas de inteligencia artificial que sirva de apoyo al trabajo judicial. Estas son, entre otras, las reformas necesarias y previas para que la reactivación de las actividades judiciales resulte eficaz y pueda arrojar resultados. Las modificaciones que se han propuesto serán cambios cosméticos, pero no de fondo. Solo un juez independiente y preparado intelectualmente estará en capacidad de administrar justicia. Lo contrario es simulación pura y dura.

Como segundo paso, es necesario la mejora de los sueldos y salarios de los funcionarios judiciales, que deberán contar con una adecuada preparación tecnológica para manejar –además de la norma jurídica– los sistemas computarizados. En esta situación de hiperinflación no queda otra opción que la dolarización para que el funcionario judicial no sucumba ante la tentación que lo pueda asechar. Una remuneración acorde con sus responsabilidades, con un sistema de seguridad social apropiado, es una imperiosa necesidad. Por otra parte, los jueces deben ser designados por sus capacidades intelectuales y por sus condiciones éticas.

Los tribunales deben responder a la dignidad inherente de la magistratura: espacios físicos adecuados, con servicios de agua y electricidad. Cada tribunal provisto de computadoras de última generación y servicios estables de Internet. Lo contrario es no adaptarse a los cambios que la situación impone.

Lo anterior resulta necesario para ir a la digitalización de la justicia, como es la tendencia universal. Quedarse relegado es continuar en el atraso y la paralización. La reapertura de las actividades judiciales será un nuevo fracaso si la misma no forma parte de la reforma total del sistema de administración de justicia. Para esto la separación de poderes es fundamental.

Este es el camino hacia el proceso virtual destinado a sustituir la presencia en físico de los jueces, abogados, fiscales y demás funcionarios judiciales en la sede del tribunal por una presencia virtual. La inmediación –el contacto directo del juez con las partes y con las pruebas– se respetará con la presencia en el espacio digital, mediante el cumplimiento de las garantías necesarias. Finalmente, la audiencia virtual (o presencial cuando sea posible) debe cumplir los principios procesales como la inmediación, la concentración, la publicidad y el derecho a ser juzgado por el juez natural, todo dentro del marco de la garantía del derecho a la defensa.

A partir de la Resolución 001-2022 del 16 de junio de 2022, dictada por el Tribunal Supremo de Justicia por medio de la Sala de Casación Civil, estableció como regla la audiencia presencial y, excepcionalmente, la virtual o telemática (artículo 7)[16]. Asimismo, autoriza la notificación electrónica o telemática en algunos casos (artículo 6)[17]

En el desarrollo progresivo de la digitalización, el montón de papeles que caracteriza los expedientes judiciales terminarán finalmente en un servidor. El desarrollo de la firma digital (ya avanzado en Venezuela), el registro de correos electrónicos y la implementación de usuarios y claves, son alternativas seguras ante el fraude y la emboscada. La noción de documento público y notarial avanza aceleradamente hacia el documento digital, más seguro y menos burocrático. Esto redunda hacia una justicia más rápida y eficiente[18].

Son muchos los retos que tenemos por delante. La elaboración de una política judicial es uno de los más relevantes. Sin los cambios que el covid-19 nos ha impuesto, no será posible mirar el porvenir con esperanza.

Conclusiones

Lo señalado en el ensayo anterior permite presentar las conclusiones siguientes:

1. La jurisprudencia venezolana en los asuntos de interpretación constitucional de los últimos veintidós años se ha dedicado a apuntalar la consolidación del proyecto político socialista. En ese recorrido la Sala Constitucional ha dictado sentencias inéditas, como las que se refieren al desacato, por ejemplo. Se trata de decisiones que se ocupan de restringir derechos y no de ampliarlos.

---

16 El citado artículo 7 señala: "Se mantendrán las celebraciones de las Audiencias en Salas Telemáticas mediante el uso de los medios telemáticos, informáticos y de comunicación (TIC) disponibles. cuyas prácticas han repercutido positivamente en la tutela judicial efectiva y en el debido proceso: sin menoscabo de aquellas en que las partes que no posean, no dispongan o no tengan acceso a los medios tecnológicos, por lo que se les deberá facilitar el trámite legal establecido antes del uso de estos mecanismos electrónicos y de conformidad con el Código de Procedimiento Civil, en garantía del derecho de acceso a la justicia".

17 Así lo dispone el artículo 6: "Los trámites relativos a las citaciones y notificaciones se realizarán conforme lo establece la norma adjetiva civil. Excepcionalmente y en respeto a la celeridad procesal se podrá hacer uso de los medios telemáticos, informáticos y de comunicación (TIC) disponibles. aportados por las partes cuando las circunstancias de tiempo y lugar lo amerite y siempre y cuando pueda corroborarse la citación o notificación realizada por el funcionario o funcionaria autorizado o autorizada por ley. en pro del postulado consagrado en el artículo 257 de la Constitución de la República Bolivariana de Venezuela".

18 Véase, Richard Susskind, *Online Courts and The Future of Justice*, Oxford University Press, Oxford, 2019, p. 301.

2. En la tarea de interpretación constitucional se ha expandido la denominada jurisprudencia normativa que le ha permitido a la Sala Constitucional sustituir al legislador. Estamos ante un exceso de la labor jurisprudencial que afecta el principio de separación de poderes.

3. Una de las tareas pendientes es elaborar una política judicial dirigida a garantizar la independencia de los jueces. El objetivo nuclear de esta política tiene que ser la despolitización del aparato judicial y el combate de la corrupción. Para lo primero se requiere elaborar los concursos de oposición, con jurados confiables, para desterrar la figura del juez provisorio. Para lo segundo, es necesario aumentar considerablemente los sueldos y beneficios laborales de los funcionarios judiciales. Los bajos salarios son el mejor aliado de la corrupción.

4. Mientras no se acometan estas tareas y se superen las fallas del sistema judicial, no podrá haber inversiones en nuestro país. La seguridad jurídica es necesaria si queremos superar la crisis que atraviesa Venezuela. Y todo esto requiere un diálogo político para producir un cambio con la mirada puesta en el porvenir.

Naiguatá, 14 de agosto de 2022.

EL PENSAMIENTO JURÍDICO VENEZOLANO: UNA HISTORIA DE RESISTENCIA INTELECTUAL

*Carlos García Soto**

SUMARIO

Introducción

La historia política de Venezuela desde 1999 ha sido la del progresivo desmantelamiento del Estado venezolano, para sustituir una democracia de partidos políticos que había hecho crisis, por un sistema autoritario de gobierno que ha conculcado todos los derechos de los venezolanos[1].

---

* Abogado egresado *magna cum laude* por la Universidad Monteávila. Doctor en Derecho sobresaliente *cum laude* por la Universidad Complutense de Madrid. Profesor de Derecho Administrativo en la Universidad Central de Venezuela y de Entorno Regulatorio en el IESA. Director de Derecho y Sociedad, Revista y Blog de la Facultad de Ciencias Jurídicas y Políticas de la Universidad Monteávila. Miembro del Consejo Directivo de la Asociación Venezolana de Derecho Administrativo (AVEDA). Autor de varios libros y artículos sobre Derecho Constitucional, Derecho Administrativo y Entorno Regulatorio.

1 La bibliografía sobre el desmantelamiento de la democracia en Venezuela desde 1999 es bastante completa. Como un buen resumen hasta 2012, entre otros, el libro de Asdrúbal Aguiar, *Historia inconstitucional de Venezuela (1999-2012)*, Editorial Jurídica Venezolana, Caracas, 2012. Hasta el año 2015, otro buen resumen en los libros de Allan R. Brewer-Carías, *Estado totalitario y desprecio a la Ley*, Editorial Jurídica

Ese proceso de deterioro del Estado de derecho en Venezuela podría llevar a imaginar que el pensamiento jurídico venezolano ha perdido fuerza, o que pudiera haber prácticamente desaparecido. Ante el desmantelamiento de la institucionalidad venezolana, quizá una consecuencia podría haber sido la pérdida del interés por la comunidad académica venezolana por el estudio de las instituciones jurídicas, y la crítica frente a ese proceso de desmantelamiento.

Una mirada atenta a la evolución y estado actual del pensamiento jurídico en Venezuela, sin embargo, lleva a muchas sorpresas, que indican que, por el contrario, el pensamiento jurídico venezolano incluso se ha expandido de distintas maneras durante estos años. Por ello, puede concluirse que a pesar de todo el contexto institucional venezolano desde 1999, la comunidad académica venezolana no se ha fracturado, y, por el contrario, ha crecido en temas y perspectivas de estudio.

Esa expansión se ha manifestado en muchos eventos académicos y publicaciones de textos sobre los más distintos aspectos del Derecho venezolano. En sintonía con los tiempos, y por generosidad de sus impulsores, muchas de estas publicaciones son de acceso gratuito, con lo que estudiantes, profesores y abogados en ejercicio pueden acceder a doctrina científica y jurisprudencia sin incurrir en gastos. Por ello, el acceso a la doctrina -sean en eventos académicos o a través de publicaciones- se ha hecho más amplio, pues ahora interesados en cualquier parte del país o del extranjero pueden recibir tales contenidos, muchas veces de forma gratuita, como se señaló.

El pensamiento jurídico venezolano es un caso de estudio, literalmente: en medio de un entorno político-institucional contrario al orden jurídico típico del mundo libre, los juristas venezolanos no han dejado de estudiar y divulgar el Derecho venezolano, en muchas ocasiones planteando importantes ideas para su reforma y adaptación al mundo contemporáneo.

Hemos creído que la evolución y situación actual del pensamiento jurídico venezolano es una suerte de "historia de resistencia intelectual" que merece ser contada. Por ello, hemos querido intentar recoger en este breve ensayo un resumen del pasado reciente y de la situación actual del pensamiento jurídico venezolano. Somos conscientes que habrá iniciativas que no quedan recogidas en este ensayo,

---

Venezolana-Fundación de Derecho Público, Caracas, 2015; y *La mentira como política de Estado. Crónica de una crisis política permanente. Venezuela 1999-2015*, Editorial Jurídica Venezolana, Caracas, 2015. Desde 2015, por ejemplo, Carlos M. Ayala Corao y Rafael J. Chavero Gazdik, *El Libro Negro del TSJ de Venezuela: Del secuestro de la democracia y la usurpación de la soberanía popular a la ruptura del orden constitucional (2015-2017)*, Editorial Jurídica Venezolana, Caracas, 2017; y Jesús María Casal Hernández, *Asamblea Nacional conquista democrática vs. demolición autoritaria: elementos de la argumentación y práctica judicial autoritaria de la Sala Constitucional del Tribunal Suprema de Justicia*, Universidad Católica Andrés Bello-Fundación Konrad Adenauer, Caracas, 2017.

que de ninguna manera pretender ser exhaustivo. Nuestra intención ha sido recoger una muestra representativa de lo que ocurre en el pensamiento jurídico venezolano actual[2].

I. 300 años de enseñanza del Derecho en Venezuela, y contando

Antes de relatar en líneas generales el estado actual del pensamiento jurídico venezolano conviene recordar que justo hace 5 años se celebraron los 300 años del inicio de la enseñanza del Derecho en Venezuela, tercer centenario que fue celebrado con una jornada de estudio organizada por la Academia de Ciencias Políticas y Sociales, la Academia Nacional de la Historia, la Universidad Monteávila y la Universidad Metropolitana, que derivó en un libro titulado *300 años del inicio de la enseñanza del Derecho en Venezuela*[3].

Ese libro tiene la particularidad de presentar ensayos que desde nuestra perspectiva temporal analizan el origen y evolución de la enseñanza del Derecho en Venezuela, no tanto por ello desde el punto de vista de la doctrina académica, sino del trabajo de enseñanza desde la Universidad venezolana, e incluso sus antecedentes.

II. La Academia de Ciencias Políticas y Sociales y su labor de divulgación del pensamiento jurídico venezolano

La descripción del estado actual del pensamiento jurídico venezolano debe comenzar con la referencia al trabajo que se está realizando desde la Academia de Ciencias Políticas y Sociales.

La Academia de Ciencias Políticas y Sociales está desarrollando un trabajo fundamental, como el principal faro del pensamiento jurídico venezolano, junto con las Facultades de Derecho del país[4].

Periódicamente publica el *Boletín de la Academia de Ciencias Políticas y Sociales*, que es un compendio de estudios jurídicos, discursos que tienen lugar con ocasión de las actividades de la Academia y pronunciamientos que la Academia realiza con motivo de acontecimientos en el país.

---

2 Una primera versión de este ensayo fue publicada en *Cinco8*, bajo el título "La persistencia del pensamiento jurídico en Venezuela". Disponible en: https://www.cinco8.com/perspectivas/la-persistencia-del-pensamiento-juridico-en-venezuela/, consultado en fecha 24 de noviembre de 2020.

3 Academia Nacional de la Historia-Academia de Ciencias Políticas y Sociales-Universidad Monteávila-Editorial Jurídica Venezolana, Caracas, 2016.

4 Véase Carlos García Soto, "Las Academias Nacionales y la Nación", en *Prodavinci*. Disponible en: https://prodavinci.com/las-academias-nacionales-y-la-nacion/, consultado en fecha 24 de noviembre de 2020.

El *Boletín* está digitalizado para acceso libre en la página web de la Academia, desde su primer número, publicado en 1936[5].

En este esfuerzo que desde distintas instituciones académicas se ha hecho para poner a la disposición de estudiantes, profesores e investigadores textos de libre acceso, ocupa un lugar muy especial la Academia de Ciencias Políticas y Sociales. A través de su página web, la Academia ha puesto a disposición de los interesados, de forma gratuita, una parte muy significativa de los textos que han sido editados desde la Academia, junto con el *Boletín*, ya reseñado. Es el caso, por señalar algunos ejemplos recientes, de los tres tomos del *Libro homenaje al Doctor Luis Cova Arria*[6]; el libro colectivo sobre *Estudios sobre la ilegitimidad e inconstitucionalidad de las elecciones parlamentarias de 2020*[7], o el libro colectivo titulado *Régimen jurídico del trabajo. La otra mirada*[8].

Por otra parte, la Biblioteca de la Academia de Ciencias Políticas y Sociales cuenta con un servicio de consulta de textos jurídicos, *Ulpiano*, que constituye un repositorio de Anuarios, Boletines y Revistas jurídicas venezolanas en el que se pueden descargar gratuitamente miles de textos jurídicos[9].

---

5 Las distintas ediciones del Boletín pueden ser descargadas en este enlace: acienpol.msinfo.info/php/alfabetico.php?titulo=NUMEROS+DEL+BOLETIN&columnas=2&Opcion=inicio&base=biblo&prefijo=!R&prefijoindice=|R&Formato=a&count=200&posting=200, consultado en fecha 24 de noviembre de 2020.

6 Rafael Badell Madrid, Enrique Urdaneta Fontiveros y Salvador Yannuzzi Rodríguez (Coordinadores), Academia de Ciencias Políticas y Sociales, Caracas, 2020. Disponible en: https://www.acienpol.org.ve/libros-acienpol/, consultado en fecha 25 de noviembre de 2020.

7 Academia de Ciencias Políticas y Sociales-Editorial Jurídica Venezolana Internacional, Caracas, 2020.

8 César Augusto Carballo Mena (Coordinador), Academia de Ciencias Políticas y Sociales, Caracas, 2020.

9 Disponible en: http://www.ulpiano.org.ve/revistas/indexrevistas.html, consultado en fecha 25 de noviembre de 2020. Véase el ensayo que la Bibliotecóloga de la Academia publicó recientemente sobre el proyecto *Ulpiano*: Beatriz Martínez. "Ulpiano: primera fuente de referencia jurídica de Venezuela, un servicio de la Academia de Ciencias Políticas y Sociales", en *Blog de Derecho y Sociedad*. Disponible en: https://www.derysoc.com/ulpiano-primera-fuente-de-referencia-juridica-de-venezuela-un-servicio-de-la-academia-de-ciencias-politicas-y-sociales/, consultado en fecha 25 de noviembre de 2020. Como señala su autora: "El Proyecto Ulpiano nació con la finalidad de crear una base de datos bibliográfica de tipo referencial, contentiva de la reseña histórica, para la fecha, de más de 163 publicaciones periódicas jurídicas del país (revistas, boletines y anuarios) y de los artículos en ellas publicados a partir del año 1980, los cuales fueron sistematizados por palabra clave, materia, autor, título de la publicación y año".

La Biblioteca de la Academia, además, ha puesto a disposición de los lectores un conjunto de libros de libre acceso en la Colección Digital, escritos por Individuos de Número de la Academia y por otros profesores y autores[10].

El portal web del Centro de Investigaciones Jurídica de la Academia publica regularmente artículos de opinión de los Individuos de Número de la Academia, y otros textos de interés[11].

En alianza entre el Centro para la Integración y el Derecho Público (CIDEP) y la Academia de Ciencias Políticas y Sociales se ha digitalizado toda la legislación venezolana entre 1821 y 1922[12], y CIDEP tiene un proyecto para digitalizar la jurisprudencia de la Corte Federal desde el siglo XIX. Ello supone un material de inestimable valor, cuya disposición probablemente se hubiera perdido sin estos proyectos de rescate documental.

Con ocasión de la pandemia, la Academia publicó a los pocos meses de haberse dictado el Estado de Alarma un muy completo compendio de estudios jurídicos y pronunciamientos de las distintas Academias sobre la crisis sanitaria. En edición conjunta con la Editorial Jurídica Venezolana se puso así a la libre disposición de lectores el libro *Estudios jurídicos sobre la pandemia del COVID-19*, que puede descargarse gratuitamente[13]. Unas semanas antes la Academia había celebrado un seminario virtual sobre *Aspectos jurídicos de la pandemia del COVID-19*[14]. Como señala el Presidente de la Academia en la *Presentación* al libro, al advertir su pertinencia en estos tiempos:

> "La acechanza de la COVID-19 solo será superada poniendo el conocimiento, la tecnología y la experiencia profesional al servicio de necesidad, actuando de manera coordinada, multidisciplinaria y solidaria para abordar este desafío sanitario, prevenir nuevos brotes y rehacer nuestra sociedad, economía e instituciones.

---

10 Disponible en: http://acienpol.msinfo.info/php/alfabetico.php?base=biblo&columnas=1&prefijo=}U&letra=A&Formato=a&titulo=COLECCION+DIGITAL&indice=&posttag=&prefijoindice=|U&posting=1&count=, consultado en fecha 25 de noviembre de 2020.

11 Disponible en: http://www.acienpol-cij.org.ve/site/, consultado en fecha 25 de noviembre de 2020.

12 Disponible en: https://cidep.com.ve/normativa1821-1922.html, consultado en fecha 25 de noviembre de 2020.

13 Disponible en: https://www.acienpol.org.ve/nueva-publicacion-de-acienpol-y-editorial-juridica-venezolana-internacional-estudios-juridicos-sobre-la-pandemia-del-covid-19/, consultado en fecha 24 de noviembre de 2020.

14 Disponible en: https://www.acienpol.org.ve/eventos/videoconferencia-aspectos-juridicos-de-la-pandemia-del-covid-19/, consultado en fecha 24 de noviembre de 2020.

Será condición esencial para ello el respeto al estado de derecho y la vigencia efectiva de los derechos humanos. A ese empeño sirve este libro".

III. El creciente trabajo de las asociaciones académicas del ámbito jurídico

En paralelo, las Asociaciones académicas del ámbito jurídico están teniendo una actividad impresionante, a juzgar por las circunstancias en las que nos encontramos. De hecho, puede señalarse que este momento es quizá la circunstancia en las que las Asociaciones académicas del ámbito jurídico están teniendo, en conjunto, mayor actividad. En el *Blog de Derecho y Sociedad* se publicó un *Especial* en diciembre de 2019, en el que pueden apreciarse las reflexiones de los Presidentes de cinco Asociaciones académicas del mundo jurídico venezolano, sobre la actividad actual y futura de esas Asociaciones[15].

Incluso en el contexto de la pandemia, estas Asociaciones académicas han estado realizando una cantidad muy significativa de eventos. De hecho, de forma similar a como ha ocurrido con buena parte de la comunidad jurídica mundial, en Venezuela se han multiplicado los eventos académicos durante estos meses, realizados a través de plataformas virtuales que permiten la asistencia de interesados en el interior del país y venezolanos que han emigrado y extranjeros.

Por ejemplo, la Asociación Venezolana de Derecho Tributario está celebrando todos los viernes un ciclo de "encuentros tributarios virtuales" para analizar y divulgar los temas de interés en esa disciplina. En estos encuentros se han expuestos temas técnicos propios del Derecho Tributario, como temas de Derecho Constitucional e Internacional, que sirven de contexto para analizar los problemas propios del Derecho Tributario.

Por su parte, la Asociación Venezolana de Derecho Administrativo celebra cada dos meses encuentros para analizar y divulgar temas de Derecho Administrativo, que ahora se están celebrando de forma virtual por la pandemia[16]. En octubre de 2020 celebraron las *Jornadas Anuales 2020*, durante dos días[17], con ponentes extranjeros y nacionales, cuyas ponencias están ahora publicadas en un libro[18].

---

15 Disponible en: https://www.derysoc.com/balance-retos-y-proyectos-de-las-asociaciones-juridicas-en-venezuela/, consultado en fecha 25 de noviembre de 2020.

16 Disponible en: https://www.aveda.org.ve/eventos/, consultado en fecha 25 de noviembre de 2020.

17 Disponible en: https://www.youtube.com/watch?v=zSHZLpTf8VM y https://www.youtube.com/watch?v=6AGLSQmb-C4, consultados en fecha 25 de noviembre de 2020.

18 Véase una reseña del evento en el texto de Jessica Vivas Roso, "Resumen de la Jornada Anual de la Asociación Venezolana de Derecho Administrativo, año 2020", en

En este año 2020 se celebró la *Primera Semana del Arbitraje de Caracas*, que organizó la Asociación Venezolana de Arbitraje, y que se celebró de forma virtual, con eventos académicos durante cinco días, en los que expusieron ponentes internacionales y nacionales[19]. Uno de los eventos fue organizado en conjunto con la Asociación Venezolana de Derecho Administrativo, lo que supone una muestra de las relaciones de cooperación que se están desarrollando entre las distintas Asociaciones académicas.

Pero no sólo las Asociaciones constituidas hace décadas están tenido una actividad muy importante. Hace pocos años se constituyó la Sociedad Venezolana de Derecho Mercantil, que está promoviendo una cantidad muy relevante de eventos, junto con la publicación de la *Revista Venezolana de Derecho Mercantil*[20]. Justo hace unas semanas se constituyó el Instituto Venezolano de Derecho y Tecnología[21], que ya este año está organizando la *I Conferencia INVEDET. Encuentro Internacional 2020*.

IV. Los institutos de investigación jurídica

Desde hace varias décadas, en Venezuela ha sido difícil que en las Universidades públicas y privadas existan condiciones institucionales que permitan y promuevan la investigación científica. Por lo general, la investigación científica en materia jurídica en Venezuela se desarrolla por la iniciativa de profesores e investigadores que asumen, incluso, los costos económicos asociados a esa investigación.

A pesar de ello, algunas Universidades y, sobre todo, algunos profesores e investigadores, han hecho el esfuerzo por mantener en funcionamiento algunos de los institutos de investigación jurídica. En las Universidades nacionales estos institutos han sido una tradición institucional, y varios sostienen su actividad, a pesar de todas las limitaciones, como el Instituto de Derecho Público de la Universidad

---

Blog de Derecho y Sociedad. Disponible en: https://www.derysoc.com/resumen-de-la-jornada-anual-de-la-asociacion-venezolana-de-derecho-administrativo-ano-2020/, consultado en fecha 25 de noviembre de 2020.

19 Véase una reseña del evento en el texto de José Alberto Ramírez L., "Crónica sobre la primera semana del arbitraje de Caracas", en *Blog de Derecho y Sociedad*. Disponible en: https://www.derysoc.com/cronica-sobre-la-primera-semana-del-arbitraje-de-caracas/, consultando en fecha 25 de noviembre de 2020.

20 Disponible en: https://www.sovedem.com/convocatoria, consultado en fecha 9 de diciembre de 2020.

21 Disponible en: http://invedet.org/conferencia-invedet-2020/?et_fb=1&PageSpeed=off, consultado en fecha 25 de noviembre de 2020.

Central de Venezuela[22], o el Instituto de Investigaciones Jurídicas de la Universidad Católica Andrés Bello[23].

En la Universidad Central de Venezuela, a través de la Maestría en Derecho Internacional Privado y Comparado se creó recientemente el Instituto de Derecho Tatiana Maekelt[24], que supone un ejemplo de cómo aun a pesar del entorno es posible impulsar iniciativas institucionales para la investigación jurídica.

V. Las posibilidades de acceso libre a bibliografía digital

Afortunadamente, y por generosidad de algunas personas e instituciones, hoy en día es posible acceder a mucha bibliografía jurídica de autores venezolanos de forma digital, gratuitamente, como ya ha ido quedando señalado. Para un estudiante universitario de pregrado y postgrado, o para un profesor o un investigador, es perfectamente factible iniciar y desarrollar buena parte de una investigación sobre un tema jurídico con lo que puede ubicarse de forma gratuita en digital.

Por ejemplo, en la página web de la Asociación Venezolana de Derecho Tributario está colgada una parte muy importante de la doctrina que en esa materia se ha publicado desde la Asociación, lo que incluye el acceso a la *Revista de Derecho Tributario*[25], y a una parte muy significativa de los libros que en materia se han publicado en las últimas décadas[26], entre ellos los libros que recogen las ponencias de las Jornadas anuales de la Asociación[27]. En la página web de la Asociación Venezolana de Derecho Administrativo hay importante material. En la página web del profesor Allan R. Brewer-Carías está colgada casi toda su obra escrita[28], en la que además está colgada para libre acceso la *Revista de Derecho*

---

22 Véase Carlos García Soto, "A los 70 años del Instituto de Derecho Público de la UCV", en *Prodavinci*. Disponible en: https://prodavinci.com/a-los-70-anos-del-instituto-de-derecho-publico-de-la-ucv/, consultado en fecha 25 de noviembre de 2020.

23 Disponible en: https://www.ucab.edu.ve/investigacion/centros-e-institutos-de-investigacion/iij/, consultado en fecha 9 de diciembre de 2020.

24 Disponible en: https://www.mdipc-ucv.com/instituto-de-derecho-tm, consultado en fecha 9 de diciembre de 2020.

25 Disponible en: https://www.avdt.org.ve/avdt/index.php/utilidades/downloads/category/6-revistas, consultado en fecha 9 de diciembre de 2020.

26 Disponible en: http://avdt.msinfo.info/php/buscar.php?Colecciones=S&Opcion=detalle&Expresion=TM_MONOGRAFIA&iden=MONO, consultado en fecha 9 de diciembre de 2020.

27 Disponible en: http://avdt.msinfo.info/php/buscar.php?Colecciones=S&Opcion=detalle&Expresion=TM_JORNADAS&iden=JORN, consultado en fecha 9 de diciembre de 2020.

28 Disponible en: http://allanbrewercarias.com/, consultado en fecha 9 de diciembre de 2020.

Público, por él dirigida[29]. Ya mencionamos que en la página web de la Academia de Ciencias Políticas y Sociales hay una cantidad impresionante de material, sobre las más distintas ramas del Derecho. En materia de Derecho Administrativo ya anotábamos que la página web sobre Derecho Administrativo en la Universidad Central de Venezuela hay bastante doctrina publicada[30].

VI. Las editoriales jurídicas

Algunas editoriales han mantenido un buen ritmo de publicaciones, otras han desaparecido, lamentablemente.

La muy importante Editorial Jurídica Venezolana ha publicado un conjunto impresionante de libros en estos últimos años, como lo viene haciendo desde la década de los 70, desde cuando se convirtió en la principal editorial jurídica del país[31]. Desde hace algunos años, coloca los libros publicados para su compra mediante plataformas como Amazon, a través de la Editorial Jurídica Venezolana Internacional.

En los últimos años, el Centro para la Integración y el Derecho Público (CIDEP) ha publicado una cantidad muy notable de libros, incluso en alianzas con otras editoriales y centros académicos[32]. CIDEP se ha convertido en una fuente de publicación bibliográfica venezolana que es un ejemplo de buen hacer, cuidado en los detalles, y excelente diseño gráfico.

La Fundación Estudios de Derecho Administrativo (FUNEDA) también ha mantenido su generosa actividad editorial, como lo viene haciendo desde hace veinticinco años, impulsando el estudio del Derecho Administrativo[33].

La Asociación Venezolana de Derecho Administrativo y la Asociación Venezolana de Derecho Tributario han publicado varios libros en los últimos años, algunos de los cuales pueden ser descargados de sus páginas webs, como ya ha quedado señalado.

Por otra parte, algunas Universidades como la Católica Andrés Bello y Monteávila han publicado textos jurídicos de relevancia, incluso manuales universitarios para el estudio de las disciplinas en pregrado.

---

29 Disponible en: http://allanbrewercarias.com/categoria-de-biblioteca/revistas-dirigidas/, consultado en fecha 9 de diciembre de 2020.

30 Disponible en: https://www.derechoadministrativoucv.com.ve/, consultado en fecha 9 de diciembre de 2020.

31 Disponible en: http://www.editorialjuridicavenezolana.com.ve/, consultado en fecha 9 de diciembre de 2020.

32 Disponible en: https://cidep.com.ve/, consultado en fecha 9 de diciembre de 2020.

33 Disponible en: https://www.funeda.net/, consultado en fecha 9 de diciembre de 2020.

Recientemente, el grupo editorial a cargo de la *Revista Venezolana de Legislación y Jurisprudencia* ha publicado un conjunto importante de manuales y monografías bajo el sello Editorial RVLJ[34].

Durante varios años, el Tribunal Supremo de Justicia mantuvo un fondo editorial que publicó la *Revista de Derecho* y un conjunto importante de manuales y monografías jurídicas.

VII. El mundo de las revistas y anuarios en materia jurídica

En Venezuela hay un conjunto muy importante de revistas académicas en el ámbito jurídico y anuarios, en las que se publican estudios científicos sobre diversas áreas del pensamiento legal[35].

Varias de las principales publicaciones periódicas sobre temas jurídicos se han mantenido durante los últimos años. Por ejemplo, la *Revista de Derecho Tributario*[36] se publica desde hace varias décadas y hoy es de acceso libre a través de la página web de la Asociación Venezolana de Derecho Tributario. La *Revista de Derecho Público*[37] justo acaba de cumplir 40 años de publicación[38], también de acceso libre. La *Revista de la Asociación Venezolana de Derecho Marítimo* ha iniciado una nueva etapa[39].

Varias Universidades han logrado mantener sus revistas científicas, como la *Revista de la Facultad de Derecho* de la Universidad Católica Andrés Bello[40], o

---

34 Disponible en: http://rvlj.com.ve/?page_id=1386, consultado en fecha 9 de diciembre de 2020.

35 Véase Rogelio Pérez Perdomo, "Las revistas jurídicas venezolanas en tiempos de Revolución (2000-2013)", en *Boletín Mexicano de Derecho Comparado*, nueva serie, año XLVIII, N° 142, enero-abril, 2015.

36 Disponible en: https://www.avdt.org.ve/avdt/index.php/utilidades/downloads/category/6-revistas, consultado en fecha 9 de diciembre de 2020.

37 Disponible en: http://allanbrewercarias.com/categoria-de-biblioteca/revistas-dirigidas/, consultado en fecha 9 de diciembre de 2020.

38 Véase Carlos García Soto, "Una buena manera de celebrar el día del abogado: 40 años de la Revista de Derecho Público", *Blog de Derecho y Sociedad*, 06 de julio de 2020. Disponible en: https://www.derysoc.com/una-buena-manera-de-celebrar-el-dia-del-abogado-40-anos-de-la-revista-de-derecho-publico/, consultado en fecha 11 de diciembre de 2020.

39 Disponible en: https://284882bc-e3d8-467b-81a7-15f0c9450605.filesusr.com/ugd/7a5940_bcc26b5e5f414240a008c893065278b6.pdf, consultado en fecha 9 de diciembre de 2020.

40 Disponible en: https://www.ucab.edu.ve/investigacion/centros-e-institutos-de-investigacion/iij/revista-de-la-facultad-de-derecho/, consultado en fecha 9 de diciembre de 2020.

Derecho y Sociedad, de la Universidad Monteávila[41]. Esta Revista ha iniciado un *Blog*, para la publicación de ensayos más breves sobre temas legales y sociales[42]. En el interior del país hay esfuerzos notables, como el de *Cuestiones Políticas*, impulsada desde la Universidad del Zulia, en la que se publican textos sobre Derecho Público[43]. También sobre temas relacionados con el Derecho Público hay una revista reciente en la Universidad de los Andes, *Estado de Derecho (Rechtsstaat)*[44].

En el camino han surgido nuevas iniciativas para el estudio de sectores del Derecho, como la *Revista Electrónica de Derecho Administrativo*[45], pionera en la publicación de contenidos en formato digital, la *Revista Venezolana de Derecho Mercantil*[46], de la Sociedad Venezolana de Derecho Mercantil, y las revistas en materia de medios alternos de resolución de conflictos *MARC*, editada por el Centro Empresarial de Conciliación y Arbitraje (CEDCA)[47], y *Principia*, editada por el Centro de Investigación y Estudios para la Resolución de Controversias (CIERC) de la Universidad Monteávila[48], así como la *Revista de Derecho Funcionarial*, editada por FUNEDA y CIDEP[49].

Además, desde hace algunos años se publica una nueva revista, la *Revista Venezolana de Legislación y Jurisprudencia*, en la que se publican temas generales, y de la que también se han publicado algunos números monográficos, y homenajes a destacados juristas venezolanos y extranjeros[50].

Por otra parte, se publican actualmente en Venezuela varios anuarios, que permiten una memoria histórica sobre lo que ocurren en distintas disciplinas. Por

---

41 Disponible en: https://www.derysoc.com/, consultado en fecha 9 de diciembre de 2020.

42 Disponible en: https://www.derysoc.com/blog/, consultado en fecha 9 de diciembre de 2020.

43 Disponible en: https://produccioncientificaluz.org/index.php/cuestiones/issue/archive, consultado en fecha 9 de diciembre de 2020.

44 Disponible en: http://erevistas.saber.ula.ve/Rechtsstaat/issue/archive, consultado en fecha 9 de diciembre de 2020.

45 Disponible en: http://redav.com.ve/, consultado en fecha 9 de diciembre de 2020.

46 Disponible en: https://www.sovedem.com/convocatoria, consultado en fecha 9 de diciembre de 2020.

47 Disponible en: https://issuu.com/cedca, consultado en fecha 9 de diciembre de 2020.

48 Disponible en: https://issuu.com/cierc/docs/principia_no1-2019, consultado en fecha 9 de diciembre de 2020.

49 Disponible en: https://www.funeda.net/revista-de-derecho-funcionarial/, consultado en fecha 9 de diciembre de 2020.

50 Disponible en: http://rvlj.com.ve/, consultado en fecha 11 de diciembre de 2020.

varios años se publicó el *Anuario de Derecho Público* en la Universidad Monteávila[51]. En la Universidad de los Andes se publica un *Anuario de Derecho*[52]. Desde hace unos años se publica el *Anuario de Derecho Aeronáutico*[53], así como el *Anuario de la Especialización en Derecho Administrativo*[54], ya mencionado, ambos con el apoyo de CIDEP. La Maestría en Derecho Internacional Privado y Comparado de la Universidad Central de Venezuela también ha comenzado a publicar un *Anuario de la Maestría en Derecho Internacional Privado y Comparado*[55]. La Asociación Venezolana de Arbitraje ha abierto una convocatoria para el *Anuario Venezolano de Arbitraje Nacional e Internacional*.

VIII. Los eventos académicos en materia jurídica

Venezuela tiene una tradición muy importante en la organización de eventos académicos en el mundo legal.

Cada año se celebran, por ejemplo, las *Jornadas Venezolanas de Derecho Tributario*, que organiza la Asociación Venezolana de Derecho Tributario. La Asociación Venezolana de Arbitraje organiza cada año la *Jornada Anual de la AVA*. FUNEDA ha organizado por más de dos décadas todo tipo de eventos sobre temas de Derecho Público, entre ellos las célebres *Jornadas Internacionales de Derecho Administrativo Allan Randolph Brewer-Carías*. Las Universidades públicas y privadas han celebrado multitud de eventos académicos durante años. La Asociación Venezolana de Derecho Marítimo está organizando un evento virtual junto con otras Asociaciones latinoamericanas en esa materia sobre la enseñanza del Derecho Marítimo.

Con ocasión de la pandemia, se han multiplicado los seminarios virtuales. Universitas Fundación, una fundación académica en Barquisimeto[56], ha prestado un muy generoso apoyo a la Academia de Ciencias Políticas y Sociales, a las Facultades de Derecho y a varias Asociaciones académicas para servir como plataforma tecnológica para la celebración de decenas de eventos académicos durante estos meses, en los que se ha abarcado un temario amplísimo.

---

51 Disponible en: https://www.uma.edu.ve/interna/192/0/anuario, consultado en fecha 11 de diciembre de 2020.

52 Disponible en: http://www.saber.ula.ve/handle/123456789/4205, consultado en fecha 11 de diciembre de 2020.

53 Disponible en: https://cidep.com.ve/p/anuarios-y-revistas.html, consultado en fecha 11 de diciembre de 2020.

54 *Ídem.*

55 Disponible en: https://www.mdipc-ucv.com/el-anuario-de-la-maestria, consultado en fecha 11 de diciembre de 2020.

56 Disponible en: https://universitasfundacion.com/, consultado en fecha 11 de diciembre de 2020.

La Facultad de Derecho de la Universidad Católica Andrés Bello[57] y el Centro de Estudios de Postgrado de la Universidad Monteávila han realizado una cantidad significativa de seminarios virtuales sobre materias jurídicas desde que comenzó la pandemia.

CIDEP ha comenzado a organizar junto con la Universidad Monteávila seminarios virtuales sobre Derecho Aeronáutico[58].

Como ya quedó señalado, tanto la Asociación Venezolana de Derecho Tributario como la Asociación Venezolana de Derecho Administrativo han organizado varios eventos virtuales desde marzo.

IX. Los postgrados en materia jurídica

Los postgrados de estudios jurídicos han sufrido bastantes obstáculos en los últimos años. Ha habido algunos casos en los que el apoyo de las redes sociales ha sido muy útil. La Maestría en Derecho Internacional Privado y Comparado de la Universidad Central de Venezuela cuenta con una cuenta de *Twitter*[59] en la que cuelga estudios científicos en la materia. Debido a las restricciones de movilidad ocasionadas por la pandemia, compartieron un enlace en la *web* para inscribirse y participar en la *XIX Reunión Nacional de Profesores de Derecho Internacional Privado*, que se celebró de forma virtual. En otros casos, desde algunos programas de postgrado se han iniciado publicaciones recientemente. Destaca, por ejemplo, el *Anuario de la Especialización en Derecho Administrativo* de la Universidad Central de Venezuela que se puede descargar gratuitamente[60]. La página web dedicada al estudio del Derecho Administrativo en la Universidad Central de Venezuela contiene importante material en esa materia, que puede descargarse gratuitamente[61].

57 Disponible en: https://www.youtube.com/channel/UCmnpgFk5WWgZcEORkoL3yxQ/videos, consultado en fecha 11 de diciembre de 2020.

58 Disponible en: https://www.youtube.com/watch?v=whv94kl4txQ&feature=emb_title, consultado en fecha 11 de diciembre de 2020.

59 Disponible en: https://twitter.com/MDIPC_UCV, consultado en fecha 18 de diciembre de 2020.

60 Disponible en: https://www.derechoadministrativoucv.com.ve/anuario/, consultado en fecha 18 de diciembre de 2020.

61 Disponible en: https://www.derechoadministrativoucv.com.ve/, consultado en fecha 18 de diciembre de 2020.

X. Los premios y subvenciones a la investigación científica y al estudio del derecho

Cada año se están convocando premios a la investigación científica en temas jurídicos.

Por ejemplo, la Academia impulsa hasta ocho premios de investigación en materia jurídica, que suponen un importante incentivo para la investigación científica dirigidos a estudiantes, profesores e investigadores[62].

El Centro para la Integración y el Derecho Público (CIDEP)[63] promueve tres premios, de los cuales dos están dirigidos a estudiantes de pregrado y de postgrado[64].

CIDEP también ofrece un programa de pasantía, de becas para estudiantes de Derecho y una subvención para investigadores[65].

***

Alguien pudiera creer que la crisis del Estado de Derecho en Venezuela sepultaría el pensamiento jurídico venezolano. Por el contrario, cuando se mira el asunto con algún detenimiento, se observa que en realidad el estudio del Derecho en Venezuela cuenta con instrumentos para su divulgación, y nuestra producción de eventos y textos jurídicos es muy impresionante.

El pensamiento jurídico venezolano es una muestra de la creatividad y la persistencia de un sector muy importante de nuestra vida intelectual, aun en un contexto particularmente árido.

---

62 Disponible en: https://www.acienpol.org.ve/premios-acienpol/, consultado en fecha 18 de diciembre de 2020.

63 Disponible en: https://cidep.com.ve/, consultado en fecha 18 de diciembre de 2020.

64 Disponible en: https://cidep.com.ve/fomento.html, consultado en fecha 18 de diciembre de 2020.

65 *Ídem*.

EL POPULISMO DEL S. XXI: UNA RENOVADA AMENAZA A LA DEMOCRACIA REPRESENTATIVA

*Alejandro González Valenzuela**

SUMARIO

Introducción

El término *Cisne Negro* es una expresión latina que debemos al poeta Juvenal, formulada de la manera siguiente: *rara avis in terris nirroqu simillima cygno* (un ave rara en la tierra, y muy parecida al cisne negro); cuando fue acuñada, había la convicción de que el *Cisne Negro* no existía. Se trata de una expresión muy común en el Londres de los siglos XVI y XVII, para afirmar la imposibilidad de un hecho o un acontecimiento. Luego de que una expedición holandesa, dirigida por Willem

---

* Estudios de Post Grado: Derecho Administrativo (UCV); Derecho Constitucional (UCAB); Derecho Procesal Constitucional (UCAB); Doctorando en Derecho (UCAB); Profesor, Post Grado, Derecho Procesal Constitucional, Universidad Monteávila; Miembro del Bloque Constitucional; Miembro Fundador de la Asociación Mundial de Justicia Constitucional.

de Vlamingh, descubriera, en 1697, cisnes negros en Australia Occidental, el término devino en popular para denotar que una imposibilidad fuertemente percibida podría ser refutada posteriormente.

Basándose en el descubrimiento de Vlamingh, el filósofo e investigador libanés Nassim Taleb, desarrolló, en 2007, la teoría del *Cisne Negro*[1], que expuso en un artículo en el New York Times (*The Black Swan: The Impact of the Highly Improbable*), y, en su libro (*The Black Swan*), en los que se refiere a grandes eventos, como *Cisnes Negros* (sin dirección e inesperados), entre éstos, cita a: Internet, la computadora personal, el inicio de la I guerra mundial, los efectos de la gripe española, los atentados del 11 de septiembre, etc., y, obviamente, habrá que incluir en esta lista los efectos del COVID-19. De acuerdo con Taleb, un *Cisne Negro* es un suceso que tiene los siguientes atributos: (i) es sobrevenido y atípico, está fuera del ámbito de las expectativas regulares; (ii) conlleva a un impacto extremo, y; (iii) a pesar de su atipicidad, la naturaleza humana nos hace inventar explicaciones de su presencia después de los hechos, por lo que deviene en explicable y predecible, esto es, después de su primer registro, el suceso se racionaliza en retrospectiva, como si pudiera haber sido esperado (los datos pertinentes estaban disponibles, pero, no se consideraron).

En este contexto, puede afirmarse que el populismo no es, en rigor, un *Cisne Negro*, pues, ya hemos conocido manifestaciones previas de este fenómeno: en el siglo XIX con el *narodnichestvo* antizarista y el *People's Party* norteamericano, y; en la primera mitad del siglo XX con el Kemalismo, el Fascismo, el Nazismo, el Peronismo, el Chavismo, entre otros. Sin embargo, sí podemos catalogar como *Cisne Negro* la omnipresencia, variedad e intensidad de sus manifestaciones en las últimas décadas, y su desenlace, en muchos casos, en agresivos procesos de transformaciones constitucionales, institucionales, políticas, sociales y culturales en países en los que se pensaba que se había consolidado un sólido orden constitucional liberal-democrático.

Precisado lo anterior, en el primer capítulo (I) de este ensayo, se hará referencia a los aspectos más relevantes de la democracia representativa, a su ascenso, a sus componentes y a su crisis actual; de manera especial, a las dificultades que ha debido superar la representación política, y a la resistencia ante sus postulados teóricos desde el siglo XVII hasta hoy. En lo tocante a sus componentes, se hará énfasis en los dos pilares que le sirven de fundamento: la democracia constitucional (*para el pueblo*) la de las instituciones, de los frenos y contrapesos institucionales, el Estado de derecho, y; la democracia popular (*por el pueblo*), la de las elecciones y participación ciudadana.

En relación a la crisis de la democracia representativa, se hará especial referencia a las últimas décadas en las que ha estado bajo un permanente proceso de

---

1 Disponible en: https://www.bbc.com/mundo/noticias-58482832, consultado en fecha 1 de junio de 2022.

desvalorización, fenómeno que tiene su origen en el distanciamiento de la ciudadanía con las élites políticas, en el desprestigio de los partidos políticos, y en la emergencia de nuevas amenazas a la democracia, entre ellas, la de mayor peligro: el populismo.

En el capítulo II, se explicarán las bases conceptuales del populismo, un fenómeno frecuentemente aludido en análisis políticos y constitucionales, en retórica política, en medios de comunicación y RRSS, pero, la mayoría de las veces de manera equívoca, pues, se tiende a identificarlo con la demagogia y el clientelismo. El populismo como fenómeno político es difícil de definir, *grosso modo* puede afirmarse que es una *praxis* política (desde la oposición o el gobierno), en nombre de un solo sector o facción ("la parte buena") de la ciudadanía que postula el *antiestablishmentarianism.* Se analizarán sus antecedentes y sus características principales; asimismo, se hará referencia a la visión académica de este fenómeno, y a las propuestas teóricas de diversos autores; especial mención se hará a la concepción de Laclau, ante la cual tenemos una posición crítica, especialmente, sobre las nociones de cadena equivalencial y significante vacío, a cuyo efecto, explicaremos nuestros cuestionamientos.

Luego, en el capítulo siguiente (Capítulo III) se hará un breve paneo sobre la experiencia populista en Venezuela, con especial referencia al populismo chavista, proceso que se inicia en 1998, con la conformación de lo que Laclau denominaría una voluntad colectiva mayoritaria (el "pueblo bueno" chavista) a partir de la articulación de diversas demandas sociales condensadas en una única demanda colectiva (refundacional); se hará énfasis en su posicionamiento antisistema, a través de los cuestionamientos al sistema constitucional, a la institucionalidad democrática, a los partidos políticos y sus líderes "puntofijistas", a las élites en general (políticas, económicas, sociales, e incluso religiosas), y a los medios de comunicación, en suma, a la democracia representativa y liberal. Se evidenciará la paradoja de que el núcleo del cuestionamiento del populismo chavista a la democracia liberal fue la identificación de sus élites con prácticas políticas oligárquicas, corruptas e inmorales, situación que lejos de ser superada se agravó.

En el capítulo IV, se establecerá la relación entre populismo y anarcoconstitucionalismo. En el ámbito constitucional no existe este último concepto, pues, hasta ahora la idea de vincular las nociones de anarquía y constitucionalismo, en un tercer concepto, no ha sido considerada, incluso, a simple vista pudiera parecer un oxímoron. Sin embargo, dada la tensión permanente entre el populismo y la democracia constitucional, y dada la retórica populista sobre el carácter no democrático de la representación política, incluso de los tribunales constitucionales (dificultad contramayoritaria), debemos seriamente comenzar a considerarla como objeto de estudio constitucional.

Finalmente, en el capítulo V, se hará referencia específicamente a renovados (reformulados) mecanismos que pueden operar como límites constitucionales contramayoritarios al populismo. Se explicará que, ante la renovada amenaza populista, la democracia constitucional no se debe limitar a mantener los mismos controles y el mismo sistema de equilibrios entre los órganos del Poder Público, sino, más bien, debe impulsar renovadas reglas de poder para impedir que mayorías populistas transitorias ejerzan el poder de una manera incompatible con el orden convencional y el orden constitucional.

I. Ascenso y crisis de la democracia representativa

1. Ascenso de la democracia representativa

La democracia liberal, representativa, o indirecta, es producto de la intensa lucha que (en el marco de las manifiestas contradicciones entre la naturaleza, intereses y propósitos del hombre burgués europeo y el orden absolutista imperante), se desató contra el *ancien régime*, en los siglos XVII y XVIII, con la revolución puritana inglesa, la independencia de EEUU, y la revolución francesa.

Cada uno de los precitados procesos políticos hizo un aporte específico a la democracia representativa, tal como nos lo recuerda Lucas Verdú: (i) al puritanismo inglés debemos la idea del acto contractual (*Covenant*), no entre el príncipe y Dios, sino, entre el pueblo y la Divinidad, que llevó a la idea del contrato fundacional (teoría del poder constituyente); (ii) el ideal puritano se expandió en América del norte, a través de pactos (*Plantation Covenants, Fundamental Orders of Connecticut*) contentivos de expresiones típicas de la democracia representativa (la soberanía popular, el poder constituyente de la asamblea general de los ciudadanos, los funcionarios electos, la legislatura representativa, y la autonomía administrativa); este legado puritano fue capital para configurar la democracia y las bases del Derecho Constitucional (Constitución escrita resultante de un Pacto; poder constituyente; rigidez constitucional; separación de poderes, y; garantía de los derechos fundamentales); (iii) la revolución francesa va a recoger estas ideas a través de los voluntarios franceses (Lafayette) que lucharon por la independencia de EEUU, y la *Admiratio Americae*, quienes las pasaron por un tamiz racionalista y cartesiano, y las presentaron como fundamento del nuevo orden político: el triunfo de la burguesía sobre la monarquía absoluta, que alcanzó proyección universal con los revolucionarios franceses[2].

Desde una perspectiva ontológica, la democracia representativa se estructura a partir de la idea de la soberanía del pueblo, concretamente, ante la constatación de que tal poder no puede ser ejercido de manera directa, sino, de manera indirecta por mecanismos representativos, mediante la delegación que hace la ciudadanía (en su conjunto) de su poder soberano (de decisión política) en un conjunto de funcionarios (representantes), a quienes eligen mediante elecciones universales, directas y secretas. En consecuencia, la democracia representativa, en tanto imperativo impuesto por la realidad y la historia, vendría a ser un estadio superior al absolutismo y al racionalismo contractualista *rousseauniano* encarnado en la idea de democracia de la identidad o democracia directa.

2 Pablo Lucas Verdú y Pablo Lucas Murillo, *Manual de Derecho Político*, Tecnos, Madrid, 2005, pp. 277-278.

La democracia representativa va a tener entre sus más calificados teóricos a Locke, Montesquieu y Sieyès. Precursor de esta nueva visión (liberal) de la democracia va a ser John Locke, quién en su obra de análisis del nuevo régimen constitucional inglés, *Dos Tratados sobre el Gobierno*, hace una ferviente apología de la revolución gloriosa de 1688, que defenestró a Jacobo II. En dicha obra, exalta el principio de separación de poderes resultante de la soberanía del Parlamento, y justifica el derecho del pueblo a levantarse contra un monarca opresor, a partir de la idea de la condición natural del hombre y del contrato social original que permite la preservación de su libertad y posesiones, sosteniendo expresamente Locke (1689), que el "supremo poder no puede tomar de ningún hombre parte de su '*property*' sin su propio consentimiento; ya que siendo la preservación de la '*property*' el fin del gobierno, por el cual los hombres entraron en sociedad, ello necesariamente supone que el pueblo quiere y debe tener '*property*" (Brewer)[3].

Montesquieu va a plantearse la siguiente inquietud: siendo el pueblo "admirable para elegir a aquellos a quienes debe confiar una parte de su autoridad... ¿sabrá conducir un asunto, conocer los lugares, las ocasiones, los momentos, y aprovecharse de ellos? No, no lo sabrá.... La gran ventaja de los representantes es que son capaces de discutir los asuntos. El pueblo en modo alguno lo es, lo que constituye uno de los graves inconvenientes de la democracia...", por ello, "el pueblo no debe entrar en el gobierno más que para elegir a los representantes". Frente a la tesis de Montesquieu gravita la tesis de Rousseau, expuesta en *El Contrato Social*, conforme a la cual, al ser la soberanía popular inalienable y al estar radicada en cada uno de los ciudadanos, la única democracia posible es la democracia directa, sin embargo, el propio Rousseau se da cuenta de que en el Estado moderno la democracia directa es imposible, por tanto, la elección de representantes emerge como un mal necesario[4].

Con base a lo planteado por Montesquieu, el otro gran teórico de la democracia, Sieyès, va a distinguir entre democracia representativa y gobierno representativo, la primera contaría con el concurso inmediato de la ciudadanía, a través del poder constituyente y, el segundo con el concurso mediato de la ciudadanía, a través de representantes (poderes constituidos)[5]. La democracia representativa sería un mal menor y el sustituto forzado de un imposible gobierno directo de los ciudadanos que constituiría (en términos absolutos) el sistema político ideal (Rosanvallon)[6]. El gobierno representativo sería, por una parte, una fórmula política

---

3 Allan Brewer Carías, *Reflexiones sobre la Revolución Americana (1776) y la Revolución Francesa y sus Aportes al Constitucionalismo Moderno*, Editorial Jurídica Venezolana, Caracas, 1992, p. 65.

4 Pedro De Vega, *La Reforma Constitucional. Y la problemática del poder constituyente*, Tecnos, Madrid, 2007, p. 101.

5 *Ibíd.*, p. 100.

6 Pierre Rosanvallon, *El Siglo del Populismo*, Galaxia Gutenberg, S.L., Barcelona, 2020, p. 123.

original y específica que define un tipo inédito de régimen; por la otra, un conjunto de procedimientos representativos relacionados con una visión positiva de sus virtudes intrínsecas; en el primer caso, puede ser entendido, como un equivalente de la democracia, mientras que, en el segundo caso, más bien como una superación o una limitación de esta (Rosanvallon)[7]; la frontera entre ambas concepciones comienza a desdibujarse al ir imponiéndose la denominación "democracia representativa", que oscilaba entre dos tipos ideales: la aristocracia electiva, y; la democracia directa inmediata.

Importa precisar que la democracia representativa implica, esencialmente, diferenciación y organización de los diferentes poderes del Estado, esto es, cuando el gobernante es soberano, bien se trate del monarca absoluto o de la *volonté générale rousseauniana*, la organización del Estado dependerá únicamente de su voluntad; cuando, por el contrario, se considera al gobernante no soberano, sus competencias tendrán que estar previamente establecidas en la Constitución; lo que equivale a decir que la Constitución se entiende como mecanismo de control del poder y como ley suprema (*democracia constitucional*), en la medida en que es, a su vez, el mecanismo de organización de las competencias de los diferentes órganos estatales[8]. En el marco del gobierno representativo, la escisión entre gobernantes y gobernados, ya no ofrecerá mayores dificultades concebir a la Constitución como ley suprema, a través de la cual, se controla y limita, en nombre de la voluntad soberana del pueblo, la voluntad no soberana del gobernante.

Desde el siglo XVIII hasta la segunda de mitad del siglo XX, el principio de representación política ha logrado prevalecer ante las críticas recibidas al asociársele a la idea de dominación de una clase política (oligarquía de funcionarios y políticos, oligarquía electoral, etc.) que se sirve del poder ciudadano para ser usado en beneficio propio; también, ante su vulnerabilidad ínsita, tal como lo patentizaron los autoritarismos competitivos, autocracias, y regímenes totalitarios, que en el siglo XX lograron colonizar la representación política y ponerla al servicio de sus proyectos políticos antiliberales.

2. Componentes de la democracia representativa

La democracia representativa se sustenta en dos pilares: la democracia constitucional (*para el pueblo*), y, la democracia popular o electoral (*por el pueblo*). El componente constitucional enfatiza en la necesidad de controles y equilibrios entre las instituciones, el llamado sistema de frenos y contrapesos institucionales, el Estado de derecho, e implica el *gobierno para el pueblo* (Mair)[9]; se encarga de proteger los derechos básicos (humanos, fundamentales, constitucionales), indis-

---

7 *Ídem.*

8 Pedro De Vega, *ob. cit.*, p. 18.

9 Peter Mair, *¿Gobernar al Vacío?,* disponible en: https://politikon.es›2014/10/01› gobernar-en-el-vacío, p. 26, consultado en fecha 17 de mayo de 2022.

pensables en el proceso democrático, limitando el poder de la mayoría en el gobierno, brindando oportunidades estables y regulares para alternar las mayorías y los gobiernos, garantizando mecanismos sociales y procedimientos que permitan a la mayoría de la población (también, a las minorías) participar en el juego de la política, influyendo en las decisiones que se toman, y cambiando a los actores que toman esas decisiones.

Por su parte, el componente popular hace énfasis en el rol de los ciudadanos, los plebiscitos, referendos, las elecciones, la representación política, los mandatos, la responsabilidad popular, el gobierno representativo, y la participación popular en la gobernanza, *e implica el gobierno por el pueblo*. Esta democracia se concreta a través de partidos y movimientos políticos y sociales, como expresiones de intermediación entre la sociedad y el Estado, mediante el diseño de sistemas electorales y de participación ciudadana idóneos.

De acuerdo con Mair, el arquetipo democrático ideal ha sido aquel que comprende tanto la democracia popular, como la democracia constitucional. Esta concepción integral de la Democracia Representativa es esencial, pues, desde hace décadas venimos observando su desvalorización mediante el continúo deslinde de sus componentes, tanto en la teoría como en la práctica; de ahí los intentos a instancia del populismo de consolidar "nuevas fórmulas democráticas" con la asunción, por mayorías circunstanciales, de "mayores poderes" en el Poder Ejecutivo, en detrimento de otras ramas del Poder Público, del Estado de derecho, y de los derechos humanos, lo que explica la aparición de categorías tales como como: democracia liberal, semi-democracia, democracia soberana, democracia participativa y protagónica, pseudo-democracia, autoritarismo electoral, entre otras.

3. Crisis de la democracia representativa y (re)surgimiento del populismo

Tal como ya se indicó, desde el siglo XVIII hasta la segunda de mitad del siglo XX, la democracia representativa, con todo y sus déficits, logró imponerse a pesar de la fuerte resistencia que se le opuso, tanto desde la derecha como la izquierda ideológica. Tras la derrota de los totalitarismos alemán e italiano (1945), la democracia representativa inicia su mayor periodo de expansión, sin embargo, en la década de los 60 del siglo XX, Schattschneider va a observar que el control sobre la toma de las decisiones políticas comienza a salir del alcance de los ciudadanos, lo que le lleva a acuñar el concepto de pueblo semisoberano[10]; luego, en la década de los 90, comienza a surgir una idea de democracia "carente de su componente popular: democracia sin el pueblo" (Mair)[11]; ello, como consecuencia del proceso de abierto deslinde entre las elites políticas y la ciudadanía, y de la deformación de los partidos políticos.

---

10 Peter Mair, *ob. cit.*, p. 22.

11 *Ídem.*

A partir de este momento, la democracia representativa va a estar sometida a un permanente proceso de desvalorización, que, no sólo, va a dejar en evidencia su debilidad endógena, sino, además, va a propiciar lo siguiente: (i) los ciudadanos no solamente van votar cada vez en menor número y con menor sentido de coherencia partidista; también, se van a mostrar cada vez más reacios a comprometerse con ellos en términos de identificación o militancia[12]; (ii) el partido político ya no sirve de manera adecuada como base para las actividades y estatus de sus propios líderes, que de manera creciente dirigen sus ambiciones hacia las instituciones públicas, ajenas a ellos, de donde obtienen sus recursos. Los partidos pueden proporcionar a los líderes políticos una plataforma necesaria, pero, sirven cada vez más de trampolín para alcanzar otros puestos[13]; (iii) la emergencia de nuevos enemigos íntimos de la democracia como el mesianismo, el ultraliberalismo, y la xenofobia (Todorov)[14]; (iv) la desigualdad y el poder creciente de nuevas e insaciables oligarquías, surgidas al amparo del *cronycapitalism* (Luigi Zingales, *A Capitalism for the People: Recapturing the Lost Genius of American Prosperity*), y; (v) una nueva praxis política (horizontal), como consecuencia de la masificación en el uso de las RRSS.

Ante los déficits señalados, resulta notoria la incapacidad de la institucionalidad liberal para dar respuesta oportuna y eficiente a estos fenómenos, en especial, el resurgimiento de la amenaza populista. Ciertamente, la crisis de la democracia representativa va a propiciar el resurgimiento del populismo, digo “resurgimiento”, pues, no se trata de un fenómeno político nuevo, lo novedoso en la actualidad es la omnipresencia, variedad e intensidad de sus manifestaciones. Como se sabe, el populismo surge en el siglo XIX, sus primeras manifestaciones fueron el *narodnichestvo* antizarista y el *People's Party* norteamericano (Urbinati)[15], y desde esa época ha estado en permanente interacción, principalmente, con la democracia representativa, infiltrándola y distorsionando sus prácticas.

El populismo ha venido emergiendo en muchos países como la gran opción para llenar el vacío generado por el desencanto de la ciudadanía con las élites, los partidos políticos tradicionales y la institucionalidad democrática, propiciando un agresivo proceso de transformaciones institucionales, políticas, sociales y culturales en países en los que el constitucionalismo democrático pensaba que se había consolidado un orden democrático sólido con fundamento en valores liberales.

---

12 *Ibíd.*, p. 8.

13 *Ídem.*

14 Tzvetan Todorov, *Los enemigos íntimos de la democracia*, Galaxia Gutenberg, S.L., Barcelona, 2012, p. 13.

15 Nadia Urbinati, *Yo, el pueblo: Cómo el populismo transforma la democracia*, Instituto Nacional Electoral, Cd. México, 2020, p. 46.

Este nuevo ideal político ha sido asumido por corrientes ideológicas de derecha y de izquierda, las cuales, han atenuado su carácter estigmatizante; han anatematizado la democracia liberal, por reductora y confiscatoria de una "democracia auténtica", y; han promovido una valoración moral que busca seducir la *volonté genérale* y, degradar el respeto liberal por los derechos civiles en general y los derechos de las minorías en particular; así, tenemos a Putin, propagandista de la llamada "democracia soberana", quien ha afirmado enfáticamente que el liberalismo se ha vuelto "obsoleto", a Orbán para quien la "democracia no es necesariamente liberal"[16]; en la izquierda, vemos a un Pablo Iglesias señalar que el populismo "no es una ideología, ni un paquete de políticas públicas, es una forma de construcción de lo político desde un afuera que se expande en los momentos de crisis", por tanto, "el populismo no define las opciones políticas sino los momentos políticos"[17].

II. El populismo: bases conceptuales

1. ¿Qué es el populismo?

El populismo es una categoría política difícil de definir. En medios de comunicación, RRSS, y discursos políticos suelen encontrarse frecuentes referencias a este fenómeno, que algunos erróneamente identifican con la demagogia y el clientelismo.

Grosso modo puede afirmarse que el populismo es una forma de hacer política en la que un liderazgo carismático, unifica en una sola gran demanda (y en una misma narrativa) las exigencias de grupos insatisfechos de la sociedad, y, promueve en nombre de este sector un proyecto político de vocación hegemónica, antisistema, no pluralista y antiliberal. A tal efecto, resulta determinante la glorificación de una parte de la sociedad (*merelatría*) "la parte buena" o "los de afuera", en nombre de la cual, el liderazgo populista va a procurar el poder para controlar las instituciones y promover sus particulares intereses, pues, el populismo no actúa *para ni en nombre del todo*.

De acuerdo con el *Oxford English Dictionary*, el populismo es un tipo de política que representa los intereses y los deseos de la gente común, que "siente que las élites consolidadas ignoran sus exigencias" (Urbinati)[18]. Este fenómeno tiene diversas aristas, las cuales, deben ser abordadas con gran cuidado, a efectos de evitar equívocos y vaguedades en la configuración y caracterización del concepto, por ejemplo, deben tenerse muy presente las notables diferencias entre el populismo como proyecto político de oposición y el populismo como *praxis* política desde el gobierno.

---

16 Pierre Rosanvallon, *ob. cit.*, p. 20.

17 *Ibídem*, p. 16.

18 Nadia Urbinati, *ob. cit.*, p. 25.

El populismo en el poder es la antítesis de lo que Laclau denomina institucionalismo (democracia constitucional)[19], es decir, se ubica en las antípodas de la institucionalidad (liberal) democrática, con la que mantiene una relación de proporcionalidad inversa, esto es, en la medida en que la magnitud de un polo (p. ej. el populismo) crece, la otra (la institucionalidad) disminuirá proporcionalmente.

Si bien el populismo puede tener distintas expresiones, según la época y el lugar, no sería, según Urbinati, "compatible con regímenes políticos no democráticos", afirmación con la que estamos en completo desacuerdo, por cuanto, si algo ha caracterizado a regímenes autoritarios como el de Perón en Argentina, Velasco Alvarado y Fujimori en Perú, Banzer y Morales en Bolivia, Chávez o Maduro en Venezuela, Ortega en Nicaragua, Bukele en El Salvador, Erdogan en Turquía, Mussolini en Italia, Hitler en Alemania, Putin en Rusia, Lukashensko en Bielorusia, ha sido su esencia populista.

2. Características

2.1. Vocación antisistema del populismo

El populismo en tanto praxis política antisistema va a tener como objetivo central el desmantelamiento (o debilitamiento) de los "obstáculos" que impiden su desarrollo, esto es, de los mecanismos, a través de los cuales, se ejerce el control sobre el poder público: frenos y contrapesos institucionales, Estado de derecho, partidos políticos, medios de comunicación, y, por supuesto, las RRSS.

Al convertirse el proyecto populista en mayoría gobernante, su vocación antisistema ya no será solo retórica. Comenzará a exhibir tendencias hegemónicas y a evidenciar su objetivo esencial: la colonización del poder ("toma de poder"); a cuyo efecto, va a configurar su mandato mediante el uso incontrolado de los medios y los procedimientos de la democracia, especialmente, mediante la modificación de la Constitución para reducir las restricciones que tiene la mayoría para tomar decisiones o para asegurar la reelección indefinida del líder[20].

---

19 Ernesto Laclau, *Populismo y Hegemonía, Charla en Casa de América*, Madrid, 12 de diciembre 2008, disponible en YouTube https://www.youtube.com/watch?v=laWvIK2nhwU, consultado en fechas 3 y 15 de abril y 5, 6 y 7 de mayo de 2022.

20 Así, por ejemplo, el 15 de febrero de 2009 se realizó en Venezuela un referendo (sin llenar los extremos constitucionales) para decidir la aprobación de la enmienda de los artículos 160, 162, 174, 192 y 230, de la Constitución, con el fin de permitir la reelección inmediata e indefinida, principalmente, de Hugo Chávez, y de otros cargos de elección popular, enmienda que fue aprobada en un proceso refrendario de dudosa legitimidad constitucional; ese mismo año, la Sala Constitucional de la Corte Suprema de Justicia de Nicaragua, declaró inaplicables los artículos 147 y 148 de la Constitución que prohibían la reelección indefinida del presidente, vicepresidente y alcaldes; en el año 2015, la Sala Constitucional de la Corte Suprema de Justicia de Honduras, declaró inaplicable el artículo 239 de la Constitución que prohibía la

De acuerdo con Urbinati, la vocación hegemónica del "populismo busca ocupar el lugar del poder constitutivo"[21], lo que en el caso venezolano se evidencia clara e inequívocamente en el proyecto de "Ley de Ciudades Comunales", en cuya exposición de motivos se señala a esta ley "como apuesta para prefigurar una sociedad impregnada de una nueva espiritualidad socialista", capaz de superar la decadencia capitalista, la cual, respondería a exigencias legislativas del Poder Popular a los fines de exigir un salto cuántico en la innovación democrática, "asumiendo en el marco del poder constituyente la construcción de la Ciudad Comunal como una nueva forma político organizativa en el territorio"[22].

2.2. Vocación electoralista del populismo

Si bien los populistas aparecen en la escena política con fuertes cuestionamientos al sistema constitucional y democrático, a las élites, a los partidos, y a los medios, no buscan llegar al poder o cambiar el *status quo* por la vía revolucionaria, insurgente o golpista; por el contrario, se sirven del sistema que cuestionan al aspirar llegar al poder por la vía electoral, por cuanto, su intento por construir un "sujeto colectivo" requiere del consentimiento voluntario de la gente (mediante elecciones) y del cuestionamiento de orden social en nombre del interés faccioso (populista).

Sin embargo, una vez que alcanzan el poder, las elecciones dejan de ser verdaderamente competitivas, éstas adquieren carácter plebiscitario, es decir, se erigen en fuente legitimadora del liderazgo populista, a cuyo efecto, las elecciones mutarán a semicompetitivas, manteniendo un patrón específico: el falseamiento de la competencia electoral. Para Urbinati, el populismo en el poder va a convertir la práctica electoral en un mecanismo que permite la articulación del tándem mayoría-líder en una nueva estrategia de gobierno elitista; en este marco, las elecciones van a funcionar como plebiscito, como aclamación, o como simple constatación de lo que se considera la respuesta correcta *ex ante*, o lo que es lo mismo, el proceso comicial como confirmación del correcto ganador.

---

reelección indefinida del Presidente; en el año 2017, el Tribunal Constitucional Plurinacional de Bolivia, mediante sentencia N° 0084/2017, declaró de aplicación preferente el artículo 23 de la Convención Americana sobre Derechos Humanos, por sobre el artículo 168 de la Constitución, que limitaba a una sola reelección consecutiva el cargo de Presidente de la República, norma esta que había sido ratificada en plebiscito celebrado el 21 de febrero de 2016.

21 Nadia Urbinati, *ob. cit.*, p. 23.

22 Disponible en: https://www.google.com/url?sa=t&rct=j&q=&esrc=s&source=web&cd=&ved=2ahUKEwjdv8z8jaH5AhXskYQIHQmLAd8QFnoECBYQAQ&url=https%3A%2F%2Fwww.asambleanacional.gob.ve%2Findex.php%2Fnoticias%2Fproyecto-de-ley-organica-de-ciudades-comunales-ratifica-el-compromiso-con-el-poder-popular&usg=AOvVaw1S6EyAyzPXJMKVI3cktTxk

En tal sentido, el populismo se convierte en un capítulo de un fenómeno más amplio: la formación y sustitución de las élites; en consecuencia, mientras pensemos en el populismo únicamente como un movimiento de protesta o como una narrativa, no podremos reconocerlo en su esencia, sí, lo haremos cuando llega al poder[23].

2.3. Vocación hegemónica del populismo: fin del pluralismo y de los consensos

El populismo despoja a "el pueblo" de su condición plural, poniendo el énfasis en la identificación de una parte de esta totalidad (la parte que le sigue) con la parte "buena", que encarna de manera "legítima" la soberanía popular en su conjunto (*pars pro toto*), lo que va a hacer innecesarios la búsqueda de reconocimientos y de consensos, ello explica que Mouffe (teórica del populismo) reproche a la democracia representativa y a la deliberativa (Habermas), más allá de su esencia liberal, la idea de consenso que propugnan.

En opinión de Mouffe, la democracia liberal evita u oculta el conflicto bajo la pretensión de neutralidad procedimental, la deliberativa lo hace a través de la racionalidad; sin embargo, para esta autora, alcanzar acuerdos que todos puedan aceptar o políticas que sean beneficiosas para todos es no sólo imposible empíricamente, porque las personas sean egoístas o incapaces de ponerse de acuerdo, sino, también, conceptualmente, porque son planteamientos que obvian el conflicto por el poder y el antagonismo, o pretenden que puede ser eliminado[24].

De acuerdo con la referida autora, quien asume como base teórica las concepciones hegemónicas y homogeneizadoras de Schmitt (*El Concepto de lo Político*), todo orden es político y está basado en alguna forma de exclusión. Las prácticas articulatorias a través de las cuales se establece un determinado orden y se fija el sentido de las instituciones sociales son "prácticas hegemónicas", susceptibles de ser desafiadas sólo por prácticas contrahegemónicas, es decir, prácticas que van a intentar desarticular el orden existente para instaurar una nueva hegemonía[25]. En este contexto, si el principio que rige a la democracia representativa es la libertad (por tanto la posibilidad de disentir, el pluralismo y el consenso), entonces, el principio que rige al populismo va a ser la unidad de lo colectivo, que da sustento a las decisiones del líder, de este modo, el populismo en el poder es un modelo de gobierno que se centra en una relación directa entre el líder y aque-

---

23 Nadia Urbinati, *ob. cit.*, p. 27.

24 Chantal Mouffe, *El futuro de la democracia en la era de la postpolítica*, 1 de marzo de 2017, disponible en: YouTube, visto en fechas 23 y 24 de mayo de 2022.

25 Chantal Mouffe, *En Torno a lo Político,* Fondo de Cultura Económica, México, 2007, p. 25.

llos a los que se les considera individuos "buenos" o que tienen la "razón": aquellos a quienes el líder dice haber unificado y llevado al poder, a quienes "las elecciones revelan mas no crean" (Urbinati)[26].

En síntesis, el populismo en el poder asume a la democracia como un mayoritarismo radical, lo que implica, por una parte, cerrar la apertura a una sociedad plural, y; por la otra, la consolidación de un proyecto de poder de una porción de la población (*pars pro toto*) que habla por medio de sus líderes. El faccionalismo es la política que el populismo practica: es una admisión de que la política es como un juego suma cero (ganadores y perdedores), e incluso, como una guerra, de acuerdo a la visión schmittiana amigo-enemigo. El populismo representa la celebración del desencanto político: el fin de toda utopía e idealización.

2.4. La representación populista como "encarnación" y no como "mandato"

De acuerdo con Urbinati, la representación para el populismo parte de la siguiente paradoja: siendo el pueblo víctima de la corrupción del poder, alguien debe, sin embargo, ejercer el poder en nombre del pueblo[27]. En la "representación por mandato" los partidos políticos desempeñan un papel relevante para la democracia, pero, al perder su conexión con los ciudadanos su mandato o representación queda en entredicho, ante ello, los populistas proponen la "representación como encarnación", en la que lo relevante va a ser (i) la naturaleza de la nueva representación (directa sin intermediación partidista); (ii) el rol de los medios de comunicación, y; (iii) la propaganda[28].

La representación populista o "representación como encarnación" es un proceso mediante el cual una multitud de demandas (cadena equivalencial) y grupos diversos logran una unidad subjetiva como colectivo ("el pueblo bueno", también, "los de afuera"), que va a ser representada por una voluntad singular ("el líder"), la cual, va a tomar decisiones en su nombre. En tal sentido, desde una perspectiva populista, encarnar al pueblo significa actuar como el pueblo, pero, también, significa actuar en lugar del pueblo; por tal razón, una vez en el poder, usualmente, se van a producir fracturas entre los líderes populistas y la organización partidista, con la que se van a mostrar incómodos, pues, esta comprime su personalidad, y va exigir coherencia con sus principios y bases programáticas.

El motor de la representación populista es la *confianza* por medio de la *fe*; en lugar de la *confianza* por medio del *debate libre y abierto* tanto entre los seguidores, como entre los seguidores y sus representantes, por tanto, la representación por encarnación será exitosa, siempre y cuando la fe del pueblo en su líder permanezca intacta y sin reservas.

---

26 Nadia Urbinati, *ob. cit.*, p. 36.

27 Nadia Urbinati, *ob. cit.*, p. 208.

28 *Ibíd.*, p. 297.

2.5. El liderazgo mesiánico

El liderazgo deviene en un factor clave en el proyecto populista, al concebirse como una representación mesiánica que busca unificar e interpretar todas las demandas sociales de la "parte buena" del pueblo, de los excluidos; en tal perspectiva, la representación directa fundada en un vínculo líder-pueblo, va a ser la única fuente de legitimidad en el populismo.

Ahora bien, tal como señala Ferrajoli, "la existencia de un jefe carismático es siempre incompatible con la democracia, o cuando menos indica un debilitamiento de su dimensión política y representativa y no sólo de su dimensión constitucional"[29]. Ciertamente, el liderazgo mesiánico o carismático va a desvalorizar la institucionalidad democrática, el sistema político, y a los intermediarios políticos (partidos organizados y controles institucionales), también, va a permitir al líder reforzar su demanda antisistema gracias a su poder de gobierno, y en este marco la propaganda va a ser un componente esencial del líder populista en el poder, en la medida en que el populismo consiste, en mayor o menor medida, en un permanente estado de movilización y campaña electoral.

Chávez es el paradigma del liderazgo mesiánico, durante la campaña presidencial de 2012, apelaba a una retórica populista y mesiánica: "Cuando yo los veo - dijo a las multitudes reunidas en los mítines-, cuando ustedes me ven, yo siento algo que me dice: Chávez, ya tú no eres Chávez, tú eres un pueblo. Ya no soy yo mismo, soy un pueblo y soy ustedes, es así como lo siento, me he encarnado en ustedes. Lo he dicho y lo repito: Somos millones de Chávez; tú también eres Chávez, mujer venezolana; tú también eres Chávez, soldado venezolano; tú también eres Chávez, pescador, agricultor, campesino, comerciante. Porque, Chávez, ya no lo soy. ¡Chávez es todo un pueblo!"[30]. Renacía de este modo la vieja idea de una representación-espejo. En su primer discurso de investidura como Presidente de la República en 1999, llegó incluso a lanzar a su auditorio: "Hoy me he convertido en instrumento de ustedes. Yo, yo existo apenas y cumpliré el mandato que ustedes me confiaron. ¡Prepárense para gobernar!" (Rosanvallon)[31].

---

29 Luigi Ferrajoli, *Poderes salvajes. La crisis de la democracia constitucional*, Madrid, Trotta, 2011, p. 51.

30 Esta idea de representación-encarnación en un liderazgo mesiánico, también, tiene antecedentes en el nazismo, en 1935 la directora Leni Riefenstahl estrenaba *El triunfo de la voluntad*, documental de propaganda nazi encomendado por Hitler, basado en el congreso del partido nacionalsocialista de 1934, en el que el nazismo se exhibe como "poderío militar", pero, ante todo, como "poder popular": cientos de miles de seguidores coreando el nombre del *Führer*, en tanto líder absoluto del "renacer alemán". Disponible en: https://www.academia.edu/43253294/Filmografía_de_Leni_Riefenstahl.

31 Pierre Rosanvallon, *ob. cit.*, p. 42.

Antes de llegar al poder, los líderes populistas amasan su popularidad atacando a los partidos políticos (de derecha y de izquierda), y cuando llegan al poder, reconfirman su identificación con "el pueblo" de manera cotidiana, convenciendo al público de que libran una batalla monumental en contra del sistema establecido para conservar su "transparencia" (y la de su gente), a tal efecto, es esencial establecer una relación directa con la gente y el público, en este contexto, Hugo Chávez "dedicó más de 1500 horas a denunciar el capitalismo en *Aló Presidente*, su programa de televisión"; Silvio Berlusconi fue, durante años, una presencia diaria en sus canales de televisión privados y en la televisión estatal italiana, y Donald Trump estuvo en Twitter noche y día (Urbinati)[32].

2.6. El populismo como movimiento de opinión

Los líderes populistas prefieren, siendo oposición o gobierno, los movimientos a los partidos políticos, por cuanto, prefieren un partido personal que tenga la elasticidad necesaria para seguir sus planes de poder. De manera predecible, los líderes populistas adoran la comunicación, los medios y las RRSS, mucho más que las organizaciones de partidos, porque los primeros facilitan dos movimientos: la confrontación directa con sus enemigos (el sistema), y; la propagación de las ideas y los símbolos que quieren que el pueblo absorba (Urbinati), dando origen a una nueva praxis democrática que podemos denominar la democracia horizontal.

El populismo es más que sólo un movimiento de protesta o de movilización, y no debería confundirse con los movimientos sociales en la sociedad civil. El populismo es un movimiento que va en contra del sistema político establecido, pero, busca una mayoría que pueda gobernar con ambiciones no controladas y aspire a permanecer en el poder tanto como le sea posible, aunque no revoque todas las libertades políticas ni elimine a todos los adversarios.

Todo movimiento populista persigue empequeñecer a la oposición y a las minorías al humillarlas y crear una campaña de propaganda abrumadora que refuerza *sine die* el poder de la opinión mayoritaria. Esto ocurre sin importar si el movimiento específico es de derecha o de izquierda. El populismo tiene un carácter faccioso debido a su constructivismo radical, su celebrado relativismo, su voluntarismo exaltado y su amalgamiento de la legitimidad con el éxito fáctico o con la opinión positiva de la mayoría. Desde esta perspectiva, su inclinación hacia la derecha o la izquierda es por completo contingente[33].

3. El populismo desde la perspectiva académica

En el ámbito académico, concretamente en las Ciencias Políticas, el populismo viene siendo objeto de permanente estudio, sin embargo, con esta noción se

---

32 Nadia Urbinati, *ob. cit.*, p. 26.

33 *Ibíd.*, p. 338.

alude a ideas y situaciones políticas muy diversas y hasta excluyentes, Rosanvallon la ha calificado como una palabra de goma[34] que evidenciaría la naturaleza polisémica de este concepto, que conspira en contra de una definición y el desarrollo de una teoría aceptable.

Así, se le ha asociado con: una "estrategia" (Weyland, 2001); un "estilo" (Roberts, 1995, Moffitt y Tormey, 2014), un conjunto suelto de ideas que comparten tres núcleos características: antisistema, autoritarismo y nativismo (Mudde, 2004); un "discurso" (Hawkins, 2010); una forma de gobierno (Urbinatti, 2020); una forma límite del proyecto democrático, que flanquea otras dos formas límite: la de las democracias mínimas (reducidas a derechos humanos y a la elección de los dirigentes) y, la de las democracias esencialistas definidas por la instalación de un poder sociedad encargado de edificar el bien (Rosanvallon, 2020); una disrupción de la política explicada en base a dos teorías: como consecuencia de profundos cambios que transforman la fuerza de trabajo y la sociedad en las economías postindustriales, y; la tesis de la reacción cultural, conforme a la cual, el apoyo al populismo puede explicarse como una reacción de sectores de la población que alguna vez fueron predominantes, al cambio progresivo de valores (Norris e Inglehart); lo político, que se construye mediante fronteras antagonistas en lo social convocando a nuevos sujetos, que estaban excluidos que estaban fuera para el cambio. ¿Cómo se hace esto? Con significantes vacíos y cadenas de equivalencia de demandas heterogéneas (Laclau y Mouffe).

Desde la perspectiva académica existen motivos sociales, económicos y culturales indiscutibles que explican el éxito del populismo, Urbinati identifica dos en particular: el aumento de la desigualdad interna (socioeconómica), esto es, que las oportunidades de aspirar a una vida social y política digna sean pequeñas o nulas para la mayoría de la población, y la desigualdad externa, y; el crecimiento de una oligarquía global desenfrenada y rapaz, ante la cual, el Estado soberano se vuelve un fantasma[35]. Ambos factores se relacionan, violan la promesa de igualdad y evidencian la necesidad de que el constitucionalismo democrático reflexione en forma autocrítica sobre por qué "no ha logrado derrotar totalmente al poder oligárquico"[36]. El dualismo entre los pocos y los muchos, y la ideología antisistema que alimenta al populismo, proviene de estas promesas incumplidas.

De acuerdo con Norris e Inglehart, las explicaciones sobre el éxito de los movimientos populistas se pueden subdividir en tres categorías: (i) aquellas que enfatizan en las reglas de juego institucionales que regulan la competencia de los partidos (como leyes de acceso a las votos, umbrales efectivos de voto, tipos de sistemas electorales, políticos y regulaciones financieras); (ii) aquellas que enfatizan en la oferta estratégica de líderes y partidos políticos, y; (iii) aquellas que

---

34 Pierre Rosanvallon, *ob. cit.*, p. 11.

35 Nadia Urbinati, *ob. cit.*, p. 24.

36 *Ídem.*

enfatizan en la demanda, de las actitudes, valores y opiniones[37]. Dentro de esta última categoría, se busca explicar las actitudes de los votantes. Las explicaciones de los factores que impulsan los cambios en el apoyo masivo a los populistas comúnmente han enfatizado ya sea la desigualdad económica y la privación, centrándose en las quejas que surgen de los cambios estructurales de las economías postindustriales, o; relato cultural, enfatizando el papel de los cambios culturales (valores). ¿Qué sugieren estas teorías? En primer lugar, el populismo enfatiza en las crecientes desigualdades socioeconómicas en las sociedades ricas, por ejemplo, con los relatos clásicos de los padres de la sociología política, Seymour Martin Lipset y Daniel Bell, para explicar el atractivo del fascismo en la Alemania de *Weimar*, el *Poujadismo* en Francia y el *Macartismo* en los Estados Unidos, es decir, se trata del relato económico, que se centra en los crecientes niveles de inseguridad de ingresos y agravios entre los perdedores de los mercados globales; en segundo lugar, está la reacción generacional contra los cambios a largo plazo en los valores sociales (Norris e Inglehart)[38].

Urbinati propone una teoría general del populismo con bases normativas y una preocupación por la transformación de la democracia, a partir de dos bases: (i) el populismo es una transformación de la democracia representativa, que se expresa en una triple mutación de los pilares de la democracia moderna: el pueblo, el principio de la mayoría y la representación, y; (ii) es un fenómeno global con un patrón fenomenológico reconocible, aunque con muchos elementos locales específicos[39]. Los estudios sobre el populismo pueden ser clasificados en dos grandes bloques (Urbinati). El primero, asociado a la historia política, en el que las obras se centran en las circunstancias o las condiciones sociales y económicas del populismo (Ghija, Ionescu, Gellner, o Canovan), también, en el entorno histórico y sus desarrollos puntuales; en esta corriente destaca el escepticismo para teorizar a partir de casos empíricos, en ella no va a haber consenso sobre la categoría a la que pertenece el populismo, pues, se le considera un concepto ambiguo no asociado a un régimen político específico. Esto quiere decir que las subcategorías del populismo, producto del análisis histórico, conllevan el riesgo de atrapar a los académicos en el contexto específico que están estudiando y el riesgo de hacer de cada subcategoría un caso individual. El resultado final son muchos populismos, pero, no un populismo[40].

---

37 Pippa Norris y Ronald Inglehart, *Trump Brexit, and The Rise of Populism: Economic Have-Nots and Cultural Backlash,* Faculty Research Working Paper Series, Harvard Kennedy School, 2016, p. 10, disponible en: https://www.hks.harvard.edu/publications/trump-brexit-and-rise-populism-economic-have-nots-and-cultural-backlash, consultado en fecha 2 de mayo de 2022.

38 *Ibíd.*, p.11.

39 Nadia Urbinati, *ob. cit.*, p. 3.

40 *Ibíd.*, p. 61.

Las teorías del populismo que dominan la bibliografía en la actualidad pertenecen a dos categorías generales: minimalistas y maximalistas. Las minimalistas incluyen aquellas interpretaciones que analizan sus *tropos* ideológicos (Mudde y Rovira Kaltwasser) y su estilo de hacer política en relación con el aparato retórico y la cultura nacional (Kazin y Moffitt), así como las estrategias que trazan sus líderes para llegar al poder (Weyland y Knight). El objetivo de estos estudios es ser lo más incluyentes posibles en los casos de populismo. Dentro de este minimalismo no normativo, Mudde plantea que una concepción maniquea y "moral" del mundo da pie a los dos campos opuestos del populismo: (i) el pueblo, asociado con una entidad indivisible y moral, y; (ii) las élites, a quienes se les concibe como una entidad corrupta sin remedio[41].

Por el contrario, las maximalistas desarrollan una teoría como *constructo* representativo, que busca dar a los ciudadanos un formato que puedan seguir para la conformación de un sujeto colectivo capaz de conquistar la mayoría y llegar a gobernar. El proyecto maximalista, sobre todo en épocas de crisis institucional y decadencia de los partidos tradicionales, puede tener un papel político y ayudar a reestructurar el orden democrático existente. Para Laclau, fundador de la teoría maximalista, el populismo es nada menos que la política y la democracia. Desde su perspectiva, es un proceso mediante el cual una comunidad de ciudadanos se construye como sujeto colectivo ("el pueblo") que se resiste a otro colectivo (no popular) y se opone a una hegemonía existente para llegar al poder. Para Laclau, el populismo es la mejor versión de la democracia porque representa una situación en la que la gente constituye su voluntad mediante la movilización y el consentimiento directos. También es la mejor versión de la política porque está basado en mitos que pueden cautivar al público y con ello unir a muchos ciudadanos y grupos (y sus exigencias) con tan sólo el arte de la persuasión[42].

En esta perspectiva, el voluntarismo es un factor recurrente en momentos de transformación política, y puede ser tanto anárquico como oposicionista, y con vocación de poder. Influidos por Laclau, teóricos de la democracia radical fundamentan su aprecio por el populismo en la fuerza de la voluntad popular; para ellos, el populismo es una respuesta al concepto formal de la democracia, con su interpretación universalista de los derechos y la libertad, y como un rejuvenecedor de la democracia desde adentro, capaz de crear un nuevo bloque político y una nueva fuerza imperante de gobierno democrático. El objetivo del voluntarismo político (de un líder y su movimiento) es la victoria y el gobierno es la medida de su recompensa, una vez que la acción política no esté sujeta al concepto formal de la democracia.

"El pueblo", escribe Laclau, es un "significante vacío", sin fundamento en ninguna estructura social, y está basado exclusivamente en la capacidad del líder

[41] *Ibíd.*, p. 63.

[42] *Ibíd.*, pp. 69-70.

(y en la capacidad de sus intelectuales) de explotar la insatisfacción de muchos grupos diversos y movilizar la voluntad de las masas, la cuales creen que carecen de la representación adecuada porque los partidos políticos existentes ignoran sus reclamos[43]. De modo que el populismo no se reduce al acto de oponerse a los métodos que la minoría emplea para gobernar en un momento particular; más bien, es la búsqueda voluntarista del poder soberano por parte de quienes las élites tratan como si fueran "desvalidos", quienes quieren tomar decisiones por sí mismos que influyan en el orden social y político. Estos desvalidos quieren excluir a las élites y, en última instancia, quieren ganar la mayoría para usar el Estado para reprimir, explotar o contener a sus adversarios, y aprobar sus propios planes de redistribución.

3.1. Diarquía y populismo

En la perspectiva académica debe destacarse la noción de diarquía de Urbinati, conforme a la cual, el fenómeno del populismo como eje transformador de la democracia representativa, se explica a partir de la teoría *diárquica* (que desarrolla en un libro anterior, *Democracy Disfigured: Opinion, Truth and the People*, 2015). En su opinión, la democracia representativa es una diarquía que se expresa en dos componentes: (i) la voluntad y, (ii) el juicio (opinión): la primera se manifiesta con el voto y en las instituciones que regulan la toma de decisiones, y; la segunda con los juicios políticos y las opiniones fuera de las instituciones representativas; ambos componentes se influyen mutuamente, pero, permanecen separados, usualmente convergen en el proceso electoral y se separan a medida que el gobierno comienza a operar. La diarquía sería, entonces, una forma indirecta de autogobierno que implica una distancia -regulada por las elecciones-, y una diferencia -regulada por la representación- entre el soberano y el gobierno[44].

La investigadora sostiene que la transformación de la democracia representativa que acompaña al auge del populismo conlleva el colapso de la diarquía, en tal perspectiva, inserta su discusión teórica sobre el populismo en la transformación del gobierno representativo y el tránsito de la democracia de partidos a lo que Bernard Manin llamó la democracia de audiencias (*La democracia de lo público reconsiderada*). Según Urbinati, se debe entender el éxito del populismo contemporáneo en el contexto de esta transformación, ya que los líderes populistas se benefician de la personalización de la representación, y la enorme posibilidad de establecer lazos directos con el electorado (democracia horizontal) propias de la democracia de audiencias, esto es, la convergencia entre voluntad y juicio se va a mantener en la medida en que el gobierno populista se mantenga con apoyo po-

---

43 Ernesto Laclau, *La Razón Populista*, Fondo de Cultura Económica, Cd. México, 2005, p. 71.

44 Nadia Urbinati, *ob. cit.*, pp. 7-8.

pular. Urbinati propone llamar populismo a esta forma de gobierno representativo[45]. En los Estados Unidos el fenómeno de la democracia de audiencias o democracia representativa, se viene presentando desde 1972, y de acuerdo a la investigación realizada por Steven Levitsky y Daniel Ziblatt (*How Democracies Die*), la razón principal estaría en las primarias que se instalaron en 1972, que permitió la escogencia de candidatos más de agrado de las audiencias que de las líneas partidistas, lo que propició la llegada al poder de Donald Trump, por ello, uno de los temas que se plantea Daniel Ziblatt es ¿cómo evitar que sean elegidos candidatos demagogos y autoritarios que pueden llegar al poder a dañar la institucionalidad democrática?[46]

En síntesis, el populismo propicia una dinámica que enturbia la diarquía democrática. Cuando es oposición, el populismo subraya el dualismo entre los muchos y los pocos, y expande su público al impugnar la democracia constitucional. Los populistas plantean que la democracia constitucional no ha cumplido su promesa de que todos los ciudadanos gozarán del mismo poder político, sin embargo, cuando llegan al poder los populistas trabajan sin descanso para demostrar que su líder es una encarnación de la voz del pueblo y que debe estar por encima de todo aquel que se diga representar a alguien más, y que debe corregir las fallas de la democracia constitucional, a cuyo efecto van a postular cambios constitucionales en favor del líder populista y en detrimento del Estado de derecho. Los populistas aseguran que como el pueblo y el líder se han fusionado, y ninguna élite intermediaria los separa, el papel de la reflexión y la mediación (voluntad y opinión) se va a reducir drásticamente ya que la voluntad del pueblo (que el líder encarna) se va a ejercer con más fuerza.

3.2. Populismo Constitucional

Se denomina *Populismo Constitucional* o *Constitucionalismo Populista* a la estrategia política (populista) consistente en usar el poder constituyente, en nombre del pueblo, para que un grupo asalte el poder para ejercerlo para siempre[47].

Como ya se explicó, desde su origen se ha pretendido blindar a la democracia representativa con un sólido andamiaje institucional, con el objeto de asegurar el verdadero ejercicio de la soberanía popular a través de la limitación del poder público; es en este contexto que surgió el principio de separación de poderes, la consagración del poder constituyente, el reconocimiento de derechos fundamen-

---

45 *Ibíd.*, pp. 25-26.

46 Disponible en YouTube, *How Democracies Die*, https://www.youtube.com/watch?v=5v4NTtS2f5k&t=579s, consultado en fechas 15 y 16 de junio de 2022.

47 Allan Brewer Carías, *Algunas Notas sobre el Populismo*, disponible en http://allanbrewercarias.com/wp-content/uploads/2020/02/1240.-BREWER.-SOBRE-EL-POPULISMO-CONSTITUCIONAL-1-2020.pdf, consultado en fecha 25 de julio de 2022.

tales, y el principio de supremacía constitucional, como límites para el absolutismo. Sin embargo, desde hace un par de décadas ha comenzado a abrirse camino una renovada, pero periférica, corriente en la teoría constitucional y en la teoría democrática, impregnada de componentes populistas, que han venido distorsionando el principio de la soberanía popular y rompiendo los muros de contención constitucionales, al difuminar los parámetros en los que se funda el principio de separación de poderes, y al hacer recaer el principio de soberanía en una facción del pueblo, la "parte buena" (*pars pro toto*).

Estas corrientes han estado alimentadas por dos vertientes filosóficas populistas: una, la llamada escuela del nuevo constitucionalismo latinoamericano impulsada por Boaventura de Souza Salazar, y; la otra, la escuela populista de Ernesto Laclau y Chantal Mouffe, quienes, postulan abiertamente al populismo, a partir de la articulación y constitucionalización de diversas identidades sociales (propuesta identitaria populista) como una forma de construir una única voluntad social.

Las embestidas de estas corrientes populistas han propiciado una vorágine de anarcoconstitucionalismo, que nos lleva a situar el problema constitucional actual en la incapacidad del viejo andamiaje institucional liberal para contenerlas, es decir, el problema central de la democracia actual, como diría Popper, no es quién gobierna, sino "cómo se gobierna"[48], aquí cobra especial relevancia la necesidad de instituir renovados mecanismos contramayoritarios, capaces de contener a las mayorías populistas circunstanciales.

3.3. Populismo y soberanía

Un poder constituyente en manos de un proyecto populista representa una grave amenaza para las sociedades democráticas, en la medida en que este fenómeno despoja a "el pueblo" de su condición totalizadora y plural, y pone el énfasis en la identificación de una parte de la sociedad, "la parte buena", con el todo, la cual, va a encarnar de manera "legítima" la soberanía popular en su totalidad (*pars pro toto*), rompiendo, de esta manera, con la idea de que la soberanía reside en el pueblo en su conjunto y no en una parte de él.

En tal sentido, resulta fundamental repotenciar la idea del poder constituyente residente en el pueblo, que se ha traducido en el mayor límite al poder político, en especial, al que emana del más amenazador de los poderes, el legislativo (Prieto Sanchís)[49], mediante la mineralización constitucional de su forma de proceder, y el establecimiento de barreras que no puede traspasar en ningún caso.

---

48 Karl Popper, *Reflexiones sobre teoría y práctica del estado democrático* en *La Lección de este Siglo*, p. 101, Buenos Aires, ed. Temas, 1998.

49 Luis Prieto Sanchís, *Neoconstitucionalismo y Ponderación Judicial*, 2001, p. 3, disponible en: http://afduam.es/wp-content/uploads/pdf/5/6900111.pdf, consultado en fecha 3 de abril de 2022.

3.4. El populismo de Laclau

3.4.1 Laclau: pensador y mentor

Especial mención merece la teoría académica populista de Ernesto Laclau, filósofo, teórico político y escritor postmarxista argentino, quien se ha erigido en verdadera referencia para la izquierda radical y populista hispanoamericana, en la que destacan líderes como los Kirchner, Alberto Fernández, Hugo Chávez, Evo Morales, Rafael Correa, Pablo Iglesias, Iñigo Errejon, Gustav Petro y Gabriel Bóric, entre otros; ha sido, también, un defensor de los regímenes de Perón, Vargas, Chávez, *et al*. En 1978, Laclau publicó su obra *Política e Ideología en la Teoría Marxista*, en ella hace referencia, por vez primera, al concepto de populismo. Luego, en el 2005, publica (en español) *La Razón Populista*, en la que echa las bases de su teoría del populismo.

3.4.2. La razón populista

Laclau con una clara vocación izquierdizante y utilizando como herramientas metodológicas y epistémicas la concepción Gramsciana de hegemonía, la concepción Derridiana de *deconstrucción*, la concepción de significante de Saussure y Lacan, y argumentos de retórica, lingüística, psicoanálisis y filosofía analítica (cuestiones de suyo complejas que me han impuesto buscar apoyo en diversos estudios en los que se evalúa la obra de Laclau, entre ellos, los de Urbinatti y Rosanvallon), centra su estudio en la lógica de formación de las identidades colectivas, piensa el populismo como "lógica social y modo de construir lo político desde un enfoque que se aleja definitivamente del punto de vista sociológico"[50], también, como lógica de la diferencia y lógica de la equivalencia.

Asimismo, critica la recurrente referencia, en estudios previos, especialmente los compilados por Ionescu y Gellner (Compiladores, Populismo: *Sus significados y características nacionales*. Buenos Aires, Argentina: Amorrortu Editores.) a lo supuestamente inasible del concepto que conlleva la imposibilidad de una definición precisa y unívoca; así, al pasar revista al ensayo de Canovan le reprocha haber creado un mapa de la dispersión lingüística que ha dominado el uso del término populismo más que una verdadera tipología de la categoría[51]; a Wiles[52] le reprocha una caracterización en extremo amplia del populismo, llegando a preguntarse si no existe algún movimiento político de cualquier naturaleza que no tenga algunas de las veinticuatro características que le atribuye; a Minogue le critica el estéril esfuerzo de distinguir entre un movimiento populista, una ideología y su retórica; en su opinión, el fracaso de estos estudios sobre el populismo radica en la forma elusiva e imprecisa en que se han hecho, en los que esta categoría, más bien, ha resultado degradada y denigrada. Sin embargo, a Laclau le resultó

---

50 Ernesto Laclau, *ob. cit.*, p. 6.

51 *Ibíd.,* p.13.

52 *Ibíd.*, p.16.

interesante el trabajo de Worsley[53] (también, integrante del compendio precitado) que no considera al populismo una ideología como el socialismo o el comunismo, sino, como una expresión de la cultura social y política que puede estar presente en movimientos de signo ideológico muy diferentes.

A partir de las tesis de Le Bon, Taine y Freud, quienes avanzaron sobre algunos ejes en el estudio del comportamiento colectivo y la formación de identidades, Laclau desarrolla el núcleo argumental de su teoría; a tal efecto, retoma dos acusaciones vertidas sobre el populismo: (i) que es vago e indeterminado, y; (ii) que es mera retórica. Sobre el primero, propone un enfoque alternativo, invertir lo que pretende ser un descalificativo para afirmar que la vaguedad e indeterminación, lejos de ser un déficit es un atributo que responde a las condiciones mismas de la realidad social, con lo que el populismo sería una lógica política que condensa significados para reducir complejidades en la esfera pública, insertándose en un proceso de formación de identidades colectivas, como una manera de construir lo político. Sobre la crítica de ser mera retórica, argumenta que es imposible una estructura conceptual sin apelar a la retórica, con lo cual más que un defecto, la retórica se transforma en condición de posibilidad de lo político[54]. En consecuencia, si la retórica es constitutiva de lo político y el populismo incluye la retórica, el populismo podría dar cuenta de lógicas específicas de lo político.

En su opinión, el populismo es la mejor versión de la democracia porque representa una situación en la que la gente constituye su voluntad mediante la movilización y el consentimiento directo. El populismo, *prima facie*, sería una forma de constituir una identidad social, es decir, a partir del reconocimiento de la existencia de diversas identidades su preocupación va a apuntar a la articulación de una propuesta identitaria populista. Asimismo, la considera la mejor versión de la política porque -como demuestra a partir del voluntarismo de George Sorel- está basada en mitos que pueden cautivar al público y con ello unir a muchos ciudadanos y grupos (y sus exigencias) con tan sólo el arte de la persuasión[55]. El voluntarismo es la audacia de la movilización y un factor recurrente en momentos de transformación política, y puede ser tanto anárquico como oposicionista y con ambición de poder. Influidos por Laclau, teóricos de la democracia radical fundamentan su aprecio por el populismo en la fuerza de la voluntad popular; para ellos, el populismo es una respuesta al concepto formal de la democracia, con su interpretación universalista de los derechos y la libertad, y como un rejuvenecedor de la democracia desde adentro, capaz de crear un nuevo bloque político y una nueva fuerza imperante de gobierno democrático.

---

53 *Ibíd.*, p. 17.

54 *Ibíd.*, pp. 28-48.

55 Ernesto Laclau, *ob. cit.*, p. 90.

3.4.3 Cadena equivalencial

Laclau expone la especificidad del populismo a partir de una teoría de las demandas sociales (lógica de la diferencia y lógica de la equivalencia, y la tesis del significante vacío), en su opinión, para que se produzca una irrupción populista, es necesario que un conjunto de demandas sociales diferenciadas e insatisfechas alcancen un "momento equivalencial", a partir de un "significante" que logre representar la cadena de demandas (cadena equivalencial) como totalidad[56]. Propone como ejemplo que un grupo de vecinos pide a la municipalidad que cree una línea de ómnibus para llevarlos desde el lugar en que ellos viven adonde ellos trabajan. Si esa demanda es satisfecha, el problema no pasa a mayores, pero, si no es satisfecha se genera una frustración de la demanda social, y si, además, esa comunidad ve que alrededor de ellos hay otras demandas sociales (vialidad, vivienda, suministro de agua, escolaridad, libertad de prensa, seguridad, parques, etc.) que, tampoco, son satisfechas, se va a producir una situación prepopulista, consistente en una acumulación de demandas que no pueden ser canalizadas por la vía institucional[57].

Al ir creciendo y encontrando una articulación equivalencial, las demandas se extienden, se ponen en contacto con otras y se transforman en populares. La pluralidad de antagonismos articulados configura un espacio compuesto por aquellos que se encuentran en posición de subordinación y han elaborado demandas no satisfechas. Allí opera un recurso retórico que introduce una distinción en el espacio social que lo divide en dos campos. Se identifica un "nosotros-pueblo" frente a un "ellos-poder", un "afuera" y un "adentro". Esta es, para Laclau, la base del populismo, el cual se constituye como tal, con la elaboración de un sistema estable de sentidos colectivos capaces de movilizar a los grupos demandantes. El populismo, así, supone la construcción de una identidad popular generada por las exclusiones sociales que el sistema produce en su propia configuración. Esto implica una expansión de la cadena de equivalencias (el momento horizontal), a la vez que una articulación simbólica que ofrece intentos de sutura de la diversidad (el momento vertical)[58].

3.4.4. El significante vacío

El populismo distingue dos cuestiones: el sistema institucional que es rechazado en su conjunto y, las demandas nuevas que dan lugar a una movilización, pero, ¿quién interpela esas demandas? ahí es donde surge una gran cantidad de discursos ideológicos, pues, en política hay dos modos de construir los significados políticos. Por un lado, hay una práctica institucionalista, con demandas individuales que Laclau llama "la lógica de la diferencia", a través de las cuales cada demanda tiene su canal propio dentro del sistema; y por el otro lado, hay lo que

56 *Ibídem*, p.130.

57 Ernesto Laclau, *Populismo y Hegemonía*, cit.

58 Ernesto Laclau, *ob. cit.*, p. 209.

llama "la lógica de la equivalencia", que consiste en todas estas demandas que no son satisfechas y que se reconocen como demandas hermanas. Cuando se da eso, se da el populismo. No hay nunca un régimen institucional tan perfecto en el que todas las demandas sean satisfechas automáticamente, o sea, que una cierta dimensión populista va a estar presente en todo sistema democrático[59].

Para Laclau la estructura social (la sociedad contemporánea, global y neoliberal) ofrece una amplia variedad de antagonismos que generan reclamos, esas demandas pueden ser vistas como peticiones de inclusión al sistema, que si no encuentran respuestas satisfactorias se convierten en reclamos y se van acumulando. En estas identidades es fundamental la producción de ciertos significados densos que permiten anclar el sentido en la formación de la cadena discursiva. La posibilidad de establecer una equivalencia entre las heterogéneas demandas democráticas nos habla del paso de subjetividades democráticas a la constitución de una subjetividad popular. Esto sólo es posible si el discurso populista (y no debe reducirse discurso a lenguaje) establece esa frontera interna en la sociedad que divide dos identidades: pueblo y poder (oligarquía) produciendo un antagonismo social. Por medio de la *sinécdoque*, la parte dañada (lo definido como pueblo) pretende presentarse como el todo. Justamente este mecanismo es lo propio de la hegemonía, y en definitiva de lo político. Entender al populismo como una lógica imposibilita adscribirle *a priori* un contenido (reaccionario, revolucionario, izquierda, derecha). En todo caso, el carácter de una identidad populista dependerá de la cadena de significados construidos, de los grupos movilizados y de los sentidos que fijan la cadena. Es decir, de la producción de nombres y símbolos capaces de movilizar al colectivo para disputar en un orden social dislocado. Para Laclau la estructura social está siempre abierta, y es pasible de dislocación en algunos segmentos de su ordenación, precisamente donde surge el antagonismo que interpela a la totalidad. Esto es lo que hace del populismo una lógica política, más que un movimiento, ideología o sistema[60].

El significante vacío es algo más que la imagen de una totalidad preexistente: es lo que constituye esa totalidad, añadiendo así una nueva dimensión cualitativa. Esto corresponde al segundo movimiento en el proceso de representación: desde el representante hacia los representados. Por otro lado, si el significante vacío va a operar como un punto de identificación para todos los eslabones de la cadena, debe efectivamente representarlos, no puede volverse totalmente autónomo de ellos[61].

3.4.5. Críticas a la teoría laclauliana

Como primera critica a la teoría populista de Laclau, debemos observar que esta tiene como objetivo explicar el fenómeno que se produce cuando se unifican

---

59 Ernesto Laclau, *Populismo y Hegemonía,* cit.

60 Ernesto Laclau, *La Razón Populista, ob. cit.*, p. 130.

61 *Ibídem*, pp. 178-179.

demandas sociales de los sectores excluidos de la sociedad, como presupuesto para la construcción de una voluntad colectiva que se va a articular mediante una cadena de equivalencias, esto es, una posición popular que operará a través de un significante vacío, que es algo más que la imagen de una totalidad preexistente, es lo que constituye esa totalidad, añadiendo así una nueva dimensión cualitativa; sin embargo, puede apreciarse que esa teorización tiene como supuesto fundamental una demanda social colectiva (cadena equivalencial) que se erige en un movimiento populista, cuando se es oposición, pero, no sirve para explicar el fenómeno del populismo cuando es poder, cuando ejerce el poder.

En esta perspectiva, una teoría política sobre el poder explicada a partir de la carencia de este no tiene racionalidad alguna, lo que nos lleva a preguntarnos: ¿cómo justifica Laclau, la teoría de la cadena equivalencial cuando el populismo es poder? Una teoría política con impacto en lo constitucional solo tiene sentido si explica y fundamenta el fenómeno del ejercicio del poder, hacerlo desde una perspectiva del no poder, desde las demandas sociales frente al poder, será una teoría sociológica que explica un fenómeno distinto: la articulación social frente al poder.

Una segunda crítica estaría asociada al concepto de significante vacío. Un significante vacío sería aquel al cual no le corresponde ningún significado específico ¿es esto posible?, pues, si un significante carece de todo significado, no pertenecería al lenguaje (Saussure, Derrida). De acuerdo con Laclau, para que exista significante vacío debe de poder existir significados, no necesariamente unívocos, sino, al existir diversos significados para el significante, se constituye un vacío que en vez de eliminar al significante y volverlo un sonido sin sentido sucede algo positivo: el significante puede tener un abanico de posibilidades que no admiten cierre. Esta pluralidad de relaciones y sentidos es lo que sucede con términos como democracia, socialismo o capitalismo. En ningún momento se puede decir que estos términos sean una simple secuencia de sonidos sin significado, sino que detrás de cada término hay una pluralidad de direcciones si bien enmarcables en un límite, el universo de posibilidades sería tan amplio que podría incluso habilitar posibilidades contradictorias entre un acto de significación y otro, sin que ninguno de estos actos agote finalmente el significado.

El significante vacío entonces sería algo imposible. Es imposible por el hecho de que las relaciones de equivalencia y diferencia que permiten el significado no pueden terminar en una estructura lógica y coherente. Si tenemos una universalidad de relaciones de sentido del significante en cuestión -por ejemplo, populismo- el acto de significación -como decir gobierno del pueblo- supone un acto de particularización que niega los otros contenidos y relaciones posibles en esa universalidad, y si bien vamos a tener un concepto con el cual trabajar, debemos aceptar que este concepto va a tener un equilibrio bastante inestable. Esta decisión de dar significación tendría necesariamente una responsabilidad política pues se elige una contingencia específica y un concepto con efectos de verdad para intervenir y trabajar con él. En todo caso, lo que Laclau denomina como significante vacío, en realidad debemos entenderlo como significante abierto o neutro.

Otra crítica que podemos hacer a la tesis de Laclau, es su inclinación antidemocrática al propiciar un pensamiento homogeneizador, antiplural, basado en la noción amigo-enemigo schmittiana, incompatible con el ideal democrático liberal, fundado en la idea de consensos democráticos en lugar de hegemonías políticas.

III. La experiencia populista en Venezuela

1. Contexto

La caída de la dictadura de Pérez Jiménez (1958), impulsaría un proceso político que se cimentaría en dos pilares centrales: el cambio político y el cambio constitucional; lo que auguraba condiciones favorables para la consolidación de un sistema integral de democracia constitucional y de democracia popular. Lamentablemente, este desiderátum nunca llegó a concretarse debido a que el proceso político se centró básicamente en afianzar la democracia popular, bajo un espíritu consocional o de consenso (Lijphart)[62], a cuyo efecto, se privilegió, por una parte, la participación electoral y la firma de un acuerdo (Pacto de Punto Fijo) para instaurar un gobierno de unidad nacional con un programa mínimo común.

En este contexto, bajo la conducción del presidente Betancourt, se impulsó el cambio constitucional con la aprobación de la Constitución de 1961, cuya ilegitimidad de origen (falta de aprobación popular en plebiscito) fue subsanada con su legitimidad de ejercicio, la cual, se orientó fundamentalmente a garantizar la estabilidad democrática y un equilibrio "básico" entre los poderes del Estado. El interés por proteger la democracia se reflejó en el mismo momento de la entrada en vigencia de la Constitución de 1961, que asumiría *ab initio* una impronta nominal[63] al dictarse inmediatamente un decreto de suspensión de varias garantías individuales; al restringirse las garantías económicas (hasta 1991); al no haber ejecución de la norma que consagraba el amparo (Casal), entre otros déficits constitucionales. Una vez lograda la estabilización democrática durante la presidencia de Leoni, y, especialmente, tras la alternancia política debido a la victoria electoral de Caldera en 1968, se esperaban avances sustanciales en el despliegue de la fuerza normativa de la Constitución, lo que nunca ocurrió. Un déficit importante en todo este proceso, fue que la democracia constitucional nunca pudo ser afianzada del todo, lo que quedó en evidencia con el deficiente funcionamiento del sistema de frenos y contrapesos institucionales, el cual, más que operar con base a una racionalidad constitucional, dependió fundamentalmente de una circunstancia subjetiva: la voluntad de "los padres fundadores de la democracia"; quienes

---

62 Arend Lijphart, *Modelos de democracia Formas de gobierno y resultados en treinta y seis países*, Ariel, Barcelona, 2000, p. 17.

63 Karl Loewenstein, *Teoría de la Constitución*, Barcelona, Ariel, 1976, p. 217.

pronto demostrarían su incapacidad para contener los demonios que el manejo de la ingente renta petrolera desató, especialmente, tras la nacionalización de la industria petrolera.

A finales de la década de los 70, se gesta la primera crisis financiera, lo que llevó al presidente Herrera a señalar que recibía un país hipotecado, sin embargo, incurrió en nuevos endeudamientos, para financiar las obras del período (Rachadell)[64]. Por su parte, la merma en los ingresos petroleros y su desviación hacia factores corruptos comienza a generar un deterioro sostenido en las condiciones sociales de la mayoría de la población. En noviembre de 1984 el ministro de Cordiplán, L. Matos, dio a conocer el VII Plan de la Nación, cuyo diagnóstico era: la necesidad de superar la sociedad rentista, establecer una sociedad productiva, y modernizar el Estado. Para lograrlo se propuso, en primer lugar, un Pacto Social, que luego dio origen a la Comisión Nacional de Costos, Precios y Salarios (Conacopresa), en la que participaban representantes del Ejecutivo Nacional, de los empresarios y de los trabajadores. En segundo lugar, una reforma del Estado, para "redimensionarlo y restituir su jerarquía", de donde se originó la designación de la Comisión Presidencial para la Reforma del Estado (COPRE).

La COPRE realizó un gran proceso de consultas con diferentes sectores y grupos de opinión, con profesionales y técnicos nacionales y extranjeros, y produjo un cuerpo de propuestas que apuntaron al cambio político. La falta de voluntad política para implementar las reformas propuestas por la COPRE, que apuntaban a (i) consolidar un sistema democrático integral (democracia constitucional y democracia popular); (ii) neutralizar la corrupción incesante; (iii) disminuir el crecimiento de la pobreza; (iv) frenar la politización de la justicia; cimentaron el camino para el llamado Caracazo, los golpes de 1992, la defenestración del presidente Pérez, y la llegada del chavismo al poder en 1998.

2. El populismo chavista

Con la llegada del chavismo al poder se iniciaría un proceso de cambio político (hacia el populismo chavista), y de cambio constitucional, que surge en un contexto definitivamente *sui generis*, en el que, si bien, hubo importantes sectores proclives a una nueva Constitución cuyo *telos* se correspondiera con los principios del constitucionalismo democrático (Constitución Normativa); hubo otro sector, que hizo del proceso constituyente de 1999, una maniobra meramente táctica para (i) crear una norma constitucional, desde su perspectiva, provisional y aparente (fachada), y; (ii) colonizar el Poder Público, a efectos de impulsar la sustitución del nuevo orden constitucional y democrático, por uno populista (de carácter socialista).

---

[64] Manuel Rachadell, *Evolución del Estado Venezolano 1958-2015: De La Conciliación de Intereses al Populismo Autoritario*, Colección Estudios Políticos N° 11, Fundación de Estudios de Derechos Administrativo (FUNEDA), Editorial Jurídica Venezolana, Caracas, 2015, p. 55.

Ciertamente, en 1999, se inicia un proceso que dio origen a un régimen político sin precedentes, encarnado en una "revolución", que se ha desarrollado en dos fases: la bolivariana, y la socialista. La primera se inicia con el "proceso constituyente de 1999" y termina el 2005 (cuando la "revolución" se declara antiimperialista). En esta fase, Chávez siguió al píe de la letra el manual populista. En efecto, impuso en la Asamblea Constituyente (que se declaró supraconstitucional), su visión antiliberal, disolvió el Congreso nacional, así como las asambleas legislativas de los estados, con ello, eliminó los frenos, controles y contrapesos institucionales sobre el Poder Ejecutivo. Para diciembre de 1999 se había redactado y aprobado una nueva Constitución mediante referendo popular, y dentro de la Asamblea Constituyente se formó un "Congresillo" para ejercer el Poder Legislativo en lugar del disuelto Congreso Nacional. En lo político, el populismo despoja a "el pueblo" de su condición plural, poniendo el énfasis en la identificación de una parte de esta totalidad, el "pueblo bolivariano", con la parte "buena", que va a encarnar de manera "legítima" la soberanía popular en su conjunto (*pars pro toto*), con lo que se va a poner fin a la búsqueda de los consensos.

A la retórica antisistema que postulaba como candidato, Chávez como Presidente de la República, le va a imprimir carácter refundacional, promoviendo una nueva democracia en la que su mayoría circunstancial pasará a ser hegemonía gobernante permanente, reconfigurando su mandato mediante el uso incontrolado de los medios y los procedimientos de la democracia, concretamente, para reducir las restricciones que tiene la mayoría para tomar decisiones y para asegurar la reelección indefinida del líder. En este contexto, el populismo chavista impulsó un conjunto de iniciativas orientadas, primero, a consolidar su posición preeminente y hegemónica en el Poder Público, y luego, a desarticular progresivamente la institucionalidad consagrada en la Constitución de 1.999, para imponer una Constitución material semántica[65]. Entre estas iniciativas se pueden señalar, en primer lugar, aquellas dirigidas a desmontar el régimen político, a saber: la Ley Especial para la Ratificación o Designación de los Funcionarios y Funcionarias del Poder Ciudadano y Magistrados y Magistradas del Tribunal Supremo de Justicia para su primer Período Constitucional, lo que le aseguró el control sobre el Poder Público, para impulsar desde una posición privilegiada su proyecto político populista; el menoscabo de la independencia del Poder Judicial al propiciar un alto nivel de jueces (y fiscales) provisorios, e incumplir los parámetros para su designación y destitución (art. 255 C.N.); y la creación de una Administración Pública paralela (Misiones y Protectores) integrada por funcionarios sujetos no al servicio del Estado (art.145C.N.), sino, al servicio de la revolución bolivariana.

---

65 Karl Loewenstein, *ob. cit.*, p. 218.

En segundo lugar, se pueden señalar aquellas iniciativas orientadas al desmontaje del régimen económico y financiero establecido en la Constitución, a saber: el socavamiento de la autonomía del Banco Central (art. 318 C.N.), al imponérsele públicamente obligaciones de financiar gasto público no presupuestario; el control de cambios, medida que no respondió a una situación coyuntural, sino, a un postulado político ahora abandonado; la desarticulación de la Constitución Económica (art. 299C.N.), con la estatización creciente de la actividad económica, la ultraregulación de la economía, y la marginación del sector privado en la promoción del desarrollo armónico de la economía; y la vulneración del derecho a la propiedad (art. 115C.N.), mediante expropiaciones indiscriminadas; la "toma" e instrumentalización sectaria de PDVSA, y la desviación de sus objetivos estratégicos.

Las iniciativas precitadas comportaron no sólo afectación a los sistemas de control y equilibrio constitucionales, sino, además, una sensible afectación de los valores y principios del constitucionalismo democrático, esto es, aquellos dispositivos constitucionales que constituyen el fundamento del proyecto político que la norma constitucional encarna, los cuales, por su universalidad y carácter pétreo, no podían ser modificados ni siquiera por una asamblea constituyente, que en el caso venezolano están consagrados en el Título I de la Constitución, a saber: la justicia, la libertad, la democracia, el pluralismo, los DDHH, el gobierno alternativo, y el principio de supremacía constitucional, entre otros.

Asimismo, se promovió la consolidación de un liderazgo mesiánico y carismático que iría adquiriendo preeminencia en detrimento del principio de separación de poderes, gracias al cual, la identificación entre el líder populista y el "pueblo bueno" comienza a trascender el ámbito meramente propagandístico y político para adquirir fuerza institucional, como virtual fuente de legitimación de los poderes públicos, con lo que comenzaría a delinearse solapadamente un nuevo sistema político, manifiestamente incompatible con la democracia constitucional, en relación al cual, Ferrajoli ha señalado: "la existencia de un jefe carismático es siempre incompatible con la democracia, o cuando menos indica un debilitamiento de su dimensión política y representativa y no sólo de su dimensión constitucional"[66].

En este contexto, la (entonces) recién creada jurisdicción constitucional, encarnada en la Sala Constitucional, en lugar de ejercer su rol institucional de guardián de la Constitución, dio cobertura a estos actos y decisiones políticas carentes de anclaje constitucional, produciendo decisiones altamente ideologizadas, que se expresaron en declaratorias sistemáticas de inadmisión e improcedencia de acciones y recursos contra actos del Poder Público que minaban las bases de la institucionalidad democrática; asimismo, a través de sentencias interpretativas se mutó fraudulentamente el sentido político y el significado jurídico de diversas normas constitucionales.

---

66 Luigi Ferrajoli, *ob. cit.*, p. 51.

A partir del año 2006, el populismo chavista muta a socialista y se deslinda abiertamente de los objetivos programáticos y del proyecto político de la Constitución (Estado social de Derecho); este año, se aprueba la Ley de los Consejos Comunales; en el 2007, se intenta institucionalizar su proyecto político (reforma constitucional); de ahí inicia una deriva autoritaria que acarreó la crisis sistémica actual. En esta fase, el populismo se erige en un régimen de vocación totalitaria que no va a reconocer límite a su poder ni legitimidad a ninguna opción para sucederla, en la medida en que el líder populista (Chávez) se erigió en la encarnación del "pueblo bueno", en la voz del pueblo; a tal efecto, instaura una nueva cultura electoral, en la que va a construir un "sujeto colectivo" populista que va a participar en numerosas elecciones que van a adquirir carácter plebiscitario, es decir, se van a erigir en fuente legitimadora del liderazgo de Chávez, a cuyo efecto, las elecciones mutarán a semicompetitivas, manteniendo un patrón específico: el falseamiento de la competencia electoral; en virtud de la cual, en todos los comicios desde 1999, ha habido, al menos, abusos, ventajismos o irregularidades, que han terminado incidiendo en sus resultados, y; finalmente, introdujo una nueva praxis política: el clientelismo.

En relación al proceso que se inicia con la llegada de Maduro al poder, si bien participa de los mecanismos populistas, cabe señalar que el actual proceso político venezolano ha adquirido una connotación distinta que debe ser tratada en un trabajo especial.

IV. Populismo y anarcoconstitucionalismo

En el ámbito constitucional no existe el concepto de anarcoconstitucionalismo, pues, hasta ahora la idea de vincular las nociones de anarquía y constitucionalismo, en un tercer concepto, no ha sido considerada, incluso, a simple vista pudiera parecer un oxímoron. Sin embargo, en mi opinión, ha habido procesos políticos en los que ambas categorías han estado claramente presentes, como, por ejemplo, en el anárquico y turbulento proceso político, institucional y social al que estuvo sometida la Constitución de Weimar, la cual, terminó siendo sustituida por la voluntad del *fuhrer*[67], hecho legitimado por la voluntad mayoritaria del pueblo alemán.

Por anarcoconstitucionalismo entiendo el proceso político en el que la Constitución deja de ser el referente de la vida política, institucional, económica y social, y su lugar lo pasan a ocupar la voluntad hegemónica de los detentadores del

---

67 El régimen nazi no se molestó en derogar la Constitución de Weimar ni en dictar una nueva. Aquella había quedado liquidada con la Ley de Autorización o de Plenos Poderes del 24 de marzo de 1933, también, de manera más palpable aún, con el artículo 4 de la Ley sobre la Reconstrucción del Reich del 30 de enero de 1934, que resumía en un precepto lacónico el cambio constitucional: "El gobierno del Reich puede establecer nuevo Derecho Constitucional".

poder o la voluntad (indistinta) de factores rivales en el marco de un conflicto de poder, produciéndose la pérdida del sentido de lo constitucional y de lo institucional, no sólo por parte de los detentadores del poder y de las instituciones del Estado, sino, también, por parte de la ciudadanía que pierde interés en la norma constitucional, deja de identificarse con ella (pérdida de patriotismo constitucional, como dirían Stenberger y Habermas), o abiertamente asume una actitud hostil en su contra, como está ocurriendo actualmente en Chile (con el proceso constituyente).

En Venezuela hemos venido padeciendo, desde el mismo momento de entrada en vigencia de la actual Constitución, un proceso anarcoconstitucional, que se ha expresado en una tensión permanente entre populismo y democracia constitucional. Ciertamente, una mirada retrospectiva a las vicisitudes políticas de los últimos 23 años permite afirmar que la refundación de la República para establecer una sociedad democrática en un Estado social de Derecho, nunca fue un propósito sincero para la llamada "revolución", que hizo del proceso constituyente una maniobra meramente táctica para asumir el control del Poder Público, y crear una norma constitucional, desde su perspectiva, provisoria y de fachada.

El carácter provisional de la Constitución de 1999 se evidenció con el frustrado intento de sustituirla por una Constitución socialista, mediante la propuesta de reforma constitucional del año 2007; asimismo, con el proceso de falseamiento ideológico (mutación ilegítima o fraudulenta) al que ha sido sometida, tras el rechazo popular a la propuesta de reforma constitucional. Se dice que una Constitución es fachada, debido a que su texto es simulado o letra muerta, pues, deliberadamente oculta la verdad o identidad del proceso impulsado por los detentadores del poder, lo que termina convirtiéndola en engañosa, en una fachada o en una pseudoconstitución (Sartori)[68]. La técnica que caracteriza al proceso de gestación de esta Constitución fachada es la de la infiltración de contenidos patológicos en las estructuras constitucionales, que en un primer momento adormecerán la institucionalidad y la capacidad de reacción de las propias fuerzas sociales, para luego, paralelamente, proceder a atarla irremisiblemente (Casal)[69].

---

68 Giovanni Sartori, *Elementos de Teoría Política*, Alianza, Madrid, 1992, p. 21.

69 Jesús M. Casal, "De la Constitución Nominal a la Constitución Fachada", *Anuario de Derecho Constitucional Latinoamericano*, Año XVII (2011), p. 377. ISSN 1510-4974, disponible en: https://revistas-colaboracion.juridicas.unam.mx/index.php/anuario-derecho-constitucional/article/download/3972/3488, consultado en fechas 5 y 7 de mayo de 2022.

V. Límites constitucionales al populismo

1. Del origen de los límites constitucionales: Las reglas de poder contramayoritarias

A partir del momento en que se hace hegemónica la idea (liberal) de que todos somos libres e iguales en dignidad, el constitucionalismo postuló la división y separación del poder con la finalidad de (i) limitarlo, para impedir que no resida en unas mismas manos, y; (ii) asegurar el pleno ejercicio de la democracia y de los derechos fundamentales. Al efecto, resulta paradigmático el texto del artículo 16 de la Declaración Universal de los Derechos del Hombre y del Ciudadano de 1793, que estableció: "Una sociedad en la que no esté establecida la garantía de los derechos, ni determinada la separación de los poderes, carece de Constitución."

Muy imbricada a la idea de división y separación de los poderes, surgió, también, la idea del poder constituyente residente en el pueblo, que se ha traducido en el mayor límite al poder político, en especial, al que emana del más amenazador de los poderes, el legislativo (Prieto Sanchís)[70], mediante la mineralización constitucional de su forma de proceder, y el establecimiento de barreras que no puede traspasar en ningún caso. Jon Elster, ha observado la necesidad y conveniencia de las reglas de poder constituyente para limitar al poder del Parlamento, señalando que su objetivo es impedir la tentación de mayorías circunstanciales parlamentarias de "aumentar sus posibilidades de reelección", de cambiar las fechas de las elecciones de acuerdo a coyunturas más favorables, o de rediseñar los distritos electorales; asimismo, advierte que este peligro no está relacionado con una amenaza de la mayoría respecto de las minorías, sino, de la mayoría parlamentaria circunstancial, pues, los parlamentarios pertenecen a partidos o movimientos políticos con intereses que no deben ser ignorados en un diseño institucional, ya que ellos tienen incentivos para mantenerse como tal[71]. En tal sentido, la noción contemporánea de poder constituyente viene a ser más liberal que democrática, al traducirse en límite (contramayoritario) a las decisiones de las mayorías populistas transitorias, y en garantía, para el ejercicio indirecto de la soberanía popular a través del legislador, en el marco de la dinámica de mayorías y minorías.

Para asegurar la hegemonía e intangibilidad del principio de separación de poderes, de la democracia representativa, de los derechos fundamentales, y del principio de poder constituyente residente en el pueblo en su conjunto, surge el principio de supremacía de la Constitución, que se va a ocupar principalmente de propiciar la limitación del poder sometiéndolo a la observancia de valores, principios y reglas constitucionales; este principio, tiene como antecedente la teoría

---

70 Luis Prieto Sanchís, *ob. cit.*, n.50.

71 Jon Elster, "Régimen de mayorías y derechos individuales", en *De los derechos humanos*, las conferencias de Oxford Amnesty, 1993, p. 169.

medieval de la supeditación del gobernante a la ley (Bracton, Fortescue, entre otros). La construcción de la teoría constitucional comenzaría con el surgimiento de la democracia representativa, en tanto imperativo impuesto por la realidad, que va a dar por superado el racionalismo contractualista que postulaba la democracia de la identidad (De Vega). En criterio de Vega, al producirse en el marco de la democracia representativa, la escisión entre gobernantes y gobernados, no será ya difícil concebir a la Constitución como ley suprema, a través de la cual, se controlará y limitará, en nombre de la voluntad soberana del pueblo, la voluntad no soberana del gobernante. En esta perspectiva, cuando el gobernante es soberano (monarca absoluto o la *volonté générale* rousseauniana), la organización del Estado depende exclusivamente de su voluntad; por el contrario, cuando el gobernante es no soberano, sus competencias derivarán de la Constitución, mecanismo de control del poder y ley suprema, en la medida en que, a su vez, organiza las competencias de los diferentes órganos estatales[72].

De lo antes expuesto deriva que la función pública siempre ha estado limitada por reglas de poder, que tienen concreción a través de frenos y contrapesos institucionales, y mecanismos e instituciones contramayoritarios. Desde el siglo XVII pensadores como Locke, ya se ocupaban de estas reglas de poder; en el siglo XVIII, lo hicieron Montesquieu y los redactores de El Federalista; también, se les tuvo presente en la formación de dos de las democracias constitucionales más paradigmáticas (EEUU y Francia); sin embargo, en la actualidad, el hecho de que la organización y funcionamiento del poder estén establecidos en la Constitución, no representa ninguna garantía de orden institucional, pues, en los últimos tiempos el institucionalismo democrático ha venido siendo sometido a diversos embates, especialmente de mayorías populistas circunstanciales, que propician su degradación o desvalorización.

2. ¿Son las reglas de poder contramayoritarias una dificultad para la democracia?

Se discute en el derecho comparado, principalmente en EEUU, si las reglas de poder contramayoritarias (especialmente el control de la constitucionalidad y los quórums calificados en el Parlamento) son democráticos o no. En su libro *The Least Dangerous Branch*, Alexander Bickel, acuñó la expresión "la dificultad democrática"[73], para señalar que el control judicial de la constitucionalidad está en tensión con la teoría democrática, pues, los magistrados de la Suprema Corte al no ser funcionarios electos carecen de legitimidad democrática para anular actos del Congreso, órgano que sí cuenta con legitimidad al emanar sus miembros de una elección universal, directa y secreta.

---

72 Pedro De Vega, *ob. cit.*, pp. 16-17.

73 Alexander Bickel, *The least dangerous branch*, Bobbs-Merrill Educational Publishing, Indianapolis, 1978.

Jeremy Waldron, en su obra *Derecho y desacuerdos*, también, se manifestaba contrario al control judicial de la constitucionalidad, señalando que si prevalece la voz de los miembros de un tribunal se ignoraría el derecho de todos a participar en las decisiones que les afectan y no habría razones para suponer que los derechos serían protegidos de mejor manera mediante el activismo judicial de lo que sería mediante un Parlamento democrático; además, en el supuesto de que el resultado sea justo, el control judicial de constitucionalidad sería democráticamente ilegítimo, porque dejaría en manos de unas pocas personas inamovibles en sus cargos y con escasa representatividad la última palabra sobre cuestiones de máxima importancia, esto es el alcance y contenido de los derechos fundamentales[74].

En mi opinión, es necesario y conveniente que controversias relacionadas con la reorganización del Poder Público (*v.gr.* reducción del poder del Presidente de la República, reducción o ampliación de los períodos constitucionales, reelección presidencial indefinida, reducción del ámbito de competencias del Parlamento, etc.) o temas valóricos (aborto, matrimonio igualitario, eutanasia, feminismo, indigenismo, etc.), que conlleven mutaciones o reformas constitucionales, y generen altos niveles de polemicidad, se trasladen desde la ciudadanía, medios de comunicación, RRSS, y el Parlamento, a las Cortes Supremas y Tribunales Constitucionales, pues, en definitiva, solo un árbitro con *auctoritas* podrá zanjar con fuerza conflictos políticos (constitucionales) en los que están involucrados principios fundamentales, que deben ser valorados, interpretados y ponderados, desde una perspectiva político-constitucional integral por un árbitro imparcial, y no desde perspectivas políticas (partidistas) facciosas o sectoriales.

De otra parte, la identificación de lo mayoritario con lo democrático ha venido generando serias distorsiones en la compresión e interpretación del hecho político (hecho constitucional), por cuanto, la democracia no puede reducirse a la regla de la mayoría, pues, es mucho más que eso. La fuerza del voto es tan solo una expresión de la democracia popular, esto es, de uno de los pilares de la democracia representativa integral; el otro pilar, como ya se indicó, es la democracia constitucional conformada por un sistema de frenos y contrapesos institucionales, los principios que configuran el Estado de derecho, las bases, principios o disposiciones fundamentales, y los derechos fundamentales; los cuales conforman el llamado núcleo duro de la Constitución, intocable para cualquier poder, incluso para el poder constituyente[75]. La articulación de ambas dimensiones de la democracia en una nueva concepción, la *Democracia Representativa Integral*, genera

---

[74] Jeremy Waldron, *Derecho y desacuerdos*, Marcial Pons, Madrid, 1999, p. 100. Sin embargo, debe advertirse que Waldron ha cambiado de opinión en este punto. *Control de la Constitucionalidad y Legitimidad Política,* disponible en: http://www.scielo.org.co/scielo.php?script=sci_arttext&pid=S0120-89422018000100007

[75] Dominique Rousseau, *Droit du Contentieux Constitutionnel*, Montchrestien, París, 1993, p. 183.

como consecuencia que el ámbito decisorio de las mayorías va a quedar ostensiblemente limitado, pues, la fuerza del voto no podrá disponer sobre ciertas materias establecidas en la Constitución, especialmente sobre el llamado núcleo duro de la Constitución o cláusulas pétreas.

3. Un renovado orden contramayoritario para contener al populismo

Una premisa fundamental en todo régimen democrático es que el sector político que ha alcanzado una victoria electoral busca hacer valer su mayoría para ejecutar su programa político con la menor cantidad de obstáculos posibles (jurídicos, institucionales, políticos, etc.), esta vocación hegemónica adquiere grado superlativo cuando es un movimiento populista el que llega al poder.

En este contexto, para evitar que mayorías circunstanciales en general, y populistas en particular, puedan traducirse en simples hegemonías políticas, el orden convencional y el orden constitucional, en tanto manifestaciones de la Democracia Constitucional, deben establecer límites, mediante (renovadas) reglas de poder que configuren un sistema de frenos y contrapesos institucionales y otras reglas de poder contramayoritarias, propios de una renovada concepción de democracia: la *Democracia Representativa Integral*. A tal efecto, a continuación, nos referiremos a algunas de ellas:

Entre estas reglas de poder podemos sugerir, en primer lugar, un conjunto de normas que aseguren la recepción y ejecución a lo interno de actos y decisiones de los órdenes supraconstitucionales externos o convencionales, los cuales, por emanar de sistemas superiores a los países que lo integran tendrán carácter vinculante. Concretamente, sobre el carácter contramayoritario de las normas de sistemas supraconstitucionales que garantizan derechos humanos, la Corte IDH ha señalado (caso Gelman Vs Uruguay)[76] que "la protección de los derechos humanos constituye un límite infranqueable a la regla de mayorías". En este mismo sentido, la Corte IDH, en Opinión Consultiva (N°. OC-28/21), de fecha 7 de junio de 2021, solicitada por la República de Colombia, sobre la convencionalidad de la Reelección Presidencial Indefinida, precisó:

> 70. (…) En este sentido, la única forma como los derechos humanos pueden tener una eficacia normativa verdadera es reconociendo que ellos no pueden estar sometidos al criterio de las mayorías, ya que precisamente esos derechos han sido concebidos como limitaciones al principio mayoritario. Esta Corte ha resaltado que la protección de los derechos humanos constituye un límite infranqueable a la regla de mayorías, es decir, a la esfera de lo 'susceptible de ser decidido' por parte de las mayorías en instancias democráticas. En efecto, no puede condicionarse la validez de un derecho humano reconocido por la Convención a los criterios de las mayorías y a su compatibilidad

---

[76] Corte IDH, sentencia del 24 de febrero de 2011, Caso Gelman Vs Uruguay, disponible en: https://www.corteidh.or.cr › docs › seriec_221_esp1, consultada en fecha 30 de marzo de 2021.

con los objetivos de interés general, por cuanto eso implicaría quitarle toda eficacia a la Convención y a los tratados internacionales de derechos humanos. 79. (…) En este sentido, el respeto pleno al Estado de Derecho implica que las modificaciones de las normas relativas al acceso al poder de forma que beneficien a la persona que se encuentra en el poder, y pongan en una situación desventajosa a las minorías políticas, no son susceptibles de ser decididas por mayorías ni sus representantes (supra párr. 70)[77].

En segundo lugar, podemos señalar a la voluntad constituyente como otra regla contramayoritaria, a través de la cual emana la decisión de fundar un Estado o impulsar procesos políticos refundacionales. Ya se dijo *ut supra*, que la idea del poder constituyente residente en el pueblo se ha traducido en el mayor límite al poder político, en especial, al que emana del más amenazador de los poderes, el legislativo (Prieto Sanchís)[78]. Sin embargo, no debe obviarse que un poder constituyente en manos de un proyecto populista representa una grave amenaza para las sociedades democráticas, en la medida en que este fenómeno despoja a "el pueblo" de su condición totalizadora y plural, poniendo el énfasis en la identificación de una parte de esta totalidad, "la parte buena", que va a encarnar de manera "legítima" la soberanía popular en su totalidad (*pars pro toto*), rompiendo con la idea de que la soberanía reside en el pueblo en su conjunto y no en una parte de él. En esta perspectiva, lo relevante es que lo expresado por la voluntad constituyente o fundante no debe ser alterado por mayorías circunstanciales, que representen sólo a una parte de la soberanía popular (*pars pro toto*); por ello, resulta necesario, por una parte, (i) configurar de manera precisa el núcleo duro de la Constitución (no disponible ni siquiera en procesos constituyentes), asociado a Pactos, Tratados o Convenciones internacionales, válidamente contraídos por el Estado, relativos a sus límites geográficos, compromisos democráticos (*v.gr.* Carta Democrática Interamericana y la Democracia Representativa), derechos humanos, derecho internacional humanitario, o a otras decisiones políticas fundamentales, y; por la otra, (ii) agravar los procedimientos de cambio y reforma constitucional para evitar que mayorías circunstanciales (que cada vez se deslegitiman más rápido) puedan propiciar cambios constitucionales (inconvencionales y antiminorías) a su conveniencia.

En tercer lugar, tenemos al control jurisdiccional de la constitucionalidad como mecanismo contramayoritario por antonomasia. Algunos lo califican como la "dificultad contramayoritaria" (*Bickel ut supra*). Ya dijimos que es necesario y conveniente que controversias relacionadas con la reorganización del Poder Público o temas valóricos que conlleven mutaciones o reformas constitucionales, y generen altos niveles de polemicidad, sean resueltas por las Cortes Supremas y Tribunales Constitucionales, pues, en definitiva, solo un árbitro con *auctoritas*

---

77 Corte IDH, disponible en: https://www.corteidh.or.cr/docs/opiniones/seriea_28_esp.pdf, consultada en fecha 24 de mayo de 2022.

78 Luis Prieto Sanchís, *ob. cit.*, n. 50.

podrá zanjar con notable fuerza jurídica (y ética) conflictos políticos (constitucionales) en los que estén involucrados principios fundamentales, que deben ser valorados, interpretados y ponderados, desde una perspectiva político-constitucional integral por un árbitro imparcial, y no desde perspectivas políticas de mayoritarias circunstanciales y facciosas. Al efecto, una regla contramayoritaria idónea (complementaria) para desmontar tal crítica, sería la del dialogo interinstitucional (Waldron los denomina sistemas débiles de control de la constitucionalidad)[79], consagrado en países como Reino Unido, Canadá[80] y Países Bajos[81], conforme a la cual, un Tribunal Constitucional no anula actos jurídicos del Parlamento, sino, emplaza al Parlamento a su modificación de acuerdo con los parámetros interpretativos establecidos por la jurisdicción constitucional, excepto, en el caso de la cláusula *notwithstanding* (a pesar de todo) en Canadá[82]. De otra parte, el recto funcionamiento de la jurisdicción constitucional va a depender de la idoneidad del procedimiento para la conformación (independiente, técnica, plural, y electoralmente contracíclica) del órgano que lo encarne, a cuyo efecto, luce muy conveniente crear un sistema de nombramiento de Magistrados (incluso de jueces), a través de un Comité de Postulaciones Judiciales Permanente, análogo a la *Judicial Appointments Commission* de Inglaterra[83], integrada por ciudadanos designados

---

79 Jeremy Waldron, *ob. cit.*, p. 100.

80 En Canadá se habla de cláusula *override*, cuando la misma se utiliza después de un pronunciamiento estimatorio del Tribunal Supremo para salvar la constitucionalidad de la ley, lo que, de hecho, supone devolver al Legislativo la iniciativa legal para su adecuación al criterio interpretativo jurisdiccional.

81 En Países Bajos, los jueces no pueden declarar la inconstitucionalidad de las normas, pero, pueden restringir su alcance por vía de interpretación, sin embargo, la última palabra la tendrá siempre el Parlamento.

82 Se habla de *notwithstanding* en sentido estricto, cuando el órgano legislativo puede aprobar una ley a pesar de la declaratoria de incompatibilidad con el Acta de Derechos Humanos de 1982, que pueda haber hecho el Tribunal Supremo.

83 La Ley de Reforma Constitucional de 2005, creó una Comisión de Nombramientos Judiciales (CNJ), una institución independiente de carácter no gubernamental. La CNJ debe ser "independiente de cualquier tipo de padrinazgo político". Se ocupa de la selección de magistrados del Tribunal Supremo y aproximadamente novecientos puestos judiciales, incluidos cargos de tiempo completo y parcial en la justicia de primera instancia. La CNJ está integrada por un presidente y 14 comisionados. El presidente debe ser un lego. De los 14 comisionados, cinco deben ser miembros del poder judicial, pero la mayoría también deben ser legos. Estos cinco miembros judiciales deben provenir de los distintos niveles del sistema de justicia. Los comisionados tienen un mandato inicial de hasta cinco años, y pueden desempeñarse durante un máximo de 10 años. El nombramiento para integrar la CNJ lo realiza formalmente el Soberano según la recomendación del Lord Chancellor, pero se aplican estrictas limitaciones con respecto a quiénes pueden ser elegidos. "Todos los miembros son seleccionados y nombrados mediante un concurso abierto, excepto tres

mediante mecanismos con mínima incidencia partidista, con una larga duración, ello con la finalidad de impedir la colonización del poder judicial por parte de los partidos políticos. Por otra parte, en Estados Unidos se reprocha que la alternancia (Republicana y Demócrata) en el predomino de la Suprema Corte, ha permitido hasta ahora predecir el sentido (y hasta el método de interpretación) de los diversos fallos que ha emitido, lo que, en mi opinión, no ha sido necesariamente negativo, pero, ahora que ya la nación americana, su régimen político, y su sistema jurídico se han consolidado con el aporte de las diversas generaciones (como observa Dworkin al referirse al sistema jurídico, en el *Derecho como Integridad*), la predictibilidad de las sentencias de la Suprema Corte, deviene en altamente contraproducente; a tal efecto, mientras se presentan las propuestas de la Comisión de Reforma Judicial, desde mi óptica, pudiera implementarse un mecanismo contramayoritario, de super mayorías o mayorías calificadas, para que las decisiones de la esa Suprema Corte, sean adoptadas con un quórum de 75% (7 de 9 magistrados), de esta manera se obligará a los magistrados a procurar un alto grado de consenso en torno a sentencias polémicas, evitándose con ello la predictibilidad.

En cuarto lugar, podemos referir como otro mecanismo contramayoritario a las supermayorías, o mayorías calificadas. De acuerdo con Dahl[84], la mayoría simple sería la única regla de decisión que respeta la igualdad política y la democracia, sus defensores consideran que representa de mejor manera, en términos de igualdad política, la opinión de cada uno de los ciudadanos, al responder de manera cabal al principio: un ciudadano un voto. En principio, este razonamiento es correcto, sin embargo, llevado hasta sus últimas consecuencias, traería efectos anómalos si se comparten los principios del constitucionalismo democrático, y si se cree que una Constitución tiene por objeto limitar el poder, incluso, el de mayorías circunstanciales; en tal sentido, no son pocos los que cuestionan en lo conceptual (me incluyo), la idea de que consensos de las mayorías (aún válidos) puedan legitimar cualquier decisión, incluso, aquellas que desconozcan el orden supraconstitucional (*Vid.* sentencias Corte IDH, citadas *ut supra*), violen la Constitución (en especial su núcleo duro), o irrespetan los derechos de las minorías (doctrina utilitarista); en síntesis, si bien la idea de que la mayoría simple debe ser la regla general, hay razones fundadas para establecer excepciones. Al efecto, creo conveniente que las reglas contramayoritarias que aseguran la rigidez de la Constitución deben transmitirse al Parlamento (súper-

---

miembros judiciales a quienes los designa el Consejo de Jueces (Judges Council)" *About the Judicial Appointments Commission*, disponible en http://jac.judiciary.gov.uk/about-jac/about-jac.htm, consultada el 2 de junio de 2022.

84 Robert Dahl, *Democracy and its Critics*, Yale University Press, 1989, pp. 139-141; y *On Political Equality*, Yale University Press, 2006, p. 15.

mayorías legislativas) cuando en materias específicas se advierta una justificación especial que permita excepcionar la regla general de la mayoría simple[85].

En quinto lugar, para la Venezuela post populista, debe plantearse una nueva institucionalidad electoral, en la que tengan representación permanente (con derecho a voz y sin derecho a voto) los partidos políticos y movimientos de opinión; los miembros principales del ente electoral deberían ser elegidos por períodos de 10 años, y renovados parcialmente, a mitad de cada período constitucional, mediante mecanismos agravados (por ejemplo, un Comité de Postulaciones Permanente) que aseguren la participación preeminente de la sociedad civil. Esta institucionalidad electoral debe velar porque en las bases programáticas y declaraciones de principios de los partidos políticos, se consagre la defensa de la democracia representativa, se practique la democracia interna, se respeten los derechos de las minorías internas, y, sus fines sean compatibles con el proyecto político democrático definido en la Constitución.

En sexto lugar, podemos mencionar a la autonomía e independencia de los Bancos Centrales como otra regla contramayoritaria, la cual tiene por finalidad garantizar que la política monetaria, el crédito, la emisión de moneda, y las reservas internacionales, entre otras funciones financieras, sean definidas en base a criterios técnicos, de mediano y largo plazo, y no en base a criterios políticos cortoplacistas condicionados por ciclos electorales. De esta manera, se impide que mayorías populistas circunstanciales se vean tentadas a emitir dinero orgánico, o a manipular el sistema cambiario con criterios político-electorales, o simplemente corruptos, como ha sido, lamentablemente, la regla, en América Latina.

En séptimo lugar, podemos señalar como un poderoso mecanismo contramayoritario las regulaciones y demás actos emanados de los mecanismos de integración comunitaria. En el marco de los procesos de integración comunitaria, en Europa principalmente y en menor medida en nuestra región, los Estados han impulsado un creciente número de novedosos mecanismos contramayoritarios para desarrollar políticas públicas, a cuyo efecto los Estados han decidido ceder ámbitos de sus competencias, con la finalidad de homogeneizar políticas públicas en lo económico, financiero, social, las cuales, son implementadas mediante normas

85 En el derecho comparado, la Constitución de los EE.UU. requiere de 2/3 de senadores para aprobar un tratado internacional; las "leyes constitucionales federales" austríacas requieren de un quórum legislativo de 2/3 con la presencia obligatoria mínima de la mitad de los miembros; la Constitución danesa requiere de un quórum de 5/6 para entregar poder político a autoridades internacionales; la Constitución uruguaya requiere de 2/3 para la regulación del sufragio y las elecciones (art. 77, N°. 7) y para "conceder monopolios" (art. 85, N°. 17); la Constitución de Costa Rica requiere de 2/3 para aprobar proyectos de ley sobre el Poder Judicial apartándose de la opinión de la Corte Suprema (art. 167), para el financiamiento previo de las actividades electorales de los partidos políticos (art. 96, letra e) y para establecer limitaciones al derecho de propiedad (art. 45).

comunes de aplicación directa y preferente en los ordenamientos nacionales. A nivel supranacional, los bancos centrales, por ejemplo, han sido aislados del control político directo, para establecer las políticas monetarias. En Bruselas, los funcionarios de la Comisión Europea proponen legislación y hacen cumplir cada vez más el Reglamento de la Unión Europea. En Luxemburgo, el Tribunal de Justicia controla el cumplimiento de la legislación europea por parte de los Estados miembros, revisando la legalidad de actividades de parlamentos nacionales, gobiernos, y administradores. El ejercicio continuo de autoridad por parte de organismos no mayoritarios, es hoy central para la gestión en un número creciente de ámbitos de interés público (Thatcher y Stone)[86].

En octavo lugar, para preservar la viabilidad del nuevo sistema constitucional democrático que habrá de construirse en la Venezuela post populista, pudiera ser necesario considerar la implementación de algunos mecanismos contramayoritarios, como los Arreglos o Enclaves Institucionales. Dependiendo de la manera como se produzca el retorno a la democracia y la transición, no es descartable, tal como ha ocurrido con experiencias comparadas, la figura de los arreglos institucionales de carácter eminentemente contramayoritario. Estos arreglos institucionales consisten en reglas o fórmulas de poder que coadyuvan a garantizar y consolidar procesos de transición desde regímenes autoritarios a la Democracia, en virtud de lo cual, muchos casos exitosos de democratización implican específicos tipos de medidas contramayoritarias que restringen el poder de mayorías electas (Alberts *et al*)[87], un ejemplo, muy contramayoritario y muy antidemocrático, han sido los cupos de parlamentarios directos (caso Polonia, Chile y Colombia). Los procesos de democratización implican con frecuencia negociaciones y acuerdos que reducen los intereses de la democracia, al proteger los intereses de los incumbentes (miembros del régimen que deja el poder, o miembros del gobierno de transición) o de una facción armada, que persiguen arreglos constitucionales (enclaves autoritarios o atrincheramientos constitucionales) con elementos contramayoritarios, diseñados para restringir a las mayorías *ex post*, como ocurrió en Chile, Uruguay, Argentina, Portugal, Turquía, entre otros.

Un último mecanismo contramayoritario que podemos mencionar, a efectos de esta monografía, lo constituye las llamadas fórmulas consocionales (o de consenso) de gobierno, conforme a las cuales, los gobiernos pueden instituirse sin apego estricto al juego de mayorías, como dice Lijphart: "en la ciencia política existe una tendencia sorprendentemente fuerte y persistente a equiparar la democracia únicamente con la democracia mayoritaria y a no reconocer la democracia

---

86 Mark Thatcher y Alec Stone, *Theory and Practice of Delegation to Non-Majoritarian Institutions*, West European Politics, Vol. 25, No. 1, January 2002, pp. 1-3.

87 Susan Alberts, Chris Warshaw y Barry Weingast, *Democratization and Countermajoritarian Institutions (Power and Constitutional Desing in Self-Enforcing Democracy)*, Working Paper, Hoover Institution, Stanford University, p. 71.

consensual como una forma de democracia alternativa e igualmente válida”[88], entre algunos gobiernos casos de consocionales exitosos podemos mencionar el que presidió Mandela en Sudáfrica, y el de Irlanda del Norte (de Católicos y Protestantes) tras el fin del conflicto armado.

En todo Estado Constitucional Democrático, junto a los mecanismos contramayoritarios, luce indispensable la creación de una institucionalidad contramayoritaria, a la que se deben atribuir competencias técnicas y regulatorias. En materia de institucionalidad contramayoritaria, podemos distinguir entre: (i) *la técnica*, para gestionar de manera “autónoma” ámbitos de interés público determinados, y; (ii) *la regulatoria*, para controlar el comportamiento de los agentes en ámbitos socioeconómicos determinados.

CONCLUSIONES

1).- La democracia representativa se apalanca en dos pilares: la democracia constitucional (*para el pueblo*), y, la democracia popular o electoral (*por el pueblo*). El componente constitucional enfatiza en la necesidad de controles y equilibrios entre las instituciones, el llamado sistema de frenos y contrapesos institucionales, el Estado de derecho, e implica el *gobierno para el pueblo*; por su parte, el componente popular hace énfasis en el rol de los ciudadanos, los plebiscitos y referendos, las elecciones, la representación política, e implica el *gobierno por el pueblo.*

2).- Es un hecho innegable que en las últimas décadas del s. XX y las primeras del s. XXI, la democracia representativa ha estado sometida a un proceso de desvalorización. Este fenómeno encuentra explicación en: (i) el evidente distanciamiento entre la ciudadanía y las élites políticas; (ii) la emergencia de nuevos enemigos de la democracia como el mesianismo, el ultraliberalismo, y la *xenofobia*; (iii) la desigualdad y el poder creciente de nuevas e insaciables oligarquías, surgidas al amparo del *cronycapitalism*; (iv) el impacto por el uso deshonesto de las RRSS, y una nueva praxis política (horizontal), y; (v) el creciente debilitamiento de la institucionalidad democrática liberal, ante las embestidas de mayorías populistas circunstanciales.

3).- La crisis de la democracia representativa va a propiciar el resurgimiento del populismo, como opción para llenar el vacío generado por el desencanto de la ciudadanía con las élites, los partidos políticos tradicionales y la institucionalidad democrática. El populismo ha venido fomentando un agresivo proceso de transformaciones sociales y culturales en países en los que pensábamos se había consolidado el orden constitucional democrático.

---

[88] Arend Lijphart, *ob. cit.*, p. 17.

4).- El populismo es la antítesis de lo que Laclau denomina institucionalismo (democracia constitucional), es decir, se ubica en las antípodas de la institucionalidad (liberal) democrática, con la que mantiene una relación de proporcionalidad inversa, esto es, en la medida en que la magnitud de un polo (el populismo) crece, la otra (el institucionalismo) disminuirá proporcionalmente.

5).- Por anarcoconstitucionalismo debe entenderse el proceso político en el que la Constitución deja de ser el referente de la vida política, institucional, económica y social, y su lugar lo pasan a ocupar la voluntad hegemónica de los detentadores del poder o la voluntad (indistinta) de factores rivales en el marco de un conflicto de poder, produciéndose la pérdida del sentido de lo constitucional y de lo institucional, no sólo por parte de los detentadores del poder y de las instituciones del Estado, sino, también, por parte de la ciudadanía que pierde interés en la norma constitucional, deja de identificarse con ella (pérdida de patriotismo constitucional), o abiertamente asume una actitud hostil en su contra.

6).- Una premisa fundamental en todo régimen democrático, es que el sector político que ha alcanzado una mayoría electoral, está habilitado para ejecutar su programa político y hacer valer su mayoría durante el período constitucional con la menor cantidad de obstáculos posibles (entre éstos, la voluntad constituyente, el orden supraconstitucional, y la voluntad de las minorías); precisamente, para evitar que esa voluntad política mayoritaria se pueda traducir en simple hegemonía política, se le debe someter a los límites establecidos en la Constitución, esto es, a los frenos y contrapesos institucionales y a los límites que les impongan las reglas contramayoritarias.

7).- Es necesario y conveniente que controversias relacionadas con la reorganización del Poder Público o temas valóricos, que conlleven mutaciones o reformas constitucionales, y generen altos niveles de polemicidad se trasladan desde la ciudadanía, medios de comunicación, RRSS, y el Parlamento a las Cortes Supremas y Tribunales Constitucionales, pues, solo un árbitro con *auctoritas* podrá zanjar con fuerza institucional conflictos políticos (constitucionales) en los que están involucrados principios fundamentales, que deben ser valorados, interpretados y ponderados, desde una perspectiva político-constitucional integral por un árbitro imparcial, y no desde perspectivas políticas (partidistas) facciosas o sectoriales.

8).- La identificación de lo mayoritario con lo democrático ha venido generando serias distorsiones en la compresión e interpretación del hecho político (hecho constitucional), por cuanto, la democracia no puede reducirse a la regla de la mayoría, pues, es mucho más que eso. La fuerza del voto es tan solo una expresión de la democracia popular, esto es, de uno de los pilares de la democracia representativa integral; el otro pilar, es la democracia constitucional conformada por un sistema de frenos y contrapesos institucionales, los principios que configuran el Estado de derecho; las bases, principios o disposiciones fundamentales, y, los derechos fundamentales; los cuales, conforman el llamado el núcleo duro de principios constitucionales intocables para cualquier poder, incluso para el poder constituyente. La articulación de ambas dimensiones de la democracia en una nueva concepción, *Democracia Representativa Integral*, genera como consecuencia que el ámbito decisorio de las mayorías va a quedar ostensiblemente limitado, pues, la fuerza del voto no podrá disponer sobre ciertas materias establecidas en la Constitución, especialmente sobre el llamado núcleo duro de la Constitución o cláusulas pétreas.

9).- Para evitar que mayorías circunstanciales en general, y populistas en particular, puedan traducirse en simples hegemonías políticas, el orden convencional y el orden constitucional, en tanto manifestaciones de la Democracia Constitucional, deben establecer límites, mediante (renovadas) reglas de poder que configuren un sistema de frenos y contrapesos institucionales y otras reglas de poder contramayoritarias, propios de una renovada concepción de democracia (*Democracia Representativa Integral*). Debe advertirse que una Constitución que se pretenda democrática debe procurar limitar al máximo los mecanismos e instituciones contramayoritarias, pero, debe permitirlos lo suficiente como para garantizar que las normas constitucionales-democráticas esenciales puedan ser ejecutadas, y que mayorías circunstanciales no deriven en poderes fácticos y hegemónicos.

DEL "MUNICIPIO, RAÍZ HISTÓRICA DE LA REPÚBLICA" A LA COMUNA. DESARRAIGAMIENTO REPUBLICANO

Leonardo Luis Palacios Márquez[*]

Es el municipio donde reside la fuerza de los pueblos libres.
Las instituciones municipales son a la libertad lo que
las escuelas primarias vienen a ser a la ciencia;
la ponen al alcance del pueblo;
le hacen paladear su uso pacífico y lo habitúan a servirse de ella.
Sin instituciones municipales, una nación puede darse un gobierno libre,
pero carecerá del espíritu de la libertad.

Alexis de Tocqueville[1]

SUMARIO

---

[*] Abogado egresado de la Universidad Católica Andrés Bello, con estudios de postgrado en Derecho Tributario en la Universidad Central de Venezuela, actualmente cursando el Doctorado en Historia de Venezuela en la Universidad Católica Andrés Bello, profesor de en esta casa de estudio y en la Universidad Monteávila, Socio Director del Despacho de Abogados Palacios Torres y Korody (PTCK Legal) y Presidente de la Cámara de Comercio, Industria y Servicios de Caracas.

[1] Alexis De Tocqueville, *La democracia en América. Alianza Editorial*, El libro de bolsillo, Madrid, 2017, p. 115.

I. Exordio

Humberto Romero Muci, es sin duda, uno de los mejores abogados y mayores exponentes doctrinarios de la generación de los años ochenta. Ruego al paciente lector, su compresión y exculpación, por la abierta licencia, que me he tomado para obrar con una abierta discrecionalidad para construir una referencia cronológica, con fundamento en la década, que representó el periodo de arranque de un exitoso ejercicio profesional. Como toda periodización, es absolutamente caprichosa.

En este caso, quizás la simplificación en una estratificación de coetánea existencia grupal, justifica el empleo del vocablo, que no el valor, alcance ni fuerza, que se le atribuye a la generación, reservada para identificar o seleccionar, a raíz de características comunes, a ciudadanos, que con sus aportes, irrupción en el mundo político y social, son fuente de propuestas, concepciones filosóficas, que dan sustento a valores y signos distintivos de una sociedad en evolución, o parámetros de configuración del Estado, que desencadenan procesos, que conducen a transformaciones paulatinas, imperceptibles o subrepticias, que luego son ponderadas y valoradas, por la historiografía positivamente en función de la construcción de una narrativa, que registra acontecimientos y hechos, calificados como históricos.

Sin embargo, eso no significa que nuestro homenajeado, no posea la condición óptima deseable de intelectualidad y densidad de proyección del país, que la vesania que vivimos y los aciagos momentos que la enmarcan, exigen para su reinstitucionalización y rescate de la funcionalidad eficaz del Estado democrático de Derecho. Su condición de intelectual de valía, lo haría de inmediato partícipe de una generación en los términos, que la historia estudia, recoge y le imputa la adjetivación de histórica, a esa agrupación, tal como se efectuó con la "generación del 28".

A pesar de pertenecer a un selecto grupo de venezolanos, la coyuntura, que amenaza a mutar como elemento estructural, de la Venezuela reciente, que sufre y padece el cúmulo de incongruencias, la piramidación de errores, la inconsecuencia, que impide que no haya aprovechado los altos niveles de su formación integral, en actuación grupal en destacado desempeño público pues no solo es un destacado abogado en ejercicio privado con importantes aportes al Derecho público en cada una de las disciplinas, que lo conforman, sino que además, tiene una inquietud intelectual de pensar el país y hacer trazos, para su recuperación y modernización, sin abandonar su estructura histórica y esencia heredada de la Colonia, que no todos alimentan. Es un hombre, que cultiva el estudio de la historia, la literatura, la sociología, y aunque él no lo reconozca, pero si lo evidencia, de la ciencia política.

El profesor Romero Muci, le conozco de hace casi tres décadas, en el desenvolvimiento normal, que hace y define una relación, con las antípodas de las coincidencias y el disenso. Nos une, entre otros aspectos, el cual traigo a colación para que se me facilite, el arranque y justificación de este aporte a su obra académica, docente, profesional y ciudadana, el ser ciudadanos hijos de un periodo republicano, que nos formó, pero con el cual hemos sido inconsecuentes y desleales, como aquellos seres que pululan a nuestro alrededor, que utilizan a las personas como medios la consecución de su agenda personal para luego desecharlas. Me refiero, a esa versión resumida y concentrada del país, indicada por su colega académico Ramón Guillermo Aveledo,

> de cuarenta años que va de 1958 a 1998, el único periodo estable en el cual los civiles han ejercido el poder en Venezuela, defecto imperdonable para quienes consideran a la patria como una conquista de las armas, porque salvo breves paréntesis, el resto del tiempo está dominado por los militares. Para el discurso oficial vigente, esos cuarenta años son el colmo de la decadencia nacional[2].

Lo afirmado, que no es expresión analítica y detallada de la obra de Romero Muci, entre otras cosas, por ser materia de este trabajo, nos permite hacer solo algunas menciones.

La primera, es que su obra, que es densa y prolija, toca aspectos esenciales de la dinámica de los años analizados por Aveledo, que constituyeron avances quizás tardíos, pero democráticos consensuados, que son inobjetablemente signos evolutivos de un sistema.

Temas, como la descentralización, que nos hace recordar sus reflexiones en torno a la esencia de la transferencia política, entiéndase efectiva y real del poder tributario a los Estados en el marco de la Ley Orgánica de Descentralización, Delimitación y Transferencia del Poder Público, sus disquisiciones acerca de la autonomía municipal, que inspira y da cuenta del tema escogido para contribuir a este homenaje, sus enjundiosas reflexiones sobre la inflación como distorsión lesiva a los derechos del contribuyente, así como en lo atinente a los mecanismos antinflacionarios como el sistema de ajuste regular por inflación y la Unidad Tributaria, que desde 1991 y 1994, respectivamente, se convierten en garantías del derecho fundamental a la racionalidad y progresividad de la tributación del ciudadano, y por extensión ficcional, a las personas jurídicas, las consideraciones en torno al impuesto sobre la renta y el impuesto al valor agregado, que fueron los pilares esenciales del último Plan Maestro de Reforma Tributaria, que en nuestro criterio, se ha elaborado en el país, conjuntamente con el Informe Shoup de 1958 y el Informe de la Comisión para la Reforma Tributaria (CERF) de 1983, ambos,

---

2 Ramón Guillermo Aveledo, *La virtud y el pecado. Una interpretación de los aciertos y los errores de los años en que los civiles estuvieron en el poder en Venezuela*, Libros Marcados, Caracas, 2007, pp. 15-16.

por cierto, con la participación ductora, del doctor Tomás Carrillo Batalla, su padre político, y José Andrés Octavio, quienes fueron Individuos de Número de esta docta Corporación. Alguno de los temas, que fueron orientaciones efectuadas para mejorar las políticas públicas y no para denostar del periodo histórico, en el cual nació, creció y le dio consistencia cívica a nuestro homenajeado.

En segundo lugar, reconocer el arrojo y valentía demostrada en el periodo en que ejerció la presidencia de la Academia de Ciencias Políticas y Sociales, haciendo suyo lo óptimo y racional, máxima de desempeño conforme a la cual las instituciones, aun aquellas, que teniendo un lejano origen alejado de los corolarios de la democracia, tal como lo entendemos y propugnamos en la actualidad, esencialmente el respeto a la legalidad, a los derechos que el ordenamiento atribuye la esencia de fundamentales y con una concepción garantista universal y supraconstitucional, el transcurso del tiempo, les exige actuación en épocas de crisis, compromiso militante y proactivo, manifestado en el ámbito que le es propio y en correspondencia a sus objetivos fundacionales, estatutarios o legales, redimensionados por el devenir republicano y la experiencia obtenida.

Así, el doctor Romero Muci, desde el nicho que le ofreció la presidencia de la Docta Corporación, propició la realización continua de actividades de diferente formato, la formulación de observaciones y emisión de comunicados, en los cuales con contundencia y altura, en suerte de orfeón académico de una sola voz y tesitura, artículo las voces, que reclaman las protervas violaciones al Estado de derecho, la configuración de un Estado Comunal paralelo al Constitucional, convocó de manera plural a profesionales para participar en los eventos, siguiendo la pauta impresa por predecesoras gestiones, procurando la cercanía con otras instituciones, algunas de supercentenaria existencia, como la ACIENPOL, buscando las opciones necesarias para dar a conocer la obra y transcurrir vital de venezolanos, que aportaron y actuaron durante los cuarenta años de civilidad, que ahora se critica, se recuerdan con nostalgia o como un deseo de reedición, aupando la publicación de obras representativas no solo de la ciencia jurídica sino de otras disciplinas de las ciencias sociales.

Se nos presenta así justificado el homenaje al amigo doctor Romero Muci, y oportunidad para agradecer a esta Docta Corporación, en especial, a la Comisión *ad hoc* designada para tal efecto, por la invitación para participar como colaborador en la obra colectiva en homenaje al académico y destacado jurista, gran aportante al enriquecimiento del Derecho Público patrio y hombre de trayectoria comprometida con el padecimiento y tránsito del país en tiempos tan convulsos.

II. Introducción

Habría sido inimaginable, hasta algunos años recientes, la posibilidad de que existiera y prosperara, el establecimiento de una entidad política paralela al municipio como lo es la comuna, con la férrea intención de su aniquilamiento paulatino, por distintas formas que van desde el estrangulamiento competencial, es decir, de vaciamiento de las facultades de actuación hasta la asfixia financiera.

Era impensable, la sustitución del legado político organizacional de la Colonia[3] por un ente, con el que se busca, en la actualidad, la eliminación de la esencia de la Republica liberal democrática consustanciada a la idea de la libertad y de la participación en los asuntos públicos de incumbencia, incidencia y afectación, que encuentra ámbito natural en el municipio.

El Estado Comunal, fue inicialmente propuesto por el ex presidente Hugo Chávez Frías, en el Proyecto de Reforma Constitucional[4], el cual tuvo que ser posteriormente replanteado, no solo por su complejidad y la multiplicidad de reformas propuestas a la Constitución de 1999, sino por lo controversial de los aspectos que contenía, más propio de una reforma que de un proceso constituyente, en virtud que su objetivo era la transformación del Estado[5].

El académico Allan Brewer Carías (1939) señala que la intención de esta reforma constitucional era la trasformación de un Estado centralizado, socialista y militarista, destacando, en lo que es el objeto de este trabajo,

> Transformar el estado en un estado centralizado de poder concentrado bajo la ilusión del poder popular, lo que implica la eliminación definitiva de la forma Federal del estado, imposibilitando la participación política y degra-

---

3 A los efectos de este trabajo es importante tener presente que cuando hagamos referencia a la Colonia o el período Colonial, debe tenerse presente, siguiendo lo expresado por Manuel Donís el período de poco más de 300 años contados de 1498 cuando se produjo el contacto indohispano y 1810, año en que se sustituyó al capitán general Vicente de Emparan y Orbe por una junta que asumió el gobierno de la Capitanía General de Venezuela. La precisión cronológica sólo es válida en cuanto a la unidad política se refiere, pero no puede aplicarse los aspectos sociales como económicos, religiosos y culturales, cuyo desarrollo continuó y perduró -y perdura- en tiempos de la República a partir de 1811. (Manuel Alberto Donís Ríos. Presentación Caracciolo Parra Pérez, *El régimen español en Venezuela. Estudio histórico, Obras completas*, Fundación Bancaribe, Caracas, 2015, p.20).

4 En enero de 2007 el ex presidente Hugo Chávez anunció al país, que haría una serie de propuestas de reformas a la Constitución de 1999 a los fines de lo cual conformó una Consejo Presidencial para la Reforma de la Constitución para lo cual se emitió el Decreto Nº 5138 del 17 de enero de 2007 publicado en la Gaceta Oficial N.º 38.607 del 18 de enero de 2007.

5 El artículo 347 de la Constitución de 1999 establece:

Artículo 347. El pueblo de Venezuela es el depositario del poder constituyente originario. En ejercicio de dicho poder, puede convocar una Asamblea Nacional Constituyente con el objeto de transformar el Estado, crear un nuevo ordenamiento y redactar un nueva Constitución.

dando la democracia representativa; todo ello, mediante la supuesta organización de la población para la participación en los consejos del poder popular, como los comunales, que son instituciones sin autonomía política alguna, cuyos miembros se declara que no son electos, que son controlados desde la jefatura de gobierno y para el funcionamiento como instrumento precisó del partido único que el Estado ha tratado de crear en los últimos meses[6].

La propuesta, salvo en lo relativo al periodo constitucional, fue rechazada por la mayoría de la población en el referendo consultivo celebrado el 7 de diciembre de 2007.

No obstante, como lo asienta Allan Brewer Carias

> En burla a la voluntad popular y en fraude a la Constitución, antes que se efectuara dicho referendo, en abierta violación a la Constitución, se comenzó a desmantelar el Estado Constitucional para sustituirlo por un Estado Socialista, imponiendo a la fuerza como ideología única la socialista, mediante la estructuración paralela de un Estado del Poder Popular o Estado Comunal, a través de la sanción de la Ley de los Consejos Comunales de 2006, reformada posteriormente y elevada al rango de ley orgánica en 2009[7].

La violación a la Constitución, manifestada en los vicios indicados, continúa de manera sistemática. Varios son los hechos y actos írritos del Poder Legislativo, lo cual se evidencia con la aprobación de los siguientes instrumentos, a los cuales se le dio la investidura de leyes orgánicas con el objeto de que la Asamblea Nacional, para aquel entonces con mayoría simple de los partidos en oposición democrática, no pudieran proceder a su derogatoria: Ley Orgánica del Poder Popular, Ley Orgánica de los Consejos Comunales, Ley Orgánica de las Comunas, Ley Orgánica del Sistema Económico Comunal y Ley Orgánica de Contraloría Social[8].

Si analizamos con detenimiento, observamos:

---

6 Allan Brewer-Carías, *Hacia la consolidación de un Estado socialista, centralizado, policial y militarista. Comentarios sobre el alcance y sentido del anteproyecto de reforma constitucional 2007,* Editorial Jurídica Venezolana, Caracas, 2007, p. 16.

7 Allan Brewer-Carías, "Introducción General al Régimen del Poder Popular y el Estado Comunal. (O de cómo en el siglo XXI, en Venezuela se decreta, al margen de la Constitución, un Estado de Comunas y de Consejos Comunales, y se establece una sociedad socialista y un sistema económico comunista, por los cuales nadie ha votado)", en *Leyes Orgánicas sobre el Poder Popular y el Estado Comunal (Los Consejos Comunales, las Comunas, la Sociedad Socialista y el Sistema Económico Comunal),* Editorial jurídica Venezolana, Caracas, 2011, pp. 12-13.

8 Gaceta Oficial de la República de Venezuela N. 6.011, Extraordinario del 21 de diciembre de 2010.

a. La Ley Orgánica del Poder Popular establece una forma de organización del Poder Público, que desconoce (i) la distribución funcional u horizontal (Poder Legislativo, Poder Ejecutivo, Poder Judicial, Poder Moral y Poder Electoral, resultantes de la atrofia constituyente de 1999), cuya definición de aspectos relacionales en los poderes legislativos y ejecutivo, marcan el rumbo y naturaleza del régimen político; y (ii) la territorial o vertical (Poder Nacional; Poder Estadal y Poder Municipal) efectuada por la Constitución de 1999, y por tanto, guiada e inspirada por principios y valores ajenos a la esencia y visión del constituyente originario y a la tradición constitucional venezolana.

b. La Ley Orgánica de los Consejos Comunales, es una forma nada velada de desconocimiento del Municipio, en los términos constitucionalmente consagrados en 1961 y 1999, la cual se complementa y se recrudece con la pretendida creación de las ciudades comunales. Es la ruptura de la continuidad institucional de varios textos constitucionales, sin olvidar pocas épocas de penumbra sobre su reconocimiento,

c. La Ley Orgánica de las Comunas, es una manifestación del afán de creación de una nueva «geometría del poder», como expresión de control social y cerco a los espacios de actuación política, participativa y protagónica, que inhabilita la representación como pilar del basamento de la democracia liberal representativa y sus implicaciones. Se busca afinación en una inspiración conceptual en el ideario del Libertador.

d. La Ley Orgánica del Sistema Económico Comunal, que define un sistema económico basado en un sistema de propiedad y relaciones de producción, ajeno al régimen económico y social previsto, de manera general, en el artículo 299 de la Constitución de 1999, y específicamente, en cuanto a la propiedad y la libertad económica, consagrados en los artículos 112 y 115, considerados como derechos seminales, por el pensamiento liberal o Escuela Austríaca de la Economía, de todos los demás derechos fundamentales.

e. La Ley Orgánica de Contraloría Social, crea un paralelismo que vacía la esencia autonómica e independiente de la Contraloría General de la República, órgano integrante del actual Poder Ciudadano, evitando su designación por parte de la Asamblea Nacional, por éste, que en la teoría política es conjuntamente con el Poder Ejecutivo, los de mayor legitimidad de origen.

En la actualidad la Asamblea Nacional, bajo la modalidad de urgencia parlamentaria, discute el Proyecto de Ley de las Ciudades Comunales, el cual sigue:

> ... la ruta para superar el viejo Estado signado por la exclusión social con la propuesta estratégica del desarrollo del socialismo en las cinco dimensiones ética, política, social y económica y territorial, con en el objetivo de asegurar el ejercicio de la democracia participativa y protagónica contenido en

la Constitución de la República Bolivariana Venezuela, mediante el sistema de agregación comunal, para prefigurar una sociedad impregnada de una espiritualidad socialista capaz de superar la decadencia capitalista, y lograr la irrupción del nuevo Estado Social y Democrático, de Derecho y de Justicia[9].

En la misma exposición de motivos, se expresa que la Ciudad Comunal es una forma político organizativa en el territorio, que responde a alguna forma novedosa de organización política.

En igual sentido, el proyectista expresa que con esa propuesta legislativa se procura

> ... la concreción jurídica de los postulados que se aprenden del Estado social de derecho y justicia, establecido en la Carta Magna; con el objeto de concluir el proceso de refundación de la República desde la progresividad de la dimensión territorial que profundicen el ejercicio pleno de la democracia participativa y protagónica; en concordancia con el plan de la patria ampliando el pase de participación popular en el proceso restitución de poder al pueblo aprendido a partir de 1999[10].

El proyectista de la Ley de las Ciudades Comunales, que se encuentra en proceso de consulta, expresa de manera complementaria, como justificación para el proceso constitutivo del referido proyecto, lo siguiente:

> Esta iniciativa **responde a razones históricas**, que motivan al ente legislador a la inauguración de un instrumento legal de trascendencia histórica, correlativo con el espíritu del constituyente, quien establece en el articulado de la Constitución Nacional el papel protagónico y organizado del pueblo a través de sus prácticas de auto gobierno..."[11]. (Destacado nuestro).

Este proyecto ha generado reacciones adversas por parte de los diferentes sectores de la opinión pública nacional, desde los actores políticos militantes, principales gestores de la actuación política en asuntos del Estado hasta la Conferencia Episcopal Venezolana, la cual mediante comunicado denunció "la paulatina implantación de un sistema totalitario como Estado Comunal"[12], exhortando a la refundación de la nación, en los términos siguientes:

---

[9] Asamblea Nacional, Proyecto de Ley de Ciudades Comunales, Caracas, 2021.

[10] *Ídem.*

[11] *Ídem.*

[12] «Obispos Venezolanos ven impulso a "sistema totalitario" con un Estado Comunal», Swissinfo.ch. Disponible en: https://www.swissinfo.ch/spa/venezuela-iglesia_obispos-venezolanos-ven-impulso-a--sistema-totalitario--con-un-estado-comunal/46730294, acceso el 30 de junio de 2021.

> Los oscuros nubarrones que se ciernen sobre el país, la consecuencia de las malas prácticas políticas de los últimos años, plantean la urgente necesidad de refundar la nación. Basada en los principios que constituyen la nacionalidad, inspirada en el testimonio de tantos hombres mujeres que hicieron posible la independencia, la tarea que nos concierne hoy y de cara al futuro es rehacer Venezuela, pero sin poner la mirada atrás con nostalgia. La herencia recibida nos permite seguir adelante y construir la Venezuela que la inmensa mayoría anhela y siente como tarea: donde predomine la justicia, la equidad, la fraternidad, la solidaridad y la paz[13].

Finalmente, no podemos dejar de mencionar la propuesta Ley del Parlamento Comunal, que discute también la Asamblea Nacional, paso importante en la estrategia de instauración de un Estado Comunal, ajeno a nuestra historia y a los orígenes republicanos del país, mediante la cual se pretende la creación de un órgano carente de legitimidad de origen, posiblemente como valladar de protección ante un eventual proceso electoral, que aglutine elección de gobernadores, diputados a los Consejos Legislativos Regionales, alcaldes y concejales.

En consecuencia, se hace necesario traer al tapete de la discusión pública el origen y evolución de las instituciones locales, especialmente, el Municipio no solo como expresión del deseo de divulgación de nuestra historia política sino como aporte para la construcción de un argumento que permita el control de la constitucionalidad de la pretensión de configurar un Estado en los términos anteriormente acusados.

No desconocemos, que los órganos del Poder Público son los construidos o definidos por la Constitución, cuyas normas son de aplicación inmediata y, por consiguiente, de estricto acatamiento por esos mismos órganos objeto de regulación *ex Constitucionae.*

No obstante, tampoco olvidamos al decir del jurista español García de Enterría (1923-2013) que

> La Constitución asegura una unidad del ordenamiento esencialmente sobre la base de un «orden de valores» materiales expresos en ella y no sobre las simples reglas formales de producción de normas. La unidad del ordenamiento es, sobre todo, una unidad material de sentido, expresada en unos principios generales de Derecho, que él o la intérprete toca investigar y descubrir (sobre todo, naturalmente, al intérprete judicial, a la jurisprudencia) o la Constitución los ha declarado de manera formal, destacando entre todos, por la decisión suprema la comunidad que la ha hecho, unos valores sociales determinados que se proclaman en el solemne momento constituyente como primordiales y básicos de toda la vida colectiva. Ninguna norma subordinada

---

13 «La CEV alertó sobre el peligro del Estado Comunal», Confirmado Disponible en: http://confirmado.com.ve/la-cev-alerto-sobre-el-peligro-del-estado-comunal/, acceso el 30 de junio de 2021.

-y todas lo son para la Constitución- podrá desconocer ese cuadro de valores básicos y todos deberán interpretarse en el sentido de hacer posible con su aplicación el servicio, precisamente, a dichos valores[14].

III. Del objetivo de esta investigación

El objetivo central de este trabajo es la construcción de una argumento de inconstitucionalidad, de anclaje histórico, complementario a los que, desde 2007 y hasta la fecha, se han esgrimido en relación al Estado de derecho: violación al procedimiento de formación de las leyes y del concepto de Ley previsto en la Constitución; fraude a ésta materializado por la creación de un novel Poder, como el Poder Popular; violación al derecho de la participación ciudadana; violación al pluralismo político y a las bases del Estado democrático; violación a la libertad ciudadana; violación al régimen de descentralización y la configuración del Estado Federal Descentralizado; la desnaturalización de los estados y los municipios, así como la violación a la libertad económica[15].

La meta académica terminal investigativa, por tanto, se circunscribe a esbozar lineamientos que contribuyan a la búsqueda de un argumento, jurídicamente trascendente con sustrato histórico, que se erija en limitación impediente al momento de proceder institucionalmente a la reforma de la Constitución –sentido lato-, a través de los mecanismos por ella previstos (reforma y Asamblea nacional Constituyente), dentro de su carácter preeminente dentro del ordenamiento e inserta en su condición de semirrígida.

Es indispensable ese vacío argumentativo, dimanante de la aplicación pura y simple del lenguaje constitucional, advirtiendo acerca de la perentoriedad de unir la argumentación constitucional con los aspectos históricos, genésicos de las institucionalidad y su evolución hasta el presente, que ha permitido incorporarla y convertirla como elementos esenciales del Poder Público en distribución federativa, territorial y vertical –por ejemplo, los Municipios- y como escenario propicio para el ejercicio de los derechos fundamentales. Es la complementariedad recíproca indispensable entre la labor de jurista y del historiador.

Además, de los principios constitucionales, emanados del propio texto normativo, están los denominados valores, que no solo pueden ser de carácter moral sino extenderse también a aquellos de carácter histórico, que han delineado las bases del Estado venezolano: la nacionalidad, la institucionalidad y el territorio.

---

14 Eduardo García De Enterría, LA *Constitución como norma y el Tribunal Constitucional,* Editorial Civitas, Madrid, 1985, pp. 79-80.

15 José Ignacio Hernández, Jesús María Alvarado Andrade y Luis A. Herrera Orellana, "Sobre los vicios de inconstitucionalidad de la Ley Orgánica del Poder Popular", *Leyes Orgánicas sobre el Poder Popular y el Estado Comunal (Los Consejos Comunales, las Comunas, la Sociedad Socialista y el Sistema Económico Comunal),* Editorial Jurídica Venezolana, Caracas, 2011, pp. 509-593.

Debemos dejar por asentado, que no se trata de una investigación jurídica ni de una manifestación de historia del derecho, como una disciplina jurídica, conforme al criterio de algunos autores. Sí se trata de una investigación histórica, que busca analizar de manera somera, la razón esencial, como expresión natural y no racional en términos de construcción jurídica de la esencia e importancia del Municipio como "unidad política primaria de la organización nacional". Una expresión que no debe reputarse como vacua, sino dimanante de una expresión organizacional, que ata y compromete en función a la historicidad del Municipio, de la cual brota una continuidad condicionante de origen.

Así, por ejemplo, diversos historiadores del derecho, "ubican la historia del derecho dentro del campo de las disciplinas históricas o simplemente dentro de la historia"[16], y dentro de esta corriente la Escuela Histórica del Derecho, que nació en Alemania en el siglo XIX, para la cual el derecho es fruto de una ininterrumpida tradición, de una continuidad histórica. Uno de sus principales frutos fue concebir la historia del derecho de manera más amplia que su predecesora, la escuela francesa de la exégesis. La idea básica que inspira a la escuela Histórica es que el derecho no es el producto de la razón humana sino del espíritu del pueblo[17].

Esta última afirmación centrada en el origen del Municipio en el "espíritu del pueblo", es de por si fuente de controversia, lo más que se puede decir, sin entrar en ella, es que sirve de asidero de la tesis *ius naturalista* que considera a la entidad local como un hecho anterior al Estado y que éste, posteriormente, lo que hace es reconocerlo, atribuirle esencia - "primaria"- y otorgarle personalidad jurídica.

El referido aserto, podría justificar la procedencia de una «historia social del municipio», siguiendo las premisas epistemológicas elaboradas para la aceptación de la existencia de esta disciplina por Lucien Fevre (1878-1956), o parte de la «historia de la sociedad», como lo llamaría, Eric John Ernest Hobsbawn (1917-2012)[18].

En este orden de ideas, pretendemos analizar el origen y formación de Municipio, como institución legada por España, como hecho histórico que condiciona el fenómeno jurídico de la organización del Estado venezolano en virtud que debe ser abordado de manera interdisciplinaria.

Vale decir, que propugnamos por la construcción material y fundamento de un argumento limitativo, en su doble condición de limitación originaria, que participe de la naturaleza de la nociones intrínsecas del «Bloque de la Constitucionalidad», que preserva la esencia del Estado venezolano, por una parte, y de los

---

16 María del Refugio González, "La historia y el Derecho", *Históricas Digital,* Instituto de Investigaciones Históricas, México, UNAM, 1999, p. 116.

17 *Ídem.*

18 *Vid.*, Liliana Regalado De Hurtado, *Historiografía Occidental. Un tránsito por los predios del Clío*, Fondo Editorial Pontifica Universidad Católica del Perú, Lima, 2010.

derechos fundamentales del ciudadano, por la otra, en cuanto a la preservación del Municipio como su ámbito natural, adecuado y destinado a su participación en procura de aquellos derechos propios a la nuevas generaciones, como el derecho al buen gobierno y el derecho a la buena administración, amén de aquellos que conforman su capital cultural y valores republicanos, anejo al derecho de la democracia, cognomento de efecto operativo o de eficacia inmediata que acompaña a la consagratoria de la República Bolivariana de Venezuela como Estado democrático, social, de derecho y justicia, la cual de suyo es harto controversial.

En todo caso, el derecho a la democracia, como valor republicano, que si bien constituye un concepto jurídico indeterminado, va aunado al territorio, elemento existencial del Estado venezolano, conjuntamente con el poder y la población, sobre la cual aquel se ejerce en un el ámbito de eficacia –el territorio o su extensión vinculante a él ,como son los factores de conexión como el domicilio, la residencia y establecimiento o base fijas, o cualquier otro diseñado por el Derecho Internacional Público- dentro del marco referencial del ordenamiento interno, que define las atribuciones y competencias que le engloban y perfilan, respondiendo a su rol de corolario propio del Estado de derecho.

Los factores existenciales del Estado-poder, población y territorio- son indisolubles, debe abordarse su estudio en la integralidad de la idea constitutiva no siendo procedente ni conveniente el hacerlo a través de la parcialidad en el tratamiento particular de uno ellos.

Así, cuando se aborda el tema del territorio y su distribución o división político territorial (República, estados y municipios), lo cual es el sustrato de la división vertical del Poder Público, con fundamento en el criterio territorial, no pueden realizarse sin tener en cuenta que el territorio y demás espacios geográficos, objeto de la distribución y de la visión acusada, son los mismos que correspondían a la Capitanía General de la Republica antes de la transformación política iniciada el 19 de abril de 1810, con las modificaciones resultantes de los tratados y laudos arbitrales no viciados de nulidad[19].

Esa vinculación entre los elementos existenciales del Estado conduce inexorablemente a definir el territorio con fundamentos y enraizamiento histórico, así como la distribución prevista constitucionalmente, que no es más que remontarse al origen republicano y reconocer como valor raigal el municipio raíz de la República.

---

19 El artículo 10 de la Constitución copiado a la letra establece:

Artículo 10. El territorio y demás espacios geográficos de la República son los que correspondían a la Capitanía General de Venezuela antes de la transformación política iniciada el 19 de abril de 1810, con las modificaciones resultantes de los tratados y laudos arbitrales no viciados de nulidad.

Es aquí, dentro de un tema propio de la Historia política, cuyo objeto es lo relacionado a la evolución de sus instituciones y su sociedad, donde nuestra disciplina se da la mano en una visión integral con el derecho y la sociología. Precisamente, en cuestiones de ésa, como lo expresa el historiador inglés Edward Hallet Carr (1892-1992), que

> [s]e le reconoce el derecho al historiador de fundarse en las que se han llamado «ciencias auxiliares» de la historia: la arqueología, la epigrafía, la numismática, la cronología, etc. No se espera del historiador que domine las técnicas especiales a merced a las cuales el perito sabrá determinar el origen y el periodo de un fragmento de cerámica o mármol, o descifrar una inscripción oscura, o llevar a cabo los complejos cálculos astronómicos para fijar una fecha precisa[20].

La misma consideración en cuanto al derecho del historiador, se impone por parte del abogado, con mayor agudeza en virtud de la dual naturaleza de derecho y obligación en la elaboración del Derecho constitucional y del empleo de los criterios de hermenéutica para determinar el alcance y contenido de las normas, mantener el criterio de unidad que impone el sistema normativo aplicable.

El historiador trujillano Joaquín Gabaldón Márquez (1906-1984), autor de la obra "El municipio, raíz de la Republica" -, influenciado por Mario Briceño Iragorry (1897-1958), en suerte de respuesta narrativa a Constantino Bayle (1882-1953), expresa

> Despachada, así por el historiador español, en su Prologo (Razón de ser de este libro) (...) toda influencia liberal de los Municipios en la historia Colonial hispanoamericana, pasa al estudio laborioso de su existencia trisecular, con la seca frialdad de quien solo atiende al ritmo de la "administración meramente urbana", y de quien no percibe bajo ese mismo cotidiano ejercicio de la institución municipal, aquella "raíz de la República, esencia de su futuro vigor independiente", que "en el Cabildo se gesta", como nos dice Mario Briceño Iragorry con palabras cargadas de verdad histórica"[21].

Ese es el punto de partida que debe escogerse para limitar el ejercicio del poder constituyente, por más originario que pueda representar la esencia de la soberanía popular para transformar el Estado en función al goce y ejercicio de los derechos fundamentales.

Existen razones históricas que conforman parte de los valores de la ciudadanía, como vinculación al territorio y herederos de toda una estructura institucional, caracterizada por la continuidad desde la época Colonial hasta nuestros días, en

---

20 Edward Hallett Carr, *¿Qué es la Historia?, Ciencias Humanas,* Editorial Seix Barral, S.A., Barcelona, 1976, p. 14.

21 Joaquín Gabaldón Márquez, *El Municipio, raíz de la República, El libro menor,* Academia Nacional de la Historia, Caracas, 1977, p. 19.

función al carácter máximo derivante del municipio en cuanto que "constituyen la unidad política primaria de la organización nacional, [que] gozan de personalidad jurídica y autonomía dentro de los límites de esta Constitución y de la ley", a tenor de los establecido en el artículo 168 de la Constitución de 1999[22].

El Municipio es cimiento de conocimientos, saberes y costumbres, es el ámbito inicial y de atractivo inmanente gregario del cual partió la definición y funcionalidad, no del establecimiento, sino del desarrollo de las ciudades Coloniales.

IV. La institución municipal legado de España a América y ADN republicano

El Municipio americano y, por fuerza de esa razón el venezolano, es una derivación peculiar de los Cabildos hispánicos, heredados de los romanos, pero con diferencias asidas en su configuración propia y acentuada en la preocupación por los intereses colectivos.

Es una institución que tuvo una existencia aneja al régimen monárquico visigótico, que luego sucumbió a la ocupación y la pervivencia de un dominio islámico durante ocho siglos, supuesto que origina un «hecho musulmán» en la España medieval[23]; condición fáctica constructiva de un criterio diferenciador de cualquier interpretación, que propugne un alejamiento del modelo europeo de evolución de la época con aquel que encontró una influencia determinante y beneficiosos para aquella Nación, concepto éste último que le atribuimos el contenido político y social actual sin preterir, que su significado era casi nulo e inexistente para la época.

Posteriormente, resurge el Municipio como aliado para la reconquista y la Regeneración monárquica, fortaleciéndose lentamente una conciencia libertaria en el hombre hispánico manifestada "desde sus más remotos orígenes, intensamente amante y celoso de sus libertades individuales y sociales"[24]. Esa nueva Monarquía, condujo a la mutación de los monarcas de la condición de especies de caudillos itinerantes, deficientemente protegidos, a la de fundadores de estables Cortes.

El miembro Correspondiente de la Real Academia Española de la Historia, Luis González Antón (1940), expresa que

---

22 La Constitución de 1961 establecía que "[l]os Municipios constituyen la unidad política primaria y autónoma dentro de la organización nacional. Son personas jurídicas y su representación la ejercerán los órganos que determine la ley".

23 Luis González Antón, *España y las Españas, Historia.* Alianza Editorial, Madrid, 1997, p. 60.

24 Joaquín Gabaldón Márquez, *ob. cit.*, p. 43.

Efectivamente, una base imprescindible de la nueva Monarquía era la creación de un incipiente aparato político administrativo, para gobernar de manera más eficaz al menos el territorio de realengo y presionar sobre los grandes vasallos. Se va organizando así una curia o Corte en la que se perfilan pocos oficios, confiados a obispos y alta nobleza (Canciller, Mayordomo, Alférez, Almirante) a los que paulatinamente, se van añadiendo otros que se ocupan de defender el patrimonio real, controlar los ingresos, organizar la administración de justicia y a ayudar al monarca en el día a día del reino[25].

Es el inicio de un régimen competencial que va abarcando y sumando competencias propias a lo urbano, a lo citadino y lo local, con un diseño institucional, a veces contradictorios de reconocimiento y limitaciones. Una diversidad que no uniformidad, que se refleja en España, en diferentes matices en función a la determinación de su territorio es considerado rural o urbano, si se trata de ciudades nuevas o viejas, iniciado su proceso de formación adosado a una muralla, a partir de la existencia de un convento o de un mercado[26].

Es una evolución paulatina, accidentada y de contrastes. El sociólogo argentino Juan Agustín García, hijo (1862-1923), expresa:

> Nada tan sorprendente y bello en la historia del Derecho como esas instituciones municipales que botaban con toda espontaneidad en la anarquía feudal de los tiempos medios. Ningunas de las pretensiones constitucionales contemporáneas, producto de una pseudo ciencia política, basada en el plagio vil y desatinado de leyes exóticas, ha garantizado mejor, ni con más eficacia y simplicidad de medios, los derechos primarios indispensables para que se desarrolle con holgura una sociedad[27].

El profesor de la Universidad de Córdoba –España- De Bernardo Ares, destaca la importancia de estudiar la estructura orgánica de los municipios pues

> Se trata de analizar cuáles son las instituciones que integran los concejos del Antiguo Régimen diferenciando las funciones que les son propias al corregimiento, regimiento, juradurías, alcaldías, etc., de las que les corresponde cuando actúan en el pleno de los cabildos o ayuntamientos y cuando preparan

---

25 Luis González Antón, ob cit., p. 172.

26 Julio Castro Guevara, *Esquema de la evolución municipal en Venezuela*, Fondo Editorial Común, Caracas, 1968, p. 24.

27 José Agustín García, *La Ciudad Indiana (Buenos Aires Antes desde 1600 hasta mediados del siglo XVIII),* Ángel Estrada y Cía., Buenos Aires, 1900.

el trabajo en el seno de comisiones y diputaciones. Este conocimiento estructural de los órganos municipales nos lo brindan las fuentes que recogen el ordenamiento jurídico y los testimonios de la costumbre[28].

Un proceso evolutivo institucional que ha mantenido su esencia a pesar de sus diferentes denominaciones, reconocimientos o aspiraciones limitativas para desvanecer su propensión al contrapeso de la autoridad o al otorgamiento de plena autonomía.

En el primer caso, nos topamos con la codificación doctrinaria - «El Código de la Siete Partidas»- de Alfonso X de Castilla y León, "Alfonso el Sabio" (1221-1284), para algunos un esfuerzo sistematizado del derecho vigente, para otros una simple «enciclopedia jurídica».

En todo caso, el referido Rey, sustituyó los diversos fueros y privilegios de las comunas, procedió, entre formas, al incremento de los impuestos sobre los municipios castellanos y leoneses, que reaccionaron de manera adversa, a través de su fortalecimiento posterior para enfrentarse al poder regio a través de la conformación de alianzas, confederaciones o suerte de lo que en los años del desarrollo constitucional de 1961 y su ejecución complementaria, se llamaron las mancomunidades (Ley Orgánica de Régimen Municipal de 1978).

Una reacción no solo contra la presión impositiva sino por la subrogación de plena autonomía para legislar; pues como lo señala Novoa Pórtela

> [era] la única fuente del derecho válida para todo el reino y que podía actuar con toda autonomía, con la única limitación de su sometimiento a las leyes divinas y a los deberes religiosos, asociándose esta capacidad legislativa a la estrecha vinculación que se establecía entre el monarca y la preservación del (...) pro comunal, con el que se introducía con toda fuerza el principio romanista del bien común[29].

El esfuerzo limitador del Sabio Alfonso, contrastó con los realizados, en dirección contraria por Alfonso I de Aragón (1073-1134), Fernando III de León y Castilla –«El Santo»- (1199-1252), Jaime I de Aragón «El Conquistador» (1208-1276) y Alfonso VIII de Castilla- «el de Las Navas» o «El Noble» (1155-1214), que permitieron el fortalecimiento de la entidad local[30].

La esencia primigenia del Ayuntamiento, Cabildo y Municipio, cualquiera sea el vocablo que se adopte con independencia de los adjetivos descriptivos a sus

---

28 José Manuel De Bernardo Ares, "Estructura y Dinámica de los Cabildos Hispanoamericanos Elementos Básicos para su estudio comparativo. Heurística y crítica histórica de las fuentes", *Tiempo y Espacios*, Volumen IX, Nro. 17, 1992, pp. 23-4.

29 Feliciano Novoa Portela y F. Javier Villalba Ruiz de Toledo (Editores), *Historia de Europa a través de sus documentos,* Lunwerg Ediciones, Madrid, 2012, p. 78.

30 Julio Castro Guevara, *ob. cit.*, p. 28.

competencias, funciones y peculiaridades propias de cada una de esas instituciones locales, demuestra que es de solera e importancia indiscutible, que representa para la formación de la ciudadanía, tal como la conocemos en los tiempos vigentes, ese legado español de progenie medieval, el ámbito territorial corporativo público para el ejercicio de la libertad y la propiedad, derechos seminales de los otros derechos conceptuados como fundamentales.

Instituciones, cuya irrupción en la Edad Media y una travesía por la historia, hasta llegar a nuestros días, representan uno de los grandes aportes de España a sus Colonias, con épocas de esplendor autonómico, gestoras iniciadoras de procesos políticos desencadenantes de la primaria constitutiva del Estado venezolano de nuestros días, parte de nuestra estructura del Poder Público constitucional, esencia nuclear de la República.

La ciudades y villas, como lo expresa Constantino Bayle, el cacereño historiador jesuita, "nacían unas (y fue lo ordinario) de golpe, por el acta de fundación; otras poco a poco. Se entiende en el aspecto jurídico, que, en lo urbano, de caserío, la base solía ser los chozones improvisados, los bastantes para a albergar de la intemperie a los pobladores"[31].

Las fundaciones poblacionales eran facultades privativas del Rey, que "las otorgaba liberalmente en las capitulaciones para descubrir y poblar"[32].

El acto de fundar, según el autor traído a colación

> [e]quivalía a la ocupación definitiva del territorio, y se consignaba entre las obligaciones de los conquistadores, según su dignidad: el Adelantado, «dentro del tiempo que le fuere señalado, tendrá erigidas, fundadas, edificadas y pobladas por lo menos tres ciudades, una principal y dos sufragáneas; el Alcalde Mayor, dos sufragáneas y una diocesana; el Corregidor, una sufragánea y los lugares de su jurisdicción que bastaren para la labranza y crianza de los términos de la dicha ciudad»[33].

Una de las características de las capitulaciones era, en cuanto al territorio se refiere, la descripción imprecisa de sus términos geográficos, lo cual ha sido fuente de controversias y discusiones limítrofes entre los estados del país.

En su obra «Historia constitucional de Venezuela», un clásico de historiografía venezolana, José Gil Fortoul expresa:

> Desde los primeros años de la conquista, los españoles imitan en América la organización gubernativa de la Península. El Gobernador representa directamente la autoridad del Rey; el Ayuntamiento es órgano de la autonomía

---

31 Constantino Bayle S.J., *Los Cabildos Seculares en la América Española.* Sapientia, S.A., Madrid, 1952, p. 22.

32 *Ibíd.*, p. 18.

33 *Ibíd.*, p. 19.

municipal; el clero ejerce la potestad espiritual conforme al Patronato; los tribunales de Inquisición velan por la integridad de la fe católica; el juez de residencia delegado de las Audiencias judiciales; el misionero encarna, en medio de los indios, la dualidad político-religiosa que es característica de la monarquía española[34].

La integración jurídica de las Provincias genésicas de Venezuela tuvo como representación las ciudades y como ámbito nuclear el poder Municipal, lo cual permitió ir superando las imprecisiones de la determinación territorial. Podemos afirmar, que la yunta del territorio, ámbito espacial de las ciudades, villas y pueblos, que fueron fundándose, con el poder local, entiéndase municipal, permitió ir contrarrestando, tales indeterminaciones y perfilando las bases organizacionales de las facultades reales sobre esos espacios geográficos[35].

Las ciudades, como lo expresa el académico Donís Ríos, no existían jurídicamente si no existía Cabildo. El poblamiento de los territorios, según el historiador citado, fue posible

> [d]entro de los términos municipales fijados (...) organizado de los naturales en concentraciones que fueron llamados pueblos de indios. Estos podían ser de Doctrina o de Misión. Los primeros nacieron de la acción coordinada de las autoridades civiles y religiosas organizados alrededor de la ciudad; los segundos se hicieron persona específica que quedaban sustraídas a la acción directa de las autoridades ordinarias[36].

Las Villas, según el autor citado, el cual, sin duda, cuya obra orienta la búsqueda de la construcción argumentativa jurídica, de lo que, desde ya, denominaremos la «noción intrínseca limitativa y preservativa del Municipio» como premisa institucional de origen de la República,

> [f]ueron poblados menores que se realizaron en el camino de la conquista de la fundación de una ciudad. Algunos surgieron como pueblos de resguardo, es decir, de protección y apoyo al poblamiento indígena, reteniendo los misioneros ciertos poderes en su gobierno. De ordinario eran jubilados españoles o de mestizos y mulatos. En los Llanos, fueron los hatos y fincas los centros de concentración poblacional como verdaderas matrices de pueblos posteriores[37].

---

34 José Gil Fortul, *Historia Constitucional de Venezuela Tomo 1 punto la Colonia La independencia la Gran Colombia.* Parra León Editores, Caracas, 1930, p. 79.

35 *Vid.*, Manuel Alberto Donís Ríos, *De la Provincia a la Nación/El largo y difícil Camino hacia la integración político territorial de Venezuela (1525-1935).* Biblioteca de la Academia Nacional de la Historia, 2009, Caracas, pp. 22-3.

36 *Ibíd.*, pp. 25-6.

37 *Ibíd.*, p. 25.

Relieva, el citado profesor de la Universidad Católica Andrés Bello, que fueron los Cabildos "la columna vertebral de nuestra organización política durante el periodo Colonial"[38].

En igual sentido, Arcaya Urrutia, indica que "[f]ue durante el siglo diecisiete que se desarrolló la conciencia local que afloró definitivamente al finalizar el siglo dieciocho"[39].

El siglo XVI signa la conquista y la colonización de América, asevera José Manuel Siso Martínez (1918-1971)[40]. Los españoles, expresa, trasladaron a la América la mayoría de sus instituciones, destacando que

> Con razón uno de nuestros publicistas ha podido decir: "las Colonias reproducen necesariamente, en una forma más reducida y más rápida, toda la evolución social y política de las madres patrias; sin dejar de tomar en cuenta los diversos elementos que producen modificaciones esenciales, tanto en el organismo individual como en el organismo social, obedeciendo a otras leyes biológicas[41].

Estas instituciones, continúa discurriendo Siso Martínez,

> [a]l ser trasplantadas a América, en un medio físico distinto y con determinadas peculiaridades tanto en el orden social como en el económico, sufrieron modificaciones sustanciales, se "refractaron" en el lenguaje de los sociólogos. El Ayuntamiento, cronológicamente hablando, fue la primera de estas instituciones políticas fundadas por los españoles en tierras americanas. El origen del municipio medieval es uno de los más agudos problemas de la historia del derecho. La mayoría de los historiadores se inclinan asignarle un origen romano como estableciendo que el municipio que empieza a precisarse a fines de la Edad Media es una continuación o delegación del municipio romano. Pero a esta opinión, le ha sido enfrentada otra que sustenta la tesis del origen germánico del municipio. Dentro de esta tesis se ha sostenido criterios diversos, ya atribuyéndole el origen a privilegios o concesiones del poder público, al derecho señorial, a la gildas o gremios su derecho o armarse por diversas formas[42].

Un cronista de la época, el bogotano José de Oviedo y Baños (1671-1738), Alcalde de segundo voto del Ayuntamiento de Caracas en 1699, y de primero voto en 1710 y 1722; Regidor Perpetuo de Caracas (1703) , indica en su «Historia de

---

38 *Ibíd.*, p. 31.

39 Pedro M., Arcaya U, *El Cabildo de Caracas (Periodo de la Colonia).* Ediciones Librería Historia, Caracas, 1968, p. 68.

40 J.M. Siso Martínez, *Historia de Venezuela*. Editorial Yocoima, Venezuela, 1956, p. 115.

41 *Ibíd.*, p. 114.

42 *Ibíd.*, p. 114.

la Conquista y Población de la Provincia de Venezuela», en el Capítulo XII, del Libro Quinto, "DETERMINA LOSADA PRENDER A GUIACAIPURO: envía a Francisco Infante para que lo ejecute: retirase el bárbaro, y pierde la vida peleando", que Infante, a quien se había encomendado la diligencia de aniquilar al cacique, previa sustanciación de sus crímenes y rebeldía, es decir, sustanciado la "vía jurídica", era Alcalde reelecto ese año de 1568, en que fue muerto el reconocido guerrero indígena . Como se observa de la narrativa de Oviedo y Baños, se destaca el rol de alcalde que desempeñaba Infante en la verificación de hecho histórico.

En fin, esa aserción evidencia un nivel de indisolubilidad entre la existencia de una ciudad y el contenido de competencias y funciones, que con el devenir del tiempo, se convirtió en el ámbito de competencias exclusivas y concurrentes de los municipios venezolanos, y la conformación de una figura subjetiva organizativa en que la autonomía municipal moderna consiste; concepto organizacional que representa un atributo de las entidades locales, y que resulta de su reconocimiento por parte del estatuto constituyente del Estado, reflejando continuidad entre sus elementos configuradores o existenciales.

En una de elegante prosa descriptiva, el cacereño jesuita citado, escribe:

> No es justo rematar el tema de las fundaciones sin dos palabras a la piedad que en ellas aflora: la ciudad, villa o poblado significa el propósito de fijar perpetuamente la vida de España, la que embebían los conquistadores: con fe robusta y cristiandad honda, sincera, aunque a ratos se entenebreciese con nubes de pasiones alborotadas, propósito que no se ceñía a seguir ellos cristianos, antes que lo fuesen las tribus naturales de la tierra: el sentido misionero de la conquista (...); el de acatar y perfeccionar el impulso y deseo de la Reina Católica, perennemente sostenido por sus asesores en el trono de Castilla: ese deseo maravillosamente, con la sublimidad de la ocasión y el abrirse el alma ante lo ansiado y conseguido...[43].

V. ¿Qué es el Cabildo? ¿Cuál es su importancia como elemento existencial de las ciudades y génesis republicana?

El Ayuntamiento, lo define Antonio Xavier Pérez y López, en su "Teatro de la Legislación Universal de España é Indias", de la siguiente manera:

> Es el congreso o junta de las personas destinadas para el gobierno político y judicial de los pueblos: también se conoce con la voz Concejo, Cabildo, Curia, Regimiento, senado y otros; pero hemos escogido la primera, por usar ella el título de recopilación que hemos de extractar: bajo este mismo nombre citaremos por remisión algunas leyes de Partida dispersas, y otras de los de-

43 Constantino Bayle S.J., *ob. cit.*, p. 37.

más Códigos nacionales, omitiendo las que, aunque concernientes a esta materia, expusimos en la palabra Acuerdos, en donde igualmente insertamos dos títulos del Digesto y Código, que trataron el asunto"[44].

El Cabildo, acorde a la definición de Bayle,

> es ayuntamiento de personas señaladas para el gobierno de la república, como son Justicia y Regidores. Ese gobierno se cifra en administrar justicia y ordenar lo conducente al pro común; o como dice Santayana, gobierno político y económico, el cual es tan privativamente de los Ayuntamientos o de los Concejos de ellos, que, no habiendo queja de parte, o instancia fiscal, no pueden las Chancillerías o Audiencias entrometerse en esos asuntos. Sustancialmente, pues, el Cabildo consta de Alcaldes y Regidores, y como miembro integrante, que dé fe de los actuado, el Escribano"[45].

Los Cabildos, en criterio de Bernardo Ares, son instituciones nucleares del municipio latinoamericano, "una institución municipal que desempeñó realmente en el devenir histórico una función estelar" en mérito de lo cual

> ...el investigador actual estas asambleas locales, constituyen un hontanar inigualable de información histórica. Los cabildos, tantos órganos rectores de la vida local, fueron y son el punto de convergencia de los distintos poderes; pero también son expresión de la problemática social sobre la que aquellos poderes pretenden ejercer su autoridad. Las actas capitulares o libros de cabildos, que emanan de estas asambleas, son verdaderos frescos en el que se esculpe periódicamente el pulso y latir de una comunidad de personas en su doble e interrelacionadas dimensión de organización política y de problemática social"[46].

En mismo orden de ideas, el argentino Carlos M. Coll expresa en relación al federalismo argentino, y destacando la importancia del estudio de las instituciones españolas, expresa lo siguiente:

> El federalismo argentino, según Ramos Mejía, es el resultado exclusivo de nuestro desarrollo histórico, una mera evolución de nuestro propio organismo político, el producto de una larga generación de causas, y no el resultado de una servil imitación [...]. Es por esto necesario estudiar las instituciones políticas españolas.

---

44 Antonio Xavier Pérez y López, Teatro *de la Legislación Universal de España e Indias, por orden cronológico de sus cuerpos, y decisiones no recopiladas: y alfabético de sus títulos y principales materiales Tomo IV,* Librería de Martínez, Madrid, MDCCXCII, p. 542.

45 Constantino Bayle S.J., *ob. cit.*, p. 101.

46 José Manuel De Bernardo Ares, *ob. cit.*, p.23.

Las raíces de nuestro desenvolvimiento orgánico se arraigan en la edad media de esa Nación y la historia de aquella época, es historia argentina. Es que la idea misma del gobierno federal está en nuestra sangre, que era, aunque parezca absurdo, heredado de españoles[47].

En relación a la autonomía municipal, el citado autor reconocido jurista argentino de principios de siglo pasado, subrayó los orígenes de la idea que la definen, indica el jurista argentino Heredia, académico correspondiente de la Academia Nacional de Derecho y Ciencias Sociales de Córdoba, apuntando que

> remontándose a los fenicios y griegos que difundían las ideas democráticas y municipales, afirmando que a la vez qué los pueblos se identificaban en derechos con la ciudad soberana, ganaba en importancia el Derecho municipal. A pesar de las tendencias centralistas en el Imperio Romano, en España vive y progresa la tendencia particularista como espíritu que se mantuvo siempre; recordó a Montalembert [La España y la libertad], quién decía que hasta el siglo XVI España no fue sino la confederación de repúblicas de carácter más bien municipal que feudal: "Ejercían verdadero poder las Asambleas y en todas partes eran soberanas en materia de impuestos y legislación[48].

En su tesis citada, Coll agrega lo siguiente:

> Una prueba más eficaz todavía de la descentralización política española, son los Fueros, que creaban los centros seccionales o ciudades y sus municipios independientes; verdaderos códigos civiles, criminales y políticos que regirán exclusivamente el pueblo que se concedía, y por el que éste revestía una autonomía clara y completa como en el régimen político administrativo [...]. Hechos todos, son éstos, que ponen de manifiesto el predominio exclusivista ejercido por las ciudades en la historia española como entidades políticas autonómicas caracterizadas perfectamente, así por el medio físico en que se desarrollaron por los hábitos que le inocularon los pueblos conquistadores, por sus costumbres propias, por sus fueros[49].

El historiador Mario Briceño Iragorry, en su afán de encarar la denominada leyenda negra "que ánimos extranjeros formaron en mengua de nuestro pasado hispánico" justa tarea que el mismo consideró que no era fácil "pues no han faltado espíritus desapercibidos para la lógica, que llegaron al absurdo de ponderar el probable progreso de «nuestros» territorios, si en lugar de ser colonizados por españoles los hubiese colonizado Francia o Inglaterra"[50], expresó en relación al

47 Carlos M., Coll, *Tesis Doctoral presentada en junio de 1898, Argos.* Imprenta y Cuadernación, Buenos Aires, 1898, citada por José Raúl Heredia, *El poder tributario de los Municipios,* Rubinzal-Culzoni Editores, 2005, Buenos Aires, p. 36.

48 *Ídem.*

49 *Ídem.*

50 Mario Briceño Iragorry, *Tapices de Historia Patria. Ensayo de una morfología de la cultura Colonial* S/D, Caracas, 1982, p. 23.

municipio o Cabildo, en una «Lección inaugural de la Cátedra de Historia Colonial de la Universidad Central de Venezuela», dictada el 5 de octubre de 1951, la cual está inserta en sus «Tapices de historia patria», lo siguiente:

> fue la primera expresión de la voluntad autonómica del conquistador y aunque tomara de manos del representante religioso, impulso inicial como una vez constituido se robó prerrogativas ya abolidas en la Península, ante las cuales sería el mismo gobernador y tomaban especial firma fisonomía las Leyes de Indias que eran producto de una auto fabricación[51].

El propio historiador trujillano, define la institución local, que nos ocupa, de la manera siguiente:

> El Cabildo es el centro de la organización de la ciudad. Era la ciudad misma. Y con el nombre de "Ciudad" se le menciona en documentos de la época. En él se ejerce el derecho pequeño, atañedero por igual a los vecinos. El problema de cada día. Él se ocupaba en regular la vida social, la vida religiosa, la vida económica de los pobladores. En su nombre los alcaldes administraban la justicia ordinaria. Vigilaba por el costo del vino y del calzado. Cuidaba porque permaneciera clara y limpia el agua de las fuentes públicas. Porque la leña no alzase su precio. Porque la exportación no dejase sin ración a los vecinos. Porque los ganados parecieran tranquilos en el ejido. Porque las carnicerías estuvieran siempre limpias y abastadas de buena carne. Ordenaba que se desyerbaran las calles y se hicieran las cercas y tablados y se exhibieran las luminarias en los días de toros y grandes festividades patronales. Y protegía la primera enseñanza y cuidado de los hospitales y de los puentes. Repartía la tierra, ordenada rogativas y daba trazo a las calles nuevas. Allí estaba la ciudad vigilando por sí misma, que prestaba mayor vigor a los nexos sociales[52].

En igual sentido, el historiador venezolano Manuel Donís, asiente que los cabildos en suelo venezolano fueron "verdaderos defensores de las comunidades frente al atropello de funcionarios e instituciones Reales durante todo el periodo Colonial, (…) fueron un factor de integración y de desarrollo económico, elemento fundamental del ordenamiento territorial"[53].

En esta definición, se va descubriendo la esencia competencial originaria del municipio como entidad pública de base territorial, manifestación descentralizada política y territorialmente del Estado, constituyendo su unidad primaria, expresión que ha sido empleada en las dos últimas Carta Magnas venezolanas.

---

51 *Ibíd.*, p. 94.

52 Mario Briceño Iragorry, *(Prefación)*: *Actas del Cabildo de Caracas, T.I, 1573-1600,* Editorial Elite, Caracas, 1943, pp. XXII-XXIII, citado por Manuel Donís Ríos, *ob. cit.*, p. 28.

53 *Ídem.*

VI. De las competencias del municipio colonial, fuente del contenido autonómico actual y condicionante impediente de cualquier pretensión de su anulación o eliminación. El territorio como ámbito de eficacia y validez del ordenamiento institucional. Las fuentes genésicas de la autonomía

Es indispensable ir analizando y determinado el origen competencial de municipio, Ayuntamiento, Cabildo o Concejo, que es lo que nos va permitir ir construyendo la efectiva y real vinculación, premisa fundamental de la cual se desprende, la indisolubilidad entre instituciones o forma de organización del poder sobre la población concentrada o con vinculaciones con un territorio.

Tal vinculación factorial, involucra múltiples órganos de ejercicio de la parcela del poder como expresión de incidencia y coacción, en materias disimiles, a lo cual llamaremos plurisubjetividad; la normatividad, que son las normas que rigen el funcionamiento del ente, en este caso el Ayuntamiento desde la época hasta el presente, y el ámbito de eficacia su accionar, delimitado por el territorio, que le da eficacia a la normativa y a la funcionalidad de la institucionalidad.

El historiador y académico cojedeño, Rafael Fernández Heres (1933-2010), expresa que

> En el proceso de formación del Estado venezolano son identificables cuatro grandes actos representativos que durante el curso de cincuenta y cuatro años (1776-1830) concurrieron a la génesis y primeros pasos de entidad política denominada República de Venezuela:
>
> 1) Las decisiones del Monarca Español (1776-1793).
>
> 2) Los sucesos del 19 de abril al 5 de julio de (1810-1811).
>
> 3) El Congreso de Angostura y unión con la Nueva Granada para formar un solo Estado (1819).
>
> 4) La ruptura de la unidad colombiana y reconstitución del Estado de Venezuela (1830)[54].

Por su parte, el historiador Federico Brito Figueroa (1921-2000) inserto en la corriente historiográfica marxista en nuestro país, expresa que

> El proceso de unidad político-territorial, además de la formación de las diferentes provincias y gobernaciones, estuvo favorecido:
>
> 1°). Por la Real Cédula de 8 de diciembre de 1560, que autorizaba a los Alcaldes de las ciudades para asumir el gobierno en caso de vacante de los gobernadores.

---

[54] Rafael Fernández Heres, "Formación del Estado venezolano", *Boletín de la Academia Nacional de la Historia,* 2003, Tomo LXXXVI, Nro. 341, p. 32.

2°). Por la Real Cédula del 2 de abril de 1676, que autorizaba a los Alcaldes de Caracas, en caso de ocurrir las vacantes mencionadas, ejercer superintendencia sólo lo demás Alcaldes de la gobernación.

3°). Por la Real Cédula del 18 de septiembre de 1676, que otorgaba los Alcaldes de Caracas el gobierno de la provincia, cuando estuviera vacante en la gobernación.

4°). Por la Real Cédula de 1721 que erige la Universidad de Caracas.

5°). Por la Real Cédula de 13 de julio de 1786, que al crear la Real Audiencia de Caracas contribuye a consolidar la unidad político territorial, ya delimitada por la Cédula de 1777, erigiendo la Capitanía General de Venezuela.

6°). Por la creación de la provincia de Barinas en 1787, con jurisdicción hasta los llanos[55].

Todos estos reales despachos - «*Regium Diploma*» fueron analizados en el desarrollo temático de la cátedra «Historia Institucional y del Territorio de Venezuela», quedándonos claro que varias de esas reales cédulas, esperan de un análisis y tratamiento historiográfico más detenido[56].

La "Real Cédula decretada por Felipe II (1527-1598) que otorga a los alcaldes ordinarios derecho de gobernar a las ciudades en caso de vacante del Gobernador de la Provincia", fue consecuencia del viaje de Sancho Briceño a la Península.

Constituía semejante disposición, en el parecer de Gabaldón Márquez,

> "una excepción al derecho general vigente de las Indias, a tenor del cual sólo ejercían los Alcaldes tales funciones gubernaticias cuando no hubiese dejado el Gobernador fallecido provisto el Tenientazgo, pues en este caso era el Teniente quién lo sucedía".

El referido despacho del Rey de España es del tenor siguiente:

> "Por cuanto Sancho Briceño, en nombre de las ciudades y villas de la provincia de Venezuela, me ha hecho relación, que muchas veces acaece estar la dicha provincia sin Gobernador, por fallecer los que eran por provisión nuestra, durante el término de su Gobernación, como había acaecido con los licenciados Tolosa y Villacinda, a cuya causa padecían detrimento estaban sin justicia los vecinos y naturales de aquella tierra; y me suplicó en él dicho

---

55 Federico Brito Figueroa, *La estructura social y demográfica de Venezuela Colonial*, S/D, Caracas, 1961, p. 54.

56 S.J González Oropeza y Manuel Donís Ríos, *Historia de las fronteras de Venezuela.* Caracas: Cuadernos de Lagoven, 1989; citado por Manuel Donís Ríos, *El Territorio de Venezuela. Documentos para su estudio.* Universidad Católica Andrés Bello, Caracas, 2001.

nombre, mandase que cuando acaeciese caso semejante de morir el Gobernador que hubiese, antes de haber proveído otro en su lugar, gobernasen los Alcaldes Ordinarios cada uno en su jurisdicción o como la misma merced fuese; y yo acatando lo susodicho, ello habido por bien; por ende por la presente declaramos y mandamos que cada y cuando acaeciere fallecer Nuestro Gobernador de la dicha provincia de Venezuela, antes de habernos proveído otro en su lugar, gobierna en cada uno de las ciudades y villas de ella los Alcaldes Ordinarios, que en los tales pueblos hubiere, entretanto que por no se provea otro Gobernador, que por esta nuestra **cédula damos poder y facultad a cada uno de los dichos Alcaldes Ordinarios en su pueblo,** que tenga la dicha Gobernación durante el dicho tiempo. Fecha en Toledo a 8 días del mes de diciembre de mil quinientos y sesenta años. YO EL REY. Por mandato de su Majestad, Francisco de Eraso[57]. (Destacado nuestro)".

La Real Cédula del 2 de abril de 1676, que precedió a la del 18 de septiembre de 1676,[58] dirigida a la Audiencia de Santa Fe de Bogotá separando la ciudad de Maracaibo de la Provincia de Venezuela y agregándole la Provincia de Mérida y La Grita, y, por consiguiente, colocándola dentro del Distrito de la Audiencia de Santa Fe.

La cédula de abril describe Gabaldón Márquez, hace referencia a informes suministrados a la Corte por el Obispo de Caracas Fray Antonio González de Acuña (1620-1682), quién era religioso dominíco, escritor y fundador del Colegio Seminario de Santa Rosa en el año de 1673[59], "por el Cabildo Eclesiástico y por "la Ciudad de Caracas", esto es, por su Cabildo Secular en orden a que por muerte el gobernador Dávila y Orejón quedaban gobernando los alcaldes Ordinarios de cada Ciudad de Provincial[60].

El informe hacía el requerimiento perentorio de que "se mandase que los que fueren de la dicha ciudad de Caracas tenga la superintendencia en toda la gobernación por ser sujetos de mucha calidad", mientras que "las otras Ciudades de gobierno son las más veces unas cortas aldeas y en unas son mulatos los Alcaldes y en otras no hay capitulares, con que en esta vacante de Gobernador han sucedido diferentes fracasos por considerarse los Alcaldes ordinarios de ella casi absolutos en el mando"[61].

---

57 Santos Rodulfo Cortés (Compilador), Antología Documental de Venezuela. 1492-1900. Materiales para la enseñanza de Venezuela, una historia de la comunidad venezolana contada por sus papeles clásicos. Impresos Tipográficos Santa Rosa C.A., Caracas, 1960, p. 68.

58 Manuel Donís Ríos, *El territorio de Venezuela..., ob. cit.*, pp. 360-364.

59 Ramón Urdaneta, *ob. cit.,* p. 331.

60 Joaquín Gabaldón Márquez, *ob. cit.*, p. 95.

61 *Ídem.*

Así las cosas, se recomendaba por aquellos altos dignatarios eclesiásticos y civiles que los alcaldes de Caracas tuvieran "en lo político y militar la superintendencia de los otros de las demás ciudades"[62].

El Rey, en consecuencia, resolvió "en los casos de vacante de Gobernador o por muerto o por otro accidente, en el ínterin que la audiencia de Santo Domingo nombre quién gobierne en cuyo derecho nos innova, los Alcaldes de la Ciudad de Caracas ejerzan la jurisdicción absoluta en lo político y militar en toda la provincia y ciudades de ella…"[63].

Se opera también en la Real Cédula "en tales casos residiese en los Alcaldes de Caracas el derecho de Patronato Real, para que, ante ellos, se presentarse en las personas que fueron proveídas en todos los curatos de las demás ciudades"[64].

Las Leyes de Indias efectuaban una enumeración exhaustiva de las atribuciones de los Cabildos, que el historiador bolivarense Siso Martínez (1918-1971), menciona de la siguiente:

> Entre las ordinarias existían una cantidad de orden político económicas como la administración de los ejidos, propios y arbitrios, sin embargo, les estaba Vedado hacer gastos extraordinarios que se diesen de tres mil maravedíes; el repartimiento de solares y tierras en ciudades y villas; cuidado de la abundancia y buena calidad de los comestibles y bebidas, tanto de los de la región cómo de los traídos de España permitiendo una moderada ganancia; de la inspección de las pesas y medidas con facultad para castigar a los contraventores; la guarda de los caminos comunales; aseo y ornato de la población; licencia para establecer pulpería; calidad de la moneda que debía circular en la ciudad; creación de escuelas municipales y nombramiento de preceptores[65].

El historiador tachirense Antonio Arellano Moreno señala que

> Mientras las autoridades metropolitanas estaban representadas entre nosotros por los gobernadores, la población civil lo estaba por los cabildos o ayuntamientos, y tenía amplísimas atribuciones en el mapa político, económico y social.
>
> (...)
>
> Suplían las faltas temporales del gobernador. Administraban la justicia ordinaria. Fijaban el precio de los alimentos, vestidos y diversiones. Velaban

---

62 *Ídem.*

63 *Ídem.*

64 *Ibíd.*, p. 96.

65 José Manuel Siso Martínez, *ob. cit.,* pp. 119-120.

por la calidad de los productos y por el abastecimiento de la población. Controlaban las exportaciones para evitar escasez de víveres.

Repartían tierras y fijaban la de pastoreo de animales. Se ocupaban de la educación. Trazaban calles y caminos. Inspeccionaban el aseo de la urbe y las casas de abasto. Imponían el ornato urbano, especialmente en días de fiestas religiosas o populares (toreo). Se reunían en congreso como sucede en 1559 en Barquisimeto o en 1590 en Caracas cuándo envían procuradores a las cortes reales en busca de reivindicaciones para el progreso de la Provincia y para el fortalecimiento de sus prerrogativas clasistas[66].

El académico Parra Pérez (1888-1964) expresa que

> el español había traído consigo aquel espíritu de libertad e individualismo que por sus diversas manifestaciones tantas trabas pusieran a la actuación de Carlos V en su lucha con el Rey francés, cuyo poder indiscutido presentaba singular contraste con el del soberano de España, obligado siempre a tomar en cuenta los fueros de sus vasallos[67].

Así las cosas, aseveró que

> en la vida cívica el Ayuntamiento es forzosamente el organismo de que se valen los colonos para ejercer sus libertades. La más importante de éstas consisten en poder elegir a sus alcaldes dispensadores de la justicia, verdaderos tribunos judiciales plantados frente a los gobernadores para equilibrar su poder y, a veces, para usurparlo[68].

Se infiere de la lectura de ambos historiadores andinos, que la institución municipal no solamente servía para atender y organizar los servicios para satisfacer las necesidades públicas inmediatas de los vecinos los pobladores de cada lugar en que se estableció un Ayuntamiento, sino que además era el ámbito institucional donde se presentaba y se ejercía los derechos y libertades que representaban en ese momento el estatus de los españoles.

No obstante, debemos dejar aclarado, siguiendo Arellano Moreno, que a los efectos de la determinación del alcance de la expresión conforme a la cual "[l]os Municipios constituyen la unidad política primaria y autónoma de la organización nacional", ámbito necesario indispensable para el ejercicio de la participación, debe tenerse como premisa que|

---

66 Antonio Arellano Moreno, *Breve historia de Venezuela 1492-1958,* S/D, Caracas, 1974, pp. 75-76.

67 Caracciolo Parra Pérez, *El régimen español en Venezuela. Estudio histórico. Obras Completas,* Editorial Arte, Caracas, S/D.

68 *Ídem.*

> [l]os cabildos no fueron instituciones democráticas y en sus orígenes y en su composición, o sea que el pueblo no intervino ni en su elección ni en su integración, salvo el caso de la nueva Cádiz, en donde se organizó por espontánea iniciativa de sus vecinos debido a que no hubo un fundador en particular[69].

Resulta menester aclarar que el estudio del municipio como lo tenemos hoy en día no puede hacerse sin arrancar de las instituciones municipales de la época de la Colonia, teniendo claramente en cuenta, lo que muy acertadamente expresa Mario Briceño Iragorry en cuanto a que

> [c]laro que el estudio de la evolución de los Cabildos requiere puntos de vistas alejado de nuestra moderna concepción de la vida política. ¡No falta más! Y craso error sería presentarlos hoy como modelo de régimen municipal en lo que se dice a su constitución interna, aunque en el orden de su desarrollo exterior hubieran cumplido también como las modernas corporaciones comunales su destino político[70].

Otro aspecto importante de la funcionalidad de los ayuntamientos o cabildos que como instituciones municipales incorpora el conquistador en los nuevos dominios de la corona, es lo relacionado a la necesidad establecer disposiciones de carácter general para todo aquello que va definiendo las competencias que van asumiendo tales instancias.

Ha quedado claro que las instituciones locales se establecen en América de manera espontánea y en forma natural ante las exigencias de la propia vida.

El conquistador-poblador, según Domínguez Company,

> [v]a introduciendo e implantando aquellas instituciones que necesita, teniendo por modelo lo que conocía y utilizaba en su pueblo de origen: así aparece muy pronto la vida local la necesidad de citar algunas disposiciones que regulen o control en ciertas situaciones que se van presentando día a día en esos pueblos recién fundados[71].

Surgen de esta manera las ordenanzas municipales, evidencia conforme a la cual los Cabildos siempre se consideraron facultados para elaborar sus propias disposiciones, una atribución propia que con el tiempo se tornó como parte de la autonomía municipal, es decir, como uno de sus contenidos: el normativo.

Las ordenanzas, por tanto, de acuerdo el citado autor

---

69 Antonio Arellano Moreno, *ob. cit.*, p. 77.

70 Mario Briceño Iragorry, *ob. cit.*, p. 100.

71 Francisco Domínguez Company, *Asociación Venezolana de Cooperación Intermunicipal (AVECI)*, Instituto de Estudios de Administración, Madrid, Caracas, 1982, p. 6.

[a]parecen en América antes que las disposiciones que las regulan, es característico las instituciones locales de América hispana, y su frecuente utilización por los Cabildos y otras autoridades tiene su razón de ser en la amplia autonomía que la Corona reconoce a las instituciones establecidas en América. Autonomía reforzada por la dispersión de las ciudades[72].

VII. Del municipio raíz de la república y del Estado de derecho, a la comuna núcleo del poder popular

Sin duda alguna, resulta apasionante la evolución de la institución del Municipio al cual hoy se le atribuye la condición de ser "la unidad primaria de la organización nacional, gozan de personalidad jurídica y autonomía dentro de los límites de (la) Constitución y la ley"[73].

Un desenvolvimiento institucional, marcado por un progresividad signada por el nacimiento, desarrollo, el casi aniquilamiento y resurgimiento del ente local, lo que representó -y representa-, el cimiento conceptual para la elaboración de una limitante de raigambre histórica, que luego de un reconocimiento continuado, con breves espasmódicos periodos de interrupción por la racionalidad de lo jurídico expresada en las bases normativas que rige la sociedad, que orienta el contrato o pacto social de convivencia.

El académico Diego Bautista Urbaneja, al analizar lo que representó para Simón Bolívar la hispanidad, en referencia a una reflexión relacionada a su viudez en cuanto a que en virtud de tal condición "no sería el General Bolívar ni Libertador, aunque convengo en que mi genio no era para ser alcalde de San Mateo", efectúa algunas consideraciones propias, y otras basadas en la historiografía, que convienen traer a colación con la venia del lector por su extensión.

Así, haciendo un análisis en torno a lo que representaba las alcaldías para los sectores altos de la sociedad de aquel entonces, como expresión de un pacto social, señala lo siguiente:

La figura de la Alcaldía San Mateo tiene para nosotros un alto valor sintético. Simboliza a la vez la existencia y la decadencia de una tradición de espíritu público, de participación jurídicamente regulada en la conducción de la sociedad por parte de sus clases más pujantes. Simboliza la existencia de un pacto social anterior y su paulatina ruptura. Por el pacto, los descendientes de los españoles podrían ser alcaldes y muchas cosas más: en realidad, cada vez más cosas. Por la ruptura paulatina, ese proceso de creciente autogobierno se detuvo y retrocedió en la forma descrita en la Carta (se refiere a la Carta de Jamaica).

---

72 *Ídem.*

73 Artículo 169 de la Constitución de 1999.

Eran pues, los vestigios de una larga tradición jurídica congelada por las políticas de la Monarquía española y muy precisamente destruido por la Guerra de Independencia. Como dice Augusto Mijares: "pero también poseía la América.... una tradición más antigua de acción política sensata, de espíritu público inteligente activo, de dignidad ciudadana y hasta cierto punto gobierno propio deliberativo, que es lo que el Libertador señala como viejos usos de la sociedad civil[74].

En su «Mensaje sin destino», Briceño Iragorry, al referirse a la formación de la conciencia nacional y criticar "el sentido litúrgico e individualista que se quiso dar a nuestra historia (que) ha impedido que se fijen las grandes estructuras ideales en torno a las cuales pueda moverse espontáneamente y fecundamente el mundo de la pasión y reflexión venezolana"[75], discurrió sobre la plenitud del «país político» y su funcionalidad plena, ajustable, en cuanto a los elementos de du disquisición histórica, a la demandable al Estado de derecho, específicamente, a la distribución vertical del Poder Público y su unidad primaria organizacional –el Municipio-:

> Para que haya piso político en su plenitud funcional, se necesita que además del valor conformativo de la estructura de derecho público erigida sobre un área geográfica económica, es decir, que, además del Estado, exista una serie de formaciones morales, espirituales, que arranquen del suelo histórico e integren las normas que uniforman la vida de la colectividad. La existencia del pueblo histórico, que ha conformado el pensamiento y el carácter nacionales, por medio de la asimilación del patrimonio, creado y modificado a la vez por las generaciones, es de previa necesidad para que obre de manera fecunda el país político. Se requiere la posesión de un piso interior donde descanse las líneas quedan fisionomía continua y resistencia de tiempo los valores comunes de la nacionalidad, para que se desarrolle sin mayores riesgos la lucha provocada por los diferentes modos que promueven los idearios de los partidos políticos[76].

El Municipio es un legado de España desde la corona, que se ha incorporado como un pilar, como un elemento, por un lado, sobre la cual descansa la estructura del Estado, y por el otro, es el núcleo de resistencia primaria y de contrapeso al Poder Nacional, que mediante la cimentación o transmisión al «piso interior» -en la concepción «briceñista», adoptada en la búsqueda de la funcionalidad plena del Estado de derecho- de todo el peso de la presión social y los mecanismos de control político, mediante viabilidad de participación ciudadana.

---

[74] Diego Bautista Urbaneja, *El Alcalde de San Mateo. Posibilidad y sentido de la presencia de los hispánicos en el pensamiento y la acción del Libertador.* Fundación Premio Internacional Pensamiento de Simón Bolívar, Caracas, 1990, pp. 75-6.

[75] Mario Briceño Iragorry, *Mensaje sin destino, Obras Selectas*, Ediciones Edime, Madrid-Caracas, 1954, p. 482.

[76] *Ibíd.*, p. 483.

Es ese piso interior, que preserva los principios y valores del Municipio Colonial, que da fisonomía a su esencia libertaria, a la cercanía de la atención de los problemas de los vecinos y a su defensa frente expresiones absolutistas del poder (por ejemplo, la tendencia de la Monarquía Borbónica).

La esencia del municipio y su importancia en la formación de lo que es esa relación especial con el poder, en la búsqueda posterior, en los años de democracia ya adoptada como sistema político con su funcionalidad institucional, se centró desde sus orígenes en la cercanía hacia sus habitantes. Se fue desarrollando un sentido no solo de pertenencia, sino de cercanía, sensación inmediata de su seguridad y resguardo asegurado para todos aquellos aspectos que representaban bienestar, en el entendido de que es un concepto asociado al binomio necesidad pública y financiamiento, que orienta la existencia y justificación del Estado –sentido moderno- en cuanto a la prestación de servicios para satisfacer las necesidades que para cada época se reputan como públicas y esenciales.

Es justificación plena y racional de la distribución interna del Poder Público con fundamento en el elemento territorial; es la recepción de las cargas que implica la tendencia vocacional histórica centralizadora del ejercicio del poder y la búsqueda de respuestas viables a las exigencias de descentralización política.

Lo indicado, justifica el título que el académico Lucas Castillo Lara (1921-2002) atribuye al Cabildo como «afirmador de la ciudad»[77]: carácter, que a pesar de haberlo circunscrito a San Sebastián de los Reyes, denota elementos sociológicos y de geopercepción importantes, elementos existenciales de vinculación y definición de relaciones de vecindad, que transciende a la consideración de elementos de reconocimiento y justificación para su creación, más propio del derecho positivo que de una concepción *ius naturalista* del municipio, que justifica su procedencia como un fenómeno –tesis controvertida- de reconocimiento posterior del Estado pues la entidad local seria anterior a su existencia.

Podemos extender la preocupación del Cabildo de San Sebastián, teniendo presente las diferencias entre los Cabildos de Provincia y el caraqueño, "[t]anto en el papel que desempeñaron, quizás no tan brillante como el de la Capital, pero siempre vital, como en la calidad de los hombres que lo componían"[78].

Por tanto, la «acuciante preocupación» del Cabildo de San Sebastián, puesto de relieve por Castillo Lara, y su esfuerzo "para que no lo abandonasen sus vecinos, y de atraerse otros nuevos, para que la ciudad se mantuviese intacta"[79], con-

---

77 Lucas Guillermo Castillo Lara, *San Sebastián de los Reyes, La ciudad trashumante, Tomo I, Fuentes para la Historia Colonial de Venezuela*. Academia Nacional de Historia, Caracas, 1984, p. 247.

78 *Ibíd.*, p. 248.

79 *Ídem.*

dujo a que tanto el Cabildo de San Sebastián como los demás ejercieron sus atribuciones específicas adecuándolas a la especial condición del pueblo. Pero además la institución, no importaban las personas ni sus condiciones económicas y culturales, fue decisiva en su papel aglutinante de voluntades, para la creación de una conciencia unitaria del Común. Donde lo individual, familiar y económico de cada uno se vinculase en un destino social[80].

Los integrantes de aquel Cabildo "cuidaban la ciudad para que existiera y a la gente para que no se marchara"[81], justificando las varias mudanzas de la ciudad, tanto para conveniencia de los vecinos como en búsqueda de evitar el despoblamiento de la ciudad. Un elemento internalizado y factor institucional, que definen los valores republicanos a los cuales no pueden renunciarse, preterirse o desconocer como raíz de la configuración institucional de la integración y formación del actual Estado venezolana y el sustrato sociológico de la ciudadanía sobre la cual se construye la Nación.

He aquí un elemento de importancia de cercanía y vivencial en una relación entre las instancias locales y los ciudadanos, los habitantes que se ven vinculados con un nexo sólido y fuerte con la instancia local.

Esta afirmación, que hacemos, puede insertarse, sin deseo explícito de quien escribe, en la historiografía positivista venezolana. Así, uno de sus más destacados exponentes, Laureano Vallenilla Lanz (1880-1936), efectuando disquisiciones basados en la psicología social, las cuales arropa bajo el cobertor del axioma, manifestación de la "influencia del medio físico y telúrico de los instintos, las ideas y las tendencias de todo género que caracterizan a cada pueblo en particular", asienta lo siguiente:

> La constitución geográfica, quien pone las relaciones sociales y económicas de los hombres colocados en una región determinada, el régimen político administrativo, la mezcla de razas originadas por la conquista y por la introducción de elementos extraños en calidad de esclavos, produciendo la diferenciación los caracteres somáticos y psicológicos de las razas originarias como todos esos factores y fijados luego por la herencia en el transcurso del tiempo, han dado origen a los distintos conglomerados humanos que pasando la familia del clan como del clan a la tribu, han llegado como atravesando por múltiples vicisitudes que forman la historia particular de cada pueblo, hasta constituir las naciones modernas, que son actualmente la última expresión de las sociedades[82].

---

80 *Ibíd.*, p. 250.

81 *Ídem.*

82 Laureano Vallenilla Lanz, *Disgregación e Integración,* Instituto de Estudios Políticos, Madrid, 1962, p. 164.

VIII. La Comuna epicentro del Estado Comunal

Esa caracterización, presente como una constante en los Cabildos en América, ayudaron a forjar su importancia condicionante en la formación de los Estados modernos, que hoy destacamos como limitante histórica para enervar la pretensión de ámbito de participación para convertirlo en espacios de control social y dominación ciudadana, como son las comunas y la sustitución paulatina del Estado democrático de derecho por un Estado socialista comunal.

La Comuna definida como

> un espacio socialista que, como entidad local, es definida por la integración de comunidades vecinas con una memoria histórica compartida, rasgos culturales, usos y costumbres, que se reconocen en el territorio que ocupan y en las actividades productivas que le sirven de sustento, y sobre el cual ejercen los principios de soberanía y participación protagónica como expresión del Poder Popular, en concordancia con un régimen de producción social y el modelo de desarrollo endógeno y sustentable, contemplado en el Plan de Desarrollo Económico y Social de la Nación[83].

El objetivo de la Comuna, que responde a una concepción ideológica y en forma alguna respuesta constitucional con raigambre histórica para la mejor forma de cercanía y consustanciación ciudadana, sino instrumento o medio para el control político y dominación social, ajena a la esencia del Municipio «raíz histórica de la República».

La inconstitucional Ley Orgánica de las Comunas, no oculta su intención demoledora de las bases históricas del régimen municipal, lo cual se refleja abierta y claramente al definir su "propósito fundamental"[84], establecer sus "finalidades"[85] y proclamar estar "inspirada en la doctrina del Libertador Simón Bolívar",

---

[83] Artículo 5 de la Ley Orgánica de las Comunas.

[84] El artículo 6 de la Ley Orgánica de Comunas, copiado a la letra establece:

Artículo 6. La Comuna tiene como propósito fundamental la edificación del estado comunal, mediante la promoción, impulso y desarrollo de la participación protagónica y corresponsable de los ciudadanos y ciudadanas en la gestión de las políticas públicas, en la conformación y ejercicio del autogobierno por parte de las comunidades organizadas, a través de la planificación del desarrollo social y económico, la formulación de proyectos, la elaboración y ejecución presupuestaria, la administración y gestión de las competencias y servicios que conforme al proceso de descentralización, le sean transferidos, así como la construcción de un sistema de producción, distribución, intercambio y consumo de propiedad social, y la disposición de medios alternativos de justicia para la convivencia y la paz comunal, como tránsito hacia la sociedad socialista, democrática, de equidad y justicia social.

[85] El artículo 6 de la Ley Orgánica de Comunas, copiado a la letra establece:

con principios y valores ajenos a nuestro constitucionalismo, y aquellos que informan el sistema municipal, impregnado de su concepción arraigada desde la Colonia, sin que ello implique abandonar lo expresado por Donís, citado *ut supra*, en cuanto a que ese periodo

> [l]a precisión cronológica sólo es válida en cuanto a la unidad política se refiere, pero no puede aplicarse los aspectos sociales como económicos, religiosos y culturales, cuyo desarrollo continuó y perduró -y perdura- en tiempos de la República a partir de 1811.

Aun cuando nos sentimos habilitados para afirmar, que parte de esa institucionalidad, habida cuenta el perfilamiento de sus peculiaridad y correspondencia con los intereses locales, dentro del «Bloque delimitativo de intereses públicos», como entidad primaria, ajustada al tiempo y la racionalidad normativa de cada época, sigue guardando estrecha vinculación con su origen, esencia y competencias –muchas de ellas vigentes- desde los tiempos fundacionales.

La búsqueda de sustentación no solo jurídica sino de bases raizales históricas, conduce a desconocer puerilmente la continuidad institucional de Venezuela, su historia y la representación en la conformación e integridad del territorio, del rol que desempeño el Ayuntamiento en la Emancipación y en legitimación de los poderes públicos, en distintas etapas.

En el caso de este enfrentamiento ideologizado, con una narrativa artificiosa, plagada de conceptos imprecisos y vacuos ("La constitución, conformación, organización y funcionamiento de la Comuna se inspira en la doctrina del Libertador Simón Bolívar, y se rige por los principios y valores socialistas de participación democrática y protagónica..."), que no «esencialmente discuti-

---

Artículo 7. La Comuna tendrá como finalidad:

1. Desarrollar y consolidar el estado comunal como expresión del Poder Popular y soporte para la construcción de la sociedad socialista.

2. Conformar el autogobierno para el ejercicio directo de funciones en la formulación, ejecución y control de la gestión pública.

3. Promover la integración y la articulación con otras comunas en el marco de las unidades de gestión territorial establecidas por el Consejo Federal de Gobierno.

4. Impulsar el desarrollo y consolidación de la propiedad social.

5. Garantizar la existencia efectiva de formas y mecanismos de participación directa de los ciudadanos y ciudadanas en la formulación, ejecución y control de planes y proyectos vinculados a los aspectos territoriales, políticos, económicos, sociales, culturales, ecológicos y de seguridad y defensa.

6. Promover mecanismos para la formación e información en las comunidades.

7. Impulsar la defensa colectiva y popular de los derechos humanos.

8. Todas aquellas determinadas en la Constitución de la República y en la Ley.

dos» planteado por los propulsores del Poder Popular, del Estado Socialista Comunal o simplemente el Estado Comunal, lo que puede denominarse como el «síndrome de la negación histórica del Municipio y la creación artificiosa de la Comuna».

En supuestos de afirmación, como el anterior, resulta conveniente la apostilla reflexiva de Briceño Iragorry:

> Los que niegan a la revaluación de nuestro pasado hispánico arrancan del supuesto falsísimo de que la República surgió como una improvisada y candorosa imitación de movimientos políticos extraños carentes, como en consecuencia, de apoyaturas morales, económicas y sociales en el fondo mismo de la tradición Colonial[86].

A los fines que existe el Estado Constitucional, con todos su corolarios y el sometimiento al derecho, como fuente inagotable limitante de la actuación de los órganos del Poder Público, la funcionalidad institucional que se traduzca en la realización de sus fines y cometidos de la posibilidad con sentido de integración como nación, con principios y valores, la fuerza del pasado debe siempre estar presente en la forja de una continuidad institucional, que a pesar de momentos históricos, que dieron o pueden dar la apariencia de haberlas desaparecidos, demuestran que su implantación, resulta inamovible y sin posibilidad alguna de demolición.

La historia no puede desviarse de la atención y de sus implicaciones, como hace la intervención del hombre en el paisaje natural y en el desvío del curso de un río para alentar el proceso de trasformación y expansión urbana.

El punto de coincidencia entre el devenir histórico, la historia en sí misma, como continuidad sin importar las imposiciones coyunturales de un estatuto constitutivo que de estructura normativa al Estado definiendo su tipo o de su tergiversación en el desarrollo legislativo de uno preestablecido y el rio, es que ambos buscar nuevamente su cauce. Ambos al tratar de retomarlo causan desgracias representadas en pérdidas. En la primera, de las oportunidades de desarrollo, de evolución y de expresiones propicias para el bienestar de la población; en el caso de la corriente o de la masa de agua natural que fluye, arroja destrucción material y muerte.

Es indispensable denotar la esencia originaria e histórica del Municipio, su evolución en el ordenamiento constitucional y el reconocimiento que esa entidad recibe del constituyente originario. En algunas Leyes Fundamentales con reconocimiento a su existencia y otros adicionándole la atribución de autonomía, dentro de las Bases de la Unión.

---

86 Mario Briceño Iragorry, *Introducción y defensa de nuestra historia, Obras Selectas,* Ediciones Edime, Madrid-Caracas, 1972, p. 581.

IX. El Municipio en las Constituciones Venezolanas[87]

El derecho constitucional es el derecho de política, que regula su accionar, las formas en que se manifiesta la conducción del Estado, expresión máxima y sublime de la actividad política.

La Constitución en los tiempos recientes implica, o debería implicar en su ejecución, la constitucionalización de la sociedad, en cuanto la preeminencia y soberanía de la Ley Fundamental. Su normativa propugna por la protección de la vigencia plena de los derechos humanos, creando un valladar proteccionista para evitar que se vea afectado por la acción del Estado, sin desconocer sus facultades de intervención en temas de interés y bienes públicos.

Es indispensable denotar la esencia originaria e histórica del Municipio, su evolución en el ordenamiento constitucional y el reconocimiento que esa entidad recibe del constituyente originario. En algunas Leyes Fundamentales con reconocimiento a su existencia y otros adicionándole la atribución de autonomía, dentro de las Bases de la Unión.

Así encontramos, los casos de las

(i) Constituciones del siglo XIX

a. **1811** (Numerales 30, 34 y 183 atribuyéndole especificas atribuciones en lo administrativo, en temas hacendísticos y de extranjería; en lo político y condicionante de la participación).

b. **1819** (Artículo 1, Título 9° Organización Interior).

c. **1821** (Artículo 11 que establece la declaratoria de subsistencia de los cabildos o municipalidades de los cantones).

d. **1830** (Artículo 179. "Se establecerán Concejos Municipales en las cabeceras de cantón, cuyas atribuciones, duración y forma de elección designará la ley; y las Diputación provincial).

e. **1857** (Artículo 85. El poder Municipal se ejerce por los Concejos municipales de las cabeceras de cantón y demás funcionarios y corporaciones cantonales y parroquiales que designe la ley. Ésta determinará la forma de elección, duración y cualidades

---

[87] A los fines de la revisión de los textos constitucionales hemos utilizado la obra de Allan BREWER-CARÍAS, *Las Constituciones de Venezuela, Tomo I (Estudio Preliminar y Textos constitucionales 1810 al 1864) y II (Textos Constitucionales 1874-1999), Series Estudios,* Academia Nacional de Ciencias Políticas y Sociales, Caracas, 2009.

que deban tener los funcionarios y corporaciones y les dará atribuciones con entera independencia del Gobierno político de las Provincial).

f. **1858** (Artículo 122. El Poder Municipal se ejercerá por una Legislatura y un Gobernador en la provincia; por un Concejo y un Jefe municipal en los cantones, y por lo demás funcionarios que establezca la Legislatura provincia; por un Consejo y un Jefe municipal en los cantones, y por lo demás funcionarios y corporaciones que establezca la Legislatura provincial).

g. **1864, 1881 y 1891**. Reúnen en los Estados «que forman la Federación Venezolana» todas las atribuciones y competencias, que en las otras Constituciones atribuían a la instancia local.

h. **1893.** (Artículo 13. Los Estados que forman la Unión Venezolana son autónomos e iguales en entidad política y se obligan (…) 2. A reconocer en sus respectivas Constituciones la autonomía del Municipio y su independencia del poder o político del Estado en todo lo concerniente a su régimen económico y administrativo).

(ii) Constituciones del siglo XX

a. **1901**. (Artículo 6. Los Estados que forman la Unión Venezolana son autónomos e iguales en entidad política y se obligan (…) 3. A reconocer en sus respectivas Constituciones la autonomía del Municipio y su independencia del poder o político del Estado en todo lo concerniente a su régimen económico y administrativo; y en consecuencia, el Municipio podrá establecer un sistema rentístico, sujetándose a las disposiciones que contienen las bases 11, 12, 13 y 14, sin que se considere de modo alguno comprendido en las obligaciones a que se contra el número 28 de este artículo).

b. **1904**. (Artículo 7°. Los Estados que forman la Unión Venezolana son autónomos e iguales en entidad política conservan en toda su plenitud la soberanía no delegada en esta Constitución, y se obligan (...) 3. A reconocer en sus respectivas constituciones la autonomía municipal de los Distritos su independencia del poder político del Estado, en todo lo concerniente a su régimen económico y administrativo, y, en consecuencia, los distritos podrán establecer su sistema rentístico, sujetándose a las disposiciones que contienen las Bases de la Unión números 10,11, 12 y 13).

c. **1909**. (Artículo 12. Los Estados que forman la Unión Venezolana son autónomos e iguales en entidad política conservan en toda su plenitud la soberanía no delegada en esta Constitución, y se obligan (...) 3. A reconocer en sus respectivas constituciones la autonomía municipal de los Distritos su independencia del poder político del Estado, en todo lo concerniente a su régimen económico y administrativo, y, en consecuencia, los distritos podrán establecer su sistema rentístico, sujetándose a las disposiciones que contienen las Bases de la Unión números 10,11, 12 y 13).

d. **1914**. «Estatuto Constitucional provisorio de los Estados Unidos de Venezuela». (Artículo 5. Los Estados que forman la Unión Venezolana son autónomos e iguales en entidad política conservan en toda su plenitud la soberanía no delegada en esta Constitución, y se obligan (...) 3. A reconocer en sus respectivas constituciones la autonomía municipal de los Distritos su independencia del poder político del Estado, en todo lo concerniente a su régimen económico y administrativo.).

e. **1914**. (Artículo 19. Los Estados Anzoátegui, Apure, Aragua, Bolívar, Carabobo Cojedes, Falcón, Guárico, Lara, Mérida, Miranda Monagas, Nueva Esparta, Portuguesa, Sucre, Táchira, Trujillo Yaracuy, Zamora y Zulia, que forman la Unión Venezolana son autónomos e iguales en entidad política conservan en toda su plenitud la soberanía no delegada en esta Constitución, y se obligan (...) 3. A reconocer en sus respectivas constituciones la autonomía municipal de los distritos su independencia del poder político del Estado, en todo lo concerniente a su régimen económico y administrativo, y, en consecuencia, los distritos podrán establecer su sistema rentístico, sujetándose a las disposiciones que contienen las bases de la unión números 10,11, 12,13, al inciso 1° de la garantía 15 del artículo 22, y artículo 117 de esta Constitución).

f. **1922.** (Artículo 19. Los Estados Anzoátegui, Apure, Aragua, Bolívar, Carabobo Cojedes, Falcón, Guárico, Lara, Mérida, Miranda Monagas, Nueva Esparta, Portuguesa, Sucre, Táchira, Trujillo Yaracuy, Zamora y Zulia, que forman la Unión Venezolana, reconocen recíprocamente sus autonomías; se declaran iguales en entidad política; conservan en toda su plenitud la soberanía no delegada en esta Constitución, y se obligan a defenderse contra toda violencia que dañe su independencia y la integridad de la Unión, y a establecer su régimen y gobierno interior sobre las bases fundamentales siguientes: 4. A reconocer en sus respectivas Constituciones la autonomía municipal de los Distritos y su independencia del Poder Político del Estado, en lo concerniente a su régimen económico y administrativo y, en consecuencia, los Concejos Municipales podrán establecer su sistema rentístico, sujetándose a las disposiciones que contienen las Bases de la Unión números 10, 11, 12 y 13, al inciso 1 de la garantía 15 del Artículo 22 y al Artículo 117 de esta Constitución).

g. **1925.** (Artículo 14. Los Estados se dividirán en Distritos que gozarán de autonomía municipal y serán independientes del Poder Político del Estado en lo concerniente a su régimen administrativo, con las restricciones que en esta Constitución se pautan, pero en caso de guerra exterior o interior el Poder Ejecutivo del Estado podrá asumir también la administración de los Distritos conforme en la Constitución local se establezca).

h. **1928**. (Artículo 14.- Los Estados se dividirán en Distritos que gozarán de autonomía municipal y serán independientes del Poder Político del Estado en lo concerniente a su régimen administrativo, con las restricciones que en esta Constitución se pautan; pero en caso de guerra exterior o interior el Poder Ejecutivo del Estado podrá asumir también la administración de los Distritos conforme en la Constitución local se establezca).

i. **1929.** (Artículo 14.- Los Estados se dividirán en Distritos que gozarán de autonomía municipal y serán independientes del Poder Político del Estado en lo concerniente a su régimen administrativo, con las restricciones que en esta Constitución se pautan; pero en caso de guerra exterior o interior el Poder Ejecutivo del Estado podrá asumir también la administración de los Distritos conforme en la Constitución local se establezca).

j. **1931**. (Artículo 14. Los Estados se dividirán en Distritos que gozarán de autonomía municipal y serán independientes del Poder Político del Estado en lo concerniente a su régimen administrativo, con las restricciones que en esta Constitución se pautan; pero en caso de guerra exterior o interior el Poder Ejecutivo del Estado podrá asumir también la administración de los Distritos conforme en la Constitución local se establezca).

k. **1936.** (Artículo 14.- Los Estados se dividirán en Distritos cuyas Municipalidades gozarán de plena autonomía y serán por tanto independientes del Poder Político, Federal y del Estado, en todo lo concerniente a su régimen económico y administrativo, con las solas restricciones que en esta Constitución se pautan).

l. **1945.** (Artículo 14.- Los estados se dividirán en Distritos cuyas Municipalidades gozarán de plena autonomía y serán por tanto independientes del Poder Político Federal y del Estado, en todo lo concerniente a su régimen económico y administrativo, con las solas restricciones que en esta Constitución se pautan).

m. **1947**. (Artículo 109.- El Poder Municipal lo ejercerá en cada Distrito de los Estados, en el Distrito Federal y en los Territorios Federales, el Concejo Municipal, que gozará de plena autonomía en lo que concierne al régimen económico y administrativo de la Municipalidad, sin otras restricciones que las establecidas en esta Constitución.

La Ley Orgánica del Distrito Federal podrá establecer, sin embargo, un régimen especial de su Poder Municipal, de acuerdo a las necesidades de los Departamentos que lo constituyen.

Artículo 110.- En su carácter de personas morales de derecho público, las Municipalidades tienen personalidad jurídica; y su representación compete al Concejo Municipal, como personero de los Municipios que integran el Distrito).

n. **1953**. (Artículos 18 y siguientes. Se continúa con la división territorial de Estados, Distrito Federal, Territorios Federales y Dependencias Federales. El de los Estados se divide en Distrito y el de éstos en Municipios. El Distrito Federal y el de los Territorios Federales se dividían conforme lo determinaran sus leyes orgánicas).

o. **1961**. (Artículo 25.- Los Municipios constituyen la unidad política primaria y autónoma dentro de la organización nacional. Son personas jurídicas, y su representación la ejercerán los órganos que determine la ley).

iii) Constitución del siglo XXI

a. **1999**. (Artículo 168. Los Municipios constituyen la unidad política primaria de la organización nacional, gozan de personalidad jurídica y autonomía dentro de los límites de la Constitución y de la ley. La autonomía municipal comprende:

1. La elección de sus autoridades.

2. La gestión de las materias de su competencia.

3. La creación, recaudación e inversión de sus ingresos.

4. Las actuaciones del Municipio en el ámbito de sus competencias se cumplirán incorporando la participación ciudadana al proceso de definición y ejecución de la gestión pública y en el control y evaluación de sus resultados, en forma efectiva, suficiente y oportuna, conforme a la ley.

5. Los actos de los Municipios no podrán ser impugnados sino ante los tribunales competentes, de conformidad con la Constitución y la ley.

X. La presencia del Municipio en la conformación del Estado venezolano. Continuidad y ruptura. Base para la construcción de una limitación impediente a la pretensión de su sustitución

En el intercambio de opiniones, que efectuáramos en su oportunidad con el Dr. Donís, éste asertivamente nos indicaba, que

> En las Constituciones del siglo XIX se mantuvo el principio de la autonomía municipal. El régimen municipal tuvo mayor cabida en la Constitución de 1961, que rigió la vida democrática hasta 1999. Incluso, en la Constitución de 1999 el territorio se organizó en municipios y la división político-territorial sería regulada por ley orgánica, garantizándose la autonomía municipal y la descentralización político-administrativa. Se dedicó un capítulo: Del Poder Público Municipal. Los Municipios se reconocieron como la unidad política primaria de la organización nacional, gozando de personalidad jurídica y autonomía[88].

La orientación efectuada por el académico, nos sirve punto de partida para desarrollar las siguientes consideraciones, a la sazón de conclusiones complementarias de una general: Las reformas a la Constitución que se emprendan conforme a la Asamblea Nacional Constituyente "con el objeto de transformar el Estado, crear un nuevo ordenamiento jurídico y redactar una nueva Constitución"[89], encuentra un valladar en la concepción del Municipio como núcleo genésico de la conformación del Estado venezolano por razones de continuidad histórica, alumbrada por la interpretación de la reales cédulas que fueron dando conformación al territorio venezolano, sirviendo las instancias locales como balance y contrapeso de la Corona, asiento derivante del proceso verificado durante el periodo Colonial.

Queda de una vez desechado por inconstitucional las denominas Leyes Orgánicas del Poder Popular y el Estado Comunal, no solo por la razones de la violación de principios constitucionales, que se erigen en limitaciones directas y explicitas, supra mencionadas, y el expediente la reforma, propiamente dicha, "que tiene por objeto una revisión parcial de [la] Constitución y la sustitución de una o varias de sus normas que no modifiquen la estructura y principios fundamentales del texto constitucional"[90].

---

88 Correo electrónico de fecha 30 de junio de 2021.

89 Artículo 347 de la Constitución de 1999.

90 Artículo 342 de la Constitución de 1999.

El hecho que en la actualidad la condición autonómica no se corresponda con la reconocida o alcanzada en la Colonia, que marcó los inicios de la instancia local e hizo viable una dualidad en tanto nicho de enfrentamiento entre los Alcaldes y los Gobernadores, y en cierta forma con la Corona, sirviendo de contra peso a abusos y demás tipos de desafueros; garantizando la libertad, la racionalidad -entendida en el sentido dado para le época-; la consolidación de las bases de un régimen que trasegó la institucionalidad de la Metrópolis, adaptándola a la realidad y condiciones de índole diversa del Nuevo Mundo, entre otros aspectos fundamentales, no significa que el Municipio se reduzca a una mera construcción racional de la normativa positiva con prescindencia de su origen y esencia.

Una cosa es la existencia del Municipio como unidad primaria de la organización nacional, la base del Estado en su cercanía con el ciudadano, el punto de origen y encuentro con un territorio conquistado y luego colonizado, el medio que permitió la inoculación de una estrategia de poblamiento, convivencia y expresión ponderada de relación entre la Metrópoli y nuevas posesiones. Otra muy distinta es al alcance, que pretenda atribuírsele a la autonomía y la definición de las materias vinculadas y propias a lo local, a la necesidad públicas de satisfacción inmediata consustanciales con el Municipio, muchas de las cuales vienen desde de la época de la Colonia. Basta con examinar la Ley de Indias y las competencias que eran atribuidas a la institución local.

No compartimos el criterio, que peligrosamente interpretado puedo conducir a posiciones centralistas y de retrasados antidemocráticos, contrario a la esencia libertaria primigenia del Municipio, conforme al cual

> Las municipalidades son una creación artificial, excepto en el caso en que un distrito, como el de Caripe y el de Turiamo, coincide con un solo municipio. Por eso se debe, si se quiere obtener una autonomía natural, dar más importancia a las competencias, y a la autonomía del municipio que a la del distrito, creación puramente administrativa, queremos decir artificial[91].

El Municipio puede ser creado, por ejemplo, si cumple con los requisitos poblacionales, territoriales y de generación de recursos financieros. Es producto de la ley, pero la esencia de la nueva entidad es la derivada, no significa que sea una reduplicación, de las instituciones locales coloniales. Obviamente el grado de autonomía es diferente, esencialmente menor con respecto a la que comporta durante el periodo colonial.

Es este sentido, que interpretó y delimitó la extinta Corte Suprema de Justicia en Pleno, en sentencia del 13 de noviembre de 1989[92] el concepto de autonomía,

---

91 Ernesto Wolf, *Tratado de Derecho Constitucional Venezolano,* Tomo I, Tipografía Americana, Caracas, 1945, p. 149.

92 República de Venezuela, Corte Suprema de Justicia en Pleno, sentencia del 13 de noviembre de 1989 en *Revista de Derecho Público*, N.° 40/1989, Editorial Jurídica Venezolana, Caracas, p. 56.

perfilándolo como una construcción derivada de la racionalidad del ejercicio del Poder Público constituyente y normativo, es decir, limitada y relativa y no ilimitada o absoluta.

Así, el Máximo Tribunal motivó su decisión, entre otros argumentos, interprendo el artículo 25 constitucional de 1961, arriba transcrito, en cuanto a que

> …para la Corte ellas (la normativa constitucional relativa al régimen municipal) deben ser interpretadas de manera armónica concordante y unitaria con el conjunto de disposiciones de la Constitución vigente que regulan la organización y funcionamiento de los municipios, en especial, con las contenidas en el Capítulo IV del Título I del Texto Fundamental y las que señalan las competencias del Poder Nacional y de los Estados, tal como aparece expresado en las deliberaciones de la Comisión Bicameral de Reforma Constitucional y en las del Congreso constituyente.

Más adelante el Supremo Tribunal establece que es necesario efectuar una interpretación sistemática de las disposiciones constitucionales en cuanto al alcance y contenido del carácter autonómico del municipio y la legitimidad constitucional que le asiste.

El Alto Tribunal expresa que ya en el año 1937 sentenció que

> …no estaban vigentes los "criterios impregnados del concepto tradicional o histórico de autonomía municipal que pudiéramos haber heredado de España; porque al implantarse desde nuestra Emancipación política el régimen constitucional, las municipalidades, como parte integrante que son de los Estados federales que han venido suscribiendo las bases de la Unión, renunciaron implícitamente aquel concepto colonial de la autonomía de los municipios y adoptaron de manera expresa el que surge de la Constitución, esto es, una autonomía que no puede ir más allá de lo que rectamente se desprenda de las normas del derecho positivo constitucional. O lo que es lo mismo, no se trata de un gobierno libre dentro el Estado, sino de un poder regulado por el constituyente y por el legislativo ordinario..." (por oposición a legislativo constituyente). Más adelante, advertía la misma sentencia, "... aunque desde el punto de vista sociológico puede afirmarse que la autonomía municipal es emanación del pueblo, anterior a los preceptos constitucionales de cualquier país, se la considera como de manera exclusivamente la Constitución, porque está la que distribuye el Poder Público entre el Poder Federal como el de los Estados y el Municipal… (CFC-SPA 2-12-1937).

Cuando la Constitución de 1999 se refiere a que la Asamblea Nacional puede transformar el Estado, implica, dentro de la progresividad de los derechos humanos, que debe ser para mejorar y nunca para desmejorar el goce y disfrute de los derechos fundamentales, los cuales encuentran esencia y justificación no solo en la consagratoria de los mismos en el texto constitucional o en tratados y convenios en la materia, los cuales tienen aplicación supraconstitucional sino también en los valores republicanos e históricos ("consolide los valores de la libertad", como expresa el Preámbulo de la Constitución), que innato y propio al municipio colonial, como he tenido la oportunidad de citar en esta investigación.

La transformación del Estado puede ser para armonizar y coordinar el ejercicio del Poder Público, adaptar su estructura para hacerlo proclive a la observancia de los derechos humanos, para definir nuevos límites o integración de entidades federales, creación de la figura del primer ministro con anclaje parlamentario, las figuras sectoriales, con previsión constitucional, en la organización del Poder Ejecutivo pero en forma alguna sustituir al Municipio por la Comuna con la pretensión de vaciar de contenido la institucionalidad de la democracia y las formas de involucramiento ciudadano en los asuntos públicos, en la complementariedad de la representación inherente a la democracia, estableciendo supuestos escenarios de participación directa para crear el pilotaje de estabilización del terreno del dominio político y social, propicio para el levantamiento de una estructura de relaciones económicas absorbentes de la propiedad y la libertad económica.

La eficacia limitativa impediente de existencia, cimbrada en el reconocimiento del Municipio como «raíz de la República», está implícita en el principio de definición de la base territorial y progresiva del territorio, presente en nuestra ordenamiento constitucional *in illo tempore*, conforme al cual "[e]l territorio y demás espacios geográficos de la República son los que correspondían a la Capitanía General de Venezuela antes de la transformación política iniciada el 19 de abril de 1810, con las modificaciones resultantes de los tratados y laudos arbitrales no viciados de nulidad"[93].

No es objeto el análisis en este espacio de investigación el análisis de la importancia que de la Capitanía General de Venezuela de 1777 pero es indispensable partir de la premisa de lo que representó no solo la para la unificación del territorio sino para la definición de un régimen político ordenados y coherente, resultando sugestivo la reflexión de González y Donís, cuando expresan

> Llama a la atención que desde muy temprano, los legisladores republicanos apelaron a la Capitanía General de 1777, para fijar la base territorial de la República que fraguaba. Los legisladores de esa hora debían conocer mejor que nosotros, las instituciones hispanas en la que habían vivido y actuado y por eso creemos que ciertamente ellos tuvieron razones válidas para considerar que la institución de la Capitanía General era a la que legítimamente había constituido esa organización de sabor federal, que integró las provincias a partir de 1777 y que les permitió elaborar la Constitución federalista que firmaron en 1811[94].

93 Artículo 10 de la Constitución de 1999.

94 S.J González Oropeza y Manuel Donís Ríos, *ob. cit.,* pp. 125-6.

En nuestro criterio, y tomando en consideración las implicaciones que tuvo la Capitanía General de Venezuela 1977, creemos conveniente destacar que no solamente el aspecto territorial sino también la búsqueda de la uniformidad del establecimiento de mecanismos de sumisión de los entes locales existentes para la época -estructuración de un régimen de sumisión o sujeción legal- permitiendo de esta manera, una supremacía gubernativa sobre las entidades civiles, militares y religiosas de entonces.

Por otra parte, y de manera complementaria a lo expresado en relación a la Capitanía General, y su adopción como criterio para la definición y base de discusión de la delimitación territorial del Estado venezolano, conviene destacar también la importancia que desde punto vista político esa forma de organización, que representó la referida institución, añadiendo el rol que tuvo que representó el Cabildo de Caracas en los sucesos del 19 de abril de 1810.

En este orden de ideas, traemos a colación lo afirmado por Brewer Carías cuando expresa

> Al momento de la Independencia, el sistema español había dejado en el territorio de las nuevas repúblicas un sistema de poderes autónomos provinciales y citadinos, hasta el punto de que la declaración de Independencia la realizan los Cabildos en las respectivas provincias, iniciándose el proceso en el Cabildo de Caracas el 19 de abril de 1810. Se trataba, por tanto, de construir un estado en territorios disgregados en autonomías territoriales descentralizadas en manos de Cabildos o Ayuntamientos coloniales. Por ello, en Venezuela, a convocarse elecciones, en 1810, para la constitución de un Congreso General como la Junta Suprema de Caracas lo hizo partiendo del supuesto de que había "llegado al momento de organizar un poder central bien constituido[95].

De tal manera, que la esencia libertaria, la cercanía de auxilio y prestacional del Municipio con el ciudadano; su naturaleza de instrumentalidad para la adaptación de los conquistadores a la realidad geográfica y su intervención por parte del conquistador; la forma de flexibilizar la vinculación con la Metrópolis en virtud de las enormes distancias; la función de contrapeso con los Gobernadores y la propia Corona, la asunción de competencias, muchas de las cuales, subsisten en el presente; su grado de autonomía, que defendieron y mantuvieron, legando en menor grado y corto alcance a las entidades, hacen de la existencia de los Ayuntamiento o Cabildos, células madres del moderno régimen municipal un valor de liberta e histórico, que debe orientar al Poder Legislativo y al Poder Judicial a lo momento de ejercer y garantizar la tutela judicial efectiva y la revisión de la juridicidad. Son guías para el diseño, interpretación y o En nuestra opinión, no todo

---

95 Allan Brewer Carías, *Historia constitucional de Venezuela. Colección Tratado de Derecho Constitucional, Tomo I*, Fundación de Derecho Público/Editorial Jurídica Venezolana, Caracas, 2013, p. 289.

lo que es constitucional es jurídico (a la par de contenidos jurídicos como las reglas y los principios jurídicos, existen en una constitución directrices y valores), así como no todo lo que debe ser constitucional está en el texto de la Constitución observancia de institutos y normas.

Creemos con Estrada Vélez, que "no todo lo que es constitucional es jurídico (a la par de contenidos jurídicos como las reglas y los principios jurídicos, existen en una constitución directrices y valores), así como no todo lo que debe ser constitucional está en el texto de la Constitución"[96].

En definitiva, la esencia y progenie histórica del Municipio es un valor esencial republicano, libertario y un principio en tanto y en cuanto se inserta en el contenido implícito de la Capitanía General de Venezuela, en los términos analizados, siendo sin duda, raíz histórica de la República. Por tanto, podemos hablar de una «noción intrínseca limitativa y preservativa del Municipio».

Mientras, el Municipio tiene carta de ciudadanía e institucionalidad de solera expedición, la Comuna es una forma artificiosa y ajena a nuestra hispanidad, nuestra historia, no se corresponde ni siquiera con la vieja Comuna española.

Estamos en presencia de lo que hemos denominado el «síndrome de la negación histórica del Municipio y la creación artificiosa de la Comuna».

REFERENCIAS BIBLIOGRÁFICAS

ARCAYA U., Pedro M., *El Cabildo de Caracas (Periodo de la Colonia),* Ediciones Librería Historia, Caracas, 1968.

ARELLANO MORENO, Antonio, *Breve historia de Venezuela 1492-1958,* S/D, Caracas, 1974.

BAUTISTA URBANEJA, Diego, *El Alcalde de San Mateo. Posibilidad y sentido de la presencia de los hispánicos en el pensamiento y la acción del Libertador,* Fundación Premio Internacional Pensamiento de Simón Bolívar, Caracas, 1990.

BAYLE S.J., Constantino, *Los Cabildos Seculares en la América Española,* Sapientia, S.A., Madrid, 1952.

BRICEÑO IRAGORRY, Mario, *Mensaje sin destino, Obras Selectas,* Ediciones Edime, Madrid-Caracas, 1954.

____ *Introducción y defensa de nuestra historia, Obras Selectas,* Ediciones Edime, Madrid-Caracas, 1972.

---

96 Sergio Estrada Vélez, "La noción de principios y valores en la jurisprudencia de la Corte Constitucional", *Revista Facultad de Derecho y Ciencias Políticas,* consultado en 2021, Vol. 41, Número 114, pp. 41-76. Disponible en: http://www.scielo.org.co/pdf/rfdcp/v41n114/v41n114a02.pdf

____ *Tapices de Historia Patria. Ensayo de una morfología de la cultura Colonial,* S/D, Caracas, 1982.

BRITO FIGUEROA, Federico, *La estructura social y demográfica de Venezuela Colonial*, S/D, Caracas, 1961.

BREWER-CARÍAS, Allan, "Hacia la consolidación de un Estado socialista, centralizado, policial y militarista", *Comentarios sobre el alcance y sentido del anteproyecto de reforma constitucional 2007,* Editorial Jurídica Venezolana, Caracas, 2007.

____ *Las Constituciones de Venezuela, Tomo I (Estudio Preliminar y Textos constitucionales 1810 al 1864) y II (Textos Constitucionales 1874-1999),* Series Estudios, Academia Nacional de Ciencias Políticas y Sociales, Caracas, 2009.

____ "Introducción General al Régimen del Poder Popular y el Estado Comunal. (O de cómo en el siglo XXI, en Venezuela se decreta, al margen de la Constitución, un Estado de Comunas y de Consejos Comunales, y se establece una sociedad socialista y un sistema económico comunista, por los cuales nadie ha votado)", *Leyes Orgánicas sobre el Poder Popular y el Estado Comunal (Los Consejos Comunales, las Comunas, la Sociedad Socialista y el Sistema Económico Comunal)*, Editorial Jurídica Venezolana, Caracas, 2011.

CASTILLO LARA, Lucas Guillermo, *San Sebastián de los Reyes, La ciudad trashumante, Tomo I, Fuentes para la Historia Colonial de Venezuela*, Academia Nacional de Historia, Caracas, 1984.

CASTRO GUEVARA, Julio, *Esquema de la evolución municipal en Venezuela*, Fondo Editorial Común, Caracas, 1968.

Conferencia Episcopal Venezolana. *Conferencia Episcopal Venezolana.* Disponible en: http://confirmado.com.ve/la-cev-alerto-sobre-el-peligro-del-estado-comunal/ (último acceso: 30 de junio de 2021).

Corte Suprema de Justicia de la República de Venezuela en Pleno, sentencia del 13 de noviembre de 1989. Disponible en Revista de Derecho Público, N.° 40/1989, Editorial Jurídica Venezolana, Caracas.

DE BERNARDO ARES, José Manuel, "Estructura y Dinámica de los Cabildos Hispanoamericanos Elementos Básicos para su estudio comparativo. Heurística y crítica histórica de las fuentes", *Tiempo y Espacios*, Volumen IX, Nro. 17, 1992.

DE HURTADO, Liliana Regalado, *Historiografía Occidental. Un tránsito por los predios del Clío*, Fondo Editorial Pontifica Universidad Católica del Perú, Lima, 2010.

DE TOCQUEVILLE, Alexis, *La democracia en América*, Alianza Editorial, El libro de bolsillo, Madrid, 2017.

DOMÍNGUEZ COMPANY, Francisco, *Asociación Venezolana de Cooperación Intermunicipal (AVECI)*, Instituto de Estudios de Administración, Madrid/Caracas, 1982.

DONÍS RÍOS, Manuel, *El Territorio de Venezuela. Documentos para su estudio,* Universidad Católica Andrés Bello, Caracas, 2001.

____ *De la Provincia a la Nación/El largo y difícil Camino hacia la integración político territorial de Venezuela (1525-1935),* Biblioteca de la Academia Nacional de la Historia, Caracas, 2009.

____ *El régimen español en Venezuela. Estudio histórico*, Obras completas, Fundación Bancaribe, Caracas, 2015.

ESTRADA VÉLEZ, Sergio, "La noción de principios y valores en la jurisprudencia de la Corte Constitucional", *Revista Facultad de Derecho y Ciencias Políticas*, Universidad Pontificia Bolivariana, Vol. 41, Número 114, Medellín, 2011, consultado en 2021. Disponible en: http://www.scielo.org.co/pdf/rfdcp/v41n114/v41n114a02.pdf

FERNÁNDEZ HERES, Rafael, "Formación del Estado venezolano", *Boletín de la Academia Nacional de la Historia,* Tomo LXXXVI, Nro. 341, Caracas, 2003.

GABALDÓN MÁRQUEZ, Joaquín, *El Municipio, raíz de la República, El libro menor,* Academia Nacional de la Historia, Caracas, 1977.

GARCÍA DE ENTERRÍA, Eduardo, *La Constitución como norma y el Tribunal Constitucional,* Editorial Civitas, Madrid, 1985.

GARCÍA, José Agustín, *La Ciudad Indiana (Buenos Aires Antes desde 1600 hasta mediados del siglo XVIII),* Ángel Estrada y Cía., Buenos Aires, 1900.

GIL FORTUL, José, *Historia Constitucional de Venezuela Tomo 1 punto la Colonia La independencia la Gran Colombia,* Parra León Editores, Caracas, 1930.

GONZÁLEZ ANTÓN, Luis, *España y las Españas, Historia.* Alianza Editorial, Madrid, 1997.

GONZÁLEZ, María del Refugio, "La historia y el Derecho", *Históricas Digital,* Instituto de Investigaciones Históricas, UNAM, México, 1999.

HALLETT CARR, Edward, *¿Qué es la Historia?, Ciencias Humanas,* Editorial Seix Barral, S.A., Barcelona, 1976.

HEREDIA, José Raúl, *El poder tributario de los Municipios,* Rubinzal-Culzoni Editores, Buenos Aires, 2005.

HERNÁNDEZ, José Ignacio, ALVARADO ANDRADE, Jesús María y HERRERA ORELLANA, Luis A., "Sobre los vicios de inconstitucionalidad de la Ley Orgánica del Poder Popular", *Leyes Orgánicas sobre el Poder Popular y el Estado Comunal (Los Consejos Comunales, las Comunas, la Sociedad Socialista y el Sistema Económico Comunal),* Editorial Jurídica Venezolana, Caracas, 2011.

NOVOA PORTELA, Feliciano y VILLALBA RUIZ DE TOLEDO, F. Javier, (Editores), *Historia de Europa a través de sus documentos,* Lunwerg Ediciones, Madrid, 2012.

PARRA PÉREZ, Caracciolo, *El régimen español en Venezuela. Estudio histórico. Obras Completas,* Editorial Arte, Caracas, S/D.

PÉREZ Y LÓPEZ, Antonio Xavier, *Teatro de la Legislación Universal de España e Indias, por orden cronológico de sus cuerpos, y decisiones no recopiladas: y alfabético de sus títulos y principales materiales*, Tomo IV, Librería de Martínez, Madrid, MDCCXCII.

RODULFO CORTÉS, Santos (Coord.), *Antología Documental de Venezuela. 1492-1900. Materiales para la enseñanza de Venezuela, una historia de la comunidad venezolana contada por sus papeles clásicos.* Impresos Tipográficos Santa Rosa C.A., Caracas, 1960.

SISO MARTÍNEZ, J.M., *Historia de Venezuela*, Editorial Yocoima, Venezuela, 1956.

Swissinfo.ch. *Swinssinfo.ch.* https://www.swissinfo.ch/spa/venezuela-iglesia_obispos-venezolanos-ven-impulso-a--sistema-totalitario--con-un-estado-comunal/46730294 (último acceso: 2021 de junio de 30).

VALLENILLA LANZ, Laureano, *Disgregación e Integración,* Instituto de Estudios Políticos, Madrid, 1962.

Venezuela. Constitución de la República de Venezuela, publicada en Gaceta Oficial No. 662, Extraordinario, del 23 de enero de 1961.

____ Constitución de la República de Venezuela, publicada en Gaceta Oficial Extraordinaria N° 36.860, del 30 de diciembre de 1999.

____ Decreto N° 5138 del 17 de enero de 2007, publicado en Gaceta Oficial N° 38.607, del 18 de enero de 2007.

____ Leyes del Poder Popular, publicadas en Gaceta Oficial N° 6.011, Extraordinario, del 21 de diciembre de 2010.

____ Proyecto de Ley de Ciudades Comunales, 22 de junio de 2021.

WOLF, Ernesto, *Tratado de Derecho Constitucional Venezolano, Tomo I,* Tipografía Americana, Caracas, 1945.

DERECHO ADMINISTRATIVO – REGULATORIO

LA LICENCIA OBLIGATORIA DE LAS PATENTES SOBRE PRODUCTOS FARMACÉUTICOS, CON ESPECIAL REFERENCIA A LAS VACUNAS

*Hildegard Rondón de Sansó**

SUMARIO

---

* Doctora en Derecho de la Universidad Central de Venezuela, mención *Summa Cum Laude*. Doctora en Jurisprudencia (110 y laude), de la "Universita´degli Studi di Roma," (hoy denominada La Sapienza). Especialista en Derecho Industrial, Derecho Administrativo y Derecho Procesal Civil, con estudios bajo la guía, de Tulio Ascarelli; Masimo Severo Giannini y Antonio Segni respectivamente. Ganadora del primer lugar del concurso para jueces establecido en Venezuela para constituir al Tribunal de la Carrera Administrativa y designada Presidenta del mismo. Juez de la Corte Primera de lo Contencioso Administrativo y de la Sala Político Administrativa del Tribunal Supremo de Justicia. Magistrada representante del Bloque Hispano de la Organización Internacional el Trabajo (OIT) en el Tribunal Administrativo de las Naciones Unidas. Profesor Titular de la Universidad Central de Venezuela, en virtud de una carrera iniciada desde la base. Autora de alrededor de cien obras jurídicas de variada índole (tratados, estudios, monografías, artículos). En esta lista se encuentra el "Sistema Contencioso Administrativo de la Carrera Administrativa que obtuvo varios premios nacionales, y asimismo la obra "Ab imis Fundamentis" Tratado de la Constitución Venezolana de 1999, tomos I, II y III. Individuo de Número de la Academia de Ciencias Políticas y Sociales de Venezuela, Sillón N° 16 y Presidente de dicho organismo, previo agotamiento de todos los cargos. Académica Honoraria de la Real Academia de Jurisprudencia y Legislación de Madrid, España y de la Academia Nacional de Derecho y Ciencias Sociales de Córdoba, Argentina. Articulista de opinión en varios periódicos.

1. Ubicación de la licencia obligatoria de patentes

La materia relativa a las licencias obligatorias que recaen sobre las patentes de invención corresponde al campo de la Propiedad Industrial, que es una disciplina del Derecho que versa sobre los Bienes Inmateriales y presenta dos grandes ramas: **a)** la rama en la cual va a recaer nuestro estudio, que es la relativa a las **patentes** y sus figuras conexas, fundamentalmente, a las patentes de invención; las patentes de mejora de invención y las patentes de perfeccionamiento. Igualmente, esta rama comprende a los Modelos y los Dibujos Industriales; y, **b) los signos distintivos**, que se refieren fundamentalmente a las marcas y a las denominaciones comerciales, es decir, a los nombres y figuras que distinguen a los productos y los servicios.

Hemos comenzado por hacer el anterior señalamiento porque hemos visto que los juristas que aluden a las patentes de invención y sus elementos, insisten en señalar la materia como perteneciente al campo de la Propiedad Intelectual. Al efecto, la Propiedad Industrial y la Propiedad Intelectual tienen una relación de género-especie, por lo cual pertenecen al **mismo campo**, pero tienen diferentes **objetivos**, lo cual no significa que puedan identificárseles.

El Convenio de Paris, que es el texto internacional de más importancia en este campo y se denomina Convenio de Paris para la Protección de la Propiedad Industrial, en el artículo 2, señala cuál es el contenido de esa protección, indicando que su objeto son "*las patentes de invención, los modelos de utilidad, los dibujos o modelos industriales, las marcas de fábrica o de comercio, las marcas de servicio, el nombre comercial, las indicaciones de procedencia o denominaciones de origen, así como, la represión de la competencia desleal*". El artículo 3 a su vez indica que Propiedad Industrial debe entenderse en su acepción más amplia, porque se aplica "*no solo a la industria y al comercio propiamente dichos, sino también al dominio de las industrias agrícolas y extractivas y a los productos fabricados o naturales, por ejemplo, vinos, granos, hojas de tabaco, frutos, animales, minerales, aguas minerales, cervezas, flores y harinas*". Además, el régimen del Convenio de París señala que entre las patentes de invención se incluyen a todas las diferentes especies admitidas por las legislaciones de los países de la Unión (de Paris), tales como **patentes de importación, patentes de perfeccionamiento, patentes y certificados de adición.**

La Propiedad Intelectual es la parte del Derecho que regula las normas, criterios y sistemas que se aplican al Derecho sobre los bienes que no son materiales, es decir, a los bienes inmateriales, a diferencia de las restantes ramas del Derecho (Derecho Civil, Derecho Penal, Derecho Mercantil, etc.) que se aplican a objetos materiales o a sujetos o grupos humanos.

Es decir, que la Propiedad Intelectual es aquella que corresponde a los titulares de creaciones hechas por el hombre, bien sean destinadas a la industria y el comercio, como es el caso de las patentes y los signos distintivos, o bien, dedicadas a las creaciones del hombre en el campo de la cultura. Es así como el Derecho de los bienes inmateriales se divide en **Derecho Industrial**, que es el que se refiere a las invenciones, dibujos y modelos industriales porque trata de las creaciones del hombre destinadas en general a la industria y al comercio, por cuanto regulan los derechos que se le otorgan a los creadores las tecnologías y estudios científicos que se destinan a los conocimientos sobre las sustancias, objetos e instrumentos destinados a mejorar las condiciones de la vida de los sujetos en general.

El Derecho de Autor, que pertenece también al campo de la Propiedad Intelectual, pero alude a los beneficios de los creadores de bienes inmateriales que no son en principio, creados para uso económico o productivo, sino para la satisfacción del espíritu. Es decir, es todo aquello vinculado con el arte y con las disposiciones creativas de la imaginación y del sentido estético. En esta categoría entran los elementos musicales, los arquitectónicos, los constituidos por dibujos o pinturas en todo aquello que signifique la creación de un bien con valor estético, esto es, en la búsqueda de la belleza y utilidad sensorial. De allí que, cuando se trata de valores estéticos, estamos ante las creaciones artísticas (la literatura, la pintura, la arquitectura) y otras formas de creación de bienes que no están destinados en principio, a satisfacer necesidades materiales, sino al bienestar o desarrollo espiritual del hombre. Forman parte de esta categoría las obras literarias (novelas, poemas, antologías, biografías); las obras musicales (los conciertos, las sinfonías, los cantos, las canciones, las composiciones) y las obras arquitectónicas en general.

Por lo que atañe a la Propiedad Industrial, la misma posee varias ramas:

a.- La rama de las **invenciones** que, de ser estas protegidas por el Estado, pueden convertirse en **patentes de invención** o **patentes de mejora de invención**. También existen las **patentes de introducción,** que son las que no son creadas por quien las solicita, sino que su creador se encuentra fuera del ámbito jurídico nacional.

b.- Al lado de las patentes de invención y de mejora, la Propiedad Industrial presenta los **Modelos Industriales** o **Modelos de Utilidad**, constituidos por los objetos, a los cuales la creatividad del hombre, de su autor, le otorga características especiales. Así: una lámpara no es un objeto nuevo en el mercado y no podría considerarse como un modelo industrial; pero una lámpara con una pantalla especial capaz de operar sobre la base y cambiar los colores que de ella derivan, ya no es una simple lámpara sino es un modelo de utilidad porque comienza a tener una funcionalidad específica y un fin económico específico.

Además de las invenciones y de los modelos hay una tercera categoría de productos que pertenecen a la Propiedad Industrial, como lo son los **Dibujos Industriales**, los cuales son, como su nombre lo indica, dibujos, es decir, rasgos trazados para conformar figuras o representar cosas, realizadas por el hombre para todos los elementos que el mismo utiliza: la vestimenta; los útiles; los artículos de trabajo en general; las partes de los vehículos y los vehículos mismos y todas las estructuras que sirven para un fin determinado en el campo de la vida económica-social de las colectividades.

Los bienes de la Propiedad Industrial son protegidos por el Estado, dándoles un **derecho de exclusividad** a sus creadores, a fin de que sus producciones no puedan ser utilizadas por terceros sin su autorización. Este derecho de exclusividad no es permanente, sino que tiene un carácter temporal, una duración que, entre nosotros no puede exceder de "cinco o diez años a voluntad del solicitante"[1], pasados los cuales deja de incorporarse al objeto y pierde su exclusividad y **cae en el dominio público**, esto es, donde todos pueden usarla. Es esta una de las diferencias fundamentales entre los bienes de la Propiedad Industrial y los bienes de **Derecho de Autor** o **Propiedad Intelectual** propiamente dicho, ya que los primeros mencionados, como lo hemos dicho, tienen una exclusividad temporal para su creador, en cuanto que los segundos, son permanentes y eternos, salvo que el propio autor disponga lo contrario; pero el creador de una novela o de un cuadro, será siempre su autor y podrá disponer de él como más le convenga sin que exista una fecha definitiva en que se venza su relación de pertenencia exclusiva con la cosa creada por él, a menos que la transfiera comercialmente a un adquirente, en forma voluntaria.

La forma de otorgar la protección sobre los bienes de la Propiedad Industrial es el otorgamiento de una "patente" que es un acto de soberanía (del Estado) que le otorga **exclusividad** de uso y disposición al titular sobre el bien. Las patentes se denominan, de acuerdo con el objeto sobre el cual versan: si recae sobre una invención, se denominan patentes de invención; si recaen sobre un cambio o modificación de la invención se denominan patentes de mejora de invención; si recaen sobre dibujos o modelos, se denominan patentes de dibujos o modelos industriales.

El derecho de exclusividad sobre las patentes puede ser cedido en forma definitiva, o en forma transitoria por su titular. También puede ser cedido temporal y parcialmente, por un lapso acordado por las partes. Esta cesión se denomina "**licencia de uso**" y puede ser una licencia de uso permanente o una **licencia de uso temporal**. Estamos con este concepto entrando de lleno en el campo central de nuestro estudio que es el de las licencias de las patentes de invención, las cuales aluden a la cesión permanente o temporal, por parte del titular, de su derecho de exclusividad. Esta cesión puede ser voluntaria o convencional, o bien, como lo veremos también, obligatoria.

---

1 Art. 9 de la Ley de Propiedad Industrial que dice: "*Las patentes de invención de mejora, de modelo o dibujo industriales, se expedirán por cinco o diez años a voluntad del solicitante y las de introducción sólo por cinco años*".

2. Normas reguladoras de la materia en el régimen de la propiedad industrial y su aplicación en Venezuela y en los países de Centro y Suramérica

a. La normativa venezolana sobre la Propiedad Industrial

La normativa venezolana se erige sobre la Constitución dictada el 30 de diciembre de 1999 por una Asamblea Nacional Constituyente[2]. En el Texto Fundamental citado, por lo que atañe a la Propiedad Industrial, la misma debe entenderse como incorporada al concepto de Derechos Humanos, por lo cual aparece protegida en el Preámbulo de la Constitución en que la misma establece que el pueblo de Venezuela……con el fin supremo de refundar la Republica para establecer una sociedad democrática, participativa y protagónica, multiétnica y pluricultural en un Estado de justicia, federal y descentralizado….asegura "*la garantía universal e indivisible de los Derechos Humanos*". Lo cual se ratifica en el artículo 2, que establece que "*Venezuela constituido como un Estado democrático y social de Derecho y de Justicia... garantiza la preeminencia de los Derechos Humanos*".

En el Título Tercero, relativo a los Derechos Humanos y Garantías, se ratifica la tutela de dichos derechos, señalándose "*El Estado garantizará a toda persona, conforme al principio de progresividad y sin discriminación alguna, el goce y ejercicio irrenunciable, indivisible e interdependiente de los Derechos Humanos. Su respeto y garantía son obligatorios para los órganos del Poder Público, de conformidad con esta Constitución, con los Tratados sobre Derechos Humanos suscritos y ratificados por la Republica y con las leyes que los desarrollen*".

En el Capítulo Tercero, relativo a los Derechos Civiles, la Constitución consagra, en su artículo 57, el derecho de todos a expresar libremente sus pensamientos, sus ideas u opiniones, por escrito o mediante cualquier otra forma de expresión, todo lo cual implica un reconocimiento al derecho sobre las ideas y creaciones propias del hombre.

Más específicamente, el Capítulo VI, denominado "*De los Derechos Culturales y Educativos*" contiene varias normas relativas a los derechos inmateriales, señalando el artículo 98 "que la creación cultural es libre y que esta libertad comprende el derecho a la invención, producción y divulgación de la obra creativa, científica, tecnológica y humanística "*incluyendo la protección legal de los derechos del autor o de la autora sobre sus obras. El Estado reconocerá y protegerá la Propiedad Intelectual sobre las obras científicas, literarias y artísticas, **invenciones, innovaciones,** denominaciones, **patentes,** marcas y lemas de acuerdo con las condiciones y excepciones que establezca la ley*".

---

2 Venezuela. Constitución de la República Bolivariana de Venezuela, publicada en Gaceta Oficial N° 36.860 del 30 de diciembre de 1999 y reimpresa "por error material" el 24 de marzo de 2000, Gaceta Oficial Extraordinaria N° 5.453.

La Constitución justifica el reconocimiento de los derechos inmateriales en el artículo 99, al señalar que "*los valores de la cultura constituyen un bien irrenunciable del pueblo venezolano y un derecho fundamental que el Estado fomentará y garantizará*".

Otros artículos de este mismo capítulo aluden a la protección cultural y tecnológica tales como el artículo 110 que dice que "*el Estado reconocerá el interés público de la ciencia, la tecnología, el conocimiento, la innovación y sus aplicaciones y los servicios de información necesarios por ser instrumentos fundamentales para el desarrollo económico, social y político del país…*"

La normativa **legal** referente a la Propiedad Industrial se encuentra contenida en una Ley Especial que tiene ese mismo nombre[3]. Se trata de una disposición poco reciente, ya que fue promulgada el 10 de diciembre de 1956, derogando a la Ley de Patentes de Invención del 9 de julio de 1927 y la Ley de Marcas de Fabricas, de Comercio y de Agricultura del 23 de junio de 1930, y no ha sufrido modificaciones a pesar de que se han dado proyectos de cambios en su dispositivo, pero que no han llegado al ámbito oficial. Durante la permanencia de Venezuela en la Comunidad Andina nos rigió, en consecuencia, la normativa de dicho organismo, la cual era derogatoria en algunas partes de la Ley de Propiedad Industrial, pero Venezuela al retirarse de la Comunidad Andina[4], con ello también lo hizo de toda la normativa que, de la misma deriva, por lo cual las disposiciones de la Propiedad Industrial no fueron modificadas y siguen siendo tan solo las que hemos citado precedentemente.

La Ley de Propiedad Industrial venezolana, contempla una protección específica de las invenciones, a través de las patentes de invención y de mejora, protegiendo también a los dibujos y modelos industriales, las patentes de introducción de inventos o mejoras en forma análoga a las invenciones propiamente dichas.

Esta Ley tiene un capítulo relativo a las marcas comerciales y signos distintivos, donde se regula a las marcas de producción y de comercio y también tiene algunas normas sobre la competencia desleal.

b. Convenio de Paris para la Protección de la Propiedad Industrial

El Convenio de París para la Protección de la Propiedad Industrial, fue suscrito inicialmente el 20 de marzo de 1883, pero tuvo muchas revisiones, la primera fue en Bruselas el 18 de diciembre de 1900, la segunda en Washington en junio

[3] Aura Esther Troconis Troconis y Carolina Lourdes Rodríguez Aguilera, "La Propiedad Industrial en Venezuela: Desarrollo Institucional y Experiencia Normativa (1955-2017)", *Revista Mensual de la Universidad Internacional de Ecuador*, extensión Guayaquil, Volumen 3, 2018.

[4] El 22 de abril de 2006, la República Bolivariana de Venezuela denunció el "Acuerdo de Integración Subregional Andino", dando lugar a su retirada de la Comunidad Andina (CAN).

de 1911; la tercera en La Haya en noviembre de 1925; en Londres en junio de 1934; en Lisboa en octubre de 1958; en Estocolmo tanto la del 14 julio de 1967, como su última enmienda de fecha 28 de septiembre de 1979.

Este convenio que es un texto que regula todas las materias que hemos enunciado como propias de la Propiedad Industrial, consta de 30 artículos que tienen versiones en alemán, español, inglés, italiano, portugués y ruso y en los otros idiomas que la Asamblea indique, pero en caso de controversia sobre la interpretación del texto, predominará el texto francés.

Venezuela se adhirió al Convenio de París en fecha 30 de marzo de 1995, según Gaceta Oficial Extraordinaria N° 4.882. Es importante mencionar que Venezuela se adhirió al Convenio que establece la Organización Mundial de la Propiedad Intelectual (OMPI) que fue firmado en Estocolmo el 14 de julio de 1967, y su Ley Aprobatoria fue publicada el 20 de enero de 1984, Gaceta Oficial N° 3.311 Extraordinaria.

c. Acuerdo de la Organización Mundial de Comercio sobre los Aspectos de los Derechos de Propiedad Intelectual relacionados con el comercio (ADPIC)

El ADPIC está contenido en el Anexo 1C del Acuerdo de Marrakech, creador de la Organización Mundial del Comercio del 15 de abril de 1994, que entró en vigor el 1 de enero de 1995.

El Acuerdo sobre los ADPIC se basa en los sistemas multilaterales existentes para los derechos de propiedad intelectual, recogiendo varias disposiciones internacionales de protección de dicha disciplina. Estas disposiciones están solo aludidas por el ADPIC y son ellas fundamentalmente, el Convenio de Paris para la Protección de la Propiedad Industrial, en particular, el Acta de Estocolmo, del 14 de julio de 1967; el Convenio de Berna para la Protección de las Obras Literarias y Artísticas; la Convención Internacional sobre la Protección de los Artistas, Intérpretes o Ejecutantes, Productores de Fonogramas y los Organismos de Radiodifusión, adoptadas en Roma el 26 de octubre de 1961 y el Tratado sobre la Propiedad Intelectual respecto a los circuitos integrados, adoptado en Washington el 26 de mayo de 1989.

Hemos traído a colación el Acuerdo sobre los ADPIC, por cuanto el mismo toca específicamente, la disciplina que nos interesa en este trabajo, una materia biológica o, mejor aún, médica, como es el de las vacunas y el Acuerdo de los ADPICS. Esta normativa alude a los productos médicos y otras tecnologías y es indudable que, es el texto más completo de naturaleza internacional para conocer de materias como la violación de las patentes; la eliminación del carácter de exclusividad que las mismas puedan tener; la oportunidad de su vencimiento y otras exigencias y temas de análoga naturaleza, están regulados por ella y, en el caso presente, cuando hablamos de salud pública en el plano internacional, hay que ocurrir a la regulación específica que nos hace. En efecto, la patente es un derecho regulado y protegido por la normativa que hemos mencionado tanto en Venezuela como internacionalmente, en razón de lo cual su tutela ha de verse como una violación de esa normativa o como una utilización de la misma, si fuera el caso. Es decir que, para plantear cualquier solución en el marco de vacunas que, como tales, productos medicinales que son, están sometidos a un régimen especial, siendo la normativa que vamos a utilizar la relativa al régimen de las patentes.

Es sabido que el Acuerdo sobre los ADPIC autoriza las licencias obligatorias a las cuales vamos a referirnos en un punto del presente estudio, e incluso, al uso por los gobiernos de una patente sin autorización de su titular, si se cumplen determinadas condiciones establecidas con el fin de proteger los derechos del mismo. En lo relativo a la OMC y las materias que lo regulan, existen previsiones para obtener de empresas o de simples inventores o grupos farmacéuticos, el suministro de vacunas en los casos en los cuales exista epidemia.

d. Declaración de DOHA relativa al Acuerdo de los ADPIC y la salud pública

Esta declaración fue adoptada el 14 de noviembre de 2001 por la Organización Mundial de Comercio. En esta declaración se establece lo siguiente:

1.- Se reconoce la gravedad de los problemas de salud pública que afligen a los países en desarrollo, especialmente, los problemas derivados del VIH/SIDA, la tuberculosis, el paludismo y otras epidemias.

2.- Declara que la protección de la Propiedad Intelectual es importante para el desarrollo de nuevos medicamentos, teniendo presente así mismo, las preocupaciones con respecto a sus efectos sobre los precios.

3.- El Acuerdo sobre los ADPIC no impide que los Miembros adopten medidas para proteger la salud pública y, afirmamos que dicho acuerdo puede y, deberá, ser interpretado en forma de que apoye el derecho, de los miembros de la OMC de proteger la salud pública y, en particular, el acceso a los medicamentos para todos.

4.- Reafirma el derecho de los miembros de la OMC de utilizar al máximo las disposiciones del Acuerdo sobre los ADPIC que prevén la **flexibilidad** a este efecto.

5.- Señala que esas **flexibilidades** incluyen lo siguiente:

a.- Aplicar las normas consuetudinarias de interpretación del Derecho Internacional Público, por lo cual cada disposición del Acuerdo sobre los ADPIC se leerá a la luz del objeto y fin de dicho Acuerdo;

b.- Cada Miembro tiene el derecho de conceder licencias obligatorias y la libertad de determinar las bases sobre las cuales se conceden tales licencias;

c.- Cada Miembro tiene el derecho de determinar lo que constituye una **emergencia nacional u otra circunstancia de extrema urgencia**, quedando entendido que las crisis de salud pública, incluidas las relacionadas con el VIH/SIDA, la tuberculosis, el paludismo y otras epidemias, pueden representar una emergencia nacional u otra circunstancia de extrema urgencia;

d.- El efecto de las disposiciones del Acuerdo sobre los ADPIC, que son pertinentes con respecto al agotamiento de los derechos de la Propiedad Intelectual, es dejar a cada Miembro en libertad de establecer su propio régimen para tal agotamiento, sin impugnación, a reserva de las Disposiciones de los artículos 3 y 4 y sobre Trato NMF esto es, Trato de la Nación más Favorecida y Trato Nacional.

6.- Reconoce que los Miembros de la OMC cuyas capacidades de fabricación en el sector farmacéutico son insuficientes o inexistentes, podría tropezar con dificultades para hacer un uso efectivo de las licencias obligatorias con arreglo al Acuerdo sobre los ADPIC. Encomienda al Consejo de los ADPIC, que encuentre una pronta solución a este problema y que informe al respecto al Consejo General, antes del fin de 2012.

7.- Reafirma el compromiso de los países desarrollados Miembros, de ofrecer a sus empresas e instituciones, incentivos destinados a fomentar y propiciar la transferencia de tecnología a los países miembros menos adelantados. También conviene en que los países menos adelantados Miembros, no estarán obligados, con respecto a los productos farmacéuticos a implementar o aplicar las Secciones 5 (materia patentable. Exclusión de patentabilidad) y 7 (Protección de la información no divulgada) de la parte II del Acuerdo sobre los ADPIC ni hacer respetar los derechos previstos en estas secciones hasta el 1 de enero de 2016, sin perjuicio del derecho de los países menos adelantados, miembros de recabar otras prórrogas de los periodos de transición.

3. De la situación sanitaria de Venezuela derivada del COVID-19

Muchos países del mundo se han visto afectados por la epidemia producida por un virus que se denomina COVID-19, Venezuela ha sido uno de esos países. La crisis sanitaria ha sido tan fuerte en nuestro país que obligó a las autoridades públicas a dictar serias medidas relativas a la actividad de las personas y llevó a declarar para el 2020 el **estado de cuarentena**[5], es decir, la limitación de la libertad de los habitantes de realizar actividades fuera de sus casas. Es conveniente señalar que en Italia se utilizó para calificar esta medida, -que en español normalmente se denomina "cuarentena"-, el término inglés "*lock down*", consistente en una prohibición a las personas de salir de la propia residencia o habitación, salvo aquellas especialmente excluidas. Lo anterior significó una paralización de todas las actividades: cierre de establecimientos comerciales, suspensión del trabajo realizado fuera del domicilio, y todo ello en la totalidad del día y de la noche. Este

[5] El Presidente de Venezuela, Nicolás Maduro, ordenó el domingo 15 de marzo de 2020, la cuarentena de siete estados del país, incluida la ciudad de Caracas, la capital, para combatir la propagación del coronavirus, iniciándose tal medida al día siguiente, lunes 16 de marzo de 2020.

cese de actividades también se dio en algunos países en forma total y en otros, como en este caso Venezuela, se aplicó de la misma forma, pero, con el tiempo, se implementó el "esquema 7+7"[6], el cual se trataba de una semana de regreso a la normalidad y otra semana de inactividad en todos los sectores, salvo en los expresamente excluidos.

La medida fue dictada para atender a la enorme cantidad de los afectados por el morbo, producido por el virus que era cada vez más activo y contagioso, por lo cual, había que impedir que estos contagios se produjesen. Naturalmente que todo ello incidió sobre la totalidad de las actividades del país, no solo la económica, sino también las relativas al transporte, a la educación, a la movilización y a todo lo que significase el cambio de los sujetos de sus hogares hacia cualquier sitio diferente (comercios, escuelas, parques, etc.). Ante una situación semejante entraron de lleno a imperar las disposiciones médicas y, siguiendo las instrucciones que los expertos establecieron, se consideró necesario vacunar a las personas para que no fuesen afectados por el virus. El problema estuvo justamente en la adquisición de las vacunas, porque obviamente, las mismas no son producidas localmente, sino que deben ser importadas.

La importación exigía, además, ingentes sumas, por cuanto las vacunas son producidas por laboratorios especializados cuyas actividades implican grandes costos. Por otra parte, el virus no actuaba localmente, sino que llegó un momento en que casi todos los países del mundo estaban afectados por la misma pandemia, por lo cual, la necesidad de vacunas no podía considerarse exclusiva de un solo país, sino que eran muy numerosos los que debían ser protegidos. Los laboratorios más calificados dedicaron su actividad a la elaboración de los antivirus, labor ésta complicada, por cuanto se trataba de un efecto nuevo, desconocido hasta el momento y había que tomar medidas con relación a una situación que no era atacada con anterioridad.

En otros países existieron modalidades diferentes de adquisición de las vacunas, pero indudablemente todos estaban ante un nuevo fenómeno, cuyos efectos y combates requieren de un tiempo largo para tener eficacia. Se dice que la creación de una nueva vacuna, con las pruebas que ella implica a los fines de que se vean los resultados y se vayan mejorando los afectados es de seis años y los laboratorios tenían que atender a miles de solicitudes con vacunas experimentales que se fueron haciendo más especializadas y efectivas.

La gravedad de la situación me llevó a escribir varios artículos en la página web Medium, así como en cartas enviadas a mis amigos, preguntándome por qué los gobiernos no procedían a utilizar la figura de las licencias obligatorias sobre las patentes, que es una figura novedosa en el campo del Derecho Industrial y prevista en muchas normas, tales como: en los ADPIC y puesta en uso por algunos

---

6 Esquema aplicado por el gobierno desde junio de 2020.

países suramericanos como han sido Brasil, Ecuador y Colombia. La licencia obligatoria es una figura que se refiere a las patentes que están destinadas a fines colectivos, sobre todo, sanitarios o educativos, en los cuales surgen elementos que alteran su realización. Se trata de una licencia en el sentido jurídico, es decir, de una exclusión momentánea, temporal, que libera a la patente de su carácter de exclusividad del uso por lo cual excluye a terceros no autorizados.

De acuerdo con lo que he leído recientemente[7,8], hay una tendencia a permitir la licencia aun en contra de la voluntad del titular de la patente e incluso, hay quienes consideran que, si se trata de atacar endemias o situaciones que afectan el orden público o la seguridad social, deberían ser gratuitas. En nuestro criterio, hay que ceñirse al concepto clásico de la licencia obligatoria.

La licencia obligatoria no es otra cosa que una especie de contrato de alquiler sobre la patente en beneficio de quien la solicite (el licenciatario) que tiene las siguientes características: es alguien con conocimientos suficientes para "ejecutar la patente", porque como bien sabemos, el uso de una patente exige de una experiencia expresa y a este conocimiento hay que agregar los instrumentos necesarios para efectuar el uso. Es decir que una persona que es un industrial o comerciante o especialista en cuestiones médicas, suficientemente acreditado por su honestidad, solicita del titular de la patente en materia de seguridad u orden público como es el caso de las medicinas u otra situación análoga, que no está produciendo suficiente con dicha patente los productos en los cuales la misma se usa, o los está produciendo a un precio excesivamente alto, lo cual impide a la mayor parte de los sujetos su adquisición. Es decir, que la situación es que nos encontramos con una empresa o un inventor que tiene una patente con la cual puede curarse una enfermedad o puede atenderse a una emergencia y el mismo no la utiliza o la utiliza en forma muy escasa, es decir, tiene una utilización limitada y mientras tanto, la enfermedad que puede curar o el efecto que puede impedir, se desborda por las razones negativas que operan en toda situación análoga. El solicitante de la licencia es una empresa o un sujeto que no solamente está calificado por sus conocimientos para usar y divulgar la patente, sino que es un experto en la materia objeto de ella y solicita una licencia voluntaria al titular, el cual se niega a dársela o bien, se trata de una situación como la que estamos viviendo con motivo del COVID-19, en la cual, un número enorme de personas están sufriendo por los contagios que produce dicho virus y necesitan de una vacuna que impida que este contagio se produzca. En este caso, en nuestro criterio, una empresa o un sujeto

---

7 Organización Mundial del Comercio, "Los ADPIC, el sistema de propiedad intelectual y la COVID 19", disponible en https://www.wto.org/spanish/tratop_s/trips_s/trips_and_covid19_s.htm

8 Adrián Alonso Ruíz, "Derechos de Propiedad Intelectual, vacunas y una innovación más sostenible y justa". Mayo 2021. Disponible en: https://agendapublica.elpais.com/noticia/17270/derechos-propiedad-intelectual-vacunas-innovacion-mas-sostenible-justa

especializado en la materia relativa a la patente, debe solicitar del Estado obligue al titular de la patente a otorgarle la autorización para el uso de dicha patente. Será el Estado al que corresponda tomar la decisión que estaría basada en las condiciones del solicitante, antes indicadas y en la existencia de un daño a la sociedad o a grupos humanos numerosos en el caso de la negativa. La patente existe, pero no está siendo usada en forma de satisfacer la necesidad general que se ha creado, o las condiciones de adquisición en el mercado son demasiado onerosas para los afectados. En tales casos la solución es una licencia que debe ser otorgada y por eso se denomina obligatoria ya que debe ser acordada por el titular de la patente, y que, al ser usada, limitará su derecho de otorgar otras licencias, aun cuando si pueda, por sí mismo, continuar utilizando la patente.

Les cito ahora algunos casos[9] [10] que están en muchas publicaciones que se han hecho sobre licencias obligatorias, por ejemplo: A principios de 2001 Brasil anunció que estaba considerando conceder licencias obligatorias sobre las patentes de "Nelfinavir y Efavirenz" e instruyó al laboratorio estadal Farmanguinhos para que hiciera un cálculo sobre el costo de fabricar dichas drogas. Para el cumplimiento de tal cometido, el laboratorio estatal importó de India las materias primas necesarias para las pruebas e investigación. En respuesta a ello, en marzo de 2001, Merck Sharp & Dohme (MSD), titular de las patentes de las drogas, presentó un escrito considerando que el Estado estaba infringiendo sus derechos de patentes, pero el Ministerio de Salud no atendió a tal solicitud y, en marzo de ese año, se llegó a un acuerdo respecto al precio de las medicinas y, en agosto, acordó una licencia obligatoria con un descuento del 40% sobre el precio de mercado.

En el futuro, Brasil siguió con su política de acordar licencias sobre medicamentos necesarios para situaciones graves. En efecto, se sentó en la mesa de negociaciones, sosteniendo que su laboratorio estatal Farmanguinhos, podía fabricar los medicamentos a precios mucho más bajos. Finalmente, en enero de 2004, tras lograr una reducción muy importante en el precio de los medicamentos, el Ministerio de Salud desistió formalmente de seguir la licencia obligatoria, lo cual, para los expertos, ha significado un triunfo por cuanto a través de la negociación se llegó al mismo fin que el de la licencia acordada.

El mismo gobierno del Brasil, en el año 2005 dictó un decreto declarando de interés público el medicamento Lopinavir, comercializado bajo la marca Kaletra, señalando que dictaría una licencia obligatoria. Después de meses de negociación, el Ministerio de Salud llegó a un acuerdo con Abbott empresa titular de la patente,

---

9 Guillermo Vidaurreta, "Uso público no comercial y licencias obligatorias en América Latina: Estado de situación", South Center, 2021.

10 Rafael J. Pérez Miranda, "Exigibilidad del derecho de acceso a la salud y licencias obligatorias en materia de medicamentos", Comisión Americana Jurídico Social, Colección CISS, México, 2020.

aceptando un precio fijo por paciente, por año, hasta por dos años, independientemente del aumento de la demanda y un trato de que no se emitirían licencias obligatorias para esta droga en Brasil.

Los casos que generaron más conmoción y repercusión fueron los de Sudáfrica en 1997 y Brasil en 1999. Se pretendió imponer la idea de que las licencias obligatorias eran contrarias a la esencia del sistema de patentes y los Estados Unidos hicieron declaraciones en contra de las licencias obligatorias, las cuales eran manifiestamente improcedentes porque era signatario del Acuerdo del ADPIC que prevé como vimos, la figura.

4. Licencias obligatorias

Concepto y elementos que lo constituyen

La licencia obligatoria es el acto en virtud del cual un tercero solicita de la autoridad administrativa correspondiente, obligue al titular de una patente a permitirle su uso con las modalidades que considere oportunas y por un tiempo determinado, mediante el pago de una remuneración. Debemos señalar que hay algunos textos que le niegan el carácter gratuito y otros que no exigen se informe al titular de la patente.

El Convenio de Paris en su artículo 5, letra A, ordinal 2 establece lo siguiente: "*Cada uno de los países de la Unión, tendrá la facultad de tomar medidas legislativas que prevean la concesión de licencias obligatorias para prevenir los abusos que podrían resultar del ejercicio del derecho exclusivo conferido por la patente, por ejemplo, falta de explotación*". *A su vez, el ordinal 3 del mismo artículo 5 dice "la caducidad de la patente no podrá ser prevista sino para el caso en que la concesión de licencias obligatorias no hubiere bastado para prevenir estos abusos. Ninguna acción de caducidad o de revocación de una patente, podrá establecerse antes de la expiración de dos años a partir de la concesión de la primera licencia obligatoria*".

Ordinal 4: "*Una licencia obligatoria no podrá ser solicitada por causa de falta o de insuficiencia de explotación antes de la expiración de un plazo de cuatro años a partir del depósito de la solicitud de patente o de tres años a partir de la concesión de la patente, aplicándose el plazo que expire más tarde; será rechazada, si el titular de la patente justifica su inacción con excusas legitimas. Dicha licencia obligatoria* ***será no exclusiva*** *y no podrá ser transmitía, aun bajo la forma de concesión de su licencia, sino con la parte de la empresa o del establecimiento mercantil que explote esta licencia*".

Ordinal 5 "*Las disposiciones que preceden serán aplicables a los modelos de utilidad sin perjuicio de las modificaciones necesarias*".

La normativa del artículo 5 del Convenio de Paris contiene en sus diferentes ordinales antes citados, la totalidad del régimen de la licencia obligatoria. En efecto, la normativa aludida nos señala cual es la causa de la licencia obligatoria.

Dicha causa de concesión de licencias obligatorias está constituida por el **abuso del titular de la patente que haya impedido la utilización del contenido de la misma**, pero han sido agregadas otras razones específicas como el Estado de Emergencia o el alto costo del medicamento en el mercado.

La licencia obligatoria solo puede solicitarse a la expiración del plazo de cuatro años, contados a partir del depósito de la solicitud de patentes o de tres años a partir de su concesión, aplicándose el plazo que expire más tarde. Es decir que la licencia obligatoria no puede solicitarse sino transcurrido un lapso que, de acuerdo con el estado en que la misma se encuentre, haya sido debidamente solicitada u otorgada. Estos plazos son, o bien, cuatro años a partir del depósito de la solicitud, o tres años a partir de la concesión de la patente.

Carácter de la licencia obligatoria[11]

El carácter de la licencia obligatoria es de ser "**no exclusiva**", es decir, que no es la única licencia que puede otorgar el titular de la patente, sino que éste puede antes o después de haber otorgado una licencia obligatoria, otorgar otras. Por el contrario, el licenciatario, es decir, el titular de la licencia no tiene facultad para ceder la licencia ni para transmitirla por cualquier título, a menos que la licencia constituya en la negociación que hace el licenciatario una parte de su empresa o del establecimiento para el cual adquirió la licencia.

Es importante señalar que el licenciatario puede pedir la caducidad de la patente en los casos en los cuales en que la licencia obligatoria no hubiere bastado para prevenir los abusos del titular de la patente. Por otra parte, ninguna acción de caducidad o de revocación de la patente, puede ejercerse antes de dos años a partir de la concesión de la primera licencia obligatoria.

¿Quién regula el régimen de las licencias obligatorias?

No basta con lo dispuesto en los ordinales 1, 2, 3, 4 y 5 del artículo 5 del Convenio de Paris para regular la licencia obligatoria, sino que cada país de la Unión (miembros signatarios del Convenio de Paris) tiene la facultad de tomar medidas legislativas **para prevenir los abusos del titular de una patente**, acordando la concesión de licencias obligatorias. Como ejemplo de los **abusos** que pueden dar lugar a esta especifica situación, el Convenio de Paris señala como tal, la **falta de explotación**. Ahora bien, la doctrina ha ido agregando otros elementos tales como la **deficiente explotación de la patente** al punto de que no cubre las exigencias de la comunidad, es el caso típico de las patentes destinadas a la protección de la salud pública o de otras materias de interés colectivo en las cuales el titular de la patente, que puede salvar vidas, mejorar las condiciones sociales, o prestar otros beneficios, razones por las cuales ha sido otorgada, **no explota la patente y con ello da lugar a que el Estado establezca el sistema de las licencias obligatorias mediante una norma de carácter legislativo.**

---

[11] Hildegard Rondón de Sansó, *El Régimen de la Propiedad Industrial*, Editorial Arte, Caracas, 1995.

Este es el régimen en general de las licencias obligatorias en el Convenio de París y es obvio que, en la aplicación de esta normativa, hayan surgido casos que añadan nuevos elementos en los cuales pudiera fundarse la concesión de licencias obligatorias, por cuanto, como hemos visto, el Convenio de Paris al establecer la figura solo señala un ejemplo de la razón por la cual podría pedirse y este ejemplo está en la **falta de explotación**. Indudablemente que esta expresión usada por el Convenio de "falta de explotación", también significa que la explotación no tiene que ser total, sino que entra en tal supuesto la explotación defectuosa. Asimismo, la explotación limitada y la explotación que no cubre a la totalidad de los afectados por la falta del producto o del sistema que es el objeto de la patente.

Es importante para poder interpretar el alcance de la normativa del Convenio, la declaración denominada Declaración de Doha relativo al Acuerdo de los ADPIC y la Salud Pública, la cual es necesario leer con detenimiento para ver, si a través de ella es posible ampliar el concepto de falta de explotación. Indudablemente que la Declaración de Doha amplia la noción cuando reconoce como posibilidad para solicitar una licencia obligatoria la "**emergencia nacional**" u **otra circunstancia de extrema urgencia e incluso señala como tales a la crisis de salud pública, incluidas las relacionadas con el VIH/SIDA, la tuberculosis, el paludismo, otras epidemias y circunstancia de extrema urgencia**. Es importante al efecto recordar la antes citada letra "d" del artículo 5 de la Declaración de Doha que señala que las disposiciones del Acuerdo sobre los ADPIC, dejan a cada miembro en libertad de establecer su propio régimen en el cual se base la impugnación de la patente, a reserva de las disposiciones de algunas normas, sobre **trato de la nación más favorecida y trato nacional**.

Indudablemente que el problema de las licencias obligatorias gira fundamentalmente en un campo sumamente delicado, como es el campo moral y humanitario de la atención a las comunidades y del otorgamiento de niveles de vida justos a las mismas. El Convenio de Paris ha sido claro al señalar que la Propiedad Industrial no puede ser concebido como una restricción a los beneficios de la humanidad, sino que debe adaptarse la titularidad de los bienes de la propiedad industrial a la sociedad y a sus intereses. En el mismo sentido opera la Declaración de Doha.

5. Fármacos y vacunas

La inclusión del tema de "fármacos y vacunas" en el presente estudio, obedece al hecho de que elemento fundamental de la crisis sanitaria que se ha vivido en estos últimos años, en casi todos los países del mundo, ha sido el efecto de un virus denominado COVID-19, contra el cual la única medida efectiva es la preventiva que está dada fundamentalmente por la conducta de las posibles víctimas, por una parte, y por otra, por la posibilidad de obtener una vacuna apropiada en contra de dicho virus. El problema de las vacunas contra los virus, como lo sabemos, es que no es posible hacer una gran producción preventiva de ellos porque los virus cambian rápidamente su estructura y su modo de actuación en forma tal que se transforman y esa transformación es inmune a las vacunas que existían con anterioridad. En consecuencia, cuando surge un nuevo virus o alguna modificación de alguno de los existentes, la posibilidad de protección médica está solo en los laboratorios que elaboren vacunas específicas en su contra. Vamos a hablar ahora un poco de las **vacunas**[12].

Antes de la era moderna, las vacunas eran poco conocidas, e incluso, de muchas de ellas se tenía temor de aplicarlas. Los padres se habrían sorprendido al pensar que generaciones futuras pondrían, en manos de las vacunas la protección de sus hijos de muchas de las enfermedades infecciosas más graves que, a ellos, les afectara en la niñez. En efecto, hubo una época en que la **difteria** era una de las enfermedades infantiles más temidas, cobrando solo en los Estados Unidos, más de 10 mil vidas al año en el curso de los años 1920 y siguientes. En los años 1940 y 1950 la **poliomielitis** paralizó e incluso mató a miles de niños y el **sarampión** afectaba a casi medio millón de niños en Estados Unidos cada año. En Latinoamérica esta última enfermedad citada fue sufrida por casi todas las personas en algún momento de nuestra infancia y, algunas veces, en forma sumamente agresiva y ocasionaba complicaciones como la **neumonía** y la **encefalitis**. En la actualidad la mayoría de los niños de los países con cierto desarrollo, viven vidas mucho más saludables y las familias tienen menos preocupación con respecto a las infecciones de la infancia, todo ello gracias a las vacunas cuyo desarrollo es relativamente reciente.

Hagamos un poco de historia. Hace más de doscientos años, en el Reino Unido, un industrial llamado Edward Jenner observó que algunas mujeres que ordeñaban vacas parecían estar protegidas de la **viruela** si ya habían sido infectadas por el virus menos peligroso, que ocasionaba la **viruela bovina** y fue así como realizó un experimento con un niño de 8 años, raspando su brazo con virus de viruela bovina. Luego repitió el experimento, agregándole una pequeña cantidad de viruela de la que el mismo pequeño sufría y su expectativa de que el procedimiento inmunizara al niño fue exitoso. Se estaba iniciando el mundo de las vacunas.

El siguiente avance importante ocurrió casi 100 años después, cuando Louis Pasteur demostró que la enfermedad infecciosa se podía evitar al infectar a los humanos con gérmenes debilitados de tal mal, y en el año 1885, utilizó una vacuna para prevenir con éxito la **rabia**, en un niño que había sido mordido por un perro rabioso. De allí en adelante estaba abierto el campo para las vacunas. Para la mitad del siglo XX había un progreso muy positivo en ese campo. Los doctores Jonas Salk y Albert Sabin, lograron lo que se conoce como el avance más importante en este campo, como fuera desarrollar la **vacuna contra la poliomielitis inactiva y la vacuna de poliomielitis activa** respectivamente. Estos descubrimientos han salvado a un número incontable de niños en todo el mundo de la poliomielitis, enfermedad que deja siempre como rastro al afectado en una silla de ruedas o con muletas de por vida.

---

12 Immunizations & Infectious Diseases: An Informed Parent's Guide (Copyright © 2006 American Academy of Pediatrics). 2015, disponible en: www.healthychildren.org

La **viruela** se declaró oficialmente erradicada del mundo en el año de 1977 y la **poliomielitis** desde el año 1991. A pesar de que hubo 12.230 muertes a causa de la **difteria** en los Estados Unidos, a partir de la vacuna para prevenirla, solo hubo un caso en 1998.

La cifra de afectados de estas enfermedades graves se ha reducido en forma dramática, todo ello por las vacunas que continúan apareciendo para cosas más simples como la **papera, el sarampión y la rubeola.**

En realidad, los chinos siempre están presentes cuando se trata de experimentos antiguos y, efectivamente, ellos fueron los que dieron los primeros indicios en la práctica de la inoculación con viruela durante el siglo X. Esta práctica consistía en una insuflación nasal de un polvo constituido por fragmentos de restos secos a fin de lograr la inmunización de los pacientes que sufrían tipos leves de viruela.

Los procedimientos de inoculación de los residuos dejados por las enfermedades era el procedimiento normal de vacunación. La segunda generación de vacunas fue introducida en la década de 1880 por alguien a quien ya hemos mencionado, Louis Pasteur, quien desarrolló vacunas para el **cólera, aviar y el ántrax**. Para convencer a las personas que debían vacunarse, el científico hacia demostraciones públicas, incluso, en su propia persona, del sistema de inmunización.

En el plano científico una de las vías jurídicas más importantes para aclarar los procesos de transmisión de las medicinas capaces de detener las grandes infecciones y las enfermedades en general, está contenido en una norma que ya hemos citado, y que es el Acuerdo de la Organización Mundial del Comercio sobre los Aspectos del Derecho de Propiedad Intelectual relacionados con el Comercio (ADPIC). En este Acuerdo, que recoge la totalidad de los textos fundamentales dictados en materia de Propiedad Intelectual se alude a los productos médicos y a otras tecnologías, pero lo importante del mismo está en el reconocimiento que hace de las licencias obligatorias. Tenemos que insistir en que el ADPIC, recoge el Convenio de Paris para la Protección de la Propiedad Industrial, en su acta de Estocolmo; el Convenio de Berna; el Tratado de Propiedad Intelectual respecto a los Circuitos Integrados, adoptado en Washington en 1989.

En el ADPIC se autorizan las licencias obligatorias llegando a permitir el uso por parte de los gobiernos de una invención patentada, es decir, **una patente sin la autorización de su titular**. El Acuerdo señala las materias de la competencia de la Organización Mundial de Comercio y las previsiones contenidas en ella para obtener de empresas o de simples inventores o grupos farmacéuticos el suministro de vacunas en los casos en los cuales existe epidemia.

Es en base a las normas citadas y a la tradición que nos viene de las más importantes vacunas que hoy en día protegen nuestra salud, que, en países como el nuestro, las autoridades se enfrentaron a las infecciones producidas por el virus COVID-19, que comenzó a invadir y a afectar severamente a la población, produciendo incluso muchas defunciones. Otros países adoptaron también medidas basados en el ADPIC como fue el caso de Inglaterra y Alemania, pero todos los que lo hicieron basaron sus medidas en dos elementos fundamentales: **1.**- impedir el contagio y; **2.**- vacunaciones masivas[13].

Por lo que atañe a impedir el contagio, vale la pena citar el caso de Italia, cuyas medidas estaban basadas necesariamente en una parálisis de las actividades normales de la población, por cuanto, el salir a trabajar, ir a estudiar, ir de compras; movilizarse por motivos personales en general significaban desplazamientos peligrosos a los fines del contagio. Es así como ante todo se ordenó el uso del "tapabocas" especial que cubriera nariz y boca, el cual era más sofisticado cuando se trataba de los destinados a los médicos. Cuando el problema se hizo más grave, y las posibilidades de impedir los contagios más difíciles, se decidió declarar el cese de actividades total, es decir, lo que se denominó la "cuarentena", esto es, obligar a la gente a no salir de sus casas, reglamentándose naturalmente, todo lo concerniente a la actividad de los médicos y farmacias.

Por lo que atañe a la segunda medida esto es las vacunas, en el caso de Venezuela, la misma se fundamentó en el Fondo de Acceso Global para Vacunas (COVAX)[14], alianza impulsada por actores públicos y privados con el objetivo de garantizar el acceso equitativo a las vacunas que se logran desarrollar contra el COVID-19. La iniciativa está dirigida por la Alianza Mundial para las Vacunas y la Inmunización; la Coalición para las Innovaciones en preparación para Epidemias (CEPI) y la Organización Mundial de la Salud (OMS).

El primer país que fue beneficiado por el programa preparado por la unión fue Ghana que recibió 600.000 vacunas en febrero de 2021. En esa misma fecha la OMS y Chubb Límited (organización suiza que se ocupa de seguros en materia de enfermedades y que cotiza en la bolsa de valores más grande del mundo) anunciaron el lanzamiento de un esquema de compensación sin interés para las vacunas COVID-19 para países de ingresos bajos y medianos.

La Alianza se integra en dos grupos de países: los denominados "**autofinanciados**" que son los países ricos, que contribuirán con fondos para sostener el proyecto y los "**financiados**" países más pobres que se beneficiarán de la contribución de los primeros. Los autofinanciados pagarán un precio más reducido e incluso nulo y podrán pedir vacuna suficiente para cubrir desde el 10% hasta el 50% de su población, mientras que el resto obtendrán vacunas suficientes para el 20% de su población.

---

13 Gabriel Ibarra Pardo, "Las vacunas y las licencias obligatorias", disponible en www.asuntos:legales.com Colombia, 2021.

14 Disponible en: www.gavi.org/covax-facility

Antes de concluir queremos hablar de la valoración de las **licencias obligatorias**. La licencia obligatoria es una figura que tiene grandes **detractores** y grandes **defensores.** Por lo que atañe a los **detractores,** los mismos señalan que su rechazo se incluye en un movimiento crítico de la Propiedad Industrial en materia de patentes, por considerar que el derecho acordado a las invenciones y modelos mediante una autorización que les da a sus creadores la exclusividad del uso, es algo que hay que destruir.

Hubo un movimiento muy poderoso de las grandes empresas y establecimientos farmacéuticos en contra de las licencias obligatorias, considerando que ellos **frenaban la investigación** porque ponían en riesgo los **beneficios** que los inventores (grandes empresas de investigación) ejercen. Dicen que la patente de invención es el "pago" que el Estado les da a los científicos que sacrifican su tiempo en investigar sobre las mejoras que pueden crearse en beneficio de los ciudadanos. La **licencia de uso** afecta el legítimo derecho de obtener beneficios por una actividad creativa difícil e incluso peligrosa.

De todo ello se llega a la conclusión de que la licencia es una acción contra la ciencia y contra el progreso de la creatividad.

Por el contrario, se dice a **favor** de las licencias obligatorias que ellas lo que "castigan" es la falta de explotación de las patentes, o la necesidad de resolver problemas sociales gravísimos que solo se obtendrían con liberar ciertas patentes del derecho de exclusividad para atender a emergencias sanitarias o de otra índole.

Hay otros múltiples alegatos en contra y a favor de las licencias obligatorias; pero todas en una forma u otra se inspiran en lo antes señalado.

Nosotros estimamos que el régimen de las licencias, desde la previsión del Convenio de Paris, hasta el más actual Convenio de Doha, es una normativa justa y equitativa que tiene por objeto mitigar el mal de nuestra sociedad que es la existencia de ricos que todo lo tienen y pobres que carecen de lo más elemental. El Estado debe basarse en los principios morales que piden la ayuda a los más desamparados y el intento de igualar las situaciones de todos los hombres ante la ley y el derecho.

REFERENCIAS BIBLIOGRÁFICAS

ALONSO RUÍZ, Adrián, "Derechos de Propiedad Intelectual, vacunas y una innovación más sostenible y justa", *El País*, mayo 2021. Disponible en: https://agendapublica.elpais.com/noticia/17270/derechos-propiedad-intelectual-vacunas-innovacion-mas-sostenible-justa

PÉREZ MIRANDA, Rafael J., *Exigibilidad del derecho de acceso a la salud y licencias obligatorias en materia de medicamentos*, Colección CISS, Comisión Americana Jurídico Social, México, 2020.

RONDÓN DE SANSÓ, Hildegard, *Ad imis fundamentis: análisis de la Constitución venezolana de 1999, parte orgánica y sistemas*, Editorial Exlibris. Caracas, 2001.

____ *El Régimen de la Propiedad Industrial*, Editorial Arte, Caracas, 1995.

TROCONIS TROCONIS, Aura Esther y RODRÍGUEZ AGUILERA, Carolina Lourdes, "La Propiedad Industrial en Venezuela: Desarrollo Institucional y Experiencia Normativa (1955-2017)", *Revista mensual de la Universidad Internacional De Ecuador*, extensión Guayaquil Volumen 3, Universidad Internacional de Ecuador, Quito, 2018.

Venezuela. Constitución de la República Bolivariana de Venezuela, publicada en la Gaceta Oficial N° 36.860 del 30 de diciembre de 1999 y reimpresa "por error material" el 24 de marzo de 2000, Gaceta Oficial Extraordinaria N° 5.453 de la misma fecha.

VIDAURRETA, Guillermo, *Uso público no comercial y licencias obligatorias en América Latina: Estado de situación*, South Center, 2021.

RESPONSABILIDAD PATRIMONIAL DE LA ADMINISTRACIÓN Y EL COVID-19: ASPECTOS SOBRE SU FUNDAMENTACIÓN Y CONSECUENCIAS

Ramsis Ghazzaoui[*]

SUMARIO

Los miembros de la Academia de Ciencias Políticas y Sociales de Venezuela han querido homenajear a uno de sus académicos más importantes, el Doctor Humberto Romero-Muci, expresidente de la corporación. El Profesor Romero-Muci es actualmente uno de los más importantes juristas de nuestro país. Su pensamiento jurídico como abogado especializado en Derecho Financiero y Tributario ha trascendido mucho más allá de nuestras fronteras, formándose una verdadera escuela seguidora de sus opiniones y dictámenes, así como de sus líneas de investigación a lo largo de su exitosa carrera como eminente jurista de amplio y reconocido prestigio. Sirva, pues, el presente opúsculo, como muestra de mi admiración, respeto y afecto al Doctor Romero-Muci, y como modesta colaboración a tan merecido reconocimiento.

[*] Doctor en Derecho (Universidad Carlos III de Madrid, España). Magíster en Derecho Administrativo (Universidad Católica Andrés Bello, Venezuela). Máster oficial en Derecho Constitucional (Universidad de Valencia, España). Especialista en Derecho Administrativo (Universidad Central de Venezuela). Profesor de Derecho Administrativo y Derecho Constitucional en la Universidad Católica Andrés Bello (UCAB). Profesor invitado de la Universidad de Buenos Aires (UBA), Argentina. rghazzao@ucab.edu.ve

Introducción

La mayoría de los daños producidos durante la pandemia están directamente vinculados al funcionamiento, normal o anormal[1], de la Administración Pública. Un contagio en un hospital público, el fallecimiento de un anciano por falta de atención en un lugar de acogida, la resolución de un contrato de obra o servicio con un municipio, la requisa de test a laboratorios farmacéuticos, el cierre de actividades comerciales sectoriales, el cierre de escuelas, las restricciones a la movilidad personal, las limitaciones al derecho de reunión, por citar solo algunos ejemplos, son actuaciones generadoras de un daño en el ámbito de la responsabilidad patrimonial.

Hoy, a casi tres años del inicio de la pandemia, se sabe que uno de los previsibles efectos jurídicos de la crisis sanitaria generada por el COVID-19 será la revisión tanto de las diferentes medidas que haya adoptado u omitido la Administración Pública, como las lesiones específicas que, en su caso, puedan derivarse de las mismas para los bienes y derechos de los particulares.

La naturaleza de las actuaciones en el escenario de la pandemia es tan variada como lo son los sectores en donde influye, producto tanto de hechos materiales, inactividad, actos administrativos. Elementos propios de la responsabilidad del Estado, como el título de imputación y la relación causal, pueden ser exigibles de maneras diferentes, en función del tipo de acción u omisión administrativa causante del daño. Incluso, el pretendido carácter objetivo del instituto de la responsabilidad patrimonial de la Administración puede ser motivo de una exclusión ca-

---

1 Sobre los sistemas de responsabilidad patrimonial extracontractual de la Administración en Venezuela, son capitales las obras de Rafael Badell Madrid, *La Responsabilidad del Estado en Venezuela*, Discurso y trabajo de incorporación a la Academia de Ciencias Políticas y Sociales, Academia de Ciencias Políticas y Sociales, Caracas, 2014, *in totum*. Henrique Iribarren Monteverde, *El sistema paradójicamente clásico de la Responsabilidad Administrativa Extracontractual*, Ediciones Liber, Caracas, 2006, *passim*. También, del mismo autor: *El principio del respeto a las situaciones jurídicas subjetivas en el Derecho Público venezolano*, Discurso y trabajo de incorporación a la Academia de Ciencias Políticas y Sociales, Academia de Ciencias Políticas y Sociales, Caracas, 2013. Luis A. Ortiz-Álvarez, "La responsabilidad patrimonial del Estado en Venezuela en la Constitución de 1999 (Visión general sustantiva y el mito del carácter objetivo del sistema)", en Rafael Badell Madrid (coordinador) *Congreso Internacional de Derecho Administrativo en Homenaje al Prof. Luis H. Farías Mata*, Tomo I, Universidad Católica Andrés Bello, Caracas, 2006, pp. 354 y ss., y Luis A. Ortiz-Álvarez, *La Responsabilidad de la Administración Pública*, Editorial Jurídica Venezolana, Caracas, 1995, *in totum*. En la doctrina comparada destaca Ramiro Saavedra Becerra, *De la Responsabilidad Patrimonial del Estado*, 3 tomos, Grupo Editorial Ibáñez, Bogotá, 2018, *passim*. Del mismo autor, su ya clásica obra: *La responsabilidad extracontractual de la Administración Pública*, Grupo Editorial Ibáñez, Bogotá, 2011, *in totum*.

suística de algunos casos generados en el actuar administrativo a raíz de la pandemia; una objetividad más teórica que practica, porque de manera reiterada la jurisprudencia contencioso administrativa ha utilizado diversos argumentos para reconocer el derecho del particular a ser indemnizado solo cuando se verifica algún defecto en el funcionamiento del servicio público, por falta de diligencia de la Administración causante del daño.[2]

De seguidas analizaremos la responsabilidad patrimonial de la Administración desde su fundamentación y conceptos tradicionales, como el daño, el título de imputación o la relación causal, pero situándonos en el escenario de la pandemia del covid-19, tratando de plantear una casuística de casos generadores de posibles daños a particulares y consecuentemente, indemnizaciones a favor de las posibles víctimas.

1. Sobre la lesión resarcible

A diferencia de un sistema de responsabilidad subjetivo en el cual la obligación de indemnizar tiene como base la idea de la culpa, en el caso de la responsabilidad patrimonial de la Administración, del que se predica su carácter objetivo, la culpa como título de imputación desaparece, al menos hipotéticamente, y su

---

[2] De los artículos 6, 140 y 259 de la actual Constitución venezolana (Gaceta Oficial Nº 5.908 Extraordinario de 19 de febrero de 2009) se desprende un sistema mixto (sin falta, por sacrificio particular o funcionamiento normal y por falta, funcionamiento anormal o actividad ilícita), de responsabilidad objetiva (donde la culpa o negligencia no forman parte del sistema), a favor del ciudadano (*pro civis*), autónomo (no dependiente del Derecho Civil) e integral, basado en el principio de integridad e indemnidad patrimonial. Al respecto, sentencias: SPA/TSJ Nº 2130 del 09/10/2001; SPA/TSJ Nº 1013 del 31/07/2002; SPA/TSJ Nº 288 del 25/02/2003; SPA/TSJ Nº 1292 del 21/08/2003; SPA/TSJ Nº 730 del 30/06/2004; SPA/TSJ Nº 2132 del 16/11/2004; SPA/TSJ Nº 409 del 02/04/2008; SC/TSJ Nº 2818 del 19/11/2002, entre otras. Sobre el pretendido carácter objetivo del sistema de responsabilidad patrimonial del Estado en Venezuela *Vid.* Ramsis Ghazzaoui, "El supuesto sistema de responsabilidad patrimonial objetiva de la Administración Pública (Realidad jurisprudencial de la Responsabilidad extracontractual en Venezuela)", *Revista Electrónica de Derecho Administrativo venezolano,* Nº 4, Centro de Estudios de Derecho Público, Universidad Monteavila, Caracas, 2014, pp. 23 y ss. Con buen provecho, también: Gabriel Doménech Pascual, "Responsabilidad patrimonial del Estado y COVID 19", *Anuario de la Facultad de Derecho de la Universidad Autónoma de Madrid*, Número Extraordinario, Derecho y Política ante la Pandemia: Reacciones y Transformaciones, Madrid, 2021, pp. 293-297. Juan Antonio García Amado, "Sobre algunos mitos del Derecho de daños. Causas que no causan e imputaciones objetivas bastante subjetivas", en Mariano José Herrador Guardia (ed.), *Derecho de daños 2013*, Aranzadi, Cizur Menor, 2013, pp. 65-142. Luis Medina Alcoz, "Mitos y ficciones en la responsabilidad patrimonial de las Administraciones públicas", *Revista Española de Derecho Administrativo*, número 153, 2012, pp. 153-181.

lugar como elemento nuclear de la obligación de indemnizar lo toma el daño causado. El fundamento de esta responsabilidad objetiva reside en la necesidad de compensar el sacrificio soportado por el particular como consecuencia del funcionamiento de un servicio público.[3]

Sin embargo, no todo daño sufrido por un particular a consecuencia de una actividad administrativa puede ser indemnizable. Una de las excepciones es la existencia de un daño que este se encuentre obligado a soportar. La dificultad estriba en establecer cuando el daño es indemnizable por ser antijurídico y cuando no. En general se puede decir que la antijuridicidad opera cuando no existe un título que justifique el quebranto sufrido por el particular quien, en consecuencia, no debe soportarlo (intolerabilidad).[4]

En relación con los caracteres del daño sufrido[5], este tendrá que ser efectivo, evaluable económicamente (incluidos los daños morales), e individualizado con relación a una persona o grupo de personas. La efectividad del daño obliga a probar su existencia y proyectarse sobre un objeto determinado, por lo que no deben traducirse en meras especulaciones o simples expectativas, incidiendo sobre derechos o intereses legítimos.

Sobre la individualización del daño a una persona o grupo de personas, supone excluir de la institución de la responsabilidad patrimonial del Estado aquellas cargas generales que la Administración haga soportar sobre el conjunto de la

---

3 Sobre el fundamento de todo el sistema de responsabilidad patrimonial de la Administración, se ha pronunciado la SPA/TSJ en sentencia 409 del 02/04/2008 "...principio de integridad patrimonial según el cual la satisfacción y tutela de los intereses colectivos es el fin que persigue el Estado y cuando alguno de sus órganos, en el ejercicio de sus potestades, causa daños a particulares, éstos, quienes no deberían sufrir individualmente las cargas de la actividad dañosa de la Administración - principio de igualdad de las cargas públicas - deben ser indemnizados, aun en el supuesto de hechos o causas legitimas que fundamenten el daño".

4 Respecto al principio de equilibrio de las cargas públicas: "...no debe en función del colectivo someterse a un miembro de éste a una situación más gravosa que la que soportan la generalidad de los que la conforman y, de ocurrir, el equilibrio debe restablecerse mediante la indemnización correspondiente; por lo que, independientemente de que la actividad de la Administración fuese lícita o ilícita, con o sin culpa, si ésta le ha causado un daño a un particular, la Administración debe responder patrimonialmente" (SPA/TSJ Nº 2132 16/11/2004). Este principio está consagrado en el artículo 316 de la Constitución venezolana y es el fundamento de la responsabilidad sin falta, por sacrificio particular o funcionamiento normal. Un muy completo análisis histórico, jurídico y axiológico del concepto de daño sacrificial en Ignacio Rodríguez Fernández, "La dimensión constitucional del daño sacrificial", *Revista General de Derecho Constitucional,* Nº 29, Iustel, Madrid, 2019.

5 Aquí seguimos los planteamientos de Luis A. Ortiz-Álvarez, *El daño cierto en la responsabilidad patrimonial de la administración pública*, Editorial Jurídica Venezolana, Caracas, 1995, *passim.*

población[6]. Por lo tanto, en el caso de la gestión pública de la covid-19, los particulares que tendrán derecho a la indemnización serán aquellos que, por encontrarse en una situación concreta singularmente afectada por algunas de las medidas administrativas adoptadas o por la mera actividad material o inactividad administrativa, hayan sufrido un perjuicio en sus patrimonios concretos, siempre que no tengan obligación de soportarlo.

1.1. Criterios de imputación del daño

En el orden civil, el criterio de atribución general de responsabilidad viene conformado por la culpa o negligencia. La responsabilidad civil surgirá solo si es posible detectar una actuación imprudente en aquel de quien haya ocasionado el daño. En la responsabilidad objetiva no consiste en atribuirle el daño a la actuación imprudente del sujeto, sino al funcionamiento normal o anormal de la Administración. En el caso del funcionamiento normal el daño vendrá causado por la actividad lícita de la Administración, casos en los cuales a nuestro criterio no se admiten las causas extrañas no imputables, caso fortuito, fuerza mayor, hecho de un tercero y falta de la víctima (artículo 1.193 del Código Civil[7]). En cambio, cuando el daño es producto de un funcionamiento anormal del servicio público, la valoración de la causa determinante de dicho daño es diferente, porque en este caso si pudiera entrar a valorarse la existencia de una actuación culposa o dolosa.

---

6 La doctrina y jurisprudencia alemana ha sido pionera en escudriñar el abanico de nociones comprendidas dentro de la teoría de las limitaciones administrativas: limitación, delimitación, intervención, restricción y configuración de derechos fundamentales, así como los requisitos para la restricción de derechos, extrayéndose de estos conceptos los criterios de indemnización de las lesiones a intereses o derechos de los particulares producto de actividades ablatorias de la Administración. En este sentido, Friedrich Müller, *La positividad de los derechos fundamentales. Cuestiones para una dogmática practica de los derechos fundamentales*, Alberto Oehling de los Reyes (traductor), Editorial Dykinson, Madrid, 2016, pp. 55 y ss. Peter Häberle, *La garantía del contenido esencial de los derechos fundamentales en la Ley fundamental de Bonn. Una contribución a la concepción constitucional de los derechos fundamentales y a la teoría de la reserva de ley*, Joaquín Brague Camazano (trad.), Editorial Dykinson, Madrid, 2003, *passim*. Robert Alexy, *Teoría de los derechos fundamentales*, Carlos Bernal Pulido (trad.), Centro de Estudios Políticos y Constitucionales, Madrid, 2017, pp. 271 y ss. Ernst-Wolfgang Böckenförde, *Escritos sobre derechos fundamentales*, Juan Luis Requejo Pagés e Ignacio Villaverde Menéndez (trads.), Nomos Verlagsgesellschaft, Baden-Baden, 1993, pp. 95 y ss. En la doctrina venezolana resalta la muy completa y reciente obra de Jesús María Casal H., *Los derechos fundamentales y sus restricciones. Constitucionalismo comparado y jurisprudencia interamericana*, Editorial Temis, Konrad Adenauer Stiftung, Bogotá, 2020, pp. 67 y ss. Una muy clara y ejemplificadora exposición sobre los daños no indemnizables en Gabriel Doménech Pascual, "Como distinguir entre una expropiación y una delimitación de la propiedad no indemnizable", *Indret Revista para el análisis del Derecho,* N° 1, Barcelona, 2012, pp. 8 y ss.

7 Gaceta Oficial Extraordinario N° 2.990, del 26 de julio de 1982.

En otras palabras, en los casos de funcionamiento anormal, si la Administración probase su buen funcionamiento podría librarse de indemnizar a la víctima.[8]

Sin embargo, debe hacerse notar que la práctica jurisprudencial enseña que, bajo ese manto de objetividad predicable en general de la responsabilidad patrimonial de la Administración, subyacen criterios de atribución del daño extrapolables a la responsabilidad subjetiva. En algunos casos, como se mencionó, la declaratoria de responsabilidad exige acreditar un funcionamiento defectuoso del servicio, esto es, cuando no supera el nivel de calidad exigible. En otros, se entiende que el daño no guarda relación causal con el servicio público de que se trata, cuando se adoptaron las medidas de precaución y cuidado exigibles, casos en los cuales en algunas ocasiones se rechaza la responsabilidad aludiendo a que el daño no es antijurídico y la victima tiene la obligación de sopórtalo,[9] como sería el caso representativo de la responsabilidad del personal sanitario en hospitales públicos, donde no hay derecho a indemnización cuando el daño sufrido por el paciente obedece a una actuación médica que cumple con la *lex artis.*

La responsabilidad por riesgo excepcional (y el riesgo creado como título de imputación), que se encuadra en casos de responsabilidad sin falta o por sacrificio particular, requiere que para que el particular afectado sea resarcido por la Administración, el daño debe ser la materialización de un riesgo jurídicamente relevante, creado por el servicio público, por las circunstancias del caso, por la guarda de cosas, por un objeto o actividades peligrosas.[10] No obstante, en el caso de la pandemia no pareciese razonable imputar la responsabilidad a la Administración por el mero hecho de no haberse evitado la pandemia. El riesgo creado no es la pandemia en sí, por ser anterior a la actividad administrativa; más bien el riesgo como título de imputación de la responsabilidad patrimonial de la Administración por los daños causados por la COVID-19 debería provenir del hecho de no haberse

---

8 En referencia al sistema de responsabilidad por falta o funcionamiento anormal la sentencia de la SPA/TSJ Nº 730 del 30/06/2004 declara "…así, el Estado responde ordinariamente por el funcionamiento anormal o por falta de las instituciones del Poder Público y sus órganos, en el cumplimiento o realización de sus compromisos, cometidos y fines, esto es, por los daños y perjuicios que sean ocasionados, bien sea por las personas (funcionarios y demás trabajadores) que dependen de esos órganos en el ejercicio de sus funciones, o bien sea por las cosas y bienes que le pertenecen o son administradas por esos órganos, si dicho funcionamiento es consecuencia de una conducta ilícita o contraria al derecho positivo…se requiere que se determine lo ilícito o anormal del funcionamiento y la lesión que esa conducta produjo...".

9 Ramsis Ghazzaoui, *ob. cit.*, pp. 28 y ss.

10 Sobre la responsabilidad por riesgo creado o riesgo excepcional y en general sobre el sistema de responsabilidad por sacrificio particular *vid.* sentencia del Consejo de Estado de Colombia. Sala de lo Contencioso Administrativo. Sección tercera, del 16 de febrero de 2017. Disponible en: http://consejodeestado.gov.co/documentos/sentencias/28-02-2017_68001231500019990233001.pdf, consultado en fecha 5 de marzo de 2021.

aminorado el riesgo ya existente, bien por no haber realizado una adecuada labor preventiva o bien por no haber manejado a tiempo y razonablemente sus consecuencias.

Aquí entran en juego las obligaciones de la Administración, pre-pandemia y pos-pandemia; actuaciones por acción u omisión. En el caso de incumplimiento por omisión, la imputación de responsabilidad requerirá constatar si la Administración ha cumplido con el estándar o nivel mínimo exigible en la prestación del servicio público.[11] Una cuestión difícil de determinar es la de los parámetros que se deben utilizar para concretar cuál es ese grado de cumplimiento de las obligaciones de la Administración; y es que antes de la pandemia el Estado está obligado a elaborar y cumplir con ciertos planes de contingencia y la adopción de medidas necesarias para garantizar su efectividad. En el caso del incumplimiento de dichos planes y obligaciones, pareciera que la Administración, en principio, sería responsable por conductas omisivas, constitutivas de una inactividad administrativa material.

En este contexto probar el incumplimiento de las obligaciones administrativas del Estado es primordial para determinar su responsabilidad, no obstante, y en atención al criterio pro-ciudadano garantista de la responsabilidad, se ha formulado la teoría de la causalidad adecuada, que en pocas palabras limita la actividad probatoria de la víctima a demostrar la falta o falla del servicio.[12]

Estas obligaciones pueden ser de dos tipos:

1) Determinación textual: se refiere a obligaciones tasadas que prevean obligaciones administrativas. La determinación de la obligación debe ser suficientemente nítida. Depende del carácter categórico, coercitivo o coactivo de la norma, por lo que no es cien por ciento vinculante para el juez, quien debe tomar en cuenta otras circunstancias presentes en el caso concreto.

2) Determinación funcional: entran en juego referencias estatales, la actuación general estatal de acuerdo con conductas reiteradas, a criterios de políticas públicas aplicables en tiempos concretos o a visiones genéricas estatales.

El juez debe acudir para su criterio a estándares de apreciación que dependen del caso concreto y que en su conjunto forman parte de criterios de determinación funcional, así, entre otros estándares:

---

11 *Vid.* Gerardo García-Álvarez García, "La responsabilidad patrimonial de los poderes públicos", en José Bermejo Vera (director), *Derecho Administrativo. Parte Especial*, Civitas, Madrid, 2005, p. 1160.

12 *Vid.* Sentencia SPA/TSJ Nº 2337 del 27/04/2005. También, Luis Martín Rebollo, "La responsabilidad patrimonial de las administraciones públicas en España", en *Propiedad, Expropiación y Responsabilidad. La garantía indemnizatoria en el Derecho Europeo y Comparado*, Javier Barnés (coordinador), Editorial Tecnos, Madrid, 1995, pp. 828-830.

a) Normativo: aquellos que se encuentren con mayor o menor rigidez en normas.

b) Geográficos: nacionales, internacionales o locales.

c) Circunstancias de tiempo y lugar.

d) Circunstancias técnicas.

e) Tipo de actividad: mientras más difícil es la actividad del Estado más reducido es su ámbito de indemnización; actividad más simple, el Estado debe indemnizar por lo más mínimo. (Faltas graves y faltas simples).

f) Previsibilidad de los hechos.

g) Ilegalidad: en materia de actos administrativos formales. La ilegalidad es un variable de alto índice de responsabilidad. Excepciones: errores materiales; errores que acarreen nulidad relativa subsanable.

h) Inconstitucionalidad de normas (Responsabilidad legislativa).[13]

Cuando emerge la crisis sanitaria, la obligación ya no es tanto preventiva como correctiva, mediante la adopción de las medidas necesarias para hacer frente a las consecuencias de diversa índole que aquella va generando: sanitarias, sociales, económicas, laborales, etc. En estos casos, cuando el proceder es de naturaleza activa, la relación causal es más fácil de atribuir con respecto a un daño por omisión, pues en principio basta con acreditar la conexión lógica entre ambos elementos.[14]

Otra dificultad al estudio de la responsabilidad en la gestión de la pandemia es saber el momento a partir del cual la Administración pudo conocer que era un riesgo real y no meramente hipotético. De esta forma se puede valorar si los órganos de la Administración reaccionaron a tiempo o, por el contrario, dejaron transcurrir innecesariamente un tiempo valioso para paliar los efectos de la pandemia.

En cualquier caso, la falta de medios en nuestro país es palpable, pública y de proporciones dantescas. Si la pandemia del COVID-19 sorprendió al régimen autoritario madurista se debió indefectiblemente a la falta de previsión y a la ineficiencia del sistema sanitario venezolano, con todas sus falencias. Luego del desarrollo de la pandemia lo que se presenta ya no es la elaboración de planes de contingencia, sino la adopción de medidas de contención, que en nuestro caso son

---

13 Carlos Enrique Pinzón Muñoz, *La prueba de la responsabilidad extracontractual del Estado*, Grupo Editorial Ibáñez, Bogotá, 2018, pp. 73 y ss.

14 *Ídem.*

rayanas en lo absurdo, por su ineficacia, y peor aún, por el carácter violatorio de los derechos fundamentales básicos de la ya tan castigada población.[15]

Hemos visto en diferentes latitudes infinidad de medidas aprobadas por los gobiernos, en base a un derecho de excepción, en base a declaratorias y/o decretos de estados de alarma y conmoción, por ejemplo:

- Reforzamiento del papel de los cuerpos y fuerzas de seguridad del Estado.

- Limitación de la circulación de las personas.

- Requisas temporales y prestaciones personales obligatorias.

- Medidas de cierre de planteles educativos, comerciales y relativas a lugares de culto y celebración de ceremonias religiosas.

- Garantías de abastecimiento de bienes y servicios esenciales.

- Activación de un régimen sancionatorio frente a los eventuales incumplimientos o resistencias a las órdenes de las autoridades.

- Suspensión de plazos procesales y administrativos.[16]

A este conjunto de medidas le han seguido muchas otras, que buscan paliar los graves efectos sanitarios, económicos, laborales o sociales de la COVID-19. Medidas que deben ser racionales y sobre todo razonables, y que deben pasar la prueba de prohibición de exceso de toda limitación administrativa a los derechos fundamentales.[17] Pero no se trata aquí de analizar la razonabilidad de las medidas adoptadas por la pandemia, se trata es de analizar si el funcionamiento de los servicios públicos ha generado un daño antijurídico, siendo a estos efectos necesario

---

15 En relación con las medidas legislativas y la regulación pre-pandemia existente en Venezuela Allan R. Brewer-Carías, "Sobre el impacto de la pandemia en el Derecho Público (Constitucional y Administrativo)", en *Blog Derecho y Sociedad*, 7 de noviembre de 2020. Disponible en https://derysoc.com/sobre-el-impacto-de-la-pandemia-en-el-derecho-publico-constitucional-y-administrativo/, consultado en fecha 28 de febrero de 2021.

16 Sobre las medidas adoptadas en Venezuela por el régimen madurista para contener la pandemia, Carlos García Soto, "El decreto de estado de alarma. Alcance y consecuencias prácticas", en *Estudios jurídicos sobre la pandemia del COVID-19 y el decreto de estado de alarma en Venezuela*, Allan R. Brewer-Carías y Humberto Romero Muci (coordinadores), Academia de Ciencias Políticas y Sociales, Editorial Jurídica Venezolana, Caracas, 2020, pp. 71 y ss.

17 A este respecto son ya muchas las decisiones de los tribunales contencioso-administrativos, e incluso de las altas Cortes de Justicia y Tribunales Constitucionales que se han pronunciado sobre la proporcionalidad de las medidas adoptadas por los gobiernos de muchos países para enfrentar la pandemia COVID-19, convirtiendo al examen de proporcionalidad en el instrumento más importante y en el verdadero protagonista del control judicial de las medidas mencionadas. Entre las obras sobre el canon de proporcionalidad, en Venezuela, destaca Jesús María Casal H., *ob. cit.*, pp. 187 y ss.

valorar si la prestación ha sido o no adecuada. Los fallos que se han señalado prácticamente a nivel global son múltiples, y transitan en el mismo sentido: reacción tardía por parte de autoridades centrales y regionales, falta de coordinación entre los organismos de distintos niveles territoriales, altos niveles de movilidad de la población, mínima dependencia del asesoramiento científico para la toma de decisiones, incremento exponencial de la discrecionalidad política, discriminación de grupos vulnerables o desaventajados; sin embargo, la falla de servicio no es, por si sola, indemnizable, hace falta que se verifique una relación causal entre el funcionamiento y el daño, pasemos a analizarlo.

2. Sobre la relación de causalidad en el ámbito de la pandemia: la fuerza mayor y el estado de la ciencia. El principio de precaución

Para que la responsabilidad patrimonial pueda ser declarada es preciso que entre la actuación de la Administración y el daño producido exista una relación directa o indirecta, mediata o inmediata, pero necesariamente adecuada y relevante, quedando excluida la responsabilidad cuando hay una ruptura del nexo causal, es decir, cuando la intervención de un tercero o del propio perjudicado reviste la suficiente intensidad para resultar determinante del resultado lesivo, quebrando la relación con el servicio público en cuyo ámbito se han producido los hechos, aun cuando el funcionamiento del mismo sea defectuoso.

También, como se dijo, debemos distinguir si el defecto que pudiera atribuirse al funcionamiento de los servicios públicos corresponde a un acto o acción material de la Administración o a una conducta omisiva. Si de una actuación ilícita se trata, el juicio acerca de la relación causal deberá realizarse sobre la base de determinar si existe una consecuencia lógica entre tal acto y el daño. En cambio, entre la conducta omisiva y el daño debe haber algo más que una conexión lógica, pues de otra forma la Administración sería responsable de cualquier daño sufrido por los particulares en el desarrollo de un servicio público, por la mera circunstancia de no haber hecho nada para evitarlo. En estos casos, es necesario que haya algún otro dato en virtud del cual pueda objetivamente imputar la lesión a dicho comportamiento omisivo de la Administración, y ese dato se materializa en un deber jurídico de actuar, por lo que la cuestión no reside únicamente en si la Administración hizo o no hizo nada, sino en la obligación jurídica de actuar que no realizo.

Es evidente que este deber de actuar concurre claramente en el caso de la pandemia. La Constitución garantiza tajantemente en sus artículos 83, 84 y 85 la existencia de una función administrativa de promoción y protección de la salud pública, en donde los poderes públicos tienen el deber y la obligación de actuar para garantizar el fin propuesto.[18]

---

[18] Artículo 83. La salud es un derecho social fundamental, obligación del Estado, que lo garantizará como parte del derecho a la vida. El Estado promoverá y desarrollará

La finalidad primordial del derecho a la salud es la de obligar a los poderes públicos a proveer un sistema de protección de la salud, derecho a la salud que según se desprende las disposiciones fundamentales mencionadas se vinculan con el derecho a la vida y, en última instancia, en su basamento último, como lo es la dignidad humana.[19]

Pero al mismo tiempo, ese deber de promoción y protección de esos derechos tiene una connotación negativa, que es la de evitar restricciones injustificadas a su ejercicio, existiendo limitaciones racionales y razonables en base al respeto de los derechos fundamentales de los demás sujetos, lo que impide a cada titular utilizar su derecho en perjuicio de otro; o límites expresamente previstos por el ordenamiento jurídico positivo, que nos indican como o con que intensidad pueden ser utilizados; o límites inmanentes, producto de una lectura interpretativa sistemática y racional de las disposiciones constitucionales, identificables en cada caso

---

políticas orientadas a elevar la calidad de vida, el bienestar colectivo y el acceso a los servicios. Todas las personas tienen derecho a la protección de la salud, así como el deber de participar activamente en su promoción y defensa, y el de cumplir con las medidas sanitarias y de saneamiento que establezca la ley, de conformidad con los tratados y convenios internacionales suscritos y ratificados por la República.

Artículo 84. Para garantizar el derecho a la salud, el Estado creará, ejercerá la rectoría y gestionará un sistema público nacional de salud, de carácter intersectorial, descentralizado y participativo, integrado al sistema de seguridad social, regido por los principios de gratuidad, universalidad, integralidad, equidad, integración social y solidaridad. El sistema público nacional de salud dará prioridad a la promoción de la salud y a la prevención de las enfermedades, garantizando tratamiento oportuno y rehabilitación de calidad. Los bienes y servicios públicos de salud son propiedad del Estado y no podrán ser privatizados. La comunidad organizada tiene el derecho y el deber de participar en la toma de decisiones sobre la planificación, ejecución y control de la política específica en las instituciones públicas de salud.

Artículo 85. El financiamiento del sistema público nacional de salud es obligación del Estado, que integrará los recursos fiscales, las cotizaciones obligatorias de la seguridad social y cualquier otra fuente de financiamiento que determine la ley. El Estado garantizará un presupuesto para la salud que permita cumplir con los objetivos de la política sanitaria. En coordinación con las universidades y los centros de investigación, se promoverá y desarrollará una política nacional de formación de profesionales, técnicos y técnicas y una industria nacional de producción de insumos para la salud. El Estado regulará las instituciones públicas y privadas de salud.

19 Artículo 3. El Estado tiene como fines esenciales *la defensa y el desarrollo de la persona y el respeto a su dignidad*, el ejercicio democrático de la voluntad popular, la construcción de una sociedad justa y amante de la paz, la promoción de la prosperidad y bienestar del pueblo y la garantía del cumplimiento de los principios, derechos y deberes reconocidos y consagrados en esta Constitución. La educación y el trabajo son los procesos fundamentales para alcanzar dichos fines. (cursivas fuera del texto).

concreto y en cada contexto generalmente por ponderación[20], y límites materiales, que tienen que ver con las posibilidades económicas y financieras del Estado para dar cumplimiento a determinados derechos (prestacionales), los que surgen del Estado social.

Lo que puede dar lugar a discusión es si la prevención de riesgos epidemiológicos, dentro de un servicio público de salud, está sometido o no, como cualquier otra prestación del Estado, a limitaciones de índole económica que podrían exigir un uso racional de los medios de prevención en atención a los recursos de que se dispone y la necesidad de prestar otros muchos servicios, como por ejemplo la educación, la administración de justicia, etc. En un contexto como el actual de pandemia, pareciera que un sistema público de salud (como el de la seguridad social), este sujeto a la apreciación de las circunstancias socioeconómicas de cada momento, de cada país o región, a la hora de administrar recursos limitados para atender un gran número de necesidad sociales.

Cabe preguntarse entonces si realmente la falta de recursos económicos es un motivo que impida al particular ser resarcido cuando esa insuficiencia ha provocado la lesión. En un sistema de responsabilidad patrimonial estrictamente objetivo, parece que la respuesta es negativa. Pero ante un escenario jurisprudencial que exige, para que nazca ese derecho a ser indemnizado, una falta de diligencia o de razonabilidad en el actuar administrativo causante del daño, la respuesta puede ser otra. Por ello reiteramos la importancia de las obligaciones estatales pre-pandemia y post-pandemia, ya que dependerá de los diferentes contextos para determinar una posible responsabilidad estatal.

2.1. La fuerza mayor

La fuerza mayor como causa extraña no imputable impide el nacimiento de la responsabilidad patrimonial de la Administración por ruptura del nexo causal. La fuerza mayor se define primordialmente por dos notas características: una causa extraña exterior al objeto dañoso y a sus riesgos propios, imprevisible en su producción y absolutamente irresistible o inevitable aun en el supuesto de que hubiera podido ser prevista. Se considera al hecho que no ha podido ser previsto o que, habiendo sido previsto, no ha podido ser evitado.

Nos preguntamos *a priori*, ¿era la pandemia imprevisible e inevitable? Veamos las características de la COVID-19 a los efectos de la responsabilidad patrimonial de la Administración:

---

20 *Vid.*, con provecho, Mariano Bacigalupo, "La aplicación de la doctrina de los "limites inmanentes" a los derechos fundamentales sometidos a reserva de limitación legal", *Revista Española de Derecho Constitucional,* N° 38, Centro de Estudios Políticos y Constitucionales, Madrid, 1993, pp. 299 y ss. Martin Borowski, "La restricción de los derechos fundamentales", *Revista Española de Derecho Constitucional,* N° 59, Centro de Estudios Políticos y Constitucionales, Madrid, 2000, pp. 31 y ss.

- Es una enfermedad de origen desconocido.

- Tiene un alto grado de indeterminación de sus consecuencias a futuro para las personas.

- Presenta un alto grado de contagio y propagación.

- Generalización (que no particularización) y acelerada expansión.

Que no se pudo evitar pareciese evidente, dado el alcance universal que ha tenido la misma; y es que el fenómeno globalizador es un hecho que compite con la seguridad sanitaria mundial, el auge del turismo, los movimientos migratorios, la actividad comercial mundial, son factores que han incidido en una rápida extensión de la enfermedad más allá de las fronteras nacionales. En todo caso, evitar la pandemia, de ser materialmente posible, hubiera exigido, lógicamente, el esfuerzo y la labor coordinada de la comunidad internacional, volviendo ilusorio cualquier intento individualizado por parte de los poderes públicos de un único Estado.

No obstante, lo anterior, en el mes de septiembre de 2019, el informe de Naciones Unidas y el Banco Mundial titulado: Un mundo en peligro. Informe anual sobre preparación mundial para las emergencias sanitarias[21] ya avisaba extraña y premonitoriamente:

- Del serio peligro de una pandemia que, además de cercenar vidas humanas, destruiría las economías y provocaría un caos social.
- Llamaba a prepararse para lo peor: una epidemia planetaria de una gripe especialmente letal transmitida vía respiratoria.
- Señalaba que un germen patógeno de esas características podía tanto originarse de forma natural como ser diseñado y creado en un laboratorio, a fin de producir un arma biológica. Y hacia un llamamiento a los Estados e instituciones internacionales para que tomaran medidas a fin de conjurar lo que ya se describía como una amenaza cierta.
- Se la consideraba el equivalente en el siglo XXI de la “gripe española” de 1918 que mató a cerca de 50 millones de personas.
- Se denunciaba que ningún gobierno estaba preparado para ello, ni había implementado el Reglamento Sanitario Internacional al respecto, aunque todos lo habían aceptado.

---

21 Junta de Vigilancia Mundial de la preparación. “Un mundo en peligro. Informe anual sobre preparación mundial para las emergencias sanitarias”. Ginebra, Organización Mundial de la Salud, 2019. Disponible en: https://apps.who.int/gpmb/assets/annual_report/GPMB_Annual_Report_Spanish.pdf, consultado en fecha 30 de marzo de 2021.

Sin embargo, si anteriormente decíamos que la pandemia en sí misma no era el título que permitía la imputación de la responsabilidad patrimonial, debemos decir ahora que tampoco puede constituirse en una causa de fuerza mayor que excluya dicha responsabilidad. Solo desde una posición extrema se podría decir que los daños causados por la pandemia no son reclamables ni resarcibles por tratarse de una circunstancia totalmente ajena a la Administración y a la prestación de los servicios públicos. Con esto no quiero desconocer que el covid-19 es una circunstancia del todo extraña al funcionamiento de los servicios públicos y que muchas de sus consecuencias eran imprevisibles, o en todo caso, inevitables, pero sí que no podrá alegarse en todo caso, ya que pensamos que la responsabilidad de la Administración en el contexto del covid-19, debería hacerse derivar tanto de una imprevisión acerca de las consecuencias de una eventual pandemia, como de las medidas correctivas aplicadas con ocasión de su emergencia. Es decir, la fuerza mayor no es sinónimo de exención de responsabilidad. Esta surgirá de la omisión de medidas para eliminar o disminuir la pandemia.[22]

De manera correlativa, la fuerza mayor podría alegarse en aquellas situaciones que no pudieran ser previsibles o que, aun siéndolo, no fueran evitables. Por ejemplo, la muerte de una persona concreta en el contexto de la pandemia, ¿era o no evitable? Si era evitable, en atención al conocimiento y los medios que pudieron o debieron disponerse, entonces hablaremos de responsabilidad patrimonial, si no lo era, la responsabilidad no nacerá por el efecto de la fuerza mayor.[23]

---

22 En semejante criterio Gabriel Doménech Pascual, para quien "Los perjuicios provocados por esta pandemia seguramente eran inevitables hasta cierto punto, pero las Administraciones públicas españolas, con sus acciones y omisiones, han podido agravarlos o mitigarlos. El diferente impacto que esta pandemia ha tenido en países similares, en función de las distintas precauciones adoptadas por sus respectivas autoridades, así lo indica. La exclusión de responsabilidad que implica la fuerza mayor no alcanza a los daños que se podían haber evitado o mitigado si se hubieran tomado las debidas medidas de precaución". *Vid.* "Responsabilidad patrimonial del Estado por la gestión de la crisis del COVID-19", *El Cronista del Estado Social y Democrático de Derecho*, N° 86-87, 2020, pp. 102-110.

23 En las muertes por COVID-19 destaca Doménech Pascual que el problema que puede plantearse en la práctica es el de precisar y probar si un determinado daño – v.gr., la muerte de cierta persona – era "evitable" o "inevitable", es decir, el de identificar qué concretos perjuicios hubieran podido prevenirse si las Administraciones implicadas hubieran actuado diligentemente y cuáles se hubieran producido de todos modos, aun cuando su actuación no mereciera reproche alguno. Algunos de estos supuestos de "incertidumbre causal" podrían resolverse con arreglo a la doctrina de la perdida de oportunidad. Para el autor, esta figura podría aplicarse en los casos en los que la negligencia cometida incrementó significativamente la probabilidad de que la víctima sufriera el daño que finalmente se materializó, pero no pueda saberse a ciencia cierta si este se hubiera producido igualmente de haber actuado la Administración con el cuidado exigible. La consecuencia, entonces, es la responsabilidad proporcional: hay

Esta distinción teórica que hago es a menudo muy difícil de concretar en la práctica judicial. Determinar cuándo un daño era o no evitable se sujeta a una serie de valoraciones fácticas y jurídicas concretas dirigidas a relacionar causalmente el daño efectivo con el fallo en la prestación del servicio. Con el ánimo de proteger a la víctima de las consecuencias derivadas de la necesidad de probar rigurosamente la causalidad, tan cuesta arriba de alcanzar en muchas ocasiones, se ha acuñado por la doctrina y la jurisprudencia la doctrina de la pérdida de oportunidad.

De acuerdo con esta, la víctima tiene el derecho a ser indemnizado allí donde, aun no pudiéndose acreditar la relación causal entre el daño y el funcionamiento del servicio público, sí existe la probabilidad de haber obtenido un beneficio o ventaja en caso de no haberse producido el acto ilícito. La indemnización que resulta de la aplicación de este criterio es en concepto al daño moral, y suele ser parcial con respecto a la cuantía solicitada, debido a que no se ha podido acreditar de manera suficiente la relación de causalidad entre la actividad o inactividad administrativa y el daño.[24]

A este respecto, es ilustrativo traer aquí algunos criterios sobre la doctrina de la pérdida de oportunidad; así, en sentencia del Tribunal Supremo español de 6 de febrero de 2018, se señaló:

> "la aplicación de la doctrina sobre la perdida de oportunidad, como veremos, no puede estimarse que constituya una alternativa a la apreciación de la vulneración de la *lex artis*, sino concurrente con ella. Pero sobre todo, deberá concluirse que esa perdida de oportunidad entra de lleno en el ámbito de la responsabilidad de la Administración sanitaria y precisamente por las peculiaridades que la misma tiene, en cuanto que su fin no es el de la curación, en todo caso, sino a la prestación de la asistencia conforme al estado de la ciencia...la jurisprudencia de esta Sala...ha venido admitiendo en el ámbito de la responsabilidad sanitaria de las Administraciones Públicas, la posibilidad de

---

que indemnizar, pero la indemnización debe ponderarse por el incremento de la probabilidad de causar el daño que supuso la negligencia. *Ídem.*

24 Blanca Lozano Cutanda, *La responsabilidad de la Administración por la pérdida de oportunidad en el ámbito sanitario*, mayo 2019. Disponible en: https://www.ga-p.com/wp-content/uploads/2019/05/La-responsabilidad-de-la-Administración-por-la-pérdida-de-oportunidad.pdf, consultado en fecha 10 de marzo de 2021. También, con más profundidad: Diego Alejandro Herrera Montañez, *El daño y el nexo causal en la pérdida de oportunidad*, Trabajo fin de Máster en Derecho Público, Universidad Colegio Mayor Nuestra Señora del Rosario, Bogotá, 2016. Disponible en: https://repository.urosario.edu.co/bitstream/handle/10336/12539/EL%20DAÑO%20y%20%20El%20NEXO%20CAUSAL%20EN%20LA%20PÉRDIA%20DE%20OPORTUNIDA. pdf?sequence=1&isAllowed=y, consultado en fecha 13 de marzo de 2021. Luis Medina Alcoz, *La teoría de la pérdida de oportunidad. Estudio doctrinal y jurisprudencial de derecho de daños público y privado*, Civitas, Madrid, 2007, *in totum*.

que se pueda acceder a la declaración de dicha responsabilidad, no solo por el hecho que se haya omitido la "*lex artis ad hoc*" que requería la asistencia sanitaria prestada a un ciudadano por los servicios sanitarios, que es el parámetro de determinación de la antijuridicidad en este ámbito de la institución indemnizatoria.

Existe un supuesto intermedio entre esa vulneración de la "*lex artis*" o la concurrencia de la misma, con los relevantes efectos de acceder a la indemnización de los daños y perjuicios ocasionados o denegar dicha indemnización, es el supuesto de la perdida de oportunidad que, como recuerda la sentencia de 13 de enero de 2015 (omissis), con abundante cita "la doctrina de la perdida de oportunidad ha sido acogida en la jurisprudencia de la Sala 3ª del Tribunal Supremo,...configurándose como una figura alternativa a la quiebra de la *lex artis* que permite una respuesta indemnizatoria en los casos en que tal quiebra no se ha producido y, no obstante, concurre un daño antijurídico consecuencia del funcionamiento del servicio.

Como se ha puesto de manifiesto por la doctrina, la teoría de la perdida de oportunidad debe vincularse, dentro de la estructura general de la institución de la responsabilidad patrimonial de las Administraciones Públicas, en el nexo causal, de tal forma que cuando se haya acreditado que el resultado lesivo tiene como causa directa e inmediata la asistencia sanitaria, que es contraria a la "*lex artis*", se debe proceder a la indemnización de la lesión; en el extremo opuesto, cuando la asistencia sea correcta, el daño producido no es antijurídico y debe soportarlo el ciudadano."[25]

El Consejo de Estado colombiano se ha pronunciado claramente sobre la teoría de la perdida de oportunidad en los términos siguientes:

"La pérdida de oportunidad o pérdida de chance alude a todos aquellos eventos en los cuales una persona se encontraba en situación de poder conseguir un provecho, de obtener una ganancia o beneficio o de evitar una pérdida, pero ello fue definitivamente impedido por el hecho de otro sujeto, acontecer o conducta éste que genera, por consiguiente, la incertidumbre de saber si el efecto beneficioso se habría producido, o no, pero que al mismo tiempo da lugar a la certeza consistente en que se ha cercenado de modo irreversible una expectativa o una probabilidad de ventaja patrimonial; dicha oportunidad pérdida constituía, en sí misma, un interés jurídico que si bien no cabría catalogar como un auténtico derecho subjetivo, sin duda facultaba a quien lo ha visto salir de su patrimonio —material o inmaterial— para actuar en procura de o

---

25 Disponible en https://www.poderjudicial.es/search/AN/openDocument/413e69d2 fd 9c0b8a/20180216, consultado en fecha 8 de marzo de 2021. Entre otros fallos relativos a la teoría de la perdida de oportunidad: sentencia del Tribunal Supremo español de 24/11/2009.

para esperar el acaecimiento del resultado que deseaba, razón por la cual la antijurídica frustración de esa probabilidad debe generar para el afectado el derecho a alcanzar el correspondiente resarcimiento"[26].

2.2. El estado de la ciencia

El conocimiento científico acerca del virus causante de la pandemia se ha venido proporcionando a las autoridades sanitarias de forma paulatina. Las medidas adoptadas por los poderes públicos han estado condicionadas, en parte, por los descubrimientos que se han ido produciendo acerca de los modos de transmisión del coronavirus, efectos que produce en el organismo, tratamiento y prevención mediante vacunas que se encuentran ya disponibles. En este contexto, el análisis de la responsabilidad patrimonial de la Administración exige tener en cuenta si se pudo, en base a la información existente, prever el alcance de una pandemia como esta y, una vez conocida su existencia, si se adoptaron las medidas de contención más adecuadas de acuerdo con los conocimientos científicos disponibles.

Nos preguntamos ¿podría la Administración no ser responsable de los daños causados por su actuación en el contexto de la covid-19 derivados de hechos o circunstancias imprevisibles según el estado de los conocimientos de la ciencia o de la técnica existentes en el momento de su producción? En principio pareciere que la Administración es inmune frente a estas reclamaciones por daños imprevisibles e inevitables, habida cuenta que eran desconocidos para la comunidad científica.

Esta especie de cláusula de progreso relativa al avance de la ciencia como título de inimputabilidad para la Administración presenta matices en relación con el régimen de responsabilidad sanitaria. En el proceder de la Administración se impone una conducta especialmente diligente que pondere el beneficio de un medicamento (ejemplo, una vacuna) con el riesgo que puede generar a la salud, antes de proceder a su autorización, con un estricto deber de vigilancia una vez que es autorizado. Por ejemplo, en el caso de la puesta en circulación de una vacuna contra el coronavirus, si resultare perjudicial para la salud de la población, aun cuando esos efectos adversos no se hubiesen conocido en el momento de su comercialización debido a los conocimientos científicos existentes, pensamos que el fabricante (laboratorio o impartidor de la vacuna) no podrá eludir su responsabilidad invocando el estado de la ciencia, precisamente por ser una actividad riesgosa para la población en el contexto de una pandemia.[27] Sin embargo, la Administración, que no ha fabricado ni distribuido la vacuna (según el caso), podría

---

26 Sentencia del Consejo de Estado de Colombia. Sala de lo Contencioso Administrativo. Sección tercera, de 22 de octubre de 2012. http://consejodeestado.gov.co/documentos/sentencias/25000232600019960332801.pdf, consultado en fecha 12 de marzo de 2021.

27 Situaciones de riesgo (o de sacrificio particular) generadoras de daños, ubicables en el contexto de la responsabilidad sin falta o funcionamiento normal, como, por

invocar los riesgos del desarrollo, ya que su obligación se encuentra en el deber de autorizar y supervisar la vacuna, actividades que de comprobarse un fallo en las mismas y generadoras de daños ciertos si pudiera generar una responsabilidad del Estado, independientemente del avance de la ciencia y la técnica.

Sarrato Martínez refiriéndose a la responsabilidad en el ámbito del medicamento, sostiene que:

> "...habrá que valorar el grado de diligencia por la Administración desplegado, en el sentido de determinar si ha adoptado todas las medidas de control de seguridad del fármaco una vez que en su momento procedió a otorgar la autorización del mismo". (El autor señala que la aparición de resultados adversos no determina por si sola la responsabilidad de la Administración, pero sí existiría si, advertida de tal circunstancia) "...no procediese a revisar la autorización mediante la reevaluación de la relación beneficio-riesgo, no procediese a una modificación de las condiciones de la autorización, no tuviese en cuenta los datos e informaciones disponibles acerca del medicamento conforme a la evaluación del estado de la ciencia desde que la autorización fuese otorgada, o – dicho de un modo mas general – no llevase a cabo el conjunto de farmacovigilancia que legalmente le vienen encomendadas".[28]

2.3. El principio de precaución

En el proceder de la Administración, se impone una conducta especialmente diligente que pondere el beneficio que produce un mecanismo o una solución (un medicamento, una vacuna) con el riesgo que puede generar a la salud. Este proceder en el ámbito sanitario se materializa en un estricto deber de actuación según

---

ejemplo, en el contexto sanitario: contagios en centros sanitarios del Estado, contagio por transfusiones sanguíneas, pruebas en investigaciones (de vacunas) como "conejillo de indias", aún con el consentimiento informado de la víctima.

[28] Luis Sarrato Martínez, *La responsabilidad administrativa, civil y penal en el ámbito del medicamento*, Thomson Reuters Aranzadi, Cizur Menor, 2014, pp. 193-195. En semejante sentido, sentencia del Tribunal Supremo español del 9 de octubre de 2012, "(...) es exigible a la Administración sanitaria la aportación de todos los medios que la ciencia en el momento actual pone razonablemente a disposición de la medicina para la prestación de un servicio adecuado a los estándares habituales; conforme con este entendimiento del régimen legal de la responsabilidad patrimonial, en modo alguno puede deducirse la existencia de responsabilidad por toda actuación médica que tenga relación causal con una lesión y no concurra ningún supuesto de fuerza mayor, sino que esta deriva de la, en su caso, inadecuada prestación de los medios razonablemente exigibles". Disponible en: https://www.poderjudicial.es/search/AN/openDocument/1dfdadfbee06e1fd/20121029, consultado en fecha 10 de marzo de 2021.

el modelo del "buen padre de familia" o de persona razonable.[29] Y es que cuando nos enfrentamos a riesgos sobre los que existe incertidumbre científica, las decisiones son más complejas y requieren para el acierto de una mayor dosis de intuición, prudencia e inteligencia para evitar daños.

El catedrático Recuerda Girela sostiene que:

"...la experiencia demuestra que hay riesgos imprevisibles y otros que, siendo previsibles son inevitables porque superan las fuerzas humanas. En cambio, hay riesgos que, con una actitud diligente, pueden preverse a partir de la información disponible. Algunos de esos riesgos previsibles se pueden eliminar o, al menos, mitigar si se adoptan las decisiones adecuadas a tiempo. Cuando nos enfrentamos a riesgos sobre los que existe incertidumbre científica, las decisiones son más complejas y requieren para el acierto de una mayor dosis de intuición, prudencia e inteligencia para evitar los daños. En escenarios de incertidumbre científica el Gobierno y la Administración deben aplicar de forma razonada y proporcionada el principio de precaución, sin que ello pueda avalar decisiones caprichosas, arbitrarias ni desproporcionadas, con efectos contraproducentes. El principio de precaución integra la idea de cautela frente a los riesgos, y concretamente establece la regla de que la incertidumbre científica sobre un riesgo no debe ser un obstáculo para la adopción de medidas cuando exista la probabilidad de que se produzca un daño grave".[30]

El principio de precaución se presenta así, como un criterio de imputación especialmente relevante en el contexto de la pandemia, y al mismo tiempo conforma un límite al estado de la ciencia como causa de exoneración de la responsabilidad patrimonial de la Administración.

Como explica Esteve Pardo con respecto al derecho ambiental, aunque con argumentos perfectamente extrapolables al de una crisis sanitaria como la derivada de la COVID-19:

"Se trata de casos en los que la ciencia no ha alcanzado todavía una certeza sobre los efectos que un producto, una tecnología, una materia nueva puedan tener sobre el medio ambiente; puede que exista incluso controversia entre

---

[29] En referencia a los estándares de comportamiento en las relaciones jurídicas, es especialmente ilustrativo el análisis que hace Juan Antonio García Amado, "Estándares de conducta y responsabilidad jurídica (lex artis, buen padre de familia, persona razonable...)", *Almacén del Derecho*, 26 de noviembre de 2018, disponible en: https://almacendederecho.org/estandares-de-conducta-y-responsabilidad-juridica-lex-artis-buen-padre-de-familia-persona-razonable, consultado en fecha 20 de marzo de 2021.

[30] Miguel Ángel Recuerda Girela, "Del principio de precaución", *La Razón*, 20 de junio de 2020. Disponible en: https://www.larazon.es/espana/20200620/kax7m3xcqvhzxdr5wb7znjgrkm.html consultado en fecha 10 de abril de 2021.

científicos o puede que, como con toda lógica se plantea por el vertiginoso ritmo de la innovación tecnológica, no se disponga todavía de datos y experiencias significativas para cimentar conclusiones definitivas: la ciencia reclama así un tiempo, que suele ser dilatado, para conocer con una mínima certeza los efectos sobre el medio ambiente; ni la ciencia está obligada a decidir ni está sujeta a normas con estas pretensiones".[31]

El principio de precaución se pone de manifiesto allí donde las circunstancias aconsejan la adopción de determinadas medidas preventivas o correctoras, aun no siendo del todo seguro la eficacia de estas o la realidad del peligro en ciernes. No bastará, por tanto, en el proceder de la Administración con remitirse al desconocimiento científico para procurarse una exoneración de responsabilidad patrimonial, si la incertidumbre acerca de los potenciales efectos adversos de la vacuna (por ejemplo) justificaba que no fuera puesta en circulación en atención a las expectativas sobre los beneficios y riesgos que podía generar.

3. Algunos supuestos que generarían responsabilidad patrimonial de la administración

No pretendemos hacer un análisis exhaustivo de los supuestos indemnizatorios posiblemente generadores de responsabilidad patrimonial de la Administración, ni una enumeración casuística de daños indemnizables, ya que será justamente ese estudio caso por caso que realizará cada órgano jurisdiccional lo que permita determinar la responsabilidad del Estado y la consecuente reparación. No obstante, trataremos de aproximarnos a algunos supuestos específicos de responsabilidad en el contexto de la pandemia:

a) Insuficiencia de medios asistenciales

La pandemia ha puesto de manifiesto la escasez de medios con el que los centros sanitarios se han visto obligados a atender a los pacientes, empezando por la falta de personal médico y camas hospitalarios, particularmente, en las unidades de terapia intensiva. A esto se une, por ejemplo, la insuficiencia de respiradores artificiales y de pruebas de diagnóstico del coronavirus y en general las condiciones de abandono en que se encontraban muchos centros de salud.

---

31 José Esteve Pardo, "La intervención administrativa en situaciones de incertidumbre científica. El principio de precaución en materia ambiental", *Revista Derecho del Medio Ambiente y Administración Local*, 2004, p. 202. Disponible en: http://repositorio.gobiernolocal.es/xmlui/bitstream/handle/10873/1113/medio_ambiente_14_esteve.pdf?sequence=1&isAllowed=y, consultado en fecha 2 de abril de 2021.

Lo cierto es que la escasez de medios para hacer frente a los efectos de la pandemia puede revelar un funcionamiento anormal de los servicios públicos si ha habido falta de previsión, que ha provocado una dotación insuficiente de medios y de medidas con las que abastecerse de una manera razonablemente rápida y eficaz.

Aun así, no podrá haber responsabilidad si esa escasez de medios carece de relación con el daño por el que la víctima pretende ser resarcida. Dicho de otro modo, si el daño se hubiera producido incluso contando con una dotación suficiente de medios, el particular no tendrá derecho a la indemnización al faltar el debido nexo causal. Se impone, por tanto, un análisis acerca de si el resultado producido hubiera sido más proclive a la víctima en caso de haber tenido a su disposición dichos medios. Por ejemplo, el caso de un enfermo que fallece sin recibir ventilación mecánica ante la falta de respiradores disponibles; el éxito de la acción resarcitoria requeriría acreditar, no solo la necesidad terapéutica del respirador artificial, sino que su omisión fue una causa suficiente de la muerte.

b) Contagio del personal sanitario por incumplimiento de las medidas de prevención de riesgos

Entre los colectivos profesionales más afectados por los contagios se encuentra el personal sanitario. Pensamos que, en el supuesto de responsabilidad por funcionamiento normal del servicio público, cabe entender que el servidor público ha asumido voluntariamente un riesgo que tiene el deber jurídico de soportar. El daño, en consecuencia, no sería antijurídico y ni habría responsabilidad patrimonial de la Administración, sin perjuicio del derecho que el perjudicado tendría a ser resarcido mediante las prestaciones previstas expresamente en el ordenamiento jurídico aplicable a su relación funcionarial, estatutaria o laboral. Una herramienta idónea para determinar si hay responsabilidad patrimonial derivada de los contagios por coronavirus entre el personal de la administración sanitaria, consiste en analizar caso a caso si se ha cumplido o no con la normativa sobre prevención de riesgos laborales.

En cambio, en los casos de fallos del servicio (funcionamiento anormal), el personal sanitario tendría derecho a ser resarcido por la Administración de todos los daños y perjuicios que se le hubiesen irrogado, salvo fuerza mayor o participación del propio perjudicado en la producción del daño, supuesto que podría dar lugar a una exoneración total o parcial de la Administración con la consiguiente moderación de la indemnización.

Además de acreditarse que el contagio del coronavirus se ha producido en ocasión del desempeño de sus funciones y no por causas ajenas a estas, deberá probarse también la deficiencia en el servicio público imputable a la Administración por no cumplir adecuadamente con la normativa de prevención de riesgos laborales y, más específicamente, con la dotación al personal afectado contra el riesgo de contagio.

c) Movilización de personal sanitario infracualificado

En la pandemia se han adoptado determinadas medidas de urgencia, como la contratación de sanitarios o médicos residentes de último año sin la correspondiente evaluación de la formación, o estudiantes de medicina y enfermería en su último año de formación. La prestación de la atención sanitaria por este personal médico no determina por sí sola responsabilidad por parte de la Administración. Será necesario constatar la existencia de un daño que el particular no tiene la obligación de soportar.

La observancia de este requisito exigirá acreditar si el facultativo a quien se le atribuye causalmente la realización de un daño ha incurrido en algún tipo de negligencia, por haber infringido la *lex artis*. En este supuesto podría incluirse también la actividad sanitaria llevada a cabo por personal colaborador ocasional producto de la emergencia de salud pública: personal militar, bomberos, personal de seguridad, tanto como agentes activos colaboradores como sujetos pasivos contagiados por falta de dotación de equipos adecuados para el control de la pandemia.

d) Preferencia asistencial entre pacientes

La escasez de los medios asistenciales ha traído consigo un problema específico que, además de jurídico, tiene importantes connotaciones éticas. Se trata de la prevalencia en el tratamiento de pacientes con similares necesidades de atención médica. La imposibilidad de prestar asistencia a todos los pacientes afectados por COVID-19, ante una dotación insuficiente de medios, conlleva para el personal sanitario la difícil decisión de atender a unos pacientes en detrimento de otros quienes, a causa de tal desatención, empeoran de sus patologías e, incluso, pueden llegar a morir.

El análisis de esta responsabilidad por elegibilidad exige analizar si ha habido o no un correcto funcionamiento del servicio, y más específicamente, si el resultado generado al paciente no atendido podría haber sido previsto y evitado. Lo relevante es la exclusión en la atención debida a una insuficiencia de medios que pudo y debió ser prevista, supuesto en el que la víctima no estaría obligada a soportar el daño.

e) Restricciones y suspensiones a las libertades de tránsito o de circulación y medidas de contención con respecto a actividades públicas y privadas

La exacerbada discrecionalidad (producto del derecho de excepción o emergencia) con que es manejada la pandemia y la crisis sanitaria producida por ella ha generado la toma de decisiones que conllevan la restricción de derechos fundamentales, entre otras la libertad de circulación, de tránsito, de manifestación, de reunión, la libertad económica, o incluso del ejercicio de la libertad de culto, suspendiéndose cualquier actividad que a juicio discrecional de la autoridad competente pueda suponer un riesgo de contagio.

Doménech Pascual ha distinguido dos supuestos de indemnizabilidad dependiendo que las medidas que suspenden actividades resulten peligrosas o beneficiosas para la sociedad. Si la medida interfiere en la actividad de quien perturba la salud pública como bien jurídico que merece ser tutelado, no conviene indemnizar porque "hacerlo supondría un estímulo económico para llevar a cabo esa actividad excesivamente peligrosa, toda vez que uno de los riesgos que la misma comporta – el de sufrir un sacrificio por razones de interés público – no lo soportaría el sujeto que la lleva a cabo, sino los contribuyentes"[32]

En general, la solución de si deben ser o no indemnizables los daños causados por la aplicación de esta serie de medidas, pasa por verificar si soportan un juicio de proporcionalidad, principio que está involucrado en toda aplicación de medidas restrictivas de derechos y libertades. La proporcionalidad o prohibición de exceso exige que cualquier actuación de los poderes públicos limitativa o restrictiva de derechos responda a los criterios de necesidad, adecuación y balance costos-beneficios al fin perseguido.

Por último, mencionamos algunos otros supuestos que pensamos podrían generar responsabilidad patrimonial de la Administración y una consiguiente indemnización:

f) Adquisición de material sanitario defectuoso

g) Falta de control e inspección en centros geriátricos o residencias para adultos mayores

h) Requisas temporales de bienes

i) Suspensión de contratos públicos

j) Abuso y violencia institucional de los efectivos de seguridad pública a los ciudadanos

k) Incumplimiento de protocolos con las personas fallecidas

l) Nacionales varados en el exterior

REFERENCIAS BIBLIOGRÁFICAS

ALEXY, Robert, *Teoría de los derechos fundamentales*, Trad. de Carlos Bernal Pulido. Centro de Estudios Políticos y Constitucionales, Madrid, 2017.

BACIGALUPO, Mariano, "La aplicación de la doctrina de los "limites inmanentes" a los derechos fundamentales sometidos a reserva de limitación legal", *Revista Española de Derecho Constitucional*, N° 38, Centro de Estudios Políticos y Constitucionales, Madrid, 1993.

---

[32] Gabriel Doménech Pascual, "Responsabilidad patrimonial del Estado...", *ob. cit.*, pp. 108-109.

BADELL MADRID, Rafael, *La Responsabilidad del Estado en Venezuela, Discurso y trabajo de incorporación a la Academia de Ciencias Políticas y Sociales*, Academia de Ciencias Políticas y Sociales, Caracas, 2014.

BÖCKENFÖRDE, Ernst-Wolfgang, *Escritos sobre derechos fundamentales*, Trad. de Juan Luis Requejo Pagés e Ignacio Villaverde Menéndez, Nomos Verlagsgesellschaft, Baden-Baden, 1993.

BOROWSKI, Martin, "La restricción de los derechos fundamentales", *Revista Española de Derecho Constitucional*, N° 59, Centro de Estudios Políticos y Constitucionales, Madrid, 2000.

BREWER-CARÍAS, Allan R., "Sobre el impacto de la pandemia en el Derecho Público (Constitucional y Administrativo)", *Blog Derecho y Sociedad*, 7 de noviembre de 2020. Disponible en https://derysoc.com/sobre-el-impacto-de-la-pandemia-en-el-derecho-publico-constitucional-y-administrativo/

CASAL H., Jesús María, *Los derechos fundamentales y sus restricciones. Constitucionalismo comparado y jurisprudencia interamericana*, Editorial Temis, Konrad Adenauer Stiftung, Bogotá, 2020.

DOMÉNECH PASCUAL, Gabriel, "Como distinguir entre una expropiación y una delimitación de la propiedad no indemnizable", *Indret Revista para el análisis del Derecho N° 1*, Barcelona, 2012.

____ "Responsabilidad patrimonial del Estado por la gestión de la crisis del COVID-19", *El Cronista del Estado Social y Democrático de Derecho N° 86-87*, Madrid, 2020.

____ "Responsabilidad patrimonial del Estado y COVID 19", *Anuario de la Facultad de Derecho de la Universidad Autónoma de Madrid. Número Extraordinario. Derecho y Política ante la Pandemia: Reacciones y Transformaciones*. Madrid, 2021.

ESTEVE PARDO, José, "La intervención administrativa en situaciones de incertidumbre científica. El principio de precaución en materia ambiental", *Revista Derecho del Medio Ambiente y Administración Local*, 2004. Disponible en: http://repositorio.gobiernolocal.es/xmlui/bitstream/handle/10873/1113/medio_ambiente_14_esteve.pdf?sequence=1&isAllowed=y

GARCÍA AMADO, Juan Antonio "Estándares de conducta y responsabilidad jurídica (lex artis, buen padre de familia, persona razonable…)", *Almacén del Derecho*, 26 de noviembre de 2018, disponible en: https://almacendederecho.org/estandares-de-conducta-y-responsabilidad-juridica-lex-artis-buen- padre-de-familia-persona-razonable

____ "Sobre algunos mitos del Derecho de daños. Causas que no causan e imputaciones objetivas bastante subjetivas", en HERRADOR GUARDIA, Mariano José (editor), *Derecho de daños 2013*, Aranzadi, Cizur Menor, 2013.

GARCÍA SOTO, Carlos, "El decreto de estado de alarma. Alcance y consecuencias prácticas", en BREWER-CARÍAS, Allan R. y ROMERO-MUCI, Humberto (coordinadores), *Estudios jurídicos sobre la pandemia del COVID-19 y el decreto de estado de alarma en Venezuela.*, Academia de Ciencias Políticas y Sociales y Editorial Jurídica Venezolana, Caracas, 2020.

GARCÍA-ÁLVAREZ GARCÍA, Gerardo "La responsabilidad patrimonial de los poderes públicos" en José Bermejo Vera (director), *Derecho Administrativo. Parte Especial*, Civitas, Madrid, 2005.

GHAZZAOUI, Ramsis, "El supuesto sistema de responsabilidad patrimonial objetiva de la Administración Pública (Realidad jurisprudencial de la Responsabilidad extracontractual en Venezuela)", *Revista Electrónica de Derecho Administrativo venezolano Nº 4*, Centro de Estudios de Derecho Público, Universidad Monteavila, Caracas, 2014.

HÄBERLE, Peter, *La garantía del contenido esencial de los derechos fundamentales en la Ley fundamental de Bonn. Una contribución a la concepción constitucional de los derechos fundamentales y a la teoría de la reserva de ley*, Trad. de Joaquín Brague Camazano. Editorial Dykinson, Madrid, 2003.

HERRERA MONTAÑEZ, Diego Alejandro, *El daño y el nexo causal en la perdida de oportunidad*, Trabajo fin de Máster en Derecho Público, Universidad Colegio Mayor Nuestra Señora del Rosario, Bogotá, 2016. Disponible en: https://repository.urosario.edu.co/bitstream/handle/10336/12539/EL%20DAÑO%20y%20%20El%20NEXO%20CAUSAL%20EN%20LA%20PÉRDIA%20DE%20OPORTUNIDA.pdf?sequence=1&isAllowed=y

IRIBARREN MONTEVERDE, Henrique, *El principio del respeto a las situaciones jurídicas subjetivas en el Derecho Público venezolano*. Discurso y trabajo de incorporación a la Academia de Ciencias Políticas y Sociales, Academia de Ciencias Políticas y Sociales, Caracas, 2013.

____ *El sistema paradójicamente clásico de la Responsabilidad Administrativa Extracontractual*, Ediciones Liber, Caracas, 2006.

Junta de Vigilancia Mundial de la preparación. *Un mundo en peligro. Informe anual sobre preparación mundial para las emergencias sanitarias*, Organización Mundial de la Salud, Ginebra, 2019. Disponible en: https://apps.who.int/gpmb/assets/annual_report/GPMB_Annual_Report_Spanish.pdf

LOZANO CUTANDA, Blanca, *La responsabilidad de la Administración por la pérdida de oportunidad en el ámbito sanitario*, mayo 2019. Disponible en: https://www.ga-p.com/wp-content/uploads/2019/05/La-responsabilidad-de-la-Administración-por-la-pérdida-de-oportunidad.pdf

MARTÍN REBOLLO, Luis, "La responsabilidad patrimonial de las administraciones públicas en España", en BARNÉS, Javier (coordinador), *Propiedad, Expropiación y Responsabilidad. La garantía indemnizatoria en el Derecho Europeo y Comparado*, Editorial Tecnos, Madrid, 1995.

MEDINA ALCOZ, Luis, "Mitos y ficciones en la responsabilidad patrimonial de las Administraciones públicas", *Revista Española de Derecho Administrativo*, número 153, Madrid, 2012.

____ *La teoría de la pérdida de oportunidad. Estudio doctrinal y jurisprudencial de derecho de daños público y privado*, Civitas, Madrid, 2007.

MÜLLER, Friedrich, *La positividad de los derechos fundamentales. Cuestiones para una dogmática practica de los derechos fundamentales*, Trad. de Alberto Oehling de los Reyes. Editorial Dykinson, Madrid, 2016.

ORTIZ-ÁLVAREZ, Luis A., *El daño cierto en la responsabilidad patrimonial de la administración pública*, Editorial Jurídica Venezolana, Caracas, 1995.

____ *La Responsabilidad de la Administración Pública*, Editorial Jurídica Venezolana, Caracas, 1995.

____ "La responsabilidad patrimonial del Estado en Venezuela en la Constitución de 1999 (Visión general sustantiva y el mito del carácter objetivo del sistema)", en BADELL MADRID, Rafael (coordinador), *Congreso Internacional de Derecho Administrativo en Homenaje al Prof. Luis H. Farías Mata,* Tomo I, Universidad Católica Andrés Bello, Caracas, 2006.

PINZÓN MUÑOZ, Carlos Enrique, *La prueba de la responsabilidad extracontractual del Estado*, Grupo Editorial Ibáñez, Bogotá, 2018.

RECUERDA GIRELA, Miguel Ángel, "Del principio de precaución", *La Razón*, 20 de junio de 2020. Disponible en: https://www.larazon.es/espana/20200620/kax7m3xcqvhzxdr5wb7znjgrkm.html

RODRÍGUEZ FERNÁNDEZ, Ignacio, "La dimensión constitucional del daño sacrificial", *Revista General de Derecho Constitucional Nº 29*, Iustel, Madrid, 2019.

SAAVEDRA BECERRA, Ramiro, *De la Responsabilidad Patrimonial del Estado*, 3 tomos, Grupo Editorial Ibáñez, Bogotá, 2018.

____ *La responsabilidad extracontractual de la Administración Pública*, Grupo Editorial Ibáñez, Bogotá, 2011.

SARRATO MARTÍNEZ, Luis, *La responsabilidad administrativa, civil y penal en el ámbito del medicamento*, Thomson Reuters Aranzadi, Cizur Menor, 2014.

Legislación

Venezuela. *Constitución de la República Bolivariana de Venezuela*, publicada en Gaceta Oficial N° 5.908 Extraordinario, del 19 de febrero de 2009.

____ *Código Civil*, publicado en Gaceta Oficial N° 2.990 Extraordinario, del 26 de julio de 1982.

Jurisprudencia

Consejo de Estado de Colombia. Sala de lo Contencioso Administrativo. Sección tercera, sentencia del 22 de octubre de 2012. http://consejodeestado.gov.co/documentos/sentencias/25000232600019960332801.pdf, consultado el 12 de marzo de 2021.

____ Sala de lo Contencioso Administrativo. Sección tercera, sentencia del 16 de febrero de 2017. Disponible en: http://consejodeestado.gov.co/documentos/sentencias/28-02-2017_68001231500019990233001.pdf, consultado el 5 de marzo de 2021.

Sala Constitucional del Tribunal Supremo de Justicia, sentencia N° 2818 del 19 de noviembre de 2002. Disponible en: http://historico.tsj.gob.ve/decisiones/scon/noviembre/2818-191102-01-1532%20.HTM, consultado el 5 de enero de 2021.

Sala Político Administrativa del Tribunal Supremo de Justicia, sentencia N° 2130 del 9 de octubre de 2001. Disponible en: http://historico.tsj.gob.ve/decisiones/spa/octubre/02130-091001-15336.HTM, consultado el 11 de enero de 2021.

____ sentencia N° 1013 del 31 de julio de 2002. Disponible en: http://historico.tsj.gob.ve/decisiones/spa/julio/01013-310702-12836.HTM, consultado el 6 de enero de 2021.

____ sentencia N° 288 del 25 de febrero de 2003. Disponible en: http://historico.tsj.gob.ve/decisiones/spa/febrero/00288-250203-1999-16134.HTM, consultado el 6 de enero de 2021.

____ sentencia 1292 del 21 de agosto de 2003. Disponible en: http://historico.tsj.gob.ve/decisiones/spa/agosto/01292-210803-1997-14260.HTM, consultado el 6 de enero de 2021.

____ sentencia N° 730 del 30 de junio de 2004. Disponible en: http://historico.tsj.gob.ve/decisiones/spa/junio/00730-300604-1998-14277.HTM, consultado el 9 de enero de 2021.

____ sentencia N° 2132 del 16 de noviembre de 2004. Disponible en: http://historico.tsj.gob.ve/decisiones/spa/noviembre/02132-161104-1994-10623.HTM, consultado el 15 de enero de 2021.

____ sentencia N° 2337 del 27 de abril de 2005. Disponible en: http://historico.tsj.gob.ve/decisiones/spa/abril/02337-270405-1995-12084.HTM, consultado el 2 de febrero de 2021.

____ sentencia N° 409 del 2 de abril de 2008. Disponible en: http://historico.tsj.gob.ve/decisiones/spa/abril/00409-2408-2008-2000-0727.HTML, consultado el 14 de enero de 2021.

Tribunal Supremo de España, sentencia N° 7527 del 24 de noviembre de 2009. Disponible en: https://www.poderjudicial.es/search/AN/openDocument/b237f2b2644cafe7/20100121, consultado el 8 de marzo de 2021.

____ sentencia N° 6507 del 9 de octubre de 2012. Disponible en: https://www.poderjudicial.es/search/AN/openDocument/1dfdadfbee06e1fd/20121029, consultado el 10 de marzo de 2021.

____ sentencia N° 169 del 6 de febrero de 2018. Disponible en: https://www.poderjudicial.es/search/AN/openDocument/413e69d2fd9c0b8a/20180216, consultado el 8 de marzo de 2021.

NATURALEZA JURÍDICA DE LOS CRIPTOACTIVOS Y SU ÁMBITO REGULATORIO EN ESPAÑA Y LATINOAMÉRICA

Santiago Rodríguez Senior[*]

SUMARIO

[*] Abogado de la Universidad Católica Andrés Bello (Caracas), con un Juris Doctor de University of Miami School of Law (Miami), un LL.M. de Northwestern Prtizker School of Law (Chicago), y abogado de la Universidad de Nebrija (Madrid). Es asociado senior del equipo de Arbitraje Internacional de Uría Menéndez en Madrid. Profesor adjunto del Instituto Empresa (IE) en Madrid de Filosofía del Derecho y Resolución Alternativa de Controversias Internacionales.

en el uso de criptoactivos. G. Requisitos para minar criptoactivos. 5.4. México. A. Actitud del gobierno respecto a los criptoactivos. B. Regulación aplicable a los criptoactivos. C. Compra y venta de criptoactivos. D. La imposición fiscal derivada de la tenencia, ganancia y transferencia de criptoactivos. E. Regulaciones respecto a lavado de capitales y financiamiento al terrorismo. F. Requisitos para obtener una licencia para poder custodiar y ser intermediario en el uso de criptoactivos. G. Requisitos para minar criptoactivos. 6. Conclusión. Referencias bibliográficas.

1. Introducción

La palabra "criptoactivo" se ha convertido en un término abusado. Esto no es casualidad dado lo novedoso y complejo que son los criptoactivos. Sin embargo, es una falsa creencia que todos los criptoactivos tienen la misma naturaleza jurídica. A pesar de que sean frutos del mismo árbol, cada uno tiene un color, sabor y tamaño distinto.

Dada esta confusión en la premisa inicial –que todos los criptoactivos son lo mismo– se ha perdido un poco la sustancia en la discusión sobre cómo regular a los criptoactivos. Naturalmente, al meter en la misma cesta criptoactivos que no tienen ni la misma forma de emitirse, ni la misma función, la regulación de los criptoactivos ha sido relativamente ineficiente.

Algo que resulta especialmente complicado a la hora de regular criptoactivos es crear un marco regulatorio que sea compatible con las regulaciones de otros países. Esto se debe, en gran medida, a las distintas políticas públicas de cada país, que dependiendo de su postura en ciertos temas –e.g. respecto al cambio climático o legitimación de capitales– adoptarán un marco más o menos restrictivo respecto a la forma que se transan, emiten o custodian los criptoactivos.

Tampoco parece ser entendido por muchos reguladores que hay distintos tipos de criptoactivos para distintas funciones. Por ejemplo, Bitcoin –el criptoactivo más conocido y con mayor cuota de mercado– tiene como fin ser una reserva de valor para combatir la inflación, similar al oro. Pero, por otra parte, Ethereum –el segundo criptoactivo con más mercado– tiene como fin ser un activo que permita acceder y utilizar otros activos en una plataforma particular. Por lo tanto, uno tiene un fin más compatible con un instrumento financiero, mientras que el otro tiene un fin más asimilable con un prestador de servicios.

Estos son solo unos breves y superficiales ejemplos de lo profundo que puede ser el mundo de los criptoactivos. Errar en reconocer desde el inicio las distintas aristas y consideraciones que se deben tener en cuenta para regular a los distintos tipos de criptoactivos conllevará ineludiblemente al fracaso regulatorio.

En el presente trabajo, se buscará separar de la manera más sintetizada posible qué son, para que sirven, y cómo funcionan los criptoactivos. Solo después de realizar este análisis se entrará a explicar con detalle las distintas maneras en las que los gobiernos de España y distintos países en Latinoamérica regulan a los criptoactivos.

2. Historia

Antes de explicar en detalle cuales son los tipos de criptoactivos y sus aspectos regulatorios, es necesario hacer un breve repaso de cómo empezó este nuevo mundo de los criptoactivos. El comienzo de esta historia empieza con la historia del dinero en sí mismo.

Se deben entender los fundamentos detrás de la creación del dinero para luego entender cómo y el por qué surgieron los criptoactivos. En efecto, el criptoactivo que dio origen a los demás criptoactivos –el Bitcoin– es considerado por muchos como una reserva de valor. Por lo tanto, para entender por qué el Bitcoin es una reserva de valor, primero se debe entender cómo funciona el dinero como reserva de valor.

2.1. Historia del dinero

Antes de que existiera la moneda como instrumento de cambio en el comercio, existía el trueque. Los comerciantes intercambiaban los bienes de los que disponían a cambio de otros bienes que necesitaban[1].

Sin embargo, el trueque tenía sus limitaciones. Por ejemplo, si una persona que crecía manzanas quería comprar pescado y el pescador no tenía utilidad para manzanas, no podían llegar a un acuerdo[2].

Por esta limitación, el hombre decidió empezar a intercambiar bienes coleccionables que tuvieran algún valor intrínseco por su rareza y valor simbólico –e.g. conchas marinas, piedras preciosas, dientes de animales, etc.[3] Estos bienes coleccionables solían tener mayor valor como unidad de reserva que como medio de intercambio[4]. Por esto, no se solían intercambiar con mucha frecuencia, sino únicamente cuando se necesitara.

---

1 Vijay Boyapati, "The Bullish Case for Bitcoin", Medium. Disponible en: https://vijayboyapati.medium.com/the-bullish-case-for-bitcoin-6ecc8bdecc1,última consulta en fecha 17 de mayo de 2021.

2 *Ídem.*

3 Nick Szabo, "Shelling Out: The Origins of Money", Nakamoto Institute. Disponible en: https://nakamotoinstitute.org/shelling-out/,última consulta en fecha 17 de mayo de 2021.

4 *Ídem.*

Esto generó que el hombre quisiera acumular estos bienes coleccionables, en lugar de cambiarlos. De esta manera, el bien coleccionable funcionaba como reserva de valor de fortunas[5]. Con el paso del tiempo, el comercio fue expandiéndose y con ello, los bienes coleccionables que serían aceptados en distintas partes del mundo[6].

En el siglo XIX fue cuando el mundo aceptó comercializar usando una reserva de valor que sería universalmente aceptada: el oro[7]. El oro se convirtió en la reserva de valor por excelencia, inclusive hasta el día de hoy. Se considera usualmente que el oro es una inversión segura para usar como reserva de valor por el valor intrínseco del oro, que es aceptado universalmente[8].

Sin embargo, el oro, por su naturaleza física, es impráctico para ser utilizado como medio de intercambio. Por lo tanto, lo que hacían los Estados fue emitir dinero –en billete o en moneda– que representaría una unidad de oro en las reservas del Estado. De esta manera, poco a poco los Estados fueron adquiriendo oro y respaldando su economía en oro para utilizarlo como reserva de valor[9].

Con el paso del tiempo, los Estado fueron imprimiendo más billetes de lo que podían respaldar en oro, por lo que las economías pasaron a ser economías basadas en dinero *fiat* –dinero respaldado en la confianza en el Estado– en lugar de economías respaldadas en oro[10]. La crítica para algunos respecto al dinero *fiat* es que es útil como instrumento de intercambio en la economía, más no como reserva de valor debido a que los Estados siempre pueden imprimir más dinero, lo cual devalúa el valor del dinero acumulado en esa moneda[11].

La idea del valor intrínseco de cualquier reserva de valor –ya sea un activo como oro o dinero *fiat*– va íntimamente ligado a la escasez que haya de ese bien[12]. Entre más accesible sea el bien, o más fácil sea de producir, menos escasez de ese bien habrá, y, por tanto, menor valor le dará el mercado.

---

5 Vijay Boyapati, *ob. cit.*

6 *Ídem.*

7 *Ídem.*

8 "Invertir en oro: ¿por qué es considerado un valor refugio?", en Naranja. Disponible en: https://www.ennaranja.com/inversores/inversion-inversores/invertir-en-oro-valor-refugio/, última consulta en fecha 17 de mayo de 2021.

9 Vijay Boyapati, *ob. cit.*

10 Nick Szabo, *ob. cit.*

11 *Ídem.*

12 Vijay Boyapati, *ob. cit.*

2.2. Historia y características de Bitcoin, el primer criptoactivo

Una vez entendido de manera breve los orígenes del dinero y la diferencia entre el dinero respaldado por algo y el dinero *fiat*, se puede ahora entender el porqué de la creación del primer criptoactivo: el Bitcoin[13].

En el año 2008, tan solo 15 días después de que Lehman Brothers se declare en bancarrota –lo cual se consideró como el inicio de la crisis financiera global del 2008–, una persona o grupo de personas bajo el pseudónimo "Satoshi Nakamoto" publicó el *white paper* titulado "*Bitcoin: A Peer-to-Peer Electronic Cash System*"[14].

El *white paper* de Bitcoin es un trabajo corto[15], de tan solo 9 páginas, escrito en un lenguaje sencillo de entender. El *white paper* de Bitcoin habla sobre un sistema de pago *peer-to-peer* ("**P2P**")[16] que utiliza una tecnología que evita transacciones fraudulentas, que facilita el anonimato y describe el mecanismo para crear la moneda[17]. La tecnología que permite la funcionalidad del Bitcoin se denomina "blockchain" y se explicará en la sección 3 más adelante.

En términos sencillos, al Bitcoin ser un medio de pago P2P, no necesita un intermediario para realizar una transacción. Esto es contrario a como se hace una transferencia bancaria hoy en día, la cual depende de que un banco participe para llevar a cabo la transacción. Si una persona quiere enviar dinero a otra a través de una transferencia bancaria, esta transferencia depende del banco –o bancos– involucrados en la transferencia para que se aseguren que la persona tiene suficientes fondos para hacer la transferencia, que la cuenta de banco receptora de la transferencia existe, la identidad de los usuarios, etc.

El *white paper* de Bitcoin también explica cómo se pueden evitar transacciones fraudulentas –i.e. que una persona gaste dos veces el mismo Bitcoin–. En resumen –y nuevamente, en términos muy simplistas– este proceso de verificación es lo que se denomina *proof of work*[18].

---

13 Satoshi Nakamoto, "Bitcoin: A Peer-to-Peer Electronic Cash System". Disponible en: https://bitcoin.org/en/bitcoin-paper, última consulta en fecha 17 de mayo de 2021.

14 Daniel Stabile T., Kimberly Prior A. y Andrew Hinkes M., "Digital Assets and Blockchain Technology: US Law and Regulation", Cheltenham, UK - Northampton EEUU, 2020, pp. 1-2.

15 El white paper es un trabajo en el cual se publica una investigación o propuesta.

16 Peer-to-peer significa que la transacción es realizada directamente entre dos partes, sin necesidad de usar un tercero intermediario para llevar a cabo la transacción.

17 Satoshi Nakamoto, *ob. cit.*

18 Daniel Stabile T., Kimberly Prior A. y Andrew Hinkes M., *ob. cit.*, p. 20.

El *proof of work* es un proceso que consiste en que haya una red de computadoras en la que las computadoras "compiten" entre sí para verificar las transacciones de los usuarios de la red. La computadora que "gane" y verifique que la operación no es fraudulenta, es recompensada con una fracción de Bitcoin. De esta manera, la red de Bitcoin verifica por sí sola la legitimidad de las transacciones sin depender de un tercero.

Adicionalmente, el *white paper* explica que para entrar a la red y hacer transacciones se necesitará una llave privada y una llave pública. La llave funcionará como una firma digital del usuario. La llave consiste en un serial de números, en lugar del nombre del usuario (como funciona en la banca tradicional). Por lo tanto, las transferencias son anónimas al no poder ver en la red quienes están transando, sino únicamente su número de llave.

Por último, Bitcoin busca resolver el problema del dinero *fiat* como reserva de valor al crear escasez de Bitcoin. El algoritmo de Bitcoin solo emitirá 21 millones de Bitcoin[19] y lo hará de manera escalonada con el fin de que Bitcoin se aprecie en el tiempo, en lugar de que se deprecie. Por esto, en los primeros 13 años de Bitcoin se emitieron 18 millones de Bitcoins[20], mientras que los tres millones restantes se emitirán de manera fraccionada hasta el año 2140[21], cuando se emitirá el último Bitcoin según el algoritmo.

Por lo tanto, de manera resumida –y muy superficial– se puede entender que Bitcoin es un criptoactivo cuya naturaleza le permite ser utilizado como medio de intercambio –como el dinero–, así como también como una unidad de reserva de valor –como el oro–. Sin embargo, Bitcoin no es el único criptoactivo que puede hacer estas funciones, y hay muchas otras funciones que no puede hacer que si pueden hacer otros criptoactivos.

Bitcoin simplemente fue el primer criptoactivo en operar sobre un blockchain. Este invento abrió un nuevo mundo de posibilidades que se pueden crear sobre un blockchain. Sin embargo, para entender que tipos de activos pueden operar sobre un blockchain, primero se hace necesario entender qué es un blockchain, cómo funciona, y los tipos de blockchains.

---

19 Peter Wind, "When will the last Bitcoin be mined?", Coin Codex. Disponible en: https://coincodex.com/article/2401/when-will-the-last-bitcoin-be-mined/#:~:text=It%27s%20going%20to%20take%20a%20while%20to%20mine,from%20now%2C%20which%20is%20far%20from%20a%20certainty, última consulta en fecha 17 de mayo de 2021.

20 Number of Bitcoins in circulation worldwide. Statista. Disponible en: https://www.statista.com/statistics/247280/number-of-bitcoins-in-circulation/, última consulta en fecha 17 de mayo de 2021.

21 Peter Wind, *ob. cit.*

3. Fundamentos de la tecnología blockchain

El concepto o idea de blockchain no surgió con Bitcoin. Desde los años 90, ya varios autores habían elaborado el esquema y la idea de esta tecnología[22]. Bitcoin simplemente es el primer ejemplo exitoso de implementación de esta tecnología.

La premisa fundamental que se necesita entender sobre la tecnología blockchain es que elimina la necesidad de depender de un tercero intermediario para llevar a cabo un determinado servicio. La forma que funciona es bastante novedosa con respecto a otras tecnologías y es necesario entenderla –así sea superficialmente– porque hay distintos tipos de blockchain, y por ello, distintas formas de regular los activos que operan sobre blockchains.

Sin embargo, es importante no perder de vista que la esencia del blockchain es eliminar la necesidad de depender de un intermediario y permitir transacciones P2P.

3.1. ¿Qué es un blockchain?

Un blockchain se puede entender como una base de datos o libro de operación, parecido a una tabla de Excel. Las operaciones registradas en el blockchain se van cargando en la base de datos bajo una estructura denominada "bloque". Cada bloque tiene un punto de referencia que le conecta al bloque anterior. Esta cadena de bloques de información contabilizada de una determinada operación es lo que se denomina blockchain[23].

La gran novedad de este sistema de almacenaje de información es que funciona de forma descentralizada[24]. Utilizando nuevamente de ejemplo las transferencias bancarias, actualmente la información de los usuarios es guardada en servidores físicos. Esto es una fuente centralizada de guardar información, porque a fin de cuentas la información está guardada en un solo lugar. Si se destruye o daña ese servidor físico que contiene la información, la información estará perdida. Adicionalmente, al estar contenida la información en un solo lugar es más propenso a ser hackeada la información al haber un solo punto de entrada.

En cambio, el blockchain guarda la información en una red de computadoras que están conectadas entre sí[25]. Cada computadora tiene una copia idéntica y auténtica del libro de la operación —i.e. de cada bloque del blockchain. En caso de que se destruya o dañe una computadora o servidor conectado a la misma red, la información no se perderá porque estará guardada en otra computadora o servidor de esa red.

---

22 Satoshi Nakamoto, *ob. cit.*

23 Shawn Amuial, Josias Dewy y Jeffrey Seul, *The Blockchain: A Guide for Legal and Business Professionals*, Thomson Reuters, 2016, p. 1.

24 *Ídem.*

25 *Ibíd.*, p. 4.

Esta cualidad de almacenar la información en bloques de forma descentralizada le da su naturaleza de "inmutabilidad". La inmutabilidad del blockchain hace que sea casi imposible alterar la información guardada en cada bloque[26].

Cualquier intento de acceder, modificar o eliminar la información en uno de los bloques generará un efecto cascada, haciendo que la información en el resto de los bloques se altere. Por tanto, se entiende que un blockchain es más seguro que tecnologías centralizadas existentes porque cualquier intento de alterar la información de uno de sus bloques será rechazado por la propia naturaleza de esta tecnología.

Para los efectos regulatorios es necesario entender que hay dos tipos de blockchains: públicos y privados[27]. Dependiendo de la actividad que se quiera ejercer se optará por uno u otro, lo cual variará el enfoque regulatorio que se le deba aplicar.

3.2. Blockchains públicos

Como se explicó anteriormente, los blockchains tienen la particularidad de que consisten en que unas computadoras interconectadas entre sí que sostienen una red donde está registrada toda la información de ese blockchain particular. Si una de esas computadoras es atacada o destruida, la información sigue estando almacenada en la red.

Es necesario entender que esa red puede ser pública o privada. La red pública es aquella que no tiene barreras de entrada ni para los que quieran participar como computadoras que sostengan la red, ni para aquellos que quieran participar como usuarios que transen en esa red[28].

Los participantes como computadora tienen incentivos económicos para mantener la red y confirmar las transacciones[29]. Por ejemplo, el blockchain de Bitcoin es público y posee alrededor de 7.000 computadoras conectadas a la red, las que a su vez sostienen la información transada en ella y son quienes confirman

---

26 *Ibíd.*, p. 6.

27 Ibrahim Shehata, "Three Potential Imminent Benefits of Blockchain for International Arbitration: Cybersecurity, Confidentiality & Efficiency", *Young Arbitration Review*, Edición 31, octubre 2018.

28 Shawn Amuial, Josias Dewy y Jeffrey Seul, *ob. cit.*, p. 21

29 *E.g.* ver: ¿Cómo funciona Bitcoin?, https://bitcoin.org/es/como-funciona. El incentivo económico está en que cuando un usuario hace una determinada operación, se inicia una carrera entre las computadoras de la red para ver quien verifica y autoriza la legitimidad de esta transacción primero. Esta verificación se hace a través de un algoritmo que opera la computadora cuando se conecta a la red. La primera computadora en verificar la veracidad de la transacción es recompensada con una fracción de un Bitcoin.

las transacciones hechas en la red[30]. Cada computadora que confirme una transacción es recompensada con una fracción de Bitcoin.

Por otra parte, los participantes como usuarios tienen el incentivo de poder hacer transacciones P2P sin necesidad de intermediarios. Esto quiere decir que los usuarios no deben pagar comisiones por realizar transferencias, ni corren el riesgo de que el intermediario les cierre su cuenta o impida hacer alguna transacción por, por ejemplo, no haber actualizado su información personal en el banco o no haber aportado su declaración de impuestos al banco a tiempo.

3.3. Blockchains privados

Por otra parte, también existen los blockchains privados, que limitan el acceso a la red solo a usuarios autorizados[31]. Las computadoras que sostienen la red son propiedad de una empresa o institución, así evitando que la información esté en manos indeseadas y se garantiza además la confidencialidad[32].

Es la empresa o institución la que decide a quien dar permisos de acceso al blockchain privado. Por esto la principal crítica a los blockchains privados es que realmente no son descentralizados, ya que la empresa o persona que administre el blockchain puede ser vulnerable a los mismos problemas que sufren las empresas centralizadas –i.e. ser hackeado– que es una de las banderas fundamentales de los blockchains públicos.

Adicionalmente, los blockchains privados no tienen el mismo incentivo económico que los públicos para operar. En lugar de esperar como recompensa un Bitcoin u otra moneda similar –dependiendo del blockchain sobre el que se opere– las partes pagan a la empresa o institución que opera el blockchain por sus servicios[33].

De esta explicación muy superficial se puede entender que un blockchain privado es distinto en su naturaleza a un blockchain público porque realmente no es descentralizado. Esto implica que cuestiones tales como ciberseguridad o protección de datos deben ser reguladas de manera distinta en plataformas que operen en un blockchain público o privado.

3.4. Consideraciones regulatorias

Hay distintas razones por las cuales particulares quisieran usar un blockchain privado en lugar de uno público para poder operar.

---

30 Ethereum Now Has Three Times More Nodes Than Bitcoin. Trust Nodes. Disponible en: https://www.trustnodes.com/2017/05/31/ethereum-now-three-times-nodes-bitcoin, última consulta en fecha 17 de mayo de 2021.

31 Ibrahim Shehata, *ob. cit.*

32 *Ídem.*

33 *Ídem.*

Los blockchains públicos basan su modelo de negocio en volumen. Entre más personas transen en la red, más incentivos económicos habrán[34]. Esto hace que la red pueda ser lenta y no sea escalable –es decir, que no pueda incrementar su volumen de transacciones sin que colapse o se haga muy lenta la red–.

En cambio, los blockchains privados controlan el número de usuarios en la red, lo cual hace que sean más rápidos y escalables que los blockchains públicos[35]. Si las partes quieren incorporar más partes a la operación, pueden pagar a la compañía o institución que administra la red para que administre la red de tal manera que no pueda colapsar por el número de usuarios, y con ello se hace más rápido y eficiente transar.

Como se dijo anteriormente, la confidencialidad es otra de las razones por la cual los blockchains privados son preferibles sobre los públicos[36]. La información guardada en los bloques del blockchain estaría –en teoría– más protegida en un blockchain privado. Como estos están controlados por una compañía o institución, en teoría se hacen más difíciles de hackear que los blockchains públicos[37].

Para hackear un blockchain, se debe sobrepasar el poder computacional de esa red. Los blockchains privados tienen la ventaja de que controlan las computadoras que acceden a su red, por lo que ya de por sí se hacen más complicados de hackear que los públicos porque habría que primero tener acceso a la red para luego hackearla.

Por ejemplo, para hackear un blockchain privado de una empresa como IBM, primero se necesitaría tener acceso a la red como usuario –lo cual en si ya es complicado porque IBM puede limitar quien accede a su red– y luego se necesitaría un poder de computadoras trabajando simultáneamente que sea superior al poder de computadoras de la red de IBM[38], el cual es, posiblemente, inexistente.

---

34 Ashish Chug, "Why we don't need blockchain to manage cases in international arbitration", *Kluwer Arbitration Blog*. Disponible en: http://arbitrationblog.kluwerarbitration.com/2018/05/13/dont-need-blockchain-manage-cases-international-arbitration/, última consulta en fecha 17 de mayo de 2021.

35 Ibrahim Shehata, *ob. cit.*

36 *Ídem.*

37 *Ídem.*

38 *E.g.*, ver: IBM Blockchain based on Hyperledger Fabric. Disponible en: https://www.ibm.com/blockchain/in-en/hyperledger.html

Por otra parte, blockchains públicos requieren que un usuario tenga más poder computacional que el 51% de los usuarios, lo cual es difícil más no imposible. Es más, ya han habido ejemplos de hacks en este tipo de blockchains[39].

Por lo tanto, en vista de estas consideraciones se puede entender de manera amplia el tipo de consideraciones que se deben tener en cuenta a la hora de regular algún criptoactivo que transe en un blockchain. Los blockchains privados estarán sujetos a regulaciones tales como *Know Your Customer* ("**KYC**")[40] que obligan a las empresas a mantener un registro de la información personal de sus usuarios. Este tipo de regulaciones son difíciles de imponer sobre criptoactivos que operan en blockchains públicos porque estos no están controlados por una entidad central que mantenga estas redes.

Sin embargo, antes de entrar en detalle de exactamente cómo se regulan los criptoactivos en los distintos tipos de blockchains, se hace necesario entender la diferencia entre los distintos tipos de criptoactivos.

4. Los tipos de criptoactivos

Un activo digital es un registro electrónico donde un individuo tiene un derecho o interés[41]. En términos sencillos, un activo digital es solo un código programado que representa un derecho o interés no tangible sobre un activo que solo existe en el mundo digital.

A modo de ejemplo, un Bitcoin es un activo digital. Es la representación, mediante un código de programación, del derecho de una persona a una cantidad específica de dinero en la red de Bitcoin. El usuario no tiene el Bitcoin físicamente, pero el usuario en el blockchain de Bitcoin tiene el derecho a transar e intercambiar ese Bitcoin por otros activos en el blockchain de Bitcoin[42].

Un activo digital es distinto a un activo digitalizado. Un activo digitalizado es un activo que existe físicamente pero cuyo derecho de propiedad se ve reflejado

---

39 Heena Vinayak, "Crypto under attack: The five worst hacks that shook the crypto world", Coin Telegraph. Disponible en: https://cointelegraph.com/news/crypto-under-attack-the-five-worst-hacks-that-shook-the-crypto-world, última consulta en fecha17 de mayo de 2021.

40 "Qué es KYC (Know Your Customer) y su actualidad en 2021". Electronic Identification. Disponible en: https://www.electronicid.eu/es/blog/post/que-es-kyc-know-customer/es, última consulta en fecha 17 de mayo de 2021.

41 "Digital and Digitized Assets: Federal and State Jurisdictional Issues". American Bar Association y otros. 2020, p. 30. Disponible en: https://www.americanbar.org/content/dam/aba/administrative/business_law/buslaw/committees/CL620000pub/digital_assets.pdf, última consulta en fecha 17 de mayo de 2021.

42 Ver: "How to Store Your Bitcoin", COINDESK. Disponible en: https://www.coindesk.com/learn/bitcoin-101/how-to-store-your-bitcoins, última consulta en fecha 17 de mayo de 2021.

en un registro digital[43]. Un ejemplo de activo digitalizado sería un registro electrónico de inmuebles. El activo como tal no es el registro digital; este registro solo es un reflejo del derecho de propiedad que existe fuera del registro digital sobre el activo real, i.e. el inmueble.

Los activos digitales o activos digitalizados pueden ser registrados en distintos tipos de registros electrónicos. Sin embargo, cuando estos activos son registrados en un blockchain, son comúnmente referidos como "tokens"[44]. Por lo tanto, al referirse a tokens solo se está refiriendo a activos digitales o digitalizados que estén registrados en un blockchain.

Como se verá a continuación, existen distintos tipos de tokens dependiendo de su función. Sin embargo, es importante entender que al referirse a un "criptoactivo", se está realmente refiriendo a todos los tipos de token en sentido amplio.

4.1. Diferencias entre los distintos tipos de tokens

Los tokens pueden tomar muchas formas. Estas formas pueden cambiar dependiendo de varios factores, e.g. dependiendo del derecho aplicable al caso concreto ya que puede o no reconocer distintos tokens. Por lo tanto, no siempre es sencillo delimitar la naturaleza jurídica de un token porque pudiera variar dependiendo de la jurisdicción que regule a ese activo.

Por ejemplo, en febrero de 2018, el *Swiss Financial Market Supervisory Authority* ("**FINMA**") publicó una guía ("**Guía FINMA**") para las *Initial Coin Offerings* ("**ICO**") en donde incluían definiciones de tokens[45]. Posteriormente, en septiembre de 2019 FINMA publicó un suplemento a la Guía FINMA ("**Suplement FINMA**")[46] para las ICO en donde expandieron las definiciones de tokens.

En esta Guía, FINMA incluyó una definición para distintos tipos de tokens basados, principalmente, en derecho de EEUU. Por lo tanto, las conclusiones en esta guía serán distintas a aquellas conclusiones de FINMA cuando se trate de

---

43 Phil Spiegel, "Digitizing Your Information Assets", LAC GROUP. Disponible en: https://lac-group.com/digitizing-assets/, última consulta en fecha 17 de mayo de 2021.

44 "Digital and Digitized Assets: Federal and State Jurisdictional Issues", *ob. cit.*, p. 31.

45 "Guidelines for enquiries regarding the regulatory framework for initial coin offerings (ICOs)", FINMA, 2018. Disponible en: https://www.finma.ch/en/~/media/finma/dokumente/dokumentencenter/myfinma/1bewilligung/fintech/wegleitung-ico.pdf?la=e, última consulta en fecha 17 de mayo de 2021.

46 "Supplement to Guidelines for Enquiries Regarding the Regulatory Framework for Initial Coin Offerings (ICOs)", FINMA, 2019. Disponible en: https://www.finma.ch/en/news/2019/09/20190911-mm-stable-coins/, última consulta en fecha 17 de mayo de 2021.

tipos de tokens bajo derecho de Suiza, que no reconoce los mismos conceptos y tipos de tokens que se reconocen en el derecho americano[47].

Usando la Guía FINMA como modelo, se pueden clasificar los tokens en 5 grupos: (i) *payment* tokens, (ii) *utility* tokens, (iii) *asset* tokens, (iv) *stablecoins*, y (v) tokens híbridos. Adicionalmente, de manera separada se analizará un tipo de token que tiene una naturaleza jurídica particular y pudiera catalogarse como una categoría separada: los *non-fungible* tokens.

Cabe aclarar que algunos tokens pueden entrar en más de una categoría. Adicionalmente, es importante recalcar que esta categorización de tokens no es universalmente aceptada –ya que depende de cada jurisdicción– y que puede variar dependiendo de cómo vaya evolucionando esta tecnología.

A. Payment tokens

Los *payment* tokens son tokens cuyo propósito es ser utilizados, en el presente o en el futuro, como un medio de pago para adquirir bienes o servicios, o incluso como un medio para transferir valor[48].

Un ejemplo claro de un *payment* token es Bitcoin. Quien tenga un Bitcoin no tiene un derecho de cobro de un activo o frente a una empresa. El valor de Bitcoin viene, en parte, de la posibilidad que tiene el portador de Bitcoin de transferir el Bitcoin por bienes, servicios, otros tokens o convertirlo en dinero *fiat*[49].

Este propósito se ve reflejado en la visión de la Fundación Bitcoin, según la cual Bitcoin es "*un método globalmente aceptado para intercambiar y almacenar valor que opera sin la necesidad de terceros*"[50].

Por lo tanto, al poder ser utilizado como un medio de pago que es aceptable por comerciantes, entra dentro de la clasificación de *payment* tokens.

B. Utility tokens

Los *utility* tokens son tokens cuyo propósito es permitir acceso digital a una aplicación o servicio utilizando una infraestructura basada en blockchain[51].

---

47 "Digital and Digitized Assets: Federal and State Jurisdictional Issues", *ob. cit.*, p. 31.

48 "Guidelines for enquiries regarding the regulatory framework for initial coin offerings (ICOs)", *ob. cit.*, p. 3.

49 "Digital and Digitized Assets: Federal and State Jurisdictional Issues", *ob. cit.*, p. 32.

50 "The Bitcoin Foundation Manifesto", The Bitcoin Foundation, 2016: "[Bitcoin is a] globally accepted method of exchanging and storing value which will operate without the need for third parties." (Traducción libre). Disponible en: https://bitcoinfoundation.org/wp-content/uploads/2017/03/Bitcoin_Foundation_Manifesto.pdf, última consulta en fecha 17 de mayo de 2021.

51 "Guidelines for enquiries regarding the regulatory framework for initial coin offerings (ICOs)", *ob. cit.*, p. 3.

Para entender esto, se puede utilizar el blockchain de Ethereum[52] como ejemplo. En términos sencillos, Ethereum, como creador de su propio blockchain, es el anfitrión del blockchain que le permite a distintas empresas y usuarios construir determinados productos y servicios sobre este blockchain. Para ser aún más ilustrativos, se puede pensar en Ethereum como la tienda de aplicaciones de Apple o Google y las aplicaciones que los usuarios pueden comprar dentro de la tienda y usos que se les den a esas aplicaciones serían los productos y servicios transados en el blockchain.

Al día de este escrito, el blockchain de Ethereum es "anfitrión" de 2782 aplicaciones[53]. Para comprar o vender algún bien o servicio en el blockchain de Ethereum, se puede hacer a través de cualquier token aceptado en la plataforma[54].

Sin embargo, cada vez que se transfiere un token, la transacción debe incluir un pago a Ethereum –como comisión por ser el "anfitrión" del blockchain– que se debe hacer a través de la criptomoneda de Ethereum llamada "Ether". Este Ether –que se paga adicionalmente a la transferencia– se hace para darle incentivos al blockchain de Ethereum para validar la transferencia[55].

Este "incentivo" que se le paga a la red de Ethereum para validar transacciones se denomina "gas". Dependiendo de qué tan cargada esté la red –i.e. mucho tráfico de usuarios o volumen de transacciones en un momento– se deberá pagar una mayor o menor cantidad de gas para que la red valide una determinada transacción.

Una transacción sin suficiente gas no será realizada, y por tanto no quedará registrada en el blockchain de Ethereum. Por lo tanto, cuando Ether es utilizado como gas –i.e. como un incentivo para tener acceso a los productos y servicios del blockchain– entonces el Ether está siendo utilizado como un *utility* token[56].

Sin embargo, Ether es uno de esos ejemplos en los que el *token* puede ser utilizado en más de una categoría. Ether es la segunda criptomoneda con mayor valor de mercado[57], y, por tanto, también es utilizada por muchos como Bitcoin, i.e. como reserva de valor. En estos casos que Ether es utilizado como reserva de valor o dinero, Ether sería un *payment* token, en lugar de un *utility* token.

---

52 Ver en: https://ethereum.org/es/

53 "DApp Statistics", State of Dapps. Disponible en: https://www.stateofthedapps.com/stats, última consulta en fecha 17 de mayo de 2021.

54 "Digital and Digitized Assets: Federal and State Jurisdictional Issues", *ob. cit.*, p. 32.

55 Ameer Rosic, "What are Ethereum Nodes and Sharding?", *Blockgeeks*. Disponible en: https://blockgeeks.com/guides/what-are-ethereum-nodes-and-sharding/, última consulta en fecha 17 de mayo de 2021.

56 "Digital and Digitized Assets: Federal and State Jurisdictional Issues", *ob. cit.*, p. 33.

57 Ver: https://coinmarketcap.com/all/views/all/#:~:text=All%20Cryptocurrencies%20%20%20%20Rank%20%20,%20%20%241.00%20%2017%20more%20rows%20

C. Asset tokens

Los *asset* tokens representan activos tales como derechos de reclamo frente a un emitente de deuda o patrimonio[58]. Por ejemplo, los *asset* tokens pueden ser la promesa de un porcentaje de los ingresos futuros de una compañía[59]. En términos de utilidad económica, estos tokens son equiparables a *equities*, bonos, acciones, o derivados[60]. También entrarían en esta categoría tokens que permitan el intercambio de activos físicos en un blockchain[61].

Los *asset* tokens pueden ser activos digitales o digitalizables[62]. Bajo la definición de FINMA, los *asset* tokens que representan activos intangibles serían activos digitales porque solo existen en un sistema de computadoras[63]. En cambio, los *asset* tokens que permiten la transferencia de activos físicos en un blockchain serían un activo digitalizado[64].

Un ejemplo de un *asset* token como activo digital sería un derecho de crédito convertido en un *asset* token que le permita al portador del *asset* token el derecho de reclamar tal deuda frente al deudor del crédito. Un ejemplo de *asset* token como activo digitalizable sería el portador de un token ofrecido por la empresa Royal Mint Bullion[65]. Esta empresa ha creado un token que le otorga al portador del token el derecho de reclamar 1 gramo de oro resguardado en las reservas de oro de la empresa.

D. Stablecoins

Las *stablecoins* son tokens cuyo valor va ligado al activo subyacente del token[66]. Estos tokens van ligados 1 a 1 a un activo subyacente –que puede ser, por

---

58 "Guidelines for enquiries regarding the regulatory framework for initial coin offerings (ICOs)", *ob. cit.*, p. 3.

59 *Ídem.*

60 *Ídem.*

61 *Ídem.*

62 "Digital and Digitized Assets: Federal and State Jurisdictional Issues", *ob. cit.*, p. 33.

63 *Ídem.*

64 *Ídem.*

65 Helen Partz, "UK's Gold Mint Launches Gold Backed Cryptocurrency", *Cointelegraph.* Disponible en: https://cointelegraph.com/news/uks-royal-mint-launches-gold-backed-cryptocurrency, última consulta en fecha 17 de mayo de 2021.

66 "Supplement to Guidelines for Enquiries Regarding the Regulatory Framework for Initial Coin Offerings (ICOs)", *ob. cit.*, p. 1.

ejemplo, un dólar o euro[67]– y tiene como propósito reducir la volatilidad típica del valor de los *payment* tokens[68].

Las *stablecoins* son emitidas por una empresa, institución o Estado que garantiza que ese token este respaldado 1 a 1 del activo subyacente. Por lo tanto, las *stablecoins* le dan al portador un derecho de reclamo frente a esta empresa, institución o Estado del activo subyacente[69].

La finalidad detrás de las *stablecoins* es permitirles a los usuarios los beneficios de hacer transacciones en un blockchain –pagos P2P– sin asumir el riesgo de la volatilidad de valor que sufren los *payment* tokens usualmente. Es por esto que usualmente las *stablecoins* están respaldadas en dólares o euros, ya que son monedas menos volátiles que Bitcoin.

La *stablecoin* más importante es Tether, la cual está garantizada 1 a 1 con el dólar[70]. Sin embargo, también se pueden garantizar las *stablecoins* con otros activos, tales como minerales u otras criptomonedas[71].

E. Tokens híbridos

Como se explicó anteriormente, en ocasiones un token puede tener más de una finalidad y ser utilizado de acuerdo con más de una de las definiciones anteriormente descritas. A modo de ejemplo, el token Ether puede ser utilizado como un *utility* token para poder acceder a los servicios ofrecidos en el blockchain de Ethereum, aunque también puede ser utilizado como *payment* token para acumular como reserva de valor.

F. Non-fungible tokens

Los *non-fungible* tokens ("**NFTs**") son un tipo de token particular, similar y distinto a los demás tokens a la vez. En esencia, un NFT es un activo digital en forma de token con la particularidad de que es único[72] —de ahí el término "no fungible" —.

67 George Georgiev, "What Are Stablecoins? The Complete Guide", *Cryptopotato*. Disponible en: https://cryptopotato.com/what-are-stable-coins-the-complete-guide/, última consulta en fecha 17 de mayo de 2021.

68 "Supplement to Guidelines for Enquiries Regarding the Regulatory Framework for Initial Coin Offerings (ICOs)", *ob. cit.*, p. 1.

69 "Guidelines for enquiries regarding the regulatory framework for initial coin offerings (ICOs)", *ob. cit.*, p. 1.

70 Anisa Batabyal, "6 Best Stable Coins to Look Forward to in 2020 - All Hot & New Stable Coins", *Coinswitch*. Disponible en: https://coinswitch.co/news/6-stable-coins-to-look-forward-to-in-2020, última consulta en fecha 17 de mayo de 2021.

71 *Ídem*.

72 Daniel Stabile T., Kimberly Prior A. y Andrew Hinkes M., *ob. cit.*, p. 24.

Los NFT son utilizados en el mundo digital como activos coleccionables, tal y como el arte en el mundo físico. Personas suelen coleccionar arte por distintas razones, tales como que el artista es alguien famoso y por tanto su arte tiene un valor intrínseco amarrado al nombre del artista, o que una obra de arte es única y por tanto el valor se basa en que es un bien escaso.

La idea detrás de los NFT es similar al arte, pero en el plano digital. Los NFT buscan crear un activo digital que sea escaso y que venga en formato de token —y, por tanto, exista sobre un blockchain.

Ya existen ejemplos de estas obras de arte digitales siendo vendidas por millones de dólares[73]. Por lo tanto, existen ya casos concretos de cómo funcionan los NFT y de su utilidad.

Si bien lo anterior describe cual es el objetivo y la utilidad de los NFTs, no se ha explicado que es en sí es un NFT. En otras palabras, describir a un NFT como arte es como decir que una pelota de fútbol es fútbol en sí mismo. Si bien puedo entender el concepto del fútbol como deporte y las reglas de cómo se juega —y consecuentemente, del arte en general y cómo funciona el negocio del arte— el NFT como tal, como objeto, no se puede definir explicando su utilidad en otro contexto.

La razón por la cuál puede ser tan complicado definir a los NFT en una oración es que, en realidad, un NFT es un conjunto de cosas mezcladas en un solo lugar[74]. Esto es por varias razones, tales como que la forma de emisión puede variar, la manera de comprarlos y venderlos se puede hacer por distintos medios, o que el propósito de un NFT puede ser único y distinto a otros NFTs.

A modo de ejemplo, se compararán dos NFTs vendidos en casos reales. El primero sería un NFT creado por la artista Grimes, quien creó 100 copias de NFTs firmados por ella y vendidos directamente por ella. El segundo ejemplo sería una captura de pantalla del primer tweet hecho por el fundador de Twitter, Jack Dorsey.

---

73 Daniel Phillips, "The 10 Most Expensive NFTs Ever Sold", *Decrypt*. Disponible en: https://decrypt.co/62898/the-10-most-expensive-nfts-ever-sold#:~:text=The%20record%20for%20the%20most%20expensive%20NFT%20ever,house%20has%20 ever %20sold%20a%20purely%20digital%20artwork, última consulta en fecha 17 de mayo de 2021.

74 Nic Carter, "Why NFTs are hard to explain", *Medium*. Disponible en: https://medium.com/@nic__carter/why-nfts-are-hard-to-explain-48f0ab0a35bf#:~:text=The%20reason%20proponents%20have%20a%20hard%20time%20e,singular%20concept.%20They%E2%80%99re%20a%20bundle%20of%20related%20concepts, última consulta en fecha 17 de mayo de 2021.

La particularidad de este segundo NFT es que está firmado por Jack Dorsey personalmente, pero también que fue vendido a través de una plataforma que sirve para subastar y vender NFTs[75].

En el primer caso, (i) se tiene la certeza de que se está obteniendo una obra de edición limitada, ya que la artista misma es quien la creó y vendió, (ii) la compra y venta es hecha sin intermediarios, es directa entre el artista y el comprador, (iii) la legitimidad que proviene de la firma de la artista y por la forma que se llevó a cabo la compra y venta le da un valor intrínseco a la obra porque comprueba su autenticidad y su escasez.

En cambio, en el segundo caso no se entiende bien que se está comprando ni quien está vendiendo. Por una parte, no hay una obra original y única. Lo que hay es una captura de pantalla de una imagen que es accesible por cualquier persona, pero con la particularidad de que está firmada por el autor del tweet que está representado en la imagen. No hay garantías de que este NFT no pueda ser replicado y firmado por Jack Dorsey nuevamente. Por lo tanto, en cualquier caso, el valor viene por la firma y no por la imagen como tal.

En segundo lugar, la compra y venta se está haciendo a través de una plataforma que no guarda relación con el autor del tweet, por lo que se siembran dudas sobre el derecho de propiedad del bien que se está comprando. En efecto, las siguientes preguntas no tienen respuestas claras: (i) Jack Dorsey, el autor del tweet, ¿mantiene algún derecho sobre el contenido del tweet?, (ii) ¿debe Jack Dorsey ser compensado de alguna manera por la venta de un bien que usó su imagen?, (iii) si el comprador del NFT firmado por Jack Dorsey decide revenderlo, ¿Jack Dorsey mantiene algún derecho de imagen sobre el NFT?, y (iv) ¿el comprador del NFT tiene un derecho de propiedad sobre el tweet como tal de Jack Dorsey, o simplemente sobre esa copia del tweet que fue firmada por él? En otras palabras, si alguien más decide tomar una captura de pantalla del mismo tweet, Jack Dorsey la firma también y luego convierten esa imagen firmada en otro NFT idéntico al primer NFT, ¿el comprador del primer NFT tiene algún derecho de reclamo sobre ese segundo NFT?

De lo anterior se puede ver como desde el punto de vista regulatorio, los NFTs son un dolor de cabeza. No es claro exactamente bajo cuál de los distintos tipos de tokens descritos anteriormente entrarían los NFTs. No es claro tampoco quien sería el sujeto de derecho en la compra y venta de un NFT, ni qué tipo de impuesto aplicaría dado que no está claro si es un bien, una moneda o si es un tipo de activo con un calificativo jurídico propio.

Por lo tanto, los NFTs se pueden entender como una especie aparte y separada de tokens. Como consecuencia, en este trabajo cuando se mencionen a los "tokens" en sentido general o a los criptoactivos, no se estará haciendo referencia a los NFTs porque aún no ha sido posible aclarar su naturaleza jurídica.

---

75 *Ídem.*

4.1. Minería de tokens

Recapitulando un poco las secciones anteriores, los tokens representan activos digitales o digitalizables sobre un blockchain. El emitente del token lo puede hacer (i) en un blockchain público –que es totalmente descentralizado y no es propiedad de ninguna persona o entidad–, (ii) sobre su propio blockchain –como por ejemplo el token de Ethereum que es utilizado para incentivar las transacciones en el propio blockchain de Ethereum–, o (iii) en un blockchain privado que es controlado por otra persona o entidad.

Sin embargo, a efectos regulatorios, la forma de emitir los tokens y de confirmar las transacciones de los tokens es relevante y puede variar dependiendo de las regulaciones de cada país. Este proceso de emitir tokens en un blockchain, y de confirmar las transacciones en el blockchain, es lo que se denomina "minar" un token.

Para minar un token se necesita, como mínimo, una computadora –usualmente computadoras especiales que tengan la capacidad de operar programas pesados de manera rápida–, electricidad e internet[76]. Las computadoras que estén minando consumen grandes cantidades de electricidad y emiten bastante calor, por lo que usualmente también se necesita algún sistema de ventilación para evitar que las computadoras se sobrecalienten cuando estén minando[77].

Bitcoin es el primer ejemplo de minería de un token. El *white paper* de Bitcoin explica el proceso mediante el cual el blockchain de Bitcoin confirmaría las transacciones para evitar que una misma persona gaste dos veces la misma moneda[78].

La forma cómo funciona la minería es que un conjunto de computadoras especializadas están operando el algoritmo particular de algún blockchain. Las computadoras están tratando de resolver complejos problemas matemáticos simultáneamente para (i) añadir una nueva transacción –un nuevo bloque– al blockchain, (ii) confirmar que la transacción es válida –que no se está gastando dos veces la misma moneda–, y (iii) obtener una recompensa por confirmar la transacción –que en el caso del blockchain de Bitcoin, la recompensa sería una fracción de un Bitcoin–[79].

Este proceso de minar se puede hacer de dos maneras distintas: *proof of work* o *proof of stake*[80]. En términos resumidos y muy superficiales, *proof of work* permite que todas las computadoras conectadas a la red compitan entre sí para minar.

---

76 Daniel Stabile T., Kimberly Prior A. y Andrew Hinkes M., *ob. cit.*, p. 21.

77 *Ídem.*

78 *Ibíd.*, p. 20.

79 *Ibíd.*, p. 21.

80 *Ibíd.*, p. 22.

En cambio, *proof of stake* delega esta función a computadoras específicas que tengan un interés particular en la red, por lo que requiere de menos computadoras compitiendo entre sí para minar y se considera una forma menos contaminante de minar porque consume menos electricidad[81].

Toda esta explicación es relevante para entender el aspecto regulatorio detrás de la minería. Al requerir de computadoras especiales que consumen grandes cantidades de energía y emiten bastante calor, la minería se considera por algunos como un contribuyente importante al calentamiento global[82].

En efecto, de acuerdo a algunos estudios, la minería de Bitcoin consume, por sí sola, más electricidad que países enteros como Argentina y las emisiones calóricas producto de la minería pueden ser responsables de aumentar la temperatura de los océanos por 2° C[83] –el cual es la meta a evitar en el Acuerdo de París respecto a cambio climático–.

Sin embargo, para otros expertos estas acusaciones de que minar Bitcoin supone un impacto significativo en el calentamiento global son infundadas. En efecto, el consumo eléctrico producido por la minería (i) no sería de la escala que alegan sus críticos, (ii) no sería producido en gran escala con electricidad "sucia", producto de fuentes de energía como carbón, como alegan algunos, y (iii) más bien supondría una oportunidad para impulsar aún más el uso de las energías renovables[84].

Si bien puede ser imposible determinar cuál postura respecto a la minería tiene la razón desde el punto de vista científico, la verdad es que no hace falta. A efectos regulatorios, lo importante es entender que distintos Estados se han colocado en uno de estos dos bandos en cuanto a la minería.

Por ejemplo, en China se ha prohibido expresamente la minería[85]. El motivo central detrás de este veto fue el consumo eléctrico generado por la minería. Sin

---

81 *Ídem.*

82 Hiroko Tabuchi, "In Coinbase's Rise, a Reminder: Cryptocurrencie Use Lots of Energy", *The New York Times*. Disponible en: https://www.nytimes.com/2021/04/14/climate/coinbase-cryptocurrency-energy.html, última consulta en fecha 17 de mayo de 2021.

83 *Ídem.*

84 Nic Carter, "On Bitcoin, the Gray Lady Embraces Climate Lysenkoism", *Medium*. Disponible en: https://medium.com/@nic__carter/on-bitcoin-the-gray-lady-embraces-climate-lysenkoism-a2d31e465ec0, última consulta en fecha 17 de mayo de 2021.

85 Breixo Gómez, "Una región de China declara la guerra a la minería de Bitcoin: ¡la han prohibido!", *Profesional Review*. Disponible en: https://www.profesionalreview.com/2021/03/02/region-china-mineria-bitcoin/#:~:text=Mongolia%20Interior%2C%20en%20China%2C%20proh%C3%ADbe%20la%20miner%C3%ADa%20de,gra

embargo, por otra parte, hay gobiernos como el de la ciudad de Miami en los cuales el alcalde ya ha anunciado iniciativas para utilizar energías renovables para facilitar la minería y de esta manera no tener que depender de electricidad producto de fuentes "sucias" de energía[86].

Por lo tanto, a efectos regulatorios es importante tener en cuenta que la aproximación a la minería de tokens variará dependiendo de la postura del país a diversos temas, tales como el cambio climático.

4.2. Custodia de tokens

Como se explicó anteriormente en la sección 2.2 *supra*, una de las grandes novedades de Bitcoin era que permitía hacer transferencias P2P —i.e. directamente entre las partes interesadas sin la necesidad de involucrar a terceros, tales como bancos–. Esta función se puede permitir gracias a los atributos de la tecnología blockchain.

Sin embargo, es necesario entender el último paso de cómo funcionan estas operaciones P2P. Puntualmente, se pueden llevar a cabo estas transacciones a través del uso de las *wallets* ("**carteras**").

Las carteras son un programa de *software*, o un dispositivo físico que opere ese *software*, que permiten a los usuarios custodiar y transferir tokens[87]. Las carteras permiten a los usuarios tener una llave pública y una llave privada para disponer de los tokens[88].

En términos sencillos, estas llaves consisten en una serie de números que permiten al usuario crear una especie de "cuenta" de usuario que le dé acceso a la red determinada para disponer de sus tokens[89]. Esto permite a los usuarios tener cierto anonimato para custodiar y transferir tokens, debido a que una persona que acceda a la red solo verá la llave pública de otros usuarios en la red, más no la información personal del usuario –e.g. su nombre o número de cuenta bancaria–.

---

cias%20a%20su%20bajo%20precio%20de%20la%20luz, última consulta en fecha 17 de mayo de 2021.

86 Jamie Crawley, "Miami Mayor Wants City to Become Bitcoin Mining Hub", *Yahoo Finance*. Disponible en: https://finance.yahoo.com/news/miami-mayor-wants-city-become-100403185.html, última consulta en fecha 17 de mayo de 2021.

87 Daniel Stabile T., Kimberly Prior A. y Andrew Hinkes M., *ob. cit.*, p. 17.

88 *Ídem.*

89 *Ídem.*

La llave pública permite a los usuarios identificarse dentro de la red y contactarse[90]. En cambio, la llave privada permite el acceso a los fondos directamente para disponer de ellos[91].

Por lo tanto, divulgar a otra persona la llave privada –o dejar la custodia de los tokens en un tercero– contribuye al riesgo de perder los tokens depositados en esa cartera. Es por esto que, para utilizar estos tokens de manera descentralizada propiamente, cada usuario debe custodiar sus llaves.

4.3. Utilización de tokens

Luego de entender la naturaleza jurídica de los distintos tipos de tokens que pueden ser utilizados en un blockchain, es necesario ahora analizar y entender ejemplos concretos de la utilización de estos activos.

Esto es necesario para poder explicar el problema regulatorio que enfrentan los Estados con respecto a estos activos, dado que, por su naturaleza variada, es complicado –por no decir imposible– que una ley especial pueda regular todas las posibles aplicaciones que puedan existir en las que se transen o guarden estos criptoactivos anteriormente descritos.

Puntualmente, se explicará 3 tipos de aplicaciones para los criptoactivos: (i) transacciones a través de los *smart contracts* ("**contratos inteligentes**"), (ii) transacciones P2P de criptoactivos, y (iii) el proceso para emitir, vender e intercambiar criptoactivos.

A. Transacciones a través de los contratos inteligentes

Los contratos inteligentes son una serie de instrucciones codificadas que se ejecutan automáticamente, sin la intervención humana, cuando ciertas condiciones han sido cumplidas[92]. Estos contratos pueden ser codificados sobre un blockchain, y, por tanto, pueden transar tokens entre los usuarios del contrato.

Los contratos inteligentes mitigan el riesgo de incumplimiento de la otra parte al ejecutar el código de manera automática sin la necesidad de que un tercero de la orden de ejecución.

Las partes ponen su confianza en el código en lugar de poner su confianza en la buena fe contractual de la otra parte, y de esta manera evitan el riesgo futuro de litigar sobre que parte tenía la obligación de ejecutar una determinada acción en una determinada circunstancia[93].

---

90 *Ídem.*

91 *Ídem.*

92 *Ibíd.*, p. 215.

93 "Digital and Digitized Assets: Federal and State Jurisdictional Issues", *ob. cit.*, p. 36.

Sin embargo, si bien es cierto que los contratos inteligentes pueden anticipar ciertas disputas y automatizar su resolución, no menos cierto es que al momento de redactar el código no se pueden anticipar todos y cada uno de los posibles desenlaces a la hora de cumplir el contrato. Por lo tanto, los contratos inteligentes pueden evitar ciertas disputas, pero no todas[94].

A modo de ejemplo se puede tomar un contrato de seguros de vuelos. Puntualmente, se puede imaginar que la compra de los pasajes de vuelos entre los usuarios y aerolíneas se haga a través de un contrato inteligente.

En dicho contrato inteligente se deposita el dinero del pasaje y dentro de las cláusulas del contrato se establece que, si el vuelo se cancela por mal clima, el dinero del pasaje se reembolsa al usuario automáticamente.

Por tanto, en el momento que ocurra el evento objetivo —i.e. la cancelación del vuelo por mal clima— el dinero se reembolsará al usuario sin necesidad de presentar un reclamo que tenga que ser decidido por la aerolínea.

En este caso se puede ver como se elimina el elemento de confianza y dependencia en un tercero para ejecutar una determinada acción. No es necesario que el usuario contacte a la aerolínea, converse con un representante de la aerolínea, exponga los motivos por los que quiere el reembolso, etc. El contrato inteligente automáticamente ejerce esta acción de manera automática y elimina este tipo de "disputas" entre las partes firmantes del contrato.

B. Transacciones P2P

En la sección 2.2 *supra* se explicó que son las transacciones P2P. A modo de ejemplo de cómo se pueden transar tokens de manera P2P, se pueden utilizar las microrredes eléctricas[95].

Las microrredes eléctricas son redes eléctricas que en ciertos casos no están conectadas a la red eléctrica principal o se encuentran en lugares remotos[96]. Proyectos de microrredes que faciliten el uso de blockchains pueden permitir que los dueños de estas microrredes les vendan electricidad a otros usuarios de la microrred sin tener que depender en una empresa de utilidad de energía —como, por ejemplo, Endesa.

El dueño de un panel solar puede acumular una cantidad excedente de electricidad para sus necesidades y querer vender esas cantidades excedentes. Estas

94 *Ídem.*

95 *Ídem.*

96 Allison Lantero, "How Microgrids Work", *Department of Energy*. Disponible en: https://www.energy.gov/articles/how-microgrids-work, última consulta en fecha 17 de mayo de 2021.

cantidades excedentes pueden ser representadas como un activo digital en un token[97] y puede ser transferidas a otro usuario de la microrred vía un contrato inteligente[98].

Estas transferencias se pueden llevar de manera automática utilizando contratos inteligentes. Se puede programar que por cada número determinado de tokens que un usuario compre de la Microred, la microrred automáticamente le transfiere una cantidad determinada de electricidad a la casa del comprador sin necesidad de intervenir terceros[99].

C. Proceso para emitir, vender e intercambiar criptoactivos

Los *payment* tokens explicados anteriormente se pueden describir como monedas digitales, al ser considerados —y utilizados— efectivamente como dinero. El proceso para emitir, vender e intercambiar monedas digitales ha variado en el transcurso del tiempo y depende en gran medida de la naturaleza jurídica del emisor de la moneda virtual.

En la sección 4.2 *supra* se explicó el proceso mediante el cual se crean los Bitcoins. En síntesis, computadoras conectadas a la red de Bitcoin compiten entre sí para "minar" Bitcoins. Minar implica que las computadoras resuelven una serie de problemas complejos matemáticos y que la primera computadora en resolverlos es recompensada con un Bitcoin.

Este proceso se hace de manera descentralizada en el sentido de que no hay una entidad central que controle cuando se pueden emitir Bitcoins. El algoritmo está programado para que cada cierto tiempo se mine una cantidad predeterminada de Bitcoins y nadie puede alterar el algoritmo para emitir más o menos Bitcoins antes o después de como esté programado en el algoritmo.

En vista del éxito de Bitcoin, han surgido otros criptoactivos. Sin embargo, el método de crear otros criptoactivos no necesariamente se asimila al método empleado por la red de Bitcoin.

A modo de ejemplo, las ICO se convirtieron en una manera común de emitir criptoactivos[100]. Una ICO se asemeja a las Ofertas Públicas de Adquisición

97 "Digital and Digitized Assets: Federal and State Jurisdictional Issues", *ob. cit.*, p. 37.

98 Ver *e.g.*: Brooklyn Microgrid, disponible en: https://www.brooklyn.energy/, última consulta en fecha 17 de mayo de 2021.

99 "Digital and Digitized Assets: Federal and State Jurisdictional Issues", *ob. cit.*, p. 37.

100 *Ibíd.*, p. 38.

(“**OPA**”) comúnmente utilizadas por empresas para cotizar acciones de su empresa en el mercado de capitales[101]. Sin embargo, en lugar de emitir acciones, las ICO emiten criptoactivos.

Las ICO se volvieron en una manera común para que el emitente recaude capital para llevar a cabo un determinado proyecto[102]. El emitente usualmente incluye un *white paper* en el que se expone el token que va a emitir, detallando su utilidad, tecnología detrás –i.e. el blockchain sobre el que operará– y el valor de cada token[103].

Por lo tanto, por la propia naturaleza de las ICO se puede ver cómo, desde el punto de vista de la emisión, ya se diferencia de Bitcoin. El código de Bitcoin emite una cantidad predeterminada de Bitcoins en un tiempo predeterminado en el propio código. En cambio, las ICO permiten mayor discreción a la hora de emitir criptoactivos.

Las ICO pueden emitir mayor o menor cantidades de tokens dependiendo de las necesidades de capital de los emisores. Los emisores pueden estar interesados en crear un token que sea utilizable para transar como dinero en una plataforma determinada, o que el token represente un interés de propiedad sobre la empresa, parecido a una acción.

Al estar sujetas a una entidad emitente, las ICO por tanto pueden identificar al emisor de una manera mucho más sencilla que en la red Bitcoin —en la cual hay miles de computadoras conectadas a la red sin ningún tipo de entidad central que las controle. Por lo tanto, las ICO facilitan la regulación desde el punto de vista de la emisión en comparación con otros criptoactivos, como Bitcoin.

Adicionalmente, las monedas emitidas en un ICO pueden tener distintas naturalezas jurídicas dependiendo del fin para el que sean utilizadas. A modo de ejemplo, en el año 2017, el *Securities and Exchange Commision* (“**SEC**”) de los Estados Unidos emitió un reporte[104] mediante el cual aclaró que muchos criptoactivos califican como contratos de inversiones (“***securities***”) bajo el llamado test *Howey*[105].

---

101 Ver Oferta Pública de Adquisición, OP. Disponible en: https://www.eleconomista.es/diccionario-de-economia/oferta-publica-de-adquisicion-opa, última consulta en fecha 17 de mayo de 2021.

102 “Digital and Digitized Assets: Federal and State Jurisdictional Issues”, *ob. cit.*, p. 38.

103 *Ídem.*

104 “Report of investigation pursuant to section 21(a) of the Securities Exchange Act of 1934: The DAO, Securities Act release no. 81207”, SEC, 2017, p. 11. Disponible en: https://www.sec.gov/litigation/investreport/34-81207.pdf, última consulta en fecha 17 de mayo de 2021.

105 “Digital and Digitized Assets: Federal and State Jurisdictional Issues”, *ob. cit.*, p. 38.

Para poder emitir *securities* es necesario cumplir con ciertas leyes, tales como ser una compañía registrada para cotizar en la bolsa[106]. Por lo tanto, naturalmente esto presentaría un problema para muchas empresas dado que tendrían que estar sujetas a un alto escrutinio regulatorio.

Estos criptoactivos emitidos en ICOs pueden ser adquiridos directamente a través de la empresa emitente del criptoactivo, en casas de cambios, o en una transacción P2P entre particulares[107]. Por lo tanto, la manera de regular la venta y el intercambio de criptoactivos también variará dependiendo de la fuente de donde se obtenga el criptoactivo.

Por ejemplo, si se compra el criptoactivo directamente de una casa de cambio pudiera ser considerado como un *security* a efectos del fisco, al asimilarse a un contrato de inversión. En cambio, si se obtuvo el criptoactivo a través de una transferencia P2P a cambio de un bien determinado, se pudiera tratar como la adquisición de propiedad o como un ingreso a efectos del fisco.

De esta manera, a través de un repaso muy superficial de solo algunas maneras de emitir, vender o intercambiar criptoactivos se puede ver como este es un problema con muchas aristas que difícilmente sea solucionable, desde un punto de vista regulatorio, con una ley que atrape a todas las posibles formas de utilizar criptoactivos.

D. Transferencia de criptoactivos

Un punto que merece una explicación separada es el método mediante el cual se transfieren los criptoactivos. Los criptoactivos, al ser emitidos, transados y custodiados utilizando un blockchain, presentan ciertas novedades desde un punto de vista regulatorio que hace necesaria una pausa para detallar.

Utilizando el ejemplo concreto de las monedas digitales para ilustrar el punto, como se explicó en la sección anterior, estas monedas pueden ser adquiridas o transadas a través de casas de cambio. Sin embargo, el blockchain permite que estas casas de cambio puedan ser centralizadas o descentralizadas[108].

i. Casas de cambio centralizadas

Las casas de cambio centralizadas donde se puedan transar tokens no presentan mayor novedad, desde el punto de vista regulatorio, respecto a casas de cambios tradicionales en donde se adquieren instrumentos financieros tradicionales.

Las casas de cambio centralizadas permiten a los usuarios adquirir o intercambiar tokens, pero la custodia de estos tokens la ejerce la propia casa de cambio

---

106 *Ídem.*

107 *Ibíd.*, p. 39.

108 *Ibíd.*, p. 50.

en nombre de los usuarios[109]. Esto quiere decir que es la propia casa de cambio quien adquiere y custodia los tokens en su propia cartera, y el cliente simplemente da la orden de cómo utilizar estos tokens, más no dispone de esos tokens en su cartera personal.

Al ser entidades centralizadas y custodiar y transar estas monedas digitales, se entra en una especie de contradicción teórica que se traduce en un cierto nivel regulatorio que no tienen necesariamente las casas de cambios descentralizadas.

Por un lado, estas entidades centralizadas, al estar custodiando y transando criptoactivos desde su propia cartera –que pueden ser considerados monedas digitales y, por ende, instrumentos financieros–, están, a fin de cuentas, transando dinero. Por lo tanto, tendrán que cumplir con gran parte de las regulaciones financieras de las casas de cambio que custodian y transan instrumentos financieros tradicionales.

Sin embargo, por otro lado, estas casas de cambio centralizadas están custodiando y transando unos criptoactivos que, por su propia naturaleza, están diseñados a no depender de un tercero para que los custodie y transfiera en nombre del usuario. Como se explicó anteriormente, parte del atractivo de la tecnología blockchain es precisamente ofrecer a los usuarios la posibilidad de hacer transferencias P2P, que permitan al usuario ser su propio custodio de su dinero en su cartera.

Por lo tanto, el custodio y transferencia de criptoactivos a través de casas de cambio centralizadas presenta una especie de contradicción teórica porque el dueño de los criptoactivos no custodia sus criptoactivos en su cartera, sino que en cambio pone en la cartera de un tercero centralizado un activo que, por su naturaleza, está diseñado para ser custodiado y transferido de manera descentralizada.

Desde el punto de vista regulatorio, las casas de cambio centralizadas le dan acceso al Estado a regular estos activos que las casas de cambio descentralizadas. Al tener que cumplir con regulaciones tales como *KYC*, estas casas de cambio centralizadas tendrán que compartir con el Estado información sobre sus usuarios que tengan estos criptoactivos que los usuarios, de optar por utilizar fuentes descentralizadas para custodiar estos criptoactivos, pudieran en teoría evitar.

ii. Casas de cambio descentralizadas

Por otra parte, el nacimiento de criptoactivos también ha generado el nacimiento de casas de cambio descentralizadas. Estas casas de cambio son novedosas

109 "Decentralized Exchanges: The Top 8 DEXs Compared", *KOMODO*. Disponible en: https://komodoplatform.com/decentralized-exchange/, última consulta en fecha 17 de mayo de 2021.

porque, a pesar de ser entidades quienes las operan —y, por tanto, están "centralizadas" de cierta forma— permiten a los usuarios transar directamente entre sí de manera descentralizada[110].

Los usuarios de estas casas de cambio descentralizadas mantienen la custodia de sus tokens en sus propias carteras y estas casas de cambio permiten la transferencia P2P de los tokens de una cartera a otra[111]. Estas casas de cambio permiten que los usuarios interesados en adquirir o intercambiar tokens se encuentren y transen entre sí[112].

Este tipo de casas de cambio han permitido el surgimiento de un nuevo tipo de finanzas, llamada *Descentralized Finance* ("**DeFi**")[113]. DeFi permite, a través de casas de cambio descentralizadas, una nueva manera de tener acceso a mercados financieros sin depender de terceros que puedan llevarse comisiones, restringir el acceso a créditos o divisas, o limitar el uso de los fondos propios de los usuarios[114].

A modo de ejemplo, aplicaciones de DeFi permiten que usuarios ubicados en cualquier parte del mundo puedan entrar en contratos inteligentes para obtener un crédito sin la necesidad de una entidad que avale los fondos o requiera una garantía determinada[115]. Este tipo de operaciones en DeFi a través de contratos inteligentes excedían 1 billón de dólares americanos en febrero de 2020 y para agosto de 2020 excedían los 6 billones de dólares americanos[116].

Naturalmente, al tratarse de una manera novedosa de finanzas, no hay ninguna regulación específica que regule expresamente todas las utilidades de DeFi[117]. Pero adicionalmente, por la propia naturaleza de operar de manera descentralizada, será un gran reto para los reguladores regular esta nueva manera de operar en el mundo financiero.

---

110 "Digital and Digitized Assets: Federal and State Jurisdictional Issues", *ob. cit.*, p. 40.

111 "Decentralized Exchanges: The Top 8 DEXs Compared", *ob. cit.*

112 *Ídem.*

113 "Digital and Digitized Assets: Federal and State Jurisdictional Issues", *ob. cit.*, p. 41.

114 *Ídem.*

115 *Ídem.*

116 Brady Dale, "One Billion, Two Billion, Three Billion, Four? DeFi's Knocking on TradFi's Door", *Coindesk*, disponible en: https://www.coindesk.com/ethereum-defi-platforms-eth-history, última consulta en fecha 17 de mayo de 2021; ver también: "DeFi Reaches $6 Billion", *Elexonic*, disponible en: https://elexonic.com/2020/08/18/ethereum-defi-reaches-6-billion, última consulta en fecha 17 de mayo de 2021.

117 "Digital and Digitized Assets: Federal and State Jurisdictional Issues", *ob. cit.*, p. 41.

5. Ámbito regulatorio de los criptoactivos en distintos países

Como se puede apreciar de las secciones anteriores, el tema de los criptoactivos es bastante profundo, lleno de aristas que le hacen complicado uniformar todas las regulaciones posibles en una sola ley. Desde la manera en cómo se mina hasta la manera de custodiar y transferir los criptoactivos, la regulación de estos activos podrá variar tomando en cuenta una infinidad de consideraciones distintas.

Por ejemplo, con respecto a la minería, dependiendo de qué tan enfocado esté un país en contribuir a la meta global de reducción de emisiones de carbono, podrá tener un mayor o menor interés en prohibir, o por lo menos regular, la manera de minar tokens. Por otra parte, la custodia y transferencia de tokens de forma totalmente descentralizada puede lograr evadir cualquier tipo de regulación gubernamental. De esta manera, se puede facilitar actividades ilegales, tales como lavado de capitales o financiamiento al terrorismo.

Por lo tanto, Estados tienen distintos enfoques respecto a la forma de regular estos activos dependiendo de sus prioridades políticas. Es por esto que la regulación de estos activos podrá variar en gran medida entre países.

Anteriormente se explicó que existen, en términos amplios, 5 tipos de tokens: (i) *payment* tokens –también consideradas monedas digitales–, (ii) *utility* tokens, (iii) *asset* tokens, (iv) *stablecoins*, y (v) tokens híbridos. Si bien es cierto que cada uno de estos tokens tienen naturalezas jurídicas propias, a efectos regulatorios no se diferencian de manera clara en todos los países.

En la realidad, muchos países tratan a los criptoactivos o a todos de manera igual, o solo regulan a uno en particular y los demás se encuentran en áreas grises legales. En esta sección se analizará la forma como España y algunos países de Latinoamérica regulan los criptoactivos y se podrá ver como varían los criterios regulatorios dependiendo de los intereses y conflictos particulares de cada país. Se tomará un particular enfoque en cómo estos países regulan los *payment* tokens ya que son los criptoactivos más comúnmente regulados.

Puntualmente, en esta sección se buscará ilustrar (i) la postura general de estos países respecto a los criptoactivos, (ii) regulaciones aplicables a los criptoactivos, (iii) la compra y venta de los criptoactivos, (iv) la imposición fiscal derivada de la tenencia, ganancia y transferencia de los criptoactivos, (v) regulaciones respecto a lavado de capitales y financiamiento al terrorismo, (vi) requisitos para obtener una licencia para poder custodiar y ser intermediario en el uso de criptoactivos, y (vii) requisitos para minar criptoactivos.

5.1. España

A. Actitud del gobierno respecto a los criptoactivos

España tiene una particularidad que no le es aplicable a los países de Latinoamérica y es que, a pesar de poder impulsar sus propias normativas, debe también cumplir con las normativas que dicte un órgano supranacional –la Unión Europea– al respecto de cierto tema[118].

Por lo tanto, el tono regulatorio de España debe ir de la mano del tono regulatorio de la Unión Europea. Debido a que la Unión Europea aún no ha promulgado una ley que regule a los criptoactivos, el ordenamiento jurídico español tampoco tiene un marco regulatorio que regule a los criptoactivos. La gran mayoría de las regulaciones aplicables a los criptoactivos en España ha sido establecida mediante la aplicación subsidiaria de otras leyes y directivas, como se verá a continuación.

A nivel interno, España ha optado por una postura conservadora frente a los criptoactivos, a la espera de lo que decida la Unión Europea respecto al tema. En este sentido, los entes reguladores en España se han limitado a emitir comunicados y guías respecto a criptoactivos en los que establecen que ciertos tipos de criptoactivos pueden ser regulados subsidiariamente por leyes y directivas existentes[119].

Por ejemplo, por ley el euro es la única moneda de curso legal en España[120]. Por lo tanto, los criptoactivos no pueden ser considerados moneda de curso legal ni dinero en España.

Las autoridades españolas con muy conservadoras y protectoras con los consumidores. En este sentido, la Comisión Nacional de Mercado de Valores ("**CNMV**") publicó en 2018 una comunicación mediante la cual advertía a inversionistas respecto a los riesgos que suponen los criptoactivos[121]. La CNMV desaconsejaba a los inversionistas pequeños la compra y venta de los criptoactivos por su alta volatilidad y riesgo.

Notablemente, la comunicación de la CNMV de 2018 no contiene una definición de criptoactivos. Únicamente se refiere a las ICO y a los tokens, haciendo mención particular a los *utility* tokens y a los *security* tokens[122] —que vendrían siendo los *asset* tokens descritos en la sección 4.1(C) *supra*—.

---

118 Alfonso López-Ibor, Pablo Stoger y Olivia López Ibor, "Spain: Blockchain & Cryptocurrency Regulation 2020", *Global Legal Insights*, Segunda Edición, 2020, p. 519.

119 *Ídem.*

120 *Ídem.*

121 "Comunicado conjunto de la CNMV y del Banco de España sobre "criptomonedas" y "ofertas iniciales de criptomonedas" (ICOs)", *CNMV*. Disponible en: https://www.cnmv.es/loultimo/NOTACONJUNTAriptoES%20final.pdf, última consulta en fecha 17 de mayo de 2021.

122 *Ídem.*

B. Regulación aplicable a los criptoactivos

No hay una ley particular aplicable a los criptoactivos en España[123]. Se pueden aplicar subsidiariamente distintas leyes que tengan repercusiones sobre los criptoactivos –e.g. la ley 46/1998 que establece que solo el euro puede ser moneda de curso legal en España.

Adicionalmente, se debe entender que comunicaciones como la anteriormente citada por la CNMV, eliminan la necesidad de crear una ley especial que aplica a los criptoactivos en ciertos casos. La comunicación de la CNMV de 2018 establece que, a efectos regulatorios, los tokens emitidos por una ICO que tengan las características de un *security* se deben tratar como un *security*. Por lo tanto, las ICO y los tokens que entren dentro de esa categoría deben cumplir con las normativas ya existentes aplicables a las *securities*[124].

En España se cataloga como un *security* a un instrumento financiero que genere una expectativa al adquirirlo de que el trabajo de un tercero le generará una ganancia económica al adquirente del *security*[125].

La postura actual de la CNMV y el Banco de España es que regulaciones específicas aplicables a los criptoactivos solo pueden venir de la Unión Europea[126]. En este sentido, la Unión Europea ha estado trabajando en una propuesta de normativa que sigue en discusión para que todos los países miembros de la Unión regulen de igual manera a los criptoactivos[127].

Sin embargo, hasta que no se promulgue esta normativa, existirá un alto nivel de incertidumbre en España respecto a distintas actividades relacionadas con los criptoactivos.

C. Compra y venta de criptoactivos

La naturaleza jurídica del criptoactivo particular hará que aplique una u otra regulación. Por ejemplo, si el criptoactivo por su naturaleza sería calificado como un bien o propiedad, su compra y venta sería regulada por el Código Civil o Código de Comercio español[128].

---

123 Alfonso López-Ibor, Pablo Stoger y Olivia López Ibor, *ob. cit.*, p. 519.

124 *Ídem.*

125 *Ibíd.*, p. 520.

126 *Ibíd.*, p. 520.

127 "La Unión Europea plantea la primera regulación de criptodivisas", *El Confidencial.* Disponible en: https://www.elconfidencial.com/espana/2020-09-24/bruselas-propone-primera-regulacion-criptodivisas_2761639/, última consulta en fecha 17 de mayo de 2021.

128 Alfonso López-Ibor, Pablo Stoger y Olivia López Ibor, *ob. cit.*, p. 520.

Por otra parte, en el caso particular de *utility* tokens o *asset* tokens, dependiendo de cómo se califique el token aplicará una u otra regulación española respecto a la transferencia de un título de propiedad[129]. En términos generales, en España se requiere del consentimiento y la entrega de la cosa vendida para transferir el título de propiedad. Esto es sencillo de hacer si se refiere a un *asset* token ya que el título de propiedad es la tenencia del instrumento financiero que se esté transfiriendo, pero no respecto a un *utility* token ya que los derechos se tratan de activos digitales que solo existen en internet y por tanto son más difíciles de ejecutar.

Por lo tanto, esta es un área gris en la cual no hay mucha guía por parte de la normativa española. Aplicarían subsidiariamente las normativas ya existentes respecto a la compra y venta de distintos bienes y servicios de considerarse que un token califica dentro de esos bienes o servicios. Sin embargo, no existe respuesta clara de cómo se regularía la compra y vente de un token que no entre dentro de la calificación jurídica de estos bienes y servicios ya regulados.

D. La imposición fiscal derivada de la tenencia, ganancia y transferencia de criptoactivos

Las ganancias producidas por la venta de criptoactivos por personas que sean residentes en España tendrán una carga impositiva de 23%[130]. Sin embargo, si el criptoactivo fue adquirido y vendido dentro de un período de 12 meses, se declarará a una tasa que oscilará entre 24.75% y 52%, dependiendo del monto que se trate.

Con respecto al Impuesto sobre el Valor Agregado, el cambio de criptoactivos a euros estará exento de este impuesto. Esto es el criterio fijado por la decisión del Tribunal de Justicia de la Unión Europea del 22 de octubre de 2015[131], según la cual Bitcoin es un tipo de divisa y no es un bien, y, por tanto, su conversión a euro no requiere del pago de Impuesto sobre el Valor Agregado.

E. Regulaciones respecto a lavado de capitales y financiamiento al terrorismo

La Ley 10/2010 respecto a lavado de capitales se refiere a distintos sujetos a los que le aplica la ley. Si bien es cierto que dentro de estos sujetos no se nombra de manera específica sujetos tales como portadores de carteras de criptoactivos o casas de cambio que transen criptoactivos, la ley si menciona ciertos términos que,

---

[129] *Ídem*.

[130] *Ibíd*., p. 521.

[131] Sentencia 2015-C-264/14 del Tribunal de Justicia de la Unión Europea del 22 de octubre de 2015.

de manera general, se pudiera entender que aplican también a entidades y personas que transen criptoactivos[132].

Por ejemplo, la ley 10/2010 se refiere a entidades que acepten pagos electrónicos, fondos de inversión que transen divisas, o depositarios o custodios de dinero. Estos términos, en sentido amplio, se pudieran interpretar como sujetos que lidian con criptoactivos[133]. De interpretarse de esta forma, estos sujetos tendrían que cumplir con la Ley 10/2010 respecto a lavado de capitales.

Adicionalmente, también de manera subsidiaria pudiera aplicar el Código Penal español para aquellas personas que utilicen criptoactivos para financiar actividades delictivas[134].

F. Requisitos para obtener una licencia para poder custodiar y ser intermediario en el uso de criptoactivos

No se requerirá una licencia especial para emitir, custodiar o transar criptoactivos en términos generales[135].

Sin embargo, como se explicó anteriormente, si se entiende que un determinado criptoactivo entra dentro de la definición de un *security* o cualquier otro instrumento financiero, le aplicarán las normativas correspondientes. Esto se pudiera extender a la necesidad de obtener una licencia para, por ejemplo, emitir una ICO.

G. Requisitos para minar criptoactivos

No hay regulación en España que se refiera a la minería, por lo que se debe entender que no está regulada por el ordenamiento jurídico español.

5.2. Argentina

A. Actitud del gobierno respecto a los criptoactivos

Los casos de Argentina y Venezuela son particularmente interesantes porque son de los países con mayor adopción de criptoactivos en Latinoamérica[136]. Esto se puede deber a múltiples factores.

---

132 Alfonso López-Ibor, Pablo Stoger y Olivia López Ibor, *ob. cit.*, p. 521.

133 *Ídem.*

134 España. Código Penal de España artículo 301.

135 Alfonso López-Ibor, Pablo Stoger y Olivia López Ibor, *ob. cit.*, p. 521.

136 Javier Hernández, "No creerás el volumen que alcanzó Bitcoin en Argentina y Venezuela", *Criptomonedas ICO*. Disponible en: https://criptomonedaseico.com/noticias/no-creeras-el-volumen-que-alcanzo-bitcoin-en-argentina-y-venezuela/, última consulta en fecha 17 de mayo de 2021.

Lo que tienen en común estos dos países es que tienen altas inflaciones y sistemas de control de cambios para poder obtener divisas[137]. Por lo tanto, las monedas digitales se presentan como una forma fácilmente accesible de convertir la moneda local en una divisa y de esta manera ganarle a la inflación y a los controles de cambio impuestos por los gobiernos.

El gobierno de Argentina se ha limitado a publicar regulaciones aplicables a las monedas digitales respecto a la tributación, blanqueo de capitales y financiamiento de terrorismo[138]. El gobierno local ha optado por una postura de esperar a ver como se desenvuelve el mercado de monedas digitales, en lugar de proactivamente implementar regulaciones respecto al intercambio, emisión o uso de estas monedas digitales.

En Argentina, la Unidad de Información Financiera ("**UIF**") es la encargada de emitir guías sobre la regulación aplicable a las monedas digitales. Recientemente, la UIF ha dicho que buscará endurecer los controles sobre sujetos e instituciones que participen en el intercambio o custodia de criptoactivos[139]. El fin de la UIF sería tener un mayor control para prever el lavado de capitales y el financiamiento al terrorismo.

Por otra parte, el Código Civil de Argentina clasifica a activos de dos maneras: tangibles e intangibles[140]. Los activos tangibles serían aquellos que se materializan físicamente, mientras que los intangibles son aquellos que no se materializan físicamente, tales como los derechos de propiedad intelectual. Por lo tanto, las monedas digitales entrarían en la categoría de activos intangibles, al no materializarse en el espacio físico.

El Código Civil de Argentina también establece en su sección 765 que solo se puede considerar como moneda de curso legal el peso argentino[141]. Por lo tanto, esto se debe entender como una exclusión expresa de incluir a criptoactivos como Bitcoin en la categoría de moneda de curso legal bajo el derecho argentino.

---

137 "Argentina y Venezuela recurren a las criptomonedas para paliar crisis económica", *Cryptomkt*. Disponible en: https://noticias.cryptomkt.com/es/argentina-y-venezuela-recurren-a-las-criptomonedas-para-paliar-crisis-economica/,última consulta en fecha 17 de mayo de 2021.

138 Juan M. Diehl y Santiago Eraso Lomasquiz, "Argentina: Blockchain & Crypto currency Regulation 2020", *Global Legal Insights*, Segunda Edición, 2020, p. 245.

139 Fernando Quirós, "Argentina; Unidad de Información Financiera quiere endurecer controles a transacciones con criptomonedas", *Coin Telegraph*. Disponible en: Argentina: Unidad de Información Financiera quiere endurecer controles a transacciones con criptomonedas (cointelegraph.com), última consulta en fecha 17 de mayo de 2021.

140 Juan M. Diehl y Santiago Eraso Lomasquiz, *ob. cit.*, p. 245.

141 *Ídem*.

En este sentido, con respecto a si monedas digitales pudieran considerarse "dinero" a efectos de derecho argentino, la Ley No. 25.144 establece que no serán considerados dinero aquellos instrumentos que: (i) no sean moneda de curso legal o hayan sido catalogadas como tal por su emitente, o (ii) no sean emitidos con un valor nominal que sea 10 veces menor al monto del billete de mayor denominación en circulación[142].

En esta línea, en el año 2014 el Banco Central de Argentina emitió un comunicado no vinculante en el que estableció que las monedas digitales no son monedas de curso legal ni están garantizadas por ningún gobierno por lo forma en que se emiten[143]. Por lo tanto, bajo estos criterios, muchas monedas digitales no serían catalogables como "dinero" bajo el derecho argentino sino en todo caso como una propiedad intangible.

B. Regulación aplicable a los criptoactivos

Los criptoactivos no son prohibidos en Argentina[144]. Si bien es cierto que el gobierno ha tomado una postura de esperar a ver cómo se desenvuelve este mercado, si ha publicado una regulación específica relacionada a ciertos usos de los criptoactivos (la "**Resolución**")[145].

La Resolución impone ciertas obligaciones a sujetos particulares para divulgar información siguiendo lo pautado en la Ley Contra Lavado de Capitales No. 24.246 y la Ley No. 27.430 que se refiere a una reforma tributaria.

C. Compra y venta de criptoactivos

No existe una regulación específica a la compra y venta de criptoactivos a nivel general en Argentina[146].

Sin embargo, en ciertos casos la emisión y compra y venta de tokens si pudiera estar regulada por el derecho argentino. Bajo el derecho argentino, un *security* se puede considerar un instrumento negociable sobre el cual el emitente incorpora ciertos derechos de créditos[147].

En base a esta definición, se puede entender que monedas digitales, como Bitcoin, no califican como un *security*. Sin embargo, bajo esta definición no es

---

142 *Ídem.*

143 María Eugenia Marano y Nicolás Gross, "Criptomonedas en Argentina: a propósito del comunicado de la UIF", *Centro de Investigación y Prevención de la Criminalidad Económica*. Disponible en: http://www.cipce.org.ar/articulo/criptomonedas-argentina-proposito-del-comunicado-uif, última consulta en fecha 17 de mayo de 2021.

144 Juan M. Diehl y Santiago Eraso Lomasquiz, *ob. cit.*, p. 246.

145 La Resolución de la UIF 300/2014.

146 Juan M. Diehl y Santiago Eraso Lomasquiz, *ob. cit.*, p. 246.

147 *Ídem.*

descartable que algún token en particular que sea emitido por una entidad central si sea considerado como un *security*[148].

La Comisión de Valores de Argentina emitió un comunicado respecto a los riesgos que suponen las ICO. La Comisión aclaró que, en principio, las ICO no estarían sujetas a regulaciones aplicables a los mercados de capitales. Sin embargo, la Comisión aclaró que esto pudiera variar dependiendo de las características particulares del token emitido en una ICO determinada[149].

Por lo tanto, se debe entender que aun cuando no hay una regulación específica en Argentina que aplique a los criptoactivos, la Comisión de Valores de Argentina si pudiera interpretar que ciertos tokens califican como *securities*. En estos casos, se pudieran entender que la emisión y compra y venta de un token a través de una ICO estaría regulada por las leyes aplicables al sector de mercado de capitales.

D. La imposición fiscal derivada de la tenencia, ganancia y transferencia de criptoactivos

La Ley No. 27.430 mencionada anteriormente supuso una reforma al Código Tributario en Argentina. Dentro de esta reforma se incluyó que los ingresos derivados de la comercialización de criptoactivos se deben declarar bajo el Impuesto sobre la Renta[150].

Sin embargo, llama la atención que ni la Ley No. 27.430, ni la Ley del Impuesto Sobre la Renta establecen una definición de criptoactivo. Por lo tanto, se debe entender que aplica subsidiariamente la definición de criptoactivo aportada por la UIF[151].

Adicionalmente, la Ley del Impuesto Sobre la Renta establece que, si el emitente del criptoactivo está domiciliado en Argentina, se debe entender que se está produciendo una renta en Argentina[152] –a pesar de que, por ejemplo, la emisión se haga a través de unas computadoras que no estén físicamente en Argentina–.

Por otra parte, si se considera que el criptoactivo califica como un activo intangible, se debe entender que el intercambio de ese criptoactivo no estaría sujeto al Impuesto al Valor Agregado[153]. Sin embargo, esto supondría que esa moneda

---

148 *Ídem.*

149 *Ídem.*

150 *Ídem.*

151 *Ídem.*

152 *Ibíd.*, p. 247.

153 *Ídem.*

digital que califica como activo intangible debe tributar como cualquier otro activo intangible[154].

Finalmente, el Congreso argentino recientemente pasó la Ley No. 27.506, la cual estará vigente del 1 de enero de 2020 al 31 de diciembre de 2029. Esta ley aplica de manera amplia a distintos sectores tecnológicos –i.e. software, servicios digitales, nanotecnología, inteligencia artificial, entre otros–[155].

Dependiendo del criptoactivo, esta Ley No. 27.506 pudiera suponer unos beneficios fiscales para ese criptoactivo en particular. Específicamente, pudieran estar sujetos a una reducción de la tasa aplicable al Impuesto sobre Sociedades, no tener que pagar Impuesto sobre el Valor Añadido, o incluso permitir a los beneficiarios deducir sus contribuciones a la seguridad social[156].

E. Regulaciones respecto a lavado de capitales y financiamiento al terrorismo

La Ley Contra Lavado de Capitales enumera a una serie de sujetos –tales como instituciones financieras, empresas de tarjetas de créditos, notarios, entre otros– que tienen unas obligaciones particulares de compartir información[157].

Estas obligaciones incluyen la aplicación de procedimientos de *KYC*, reportar a la UIF cualquier transacción que pueda suponer un lavado de capitales o financiamiento al terrorismo, y la prohibición de compartir con sus clientes o terceros la participación de la entidad en el intercambio de información con las autoridades argentinas[158]. Esto es relevante a efectos de criptoactivos porque la UIF impone la obligación a estos sujetos particulares identificados en la Ley Contra Lavado de Capitales de extender estas obligaciones al intercambio de criptoactivos[159].

F. Requisitos para obtener una licencia para poder custodiar y ser intermediario en el uso de criptoactivos

No hay ninguna regulación expresa que prohíba o regule la custodia y la intermediación en transacciones que involucren criptoactivos[160].

Sin embargo, como se mencionó anteriormente, existen ciertos tokens que pudieran considerarse como *securities* a efectos de la Comisión de Valores de

154 *Ídem*.

155 *Ídem*.

156 *Ídem*.

157 *Ídem*.

158 *Ibíd*., p. 248.

159 *Ídem*.

160 *Ídem*.

Argentina. En tales casos, el emitente del token debe tener una licencia que cumpla con las pautas establecidas por la Comisión para emitir *securities*[161].

Por esto, muchos operados de la industria de mercados de capitales prefieren no custodiar y transar criptoactivos para evitar el riesgo de que la Comisión los catalogue como un *security* y les obligue a cumplir con las obligaciones aplicables a los operadores de ese sector[162].

G. Requisitos para minar criptoactivos

La minería de criptoactivos es permitida en Argentina de manera negativa; es decir, no hay ninguna regulación que expresamente la regule ni que la prohíba[163].

5.3. Brasil

A. Actitud del gobierno respecto a los criptoactivos

Las autoridades brasileras no consideran que las monedas digitales son dinero, ni mucho menos que pueden ser moneda de curso legal. El Real brasilero es la única moneda de curso legal bajo derecho brasilero[164].

Las autoridades brasileras tampoco regulan de manera específica la emisión, custodia e intercambio de criptoactivos. Sin embargo, distintos organismos brasileros si han dictado pautas no vinculantes respecto a criptoactivos[165].

Por ejemplo, la Comisión de Valores de Brasil ha emitido varias declaraciones entre 2017 y 2018 respecto a criptoactivos y las ICO. Específicamente, la Comisión ha declarado que en algunos casos las ICO deben ser registradas ante la Comisión debido a que muchos criptoactivos tienen características que son compatibles con las *securities*[166].

Por lo tanto, se debe entender que en esos casos en los que el token emitido por la ICO califique como un *security*, estará sujeta a las mismas regulaciones que las empresas que están registradas ante la Comisión de Valores de Brasil —i.e. *KYC*, compartir información con las autoridades respecto a potencial lavado de capitales, etc.

Adicionalmente, en el año 2018 la Comisión de Valores de Brasil prohibió expresamente la adquisición de monedas virtuales y tokens por parte de fondos de

---

161 *Ídem.*

162 *Ídem.*

163 *Ídem.*

164 Martim Machado y Julia Fontes Abramof, "Brazil: Blockchain & Cryptocurrency Regulation 2020", *Global Legal Insights*, Segunda Edición, p. 282.

165 *Ídem.*

166 *Ídem.*

inversión brasileros[167]. La razón detrás de esta decisión no fue ilegalizar a las monedas virtuales –que, como se mencionó anteriormente, no están ilegalizadas en términos generales por las autoridades brasileras–[168].

El propósito de la decisión de la Comisión fue no expandir el concepto de los activos que pueden invertir los fondos de inversiones hasta incluir las monedas virtuales y tokens en general[169]. Hacerlo pudiese suponer consecuencias jurídicas indirectas –como, por ejemplo, que las monedas virtuales se pudiesen todas considerar *securities*–. Esto se debe entender como una señal favorable por parte de la Comisión de Valores de Brasil hacia las monedas digitales y tokens.

Las autoridades brasileras han requerido desde el 2016 que se declaren impuestos sobre las ganancias o intercambio de las monedas digitales[170]. Sin embargo, nada de lo anterior se debe entender como que las autoridades brasileras son contrarias a la compra, emisión o intercambio de monedas virtuales o tokens en general.

B. Regulación aplicable a los criptoactivos

La emisión, custodia y transferencia de criptoactivos no está regulada de manera específica en Brasil[171]. Sin embargo, existen dos leyes que están bajo discusión que pudieran tener un impacto sobre la regulación de los criptoactivos.

La primera sería la Ley No. 2.303 de 7 de julio de 2015, la cual originalmente buscaba incorporar el término "criptomoneda"[172] bajo "instrumento de pago"[173]. La relevancia de incorporar a las criptomonedas bajo el término de "instrumento de pago" no sería solo semántica; hubiese traído como consecuencia que las criptomonedas fuesen instrumentos financieros y por tanto estuviesen sujetas a regulaciones del Banco Central de Brasil[174]. Esto hubiese tenido una consecuencia directa sobre la forma en que se transan y aceptan las criptomonedas.

Sin embargo, se designó una comisión especial en el congreso de Brasil que le introdujo ciertos cambios sustanciales a esta Ley No. 2.303. Luego de varias

---

167 *Ídem.*

168 *Ídem.*

169 *Ídem.*

170 *Ídem.*

171 *Ibíd.*, p. 283.

172 El término "criptomoneda" es sinónimo al término de payment token descrito en este trabajo: una moneda digital emitida y transada sobre un blockchain para realizar pagos. Por lo tanto, cada vez que se usa el término criptomoneda, se debe entender como un uso alternativo a moneda digital o payment token, como se ha ido usando en este trabajo.

173 Martim Machado y Julia Fontes Abramof, *ob. cit.*, p. 283.

174 *Ídem.*

rondas de comentarios, se introdujeron unos cambios que no solo permitían la emisión y uso de las criptomonedas, sino que incluso se prohibía expresamente que agencias regulatorias pudieran emitir reglas propias para prohibir la emisión, custodia o intercambio de criptomonedas[175].

La segunda ley que aplicaría a las monedas digitales sería la Ley No. 2.060 del 4 de abril de 2019. El objetivo de esta ley sería definir las criptomonedas, aclarar que no califican como *securities*, y desarrollando un marco que permita su emisión, custodia e intercambio[176].

Estas dos leyes aún no han sido aprobadas. Al tratar de temas similares, es posible que serán unificadas en algún momento por el congreso[177].

C. Compra y venta de criptoactivos

Tampoco existe ninguna regulación expresa que regule la compra y venta de criptoactivos en Brasil[178]. Sin embargo, como se mencionó anteriormente, dependiendo de sus características ciertos tokens pudiesen considerarse *securities* bajo el derecho brasilero.

En caso de considerarse que un token califica como un *security*, la ICO que emita este token debe registrarse ante la Comisión de Valores de Brasil y debe cumplir con las regulaciones aplicables a la emisión de *securities* cuando se realizan las OPA[179].

La Comisión de Valores de Brasil considera que un token emitido en una ICO es un *security* o un contrato colectivo de inversión cuando el token ofrezca derechos de participación, asociación y de remuneración y cuyos ingresos sean producto del esfuerzo de un tercero –como, por ejemplo, de un empresario–[180].

Adicionalmente, de considerarse que un token es un *security* por la Comisión de Valores de Brasil, se debe entender que no solo se regularían las condiciones para emitir los tokens –i.e. que el emitente se debe registrar frente a la Comisión con todos los requisitos que ello supone–. Esta consideración también supondría que el intercambio de estos tokens solo puede ser realizado por entes previamente aprobados y autorizados por la Comisión[181].

Esto es relevante para las casas de cambio, quienes son los intermediarios en operaciones financieras de otros tipos de *securities*. Una casa de cambio que

---

175 *Ídem.*

176 *Ídem.*

177 *Ídem.*

178 *Ídem.*

179 *Ídem.*

180 *Ídem.*

181 *Ídem.*

no haya emitido el token, pero que quiera intermediar en la compra y venta de estos tokens, tendrá que registrarse también frente a la Comisión de Valores de Brasil.

D. La imposición fiscal derivada de la custodia, ganancia y transferencia de criptoactivos

Las autoridades fiscales de Brasil consideran que las monedas virtuales son activos financieros y por tanto se deben declarar las ganancias como tales activos[182]. La obligación fiscalmente imponible surge cuando el valor total de las ganancias de la moneda digital supere los 35.000 Reales brasileros. La tasa imponible variará de entre 15% a 22.5%.

E. Regulaciones respecto a lavado de capitales y financiamiento al terrorismo

Brasil tiene un amplio marco regulatorio respecto al lavado de capitales. Sin embargo, y a pesar de haber expresado sugerencias y consideraciones respecto al uso de las monedas digitales, las autoridades brasileras no han publicado ningún marco regulatorio específico para el uso de criptoactivos[183].

Sin embargo, como se mencionó anteriormente, regulaciones ya existentes aplicarán a la custodia e intercambio de criptoactivos en ciertos casos –i.e. por ejemplo, cuando un token califique como un *security*. Adicionalmente, de determinarse que los criptoactivos se están usando para lavar capitales, regulaciones y penas aplicables al lavado de capitales aplicarán de igual forma, a pesar de que no estén diseñadas por nombre a aplicar al uso de criptoactivos[184].

F. Requisitos para obtener una licencia para poder custodiar y ser intermediario en el uso de criptoactivos

La única restricción aplicable a la tenencia de monedas digitales está establecida en la Ordenanza 1/2018/CVM/SIN emitida por la Comisión de Valores de Brasil[185]. Esta es la ordenanza que se mencionó anteriormente que prohíbe a fondos de inversiones brasileros la adquisición de criptoactivos al no calificar como activos financieros bajo las regulaciones existentes.

No hay restricciones que impongan a individuos o entidades la obligación de obtener una licencia para emitir, custodiar o transferir criptoactivos[186]. Sin embargo, tal y como se explicó anteriormente en esta sección, si la Comisión de Valores de Brasil considera que un token califica como un *security*, la persona o

---

182 *Ibíd.*, p. 284.

183 *Ídem.*

184 *Ídem.*

185 *Ídem.*

186 *Ídem.*

entidad que quiera emitir, custodiar o transferir este token si tendrá que obtener una licencia y cumplir con las regulaciones impuestas para tal fin por la Comisión de Valores de Brasil.

G. Requisitos para minar criptoactivos

La minería no ha sido regulada por las autoridades brasileras, por lo que se debe entender que no hay ningún impedimento bajo derecho brasilero para llevar a cabo esta actividad[187].

5.4. México

A. Actitud del gobierno respecto a los criptoactivos

Los reguladores financieros en México han reconocido formalmente a los criptoactivos. Por esto, los reguladores han emitido varias directrices con la mira de limitar el potencial uso de criptoactivos para lavar capitales o financiar terrorismo[188].

En este sentido, en México se publicó la Ley de Instituciones de Tecnología Financiera (la "**Ley Fintech**") que regula en ciertos puntos el uso de los criptoactivos[189]. El artículo 30 de la Ley Fintech define como activo virtual:

> "la representación de valor registrada electrónicamente y utilizada entre el público como medio de pago para todo tipo de actos jurídicos y cuya transferencia únicamente puede llevarse a cabo a través de medios electrónicos. En ningún caso se entenderá como activo virtual la moneda de curso legal en territorio nacional, las divisas ni cualquier otro activo denominado en moneda de curso legal o en divisas".

De esta definición se desprenden tres consideraciones importantes, principalmente. Primero, que la definición de activo virtual es bastante amplia y engloba tanto monedas digitales como otros tokens. Segundo, que considera que estos activos entran dentro de la categoría de "medios de pago" y, por tanto, serán regulados como tal. Y tercero, que estos activos no tendrán la consideración ni de moneda de curso legal –tanto de México como de otro país–, ni de divisa.

Adicionalmente, el Banco Central de México se ha reservado el poder de autorizar el uso de estos activos virtuales por cualquier tipo de institución[190]. En este

---

[187] *Ibíd.*, p. 285.

[188] Miguel Ángel Peralta García, Pedro Said Nader y Patrick Seaver Stockdale, "México: Blockchain & Cryptocurrency Regulation 2020", *Global Legal Insights*, Segunda Edición, p. 455.

[189] México. Ley para Regular las Instituciones de Tecnología Financiera, publicada en el Diario Oficial de la Federación el 9 de marzo de 2018.

[190] Miguel Ángel Peralta García, Pedro Said Nader y Patrick Seaver Stockdale, *ob. cit.*, p. 455.

sentido, el Banco Central de México ha establecido que para determinar si un activo califica como activo virtual a efectos de la Ley Fintech, el Banco Central considerará cuestiones tales como el uso que se le pueda dar a unidades de estos activos, el trato que otros países le den a estos activos, así como también la tecnología detrás de cada uno de estos activos para su emisión, custodia o intercambio[191].

De esta manera, el Banco Central se ha reservado el poder para determinar si una determinada transacción involucra activos virtuales –y por ende le es aplicable la Ley Fintech– o si es una transacción financiera tradicional –y por ende le aplican otras leyes financieras–.

B. Regulación aplicable a los criptoactivos

Como se mención en la sección anterior, la Ley Fintech regula las actividades relacionadas con las monedas digitales y los tokens –llamados por la ley en su conjunto activos virtuales– en México.

Esta ley tiene un amplio ámbito de aplicación respecto a la emisión, custodia y transferencia de criptoactivos. Sin embargo, la Ley Fintech se enfoca, principalmente, en la regulación de instituciones de financiamiento colectivo, instituciones de fondos de pago electrónico, modelos innovadores, y el uso de los criptoactivos que hayan sido previamente autorizadas por el Banco Central[192].

Las instituciones de financiamiento colectivo –también llamado *crowdfunding*– buscan conectar a aplicantes en busca de dinero para un determinado fin con inversionistas a través de distintas plataformas digitales. Lo que regula la Ley Fintech es la forma en que se lleva a cabo este financiamiento, que puede ser de tres maneras[193].

La primera forma sería a través de un financiamiento colectivo de deuda. Esto permitiría que el inversionista otorgue un crédito y que el aplicante tenga que repagar ese crédito con intereses. La segunda forma sería a través de un financiamiento colectivo de capital. Esto permitiría que los inversionistas adquieran un porcentaje de la propiedad del proyecto financiado a cambio del financiamiento dado. Y la tercera forma sería a través de un financiamiento colectivo de copropiedad o regalías. Esto permitiría que el inversionista entre en un régimen de copropiedad con el aplicante, en donde el inversionista asuma una cuota prorrata tanto de futuros ingresos de la inversión, así como también de potenciales futuras pérdidas de la inversión[194].

---

191 *Ídem.*

192 *Ídem.*

193 *Ídem.*

194 *Ibíd.*, p. 456.

Por otra parte, las instituciones de fondos de pagos electrónicos serían el equivalente a regular las carteras explicadas anteriormente en la sección 4.3 *supra.* El propósito de esta regulación sería regular la forma en que se custodian y transan estos activos virtuales a través de distintas plataformas digitales, tanto aquellos que estén respaldados por el peso mexicano, como también aquellos que estén respaldados en divisas[195].

En este sentido, empresas que sean sujetos regulados por la Ley Fintech tendrán que, adicionalmente, cumplir con regulaciones impuestas por la Comisión Nacional Bancaria y la Secretaría de Hacienda y Crédito Público[196]. Esto se debe a que estos organismos son los responsables de regular cualquier transferencia que involucre tanto el peso mexicano, como divisas.

La Ley Fintech incluye una tercera categoría de objetos y sujetos a los que aplica esta ley, los cuales son los modelos innovadores. Estos modelos serían aquellas entidades que usen herramientas tecnológicas, distintas a las descritas en la Ley Fintech, para proveer servicios financieros[197]. Esta clasificación sirve para separar a aquellas entidades comerciales que ofrezcan servicios financieros tradicionales de aquellas que ofrezcan servicios financieros tecnológicos, tales como los descritos en la Ley Fintech.

Finalmente, la Ley Fintech también prevé un marco regulatorio para el uso de los activos que califican como activos virtuales bajo la propia ley y que han sido reconocidos como tal por el Banco Central de México. Sin embargo, este marco regulatorio que describe la regulación aplicable a la compra y venta de estos activos será descrita en la siguiente sección.

C. Compra y venta de criptoactivos

La Ley Fintech afecta, subsidiariamente, otras leyes del sector financiero en México. Como se explicó en la sección anterior, en ciertos casos los tokens pueden ser considerados como *securities* por el Banco Central de México. En tales casos, la compra y venta de monedas digitales y tokens también se encuentra regulada en la Ley de Mercado de Valores, la cual regula la compra y venta de *securities* y el desarrollo de sistemas que permitan la compra y venta de *securities*[198].

D. La imposición fiscal derivada de la tenencia, ganancia y transferencia de criptoactivos

México aún no ha fijado un impuesto sobre los criptoactivos. Las autoridades mexicanas han anunciado que están trabajando en tales regulaciones, pero por los

---

195 *Ídem.*

196 *Ídem.*

197 *Ídem.*

198 *Ibíd.*, p. 457.

momentos no se han publicado. Por lo tanto, no existe a día de hoy ninguna regulación que específicamente ponga una carga fiscal sobre la compra y venta de criptoactivo[199].

E. Regulaciones respecto a lavado de capitales y financiamiento al terrorismo

La Ley Federal para la Prevención e Identificación de Operaciones con Recursos de Procedencia Ilícita establece un marco regulatorio para atacar el lavado de capitales que afecta a los criptoactivos[200]. Específicamente, esta ley fue modificada en el 2018 para incluir como sujetos regulados por la ley aquellos que ofrezcan servicios de intermediación en la emisión y compra y venta de criptoactivos.

Esta ley cataloga a estos servicios como "actividad vulnerable" al entender que, por la naturaleza encriptada de los criptoactivos, pueden suponer un mayor riesgo para las autoridades a la hora de investigar el lavado de capitales y financiamiento al terrorismo[201].

Por lo tanto, cualquier persona o entidad que esté involucrada en estas actividades vulnerables tendrá que cumplir con mayores requisitos de identificación de personas y documentación de soporte[202]. En particular, esta ley prevé que, para intermediar entre estas actividades vulnerables, entidades que ofrezcan estos servicios deberán, principalmente, llevar a cabo las siguientes acciones[203]:

i. Adoptar los criterios regulatorios establecidos en la Ley Federal para la Prevención e Identificación de Operaciones con Recursos de Procedencia Ilícita;

ii. Identificar a los clientes a través de un escrupuloso cumplimiento con leyes de *KYC*;

iii. Solicitar y mantener una copia de la documentación identificativa de cada cliente, además de un domicilio de contacto actualizado;

iv. Mantener protegida y actualizada la información de los usuarios por al menos 5 años; y

---

199 *Ídem.*

200 México. Ley Federal para la Prevención e Identificación de Operaciones con Recursos de Procedencia Ilícita, publicada en el Diario Oficial de la Federación el 17 de octubre de 2012.

201 Miguel Ángel Peralta García, Pedro Said Nader y Patrick Seaver Stockdale, *ob. cit.*, p. 457.

202 *Ídem.*

203 *Ídem.*

v. Enviar un reporte electrónico a las autoridades mexicanas para cualquier transacción que supere 645 veces el valor de la Unidad de Medida — que para el año 2019 era de $2.725).

Adicionalmente, el Ministerio de Finanzas de México puede auditar e investigar a individuos y entidades que lleven a cabo estas actividades vulnerables para poder determinar su nivel de cumplimiento con la ley[204]. El incumplimiento de los requisitos pautados en la ley pudiera conllevar a multas o incluso a sanciones penales de hasta 8 años[205].

F. Requisitos para obtener una licencia para poder custodiar y ser intermediario en el uso de criptoactivos

La Ley Fintech establece que solo entidades autorizadas podrán participar en transacciones que involucren a criptoactivos. Tal autorización será otorgada por el Banco Central de México, y permitirá solo la intermediación en las transacciones que involucren criptoactivos que hayan sido previamente aprobados por el Banco Central de México[206].

G. Requisitos para minar criptoactivos

No existe una ley que regule como tal la minería en México[207]. Sin embargo, se puede aplicar subsidiariamente a la minería el requisito explicado anteriormente según el cual el Banco Central de México debe autorizar a todas las entidades que quieran participar en transacciones que involucren a estos activos, y que los activos que vayan a ser transados también deben ser aprobados por el Banco Central de México.

En efecto, no pudieran entonces minar entidades que no estén registradas y aprobadas por el Banco Central para llevar a cabo esta actividad que permite la emisión y confirmación de transacciones de estos activos. Adicionalmente, incluso de autorizar a una entidad para que mine, tampoco pudiera minar ninguna moneda digital o token que no esté previamente autorizada por el Banco Central de México.

6. Conclusión

Como se ha podido ver a lo largo del presente trabajo, el mundo de los criptoactivos es bastante complejo. Existen casi incontables consideraciones a tener en cuenta a la hora de regular a los criptoactivos, y el criterio para regularlos variará dependiendo de las políticas públicas de cada país.

---

204 *Ídem.*

205 *Ídem.*

206 *Ibíd.*, p. 458.

207 *Ibíd.*, p. 459.

Antes de crear cualquier ley para regular a los criptoactivos, primero se hace necesario entender que existen distintos tipos de criptoactivos y las razones por las que son distintos. Solo al aceptar esta premisa es que se puede empezar a encontrar una solución al problema regulatorio.

Si bien es cierto que con leyes existentes se pueden regular ciertos aspectos de las criptomonedas –por ejemplo, se vio que la mayoría de los países coinciden que, si un token cumple la función de un *security*, será regulado como tal– estas nuevas tecnologías han obligado a los reguladores a ser proactivos para emitir leyes y directrices para guiar a sus poblaciones respecto a la emisión, custodia y uso de los criptoactivos.

Por ejemplo, la existencia de casas de cambio descentralizadas es un desarrollo tecnológico tan novedoso que la respuesta regulatoria no puede ser aplicar una norma existente por analogía. Adicionalmente, a pesar de que ciertos tokens tienen naturalezas jurídicas que a veces son compatibles con instrumentos financieros existentes, hay otras veces que estos mismos tokens pueden ser utilizados de otras maneras –por ejemplo, el token de Ethereum que puede ser *payment* token y *utility* token dependiendo del contexto en el que se use–.

Por estas razones, es necesario que los reguladores de cada país entiendan cuándo se está frente a un criptoactivo que no esté regulado ya por normativas existentes, y cuando se está frente a un criptoactivo que por analogía esté regulado por otra normativa. Sin embargo, este ejercicio no es tan fácil como parece.

Como se vio a lo largo del trabajo, hay ciertos países que han emitido reglamentos que clasifican a los tokens de una manera[208], mientras que otros países han optado por crear sus propias definiciones[209]. La razón detrás de estas inconsistencias no es casual; cada país tiene sus propias políticas que marcarán su agenda regulatoria.

Por ejemplo, México ha creado una Ley Fintech que es más desarrollada y robusta que muchas leyes en la región. El enfoque regulatorio que se le ha dado en México a los criptoactivos es atacar el potencial riesgo de lavado de capitales y financiamiento al terrorismo porque esto es un problema muy presente en México.

El caso de España es también único en su propia manera. España ha decidido optar por una postura paciente en la que espera que la Unión Europea emita una regulación que aplique a los criptoactivos antes de emitir sus propias normativas. Esto no es por dejadez del regulador español; esto se debe al marco jurídico en el que se encuentra España al ser miembro de la Unión Europea.

---

[208] "Guidelines for enquiries regarding the regulatory framework for initial coin offerings (ICOs)", *ob. cit.*

[209] México. Ley Fintech, publicada en el Diario Oficial de la Federación el 9 de marzo de 2018.

La ley española no puede contradecir las normativas europeas, por lo que España debe esperar hasta que la Unión Europea emita una directiva respecto a las criptomonedas.

Es difícil anticipar hasta donde llegarán los criptoactivos y si en algún momento estarán todos regulados completamente, al ser activos que por su propia naturaleza buscan eludir al sistema regulatorio. Pareciera ser que los reguladores no han podido mantener el ritmo del avance de estas tecnologías y en muchos casos han optado en esperar a ver como se desenvuelven antes de regularlas. En cualquier caso, y de cara al futuro, es importante que los reguladores hagan un esfuerzo en entender que estos activos pueden variar y tienen distintas funciones, para así evitar crear una ley que quede desaplicada en poco tiempo por el rápido avance de estas tecnologías.

REFERENCIAS BIBLIOGRÁFICAS

AMUIAL, Shawn, DEWY, Josias y SEUL, Jeffrey, *The Blockchain: A Guide for Legal and Business Professionals*, Thomson Reuters, 2016.

DIEHL, Juan M. y ERASO LOMASQUIZ, Santiago, *Argentina: Blockchain & Cryptocurrency Regulation 2020*, Global Legal Insights, Segunda Edición, 2020.

España. Código Penal.

LÓPEZ-IBOR, Alfonso, STOGER, Pablo y LÓPEZ-IBOR, Olivia, LÓPEZ, Ibor, *Spain: Blockchain & Cryptocurrency Regulation 2020*, Global Legal Insights, Segunda Edición, 2020.

MACHADO, Martim y FONTES ABRAMOF, Julia. *Brazil: Blockchain & Cryptocurrency Regulation 2020*. Global Legal Insights, Segunda Edición, 2020.

México. Ley Federal para la Prevención e Identificación de Operaciones con Recursos de Procedencia Ilícita, publicada en el Diario Oficial de la Federación el 17 de octubre de 2012.

PERALTA GARCÍA, Miguel Ángel, SAID NADER, Pedro y SEAVER STOCKDALE, Patrick, *México: Blockchain & Cryptocurrency Regulation 2020*, Global Legal Insights, Segunda Edición, 2020.

Sentencia 2015-C-264/14 del Tribunal de Justicia de la Unión Europea del 22 de octubre de 2015.

SHEHATA, Ibrahim, "Three Potential Imminent Benefits of Blockchain for International Arbitration: Cybersecurity, Confidentiality & Efficiency", *Young Arbitration Review*, Edición 31, octubre 2018.

STABILE T. Daniel, PRIOR A. Kimberly y HINKES M. Andrew, *Digital Assets and Blockchain Technology: US Law and Regulation*, Cheltenham, UK - Northampton EEUU, 2020.

Webgrafía

"Argentina y Venezuela recurren a las criptomonedas para paliar crisis económica". Cryptomkt. https://noticias.cryptomkt.com/es/argentina-y-venezuela-recurren-a-las-criptomonedas-para-paliar-crisis-economica/. (Última consulta en fecha 17 de mayo de 2021).

BATABYAL, Anisa, "6 Best Stable Coins to Look Forward to in 2020 - All Hot & New Stable Coins", Coinswitch. Disponible en: https://coinswitch.co/news/ 6-stable-coins-to-look-forward-to-in-2020. (Última consulta en fecha 17 de mayo de 2021).

BOYAPATI, Vijay, "The Bullish Case for Bitcoin", Medium. Disponible en: https://vijayboyapati.medium.com/the-bullish-case-for-bitcoin-6ecc8bdecc1. (Última consulta en fecha 17 de mayo de 2021).

Brooklyn Microgrid. Disponible en: https://www.brooklyn.energy/. (Última consulta 17 de mayo de 2021).

CARTER, Nic., "On Bitcoin, the Gray Lady Embraces Climate Lysenkoism", Medium. Disponible en: https://medium.com/@nic__carter/on-bitcoin-the-gray-lady-embraces-climate-lysenkoism-a2d31e465ec0. (Última consulta en fecha 17 de mayo de 2021).

CARTER, Nic., "Why NFTs are hard to explain", Medium. Disponible en: https://medium.com/@nic__carter/why-nfts-are-hard-to-explain-48f0ab0a35bf#:~:text=The%20reason%20proponents%20have%20a%20hard%20time%20e, sin gular%20concept.%20They%E2%80%99re%20a%20bundle%20of%20related%20concepts. (Última consulta en fecha 17 de mayo de 2021).

CASTILLO, Toni Castillo, "Todo lo que sabemos sobre el Petro, la recién nacida criptomoneda de Venezuela", Genbeta. Disponible en: https://www.genbeta.com/actualidad/todo-lo-que-sabemos-sobre-el-petro-la-recien-nacida-cripto moneda-de-venezuela. (Última consulta en fecha 17 de mayo de 2021).

CHUG, Ashish. "Why we don't need blockchain to manage cases in international arbitration", Kluwer Arbitration Blog. Disponible en: http://arbitrationblog.kluwerarbitration.com/2018/05/13/dont-need-blockchain-mana-ge-cases-international-arbitration/. (Última consulta en fecha 17 de mayo de 2021).

"¿Cómo funciona Bitcoin?". Disponible en: https://bitcoin.org/es/como-funciona. (Última consulta en fecha 17 de mayo de 2021).

"Invertir en oro: ¿por qué es considerado un valor refugio?", En Naranja. Disponible en: https://www.ennaranja.com/inversores/inversion-inversores/invertir-en-oro-valor-refugio/. (Última consulta en fecha 17 de mayo de 2021).

Comunicado conjunto de la CNMV y del Banco de España sobre "criptomonedas" y "ofertas iniciales de criptomonedas (ICOs)", CNMV. Disponible en: https://www.cnmv.es/loultimo/NOTACONJUNTAriptoES%20final.pdf. (Última consulta en fecha 17 de mayo de 2021).

CRAWLEY, Jamie, "Miami Mayor Wants City to Become Bitcoin Mining Hub", Yahoo Finance. Disponible en: https://finance.yahoo.com/news/miami-mayor-wants-city-become-100403185.html. (Última consulta en fecha 17 de mayo de 2021).

"DApp Statistics", State of Dapps. Disponible en: https://www.stateofthedapps.com/stats. (Última consulta en fecha 17 de mayo de 2021).

DALE, Brady, "One Billion, Two Billion, Three Billion, Four? DeFi's Knocking on TradFi's Door", Coindesk. Disponible en: https://www.coindesk.com/ethereum-defi-platforms-eth-history. (Última consulta en fecha 17 de mayo de 2021).

"Decentralized Exchanges: The Top 8 DEXs Compared", KOMODO. Disponible en: https://komodoplatform.com/decentralized-exchange/. (Última consulta en fecha 17 de mayo de 2021).

"DeFi Reaches $6 Billion", Elexonic. Disponible en: https://elexonic.com/2020/08/18/ethereum-defi-reaches-6-billion. (Última consulta en fecha 17 de mayo de 2021).

"Digital and Digitized Assets: Federal and State Jurisdictional Issues", American Bar Association y otros, 2020. Disponible en: https://www.americanbar.org/content/dam/aba/administrative/business_law/buslaw/committees/CL620000pub/digital_assets.pdf. (Última consulta en fecha 17 de mayo de 2021).

Ethereum Now Has Three Times More Nodes Than Bitcoin, Trust Nodes. Disponible en: https://www.trustnodes.com/2017/05/31/ethereum-now-three-times-nodes-bitcoin. (Última consulta en fecha 17 de mayo de 2021).

GEORGIEV, George, "What Are Stablecoins? The Complete Guide", Cryptopotato. Disponible en: https://cryptopotato.com/what-are-stable-coins-the-complete-guide/. (Última consulta en fecha 17 de mayo de 2021).

GÓMEZ, Breixo, "Una región de China declara la guerra a la minería de Bitcoin: ¡la han prohibido!", Profesional Review. Disponible en: https://www.profesionalreview.com/2021/03/02/region-china-mineria-bitcoin/#:~:text=Mongolia%20Interior%2C%20en%20China%2C%20proh%C3%ADbe%20la%20miner%C3%ADa%20de,gracias%20a%20su%20bajo%20precio%20de%20la%20luz. (Última consulta en fecha 17 de mayo de 2021).

"Guidelines for enquiries regarding the regulatory framework for initial coin offerings (ICOs)", FINMA, 2018. Disponible en: https://www.finma.ch/en/~/media/finma/dokumente/dokumentencenter/myfinma/1bewilligung/fintech/wegleitung-ico.pdf?la=e. (Última consulta en fecha 17 de mayo de 2021).

HERNÁNDEZ, Javier Hernández, "No creerás el volumen que alcanzó Bitcoin en Argentina y Venezuela", Criptomonedas ICO. Disponible en: https://criptomonedaseico.com/noticias/no-creeras-el-volumen-que-alcanzo-bitcoin-en-argentina-y-venezuela/. (Última consulta en fecha 17 de mayo de 2021).

"How to Store Your Bitcoin", COINDESK. Disponible en: https://www.coindesk.com/learn/bitcoin-101/how-to-store-your-bitcoins. (Última consulta en fecha 17 de mayo de 2021).

IBM Blockchain based on Hyperledger Fabric. Disponible en: https://www.ibm.com/blockchain/in-en/hyperledger.html. (Última consulta en fecha 17 de mayo de 2021).

Lantero, Allison, "How Microgrids Work", Department of Energy. Disponible en: https://www.energy.gov/articles/how-microgrids-work. (Última consulta en fecha 17 de mayo de 2021).

"La Unión Europea plantea la primera regulación de criptodivisas", El Confidencial. Disponible en: https://www.elconfidencial.com/espana/2020-09-24/bruselas-propone-primera-regulacion-criptodivisas_2761639/. (Última consulta en fecha 17 de mayo de 2021).

MARANO, María Eugenia y Gross, Nicolás Gross, "Criptomonedas en Argentina: a propósito del comunicado de la UIF", Centro de Investigación y Prevención de la Criminalidad Económica. Disponible en: http://www.cipce.org.ar/articulo/criptomonedas-argentina-proposito-del-comunicado-uif. (Última consulta en fecha 17 de mayo de 2021).

NAKAMOTO, Satoshi, "Bitcoin: A Peer-to-Peer Electronic Cash System". Disponible en: https://bitcoin.org/en/bitcoin-paper. (Última consulta en fecha 17 de mayo de 2021).

Number of Bitcoins in circulation worldwide, Statista. Disponible en: https://www.statista.com/statistics/247280/number-of-bitcoins-in-circulation/. (Última consulta en fecha 17 de mayo de 2021).

PARTZ, Helen, "UK's Gold Mint Launches Gold Backed Cryptocurrency", Cointelegraph. Disponible en: https://cointelegraph.com/news/uks-royal-mint-launches-gold-backed-cryptocurrency. (Última consulta en fecha 17 de mayo de 2021).

PHILLIPS, Daniel, "The 10 Most Expensive NFTs Ever Sold", Decrypt. Disponible en: https://decrypt.co/62898/the-10-most-expensive-nfts-ever-sold#:~: text =The%20record%20for%20the%20most%20expensive%20NFT%20ever, house %20has%20ever%20sold%20a%20purely%20digital%20artwork._(Última consulta en fecha 17 de mayo de 2021).

"Qué es KYC (Know Your Customer) y su actualidad en 2021", Electronic Identification. Disponible en: https://www.electronicid.eu/es/blog/post/que-es-kyc-know-customer/es. (Última consulta en fecha 17 de mayo de 2021).

QUIRÓS, Fernando, "Argentina; Unidad de Información Financiera quiere endurecer controles a transacciones con criptomonedas", Coin Telegraph. Disponible en: Argentina: Unidad de Información Financiera quiere endurecer controles a transacciones con criptomonedas (cointelegraph.com). (Última consulta en fecha 17 de mayo de 2021).

"Report of investigation pursuant to section 21(a) of the Securities Exchange Act of 1934: The DAO, Securities Act release no. 81207", SEC, 2017. Disponible en: https://www.sec.gov/litigation/investreport/34-81207.pdf. (Última consulta en fecha 17 de mayo de 2021).

ROSIC, Ameer, "What are Ethereum Nodes and Sharding?", Blockgeeks. Disponible en: https://blockgeeks.com/guides/what-are-ethereum-nodes-and-sharding/. (Última consulta en fecha 17 de mayo de 2021).

SPIEGEL, Phil, "Digitizing Your Information Assets", LAC GROUP. Disponible en: https://lac-group.com/digitizing-assets/. (Última consulta en fecha 17 de mayo de 2021).

"Supplement to Guidelines for Enquiries Regarding the Regulatory Framework for Initial Coin Offerings (ICOs)", FINMA, 2019. Disponible en: https://www.finma.ch/en/news/2019/09/20190911-mm-stable-coins/. (Última consulta en fecha 17 de mayo de 2021).

SZABO, Nick, "Shelling Out: The Origins of Money", Nakamoto Institute. Disponible en: https://nakamotoinstitute.org/shelling-out/. (Última consulta en fecha 17 de mayo de 2021).

TABUCHI, Hiroko, "In Coinbase's Rise, a Reminder: Cryptocurrencie Use Lots of Energy", The New York Times. Disponible en: https://www.nytimes.com/2021/04/14/climate/coinbase-cryptocurrency-energy.html. (Última consulta en fecha 17 de mayo de 2021).

"The Bitcoin Foundation Manifesto", The Bitcoin Foundation, 2016. Disponible en: https://bitcoinfoundation.org/wp-content/uploads/2017/03/Bitcoin_Foundation_Manifesto.pdf. (Última consulta en fecha 17 de mayo de 2021).

VINAYAK, Heena, "Crypto under attack: The five worst hacks that shook the crypto world", Coin Telegraph. Disponible en: https://cointelegraph.com/news/crypto-under-attack-the-five-worst-hacks-that-shook-the-crypto-world. (Última consulta en fecha 17 de mayo de 2021).

WIND, Peter. "When will the last Bitcoin be mined?", Coin Codex. Disponible en: https://coincodex.com/article/2401/when-will-the-last-bitcoin-be-mined/#:~:text=It%27s%20going%20to%20take%20a%20while%20to%20mine, from %20now%2C%20which%20is%20far%20from%20a%20certainty. (Última consulta en fecha 17 de mayo de 2021).

TRANSFORMACIÓN DIGITAL EN LA INDUSTRIA DEL PETRÓLEO Y GAS* **

*Gabriela Rachadell de Delgado****

*Franco Valentino Di Miele*****

SUMARIO

---

* Escrito inspirado; pero con las reformas, adiciones de secciones y citas nuevas, luego del análisis profundo de algunos de los temas, concluidos en el artículo intitulado "Digital Transformation in the Oil, Gas and Energy Industries", publicado en The Foundation for Natural Resorces and Energy Law, 2023, el cual fue elaborado con motivo de la conferencia International Mining and Energy Law, Delopment and Investment celebrada en México D.F. entre el 19 y el 21 de abril de 2023.

** Agradecimientos especiales por su colaboración a Ángel Meléndez. Caterina Jordan, Isabella Cova, Sofia Fidalgo y Linh Nguyen.

*** Abogada *cum laude,* UCAB; Master en Leyes (LL. M.), Escuela de Derecho de la Universidad de Harvard; Master en Derecho Financiero, UCAB; Master en Administración de empresas (MBM) London School of Economics y Political Science (LSE), Stern Escuela de Negocios de la Universidad de Nueva York (NYU Stern) y HEC Escuela de Administración, Paris. Socio y líder del Departamento de Energía de Interjuris Abogados.

**** Abogado *cum laude,* UCAB; Master Diritto Commerciale Internazionale *summa cum laude*), Sapienza Università di Roma; Master of Science in Business Studies, School of Business and Trade. Asociado en Interjuris Abogados.

o Contratos inteligentes. c. Criptomonedas. ii. Aplicación en la industria energética. III. Análisis jurídico general, riesgos y desafíos. a. Derecho digital. b. Riesgos de la transformación digital. c. Retos legales de la Transformación Digital. d. Principios de UNIDROIT. i. Proyecto de Principios Unidroit sobre Activos Digitales y Derecho Privado. e. Entorno Digital Regulatorio en América Latina. IV. Conclusiones.

I. Introducción

a. Transformación digital

Actualmente estamos viviendo la transformación digital. Este fenómeno afecta a nuestra vida cotidiana y se ha convertido en un imperativo para casi todos los sectores e industrias. Sin embargo, el término "transformación digital" se ha utilizado de forma tan amplia que puede causar confusión y perder su trascendencia[1].

Una, de entre tantas definiciones que existen, de "transformación digital" es la siguiente: "*un proceso de cambio fundamental posibilitado por las tecnologías digitales que pretende aportar una mejora e innovación radicales a una entidad (por ejemplo, una organización, una red empresarial, una industria o la sociedad para crear valor para sus partes interesadas aprovechando estratégicamente sus recursos y capacidades clave)*"[2].

La transformación digital puede caracterizarse por la digitalización y automatización de los procesos, que conducen a la transparencia, precisión y eficiencia, ahorro de costes, reducción de errores humanos, tiempos de respuesta más rápidos, mayor control, seguimiento, medición y protección de personas y activos, así como reducción del impacto medioambiental[3].

Debido a la naturaleza y el amplio alcance de la ejecución de la transformación digital, algunos especialistas han divido la transformación digital en tres etapas: (i) *Digitization*, (ii) *Digitalization* y (iii) Transformación digital[4]. La primera etapa, la "*digitization*", implica la codificación de información analógica en formatos digitales; algunos doctrinarios se refieren a ella como un cambio de tareas

---

1 Cheng Gong & Vincent Ribiere, *Developing a unified definition of digital transformation*, 102 TECHNOVATION, Apr. 2021. Disponible en: https://www.sciencedirect.com/science/article/pii/S0166497220300894.

2 *Ibid.*, p. 10.

3 Hongfang Lu, Lijun Guo, Mohammadamin Azimi, y Kun Huang, *Oil and Gas 4.0 era: A systematic review and outlook*, 111 COMPUTERS IN INDUSTRY, Oct. 2019, p. 68-90. Disponible en: https://www.sciencedirect.com/science/article/pii/S01663615 19302064.

4 Peter C. Verhoef, Thijs Broekhuizen, Yakov Bartb, Abhi Bhattacharya, John Qi Dong, Nicolai Fabian, Michael *Haenlein, Digital transformation: A multidisciplinary reflection and research agenda*, p. 891. Disponible en: https://www.researchgate.net.

analógicas a tareas digitales[5]. La segunda etapa, la *digitalization*, la cual se describir cómo el uso de la tecnología de la información para cambiar los procesos existentes. Por último, la tercera etapa, la transformación digital, es la más general e implica un cambio que conduce al desarrollo de nuevos modelos de negocio[6].

La transformación digital conlleva numerosos retos. Uno de los más complejos es la regulación de las diversas tecnologías implicadas en el proceso. Es innegable que las tecnologías digitales tienden a desarrollarse más rápidamente que las normas o estructuras sociales que las regulan[7]. En el presente artículo nos referiremos de forma muy sucinta a algunos de los retos que estas tecnologías emergentes plantean a la actividad normativa, con especial atención al sector energético.

Adicionalmente, podemos mencionar que es difícil predecir la proporción que existirá entre las energías fósiles y las energías renovables (limpias), es decir, en qué medida sustituirán estas últimas a las primeras y aún más si esto sucederá en forma sustancial. Lo más probable es que coexistan ambos tipos de energía, pero siempre teniendo claro reto de disminuir la "huella de carbono" en el medio ambiente. En este sentido, la transformación digital apunta entre otras cosas a mejorar la eficiencia de la industria energética, así como el medio ambiente, para cumplir con los objetivos que se han planteado los Estados a nivel mundial, siendo este uno de los argumentos más importantes de la agenda en las últimas décadas[8]. En el caso del sector del petróleo y del gas, los desarrollos tecnológicos buscan, principalmente, reducir el impacto ambiental de la industria, así como, mejorar cada vez más las fuentes de energías generadas a partir de los hidrocarburos, de forma tal que puedan coexistir las fuentes de

---

5 Feng Li, Alberto Nucciarelli, Sinead Roden & Gary Graham, *How smart cities transform operations models: a new research agenda for operations management in the digital economy*, 27 PRODUCTION PLAN. & CONTROL, 2016, at 514-28. *Cf.* Verhoef et al., *supra* note 6, p. 891.

6 Verhoef *et al.*, *Digital...*, *ob. cit.*, p. 891-92.

7 *Regulatory effectiveness in the era of Digitalisation*, ORGANISATION FOR ECONOMIC CO-OPERATION AND DEV., June 2019. Disponible en: https://www.oecd.org/gov/regulatory-policy/Regulatory-effectiveness-in-the-era-of-digitalisation.pdf.

8 Entre los acuerdos más importantes en los últimos años nos encontramos con el Acuerdo de París, el Protocolo de Kyoto, la Convención Marco de las Naciones Unidas sobre el Cambio Climático; asimismo, merece la pena mencionar que la última convención en la materia (a la fecha en la cual se escribe el presente artículo) se sostuvo del 6 al 18 de noviembre de 2022 en Sharm El-Sheikh, Egipto siendo esta la Conferencia de las Naciones Unidas sobre el Cambio Climático (conocida como "COP27" por sus siglas en inglés).

energía "tradicionales" con nuevas energías derivadas de las tecnologías que desarrollan energías renovables o verdes[9].

b. Energía y transformación digital

Al igual que otros sectores e industrias, el de la energía se ha visto impactado por la transformación digital. Esta influencia incluye un componente jurídico que aún está en desarrollo, debido a la complejidad y la naturaleza cambiante de la transformación digital. La industria del petróleo y el gas, que depende en gran medida de la oferta y la demanda, se ha visto sometida a una gran presión para ser más eficiente a lo largo de los años. Como resultado, los actores del sector siempre buscan aumentar progresivamente las cifras de producción, maximizar los beneficios y reducir los costes. En este sentido, la industria energética está aprovechando las ventajas de la transformación digital, incluida la integración de elementos de la Industria 4.0[10], y otras tecnologías como *blockchain* e Internet de las Cosas (IoT por sus siglas en inglés -*Internet of Things*-), en los procesos de producción. Sin embargo, esta transición tecnológica no ha sido muy veloz. En general, el uso de la tecnología en la mayoría de las empresas de petróleo y gas ha sido principalmente a nivel de activos, no en la integración interdisciplinaria[11].

En este sentido, la transformación digital tiene como objetivo:

> Transformar los servicios de la cadena de suministro de petróleo y gas, remodelar la competencia en el sector, garantizar la seguridad de los trabajadores que participan en el desarrollo de pozos de petróleo y gas, mejorar la tasa de uso de los recursos del yacimiento y el potencial de producción, proporcionar previsiones de producción en miles de pozos, impulsar la eficiencia operativa y la producción de los campos petrolíferos[12].

---

[9] Los autores del presente artículo, actualmente se encuentran en la elaboración de un escrito en la materia, el cual será publicado separadamente y es por esta razón que abordamos el tema de manera muy sucinta.

[10] La industria 4.0 o "la era inteligente" es un concepto que ha sido estudiado y acuñado en años recientes, los cuales se relacionan con la integración en la industria de procesos tecnológicos, los cuales implican una oleada de cambios.

[11] Lu *et al.*, *Oil and Gas 4.0…*, *ob. cit.*, p. 891-92.

[12] Dam Ogji, *Digital transformation: Powering the Oil and Gas Industry*, OIL AND GAS J., Aug. 2018, disponible en: https://www.ogj.com/home/article/17297879/digital-transformation-powering-the-oil-gas-industry. *Cf.* Raja Wasim Ahmad, et al., *Blockchain in Oil and Gas Industry: Applications, Challenges, and Future Trends*, TECHRXIV. Preprint 2021, disponible en: https://doi.org/10.36227/techrxiv.16825696.v1. Texto original en inglés "*at transforming the oil and gas supply chain services, reshaping industry competition, ensuring the safety of workers involved in oil and gas wells development, enhancing the reservoir's resource usage rate and production potential, providing production forecasting across thousands of wells, boosting operational efficiencies and output of oil fields*".

Adicionalmente, tecnologías emergentes como la *blockchain*, IoT, robótica y realidad aumentada están desempeñando un papel vital en el impulso de la eficiencia operativa de la industria del petróleo y el gas. Recientemente, uno de los principales actores de la industria petrolera ha informado que las tecnologías digitales pueden aumentar la productividad en un 10-15 % del comercio de productos derivados del petróleo y el gas, como la gasolina y el gasóleo[13].

Dada la amplitud de los temas potencialmente cubiertos por este documento, nos hemos centrado en resumir campos en los que la transformación digital tiene un impacto directo, como (a) Inteligencia Artificial; (b) Robótica; (c) Dispositivos Inteligentes e IoT; (d) Realidad Virtual y Realidad Aumentada; y (e) *Blockchain*, contratos inteligentes o smart contracts y criptomonedas.

II. Áreas de la transformación digital

Está bastante claro que la tecnología ha tenido un enorme impacto en la sociedad, así como en diferentes sectores empresariales como el del petróleo y el gas. Existen múltiples razones que explican por qué las tecnologías digitales han cambiado este sector. A medida que la industria del petróleo y el gas se vuelve más competitiva e impredecible, las empresas buscan activamente enfoques innovadores para ser más eficientes mediante la racionalización de la producción, la reducción de costes y la mejora de la seguridad de los trabajadores, entre otras cosas[14].

a. <u>Inteligencia Artificial</u>

i. Definición de Inteligencia Artificial (IA)

Cuando se trata de definir la IA, "*no existe una definición generalmente aceptada del término*"[15]. Se han creado múltiples definiciones en la literatura desde el año 1995[16]. Sin embargo, la amplitud de la definición de IA plantea problemas a la hora de regular las tecnologías relacionadas.

Como los sistemas de IA tienen diferentes perfiles de riesgo, cada sistema debe tratarse de forma diferente y regularse en consecuencia. Por lo tanto, una definición de única podría no ser suficiente a efectos de regulación jurídica.[17].

---

13 Tatiana Antipova, Integrated SCI in Digital Age (Springer Nature, 1st ed. 2020). *Cf.* Raja Wasim Ahmad, *et al.*

14 Anirbid Sircar, et al., *Application of Machine Learning and Artificial Intelligence in Oil and Gas Industry*, KEAI *PETROLEUM RES.*, Jun. 2021, p 386. Disponible en: https://www.sciencedirect.com/science/article/pii/S2096249521000429.

15 Jonas Schett, *A Legal Definition of AI*, SSRN ELECTRONIC J., Enero. 2019, p. 3.

16 John McCarthy, et al., A Proposal for the Dartmouth Summer Research Project on Artificial Intelligence, 27 AI MAGAZINE, Aug. 31, 1955.

17 J. Schett, A Legal Definition…p. 3.

Un buen ejemplo de definición de IA es la proporcionada por John McCarthy, en su escrito intitulado "¿Qué es la inteligencia artificial?". Según McCarthy, la Inteligencia Artificial es "*la ciencia y la ingeniería de hacer máquinas inteligentes*"[18], en este caso "*Inteligencia*" se define como "*la parte computacional de la capacidad de alcanzar objetivos en el mundo*"[19].

Se ha sugerido que "los responsables políticos deberían adoptar un enfoque basado en el riesgo a la hora de regular los aspectos relativos a la IA: (1) deberían decidir qué riesgo específico quieren abordar, (2) identificar qué propiedad del sistema es responsable de ese riesgo, y (3) definir con precisión esa propiedad[20].

En otras palabras, el punto de partida debe ser el riesgo subyacente, no el término IA. Las políticas basadas en el riesgo se han puesto en práctica, en el caso de la Unión Europea, en donde se pretende establecer distintos requisitos dentro en función de los diferentes umbrales de riesgo, con un enfoque centrado en el ser humano y con el objetivo de proteger los derechos fundamentales.

A estas instancias es pertinente señalar, que los expertos en la actualidad suelen distinguir las siguientes etapas de la IA:

- **Inteligencia Artificial Estrecha ("IAN" por sus siglas en inglés):** Ésta se encuentra integrada en nuestra vida cotidiana. Por ejemplo: reconocimiento facial y de voz, recomendación de contenidos, compras en línea, películas y programas de televisión, así como música y vehículos automatizados. En la actualidad, la clasificación de currículos y la revisión de tres cuartas partes de las solicitudes de empleo en EE.UU. son revisadas por herramientas basadas por IA, incluyendo también el aprendizaje automático.
- **Inteligencia General Artificial:** estamos en proceso de alcanzar esta segunda etapa, el comienzo es ChatGPT y GPT4 de OpenAI, junto con otros modelos de lenguaje menos famosos tales como (Mid Journey y Stability) los cuales son "generadores" ya que son capaces de crear imágenes y texto, sin embargo, aún cuanta con ciertas limitaciones. Para ser inteligencia general, el sistema tiene que demostrar un comportamiento inteligente en toda una serie de tareas cognitivas. Sam Altman, CEO de OpenAI, afirmó en una entrevista que están intentando alcanzar la Inteligencia General pero que aún no han llegado a ese punto. ChatGPT4, de acuerdo con sus declaraciones, no tiene conciencia ni conocimiento de sí mismo.

Con relación a una de las aplicaciones más conocidas en la actualidad ChatGPT, tal como la misma plataforma se define, ésta es un modelo de lenguaje

---

18 John McCarthy, *What is Artificial Intelligence?*, STANFORD UNIV., Nov. 12, 2007, p. 2, http://www-formal.stanford.edu/jmc/whatisai.pdf.

19 *Id.*

20 *Ibid.*, p. 4.

desarrollado por OpenAI. Su nombre proviene de "*Generative Pre-trained Transformer*" (GPT). Fui entrenado utilizando la arquitectura Transformer, la cual consiste en una red neuronal que le permite comprender y generar texto en varios idiomas. La plataforma asevera que "*Mi entrenamiento se basó en una amplia gama de datos de texto recopilados de libros, artículos, sitios web y muchas otras fuentes públicas disponibles en internet hasta septiembre de 2021*"[21].

Para la formación de la base de datos de la plataforma ésta "aprendió" (como ésta afirma) a predecir palabras y frases en función del contexto que le indica el usuario, de este modo ésta puede responder preguntas, generar texto creativo, realizar tareas de lenguaje natural, entre otras funciones[22].

Tal como la plataforma señala: "*esencialmente soy un modelo de inteligencia artificial que utiliza el aprendizaje profundo para procesar y generar texto de manera coherente y contextual. Mi objetivo es ayudarte proporcionando respuestas informativas y útiles en una amplia variedad de temas*"[23].

Adicionalmente, podemos mencionar, otro ejemplo muy cercano a la cotidianidad y la vida ordinaria, y es que en los Estados Unidos de América, la contratación de personal, se encuentra ampliamente signada por IA al punto que, Ian Siegel CEO de ZipRecruiter, aseveró en la publicación The Guardian que para el año 2022, la IA y los algoritmos procesan al menos ¾ partes de todos las aplicaciones presentadas para puestos de trabajo en esa nación[24].

Adicionalmente y para concluir el presente apartado, quisiéramos señalar que Yuval Noah Harari filósofo, historiador y escritor, de renombre internacional, autor del *best seller Sapiens*[25], en el *Frontiers Forum* dedicado a conectar a las comunidades mundiales de la ciencia, la política y la sociedad para acelerar las iniciativas mundiales relacionadas con la ciencia., el cual tuvo lugar el 29 de abril de 2023, en Montreux, Suiza, expuso que históricamente la cultura popular y la ciencia ficción han considerado que para que la IA puede convertirse en una amenaza para la humanidad, se deben completar dos hitos fundamentales, el (i) primero de estos es que ésta se torné consciente y desarrolle lucidez y emociones, capaces de hacerles desear dominar el mundo, y (ii) el segundo de estos hitos es que sea capaz de interactuar en el mundo real, a través de robots, por ejemplo con habilidades similares a las de los humanos[26].

---

21 Disponible en: https://chat.openai.com/

22 *Id.*

23 *Id.*

24 Disponible en: https://www.theguardian.com/us-news/2022/may/11/artitifical-intelligence-job-applications-screen-robot-recruiters

25 Disponible en: https://www.ynharari.com/

26 Disponible en: https://www.youtube.com/watch?v=LWiM-LuRe6w

Procede el antes mencionado autor afirmando, que en la realidad contemporánea los antes mencionados hitos no necesariamente deben materializarse para poner en peligro a la humanidad, ya que se han hecho al alcance del público nuevas herramientas de IA que pueden amenazar la existencia humana, siendo un elemento fundamental la capacidad que tiene la IA de dominar el lenguaje humano a niveles que superan las capacidades de los mismos.

ii. Aplicaciones de la IA en la industria energética

Actualmente existen diversas aplicaciones de la IA en el sector energético. Un ejemplo es el mantenimiento predictivo con IA. Las empresas de petróleo y gas trabajan con cantidades sustanciales de datos antes y después de efectuar perforaciones, al igual que la recopilación y el estudio de dichos datos es de gran relevancia. Para lograr la eficiencia en las operaciones diarias, dichas empresas necesitan contar con la capacidad de resolver problemas complejos de exploración y producción, ya que, de lo contrario, corren el riesgo de perforar en un pozo improductivo y perder cantidades astronómicas de dinero y generar un impacto ambiental negativo[27].

Las empresas del sector se han enfrentado a muchos inconvenientes debido a los tiempos de inactividad imprevistos, una "pesadilla" muy costosa para las plataformas de petróleo y gas en alta mar. Estos contratiempos han provocado a menudo pérdidas de 2 a 3 millones de dólares como consecuencia de fallos catastróficos de los activos. En este sentido, Aker BP y Spark Cognition se asociaron y lograron desarrollar un "*modelo de comportamiento normal de la bomba multifásica en un software de mantenimiento predictivo impulsado por IA, que luego alertaba de las desviaciones de los comportamientos normales del subsistema*"[28].

Aker BP decidió adoptar SparkPredict, una herramienta de análisis, en las instalaciones de producción en alta mar como parte de un nuevo programa de transformación para impulsar la productividad con habilidades superiores de mantenimiento predictivo. SparkPredict está diseñada para analizar la información de los sensores mediante técnicas de aprendizaje automático con el fin de identificar procesos ineficaces y fallos impeditivos antes de que se produzcan[29].

Como resultado del uso de dicho software a lo largo de un periodo de 6 meses, el mismo alertó al personal de Aker BP, de una posible desconexión de una bomba multifásica causada por el fallo de una junta, cuyos fallos anteriores supusieron una pérdida de producción de 10 millones de dólares. Esta prevención del fallo de la bomba permitió aumentar la producción, lo que se tradujo en importantes beneficios por cada día de inactividad evitado[30].

---

27 A. Sircar, et al., *Application of Machine…*, *ob. cit.*, p.387.

28 *Id.*

29 *Id.*

30 *Id.*

Los robots son otro ejemplo de cómo se está implantando la IA en el sector. Exxon Mobil se ha asociado con el Instituto Tecnológico de Massachusetts (MIT por sus siglas en inglés) para desarrollar robots de IA específicos para la exploración oceánica. Estos robots de IA permiten a Exxon Mobil aumentar su capacidad de detección de filtraciones naturales, así como minimizar el riesgo de exploración y reducir los daños a la vida marina[31]. En este sentido, debemos precisar que las filtraciones naturales de petróleo son la principal causa de contaminación de aguas por derrame de petróleo, siendo esto un proceso que ocurre de forma natural, de este modo, la tecnología cumple con una doble función ya que permite determinar dónde se encuentran ubicados yacimientos de petróleo y adicionalmente evitar que se dañe al medio ambiente.

La IA también se utiliza para determinar los lugares de perforación. Shell está utilizando algoritmos de aprendizaje automático entrenados a partir de datos históricos de sus amplios registros de perforación, así como simulaciones para dirigir la perforadora hacia las subsuperficies. Ese aprendizaje automático también se utiliza con datos derivados de estudios sísmicos, así como de presión, temperatura y otros. Esencialmente, utilizando un sistema de recompensa basado en las elecciones de la IA, la persona encargada de manejar la máquina perforadora puede aportar información mediante funciones de recompensa o penalización para ayudar al aprendizaje automático a adaptarse a las condiciones cambiantes de la superficie[32].

El objetivo del uso de esta tecnología de IA es permitir una mejor comprensión del entorno en el que se trabaja, lo que se traduce en resultados más precisos y rápidos, así como en condiciones menos perjudiciales para la maquinaria. Shell también es conocida por colaborar con diversas start-ups o invertir en sus ideas de negocio relacionadas con la IA. Para gestionar sus plataformas de perforación, Shell ha adoptado un enfoque innovador del aprendizaje por refuerzo, un tipo de aprendizaje automático "semisupervisado". Este aprendizaje semisupervisado también incluye un sistema de recompensa, que depende del éxito de las elecciones de la máquina de IA[33].

Otras aplicaciones de la IA en el sector del petróleo y el gas incluyen la modelización de yacimientos, la gestión de la energía, la mejora de la seguridad y el análisis de imágenes de vídeos y fotografías tomadas por drones.

---

31 *Id.*

32 *Id.*

33 *Ibid.*, p 388.

b. <u>Robótica</u>

i. Definición

En términos muy sencillos, la robótica[34] es el estudio que integra la ciencia, la ingeniería y la tecnología para crear máquinas que dupliquen o sustituyan las acciones humanas[35]. Incluye todos los aspectos del diseño, la construcción, el uso y la utilización de robots capaces de realizar tareas de forma autónoma, con poca o ninguna intervención humana. La robótica es la aplicación de la ingeniería mecánica, la ingeniería eléctrica, la informática y la inteligencia artificial para desarrollar dispositivos que interactúen con el mundo físico, manipulen objetos y realicen tareas complejas. La robótica se aplica en diversos sectores, como la industria manufacturera, la sanidad, el transporte, el ejército y el ocio[36].

En general, la robótica puede clasificarse en cinco tipos, los robots preprogramados, robots humanoides, robots autónomos, robots teleoperados y robots aumentadores[37].

- Los robots preprogramados obedecen a un conjunto específico de instrucciones y sólo pueden ejecutar tareas concretas.
- Los robots humanoides están diseñados para parecerse a los humanos en forma y movimiento, al igual que pueden realizar una serie de tareas como interacciones sociales, educación y entretenimiento.
- Los robots autónomos se autogobiernan y toman decisiones sin intervención humana; suelen utilizarse en aplicaciones de transporte y exploración.
- Los robots teleoperados, también conocidos como robots teledirigidos, suelen utilizarse en zonas peligrosas y son controlados a distancia por un operador humano.
- Los robots aumentadores, como los exoesqueletos utilizados en entornos industriales.

La productividad y la seguridad de la industria del petróleo y el gas han mejorado enormemente gracias al uso de robots, que se han convertido en una herramienta indispensable para el funcionamiento diario de las empresas del sector.

---

34 Paulo L. J. Drews-Jr. & Luiz M. G. Goncalves, *Robotics Research Growth in Latin America: Topical Collection on LARS 2020*, J. INTELLIGENT & ROBOTIC SYS., 17 de enero de 2023.

35 Sam Daley, *Robotics. Robotics: What are Robots? Robotics Definition & Uses.*, BUILTIN, 18 de Agosto de 2022. Disponible en: https://builtin.com/robotics.

36 *Id.*

37 *Id.*

ii. Aplicaciones de la robótica en el sector energético

La productividad y la seguridad de las operaciones en la industria del petróleo y el gas han mejorado considerablemente debido a la automatización. Los robots, en particular, se han convertido en una herramienta indispensable para el sector. A continuación, se hará referencia a algunas de las aplicaciones de la robótica en la industria de los hidrocarburos líquidos y gaseosos tanto en tierra como en alta mar[38].

1. Aplicación de la robótica en tierra firme

Los sistemas robóticos se han utilizado en el sector de los hidrocarburos para diversas actividades. En concreto, la robótica se ha aplicado a robots de inspección en tuberías, robots de inspección de tanques, vehículos aéreos no tripulados (UAV por sus siglas en inglés) y redes de sensores inalámbricos[39]. El desarrollo de esta tecnología tiene como objetivo aumentar la productividad y la seguridad de tareas como la prospección de yacimientos, la perforación, la producción y el transporte.

a. Inspección de tuberías

Las tuberías se construyen a menudo bajo tierra o bajo el agua, lo que las expone a duras condiciones ambientales como temperaturas extremas, alta presión, humedad, polvo y vibraciones. Estas condiciones pueden provocar corrosión, erosión, grietas, ciclos térmicos, picaduras, fallos en las juntas y depósitos[40]. Para hacer frente a estos problemas, los robots en tuberías contribuyen a los ensayos no destructivos (NDT por sus siglas en inglés).

Los robots de NDT emplean diversas tecnologías, como radiografía, inspección visual, pruebas ultrasónicas y electromagnéticas, entre otras, para examinar y evaluar el estado de tuberías, depósitos y otras infraestructuras[41]. Los robots instalados en tuberías disponen de sensores y cámaras capaces de detectar y medir defectos y anomalías en los materiales, como fracturas, corrosión y otros tipos de

---

38 Amit Shukla & Hamad Karki, *Application of robotics in onshore oil and gas industry-A review Part I*, 75 ROBOTICS AND AUTONOMOUS SYS. Enero de 2016, pp. 490-507. Disponible en:https://www.sciencedirect.com/science/article/abs/pii/S0921889015002006.

39 H.T. Roman, et al., *Pipe crawling inspection robots: an overview*, 8 IEEE TRANS. ENERGY CONVERSION, No. 3, Septiembre de 1993, pp. 576-83. Disponible en: https://ieeexplore.ieee.org/document/257076.

40 *Id.*

41 H. Roth, et al., *Inspection and Repair Robots for Waste Water Pipes - A Challenge to Sensorics and Locomotion*, 2 IEEE INT'L. SYMP. ON INDUS. ELECTRONICS, 1998, at 476-78, disponible en: https://ieeexplore.ieee.org/document/711584; Se-gon Roh & Hyoukryeol Choi, *Strategy for navigation inside pipelines with differential-drive inpipe robot*, in: 3 IEEE INT'L CONF. ON ROBOTICS AND AUTOMATION, 2002, pp. 2575-80, disponible en: https://ieeexplore.ieee.org/document/1013619.

daños. Los robots también pueden recolectar datos sobre el grosor y la integridad del material, así como otras características como la temperatura y la presión. Los datos almacenados por los robots se analizan y utilizan para tomar decisiones de mantenimiento y reparación, así como para mejorar futuros diseños y técnicas de construcción. Esta tecnología contribuye a las inspecciones rutinarias necesarias para garantizar la seguridad y fiabilidad de infraestructuras vitales.

b. Inspección de tanques

La inspección de tanques es otro campo en el que se utiliza la robótica en el sector de los hidrocarburos. La revisión por parte de seres humanos de tanques requiere vaciar el depósito y detener la producción durante varias semanas, lo que conlleva tiempo, altos costos y múltiples peligroso. Mediante sensores y cámaras, los robots de inspección de tanques utilizan técnicas basadas en principios de adherencia o locomoción para desplazarse por el interior o el exterior de los tanques y realizar inspecciones con sensores y cámaras mientras los tanques aún están llenos. Entre los modelos existentes se encuentran Scavenger, Maverick y Neptune. Con los robots de inspección de tanques, las empresas pueden evitar paradas de producción, reducir costes y aumentar la seguridad de los trabajadores.

c. Muestreo automatizado de gas

El muestreo automatizado es el proceso de recolección de muestras de gas del lugar de producción para analizar la composición y calidad de los hidrocarburos. Estos datos son esenciales para el procesamiento químico y para determinar el coste del combustible en el mercado mundial. Tradicionalmente para realizar esta tarea, el personal competente, manualmente debería conectar un recipiente a la válvula de suministro y llenarlo con el volumen de gas necesario. Sin embargo, por factores inherentes a la condición humana, este método puede dar lugar a variaciones en las muestras e implicar problemas a la seguridad de los mismos. Para superar estos problemas, la empresa noruega Statoil ha creado una estación automatizada de muestreo de gas que realiza este trabajo repetitivo utilizando un manipulador en serie normal de 6-DOF[42]. La estación automatizada de muestreo de gas sigue una serie de protocolos para adquirir muestras totalmente representativas de los gases de efecto invernadero.

d. Aplicaciones aéreas en materia de inspecciones

En relación a la aviación, la aplicación de la robótica implica al uso UAV con fines de inspecciones. De este modo, se utilizan *intelligent pigs*[43] para realizar el

---

[42] Valentinos Kongezos, et al., *Human-robot cooperation for error recovery in oil and gas applications*, IET CONF. ON CONTROL AND AUTOMATION 2013: UNITING PROBLEMS AND SOLUTIONS, 2013, pp. 1-6, https://ieeexplore.ieee.org/document/6613726.

[43] Por sus siglas en inglés derivadas de *Pipeline Instrumentation Gauges* (PIG),

examen interno de las tuberías de transporte, pero esta inspección implica la interrupción de las operaciones regulares de las plantas, por lo que la inspección exterior de las tuberías es sumamente favorable.

La inspección exterior sólo puede hacerse manualmente y puede resultar costosa, arriesgada e ineficaz[44]. El uso de vehículos aéreos no tripulados equipados con sensores adecuados se ha constituido una solución viable para la inspección externa automatizada de tuberías; ya que, este método permite a los operadores evaluar el estado de su maquinaria antes de cualquier parada sin poner en peligro a los trabajadores.

La metodología antes mencionada, ha proporcionado a los ingenieros la capacidad de supervisar continuamente elementos cruciales que están situadas a alturas difíciles en las estructuras de las plantas, como chimeneas, conductos, bastidores de tuberías y respiraderos, al tiempo que les permite priorizar el mantenimiento, mover presupuestos, posponer paradas, acortar los tiempos de respuesta y pedir piezas de repuesto antes de la respuesta[45].

En 2010, refinerías del Reino Unido instalaron el primer UAV operativo para inspeccionar activos de planta como las chimeneas de antorcha[46]. British Petroleum creó un equipo de investigación en 2012 para crear tecnologías adecuadas para el uso de UAV en la inspección de sus oleoductos en Alaska[47].

e. **Red de sensores inalámbricos**

Una red de sensores inalámbricos es un conjunto de sensores distribuidos que pueden comunicarse inalámbricamente entre sí y con una estación base o nodo central. Estos múltiples sensores inalámbricos alimentados por batería se incorporan a objetos físicos reales, como maquinaria o infraestructuras, para recopilar

---

44 Joshua Gleason, et al., *Vehicle detection from aerial imagery*, IEEE CONF. ON ROBOTICS AND AUTOMATION, 2011, pp. 2065-70, disponible en: https://ieeexplore.ieee.org/document/5979853.

45 Malcolm Connolly & Philip Buchan, The use of Multi Rotor Remotely Operated Aerial Vehicles (ROAVs) as a Method of Close Visual Inspection (CVI) of Live and Difficult to Access Assets on Offshore Platforms, SOC'Y OF PETROLEUM ENGINEERS, 2013, disponible en: https://www.researchgate.net/publication/266666801_The_use_of_Multi_Rotor_Remotely_Operated_Aerial_Vehicles_ROAVs_as_a_Method_of_Close_Visual_Inspection_CVI_of_Live_and_Difficult_to_Access_Assets_on_Offshore_Platforms.

46 *Id.*

47 BP, BP Alaska: Unmanned aerial vehicle (UAV) pilot testing, YOUTUBE, Dec. 7, 2012, disponible en: https://www.youtube.com/watch?v=UO0rgiS3wgw.

información sobre su funcionamiento y mejorar la fiabilidad general[48]. Los datos adquiridos se envían a la estación base para su procesamiento y análisis.

Estas redes se utilizan para medir variables en tiempo real, como la temperatura, la presión, el caudal y los niveles de corrosión, proporcionando a los operadores información precisa y oportuna sobre el estado de su maquinaria y tuberías[49]. Esto ayuda a detectar posibles problemas con antelación y permite a los operadores tomar medidas preventivas antes de que se produzca un fallo grave.

2. Aplicaciones *offshore* en la industria energética

Para mejorar la seguridad de los sujetos intervinientes, la industria del petróleo y el gas trabaja continuamente en la creación de sistemas más sofisticados y eficaces de perforación, inspección, respuesta a incidentes y control de daños. La asistencia robótica y la automatización pueden ser una respuesta viable para una producción de petróleo segura y económica en un futuro próximo, como demuestra el éxito de la aplicación de robots en las industrias manufacturera y espacial.

El uso de plataformas de perforación y producción no tripuladas, vehículos teledirigidos (ROV por sus siglas en inglés), vehículos submarinos autónomos (AUV por sus siglas en inglés), soldadura submarina, robots de soldadura para buques de doble casco y manipuladores submarinos han facilitado una transición fluida de las plataformas marinas de aguas poco profundas a aguas ultra profundas. Las principales motivaciones son aumentar la productividad, mejorar la rentabilidad y afrontar con eficacia los retos que plantea el sistema de gestión de la salud, la seguridad y el medio ambiente (HSE por sus siglas en inglés)[50].

a. Exploración

Los dos tipos de robots submarinos utilizados en el sector de los hidrocarburos para la exploración son los vehículos operados por control remoto ROV[51] y

---

48 Nader Mohamed & Imad Jawhar, A Fault Tolerant Wired/Wireless Sensor Network Architecture for Monitoring Pipeline Infrastructures, SENSOR TECHNOLOGIES AND APPLICATIONS, Septiembre 2008, pp. 179-84, disponible en: https://www.researchgate.net/publication/4373357_A_Fault_Tolerant_WiredWireless_Sensor_Network_Architecture_for_Monitoring_Pipeline_Infrastructures.

49 A. Shukla y H. Karki, *Application..., ob. cit.*, pp. 490-507.

50 Amit Shukla & Hamad Karki, *Application of robotics in offshore oil and gas industry-A review Part II*, 75 ROBOTICS AND AUTONOMOUS SYSTEMS, 2016, pp. 508-24, disponible en: https://reader.elsevier.com/reader/sd/pii/S0921889015002018?token=AFD5012D8B86C30BDAB823556CC46BBFD2F3097C2E61C9E78B4DF959EA0B18DF1E7E90A057FC2454DDDCFD4D3BF42098&originRegion=eu-west-1&originCreation=20230131140926.

51 Jan Christian Albiez, *et al.*, *Robust Robots for Arctic Exploration*, SOC'Y OF PETROLEUM ENGINEERS – ARCTIC TECH. CONF. Febrero de 2011, disponible en: https://

los vehículos submarinos autónomos AUV[52]. Los ROV son robots aparejados que se controlan desde una embarcación superficial. Están equipados con cámaras, sensores y otros instrumentos y pueden utilizarse para una serie de tareas, como inspecciones, reparaciones y mantenimiento submarinos[53]. Los ROV desempeñan un papel crucial en la explotación y producción de petróleo y gas en alta mar, ya que pueden trabajar a profundidades de hasta 6.000 metros[54].

Previa a la perforación de un pozo de exploración, los ROV se despliegan para recoger datos adicionales sobre la posible existencia de hidrocarburos. Los ROV equipados con cámaras de vídeo y sonares se utilizan para vigilar continuamente la liberación de gases de filtración durante la perforación. Los datos recogidos en tiempo real por los sensores instalados en los ROV se transmiten al centro de control para la toma de decisiones críticas a lo largo del procedimiento de perforación.

Los AUV, por su parte, son autopropulsados y pueden desplazarse sin sujeción a intervención humana. Están diseñados para realizar tareas específicas de forma autónoma y se utilizan con frecuencia para la prospección y cartografía del fondo oceánico, la recopilación de datos y las inspecciones en zonas submarinas complejas y de difícil acceso[55]. Los AUV pueden operar a profundidades de hasta 6.000 metros y se utilizan para supervisar y gestionar infraestructuras y equipos submarinos[56].

---

www.researchgate.net/publication/241787758_Robust_Robots_for_Arctic_Exploration.

52 Ismael H. F. Santos, *et al., A Robotics Framework for Planning the Offshore Robotizing Using Virtual Reality Techniques*, OFFSHORE TECH. CONF., octubre, 2013, disponible en: https://www.researchgate.net/publication/241787758_Robust_Robots_for_Arctic_Exploration.

53 Hideaki Takahashi, et al., *Exploration for Natural Hydrate in Nankai-Trough Wells Offshore Japan*, OFFSHORE TECH. CONF. abril 2001, disponible en: https://onepetro.org/OTCONF/proceedings-abstract/01OTC/All-01OTC/OTC-13040-MS/35415.

54 *How Deep Can Underwater Drones Go? Guide To ROV Depth Capabilities*, THE CORONA WIRE, disponible en: https://www.thecoronawire.com/how-deep-can-underwater-drones-go-guide-to-rov-depths/?utm_content=cmp-true.

55 *What Is an AUV?,* NOAA OCEAN EXPLORATION. https://oceanexplorer.noaa.gov/facts/auv.html.

56 Russell B. Wynn, et al., Autonomous Underwater Vehicles (AUVs): Their past, present and future contributions to the advancement of marine geoscience, 352 MARINE GEOLOGY, junio 2014, pp. 451-68, disponible en: https://www.sciencedirect.com/science/article/pii/S0025322714000747.

b. Estructura de producción

La utilización de numerosas plataformas de satélites no tripulados operadas a distancia ha permitido a los operadores supervisar las instalaciones en alta mar desde los emplazamientos en tierra, disminuyendo la necesidad de que los empleados estén físicamente presentes en las plataformas. Estas plataformas satelitales reducen la necesidad de paradas y mantenimiento. Al supervisar los equipos a distancia y detectar posibles problemas con antelación, los operadores pueden planificar las actividades de mantenimiento y pedir piezas de repuesto antes de que sea necesario realizar una parada. De este modo, se reduce la probabilidad de que se produzcan fallos imprevistos en los equipos, con lo que se evitan costosas reparaciones y pérdidas de productividad[57].

c. Inspección móvil

La inspección móvil es el proceso de comprobación de instalaciones en alta mar, tuberías y equipos submarinos para detectar daños, desgaste u otras irregularidades mediante robots autónomos o teledirigidos. Estas inspecciones se realizan a menudo para evitar accidentes, garantizar el cumplimiento de la legislación y detectar posibles problemas antes de que se desborden[58]. Tanto los ROV como los AUV pueden recopilar datos sobre el estado de los equipos y estructuras en alta mar. Los datos son examinados en tierra por ingenieros y técnicos que pueden utilizarlos para planificar reparaciones, programar el mantenimiento y tomar decisiones sobre el futuro de la instalación. El uso de operadores en alta mar puede reducir los peligros asociados al uso de buzos humanos, al tiempo que aumenta la precisión y la eficacia de los procedimientos de inspección.

Un 6-DOF es un brazo robótico capaz de seis grados de libertad, lo que significa que puede moverse en seis direcciones diferentes: arriba y abajo, izquierda y derecha, adelante y atrás, así como girar alrededor de tres ejes Estos robots pueden apoyar la inspección móvil y el examen de diversas regiones sin necesidad de ayuda humana. Los 6-DOF pueden equiparse con diversas herramientas y sensores para realizar distintas actividades de inspección, como inspección visual, ensayos no destructivos y control medioambiental[59].

---

[57] Charlotte Skourup, *et al.*, *Enhanced Awareness for Offshore Teleoperation*, INTELLIGENT ENERGY CONF. AND EXHIBITION, SOC'Y OF PETROLEUM ENGINEERS, febrero de 2008, disponible en: https://www.researchgate.net/publication/241787929_Enhanced_Awareness_for_Offshore_Teleoperation.

[58] Birgit Graf & Kai Pfeiffer, *Mobile robotics for offshore automation*, EURON/IARP INT'L WORKSHOP ON ROBOTICS FOR RISKY INTERVENTIONS AND SURVEILLANCE OF THE ENV'T., enero 2008, disponible en https://www.researchgate.net/publication/228902480_Mobile_robotics_for_offshore_automation.

[59] Matthias Bengel, *et al.*, *Mobile robots for offshore inspection and manipulation*, IEEE/RSJ CONF. ON INTELLIGENT ROBOTS AND SYS., Oct. 2009, at 3317-22, disponible en: https://ieeexplore.ieee.org/document/5353885.

d. Robots de soldadura para buques de doble casco

La mayoría de los buques comerciales utilizados para el transporte de petróleo tienen dos paredes para evitar mejor los daños. En caso de que se dañe el exterior, la pared interior quedará segura y evitará fugas de productos petrolíferos al océano. La construcción de doble casco, sin embargo, impone peligros a los empleados y altos costes de capital y tiempo a los productores.

La tecnología robótica puede utilizarse para soldar las planchas del casco interior y exterior de los buques para formar una estructura de doble casco. Así se reduce la probabilidad de que se derrame petróleo en caso de colisión o encalladura. Los sensores y cámaras de los robots soldadores les permiten detectar los bordes de las placas del casco y soldar con precisión. El uso de robots soldadores no sólo mejora la calidad y consistencia de las soldaduras, sino que también aumenta la eficacia y reduce el riesgo de lesiones de los soldadores humanos, que de otro modo tendrían que trabajar en espacios reducidos y peligrosos.

Daewoo Shipbuilding utilizó un robot articulado de seis ejes para soldar paredes de barcos[60], mientras que Hitachi-Zosen creó un robot similar para pintar paredes en el interior de bloques cerrados de barcos de doble casco[61]. Se ha propuesto un robot bioinspirado para las industrias marítimas que tiene cuatro patas accionables, similares a las de una araña, que puede pasar fácilmente obstáculos y caber en áreas limitadas. Otro concepto es el uso del "Rail Runner X", un vehículo robótico autónomo que puede navegar por los bloques cerrados de un buque de doble casco y desplazarse por su interior[62]. Otro ejemplo es el robot de soldadura de seis ejes equipado con un manipulador en serie 3P3R, montado en una plataforma portátil que le permite pasar de un borde en forma de 'U' a otro una vez terminada la soldadura en un bloque mientras se desplaza por un carril longitudinal.

e. Derrames de petróleo

Los derrames de petróleo pueden producirse en cualquier nivel del negocio petrolero, empezando por la exploración, la perforación, la producción, el transporte, la refinación y, por último, la distribución. En circunstancias en las que se ha producido una fuga de petróleo, la robótica, como los ROV y los UAV, puede ayudar proporcionando vehículos autónomos y teledirigidos para la detección del petróleo, la contención, la evaluación de la gravedad y las operaciones de limpieza.

---

60 J.H. Lee, H.S. Hwang, et al., Development of Robot Welding System for Panel Block Assemblies of Ship Hull, 46 OKPO SHIP TECH., 1998, pp. 32–40.

61 Donghun Lee, *et al.*, Development *of a mobile robotic system for working in the double-hulled structure of a ship*, 26 ROBOTICS AND COMPUTER-INTEGRATED MANUFACTURING, No. 1, febrero de 2010, pp 13-23.

62 J.H. Lee, *Development..., ob. cit.* , pp 32-40.

c. Dispositivos inteligentes e Internet de los objetos

i. Definiciones

a. La naturaleza de internet y su gobernanza

A mediados de los años noventa, el Consejo Federal de Redes (FNC por sus siglas en inglés) definió "Internet" de la siguiente manera

> Internet se refiere al sistema de información global que (i) está lógicamente vinculado entre sí por un espacio de direcciones único a nivel mundial basado en el Protocolo de Internet (IP) o sus extensiones/seguimientos posteriores; (ii) es capaz de soportar comunicaciones utilizando el conjunto de protocolos de control de transmisión/Protocolo de Internet (TCP/IP) o sus extensiones/seguimientos posteriores, y/u otros protocolos compatibles con IP; y (iii) proporciona, utiliza o hace accesibles, ya sea pública o privadamente, servicios de alto nivel estratificados sobre las comunicaciones y la infraestructura relacionada descrita en este documento[63].

Esta definición indica que Internet es un ente dinámico que puede contemplarse desde múltiples aristas. Es un marco para numerosos servicios y un medio para la creatividad y la innovación.

Un aspecto relevante de internet es que no es inmutable; está en continua evolución[64]. Esta capacidad para seguir cambiando llevó a la Comisión Europea y a la Organización de las Naciones Unidas para la Educación, la Ciencia y la Cultura a desarrollar el término "Gobernanza de Internet". La Gobernanza de Internet no sólo se refiere a la gestión técnica de internet, sino también a la legislación y la política en varios ámbitos relacionados con la política de comunicación e información[65]. La Gobernanza de Internet es el desarrollo y la aplicación complementarios por parte de los gobiernos, el sector privado, la sociedad civil y la

---

63 *FNC Resolution: Definition of "Internet"*, THE NETWORKING AND INF. TECH RES. AND DEV. PROGRAM, OCT. 24, 1995, disponible en: https://www.nitrd.gov/fnc/Internet_res.aspx. Texto en lengua original "*Internet refers to the global information system that (i) is logically linked together by a globally unique address space based on the Internet Protocol (IP) or its subsequent extensions/ follow-ons; (ii) is able to support communications using the Transmission Control Protocol / Internet Protocol (TCP/IP) suite or its subsequent extensions/ follow-ons, and/ or other IP-compatible protocols; and (iii) provides, uses, or makes accessible, either publicly or privately, high level services layered on the communications and related infrastructure described herein.*"

64 Robert E. Kahn and Vinton G. Cerf, *What Is The Internet (And What Makes It Work)*, Diciembre de 1999, p.11, disponible en: http://www.policyscience.net/cerf.pdf.

65 Christopher Kuner, The Internet and the Global Reach of EU Law, LSE Law, Society and Economy Working Papers 4/2017, pp 3-4. Disponible en: http://eprints.lse.ac.uk/73421/1/WPS2017-04_Kuner.pdf.

comunidad técnica, en sus respectivos papeles, de principios, normas, reglas, procedimientos de toma de decisiones y actividades compartidos que configuran la evolución y el uso de Internet[66].

b. Internet de las cosas (IoT)

Abordamos el concepto anterior para aclarar la diferencia entre el IoT e internet. El término "Internet de las cosas" (IoT por sus siglas en inglés correspondientes a Internet of Things) fue acuñado en 1999 por un miembro de la comunidad de desarrollo de la identificación por radiofrecuencia, y ha adquirido mayor relevancia debido al crecimiento de los dispositivos móviles, la comunicación integrada y ubicua, la computación en nube o *cloud* y el análisis de datos[67].

Para entender claramente este concepto, tenemos que concebir un mundo en el que un sinfín de objetos pueden percibir, compartir datos y comunicarse entre sí y están interconectados a través de una red de Internet pública o privada. Estos objetos son capaces de recoger, analizar y utilizar datos para iniciar acciones. El IoT no es sólo una red de ordenadores, este concepto ha evolucionado hoy en día y es una red de todo tipo de dispositivos "*todos conectados, todos comunicándose y compartiendo información basada en protocolos estipulados con el fin de lograr reorganizaciones inteligentes, posicionamiento, rastreo, seguridad y control e incluso monitorización personal en línea en tiempo real, actualización en línea, control de procesos y administración*"[68].

En términos sencillos, el IoT es una infraestructura de red global dinámica con capacidad de autoconfiguración basada en protocolos de comunicación estándar e interoperables en la que las "cosas" físicos y virtuales tienen identidades, atributos físicos y personalidades virtuales. Utilizan interfaces inteligentes y se integran perfectamente en la red de información.[69]

---

66 *Internet Governance*, UNESCO, disponible en: https://www.unesco.org.

67 Theo Lynn, et al., *The Internet of Things: Definitions, Key Concepts, and Reference Architectures*, PALGRAVE/MCMILLAN, Jul. 2020; Pradyumna Gokhale, et al., *Introduction to IOT*, 5 INT'L ADVANCED RES. J. IN SCI., ENGINEERING AND TECH., Jan. 2018, disponible en: https://www.researchgate.net/profile/Omkar-Bhat/publication/330114646_Introduction_to_IOT/links/5c2e31cf299bf12be3ab21eb/Introduction-to-IOT.pdf.

68 Keyur K. Patel, et al., *Internet of Things-IOT: Definition, Characteristics, Architecture, Enabling Technologies, Application & Future Challenges*, 6 IJESC, mayo de 2016, disponible en: https://www.researchgate.net/publication/330425585_Internet_of_Things-IOT_Definition_Characteristics_Architecture_Enabling_Technologies_Application_Future_Challenges.

69 Van Kranenburg, *The Internet of Things: A Critique of Ambient Technology and the All-seeing Network of RFID,* AMSTERDAM: INSTITUTE OF NETWORK CULTURES, 2008.

En este sentido, el principal objetivo de la IoT es permitir que las cosas estén conectadas en cualquier momento, en cualquier lugar, con cualquier cosa y con cualquier persona, idealmente utilizando cualquier red y cualquier servicio[70].

Las "cosas" suelen conocerse como dispositivos inteligentes. Un dispositivo inteligente puede definirse como "un dispositivo electrónico consciente del contexto capaz de realizar una computación autónoma y conectarse a otros dispositivos por cable o de forma inalámbrica para el intercambio de datos"[71].

El IoT se ha aplicado en la industria energética, como se explica a continuación.

ii. Aplicación en la industria energética

Las aplicaciones generales de la IO incluyen (a) Internet de la vida inteligente (IoSL por sus siglas en inglés)[72]; (b) Internet de las ciudades inteligentes (IOsC por sus siglas en inglés)[73]; (c) Internet del medio ambiente inteligente (IOsE por sus siglas en inglés)[74]; (d) Internet de la salud inteligente (IOsH por sus siglas en inglés; (e) Internet de la energía inteligente (IOsE por sus siglas en inglés)[75]; y (f) Internet de la industria inteligente (IoSI por sus siglas en inglés)[76].

En la industria energética, el IoT tiene varias aplicaciones potenciales importantes en la exploración de instalaciones, las operaciones de excavación y producción, el mantenimiento y el control general de las instalaciones. A la fecha de redacción del presente escrito, la aplicación del IoT en los campos de petróleo y gas se encuentran en un nivel experimental y se centran principalmente en el procesamiento de datos[77]. Las aplicaciones actuales han incluido: (1) detección de

---

70 Patel *et al*, *Internet of Things …*, *ob. cit.*, pp. 122-23.

71 Manuel Silverio-Fernández, et al., *What is a smart device? a conceptualisation within the paradigm of the internet of things*, 6 VISUALIZATION IN ENGINEERING, Mayo de 2018, https://doi.org/10.1186/s40327-018-0063-8.

72 Esta es la aplicación más conocida y común, algunos ejemplos son Aparatos de control remoto, electrodomésticos inteligentes, monitoreo de seguridad, sistemas de detección de intrusos, uso de energía y agua, entre otros.

73 Algunos ejemplos son: salud estructural, iluminación, seguridad, transporte, aparcamiento inteligente, entre otros.

74 Tales como: Monitoreo de la contaminación del aire, detección de incendios forestales, monitoreo del clima, entre otros.

75 Algunas aplicaciones son: red eléctrica inteligente, turbinas eólicas/centrales eléctricas, controladores de suministro eléctrico, instalaciones fotovoltaicas.

76 Patel *et al.*, *Internet of Things-IOT…*, ob. cit., pp. 6129-30.

77 R.G. Alakbarov & M.A. Hashimov, *Application Of The Internet Of Things In Oil-Gas Industry*, THE 6TH ANNUAL CONF. ON CONTROL AND OPTIMIZATION WITH INDUSTRIAL APPLICATIONS, Julio de 2018, disponible en: https://ict.az/uploads/files/IOT_oil_and_gas.pdf.

depósitos de hidrocarburos; (2) detección temprana de fugas y monitorización de tuberías; (3) planificación de la optimización; (4) control de equipos (motores, bombas, plataformas de perforación, etc.); (5) control automático de plataformas de producción; y (6) mejor interacción entre dispositivos de automatización y seguridad[78].

El IoT puede ser utilizado en todos los segmentos de la industria de los hidrocarburos; los operadores *Upstream* pueden utilizarlas para mejorar la gestión de la perforación y la extracción, así como, reducir el tiempo no productivo. Los operadores de *Midstream* pueden mejorar la gestión de flotas y el mantenimiento de oleoductos y almacenes. Las empresas *Downstream* pueden aprovechar el IoT para optimizar el procesamiento y la distribución de petróleo y gas[79].

El IoT puede tener un impacto positivo en la industria energética, la arquitectura basada en IoT para la supervisión de diversas operaciones requiere dispositivos inteligentes y, en el campo petrolífero, los sensores como dispositivos inteligentes son fundamentales. Los sensores son dispositivos físicos que se colocan en los equipos petrolíferos y permiten a las empresas energéticas medir y recopilar datos, y cada sensor puede recoger distintos tipos de datos, como sonido, temperatura y presión, etc. Las señales recibidas de estos sensores instalados para monitorizar las bombas de los campos petrolíferos ayudan principalmente al proceso de control, y toda la información recopilada de los campos petrolíferos se transmite al servidor para su procesamiento y análisis[80].

Las soluciones IoT también pueden proporcionar una visión en tiempo real del rendimiento de los equipos, el estado de la seguridad, las condiciones medioambientales y las operaciones de la flota. Los datos recopilados por los sensores gracias al IoT en las instalaciones energéticas permiten realizar análisis predictivos y análisis de causa, lo que ayuda a identificar posibles condiciones de fallo y realizar el mantenimiento preventivo con el objetivo de evitar tiempos de inactividad importantes y garantizar el correcto funcionamiento y la utilización eficiente de los activos. Las capacidades de prevención de accidentes del IoT hacen que las operaciones de perforación y extracción sean más seguras al permitir una supervisión avanzada de la seguridad en el lugar de trabajo y alertas instantáneas de peligro[81].

---

78 Wu Haili, et al., Research and Application of Development Model of Information Service for IOT of Oil and Gas Production Based on Cloud Architecture, 15 TELKOMNIKA, No. 3, Septiembre de 2017, disponible en: http://telkomnika.uad.ac.id/index.php/TELKOMNIKA/article/viewFile/5510/3799.

79 Boris Shiklo, *IoT: a Technological Advancement for Oil & Gas*, SCIENCESOFT, Agosto 10, 2022, disponible en: https://www.scnsoft.com/blog/iot-in-oil-and-gas.

80 Haili *et al*, *Research..., ob. cit.,* pp. 54-55.

81 Boris Shiklo, *IoT..., ob. cit.*

d. Realidad virtual y aumentada

i. Definición

Tras varios años de investigación y desarrollo, las tecnologías inmersivas, como la Realidad Virtual (RV) y la Realidad Aumentada (RA), se están implementando cada vez más en la educación, los juegos, la formación y la comunicación multimedia. Es pertinente señalar que no existe una definición universalmente aceptada de estas diferentes tecnologías inmersivas, no obstante, los organismos de normalización técnica y las asociaciones comerciales se han esforzado por aclarar y definir esta realidad digital "actual", así como las tecnologías y funcionalidades relacionadas.[82].

RV y RA no son términos intercambiables. La RA utiliza un entorno del mundo real; los usuarios pueden controlar su presencia en el mundo real, y mejora tanto el mundo virtual como el real. La RV es completamente virtual.

En términos sencillos, la RV pretende crear una experiencia de usuario totalmente inmersiva. El objetivo es sustituir la realidad física por un entorno digital. La RV se consigue más comúnmente a través de auriculares y otros dispositivos relacionados. Un ejemplo es el Oculus Quest, que se basa en pantallas estereoscópicas, audio espacial y sensores de seguimiento del movimiento para simular una experiencia real[83].

Por el contrario, la RA aplica contenidos digitales sobre el entorno real del usuario. El contenido suele verse a través de dispositivos como un *smartphone* que incorpora entradas en tiempo real para crear una versión mejorada de la realidad. Los objetos digitales y virtuales se superponen a un entorno existente para crear una experiencia de RA[84].

ii. Aplicación en la industria del petróleo y el gas

La RA y la RV están ayudando a impulsar la transformación digital en las industrias del petróleo y el gas[85].

El ritmo de su implementación se ha acelerado sustancialmente en los últimos tiempos. En 2018, la cuota mundial de RA y RV en las industrias del petróleo y

---

[82] Joseph Jerome & Jeremy Greenberg, *Augmented Reality + Virtual Reality, Privacy & Autonomy Considerations in Emerging, Immersive Digital Worlds*, FUTURE OF PRIVACY FORUM, Apr. 2021, at 6, disponible en: https://fpf.org/wp-content/uploads/2021/04/FPF-ARVR-Report-4.16.21-Digital.pdf.

[83] *Id.*

[84] *Augmented Reality*, X REALITY SAFETY INITIATIVE, disponible en: https://xrsi.org/definition/augmented-reality-ar.

[85] *The Use of Augmented Reality in the Oil and Gas Industry*, COUNCIL OF PETROLEUM ACCOUNTANTS SOCIETIES, 1 de marzo de 2022, disponible en: https://copas.org/augmented-reality-oil-and-gas-industry/.

el gas se valoró en 106,7 millones de dólares y se estima que alcanzará los 943,4 millones de dólares a finales de 2027. El Medio Oriente y África fueron los mayores contribuyentes al mercado mundial de RA y RV en el sector de los hidrocarburos y se espera que la tendencia sea la misma hasta 2027. Norteamérica también demostró ser una región rentable para este mercado, con los Estados Unidos de América a la cabeza de este crecimiento[86].

Conforme a un informe realizado por McKinsey & Company, las empresas de petróleo y gas en alta mar podrían reducir los costes entre un 20 y un 25 por ciento por barril si se apoyaran en la conectividad para desplegar herramientas digitales y analíticas[87].

Es posible simplificar los flujos de trabajo gracias a la RV y la RA. Mediante las simulaciones de RV, el usuario puede transportarse a un nuevo mundo basado en ubicaciones reales, ofreciéndole la posibilidad de aprender, formarse y cometer errores sin ningún impacto en el mundo real. Además, la RA puede ayudar a los trabajadores a percibir elementos del mundo real que son invisibles a simple vista, como la visualización de la topografía submarina y del subsuelo[88].

Adicionalmente, la industria energética es sujeta a un alto índice de lesiones y víctimas mortales. La RV ofrece una forma de reducir el costo de la formación de los empleados, así como, reducir drásticamente los problemas de seguridad. La posibilidad de que el personal aprenda las habilidades que necesita en un entorno externo, sin poner en peligro equipos sumamente costoso y sin más gastos de desplazamiento, es muy valiosa[89].

En este sentido, la RV y la RA ofrecen la posibilidad de tener acceso ilimitado a equipos muy costosos y/o no disponibles situados en lugares inseguros y peligrosos. Además, las aplicaciones basadas en la realidad aumentada pueden permitir supervisar los equipos en tiempo real para informar de desviaciones y pueden emitir alertas cuando se debe realizar un mantenimiento periódico, así como,

---

86 *Digital Reality: Transforming the Oil and Gas Industry*, EXPERTS IN DESIGNING INNOVATIVE, INTERACTIVE AND IMMERSIVE EXPERIENCES, disponible en: https://www.ediiie.com/oil-and-gas/.

87 Ferry Grijpink, et al., *How tapping connectivity in oil and gas can fuel higher performance*, MCKINSEY & COMPANY, 6 de noviembre de 2020, disponible en: https://www.mckinsey.com/industries/oil-and-gas/our-insights/how-tapping-connectivity-in-oil-and-gas-can-fuel-higher-performance.

88 *Virtual Reality (VR) in Oil and Gas – Thematic Research*, GLOBAL DATA, 16 de febrero de 2022, disponible en: https://www.globaldata.com/store/report/vr-oil-and-gas-theme-analysis/.

89 Ritchie Duncan, *The Potential Contribution of Augmented and Virtual Reality to the Oil and Gas Industry*, 2 INT'L J. OF MGMT. AND APPLIED RES., No. 3, 2015, pp-112-20, disponible en: https://doi.org/10.18646/2056.23.15-011.

cuando las lecturas de los sensores se salen de los parámetros establecidos. Además, cuando se requieren intervenciones técnicas, un técnico puede llevar un casco de realidad aumentada que combina la realidad fáctica con la información digital para guiar todo el proceso[90].

e. Digital Twins o Gemelos Digitales

Cuando se combinan la IA, los dispositivos inteligentes, el IoT, la realidad virtual y la realidad aumentada las posibilidades son infinitas y este es el caso en particular de los *digital twins* o gemelos digitales, los cuales se presentan como una reproducción idéntica o fidedigna, de la realidad la cual permite una interacción a través de simulaciones del mundo real.

En este sentido, por *digital twin* o gemelo digital; se entiende la creación de una réplica virtual, a imagen y semejanza de un producto, proceso o sistema tangible, al cual se le vinculan datos en tiempo real que pueden ser captados a través de sensores o de otros recursos tecnológicos. De esta forma, luego de recabarse toda la información se procesa con IA, computación en la nube[91] y gracias a procesos de *Machine Learning*[92] (aprendizaje automático) se genera una representación viva de la realidad[93].

Es así como todas las tecnologías anteriormente descritas pueden ser integradas en conjunto, mejorándose unas a otras, permitiendo que se amplifiquen y perfeccionen entre sí; tal como vemos, uno de los ejemplos más claros donde se interconectan diversas tecnologías tales como robótica, IA, RA, RV, IoT y *smart devices* son los *digital twins*. Los *digital twins* permiten generar réplicas exactas de plantas o clones, los cuales permiten efectuar todo de pruebas con relación a nuevas tecnologías o procesos que se quiere implementar sin que existan daños

---

90 *Virtual Reality (VR) in Oil and Gas...*

91 En términos muy sencillos consiste en servicios de computación basados en el concepto de compartir información, software y recursos de procesamiento bajo demanda en Internet. Disponible en: https://cloud.google.com/learn/what-is-cloud-computing?hl=es-419

92 Se trata de una disciplina de la IA y la informática que se enfoca en el uso de datos y algoritmos para simular la capacidad de aprendizaje de los seres humanos, mejorando gradualmente su precisión. Arthur Samuel, fue el primero en acuñar el término "*machine learning*" durante su investigación sobre el juego de las damas y en el año 1962, Robert Nealey, un autoproclamado maestro de las damas se enfrentó a una computadora IBM 7094 y fue derrotado por ella. Aunque en comparación con los avances actuales, esta hazaña podría parecer menor, fue un hito importante en el desarrollo de la inteligencia artificial. Disponible en: https://www.ibm.com/es-es/topics/machine-learning

93 Michelle Varas Chiquito *et al*, Gemelos digitales y su evolución en la industria, RECIMUNDO; Editorial Saberes del Conocimiento, 2020, p. 302.

en el mundo real, de esta forma todos los daños o consecuencias negativas se ocasionan en el clon o gemelo. Esta tecnología también ayuda a programar los mantenimientos, entrenamientos del personal de forma segura, disminuyendo el riesgo de daños materiales y humanos, ya que todo esto ocurre en un entorno digital[94].

Podemos traer a colación que, la empresa BP creó un sistema de simulación y vigilancia muy sofisticado APEX que permite planificar cambios e intervenciones en el gemelo digital antes de hacerlos en el mundo real, también permite identificar fallas o defectos antes de que tengan efectos mayores en la producción y otros impactos a personas o activos[95].

f. Blockchain, criptomoneda y contratos inteligentes

i. Definiciones

a. *Blockchain*[96]

En términos generales, *blockchain* es una tecnología de libro mayor distribuido digitalizado, que consiste en una lista ordenada de transacciones en bloques que pueden almacenarse en una base de datos, la cual en principio es bastante simple. Una cadena de bloques puede concebirse como una fila o hilera vertical, con bloques superpuestos y el primer bloque como base de la cadena[97].

Cada bloque de la cadena de bloques se identifica mediante un *hash*, generado por un algoritmo criptográfico de *hash* en la cabecera del bloque, y cada bloque también hace referencia a un bloque anterior (conocido como bloque padre), a través del hash del bloque anterior. Esta secuencia de *hashes* conecta cada bloque con su padre y crea una cadena que se remonta hasta el primer bloque creado (conocido como bloque génesis)[98].

En otras palabras, la cadena de bloques o *blockchain* es básicamente "una base de datos distribuida de registros o libro mayor público de todas las transac-

---

94 Gabriela Rachadell de Delgado,Ponencia *the Foundation for Natural Resources and Energy Law* (antes Rocky a Mountain) y la International Bar Association en México DF, *Digital Transformation in the Oil, Gas, and Energy Industry,* de fecha 20 de abril de 2023.

95 Disponible en: https://www.bp.com/en/global/corporate/news-and-insights/reimagining-energy/apex-digital-system.html

96 Abordaremos el presente capítulo de forma bastante sumaria, ya que el presente argumento, será desarrollado mediante artículo separado.

97 Andreas M. Antonopoulus, MASTERING BITCOIN: PROGRAMING THE OPEN BLOCKCHAIN (O'Reilly Media, Inc., 2nd ed. 2017), p 195.

98 *Id.*

ciones o eventos digitales que se han ejecutado y compartido entre las partes participantes"[99]. En este libro mayor público cada transacción se verifica, por consenso de la mayoría de los participantes en el sistema[100]. En circunstancias habituales, todos los participantes o validadores están de acuerdo en que los datos entren en la cadena, y una vez introducida la información nunca puede desaparecer[101].

Para simplificar, una *blockchain* funciona como un libro de contabilidad en el que la información se distribuye en múltiples libros, interrelacionados, que permanecen inalterados, ya que la modificación en uno solo de los libros no puede afectar a la información contenida en los demás a menos que se alcance un consenso.

Entre las aplicaciones financieras de la tecnología *blockchain* se encuentran:

- Valores privados: Es teóricamente posible que las empresas emitan directamente acciones, que luego pueden ser compradas y vendidas en un mercado secundario que se asienta en la *blockchain*.

- Actividad aseguradora: La tecnología *blockchain* puede utilizarse para verificar la propiedad de los activos y rastrear el historial de transacciones. Cualquier activo puede registrarse en la cadena de bloques y las aseguradoras pueden validar la propiedad y el historial de transacciones de los activos[102].

Las aplicaciones no financieras incluyen:

- Autenticidad de documentos: La verificación de la autenticidad del documento puede realizarse utilizando la tecnología *blockchain*.
- Industria musical: La implantación de la tecnología *blockchain* puede facilitar la repartición de derechos de autor relacionados con las plataformas de streaming de música en línea.
- Prueba de existencia de documentos: la tecnología *blockchain* ofrece un modelo alternativo a la prueba de existencia y posesión de documentos de

---

99 Michael Crosby *et al.*, *Blockchain Technology: Beyond Bitcoin*, SUTARDJA CTR. FOR ENTREPRENEURSHIP & TECH. TECHNICAL REP., U. OF CAL. BERKELEY, 16 de octubre de 2015, p. 3.

100 "*A consensus mechanism is the standardized way of how the blockchain's nodes – the computers that run the blockchain and keep the records of all transactions – reliably reach this agreement*". *See* Benedict George, *What Is a Consensus Mechanism?*, COINDESK, May 16, 2022, https://www.coindesk.com/learn/what-is-a-consensus-mechanism/.

101 M. Crosby et al, Blockchain..., p. 3.

102 *Ibid.*, pp. 13-15.

interés legal; mediante el uso de la *blockchain*, los usuarios pueden almacenar firmas y acciones de sellado de tiempo asociadas a documentos legales y validarlas.

- IoT descentralizado: La tecnología *blockchain* puede simplificar la implementación de plataformas IoT descentralizadas contribuyendo a asegurar y confiar el intercambio de datos, así como el mantenimiento de registros[103].

b. ***Smart Contracts*** **o Contratos inteligentes**

Un uso emergente de la tecnología *blockchain* son los *smart contracts* o contratos inteligentes, que implican la existencia software que puede ejecutarse automáticamente en la *blockchain*[104]. Otro concepto relacionado es la propiedad inteligente, concepto que está relacionado con las certificaciones o el control de la propiedad de activos mediante la tecnología blockchain y puede implicar bienes físicos (como vehículos, instalaciones, inventario, etc.) o activos no físicos (es decir, acciones o participaciones)[105].

La noción de "*smart contract*" fue propuesta por primera vez por el criptógrafo Nick Szabo a principios de la década de 1990. La visión de Szabo era que los contratos se cumplieran automáticamente utilizando tecnología digital. Acuñó el término "*smart contract*" para describir un protocolo de transacción informatizado que permite a partes anónimas celebrar contratos sin necesidad de un intermediario de confianza. Los contratos inteligentes funcionan transfiriendo el control de un activo digital o físico necesario para cumplir los términos del acuerdo. Esto permite al ordenador liberar o retener el control del activo en función del cumplimiento de las condiciones especificadas[106].

Uno de los ejemplos más citados de *smart contracts* es el proceso de venta automatizada utilizado en las máquinas expendedoras. Esta transacción implica la existencia de un comprador y un vendedor, con la diferencia clave de que el vendedor autoriza plenamente a la máquina a llevar a cabo sus obligaciones. El comprador introduce las monedas o billetes necesarios en una ranura, y la botella de agua cae en el contenedor para que el comprador la recoja. Si la botella no cae o

---

103 *Ibid.*, pp. 15-19.

104 Please see section 2.e(i)(2) regarding smart contracts.

105 M. Crosby et al., Blockchain… p. 3.

106 Pablo Sanz Bayón, *Key Legal Issues Surrounding Smart Contract Applications*, 9 KLRI J. OF LAW AND LEGIS., No. 1, 2019, pp 63-91. Disponible en: https://repositorio.comillas.edu/xmlui/bitstream/handle/11531/36961/KJLL%20Vol9%20No1%202019%20article.pdf?sequence=-1&isAllowed=y.

se pierde, el comprador tiene derecho al reembolso[107]. Del mismo modo, los términos de un contrato ordinario pueden traducirse en código informático, lo que permite su ejecución automatizada. Aunque el código puede ser más complejo en función del lenguaje de programación utilizado, la lógica básica sigue siendo la misma: "si ocurre X, entonces Y". Con los avances en la tecnología *blockchain*, los *smart contracts* tienen el potencial de gestionar transacciones cada vez más sofisticadas y complejas.

Es importante señalar que existen varias definiciones de *smart contracts*, muchas veces se definen como "máquinas autónomas", "contratos entre partes almacenados en una blockchain" o "cualquier computación que tenga lugar en una blockchain". Estas definiciones podrían agruparse en dos categorías; (i) "Código de Contrato Inteligente": cuando el término se utiliza para identificar código que se almacena, verifica y ejecuta en una blockchain; y (ii) "Contrato Legal Inteligente": en este caso el término se utiliza para referirse a contratos legales[108].

c. Criptomonedas

Una criptomoneda es un activo digital que puede utilizarse como medio de intercambio. Se crea y almacena electrónicamente en forma de código digital y se protege mediante criptografía, que es una forma de comunicación segura que utiliza algoritmos matemáticos para crear una conexión segura entre dos partes. Normalmente, las criptomonedas se encuentran descentralizadas, lo que significa que no son emitidas ni reguladas por ninguna autoridad central, como un gobierno o un banco central. En su lugar, es creada y gestionada por una red de ordenadores que utilizan una tecnología de libro mayor distribuido (*Blockchain*) para registrar y validar las transacciones[109].

Aunque Bitcoin suele ser la primera criptomoneda que le viene a la mente a muchas personas, existen muchas otras criptomonedas. Estas incluyen, entre otras, Ethereum, Solana, Avalanche y Monero, cada una con sus propias caracte-

---

107 Shailak Jani, *Smart Contracts: Building Blocks for Digital Transformation*, INDIRA GANDHI NAT'L OPEN U., 2020;Nick Szabo, *Smart Contracts: Building Blocks for Digital Markets*, PHONETIC SCI., AMSTERDAM, 1996, disponible en: https://www.fon.hum.uva.nl/rob/Courses/InformationInSpeech/CDROM/Literature/LOTwinterschool2006/szabo.best.vwh.net/smart_contracts_2.html.

108 Josh Stark, *Making Sense of Blockchain Smart Contracts*, COINDESK, 4 de junio de 2016, disponible en: https://www.coindesk.com/markets/2016/06/04/making-sense-of-blockchain-smart-contracts/.

109 Monia Milutinović, *Cryptocurrency*, 64 ЕКОНОМИКА-ЧАСОПИС ЗА ЕКОНОМСКУ ТЕОРИЈУ И ПРАКСУ И ДРУШТВЕНА ПИТАЊА, No. 1, 2018, pp. 105-22, disponible en: https://scindeks-clanci.ceon.rs/data/pdf/0350-137X/2018/0350-137X1801105M.pdf.

rísticas y ventajas. Estas criptomonedas se consideran seguras, divisibles y portátiles[110]; no obstante, el mercado de las criptomonedas está sujeto a una gran volatilidad. El gran nivel de seguridad que ofrecen las criptomonedas es una de sus principales ventajas.

ii. Aplicación en la industria energética

La aplicación de la tecnología *blockchain* cada vez está cobrando más relevancia en la industria energética, ya que puede ofrecer múltiples soluciones a algunos de los principales problemas de la industria energética, como la logística, el comercio y las cuestiones financieras[111]. La tecnología *blockchain* puede hacer que las operaciones de las empresas de petróleo y gas sean altamente eficientes, transparentes y fiables. Algunos de los actores más relevantes del sector han participado en múltiples proyectos piloto, para la implementación de dicha tecnología tal como veremos más adelante[112].

Algunos de los principales aspectos que la implementación de la tecnología *blockchain* puede aportar al sector energético son:

- **Transparencia:** Esta característica garantiza que los datos relacionados y las transacciones almacenadas en todos los nodos de la red son consistentes y pueden ser visualizados por todos los usuarios, aumentando la confianza en el sector.
- **Disponibilidad:** La descentralización y el almacenamiento distribuido de la tecnología *blockchain* garantizan una alta disponibilidad de los datos.
- **Integridad:** Características como la criptografía y las marcas de tiempo (*timestamp*) a los bloques, pueden ayudar a los participantes a verificar y proteger los datos y las transacciones relacionadas con las operaciones de petróleo y gas.
- **Procedencia y auditoría:** El algoritmo de consenso y el *hashing* hacen de la *blockchain* una tecnología inmutable. Los datos y transacciones inalterables son útiles para analizar el rendimiento de los participantes en la industria del petróleo y el gas por parte de las autoridades.
- **Privacidad:** La privacidad de los datos se garantiza mediante la creación de canales privados entre los participantes en blockchains privadas.

---

110 Imran Noor, *An Imminent Transition from Fiat Currency to a Cryptocurrency-based Money System: A German Prospective*, 2019, disponible en: https://www.academia.edu/50523966/Transition_from_Fiat_Currency_to_a_Cryptocurrency_based_Money.

111 *Id.*

112 BP, Shell, Repsol, Entre otros. Ver Yuri Musienko, *How to Use Blockchain in Oil and Gas Industry*, MEREHEAD, 13 de febrero de 2023, disponible en: https://merehead.com/blog/use-blockchain-oil-gas-industry/.

- **Pseudoanonimato**: Las identidades de todas las partes podrían ser pseudoanónimas.
- **Programabilidad:** Todos los asuntos relacionados con el negocio y los términos entre las partes pueden ser automatizados a través de *smart contracts*[113].

Además, entre las aplicaciones y oportunidades de la tecnología *blockchain* en relación con el sector energético, cabe destacar:

- La monitorización en tiempo real de los oleoductos y gasoductos que permiten el transporte de hidrocarburos líquidos y la posibilidad de detectar cualquier fuga[114].
- La tokenización de activos relacionados con la industria energética para ofrecer más opciones a los inversores[115].
- El rastreo y seguimiento del transporte de petróleo y gas[116].
- La automatización de la exploración y producción de petróleo y gas ("E&P"), ya que *blockchain* ofrece una visión única, actualizada y unificada de las transacciones y registros, los actores involucrados pueden compartir datos actualizados en tiempo real sobre los procesos, resultados y desafíos potenciales en la fase de E&P de petróleo y gas.
- La gestión del ciclo de vida de los activos.
- La simplificación de la facturación y los pagos, en este sentido la tecnología *blockchain* puede ayudar a las empresas a verificar que un determinado pago fue enviado, recibido y actualizado correctamente por las entidades correspondientes. Además, la tecnología blockchain permite la implementación de criptomonedas y la ejecución de micropagos entre participantes.
- La tecnología *blockchain* puede ayudar a las autoridades y organismos gubernamentales en el cumplimiento de la normativa.

---

113 R. Ahmad et al, Blockchain..., *ob. cit.*

114 Hongfang Lu, Kun Huang, Mohammadamin Azimi y Lijun Guo, Blockchain Technology in the Oil and Gas Industry: A Review of Applications, Opportunities, Challenges, and Risks, 11 de abril de 2019, p. 41438.

115 Sani Abdul-Jabbar, *Where Blockchain Technology Can Disrupt The Oil And Gas Industry*, FORBES, 27 de septiembre de 2021, disponible en: https://www.forbes.com/sites/forbesbusinesscouncil/2021/09/27/where-blockchain-technology-can-disrupt-the-oil-and-gas-industry/?sh=7b183d0214ab.

116 H. Lu, *et al,* Blockchain Technology..., *ob. cit.*, p. 41438.

- La etapa final del proceso de explotación de petróleo y gas es el abandono y la restauración de los pozos de petróleo y gas. Los datos relacionados con el abandono y la restauración de los pozos de petróleo y gas se almacenan en la cadena de bloques.
- Es innegable que la industria de los hidrocarburos genera diversos tipos de residuos, en cuyo caso su rastreo y seguimiento puede ayudar a las autoridades a garantizar que se siguen las prácticas adecuadas. La tecnología *blockchain* puede ayudar a los usuarios a minimizar los fraudes y los contratos inteligentes pueden ayudar a disminuir significativamente los retrasos relacionados con los residuos, proteger los documentos de la falsificación y garantizar una gran coherencia de los datos[117].

En 2017, Natixis, IBM y Trafigura fueron los primeros actores en lanzar una solución blockchain dirigida al crudo estadounidense utilizando una plataforma de contratos inteligentes[118]. En 2019, los principales actores de la industria energética estadounidense, como Chevron y Exxon, se han unido para convertirse en el primer consorcio Blockchain en el sector del petróleo y el gas[119]. El consorcio tiene como objetivo determinar los beneficios potenciales de Blockchain en los mercados del petróleo y el gas[120]. En palabras de Rebecca Hofmann, presidenta del Consejo de Administración, "la creación del consorcio OOC Oil & Gas Blockchain es un paso significativo hacia el establecimiento de normas, marcos y capacidades clave de blockchain para la industria del petróleo y el gas. La tecnología *blockchain* es un catalizador para rediseñar la forma en que hacemos negocios y este consorcio representa un esfuerzo de colaboración para explorar el potencial de la tecnología y aprovechar los aprendizajes para impulsar la adopción de la industria...."[121].

Recientemente, Blockchain for Energy (B4E)[122], ha lanzado su propia red y plataforma. En virtud de esta plataforma, sus miembros podrán desarrollar, probar

---

117 R. Ahmad et al, *Blockchain..., ob. cit.*, pp. 5-12.

118 S.Abdul-Jabbar, *Where Blockchain Technology..., ob. cit.*

119 Los miembros fundadores son Chevron, ConocoPhillips, Equinor, ExxonMobil, Hess, Pioneer Natural Resources and Repsol. Ver Rebecca Hofmann, *US oil, gas blockchain consortium launches with Chevron, ExxonMobil*, LEDGER INSIGHTS, 26 de febrero de 2019, disponible en: https://www.ledgerinsights.com/oilgas-blockchain-consortium-chevron-exxonmobil/.

120 S.Abdul-Jabbar, *Where Blockchain Technology...*

121 R. Hofmann, *US oil, gas blockchain...*

122 "*Blockchain For Energy is a collaborative, non-profit organization made up of industry experts from major energy companies. We learn, lead and leverage blockchain technologies within the industry by uniting the right parties and working collectively to agree on new digital ways of working*".

y acceder a soluciones de contratos inteligentes en una única plataforma. Se trata de un gran paso en el avance hacia una Internet descentralizada centrada en las tecnologías de cadena de bloques, construida para el sector y, lo que es más importante, por actores clave del sector en Estados Unidos de América[123].

Como podemos observar, la tecnología *blockchain* tiene numerosas propuestas de valor que ofrecer a la industria energética, una de las más convincentes es el desarrollo de una red *blockchain* de acceso privado para apoyar el ciclo de vida de las transacciones entre todas sus partes interesadas[124].

III. Análisis jurídico general, riesgos y desafíos

a. Derecho digital

No cabe duda de que la regulación es un componente necesario de la tecnología, pero debe tenerse en cuenta que la regulación puede afectar positiva o negativamente a la innovación tecnológica[125]. La existencia de Internet ha contribuido a un encogimiento del mundo y a una interconexión de los ordenamientos jurídicos que nunca ha sido tan intensa en la historia jurídica[126].

La economía digital y la creciente presencia de la tecnología en la sociedad requieren la adaptación del marco jurídico existencia y la creación de un marco jurídico digital. Los elementos específicos de estas tecnologías emergentes no permiten una aplicación idéntica de los regímenes jurídicos existentes para resolver todas las cuestiones que debe abordar un marco jurídico digitalizado. La evolución de los sistemas actuales no tiene una respuesta obvia y sencilla. La creación de sistemas jurídicos eficaces que fomenten los mejores usos de la tecnología al

---

Ver Blockchain for Energy, disponible en: https://www.blockchainforenergy.net /join-the-team.

123 Martin Juniper, *The Energy Industry Pivots Toward New Levels of Efficiency With a Proven Smart Contracts Solution*, BUSINESS WIRE, Oct. 13, 2022, disponible en: https://www.businesswire.com/news/home/20221013005004/en/The-Energy-Industry-Pivots-Toward-New-Levels-of-Efficiency-With-a-Proven-Smart-Contracts-Solution.

124 S. Abdul-Jabbar, *Where Blockchain Technology...*

125 Ernest Braun & David Wield, *Regulation as a means for the social control of technology*, 6 TECH. ANALYSIS & STRATEGIC MGMT, 1994, pp 259-272, https://www.tandfonline.com/doi/abs/10.1080/09537329408524171.

126 Jurgen Basedow, 'The Law of Open Societies-Private Ordering and Public Regulation of International Relations', 360 *Recueil des cours/Collected Courses of the Hague Academy of International Law* (2012). Jurgen Basedow, *The Law of Open Societies-Private Ordering and Public Regulation of International Relations*, Recueil des cours/Collected Courses of the Hague Academy of International Law Volumen 360 (2013).

tiempo que aplican las limitaciones y la asignación de responsabilidades adecuadas, requerirá una comprensión de las capacidades científicas y operativas de cada nueva tecnología, así como de la forma en que esas nuevas tecnologías interactuarán entre sí[127].

Comúnmente se denomina derecho digital al conjunto de normas, conceptos y prácticas jurídicas relacionadas con las tecnologías centradas en Internet y todos sus desarrollos y derivaciones. Tanto la legislación nacional como la internacional tendrán que adaptarse a estas nuevas tecnologías. A continuación, enunciaremos algunos de los principales aspectos que deben tenerse en cuenta a la hora de desarrollar el enfoque jurídico de cada jurisdicción sobre estas tecnologías, especialmente con relación a los riesgos inherentes a la misma.

b. Riesgos de la transformación digital

En el contexto de la transformación digital se pueden abordar múltiples riesgos jurídicos, consideramos que algunos de los más relevantes son los siguientes:

- Daños personales y materiales.
- Incumplimiento de contrato.
- Uso indebido de datos personales[128].
- Pérdida de control sobre las máquinas.
- Vulneración de los derechos de los trabajadores.
- Riesgo de lesiones o daños.
- Infracción de la propiedad intelectual.
- Ataques a la ciberseguridad[129].

Es nuestro criterio que, aun cuando la mayoría de estos riesgos están relacionados con la implantación de las tecnologías que implica la transformación digital, no son consecuencia directa de este fenómeno. Por ejemplo, el IoT, la IA y las tecnologías de la información y la comunicación pueden asociarse a un alto riesgo de uso indebido de datos personales y de infracción de la propiedad intelectual,

---

[127] M.I. Inozemtsev, *Digital law: The pursuit of certainty*, Vol 2, Digital L. Journal, pp 8-28. (2021), https://www.digitallawjournal.org/jour/article/view/37.

[128] Los avances tecnológicos no suelen ser compatibles con la privacidad y seguridad de los datos, y se produce una vasta creación y uso de instrumentos con la finalidad de proteger la propiedad intelectual (patentes, derechos de autor y secretos comerciales, que hay que proteger). Sam Altman comentó que la razón por la que desplegaron Chat GPT y GPT4 antes de que estuvieran completamente listos fue dar al mundo tiempo suficiente para reaccionar ante ello.

[129] Dorota Habrat et al, *Legal challenges of digitalization and automation in the context of Industry 4.0*, 51, Procedia Manufacturing, pp. 938-942, (2020).

pero estos riesgos ya están presentes en las formas más tradicionales de intercambio de información existentes en la actualidad[130].

La probabilidad de que se produzca un riesgo jurídico en una empresa digitalizada depende de la posibilidad de que se produzca el riesgo para un desarrollo tecnológico específico. La adopción generalizada de la digitalización y la automatización va acompañada de un riesgo jurídico significativo, como ocurre con cualquier cambio en los procesos de la industria y el desarrollo de formas más eficientes de operar. Para mitigar este riesgo, debe reducirse la probabilidad de ocurrencia de cada riesgo en particular de cada desarrollo tecnológico individualmente considerado, lo que puede hacerse en gran medida aplicando los cambios de transformación digital de forma segura, informada y supervisada. Aunque todas estas medidas internas son posibles, será requerida la adecuación y cooperación legislativa internacional. Además, algunas áreas de riesgo son impredecibles, pero este es un precio que hay que pagar para el desarrollo industrial[131].

c. Retos legales de la Transformación Digital

Algunos de los retos generales y legales más relevantes relacionados con el proceso de transformación digital son los siguientes:

- Evolución acelerada: El desarrollo extremadamente rápido de la transformación digital requiere un cambio en la normativa legal para proteger a todas las partes participantes.
- Diversidad: Cada una de las tecnologías propias de la transformación digital se caracteriza por un conjunto de rasgos específicos. No es posible aplicar un marco jurídico genérico para regular todos los diferentes componentes tecnológicos de la transformación digital.
- Interoperabilidad: Diferentes industrias utilizan diferentes estándares para soportar sus aplicaciones. En este sentido, con múltiples fuentes de datos y diversas tecnologías y la existencia de diferentes industrias, las cuales utilizan diversos estándares y protocolos No es posible promulgar un marco jurídico único para todo el proceso relativo a la transformación digital, se deberá atender a las características de estas tecnologías las cuales pueden o no ser capaces de operar de forma armónica entre ellas.
- Cambio socioeconómico: La Transformación Digital representa un cambio socioeconómico que afecta a nuestras vidas y el sector legal no está exento de esta transformación. Como abogados, tenemos que abrazar la transformación digital para evitar la extinción de nuestra especie. Está claro que esta transformación llevará al sector legal a adquirir nuevas competencias, habilidades y capacidades. La transformación digital

130 *Id.* p. 941.

131 *Id.*

ofrece la posibilidad a los abogados de añadir nuevas habilidades mejoradas a su repertorio y, probablemente, quienes no logren hacerlo quedarán desfasados[132].

- Alcance de las restricciones al intercambio de información y riesgo de dictadura digital: Los datos son un componente clave de la transformación digital, pero también un gran problema. Para los reguladores encontrar un equilibrio en la decisión sobre el alcance de las restricciones al intercambio de información es crucial, teniendo en cuenta que el resultado de regulaciones demasiado amplias y preventivas podría traducirse en la pérdida de interoperabilidad y podría disminuir el progreso de los desarrollos tecnológicos. Adicionalmente, Shoshana Zuboff, profesora de la Unviersidad Harvard, ha sostenido que es necesario contar con derechos para los ciudadanos, así como, leyes e instituciones de supervisión acordes con las tecnologías del siglo XXI, ya que el riesgo de un dominio total del Estado, gracias los gigantes digitales y el acopio de datos y la manipulación de los individuos se encuentra latente[133].
- La privacidad: Este argumento ha sido ampliamente debatido por diferentes sectores. Numerosos académicos y operadores jurídicos han afirmado que las tecnologías inherentes a la transformación digital no siempre son compatibles con las normativas locales sobre privacidad. En el caso concreto de la tecnología blockchain, se ha afirmado que en algunos casos no es totalmente compatible con algunas leyes de privacidad existentes alrededor del mundo, tal es el caso del Reglamento general de protección de datos (RGPD)[134].
- Costos asociados y formación: La utilidad de las nuevas tecnologías es innegable. Sin embargo, la implementación efectiva de nuevas tecnologías (por ejemplo, blockchain) podría implicar la inversión de grandes sumas de dinero iniciales en la estructuración y ejecución de planes de actualización tecnológica; así como grandes esfuerzos de capacitación para funcionarios públicos, operadores jurídicos y la ciudadanía en general.

---

132 Olga Beck-Friis, *Tech Or Die: Lawyers Need To Embrace Digital Transformation To Avoid Extinction* (21 de diciembre de 2021), https://www.lawyer-monthly.com/2021/12/tech-or-die-lawyers-need-to-embrace-digital-transformation-to-avoid-extinction/.

133 https://www.eltiempo.com/tecnosfera/novedades-tecnologia/shoshana-zuboff-advierte-sobre-los-riesgos-de-los-gigantes-digitales-585308.

134 John Salmon and Gordon Myers, *Blockchain and Associated Legal Issues for Emerging Markets*, (Enero de. 2019), https://www.ifc.org/wps/wcm/connect/da7da0dd-2068-4728-b846-7cffcd1fd24a/EMCompass-Note-63-Blockchain-and-Legal-Issues-in-Emerging-Markets.pdf?MOD=AJPERES&CVID=mxocw9F.

En este sentido, para ser adoptadas masivamente las nuevas tecnologías deben ser asequibles o relativamente baratas[135].

- Riesgo de ciberataques: Al igual que ocurre con el uso de Internet, ningún medio tecnológico está exento de este riesgo.
- Adaptación: Las herramientas tradicionales de política regulatoria pueden ofrecer oportunidades para evaluar y probar diferentes enfoques para alcanzar los objetivos políticos relacionados con la transformación digital. Estas herramientas permiten a las autoridades gubernamentales tomar decisiones razonadas sobre si regular o seguir enfoques alternativos para mitigar los riesgos. Esto podría implicar la prohibición explícita del uso de ciertas tecnologías, la adopción de un enfoque de "esperar y ver" para identificar y abordar los riesgos percibidos, o la aplicación de exenciones regulatorias limitadas en el tiempo para los actores innovadores. A medida que la transformación digital siga evolucionando, es probable que las soluciones reguladoras requieran ajustes y una supervisión continuos por parte del Gobierno[136].
- Nociones tradicionales: Las empresas que operan en la era de la transformación digital no están restringidas por las nociones tradicionales de territorios soberanos y fronteras. Por lo tanto, hay que realizar un análisis cuidadoso para asegurarse de que todas las cuestiones y aspectos jurisdiccionales puedan ser gestionadas adecuadamente
- Desempleo tecnológico: Este es uno de los temas que preocupan a algunos de los empresarios más poderosos del planeta, entre ellos Elon Musk, quien ha manifestado en el caso de la IA que debe ser estudiado el impacto que dicha tecnología tendrá en la sociedad[137]. Adicionalmente, tanto Musk como Richard Branson coinciden en que las nuevas tecnologías tales como la IA abrirán la puerta a nuevas formas de generación de la riqueza, sin embargo, dejarían sin empleo a miles de personas[138]. Entre los nuevos empleos que se han creado podemos incluir, directores de tecnología en las diferentes empresas, así como, diversos puestos laborales íntimamente relacionados con la programación.

---

135 H. Lu, et al, Blockchain Technology… p. 41438.

136 OECD, *Regulatory effectiveness in the era of Digitalisation*...

137 Disponible en: https://www.reuters.com/technology/musk-experts-urge-pause-training-ai-systems-that-can-outperform-gpt-4-2023-03-29/

138 Disponible en: https://www.semana.com/tecnologia/articulo/inteligencia-artificial-no-solo-eliminaria-el-trabajo-de-los-humanos-tambien-llegaria-otra-amenaza-advierte-elon-musk/202340/

- Pérdida de control sobre las máquinas: En este caso, a fines de su más clara comprensión podemos citar como ejemplos la manipulación, uso indebido y armamentismo de la IA, las alucinaciones de las diversas inteligencias artificiales, sesgo de los algoritmos[139] y el riesgo existencial en el caso de la superinteligencia artificial.
- Calidad de datos: En el caso de *blockchain*, únicamente es posible garantizar la certeza o la precisión de los datos, pero, es imposible garantizar la calidad de la información contenida[140].
- Perfeccionamiento del lenguaje humano por parte de la IA: La IA está consiguiendo dominar el lenguaje a un nivel tal que supera la capacidad humana media. Al dominar el lenguaje, la IA puede tener acceso a las instituciones financieras, entes públicos y demás instituciones humanas. La IA podría descifrar "el sistema operativo de la civilización humana" que es el lenguaje adquiriendo la capacidad de manipular y generar lenguaje y contenidos. Lo cual implica la capacidad intervenir en nuestras instituciones y manipular e influir en nuestras opiniones y visión del mundo[141].

Es pertinente señalar que, ante la ausencia de una regulación legal y sublegal detallada a través de normas emitidas por los Estados, es posible, en la mayoría de las jurisdicciones colmar estas lagunas mediante la suscripción de contratos, ampliamente detallados y especializados en la materia. De esta forma, aun cuando la legislación no pueda seguir el paso de la tecnología, como abogados, debemos mantenernos actualizados en la materia y recomendar a nuestros clientes la suscripción de contratos sumamente detallados y claros, especialmente en relación a responsabilidades y obligaciones en los aspectos propios de las tecnologías objeto del contrato.

Adicionalmente, las asociaciones gremiales o empresariales en muchos casos establecen standards o reglas a seguir en diversos aspectos tecnológicos, de esta forma, aun cuando la legislación no siga el paso de la tecnología, existen diversos standards de calidad o industriales, que permiten que las actividades se ejecuten de forma cónsona con los objetivos que se pretenden obtener.

Tal como veremos a continuación instituciones en materia de *soft law* y derecho internacional, han desarrollados ciertos proyectos en diversas materias relativas a la transformación digital.

---

139 Un comando sesgado conduce a una consecuencia sesgada, puesto que la máquina recibe el comando de los humanos es imposible que no tenga sesgos, pero con el uso del aprendizaje automático los sesgos pueden reducirse drásticamente.

140 H. Lu, *et al*, Blockchain Technology…, *ob. cit.,* p. 41438.

141 Yuval Noah Harari, AI and the future of humanity, Frontiers Forum 29 de abril de 2023. Disponible en: https://www.youtube.com/watch?v=LWiM-LuRe6w

d. Principios de UNIDROIT

i. Proyecto de Principios Unidroit sobre Activos Digitales y Derecho Privado

El Instituto Internacional para la Unificación del Derecho Privado (UNIDROIT) es una organización intergubernamental independiente que se constituyó en 1926 y se restableció en 1940 sobre la base de un acuerdo multilateral. El UNIDROIT cuenta con 63 miembros (Estados) de los cinco continentes y su principal objetivo es estudiar las necesidades y los métodos para modernizar, armonizar y coordinar el Derecho privado y, en particular, el Derecho mercantil entre Estados y grupos de Estados, y formular instrumentos, principios y normas de Derecho uniforme para alcanzar esos objetivos[142].

Actualmente, UNIDROIT llevó a cabo una consulta pública relativa a un conjunto de Borradores de Principios y Comentarios sobre Activos Digitales y Derecho Privado ("Principios"). Estos Principios están diseñados para facilitar las transacciones de activos digitales que se utilizan a menudo en el comercio. Los mismos pretenden reducir la inseguridad jurídica a la que, de otro modo, se enfrentarían en los próximos años los profesionales, jueces, legisladores y participantes en el mercado al tratar con activos digitales[143].

Los Principios contienen orientaciones y elementos dirigidos a los responsables políticos y jurídicos. Cabe mencionar que los Principios se consideran derecho indicativo, lo que significa que no son jurídicamente vinculantes, aunque se recomienda a los Estados soberanos que adopten una legislación coherente con ellos. De este modo, los Principios encarnan las mejores prácticas y las normas internacionales[144].

Además, los Principios permiten a las jurisdicciones adoptar un enfoque jurídico de las cuestiones comunes relativas a la naturaleza jurídica, la transferencia y el uso de los activos digitales. Por otra parte, los Principios incluyen las criptomonedas, así como, una amplia gama de activos digitales, tales como productos tokenizados, bienes inmuebles y certificados de acciones[145].

La adopción e incorporación de los Principios podría aportar varios beneficios al marco jurídico del Derecho internacional privado, tales como: (i) Aumentar la previsibilidad de las transacciones relacionadas con activos digitales, y (ii) Au-

---

142 Overview UNIDROIT, disponible en: https://www.unidroit.org/about-unidroit/overview/.

143 *Draft UNIDROIT Principles on Digital Assets And Private Law*, UNIDROIT, Enero, 2023, disponible en: https://www.unidroit.org/wp-content/uploads/2023/01/Draft-Principles-and-Commentary-Public-Consultation.pdf.

144 *Ibid.* p. 3.

145 *Ibid.* pp. 3-5.

mentar la previsibilidad en las transacciones transfronterizas, relacionadas con activos digitales, reduciendo así los costes relacionados y la fijación de precios de las transacciones directas[146].

Al momento de redactar este documento, los Principios son apenas un borrador, sin embargo, consideramos que este es un tema que vale la pena mencionar y debido a lo vasto del argumento y el alcance de este escrito, debería ser desarrollado por un documento separado.

e. Entorno Digital Regulatorio en América Latina

A pesar del crecimiento de la economía y el comercio digital en todo el mundo, América Latina sigue siendo la región con el menor número de transacciones en línea per cápita, e incluso el porcentaje de la población con acceso a Internet en América Latina sigue siendo bajo, equivalente a un promedio del 68% en 2019. En consecuencia, dado el gran número de residentes de la región no pueden participar en la economía digital, un número reducido de empresas de la zona participan en el comercio digital y operan a través de canales digitales para prestar sus servicios[147].

Cabe mencionar que la pandemia ha hecho que la transformación digital sea esencial para las políticas públicas en América Latina, pasando de ser una mera aspiración a una herramienta fundamental. Por otra parte, el marco regulatorio en muchos países se encuentra desactualizado y no adaptado a la nueva realidad digital que trae consigo la transformación digital. La introducción de nuevas leyes y reglamentos es crucial para garantizar la claridad jurídica de las herramientas y métodos de trabajo digitales[148].

Sin embargo, los servicios digitales son una parte cada vez mayor de las exportaciones de los países de la región; por lo tanto, es necesaria una regulación favorable del entorno digital en América Latina, que debe adaptarse a los constantes desarrollos tecnológicos y a la innovación para permitir la mejora de la economía digital en América Latina, sin llegar a ser invasiva. Sin embargo, no existe un marco legal común para la región, ya que los países han implementado regulaciones individuales que dificultan el comercio digital transfronterizo[149].

Por ejemplo, Brasil aprobó recientemente su Ley General de Protección de Datos (LGPD), que establece normas para la recopilación, uso y almacenamiento de datos personales.

---

146 *Id.*

147 *Id.*

148 Government Digital Transformation Guide, Executive Summary, Inter-American Development Bank, (10 Noviembre de 2022), disponible en: https://www.iadb.org/en/news/idb-launches-first-guide-digital-transformation-governments.

149 *Id.*

La LGPD, en términos generales, es similar al RGPD de la Unión Europea y ha sido considerada como un paso significativo en la protección de la privacidad del consumidor en América Latina[150].

El entorno digital regulatorio en América Latina está evolucionando rápidamente, y los responsables políticos se enfrentan a múltiples desafíos a la hora de regular este nuevo entorno. Los gobiernos de la región están trabajando para encontrar un equilibrio entre innovación y regulación que promueva el crecimiento y proteja los derechos de los consumidores. A medida que la economía digital continúe expandiéndose en América Latina, será esencial seguir supervisando y adaptándose a estos retos para garantizar un entorno digital justo y equitativo para todos.

IV. Conclusión

La transformación digital es un proceso complejo que implica un cambio esencial impulsado por las tecnologías digitales con el objetivo de generar mejoras e innovaciones significativas en entidades, como una organización, una red empresarial, una industria o toda la sociedad. Este proceso no sólo es parte de nuestra vida profesional, es un elemento cotidiano que experimentamos en nuestros hogares.

La industria de los hidrocarburos no escapa a dichos cambios, a pesar de tratarse de una adopción progresiva cada vez son más las empresas que están desarrollando y participando de forma activa e impulsando la adopción de nuevas tecnologías como mencionamos a lo largo del presente escrito, siendo los más destacados los desarrollos en el área de las soluciones basadas en la blockchain, el IoT, los dispositivos inteligentes, la robótica y la RA y la RV, cobrando gran importancia la materia relativa a los *digital twins*.

Como se evidenció a lo largo del presente escrito, no existe una fórmula única para reglar las tecnologías inherentes a la transformación digital y tampoco existe un criterio universalmente aplicable a dichas tecnologías dadas la variedad de procesos que ésta implica; sin embargo, es claro que la legislación deberá ser "la sombra" de esta transformación mitigando los riesgos inherentes a estos cambios, pero, sin convertirse en un obstáculo para el desarrollo tecnológico.

150 Comparing privacy laws: GDPR v. LGPD. Disponible en: https://www.dataguidance.com/sites/default/files/gdpr_v_lgpd_revised_edition.pdf.

DERECHO FINANCIERO Y TRIBUTARIO

DEL PETRO-ESTADO AL *CRONY* SOCIALISMO. INVOLUCIÓN ECONÓMICA DE LA VENEZUELA DEL SIGLO XXI

Sary Levy Carciente[*]
Miguel Á. Martínez Meucci[**]

SUMARIO

I. Introducción

En la medida que en la economía venezolana se ha venido popularizando el uso del dólar estadounidense como moneda de intercambio interno, y mientras la escasez de los años más agudos de la hiperinflación comienza a lucir como cosa del pasado, proliferan las voces que afirman que, en Venezuela, durante la administración del chavismo-madurismo, nunca se estableció un régimen genuinamente socialista, por lo que la situación presente no se debe al modelo, sino a los actores que lo instrumentaron. Por otro lado, anaqueles repentinamente llenos, una variedad de nuevos bodegones, el repunte del consumo en ciertos sectores sociales y la percepción de que el dinero fluye por las calles, a la par que grandes mayorías están sumidas en la más extrema pobreza y la precariedad (Human RightsWatch 2019), han llevado a aquellos que respaldaron la imposición del modelo o su ideología base, a aseverar que el régimen de N. Maduro es "neoliberal". Insisten que el carácter socialista del chavismo-madurismo no habría sido más, sino una pirueta retórica que habría de apartarse del análisis en torno a lo ocurrido en nuestro

* Academia Nacional de Ciencias Económicas. saryle@yahoo.comwww.sarylevy.com

** Investigador independiente, anteriormente profesor de las Universidades Simón Bolívar, Metropolitana y Católica Andrés Bello (en Venezuela) y Austral de Chile. martinez.meucci@gmail.com

país durante las últimas dos décadas. Una hábil estrategia que los regímenes socialistas y los intelectuales que respaldan su ideología tienen para eludir el costo que significa la demostración fáctica de su falaz discurso y sus perversas consecuencias.

En este capítulo se argumenta que la cabal comprensión de la debacle nacional pasa por no perder de vista que sus orígenes se encuentran, precisamente, en los fundamentos socialistas del modelo socio-político y económico -planteado por H. Chávez y, hasta cierto punto, preservado por N. Maduro- y su firme imbricación con redes globales de la ilicitud.

Nuestra argumentación se hila a partir de dos ejes. En primer lugar, que el socialismo, en cualquiera de sus acepciones modernas, pasa por la concentración de facultades en el Estado, reduciendo, por consiguiente -en términos absolutos y/o relativos-, las que corresponden a la sociedad civil en términos más o menos espontáneos o, en todo caso, tal como han existido hasta el momento. Todas las corrientes del socialismo moderno –excepto las más utópicas, anarquistas o "buensalvajistas" que aluden a un paraíso armónico y carente de organización estatal- asumen que el Estado debe jugar un papel determinante en materia de dirección económica, función que no se reduce a la de regular los conflictos que emergen del mercado, sino que, por el contrario, consiste en organizar las fuerzas productivas del país, cuando no de asumirlas en una proporción determinante o incluso total.

El segundo eje argumental del trabajo es que la mayor concentración de facultades en el Estado no necesariamente redunda en el crecimiento a mediano o largo plazo de sus capacidades netas, si bien sí suele conducir al debilitamiento inmediato de las capacidades de la sociedad. La concentración de facultades en el Estado pasa por la transferencia más o menos forzada de recursos desde el sector privado al sector público (vía impuestos, expropiaciones, controles, regulaciones confiscatorias, etc.).

El argumento a favor de dicha concentración en el Estado, compartido y practicado por todo socialismo, sostiene que estas transferencias son necesarias para favorecer el fortalecimiento de la sociedad en su conjunto, y para que éste no se produzca de modo desigual (Acemoglu y Robinson, 2019). Al respecto vale señalar que, mientras la transferencia de recursos al Estado es inmediata -y por ende representa una lesión cierta para algunos sectores de la sociedad o para toda ella en su conjunto-, los beneficios esperados -en términos de fortalecimiento de la sociedad y de las capacidades estatales- tardan en materializarse. Y esto en el mejor de los casos, porque también puede suceder que en Estados altamente corrompidos o socialmente fragmentados los beneficios no se materialicen jamás, o que los efectos colaterales de tales políticas anulen cualquier eventual efecto positivo, o que tengan un efecto negativo neto en toda la sociedad a corto, mediano y largo plazo.

En el caso de la Venezuela de este siglo, pretendemos mostrar que las políticas impuestas en el plano económico por el modelo del Socialismo del Siglo XXI efectivamente concentraron múltiples facultades y recursos en el Estado, en teoría con el propósito de beneficiar al conjunto de la población, y para lo cual acometieron numerosas confiscaciones y expropiaciones, mientras se asfixiaba la capacidad productiva del sector privado. No obstante, sus resultados evidencian que no sólo no han alcanzado los objetivos declarados, sino que dichas políticas han debilitado ostensiblemente no sólo a la sociedad, sino incluso las capacidades del Estado para favorecer y/o atender las necesidades materiales de sus ciudadanos, beneficiando en su lugar a una serie de organizaciones paraestatales y grupos particulares.

Más aún, el conjunto de decisiones políticas, esencialmente alejadas de una voluntad democrática, han puesto de manifiesto la esencia del objetivo del modelo, que no es otro que el control socio-político de la población para facilitar políticas extractivistas por parte de los grupos asidos al poder. Tal como intentaremos mostrar a continuación, el colapso de la situación venezolana no ha sido consecuencia de una instrumentación errada o incompleta de las políticas desarrolladas por el Estado chavista-madurista, sino justamente de su propia naturaleza controladora, confiscatoria, destructiva y, a menudo, depredadora.

II. Sinopsis de la metamorfosis del Estado venezolano

La clásica definición weberiana del Estado -entidad que reclama para sí, con éxito, el monopolio del uso legítimo de la violencia- nos recuerda que el atributo fundamental de todo Estado es su capacidad coercitiva, aunque siempre en referencia a algún tipo de sistema normativo, pues como destaca San Agustín de Hipona, sin esta normatividad, sin apelar a una idea general acerca del bien común, *los reinos de la tierra no se distinguen de una banda de ladrones* (*La Ciudad de Dios*, capítulo 4, libro IV).

De acuerdo con lo anterior, funciones básicas de todo aparato estatal son, aparte del monopolio de la violencia, la potestad única de dictar las leyes y la capacidad para recaudar y emplear organizadamente una parte de los recursos provenientes del trabajo de la población. Cuando se habla de "capacidades estatales" fundamentalmente se hace referencia a estos aspectos, aunque hoy día, en medio de una era democrática, se extiendan también a la eficacia con la que el Estado favorece, coordina o brinda una serie de servicios básicos a la sociedad a la que regula y gobierna.

Ahora bien, aunque el Estado-Nación es actualmente la entidad política, jurídica, administrativa y cultural más importante en torno a la cual nos organizamos los seres humanos, también es importante reparar en el hecho de que no todos los actuales Estados nacionales se constituyeron siguiendo un mismo camino.

Así, vemos que mientras algunos de los primeros estados nacionales emergieron en Europa occidental tras una progresiva concentración de poder por parte de varios monarcas, los cuales a su vez fueron tomando los pasos necesarios para reducir a su mínima expresión la influencia del papado en el ejercicio de su poder dentro de los territorios que controlaban, otros aparecieron en tiempos mucho más recientes, como consecuencia, por ejemplo, de las independencias de los dominios europeos en América o de los procesos de descolonización que tuvieron lugar en África, Asia o el Caribe durante el siglo XX. Algunos fueron creados a partir de lógicas netamente endógenas, mientras que otros están marcados por la ruptura con lejanas metrópolis; en algunos los poderes relativamente autónomos de la sociedad entraron en pugnas profundas y moldearon el surgimiento de las instituciones, mientras que en otros el papel de las fuerzas armadas estatales fue esencial en la conformación de las mismas.

En este sentido, existe ya una larga tradición de estudios acerca del modo en que progresivamente se van estructurando las instituciones estatales, entre los cuales encontramos autores como Barrington Moore (1966), ThedaSkocpol (1979), Seymour M. Lipset (1960), Samuel Huntington (1968) o Francis Fukuyama (2011, 2014). Joel Migdal (2001), por ejemplo, ha consolidado su enfoque del "Estado en la sociedad" para hacer ver que, sobre todo en sociedades ancestrales como las que predominan en Eurasia, el Estado fue una entre diversas instituciones y formas de organización social que fueron luchando por consolidarse en el tiempo. Lo que caracterizaba al Estado con respecto a las demás era, sobre todo, su pretensión monopolizadora, su aspiración a ejercer una hegemonía sobre todas las demás. De ahí que, aún en nuestros días, Estados de capacidad relativamente baja se las vean y se las deseen para lograr imponer su ley sobre sociedades en las que otras formas de organización, a menudo fuertemente consolidadas a lo largo del tiempo -e incluso menos relacionadas que el moderno Estado-nación con una influencia occidental o extranjerizante-les ofrecen una importante resistencia.

Acemoglu y Robinson (ob. cit.), por su parte, han desarrollado recientemente su tesis del "pasillo estrecho". De acuerdo con ésta, sólo una sana pero dura competencia entre el poder del Estado y el poder de la sociedad permitiría crear órdenes políticos que reúnen a un mismo tiempo seguridad, libertad y prosperidad. Según estos autores, ello fue principalmente posible en Europa occidental porque sólo allí coincidieron de un modo único dos fuerzas sociales muy particulares. Por un lado, el peso de la organización romana, que durante los siglos en los cuales se mantuvo vigente llegó a constituirse como una tradición de gobierno sumamente importante, en tanto los romanos demostraron su habilidad para ejercer un dominio efectivo del territorio, elaborar leyes y fundar instituciones. Por otro, la igualdad común a las tribus germánicas que ocupan el Imperio Romano, marcadas por una tradición de notable horizontalidad social y resistencia al poder constituido. La combinación de ambos factores habría generado una tradición política única, marcada por esa lucha entre el poder burocrático y legal del Estado y la aspiración constante de la sociedad a limitar dicho poder estatal para preservar sus libertades.

Traemos a colación estos trabajos porque nos interesa recalcar hasta qué punto la consolidación progresiva del Estado y el desarrollo de sus capacidades están marcadas, en cada caso específico, por una conjunción de factores que en buena medida condicionan las fuerzas endógenas que marcan su evolución en el tiempo. Para cada Estado es posible trazar una evolución que ayuda a entender cómo y por qué su historia se ha desplegado de tal o cual modo, del mismo modo en que Alexis de Tocqueville encontraba los orígenes de la homogeneizadora Revolución Francesa en el efecto uniformizador que el control absolutista implantado por Luis XIV y el cardenal Richelieu ejercieron sobre la sociedad francesa, reduciendo la influencia hasta entonces ejercida por las instituciones tradicionales y los cuerpos intermedios de la sociedad.

En el caso concreto que nos ocupa, que es el de Venezuela, como territorio particularmente afectado en Hispanoamérica por la Guerra de Independencia -que bien podría ser llamada también una guerra de secesión, dadas sus características particulares- y por el descoyuntamiento institucional que le siguió, reforzado unas décadas después por la sangrienta Guerra Federal, a Venezuela le costó sobremanera la conquista de una mínima estabilidad estatal. Sumida en una profunda deuda externa, arrasados sus campos y ganados, disputado el poder político y económico por caudillos internos y potencias externas, nuestro país no encontraría las bases de una genuina consolidación estatal sino hasta el inicio de la comercialización del petróleo. Sólo entonces, con la creación de un verdadero ejército nacional, el pago de la deuda externa y la supresión de todas las rebeliones regionales, pudo el país comenzar a fungir como un verdadero Estado nacional.

El ingreso proveniente de los hidrocarburos permitió durante la primera mitad del siglo XX lo que Germán Carrera Damas (1980) ha llamado "el proceso de implantación de la sociedad venezolana en el territorio nacional", al menos en condiciones dignas de tal nombre. Tras las dictaduras establecidas por la hegemonía andina, también la democracia echó mano del petróleo para desarrollar su proyecto de país, notablemente más inclusivo y enfocado en una prosperidad general. Pero tanto en uno como en otro caso, la explotación petrolera se desarrolló de tal modo que fue adquiriendo un carácter de renta del cual aún no ha podido deslastrarse, y que ha condicionado profundamente nuestra evolución como país.

Se llegó así al extremo de que, en una medida nada despreciable, *el Estado creó a la sociedad en Venezuela*. A diferencia de lo que señala Migdal (ob. cit.) para sociedades más antiguas que la nuestra, el Estado en Venezuela encontró escasa resistencia en la sociedad una vez que se inició lo que podemos llamar con alguna precisión como "el siglo petrolero venezolano". La renta, percibida de forma más o menos directa por el Estado, le permitía a quienes lo controlaran marcar el rumbo del país de un modo determinante. Y se dio entonces la circunstancia que los partidos políticos, en vez de emerger -como sucedía en otras latitudes- como forma de organización política de diversos sectores bien consolidados en la sociedad, evolucionaron desde fechas muy tempranas como captadores de renta, dedicándose incluso a impulsar la creación de sindicatos, organizaciones gremiales y empresariales, asociaciones civiles y demás formas de organización social.

Mientras predominó el paradigma de la industrialización por sustitución de importaciones orientada por políticas públicas, impulsado por la CEPAL en Latinoamérica, Venezuela se constituyó como uno de los países ganadores de la región. Si el paradigma económico de los años 50, 60 y 70 propugnaba un fuerte protagonismo del Estado, sólo aquéllos con amplia disponibilidad de recursos estarían en capacidad de impulsar sus economías nacionales, y ese era el caso de nuestro país. De modo que cuando los países de la región se debatían entre levantamientos revolucionarios, protestas populares y golpes de estado, el Estado venezolano impulsaba felizmente su proceso de industrialización por sustitución de importaciones en un clima de libertades respaldadas por una democracia representativa.

Ya en los 70 el modelo mostraba sus fallas e insuficiencias, aunque la abundancia de recursos permitía ocultarlos y obviar las necesarias transformaciones. Pero cuando cambiaron los tiempos, la capacidad de nuestro país para adaptarse enfrentó obstáculos políticos y sociales que, sin ser necesariamente insalvables, sí nos condenaron en definitiva a perder el tren de la liberalización económica global y a quedarnos rezagados con respecto al resto de la región y el mundo. Difícil será cerrar definitivamente el debate acerca la forma de instrumentación de la agenda del Gran Viraje, o en torno a quiénes fueron los principales responsables de que el gobierno que acometió con firmeza y eficiencia su puesta en marcha, finalizara prematuramente su período. Lo cierto es que ante la puesta en marcha de las reformas liberalizadoras tuvieron lugar un estallido social, dos golpes militares y la destitución del presidente de la república. Y si bien la Agenda Venezuela del siguiente gobierno mantuvo a la baja el nuevo rumbo, el país en su conjunto pareció optar por un camino distinto al elegir en 1998 a la principal figura que protagonizó el golpe militar del 4 de febrero de 1992.

A pesar de que el proyecto político de H. Chávez no se calificó a sí mismo de *socialista* durante la campaña presidencial de 1998, hay que tomar en consideración algunos detalles que nos permiten comprender en qué dirección apuntaba el nuevo y heterodoxo presidente. Por un lado, la campaña de corte netamente populista abundó en una idea de por sí enquistada en nuestra sociedad: *la pobreza en un país rico se debe al mal reparto de la riqueza, deficiencia que está casi enteramente ocasionada por la corrupción de los políticos*. La función repartidora del Estado no sólo estaba a tono con el paradigma económico que habría prevalecido durante décadas en el país, sino que ofrecía un espléndido caldo de cultivo para el desarrollo de un proyecto socialista.

Por otro lado, una vez que fueron superados los conflictivos años de 2002, 2003 y 2004 -durante los cuales una sociedad que ya no confiaba en el liderazgo de sus partidos políticos resistió como pudo al avance autoritario, movilizada principalmente por entidades privadas, gremiales y sindicales-, el chavismo sí asumió de forma oficial su carácter socialista (el 25 de febrero de 2005 en la inauguración por Chávez en Caracas de la IV Cumbre de la Deuda Social), al punto que el intento de reforma constitucional de 2007 se propuso configurar a Venezuela como "república socialista". Y si tras salir de la cárcel en los años 90 H. Chávez fue recibido con honores de jefe de Estado en La Habana, a partir de febrero de 2003 -con el inicio de las llamadas "Misiones"- no dejó de afirmar que la Cuba castrista era, en gran medida, el modelo a seguir y el baluarte moral del "Socialismo del siglo XXI".

Así, con el propósito de dar por concluido el período de la República Civil (1958-1998, denominado por el chavismo como "Cuarta República" o "puntofijismo") para fundar una "Quinta República" mediante su "Revolución Bolivariana", el gobierno de Chávez se enfrascó en el desmantelamiento de la institucionalidad existente, acometiendo un rediseño estructural del Estado y de la relación Estado-Sociedad, bajo directrices socialistas. La gran mayoría de estas políticas tuvieron el efecto de debilitar a una sociedad civil venezolana que, de por sí, nunca logró contar con los grados de fortaleza e independencia necesarios para evadirse a las lógicas del Estado rentista.

En este sentido se observa que, por un lado, el chavismo combatió el principio de la asociación ciudadana autónoma e independiente, mientras que por otro los intentos de ordenar a los venezolanos en estructuras paraestatales tales como las comunas y los consejos comunales (en función de un proyectado "Estado Comunal"), las mesas técnicas de agua, círculos bolivarianos, los colectivos, las Regiones Estratégicas de Defensa Integral (REDI), las Zonas Operativas de Defensa Integral (ZODI), las Áreas de Defensa Integral (ADI), los "protectores" y demás iniciativas similares siempre estuvieron condicionados por la voluntad de control y reclutamiento, por parte del partido de gobierno, para los fines de la revolución.

Podría pensarse que el poder perdido por la sociedad se tradujo en el fortalecimiento general del Estado, y sin embargo no sucedió así. Tal como lo refleja el Índice de Estados Frágiles (TheFundforPeace, 2021), Venezuela no cuenta hoy con un Estado más coherente y eficaz, ni más capaz de sustentar el desarrollo de políticas orientadas a mejorar la calidad de vida de su población. Desde 2013 se mantiene una sostenida pérdida de capacidades estatales. Lo único que aumentó en tal sentido fueron las facultades extractoras y represivas del Estado, hasta un extremo en el que la ausencia de contrapesos sólo pudo terminar multiplicando las oportunidades para una corrupción que ha adquirido unas proporciones descomunales.

La causa de esta pérdida de capacidades estatales está profundamente relacionada, precisamente, con el profuso desarrollo de esa *paraestatalidad* sumisa al proceso revolucionario, ya que entidades paraestatales como las mencionadas anteriormente no sólo concentraron importantes recursos públicos que fueron empleados sin el necesario control ciudadano, sino que contribuyeron a minar las competencias, financiamiento y profesionalismo de las estructuras del Estado convencional. Con el tiempo, algunas de estas estructuras no sólo se convirtieron en un desaguadero de recursos del Estado, sino que desarrollaron agendas propias de carácter particular e incluso ilegal. El caso más grave se relaciona con las que han estado a cargo de militares o civiles armados, ya que varias de ellas incluso han llegado a minar el monopolio estatal de la violencia, potenciando así una notable propensión hacia la cleptocracia.

Como consecuencia de lo anterior, el control del territorio nacional experimenta hoy una importante fragmentación que da pie a diversas lecturas, no excluyentes: a) evidencia la incapacidad del Estado de ejercer el monopolio de la fuerza a lo largo y ancho de su geografía; b) denuncia la presencia de grupos y mafias que controlan espacios geográficos y sus recursos naturales, e incluso sus poblaciones; y finalmente, c) se desarrolla como estadio natural de transición hacia una nueva forma de organización administrativa-político-territorial como es el Estado Comunal, con el que se pretende lograr la irreversibilidad del proceso revolucionario iniciado en 1998 bajo una clara impronta neocomunista abiertamente planteada en el II Plan Socialista 2013-2019 (Levy-Carciente, 2013). Así, mientras el primer enfoque nos llevaría a concluir que estamos en presencia de un Estado debilitado, el segundo nos habla de una estructura distribuida de poder, a la vez que el tercero se refiere a la consolidación del proyecto del modelo del Socialismo del siglo XXI, en su fase Comunal.

En conclusión, desde una mirada general podemos hablar sin ambages del indudable declive de ese "siglo petrolero venezolano" que se extiende desde la segunda década del siglo XX hasta nuestros días, cuando el colapso de la industria de los hidrocarburos en nuestro país parece estarnos empujando ya hacia un nuevo tipo de economía, con nuevos ejes ductores, y con ella, hacia un cuestionamiento profundo de la relación entre el Estado y la sociedad tras el sostenido debilitamiento que ambos han venido experimentando recientemente. Una reconfiguración de la relación entre Estado y sociedad que, lógicamente, no puede menos que impactar de forma sustancial en el modo en que concebimos nuestra democracia.

III. La Revolución Bolivariana: control y dominación por medios económicos

En la esfera socio-económica, los cambios en la estructura y capacidades del Estado que fueron introducidos por la Revolución Bolivariana estuvieron impulsados por varias directrices que se retroalimentaban mutuamente y de las que destacaremos: 1) la creación de una estructura paralela a los organismos públicos existentes, en buena medida asociados a las Misiones y otras estructuras a medio camino entre lo público y lo comunal; 2) el debilitamiento de la autonomía de las instituciones públicas con recentralización de las decisiones en el Ejecutivo, v.gr. BCV y PDVSA, y la discrecionalidad y opacidad en el manejo de la cosa pública, así como la eliminación progresiva de información estadística; y 3) el debilitamiento de la propiedad privada, sea por expropiaciones, confiscaciones o por acoso a la producción mediante controles y regulaciones.

El proceso obedeció a la voluntad genuinamente socialista de hacer del Estado el rector de la economía nacional y la entidad controladora de los intercambios económicos, pasando por encima de cualquier principio político o económico de carácter liberal y de transparente rendición de cuentas a la ciudadanía. Pero, aunque las herramientas señaladas se ubicaban en la dimensión económica, los objetivos de las mismas eran extra-económicos, y alcanzaban las de control sociopolítico de las dinámicas de la población.

La economía venezolana de inicios del siglo XXI mantenía como eje dinamizador su carácter dependiente de las exportaciones petroleras, las cuales a su vez están claramente atadas a los vaivenes del precio del petróleo, variable exógena medular de las proyecciones nacionales. Asimismo, el esquema y el nivel del tipo de cambio, tanto para efectos de las exportaciones petroleras, como para las importaciones necesarias para la producción y el consumo final nacional, eran frecuente motivo de discusión de política económica, por lo determinante en los resultados macroeconómicos. Justamente estas dos variables se convirtieron en pivotes de intervención y cuyo impacto y efecto distorsionador se profundizó en el período de auge del precio de las materias primas y que incluyó al petróleo desde comienzos de siglo hasta 2014, lapso durante el cual el país fue receptor de ingentes recursos.

Destaca la intervención, con clara intencionalidad política, de un instrumento económico de vocación democrática y de rendición de cuentas, como lo es el Presupuesto Nacional. La manipulación de sus supuestos, subvaluando la estimación del precio petrolero, favorecía la generación altísimos ingresos "extraordinarios", los cuales, por su naturaleza, eran manejados directamente por el Ejecutivo, y que, sumado a un discurso populista del líder carismático, alimentaba la relación ideológico-clientelar con la instancia de máximo poder. De forma discrecional y además opaca, el Ejecutivo los fue asignando a diversidad de fondos, como: FONDEN, FONDESPA, Fondo Miranda V, Fondo Bicentenario, Fondo Conjunto Chino-Venezolano, Fondo RENOT, Fondo Alan, Fondo Independencia y Fondo Súbito; alimentando el desarrollo de una estructura paralela de intervención pública, las llamadas Misiones. Mientras, se reducían los recursos destinados a los organismos de la estructura pública oficial, minimizando su capacidad de inversión en proyectos y programas; y disminuían los montos previstos para el situado constitucional, a ser distribuido en gobernaciones y alcaldías, lo que desmontaba el esfuerzo de descentralización y de desarrollo y fortalecimiento de las regiones, de décadas previas.

Asimismo, la variable cambiaria fue clave en este proceso de metamorfosis de las dinámicas sociales. La dependencia venezolana de la exportación petrolera y la diferencia de rentabilidad de esta actividad frente a las demás internas del país, hacen del tipo y el esquema cambiario, medulares en la generación de incentivos positivos y/o perversos para la producción nacional. Desde los 80, Venezuela ha experimentado diversos esquemas cambiarios: fijo, flotante, reptante, entre bandas y controles. Estos últimos nunca han salido bien calificados como anclaje, pues simplemente se convierten en barreras a ajustes que bien han podido realizar el mercado u otros mecanismos de forma paulatina y menos traumática. Por el contrario, la distorsión termina siendo eliminada con un fuerte ajuste que libera la represión en precios. Sin embargo, sus malos resultados no han sido óbice para que en distintos gobiernos se insista en su implantación.

Destaca en este sentido el largo período de control cambiario de este siglo, 2003-2019, y sus diversos esquemas (2003: CADIVI; 2004: CADIVI Permuta, 2010: CADIVI, SITME; 2013: CADIVI, CENCOEX, SICAD I; 2014: CENCOEX, SICAD I, SICAD II; 2015: CENCOEX, SICAD I, SIMADI; 2016: CENCOEX, DIPRO, SIMADI, DICOM; 2017: DIPRO, DICOM; 2018: NUEVO DICOM), que se convirtieron en importante fuente de distorsión económica, así como de asignación discrecional y corrupción. Como todo esquema de control, acusó rezagos importantes de ajuste, así la apreciación cambiaria que era evidente en el 2006, por motivaciones políticas, no será revisada hasta 2010, y ese nuevo esquema de tasas múltiples multiplicaría distorsiones, cosa que se mantuvo en los siguientes esquemas, complejizando el proceso productivo, desincentivando la inversión y favoreciendo el alza en los precios, que tendría su periodo culmen entre 2017 y 2019 y en el que el rol del Banco Central de Venezuela, BCV, fue lastimosamente, determinante.

Si alguna instancia deviene en elemento favorecedor de estabilidad y confianza en los Estados actuales, este es su ente emisor. Y justamente, el BCV fue un organismo que rápidamente acusó el efecto de las políticas del modelo del Socialismo del siglo XXI: se menoscabó su autonomía, llevándolo a descuidar su objetivo medular: la fortaleza interna y externa de la moneda; y se estimuló su participación procíclica en la economía, marginando la evaluación de la eficiencia de las decisiones de política en la satisfacción de las necesidades de la ciudadanía. Esta situación se profundiza a partir de 2003, momento a partir del cual el BCV comienza a abandonar el objetivo de la estabilidad de precios y se inclina por incidir en la actividad económica acompañando políticas gubernamentales. Para ello, y obviando el articulado constitucional, se reforma a la Ley del BCV, diluyendo su autonomía y permitiendo el financiamiento de políticas fiscales deficitarias, lo que al final merma las reservas internacionales del país. El envilecimiento de la moneda nacional ha sido tal que en este siglo ha sufrido tres reconversiones monetarias: en 2008 cuando la nominación es dividida por mil, 2018, dividida por diez mil, y en 2021, por un millón. En total, el bolívar ha tenido que perder 14 ceros, y más aún, es tal su poca aceptación, que, tras permitirse el uso de moneda extranjera en 2019, rápidamente se inició una dolarización transaccional, que para 2022, en promedio, recoge el 70% de las transacciones que se realizan en el país.

Dentro de la dinámica monetaria, otra arista de intervención fue la de la actividad de intermediación y especial mención merecen las carteras de crédito obligatorias que permitieron al gobierno canalizar el crédito a los sectores y en cuantía definida, con muy elevadas penas en caso de incumplimiento. El destino de estas carteras crediticias se orientó a cinco sectores: agricultura, turismo, microempresa, manufactura y vivienda. Asimismo, el rol predominante de la banca comercial lo adquirió la banca universal, se expandió la participación de la banca pública en el negocio financiero y las entidades de ahorro y de inversión financiera desaparecieron en 2013 (Levy-Carciente, Krivoy y Herrera, 2017). El peso del crédito varió a lo largo del siglo, inició representando el 60% de los activos, en 2004 era el 30%, subió al 45% en 2013 y para el 2022 es tan solo un 5%. La incidencia de la política pública también se materializó en la cartera de inversiones: a comienzos de siglo era un 10% de los activos, para 2004 subió al 50%, para 2013 un 30% y para el 2022 supera el 57%. Estos cambios en la composición del activo están muy vinculados a los cambios regulatorios y de políticas públicas (Levy-Carciente, *et al* 2015).

Pero, así como en una etapa el esquema fue altamente expansivo, desde el 2018, la política monetaria contractiva fue viabilizada por la elevación del encaje bancario a elevadísimas tasas, primero bajo la modalidad marginal y posteriormente con el encaje legal estándar, con la virtual anulación del crédito. Este efecto contractivo por la eliminación del financiamiento a la producción no fue tan evidente, dada la marcada tendencia depresiva que mostraba la economía venezolana, siendo que el tamaño del sector bancario, se redujo sustancialmente, al igual que el resto de los sectores productivos. La política monetaria pareciera mostrar signos de cambio en el primer trimestre de 2022, cuando se reducen los niveles de encaje y se autorizan créditos indexados al tipo de cambio, pero paralelamente se observa un interés de control de inflación, por lo que se emiten títulos que recojan la masa monetaria, lo cual reduce el espacio de la expansión crediticia y el financiamiento a la inversión productiva.

Simultáneamente, el conjunto de estatizaciones, expropiaciones y confiscaciones, a partir del 2004, fueron significativas y afectaron seriamente la producción nacional. Los primeros ataques a la propiedad privada se centraron en las tierras con vocación agraria y para el cultivo, pero rápidamente se incluyeron empresas manufactureras, terrenos urbanos, incluso redes de servicios.

Esta directriz política quedó reafirmada en el Primer Plan Socialista 2007-2013, donde claramente se establece el interés de reducir los espacios de la empresa privada, para ser sustituida por empresa pública y social, con sus correspondientes esquemas de propiedad. Si a ello se agregan los crecientes controles, las múltiples y cambiantes regulaciones, la fiscalización continua de ejecución discrecional, el entorno productivo amén de hostil, imponía y consolidaba el poder estatal sobre la propiedad y la producción. Asimismo, insistía en el esquema de planificación centralizada, como instrumento de organización productiva, y se convertía en instrumento de sometimiento de la población. No era de extrañar que el resultado fuera la destrucción de la producción doméstica, lo que devino en pobreza y que a su vez realimentó el sistema perverso, y se convirtió en la motivación de mayor control a través de sistemas de reparto, como las Cajas CLAPS, que sumaron discrecionalidad y corrupción.

Según investigaciones realizadas por el Observatorio de Derechos de Propiedad de CEDICE (https://paisdepropietarios.org/propietariosve/) la década 2002-2012 fue el período de mayores procesos forzados e irregulares de estatización y expropiación de empresas, y se calculan en cerca de 1200 empresas afectadas. A ello habría que sumar la afectación a la propiedad de personas naturales, que entre 2005 y 2010 se calcula que se apropiaron de 285 propiedades (edificaciones y terrenos de diferente vocación y ubicación geográfica).

Si se revisa el desempeño en términos de derechos de propiedad del país desde 2007 (Levy-Carciente, 2021), Venezuela se encuentra en promedio de un puntaje de 3/10, y su posición global y regional, se ha deteriorado continuamente desde 2014, hasta ubicarse este 2022, en el último puesto en ambos rankings. Ahora en 2022, cuando la economía nacional es aproximadamente un 25% de lo que era en 2013, y cuando grupos asociados al poder, parecieran tener interés en participar en actividades productivas dentro del territorio nacional, en parte porque las sanciones internacionales han reducido sus márgenes de maniobra, se avista un proceso de reversión de esta expoliación de propiedad privada –vale decir, sin compensación por el daño causado- pero habrá que evaluar con atención la forma en la cual se realiza, no se convierta en la consolidación de un sistema de mafias. Tal es la clara advertencia de Herrera (2021), que revisa el caso de la política de privatizaciones de Rusia en la década de los 90, caracterizado por procedimientos poco transparentes e irregulares de entrega de activos públicos a individuos o grupos cercanos al gobierno. La falta de un marco institucional sólido, con respeto al estado de derecho es un elemento medular de carencia en este momento en Venezuela, por lo que no existen garantías de procesos abiertos y eficientes en procesos de reprivatización.

No se puede obviar en el análisis del caso venezolano, un aspecto notorio de la forma de gobierno avanzada en este siglo, que se orientaba a la consolidación hegemónica del Ejecutivo, dando al traste con la independencia de poderes propia de una república. Ello fue favorecido por el discurso populista y el liderazgo carismático de Chávez, que propició un uso desmedido de Leyes Habilitantes, que permitieron al Ejecutivo gobernar por decreto. En diciembre de 2001, Chávez aprobó por decreto 49 leyes y mención especial, por controversiales y nocivas, merecen:

a) la Ley de Tierras y Desarrollo Agrícola, que prometía reducir la concentración de la propiedad territorial, obviando que justamente el Estado era el gran terrateniente nacional y debilitando el derecho de propiedad. Este Decreto-Ley estableció los fundamentos del llamado "rescate de tierras", procedimiento que no equivalente a una expropiación e incluso es contrario al Art. 115 de la Constitución. La aplicación del "Exprópiese" de Chávez alcanzó 6,5 millones de hectáreas de "tierras rescatadas" y casi 13,5 millones de hectáreas regularizadas con consecuencias nefastas para el abastecimiento alimenticio de la población (Abadí y García, 2019:71); y

b) la Ley de Hidrocarburos, que desmontaba la apertura petrolera avanzada en los 90, desestimulando la inversión internacional en el sector, al establecer como competencia del Estado la extracción petrolera, al menos en un 51%, además de elevar las regalías.

El control sobre la industria petrolera nacional fue desde el inicio una estrategia central, no solo por ser la principal fuente de recursos, sino además por su fuerza ductora de las dinámicas socio-económicas y políticas del país. Vale a su vez destacar que en los lineamientos del Plan de Desarrollo Económico y Social de la Nación, PPS 2007-2013, presentado por el Ejecutivo y aprobado por la Asamblea Nacional como Plan Nacional, se destaca el alcance geopolítico del Plan, y en el que la riqueza energética con la que cuenta el país se conforma en componente esencial para el logro de sus objetivos. De tal manera, que el control sobre la industria de hidrocarburos fue desde el inicio un eje medular del modelo del Socialismo del Siglo XXI. Ello quedó evidenciado en el paro petrolero 2002-2003, que finalizó con el despido en alocución pública de 18 mil trabajadores de la estatal petrolera, PDVSA, quedando la misma huérfana de un valioso conocimiento técnico y experticia en el mercado de hidrocarburos, que le habían ganado a la empresa su posicionamiento mundial.

Rápidamente la empresa se fue deteriorando, y de ser la empresa generadora de los mayores ingresos fiscales, llega a requerir auxilio para operar los campos que posee. A finales del siglo XX, la estatal petrolera era la segunda más importante del mundo, con una producción de aprox. 3 millones b/d, y con proyectos para elevarla a 6 millones b/d, compitiendo con SaudiAramco, e incluso su posicionamiento era superior a BP, Exxon-Mobil y Royal Dutch-Shell. Asimismo, contaba con 22 refinerías en el mundo: 8 en Europa, 7 en los EE. UU, 2 en la región de El Caribe y 6 en Venezuela, siendo Amuay la 4ta más grande del mundo y junto con el Complejo de Cardón, el complejo refinador mayor del mundo. De igual manera su desarrollo corporativo le había permitido a través de Citgo, llegar al 10% del mercado interno de los EE.UU. a partir de más de 15 mil estaciones de servicio. Hoy día, tras dos décadas en manos del chavismo-madurismo, el nivel de refinación se ubica en 80 mil bpd y la explotación petrolera no supera los 750 mil b/d, siendo que ello es gracias a esas empresas mixtas, que participan en minoría accionaria frente a PDVSA, y que, por falta de posibilidad financiera de esta última, no se ha podido invertir para recuperar la producción.

A ello habrá que añadir la utilización de la empresa como fuente de financiamiento para programas diversos, que la fue alejando de sus objetivos medulares, y más grave aún, la opacidad del manejo de los mismos, que convirtió a la estatal petrolera en un foco de corrupción con alcance mundial. Es en la estrategia acometida contra la empresa que se encuentra uno de los ejes importantes de la ruinosa situación fiscal, pues se destruyó la fuente de los mayores ingresos del erario público. Vale a su vez señalar la fuerte afectación que ha padecido la ciudadanía en su diario trajinar producto de la ausencia de combustible: sea gas doméstico, gasolina y gas licuado para el transporte automotor, y los derivados refinados que normalmente era suplidos a nivel nacional.

Vale a su vez destacar que en estas dos décadas una serie de empresas estatales internacionales fueron las que participaron más activamente en sociedad con PDVSA: la francesa TOTAL, la española REPSOL, la italiana ENI, la vietnamita PETROVIETNAM, la rusa ROSNEFT, la china CNPC, la noruega STATOIL, la portuguesa PETROGALP. A ello vale sumar la continua -aunque limitada- presencia de la empresa estadounidense CHEVRON. Paulatinamente se fueron tejiendo nuevas alianzas con nuevos socios, principalmente con aquellos cuyos gobiernos tenían afinidades ideológicas con el Socialismo del siglo XXI. Este fue un eje importante de un nuevo relacionamiento global del país y donde los socios tradicionales e incluso hemisféricos fueron relegados, si no, sustituidos, respondiendo a la proyección y participación geopolítica del modelo.

Destaca en este sentido la denuncia del Acuerdo de Cartagena en abril de 2006, y con ello la salida del país del acuerdo de integración regional Comunidad Andina de Naciones (CAN), so pretexto de perjuicio por la firma de los Tratados de Libre Comercio firmados por Perú y Colombia con EE.UU. Justamente un país cuyo gobierno era ideológicamente cercano, como era el caso de Bolivia (presidida por Evo Morales), hará lo propio a los pocos días, debilitándose así de modo muy profundo a la CAN. A su vez, Venezuela ingresará como Miembro Pleno al MERCOSUR en julio de 2012, lo que generó importantes preocupaciones en el sector productivo nacional -que venía fortaleciendo su intercambio comercial e integración productiva con los países de la CAN y sobre todo con Colombia-pues se sentía en desventaja con los países del Cono Sur.

Pero como todo acuerdo firmado por sintonía ideológica de los presidentes temporales, pasa a ser revisada con más atención cuando la alternancia en las presidencias se sucede. Y paulatinamente, múltiples noticias prendían las alertas tanto en Itamarat y como el Palacio de San Martín: la defensa venezolana del programa nuclear iraní junto a Cuba y Siria, el respaldo al lanzamiento de los misiles norcoreanos, la declaración de Chávez de aspirar a acceder a la tecnología nuclear, las presiones ejercidas por Chávez para lograr un puesto en el Consejo de Seguridad de las Naciones Unidas, el acercamiento bilateral con Irán y la firma de acuerdos de cooperación que asomaban la posibilidad de un programa nuclear, así como las derivadas de la fuerte confrontación verbal de Chávez con los EEUU. De tal manera que en 2017 la ruptura del orden democrático constatado por los Estados Partes del MERCOSUR -siguiendo el espíritu del Protocolo de Ushuaia sobre su Compromiso Democrático- llevó a la suspensión de Venezuela en todos los derechos y obligaciones inherentes a la condición de Estado Parte del Acuerdo.

Vale a su vez destacar que desde 1999 Chávez acaricia la idea de un proyecto que se contrapusiera al Área de Libre Comercio de las Américas (ALCA) propuesto desde los EE.UU. y firmado en Miami durante la I Cumbre de las Américas de 1994, el cual abarcaba a todos los países del continente americano con excepción de Cuba. De este modo, en 2004 y tras la firma del acuerdo entre Venezuela y Cuba, surge la Alternativa Bolivariana para América Latina y el Caribe (ALBA) –luego trasmutada de "Alternativa" en "Alianza"– como propuesta de integración subcontinental para la reafirmación socioeconómica de la región. La misma llegó a incorporar también al Estado Plurinacional de Bolivia, la República de Nicaragua, la Mancomunidad de Dominica, la República del Ecuador, San Vicente y Las Granadinas, Antigua y Barbuda, y Santa Lucía. Posteriormente en 2007 se formaliza la asociación subregional PETROCARIBE, que descartando el Acuerdo de San José, establecía un nuevo marco de suministro preferencial de petróleo a los países del Caribe, con un condicionamiento político. Así, PETROCARIBE se convirtió en una importante arma en la nueva ideologizada diplomacia petrolera venezolana.

Estas iniciativas se hilvanaban a su vez con otras redes de ideología de izquierda en el continente. Tal es el caso del Foro de San Pablo (FSP)[1], cuya presencia se profundizó por (a) el acceso al poder por medios democráticos[2]; (b) el auge del precio de las materias primas; (c) la posibilidad que brindan las redes sociales para la incidencia ideológica, y (d) las nuevas redes de intercambio, relacionamiento geopolítico y hegemonía mundial. El FSP fue perdiendo algo de fuerza por varias causas, tales como el fracaso económico de los gobiernos asociados al FSP, los escándalos de corrupción, algunas acciones de la justicia regional, la salida del presidente Da Silva del poder y el debilitamiento económico de Venezuela, su principal fuente de financiamiento y difusión política. No obstante, desde la llegada de Andrés M. López Obrador a la presidencia de México se ha venido reorganizando a través del Grupo de Puebla, para consolidar así su poder en la región e imponer su modelo ideológico en el hemisferio.

El relacionamiento del FSP con grupos irregulares y actividades ilícitas (narcotráfico, lavado de dinero y terrorismo) no había sido explícito hasta 2019, cuando en su reunión en Caracas (25-27 julio), entre sus miembros destacaban el

---

1 El Foro de San Pablo es una instancia de cooperación de partidos y grupos de izquierda latinoamericanos, fundado en Brasil en 1990 bajo el liderazgo y orientación de Luis Inázio "Lula" Da Silva y Fidel Castro, a partir de la necesidad de reconfiguración de la izquierda tras el Fin de la Guerra Fría. El FSP se alimentó del impacto social generado por los programas de ajuste y refinanciamiento de los 90 -etiquetados como "neo-liberales"-para proponer una nueva agenda alternativa que ha venido utilizando sistemáticamente un discurso revolucionario-socialista-comunista

2 1998-H. Chávez F., Lula da Silva-2002, T. Vázquez-2004, E. Morales-2005, M. Bachelet-2006, R. Correa-2006, D. Ortega-2006, F. Lugo-2008, J. Mujica-2009, M. Funes-2009, D. Rousseff-2010, O. Humala-2011, N. Maduro-2013, M. Bachelet-2014; S. Sánchez Cerén-2014 (Kirchner y Fernández por coaliciones).

Ejército de Liberación Nacional (ELN) y Fuerzas Armadas Revolucionarias de Colombia (FARC); el Frente Sandinista de Liberación Nacional (FSLN) de Nicaragua; junto con partidos políticos como el Partido de los Trabajadores (PT) de Brasil, el Frente Amplio de Uruguay, el Partido Socialista de Chile, el Movimiento Bolivia Libre, el Partido Socialista Ecuatoriano, el Partido Socialista Unido de Venezuela (PSUV), el Partido de la Revolución Democrática (PRD) de México, y todos los partidos comunistas de la región.

IV. Consolidación del *Crony* Socialismo: Venezuela y el mundo

No faltan analistas ideológicamente inclinados a la izquierda para argumentar que lo aplicado en Venezuela no fue un verdadero socialismo, negando así el fracaso del modelo para, en su lugar, achacar los resultados disfuncionales previamente descritos a quienes lo implementaron, o bien a situaciones externas o exógenas al mismo. No sólo cuestionamos aquí tales afirmaciones, sino que sostenemos que el caso de Venezuela, en este sentido, no es precisamente excepcional. Muy por el contrario, es un caso más en el que la aplicación de las tesis centrales del socialismo termina mal, arruinando a la sociedad y deteriorando o entorpeciendo las capacidades necesarias para un Estado democrático. De hecho, se constata que numerosos regímenes políticos de África, Medio Oriente, Europa Oriental y Asia Central, emergidos tras procesos de descolonización o tras el desmembramiento de la Unión Soviética en la segunda mitad del siglo XX, abrazaron las tesis del socialismo sin fortalecer las capacidades de sus Estados, sobre todo si se las evalúa desde el punto de vista de un Estado democrático.

En varios países africanos que fueron colonias europeas, el cese de la administración metropolitana dio paso al gobierno por parte de lo que originalmente fueron movimientos de liberación nacional, a menudo de orientación socialista. Estos, una vez independizado el país, han solido enfrascarse en luchas intestinas por el control de los recursos naturales que constituyen la base de sus economías nacionales. A menudo ha sucedido en estos países que la presencia de sociedades tribales, dentro de las cuales los vínculos de sangre pesan más que cualquier ideología política o disposición legal, impide la consolidación de cualquier normatividad estatal. La tribu más potente suele controlar el Estado y ocupar las principales posiciones de poder, bajo una economía política fundamentalmente extractiva en la que quienes controlan las instituciones del Estado establecen acuerdos con socios foráneos en mercados internacionales poco regulados. Así, se constata que el discurso socialista sirve siempre para, en un primer momento, centralizar el control político y económico, aunque luego los resultados prometidos no se verifiquen en la práctica.

Por su parte, el socialismo árabe –dentro del cual destaca la presencia del partido Baath en varios países– usualmente ha estado estrechamente vinculado a las fuerzas armadas, entendidas éstas como principal organización laica, o no tradicional, de alcance nacional en estados nacionales de nuevo cuño. Esta dinámica contribuyó a fortalecer, sobre todo, el componente represivo del Estado, pero manteniéndolo en constante pugna con las diversas formas tradicionales de organización social tribal y/o islámica, en medio de una diatriba que no parece facilitar avances en aquellos aspectos necesarios para el desarrollo de Estados democráticos. Es notable, por ejemplo, que los principales levantamientos populares que conformaron la llamada Primavera Árabe se hayan producido precisamente en países gobernados por regímenes de este tipo (Túnez, Libia, Egipto, Siria), y no en aquellos donde prevalecen monarquías o teocracias (Marruecos, Jordania, Irán, Arabia Saudita).

Y en el caso de los países desgajados de la antigua URSS se constata el modo en que, en varios de ellos, los antiguos aparatos de control soviético han tendido a reconvertirse en oligarquías mafiosas (Kupatadze, 2010). En estos casos, la prolongada presencia de un régimen comunista que efectivamente centralizó el control de todas las actividades sociales en el Estado contribuyó de forma notable a debilitarla -o a demorar el surgimiento de- las diversas organizaciones autónomas de la sociedad. En el momento en el que, por diversas razones, el régimen comunista colapsa y se abren paso tanto la economía de mercado como diversas instituciones democráticas, los monopolios estatales no desaparecen del todo, sino que más bien pasan a manos privadas, y usualmente a las de personajes que ya formaron parte de los antiguos aparatos de gobierno o de grupos asociados al poder. De este modo, la ausencia ya tradicional de cualquier control civil ha hecho que en países como Rusia, Ucrania, Moldavia, Georgia, Armenia o cualquiera de los del Asia Central pueda frenarse la irrupción este tipo de figuras oligárquicas, profundamente asociadas a un contexto de corrupción rampante.

El caso de Venezuela, por lo tanto, posiblemente no se aparte tanto de otros en los que varias décadas de gobiernos socialistas -o, si se prefiere, que desarrollaron sus programas políticos bajo la premisa de que el Estado debe controlar y dirigir ampliamente la economía nacional- no necesariamente produjeron Estados esencialmente fuertes, sino que más bien se dedicaron a potenciar lógicas de extracción y represión ante sociedades cada vez más debilitadas por el control y el expolio sistemáticos. Y no sólo esto: en la medida en que este tipo de situaciones caracterizan a un notable número de países, las probabilidades de que tiendan a converger y a potenciarse entre sí también tienden a incrementarse

De hecho, la evolución seguida por el régimen político en Venezuela, en donde un modelo socialista ha ido dando paso a otro caracterizado como "cleptocrático" (InsightCrime, 2018; Bautista, 2019), sólo ha sido posible en el plano de una total reorientación de las relaciones exteriores del país a partir de la llegada del chavismo al poder. Durante los primeros años (1999-2001) este giro no se evidenció en el desarrollo de un perfil nítido, pero en todo caso estaba claro que se planteaba tomar distancia del consenso de Washington y de los consensos asumidos en la Carta Democrática Interamericana, suscrita en septiembre de 2001.

En este sentido, Chávez dio siempre señales de que sus intenciones pasaban por marcar un giro radical. Fue, por ejemplo, el primer jefe de Estado electo democráticamente que visitó a Saddam Hussein en Irak tras la guerra del Golfo Pérsico (agosto 2000). Asumió una posición "neutral", cuando no amistosa, ante las FARC y el ELN colombianos, mientras se facilitaba a diversos miembros de la ETA la posibilidad de moverse libremente en Venezuela. Y tras los atentados al *WorldTrade Center* de Nueva York, en septiembre de 2001, el presidente venezolano adoptó una posición de ambigüedad calculada que irritó a un gobierno estadounidense particularmente sensibilizado por este tema en aquel momento.

Cabe agregar también la captura en Venezuela de Vladimiro Montesinos, jefe de los servicios de inteligencia de Alberto Fujimori, luego que su presencia en nuestro país -denunciada por el presidente peruano Toledo- fuera negada en reiteradas oportunidades por funcionarios de alta jerarquía como José Vicente Rangel o Pedro Carreño. De este modo, las ambiguas posiciones del gobierno venezolano con respecto a dinámicas terroristas que tenían lugar en países tradicionalmente cercanos a Venezuela -como los EE.UU., Colombia y España- generaron todo tipo de suspicacias en un contexto marcado por la "Guerra Global contra el Terror".

A ello cabe sumar la aproximación progresiva y sostenida a toda clase de regímenes con tendencia o abiertamente autoritarios en el planeta. Poco a poco, países como Cuba, Rusia, China, Irán o Turquía se han ido convirtiendo en los principales socios del régimen venezolano. Sobre el papel de Cuba en la consolidación de la llamada Revolución Bolivariana se ha escrito mucho (ver por ejemplo Werlau, 2019), aunque posiblemente no suficiente. El papel de los funcionarios cubanos en aspectos neurálgicos del ejercicio del poder, tales como la política exterior venezolana o los servicios de inteligencia, ha sido largamente denunciado. Con respecto a China, ésta le ha brindado al chavismo un financiamiento sin igual -superior a unos US$ 50.000 millones- asegurándose por otro lado el control de buena parte de las reservas de hidrocarburos en Venezuela.

También ha sido Beijing un surtidor importante en materia de armamento, y de hecho los radares norteamericanos que operaban en el país hasta el año 2005 fueron sustituidos por radares chinos. Ahora bien, en materia de suministro de armamento la primera posición se la llevará Rusia a partir de 2006, país con el que la cooperación especial comenzó también en fechas tan tempranas como 2001, cuando se firma un primer acuerdo parlamentario de cooperación militar entre ambos países. Posteriormente se recibirán también 24 cazas Su-30MK2V, 100.000 rifles Kaláshnikov AK-103, misiles tierra-aire Tor-M1, tanques rusos T-72B1V, radares móviles P-18 y otros equipos (Alexándrova, 2019; Control Ciudadano, 2022) por un valor total que excede los US$ 4.000 millones (Risco, 2022).

Irán, por su parte, se ha revelado como un apoyo importante a la hora de ayudar al chavismo a superar los obstáculos planteados por las sanciones foráneas, luego de que según algunas denuncias -investigadas entre otros por Robert Morgenthau, en su momento fiscal de distrito en Manhattan- (Perry Dazinger, 2009) los iraníes emplearían el acceso que tradicionalmente tenían los venezolanos al sistema financiero estadounidense para superar, a su vez, las sanciones que habían sido impuestas sobre Irán. Asimismo, Turquía, a la cabeza de Tayyip Erdogan, ha sido crucial para permitirle a Venezuela exportar un oro (Crisis Group, 2019) que, de otro modo, difícilmente podría acceder a los mercados internacionales en estos momentos.

De esta manera, el chavismo se ha constituido como uno de los casos más representativos entre los que a lo largo del siglo XXI encarnan las dinámicas iliberales más evidentes y notorias. Lejos de consumarse la previsión de Fukuyama (ob. cit.) en torno a una muy hegeliana etapa de síntesis histórica, marcada por lo que el autor estadounidense de origen japonés imaginaba como una suerte de hegemonía liberal, lo que estamos presenciado en nuestros días es el auge no sólo de las "democracias iliberales" (Zakaria, 2006), también calificadas como "regímenes híbridos" por científicos sociales de orientación más positivista y funcionalista, sino también de autocracias puras y duras que avanzan (Levitsky y Ziblatt, 2017) mediante el combate a los fundamentos liberales del Estado moderno.

El caso venezolano es particularmente significativo porque, a diferencia de otros en los que la democracia nunca existió de forma relativamente plena, en Venezuela el chavismo operó, a menudo avalado por la vía electoral, experimentando una completa transición hacia un autoritarismo hegemónico. Autoritarismo que, tal como se ha señalado, ha encontrado fuertes bases en su progresiva aproximación hacia otros regímenes autoritarios con los que parece guardar semejanzas convergentes.

Anne Applebaumha señalado recientemente (2021) el modo en que todos estos gobiernos autoritarios, más allá de las evidentes diferencias ideológicas y culturales que los separan, parecen estar coincidiendo en el desarrollo de una morfología básica común. Se está configurando así un tipo de régimen que, independientemente del tipo de discurso e ideología que propugne, y que varía mucho en función de cada caso, se caracteriza de forma bastante nítida por su orientación autocrática/cleptocrática y por sus fuertes vínculos transnacionales. Vale la pena citar en extenso la caracterización que Applebaum ofrece al respecto:

> "*Now a days, autocracies are run not by one bad guy, but by sophisticated networks composed by kleptocratic financial structures, security services (military, police, paramilitary groups, surveillance), and professional propagandists. The members of these networks are connected not only with in a given country, but a mongmany countries. The corrupt, state-controlled companies in one dictatorship do business with corrupt, state-controlled companies in another. The police in one country can arm, equip, and train the police in another. The propagandists share resources –the troll farms that promoteone dictator's propaganda can also be used to promote the propaganda of another– and themes, pounding home the same messages about the weakness of democracy and the evil of America*"

Es interesante notar que varios de estos regímenes políticos han pasado anteriormente por fases abiertamente socialistas, dejando como resultado -tal como se explicó en la sección anterior- una sociedad civil muy débil como para resistir al poder despótico ejercido desde el Estado. De ahí que las semejanzas que existen entre países como Rusia o Venezuela en su común evolución hacia lo que algunos han llamado un *CronyCapitalism*, pero que en el fondo no es más que la deriva natural a un *CronySocialism* (Socialismo Connivente o de Amigotes), no sean una mera coincidencia.

Asimismo, es importante señalar que la irrupción de este tipo de autocracias mafiosas que cooperan intensamente, más allá de sus diferentes discursos políticos, ha sido uno de los detonantes de la regresión autoritaria que actualmente experimenta el planeta. Tal como lo reflejan diversos índices de medición de la democracia, como el V-Dem o el de *The Economist Intelligence Unit*, a lo largo de la última década -y muy particularmente durante el último lustro- no sólo viene retrocediendo el número de democracias en el mundo, sino que el aumento de los regímenes autoritarios o híbridos se viene registrando en países densamente poblados, con lo cual el porcentaje de la población mundial que ha pasado a vivir bajo regímenes autoritarios se está incrementando drásticamente.

El contexto que impone la guerra actualmente en curso en Ucrania, a raíz de la agresión ejecutada por Rusia, está acarreando una fractura cada vez más evidente entre las democracias liberales de corte occidental y este conglomerado de autocracias cleptocráticas que cooperan de formas -al menos hasta ahora- notablemente eficaces. Occidente finalmente comienza a darse cuenta de que la promoción del crecimiento económico en países autoritarios, mediante su incorporación a la economía mundial de mercado, no necesariamente conduce a su progresiva democratización; el resultado puede, en efecto, terminar siendo el contrario: el fortalecimiento de las bases económicas del poder autocrático.

Y cuando el comportamiento autoritario de este tipo de regímenes se hace intolerable -como ha sucedido con la invasión rusa de Ucrania-, las sanciones no parecen ser un mecanismo suficiente como para revertir dicha dinámica, ya que a los gobernantes autocráticos no les importa el precio que paguen las poblaciones bajo su control, ni el que ellos queden señalados globalmente como incursos en delitos. Tal como señala Appelbaum (2021), en diversos sitios parece estarse consolidando

> "*...what the international democracy activist Srdja Popoviccalls the "Maduro model" of governance, which may be what Lukashenko is preparing for in Belarus. Autocrats who adoptit are "willing to pay the price of becoming a totally failed country, to see their country enter the category of failed states," accepting economic collapse, isolation, and mass poverty if that's what it takes to stay in power. Assad has applied the Maduro model in Syria*".

Hemos apuntado cómo la deriva experimentada por diversos regímenes políticos -y entre ellos el venezolano durante el siglo XXI- hacia autocracias con fuertes componentes cleptocráticos a menudo coincide con la prolongada presencia previa de regímenes y/o movimientos políticos socialistas que anteriormente centralizaron el poder, concentraron en el Estado las principales facultades económicas, asfixiaron a la sociedad o le impidieron emerger autónomamente, condenaron a sus países a largas penurias y finalmente emprendieron, durante las últimas tres décadas, procesos de liberalización económica que no estuvieron bien acompañados de una genuina y profunda democratización política. A modo de alerta, conviene también recordar el caso de otros países (por lo general gobernados por fuerzas políticas incorporadas al Foro de São Paulo y al Grupo de Puebla) que, sin haber experimentado tales grados de centralización económica, parecen querer reproducir el modo en que Venezuela se sumió en el socialismo, sin reparar en el hecho de que esa fue la vía que la llevó a perder su democracia y sumirse en un autoritarismo manejado por oligarquías cada vez más mafiosas.

V. Reflexiones finales

La debacle que al día de hoy vive Venezuela tiene pocos precedentes entre sociedades que no han experimentado guerras o desastres naturales de gran envergadura. Esta ruina ha sido inducida por un proyecto político de ideología socialista, con clara vocación de control sociopolítico de la población. Al concentrar en un Estado (un Petro-Estado, para ser precisos) que ya estaba de por sí hipertrofiado una gran cantidad de facultades y procesos económicos, dicho proyecto socialista condenó a la sociedad civil a una postración generalizada, mientras la discrecionalidad y opacidad pública obligaron al mercado a fracturarse en múltiples mercados subterráneos.

Asimismo, la profusa creación de organismos paraestatales, a medio camino entre lo público y lo privado, en vez de fortalecer al Estado lo debilitaron ostensiblemente. La ausencia cada vez más acusada de estado de derecho, de la separación de poderes propia de una república y de los debidos contrapesos de poder entre la sociedad y quienes se han asido al Ejecutivo durante estas dos últimas décadas, han propiciado una desmedida y extendida corrupción, que trasciende las fronteras del país y lo han convertido en nodo de redes globales de la ilegalidad. Una preocupante dinámica cuya reversión resulta difícil de vislumbrar.

Así, tras estas dos décadas de destrucción, el pragmatismo de quienes aspiran a mantenerse en el poder, acompañado del afán crematístico de ciertos grupos asociados a ellos, impulsa ciertas flexibilizaciones económicas, pero todo ello sin rescatar la institucionalidad subyacente necesaria, ni los procesos de transparencia y democracia que son imprescindibles para dar garantías a la ciudadanía y generarla confianza que resulta indispensable para el verdadero rescate del país.

Pero tal como hemos sostenido aquí, el caso Venezuela no es del todo excepcional. Baste revisar la situación en la que se encontraban una serie de países europeos que habían estado bajo la tutela de los llamados socialismos reales o algunos Estados que emergieron tras el desmembramiento soviético.

Tras la caída de estos regímenes tan empeñados en acaparar todo poder y ejercer control, sobrevinieron después gobiernos más pragmáticos, en donde la evaporación de las ideologías y la necesidad de recuperar las economías destruidas por el intervencionismo grosero crearon las oportunidades perfectas para que las lógicas mafiosas (o de un gobierno que proviene de ésta, o que se ha transformado en ésta) fueran las que se aprovecharan de las "privatizaciones o aperturas económicas" usualmente tildadas de "políticas liberalizadoras". Pero al estar marcadas por la opacidad, en ausencia de información pública y transparente, y alejadas de la libre competencia y de las debidas prácticas y regulaciones, lo que en definitiva han implicado es un traspaso de activos de un Estado envilecido a los grupos de poder que lo han secundado.

En definitiva, nada más alejado de una genuina política liberal.

No obstante, quienes avalan ideológicamente el discurso socialista de este proceso se niegan a reconocer los frutos de su fracaso, y recurren a manidas consignas en manipulación de masas, achacándole a la economía de mercado, al capitalismo y a las políticas liberales el malestar que hoy vive la población. La verdad es que dicho malestar es consecuencia directa de la concentración del poder en un Estado manejado por un gobierno socialista, dedicado a forjar un sistema de incentivos perversos y a nutrir la consolidación de grupos connivente o mafias, en un proceso que la literatura en inglés expresa como *Cronyism*.

En casos como el venezolano es en esa ideología socialista, en su afán de control y de reducir los espacios de libertad ciudadana, donde hemos de encontrar las raíces de la destrucción, y particularmente de los elementos de corrupción, connivente, de ese *Cronyism*.

Por ende, lo que hoy vemos en Venezuela es un *Crony Socialismo*, que por lo demás amenaza por expandirse por toda la región latinoamericana. Valga la experiencia venezolana como advertencia, y quizás lección, acerca de cómo la falta de libertad destruye a una nación.

REFERENCIAS BIBLIOGRÁFICAS

ABADÍ, A. y GARCÍA, C., "Exprópiese: la política expropiatoria del "Socialismo del Siglo XXI", Observatorio de Gasto Público CEDICE, Universidad Católica Andrés Bello y Universidad Monteávila, Caracas, 2019. Disponible en: http://paisdepro-pietarios.org/propietariosve/wp-content/uploads/2019/05/Expropiese-AAM-CGS-10.05_2.pdf

ACEMOGLU D. y ROBINSON, J., *El Pasillo Estrecho. Estados, Sociedad y Cómo alcanzar la libertad*, Ed. Deusto, Barcelona, 2019.

ALEXÁNDROVA, M., "Este es el armamento ruso que Venezuela puede usar para defenderse si EE UU opta por la invasión", *RussiaBeyond*, 31 de enero 2019. Disponible en: https://es.rbth.com/technologias/82506-armamento-ruso-venezuela-puede-usar

APPLEBAUM, Anne, "TheBadGuys Are Winning", *TheAtlantic*, 15 de noviembre 2021. Disponible en: https://www.theatlantic.com/magazine/archive/2021/12/the-autocrats-are-winning/620526/

BAUTISTA, P., "Revolución Bolivariana y el desarrollo del Estado gangsteril en Venezuela", *Democratización 1* (1): 50-75, 2019. Disponible en: https://redformaweb.com/democratizacion/

CARRERA DAMAS, Germán, *Una nación llamada Venezuela*, Monte Ávila Editores, Caracas: 1997, orig. 1980.

Control Ciudadano (2022), "Fuerza Armada Nacional Bolivariana. Adquisición, recepción e incorporación de armamento y material militar. Período 2017-2021". Disponible en: https://www.controlciudadano.org/web/wp-content/uploads/FANB-Adquisicio%CC%81n-Armas.pdf

Crisis Group (2019) "El peso del oro: violencia en el sur de Venezuela", Report 73 – LatinAmerica&Caribbean, 28 de febrero. Disponible en: https://www.crisisgroup.org/es/latin-america-caribbean/andes/venezuela/073-gold-and-grief-venezuelas-violent-south

FUKUYAMA, Francis, *Political Order and PoliticalDecay: Fromthe Industrial Revolution to the Globalization of Democracy*, Farrar, Straus and Giroux, 2014.

____ *The Origins of Political Order: From Prehuman Times to French Revolution*, Farrar, Straus and Giroux, 2011.

HERRERA O., Luis A., *El caso de la privatización en Rusia, lecciones para Venezuela*, CEDICE, Caracas, 2021. Disponible en: https://paisdepropietarios.org/propietariosve/wp-content/uploads/2021/08/Privatizacion-Rusia-Herrera-Orellana-ODP-web.pdf

Human RightsWatch, "La emergencia humanitaria en Venezuela", 4 de abril 2019. Disponible en: https://www.hrw.org/es/report/2019/04/04/la-emergencia-humanitaria-en-venezuela/se-requiere-una-respuesta-gran-escala-de

HUNTINGTON, Samuel, *Political Order in Changing Societies*, Yale University Press, 1968.

InsightCrime (2018), "Venezuela: A Mafia State?". Disponible en: https://es.insightcrime.org/wp-content/uploads/2018/05/Venezuela-a-Mafia-State-InSight-Crime-2018.pdf

KUPATADZE, Alexander, *Transitions After Transitions: Coloured Revolutions and Organizez Crime in Georgia, Ukraine and Kyrgyzstan*, tesis doctoral, University of St. Andrews, 2010. Disponible en: https://research-repository.st-andrews.ac.uk/handle/10023/1320

LEVY-CARCIENTE, S. (2021), Internacional PropertyRights, Report. Disponible en: https://21.internationalpropertyrightsindex.org/

____ *La imperiosa necesidad de Reglas de Juego Claras*, Documento del Observatorio Económico Legislativo, CEDICE, Caracas, 2013. Disponible en: http://cedice.org.ve/wp-content/uploads/2013/09/02_reglasdejuego.pdf

LEVY-CARCIENTE S., KRIVOY, R. y HERRERA, T., "Reforma financiera para Venezuela: estabilidad e inclusión", F. SPIRITTO (coord.), *La nueva economía venezolana*, Ed. Alfa, Caracas, 2017.

LEVY-CARCIENTE S., KENETT, D.Y., AVAKIAN, A., Stanley, H.E., Havlin, S. "Dynamical macroprudential stress testing using network theory", *Journal of Banking & Finance,* Vol. 59 (Oct.):164-181, 2015. Disponible en: http://dx.doi.org/10.1016/j.jbankfin.2015.05.008

LEVITSKY, L. y ZIBLATT, D., *How Democracies Die*, Crown Publishing, 2017.

LIPSET, Seymour M., *Political Man. The Social Bases of Politics*, Doubleday, New York, 1960.

MCCARTHY-JONES, A. y TURNER, M., "Whatis a "Mafia State" and howisonecreated?", *Policy Studies*, DOI, 2021. Disponible en: 10.1080/01442872.2021.2012141

MIGDAL, Joel, *Estados débiles, estados fuertes,* Fondo de Cultura Económica, México, 2016, orig. 2001.

MOORE, Barrington, *Social Origins of Dictatorship and democracy: Lord and Peasant in the Making of the Modern World*, Beacon, Boston, 1966.

PERRY DAZINGER, Monique, "MorgenthauWarns of Threats to National Security fromIncreasingTiesbetweenIran and Venezuela", *Global FinancialIntegrity*, 8 de septiembre 2009. Disponible en: https://gfintegrity.org/press-release/morgenthau-warns-threats-national-security-increasing-ties-iran-venezuela/

RISCO, Isaac, "Venezuela, ¿un nuevo satélite militar ruso en América Latina?", *Deutsche Welle*, 17 de febrero 2022. Disponible en: https://www.dw.com/es/venezuela-un-nuevo-sat%C3%A9lite-militar-ruso-en-am%C3%A9rica-latina/a-60815844

SKOCPOL, Theda, *States and Social Revolutions*, Cambridge University Press, New York 1979.

TheFundforPeace (2021). "FragileStateIndex 2021". Disponible en: https://fragilestatesindex.org/

WERLAU, M. (2019): La intervención de Cuba en Venezuela: Una ocupación estratégica con implicaciones globales, Washington: Free Society Project.

ZAKARIA, F., *The Future of Freedom. Illiberal Democracy at Home and Abroad*, W. W. Norton & Company, Nueva York, 2006.

INSTITUCIONES EXTRACTIVAS, PETRÓLEO Y EL COLAPSO DE LA DEMOCRACIA EN VENEZUELA*

*Humberto García Larralde***

SUMARIO

Introducción. Factores que gravitaron hacia una institucionalidad extractiva en Venezuela. El militarismo. El culto a Bolívar. Nacionalismo y estatismo. La "siembra del petróleo". Rentismo y estatismo. Las instituciones inclusivas. La democracia. Las perversiones de una institucionalidad económica extractiva. El "Socialismo del Siglo XXI" resuelve la contradicción institucional. La dictadura. Comentarios finales. Referencias bibliográficas.

Introducción

Durante la segunda mitad del siglo XX, Venezuela se distinguió por sustentar, junto a Colombia, el régimen democrático más sólido de Sur América. Mientras las naciones del llamado "Cono Sur" sufrían dictaduras represivas y los demás países andinos eran sacudidos por episodios de gran inestabilidad política, en Venezuela se sucedieron en forma pacífica ocho presidentes de la República, poniendo de manifiesto la robustez de sus instituciones democráticas. Hoy, en contraste, exhibe una institucionalidad derruida, propia de un Estado fallido, en el que se impone la anomia y la voluntad del más fuerte, incapaz de proporcionarle a la población los servicios mínimos necesarios para su sobrevivencia.

En el plano económico, Venezuela fue el país de mayor ingreso per cápita de América Latina desde finales de la Segunda Guerra Mundial hasta comienzos del

---

* El presente artículo sistematiza algunos argumentos de mi libro, *Venezuela, una nación devastada. Las nefastas consecuencias del populismo redentor*, Ediciones Kalathos, 2020.

** Economista, Universidad Central de Venezuela (UCV); Master in Arts en Development Economics, Sussex University, Inglaterra; Doctor en Estudios del Desarrollo, CENDES, UCV; Vicerrector Administrativo, UCV, 2003-4; Profesor Titular (J) UCV; ocupó cargos directivos en Cordiplan y el Ministerio de Fomento, 1989-1992; ha sido consultor en temas de competitividad e integración económica; Individuo de Número, Academia Nacional de Ciencias Económicas. Disponible en:

siglo XXI, según la serie estadística sistematizada por el economista escoces, Angus Maddison[1]. Hace décadas se encontraba, asimismo, entre los países que presentaban los mejor índices sobre distribución del ingreso –junto con Uruguay, Argentina y Costa Rica–, no obstante ser la región del mundo con los peores registros al respecto. Lamentablemente, la gestión de los gobiernos de Hugo Chávez y de Nicolás Maduro revirtieron esta situación para colocar a Venezuela a la cola de América Latina en este y otros aspectos que expresan el nivel de vida de su población.

Según cifras publicadas por el Banco Central de Venezuela (BCV), la economía venezolana sufrió una contracción real del 49,3% entre 2013 y 2018[2]. A partir de 2010 el instituto emisor dejó de publicar datos sobre el comportamiento de la actividad económica real. No obstante, el PIB siguió cayendo durante los dos años siguientes, estabilizándose o experimentando un ligero crecimiento en 2021. En total, la economía venezolana se habría contraído entre un 75 y un 80% desde que Nicolás Maduro asumió la presidencia de la República. Es uno de los mayores retrocesos conocidos de país alguno que no esté padeciendo los rigores de una guerra. Asimismo, por las distorsiones macroeconómicas que se fueron acumulando, dada la irresponsable conducción de políticas desde el Estado, Venezuela sufrió un incremento sostenido de los precios, hasta desembocar en una pavorosa hiperinflación a finales 2017, que solo pudo considerarse abatida para comienzos de 2022.

Los efectos de este colapso sobre el bienestar de la población han sido devastadores. Para 2021, la *Encuesta de Condiciones de Vida de los venezolanos* (Encovi) coordinada por la Universidad Católica Andrés Bello (UCAB, 2021), registró un nivel de pobreza, medida por ingresos, superior al 94% de los hogares entrevistados y de pobreza extrema, del 76,6%. Igualmente, Venezuela, ese año, fue uno de los países de peor distribución del ingreso en América Latina, superado solo por Brasil. Según diversos indicadores, Venezuela se ubica, hoy, como uno de los países de América Latina de mayor miseria, al lado de Haití.

Tan pasmosa ruina de la economía venezolana, así como la precariedad de los derechos fundamentales de la población, no pueden explicarse sin abordar la destrucción del marco institucional que lo hizo posible. En particular, es menester examinar la naturaleza de la institucionalidad edificada en torno al rol central de la explotación del petróleo en la provisión de los recursos que hicieron posibles los grandes avances económicos, políticos, sociales y culturales del país durante buena parte del siglo XX, y su conexión con la tragedia posterior, asociada a la consolidación del régimen bolivariano bajo Hugo Chávez y Nicolás Maduro.

---

1 Disponible en: https://www.rug.nl/ggdc/historicaldevelopment/maddison/releases/maddison-database-2010, consultado el 27 de junio, 2022.

2 Disponible en: http://www.bcv.org.ve/estadisticas/producto-interno-bruto, consultado el 27 de junio, 2022.

Siguiendo la definición del premio Nóbel en Economía, Douglass North (1993), se entienden como instituciones a las "reglas de juego" imperantes en una sociedad, que moldean el comportamiento económico, pero también social y político, de sus integrantes. Estas reglas pueden ser formales –leyes, reglamentos y demás normas escritas– o informales –hábitos, valores, costumbres y tradiciones, propias de la cultura y/o de la historia de una sociedad–. De acuerdo con su naturaleza, proveen incentivos y/o castigos a determinadas conductas, bien impulsando aquellas que afianzan oportunidades para la iniciativa privada y la creación de riqueza o, por el contrario, plasmando un ambiente que las obstaculiza para mantener una estructura de privilegios, contraria a los cambios. Los economistas Daron Acemoglu y James Robinson, en un libro que resultó un best-seller –*Porqué fracasan los países* (2012)– proveen un marco conceptual para distinguir entre instituciones *inclusivas*, favorables al desarrollo, de las *extractivas*, que lo dificultan. La razón por la cual algunos países son, hoy, altamente desarrollados, mientras otros continúan padeciendo de las vicisitudes del atraso y la pobreza, residiría, precisamente, en la naturaleza de las instituciones que se forjaron en su seno.

En el presente escrito se abordarán algunas reflexiones atinentes al marco institucional que sustentó la democracia venezolana y, en particular, a la influencia de la riqueza petrolera en su consolidación y posterior declinación. Se argumentará que la democracia en Venezuela terminó padeciendo los efectos de una contradicción, que no pudo o no supo superar, entre instituciones políticas inclusivas que servían de marco al ejercicio de las libertades democráticas y de las que disfrutó en la segunda mitad del siglo XX, y una institucionalidad extractiva en materia económica, basada en la concentración del usufructo de la explotación petrolera en manos del Estado, que creó las condiciones para que, eventualmente, pudiera arribar al poder y consolidarse un régimen autocrático bajo la figura de Hugo Chávez Frías. Al llegar a la presidencia en 1999, se aprovechó de la administración centralizada y concentrada de la principal fuente de ingresos del país, para desmantelar, progresivamente, el ordenamiento constitucional, en aras de asentar un poder cada vez más personal, ilimitado y discrecional. Finiquitó, así, el andamiaje institucional inclusivo que sustentó aspectos básicos de la democracia liberal que caracterizaron a Venezuela durante cuatro décadas. La prevalencia de hábitos y perspectivas legadas por el pasado caudillista decimonónico contribuyó también, sin duda, a dificultar la consolidación de la institucionalidad inclusiva anhelada.

Factores que gravitaron hacia una institucionalidad extractiva en Venezuela

Acemoglu y Robinson (*ob. cit.*) señalan que las *instituciones extractivas* son aquellas asociadas con autocracias que buscan concentrar el poder en sus manos con el fin de extraer rentas y riquezas del resto de la sociedad. Está en su interés afianzar este tipo de instituciones, tanto en el plano económico como en el político, para apuntalar sus privilegios. Ello puede expresarse en regímenes abiertamente represivos, que coartan libertades y demás derechos de su población, como ocurre con el caso venezolano actual.

A continuación, examinaremos algunos factores del desarrollo venezolano durante los siglos XIX y XX, que facilitarían la emergencia de instituciones de naturaleza extractiva. Entre los aspectos referentes al primero de estos dos siglos, destacan el militarismo y el culto a Bolívar, procesos con una impronta, si se quiere, decisiva, en la historia política del país.

El militarismo

El militarismo en Venezuela tiene su origen, huelga tener que señalarlo, en las guerras de independencia. No sólo acabaron con la estructura de poder de la monarquía española, con sus normas y su estructura de privilegios subordinadas a la corona. En ellas desapareció también, en la práctica, la clase dominante criolla, los apodados "grandes cacaos". Sus fuentes de riqueza fueron destruidas al fragor de luchas sumamente cruentas que dejaron como saldo una precaria economía de sustento. El vacío de poder fue llenado por los actores protagónicos del momento, los militares, quienes asumieron la conducción social y política de las entidades políticas que resultaron de esta debacle.

Nuestras instituciones republicanas se edificaron, inicialmente, en torno a una democracia censitaria que dejaba por fuera a una mayoría de pobladores, desposeídos de bienes de fortuna, que vivían, por tanto, en condiciones de "dependencia" económica (Plaza, E., 2007:30)[3]. La excepción lo constituyó el estamento militar. Tanto por los sacrificios en los que había incurrido para asegurar la independencia, como por el poder *de facto* que encarnaba, no podía quedar fuera de las nuevas estructuras de mando, independientemente del patrimonio que tuviesen[4]. Los generales que habían ocupado posiciones de mando en el Ejército Libertador consideraron natural continuar con esta "responsabilidad" una vez obtenida la paz y se arrogaron una tutela, implícita, sobre la sociedad. Al ser depositarios del poder *de facto* a lo largo de buena parte de nuestra historia, tendían a

---

3 Entre los excluidos destaca la población femenina en su totalidad y los esclavos.

4 Rómulo Betancourt se refiere a un Decreto-Ley de Repartos del Libertador (1816), transformada luego en Ley de Haberes Militares por el Congreso de la Gran Colombia, según la cual se les ofrecía a los soldados del Ejército Libertador la entrega de parcelas de tierra como incentivo, una vez ganada la guerra. La precariedad institucional de la época hizo que este reconocimiento fuese en la forma de bonos y vales que, ante la terrible inseguridad y pobreza, fueron permutados por comida o dinero. Muchos oficiales, así como integrantes de lo que Betancourt llama la "burguesía comercial", terminaron concentrando estos títulos de propiedad en su poder. Ver, *Venezuela, Política y Petróleo*, Monte Avila Editores, 1999, pp. 384-5.

ver con desprecio a los civiles. Éstos requerían de su control paternal por no poseer la disciplina ni el compromiso con los ideales superiores de la Patria que aquellos habían aprehendido en los cuarteles y/o heredado de Bolívar. Se fueron alimentando, así, elementos de una "ideología" republicana en la que los militares debían ocupar el lugar de ciudadanos de primera.

En tanto que custodios "legítimos" de su destino, los militares fueron abrigando la noción de ser "dueños" del país. Su pretensión hegemónica se nutrió de la construcción de una mitología sobre su glorioso papel como forjadores de la Patria, en los campos de batalla. En los libros con los que se les enseña a los niños historia nacional, las batallas ocuparon siempre un lugar mucho más significativo que cualquier aporte del mundo civil a la construcción de instituciones republicanas. Asimismo, la celebración de la fecha en que se firmó el Acta de Independencia, un evento de naturaleza exclusivamente cívico (5 de julio de 1811), se conmemora solemnemente en Venezuela, desde tiempos inmemorables, con un enorme desfile militar. Incluso, durante los cuarenta años de democracia (1959-1998), un acto tan civil como las elecciones, ha sido custodiado por militares, bajo el nombre de Plan República.

El culto a Bolívar

Con este nombre, el historiador Germán Carrera Damas publicó, en los años 60', un libro (2003) que desnudó los elementos de una ideología confeccionada en torno al legado del Libertador, Simón Bolívar, que pasó a ser un referente básico en la conformación de la institucionalidad política de nuestro país. Tuvo una impronta, si se quiere "mesiánica", a lo largo de la historia nacional, moldeando la conducta de líderes y/o gobernantes en distintos momentos. Invocar a un Simón Bolívar mitificado legitimaba la gestión de aquellos gobernantes que manifestaban estar cumpliendo su legado. La veneración de su figura potenció la cultura caudillista, tan presente en la América Latina decimonónica. Se convirtió, en cierto sentido, en religión de Estado, sistematizada en ritos y ceremoniales solemnes que hacían referencia al Libertador, para insuflarle virtudes patrias a quién estuviese gobernando.

Esta "cuasi-religión" venezolana se remonta a la gestión de Antonio Guzmán Blanco (1870-88). Ante el estado exangüe en que había quedado el país por los conflictos del siglo XIX, el llamado, "Ilustre Americano", entendió la necesidad de reclutar la figura heroica del Libertador para que se reencontrase con el ideal nacional que –según él– encarnaría su mandato. Ya la ideología republicana primigenia no inspiraba el sentido de identidad y de propósitos que demandaba la cohesión nacional en una población azotada por la acción depredadora de montoneras y arruinada por la Guerra Federal. Este desencanto requería de una epopeya que inspirara confianza en un futuro superior y nada mejor para ello que la figura de Bolívar y de la gesta heroica de la emancipación (Straka, Tomás, 2009). El venezolano sólo tenía que mirar a este pasado glorioso para convencerse de que, a pesar de sus infortunios, era capaz de grandes proezas si aparecía el líder adecuado. Como señala Carrera Damas, Guzmán supo transformar la admiración espontánea del pueblo *por* su libertador, en un culto *para* el pueblo, manejado desde el Estado, como forma de legitimar su gestión, alegando ser el continuador de su obra. Se valió, para ello, de un discurso que alimentaba un complejo de culpa en los venezolanos, por no haber estado a la altura de los designios que les tenía reservado ese Gran Hombre, como fue su proyecto de una Gran Colombia (Castro L., Luis, 2005). Reparar esta flaqueza significaba apoyar con fervor patriota las iniciativas que, en aras de hacer realidad la gloria prometida, asumía él en su nombre.

La invocación del Libertador se convertiría con el tiempo en poderoso auxilio ideológico para quienes ocupasen el poder político nacional. Más allá de la repetición de sus frases, muchas veces fuera de contexto, la figura de un Bolívar, dictador-salvador indispensable en momentos de excepción, cimentaba el tutelaje paternalista de autocracias militares sobre un pueblo inmaduro y escasamente cultivado en sus derechos y deberes. Sirvió, así, para justificar regímenes dictatoriales, de naturaleza extractiva en lo político y lo económico, bajo mando militar. Esta invocación al "Padre de la Patria", habría de bajar de decibeles durante los años de gobiernos democráticos (1959-1998), pero volvió a cobrar gran relevancia con la llamada "Revolución Bolivariana" con la que arribó al poder Hugo Chávez. Al declararse auténtico heredero del Libertador, nadie se opondría a los fines para los cuales invocaría su legado.

Con base en el impacto que tuvo la explotación del petróleo en Venezuela a partir de la tercera década del siglo XX, es menester examinar factores adicionales que contribuyeron a forjar, en torno al usufructo de la renta captada al venderlo en los mercados internacionales, una institucionalidad extractiva: el nacionalismo, el estatismo y el rentismo.

Nacionalismo y estatismo

El *Nacionalismo* hunde sus raíces en el establecimiento de los modernos Estados-nación del mundo occidental. Tendió a asumir la forma de una ideología identitaria para pobladores de un territorio, por compartir un idioma, una cultura y/o ciertas tradiciones que los distinguen. Suele expresarse en intereses nacionales trascendentes, ante los cuales deben subordinarse consideraciones de índole personal. Tales posturas pueden fundamentar actitudes contrarias a la libertad del mercado, al considerar que son el ámbito de transacciones particulares –de lo privado– que no coinciden necesariamente con tales intereses. En este orden, se asociaría con el estatismo. En sus versiones extremas, llevó a que el amor a la patria o patriotismo, construido en torno a algunos atributos nacionales, se convirtiese en motivo para posturas sectarias, excluyentes, que conculcaban derechos individuales y que, muchas veces, conducían a agredir a otros pueblos, como ocurrió con el fascismo.

En Venezuela, fueron levantadas banderas nacionalistas en coyunturas críticas para procurar el apoyo de la población a las actuaciones del gobernante de turno. Para ello, se valieron del culto al Libertador, invocando la figura de tan excelso paladín de los intereses patrios, para respaldar sus iniciativas. De tal forma, el nacionalismo devino en un expediente a la mano, muy cómodo, para apuntalar conductas caudillistas e imponerse a quienes se les resistían. Célebre, en este sentido, se tornó la proclama del presidente Cipriano Castro (1899-1908) en contra del bloqueo del puerto de La Guaira por las armadas de Alemania e Inglaterra en reclamo de deudas no pagadas. "*La planta insolente del extranjero*" profanando "*el sagrado suelo de la Patria*", se convirtió en una clarinada nacionalista que no abandonaría el debate político de buena parte del siglo XX.

Con la aparición de la explotación petrolera a gran escala por empresas extranjeras, las élites del poder, incluyendo la *intelligentsia,* encontraron en el nacionalismo una herramienta para denunciarlas como expoliadoras de la riqueza nacional y reclamar una mayor participación en sus frutos. El contraste visible entre las comodidades de los modernos campamentos levantados para hospedar al personal extranjero que venía a explotar nuestro subsuelo y las condiciones miserables de vida de quienes abandonaban los campos para agolparse a sus puertas en rancherías insalubres, buscando empleo, contribuyó a que este rechazo adoptase posturas antiimperialistas en el imaginario nacional. Pero el reclamo de reivindicaciones en el plano laboral y social ante empresas foráneas que depredaban nuestra riqueza requería disponer de un instrumento de magnitud y poder equivalente, que no podía ser otro que el Estado. A través de sucesivas legislaciones, que culminaron en la Ley de Hidrocarburos de 1943 y la Ley de Impuesto Sobre la Renta del año anterior, el Estado se dotó de herramientas para incrementar la tributación y para fijarle otras exacciones a la industria petrolera foránea.

Para la generación de relevo que asumió el protagonismo político al morir Gómez, el nacionalismo fue inspiración para denunciar la decadente, obsoleta y atrasada estructura económica del país —comparada con otros de la región y con los países industrializados—ante la cual había insurgido. El reto nacionalista era cerrar esta brecha. Ello requería de una política activa desde el Estado, como plantearon algunos líderes democráticos de la época, entre éstos, Rómulo Betancourt (ob. cit.), e intelectuales de izquierda, como Salvador de la Plaza (1996). La estructuración del espacio nacional a través de la inversión en infraestructura de carreteras, autopistas, vialidad agrícola, puentes y aeropuertos, la dotación sanitaria de hospitales y centros ambulatorios, y la educativa en escuelas, liceos y universidades, fue asumida como labor nacionalista bajo la conducción del Estado, por parte de sucesivos gobiernos.

La tributación petrolera creó las bases de un fuerte protagonismo del Estado en los asuntos económicos del país. Amparó el desarrollo y fortalecimiento de una burocracia tecnocrática, con influencia política y económica en tanto que funcionarios de un Estado que se arrogaba la representación del interés nacional. Ésta tendió a menospreciar al sector privado, sobre todo a los grandes monopolios y oligopolios que podían ser lesivos a los intereses de la nación. No debería permitirse que incidieran, por su tamaño, en la definición de políticas de Estado. No obstante, los incentivos instrumentados para viabilizar el modelo de desarrollo orientado al mercado doméstico, que signó la política económica del país durante la segunda mitad del siglo XX, crearon un escenario tentador para el arbitraje entre funcionarios con capacidad decisoria y empresas ahítas por beneficiarse de las condiciones privilegiadas para sus negocios que éstos habrían de determinar. Si bien hubo esfuerzos por contener las corruptelas, se fueron plasmando prácticas que abonaron a favor de reglas de juego informales de naturaleza extractiva basadas en la caza de rentas, sobre todo durante las décadas de 1970 y 1980 (ver abajo). Podría decirse que la tentación por beneficiarse de las rentas que entraban a las arcas del Estado por exportación de crudo fue pervirtiendo la pretensión de consolidar una democracia inclusiva, que ampliara, por igual, las oportunidades de superación de todos.

Por otro lado, la estrategia de desarrollo hacia un mercado interno protegido, junto a la fortaleza del bolívar, también afectó negativamente el desarrollo de una economía mercantil abierta al mercado internacional, al disuadir la creación de empresas privadas que pudieran competir en él. Frenó, asimismo, la instalación de empresas extranjeras exportadoras, salvo en el caso de minerales como el petróleo y el hierro, poco procesados[5]. Sin embargo, no fueron excluidas de las oportunidades generadas por la estrategia de industrialización por sustitución de importaciones. Instalaron sucursales en el país con plantas sobredimensionadas, en su mayoría, con respecto al mercado nacional, pero con escalas insuficientes para competir afuera. Su peso no era tan grande como para ser percibidas como peligro a nuestra soberanía, por lo que su participación en el mercado local no amenazaba el ideario nacionalista. Sin embargo, eran vistas con recelo por algunos sectores políticos, en particular, de izquierda. De todas formas, la bandera del nacionalismo pasó a esgrimirse a conveniencia cuando, desde el Estado, se decidía expropiar cualquier actividad, fuese esta de propiedad privada extranjera o nacional, alegando su carácter estratégica o vital para Venezuela.

---

5 Sus requerimientos de capital, de tecnología y su necesaria vinculación con los mercados mundiales las hacían imprescindibles. Cabe señalar que la presión nacionalista fue obligando a las empresas extranjeras a refinar una porción creciente del crudo en Venezuela, para exportar, así, un producto de mayor valor agregado. Por otro lado, las oportunidades de producir para el mercado andino ampliado, conformado por la desgravación arancelaria programada en el Acuerdo de Cartagena, se le cerró al capital foráneo durante años por la Decisión 24, bandera de una visión nacionalista de integración económica.

La "siembra del petróleo"

La construcción de una institucionalidad moderna en Venezuela, posterior a la muerte de Juan Vicente Gómez, se hizo en buena medida a través de la estrategia de "Sembrar el Petróleo", es decir, del aprovechamiento de los proventos de la venta de crudo en los mercados mundiales para diversificar la economía, invirtiendo en otros sectores para superar el atraso[6]. Como se recordará, este lema respondía a los efectos adversos sobre las exportaciones agrícolas de las que dependía el país en las primeras décadas del siglo, derivados de la apreciación del bolívar que resultó del auge exportador del crudo, sobre todo a partir de la devaluación del dólar ocurrida en 1934. Las dificultades que afrontaron los agricultores tuvieron eco en el famoso editorial del escritor, Arturo Uslar Pietri, en el diario, *Ahora,* del 14 de julio de 1936, en el que acuñó la famosa consigna. En su visión primigenia, el petróleo era concebido como capital natural, cuya sustracción y liquidación causaba estragos sobre las actividades productivas del campo, fundamento del desarrollo nacional. Uslar pensaba que la riqueza petrolera era efímera, como había sido la fiebre del oro en California, por lo que, al agotarse, habría de dejar al país descapitalizado: sin petróleo y con su capital productivo tradicional destruido. Su propuesta debía tomarse, por ende, de forma bastante literal, invirtiendo los proventos de la explotación del crudo en la modernización de las actividades del campo, de manera de reemplazar el patrimonio que se liquidaba, con capital productivo agrícola.

Con el editorial de Uslar, quedó acuñado el término político-económico más afortunado del siglo XX venezolano, que habría de guiar la estrategia de desarrollo del país hasta los albores del nuevo milenio. Bajo el lema de "sembrar el petróleo", sucesivos gobiernos acometieron políticas de desarrollo, algunas más eficaces que otras, pero todas guiadas por la idea de la diversificación productiva con base en los ingresos que deparaba la codiciada riqueza de nuestro subsuelo. A pesar de sus diferencias, las hermanaba un elemento común: las iniciativas de modernización y de apoyo al crecimiento económico serían financiadas por un monto creciente de ingresos provenientes de la tributación a la venta internacional del crudo.

Cabe señalar que, en el cierre de su afamado escrito, Uslar dejaba traslucir una concepción de desarrollo que, paradójicamente, excluía al petróleo: el papel de éste se reducía a proveer los ingentes recursos con los cuales crear "riqueza agrícola, reproductiva y progresiva". De no aprovecharse en el sentido indicado,

---

6 Cabe señalar que las empresas petroleras extranjeras fueron también agentes directos de modernización, al verse obligadas a construir carreteras, plantas eléctricas y otros servicios, ahí donde levantaban sus actividades productivas, y al reproducir rutinas y hábitos, propios de la cultura urbana estadounidense, en los campamentos donde alojaban a sus empleados, que sirvieron de referencia para una incipiente clase media criolla.

la explotación de estos aceites minerales constituiría un "sistema destructivo". La industria petrolera era sólo un medio, no un componente central, de lo que se entendía como desarrollo. Quedó patente su carácter extractivo, fuente de recursos para apuntalar a los sectores no petroleros de la economía, sostén del "verdadero" desarrollo del país. A los ojos de sucesivos gobiernos, el petróleo fue visto sólo como agente externo, proveedor de ingresos portentosos para su usufructo político. La captación de rentas por el Estado se convirtió en elemento central de la política económica, afianzando una visión y una cultura política extractivista. El protagonismo exhibido por muchos presidentes en su empeño por dejar su cariz personal en la ejecución de esta estrategia contribuyó, también, con el forjamiento de una cultura concentradora del poder que no favoreció la consolidación de instituciones inclusivas en el país.

Rentismo y estatismo

Aunque Uslar no lo explicitó, se asumió desde el comienzo que el canal para esta siembra pasaba necesariamente por las arcas del Estado, ya que éste percibía los ingresos correspondientes a la participación nacional en la explotación del hidrocarburo. Como representante de la nación, se asentó la idea de que le correspondía administrar esta renta[7]. Esta visión encontraba sustento, además, en el Decreto sobre Minas, promulgado en Quito el 24 de octubre de 1829 por El Libertador, que, presumiblemente, recogía de la legislación heredada de la Colonia la noción de que los recursos del subsuelo pertenecían a la Corona y, por ende, debían ser, ahora, de la República. El artículo 1° del mencionado Decreto, reza:

> "*Conforme a las leyes, las minas de cualquiera clase corresponden a la República, cuyo Gobierno las concede en propiedad y posesión a los ciudadanos que las pidan, bajo las condiciones expresadas en las Leyes y Ordenanzas de Minas, y con las demás que contiene este Decreto*".

El hecho de que las minas, pertenecientes a la República (no al Estado), pudiesen ser concedidas en propiedad y posesión "*a los ciudadanos que las pidan*", no obstó para que las legislaciones sobre petróleo adoptadas en el siglo XX confundieran República con Estado y a éste con gobierno, para dejar sentada una interpretación del antecedente Bolivariano que hacía al Estado dueño exclusivo de las explotaciones del subsuelo y a los sucesivos gobiernos, sus agentes. Se trataba de una actividad que generaba enormes rentas, que, captadas de manera creciente a través de sus instrumentos tributarios, le proveían al Estado su poder protagónico en el desarrollo del país.

---

7 Ello no estuvo siempre claro, sin embargo, como lo atestigua la controversia entre Vicente Lecuna, banquero, y Gumersindo Torres, ministro de Fomento, sobre si correspondía al Estado o al dueño del terreno, la propiedad del subsuelo. Véase, A. Baptista y B. Mommer, *El petróleo en el pensamiento económico venezolano*, ediciones IESA, 1992.

El Estado venezolano asumió, así, una función ductora del desarrollo nacional. Durante la dictadura de Marcos Pérez Jiménez, un ambicioso programa de inversiones públicas buscó "transformar el medio físico" como eje de su proyecto político, el Nuevo Ideal Nacional. Al triunfar de nuevo la democracia en 1958, Rómulo Betancourt recoge como política económica algunas medidas de su anterior gobierno como presidente de la Junta Revolucionaria de Gobierno, 1945-7, ampliadas y sistematizadas por las recomendaciones de la *Comisión Económica para América Latina* (CEPAL, 1969) de las NN.UU., bajo la conducción del economista argentino, Raúl Prebisch. La concepción Cepalina aconsejaban una estrategia de *industrialización por sustitución de importaciones* (ISI), orientada al mercado interno, para superar el *deterioro de los términos de intercambio*[8] y otras vicisitudes del llamado modelo "primario-exportador", que frustraban el desarrollo de las economías del continente. La captación de importantes rentas por la exportación de crudo a los mercados internacionales aseguró los recursos financieros con los cuales hacer sostenible esta estrategia. Mientras en otros países de la región sucesivas crisis de su sector externo impedían importar la maquinaria y los insumos demandados por el proceso de industrialización, provocando episodios sucesivos de devaluación / inflación, eso no ocurría en Venezuela. Pero, en realidad, no evitó este tipo de crisis; la pospuso para cuando colapsará la "siembra del petróleo", como se argumentará más adelante.

La industria manufacturera se concibió como motor central del desarrollo y se le estimuló con medidas proteccionistas[9] y de fomento que se mantuvieron, con algunas variantes, por sus sucesores: 1) Incentivos fiscales en la forma de exenciones y exoneraciones del Impuesto Sobre la Renta, y del impuesto aduanero para la importación de equipos y bienes intermedios; 2) Subsidios a los precios de venta de algunos bienes de consumo; 3) Crédito amplio a las actividades productivas, a tasas preferenciales; 4) Decreto "Compre Venezolano", que obligaba al sector público a adquirir bienes oriundos del país, si no superaban un margen de precios por encima de los importados; 5) Una moneda sobrevaluada, que abarataba la importación de maquinaria e insumos necesarios para la ampliación del aparato productivo doméstico e inflaba el poder de compra de los venezolanos; y 6) Medidas

---

[8] Consistente en el abaratamiento de las exportaciones de bienes primarios de los países latinoamericanos, mientras pagaban cada vez más por los bienes manufacturados importados desde los países centrales.

[9] Cabe señalar que el Tratado de Reciprocidad con EE.UU. había sido vulnerado por el gobierno de Eisenhower, que restringió la cuota de importación establecida para el petróleo venezolano. Asimismo, los avances en el GATT (*General Agreement on Tariffs and Trade*), del cual EE.UU. era miembro, pero no Venezuela, obligaba al primero a extender la condición de *Nación Más Favorecida* a los países signatarios de ese acuerdo, lo que diluyó las preferencias de las exportaciones venezolanas (petróleo) a ese país. Estos efectos sirvieron de pretexto para legitimar la instrumentación de las medidas proteccionistas, antes mencionadas, por parte del nuevo gobierno venezolano, no obstante lo dispuesto en ese tratado.

proteccionistas a la producción doméstica, en la forma de restricciones cuantitativas a la importación y/o de impuestos específicos y *ad-valorem,* elevados. Inspiradas por el lema de "sembrar el petróleo", el intervencionismo estatal resultante de la ISI forjaría un protagonismo estatal que determinaría, en buena medida, el desarrollo económico, social y político del país.

El rol tutelar que se arrogó el Estado en el manejo de la economía colocó al sector privado en situación subordinada. Como expresión de esta cultura "estatista", las garantías económicas de la Constitución de 1961 fueron suspendidas el día siguiente de haber sido aprobada. No se restablecieron sino 30 años después, bajo la segunda presidencia de Carlos Andrés Pérez. En manos del Estado quedaba la autorización para invertir en nuevas industrias, la potestad de expropiar negocios existentes, decisiones sobre los precios a los cuales vender las mercancías, salarios y condiciones laborales a ser cumplidas, así como discrecionalidad en el otorgamiento de incentivos fiscales, financieros o de protección arancelaria a la producción doméstica. Esta sumisión del sector privado venezolano explica el paradójico hecho de que, al contrario de otros países, no hubo presencia importante de empresas (privadas) de capital nacional en el sector en el que eran más claras las ventajas comparativas de Venezuela, el de los hidrocarburos.

El protagonismo estatal en la conducción de la vida económica pero también social del país, basado en el usufructo, no desprovisto de discrecionalidad, de enormes rentas captadas por la venta de crudo en los mercados internacionales, habría de desentonar con el propósito de los principales dirigentes políticos de afianzar un sistema democrático de libertades y de respeto a los derechos humanos básicos. Lo que se fue poniendo a prueba fue la fortaleza, sostenibilidad y desarrollo de instituciones inclusivas ante las tentaciones representadas por el usufructo centralizado de la renta petrolera, que profundizaran el ejercicio de un régimen liberal de democracia.

Las instituciones inclusivas. La democracia

Conforme a los académicos Acemoglu y Robinson (*ibid.*), el desarrollo de *instituciones inclusivas* se refleja en condiciones favorables al progreso, asociadas, hoy, a la democracia liberal y a las economías de mercado. Se expresan en un Estado de Derecho que provee un marco de reglas de juegos comunes a la sociedad, capaces de hacer respetar la pluralidad de intereses y de iniciativas que en ella se desenvuelven y de amparar los intereses legítimos de las minorías. Se afianzan en garantías a la propiedad, de contratación y de respeto por los derechos adquiridos por distintos actores que, amparadas en ellas, satisfacen sus necesidades. Ello contribuye a un mayor reparto del poder político en la sociedad, limitando su concentración y ejercicio arbitrario. Esta inclusividad tiende a reforzarse mutuamente en el plano político y en el económico.

Puede argumentarse que la democracia que se construyó en Venezuela, luego de la muerte de Juan Vicente Gómez, fue más producto de una convicción ideológica de una generación de jóvenes políticos que se forjaron en la lucha contra la dictadura, que resultado de un proceso de conquistas sociales y políticas de sectores diversos que fueron plasmándose en derechos concretos. Otra manera de decir esto, es que el régimen democrático fue, en gran medida, impuesto desde arriba, sobre todo a partir del gobierno del llamado Trienio Adeco (1945-48). Salvo contadas excepciones, no fue resultado de un proceso que emergiera de luchas sociales sostenidas contra estructuras opresivas. Contrasta con la aseveración de Acemoglu y Robinson en otro libro de gran interés, *El pasillo estrecho. Estados, sociedades y cómo alcanzar la libertad* (2019), de que la construcción del Estado liberal ocurrió desde abajo, como resultado de la interacción de un poder central emergente con una sociedad enérgica. El Estado adquirió suficiente fuerza como para imponer normas comunes a todos, pero atendiendo a las condiciones y criterios de justicia forjados por su interacción con los movimientos sociales.

Una sociedad protagónica y fortalecida no emergió en Venezuela para "encadenar" a un leviatán (Estado) empoderado con cuantiosas rentas. Pudo disponer de éstas con cierta discreción por la ausencia de una ciudadanía organizada y movilizada que lo delimitara asumiendo, como contrapeso, corresponsabilidad en estos asuntos. Las libertades surgieron fundamentalmente porque la autocracia gomecista fue reemplazada por una generación política-intelectual comprometida con el ideal democrático, dispuesta a dejar su impronta en la historia de la nación instaurando garantías civiles a ser disfrutados en libertad. Pero, en ausencia de estímulos constructivos de colectivos autónomos que luchaban por ampliar sus derechos, se fue asentando una relación vertical entre Estado y sociedad que inhibió el empoderamiento ciudadano como sustento de una democracia activa, en continua legitimación entre los venezolanos.

Podía caracterizarse a la filosofía subyacente de la dictadura de Juan Vicente Gómez como de liberal positivista, en tanto no supuso un rol dominante, protagónico, del Estado sobre el acontecer social, distinto a la preservación severa del orden primitivo con base en el cual detentaba su poder. Tal rasgo, heredado por los gobiernos que le sucedieron, de Eleazar López Contreras (1936-40) y de Isaías Medina Angarita (1940-5), fue dando paso, sin embargo, a un Estado cada vez más protagonista como factor central del desarrollo, dado los ingentes recursos que se concentraban en sus manos. A partir del Trienio Adeco, y como resultado del proyecto de democratización y de justicia social que motivaba a sus líderes, el Estado asumió un rol tutelar sobre la sociedad y la economía. Era menester mejorar el nivel de vida de la vasta mayoría de venezolanos, hasta ese momento preterida de su participación en los frutos de la incipiente modernización. En atención a ello, el gobierno dedicaría buena parte de su atención a mejorar la educación y la salud, la infraestructura de servicios y las mejoras salariales de trabajadores. Apoyó, asimismo, la sindicalización y la organización gremial del campesinado, esfuerzos no exentos de una pugnacidad sectaria que llevaría agua al molino de los detractores del novel gobierno revolucionario. Bajo la presidencia de Rómulo Gallegos, primer mandatario elegido por voto universal directo, tal ambiente se reveló propicio para el golpe militar que instaló la dictadura de Marcos Pérez Jiménez (1949-58).

Luego de caer la dictadura, notoriamente en los años 70', las políticas sociales mencionadas arriba incorporaron los subsidios, los aumentos administrativos de salarios por decreto, los controles de precios y otros mecanismos de intervención económica como políticas de gobierno. Junto al reparto de prebendas entre simpatizantes de la tolda política a nivel municipal por parte de quien controlara esta instancia de poder, fueron asentándose prácticas populistas y clientelares entre los dos partidos que se alternaban en el gobierno, Acción Democrática y Copei. Bastaba con saber administrar esa riqueza a favor del pueblo para que el "Estado Mágico," del que habla Fernando Coronil (2013), asegurase el bienestar para todos. Por ende, todo incumplimiento o insuficiencia de un gobierno dirigido por el partido rival, no podía explicarse sino por la incompetencia o, peor aún, por su corrupción. La competencia entre ofertas populistas de estas dos fuerzas por los favores de la población fue forjando la base de un contrato social implícito entre pueblo y democracia. Sembró una cultura paternalista según la cual los venezolanos teníamos *derechos* a exigir, sin que ello implicara el cumplimiento de nuestros *deberes*. Para eso estaba el gasto dispendioso de la renta petrolera, que parecía no tener límite. Se reforzó, así, una cultura extractiva en el plano político, propio de un modelo económico basado en el aprovechamiento de la riqueza del subsuelo.

Según el análisis de Asdrúbal Baptista (1997), el modelo proteccionista, orientado hacia el mercado interno, colapsó durante el primer gobierno de Carlos Andrés Pérez (1973-78), resultado del mayor esfuerzo conocido hasta entonces por "sembrar el petróleo". La economía no estaba en capacidad de absorber productivamente los enormes ingresos que fueron volcados sobre ella, dado su tamaño (relativo) reducido, la sobrevaluación del bolívar, y la ausencia de personal y de servicios especializados, como de *know-how*, para exportar exitosamente a los mercados internacionales. El modelo estatista, vertical, que inhibió el desenvolvimiento autónomo de empresas competitivas, careció de la flexibilidad necesaria para que las enormes inversiones rindieran sus frutos plenamente. Incluso, un programa tan formidable como el *Plan Mariscal de Ayacucho* resultó en el regreso al país de jóvenes altamente calificados, muchos de los cuales, sin embargo, no lograban insertarse para prestar los servicios en los que se habían capacitado.

La contracción de la inversión que resultó del colapso antes mencionado y la crisis de la deuda de América Latina dio paso a la llamada "década perdida" de los ochenta. En Venezuela el gobierno de Luis Herrera Campins instrumentó, a finales de su gestión (1979-1983), un control de cambio, el primero en 20 años, ante la fuerte salida de recursos y la excesiva sobrevaloración del bolívar. El siguiente gobierno, de Jaime Lusinchi (1984-1988) exacerbó los controles de precio para bienes y servicios, en un intento por contener la inflación que se había desatado. No obstante, ésta superó 29% en 1988. Junto al racionamiento de la divisa y las restricciones a las importaciones, los controles provocaron la desaparición de muchos productos de los estantes de mercados hacia finales de su período presidencial, provocando un descontento general creciente.

Quedó manifiesta la imposibilidad de sostener la ilusión, albergada por venezolanos durante décadas, de una prosperidad providencial creciente. Las recriminaciones contra el partido que estuviese en el gobierno por el incumplimiento de su parte del contrato social asumieron la forma de un fuerte rechazo moral, al sentirse traicionados por la aparente desidia de quienes se les había entregado la confianza para hacerlo realidad. Se denostaba de cúpulas políticas podridas, sólo pendientes de sus intereses estrechos. Se fue incubando, asimismo, un resentimiento creciente contra aquellos quienes, por haber conservado cierta afluencia durante la crisis, se les veía como cómplices en el despojo del derecho de los demás a disfrutar, también, de las bondades de vivir en un país rico: una visión suma-cero alimentada por el rentismo. Políticos y gente de la calle no volcaron su atención hacia cómo enderezar los entuertos que habían engendrado el deterioro en sus condiciones de vida, sino en buscar culpables.

Cuando el segundo gobierno Carlos Andrés Pérez quiso aplicar reformas correctivas, estas fueron incomprendidas y rechazadas por muchos, pues contrariaban la cultura paternalista de la democracia venezolana en la que se habían amamantado. El "Gran Viraje" fue un paso importante hacia la adecuación de las instituciones económicas a los requerimientos de un país que requería reducir su dependencia del ingreso petrolero, concentrador, y abrir nuevas fuentes de empleo a través del desarrollo competitivo de otros sectores, en condiciones de estabilidad macroeconómica. Se acompañó, en el plano político, con la elección de gobernadores de los estados y de los alcaldes de los municipios, figura inexistente hasta entonces. Cabe recordar que el anterior presidente, Jaime Lusinchi, nombraba personalmente a los secretarios regionales de Acción Democrática, su partido, como gobernadores de Estado.

A pesar de su relativo éxito económico, el ajuste hacia instituciones más inclusivas suscitó fuertes antagonismos políticos. El primer año desató, temprano, una protesta violenta y generalizada, provocada por la subida inconsulta del precio de la gasolina y su consecuente impacto, tanto en las tarifas de transporte de personas y bienes, como en los precios en general. Esta protesta se transformó rápidamente en saqueos generalizados que desbordaron las capacidades de contención de la policía. Lo que fue conocido como "el Caracazo" terminó siendo reprimido brutalmente por el ejército, dejando tras de sí centenares de muertos, sin duda la peor tragedia de orden público enfrentado por la democracia venezolana. Junto al "shock" de expectativas defraudadas por quienes creían que la victoria de Pérez significaría un regreso a la *Gran Venezuela* de su primera gestión, representó un severo resquebrajamiento del contrato social implícito del régimen bipartidista que había dominado los treinta años anteriores. A pesar de los esfuerzos por instrumentar medidas compensatorias a los sectores más afectados por el programa de ajustes, no logró desactivar la fuerte oposición al mismo de quienes habían visto desaparecer sus tradicionales privilegios; los dolientes del rentismo petrolero que se intentaba desmantelar[10]. Ello les dio fuerza a movimientos conspirativos dentro de la Fuerza Armada que terminarían estallando dos años más tarde, con la asonada golpista de Hugo Chávez.

Los resentimientos incubados y la frustración por no poder disfrutar del "sueño venezolano", alimentó odios y ansias de venganza que Chávez supo capitalizar hábilmente. Triunfó la anti-política, caldo de cultivo de un populismo demagógico que culpaba de las penurias del pueblo a la élite, representada por las cúpulas de los partidos del *establishment*. Era menester desplazarlas para hacer valer sus derechos. En su campaña electoral, Chávez, el "outsider" puro y noble por excelencia, prometió "freír en aceite" las cabezas de los adecos corruptos e inaugurar una nueva era que le devolviese al pueblo el control de su país. Para eso, debían desmantelarse las instituciones controladas por esa élite.

Las perversiones de una institucionalidad económica extractiva

Durante la llamada "década perdida" de los ochenta, las distorsiones institucionales ocasionadas por el tutelaje del Estado sobre la economía, amparadas en los cuantiosos ingresos que captaba, resultaron en incentivos perversos para buscar rentas, a expensas de su desarrollo competitivo. Un sistema de controles de todo tipo incrementaba los costos de transacción de las empresas, generando altos precios (relativos) para los consumidores y para la industria local. Además, aumentó el riesgo de nuevas inversiones, achicando los horizontes temporales para los negocios e inhibiendo los esfuerzos por innovar e incrementar su productividad. Prevaleció la búsqueda de rentas, alimentado por los incentivos para promover la ISI, otorgados con cierta discrecionalidad por parte de los funcionarios responsables. Prevalecieron los intereses político-partidistas y/o de grupos económicos que competían por aprovecharse de las prácticas clientelares del gobierno y reclamar su parte, como argumenta Diego B. Urbaneja en su libro, *La renta y el reclamo* (2013).

La arrogación por parte del Estado de decisiones estratégicas sobre el desarrollo y la propiedad de industrias consideradas básicas, los controles de precio y la suspensión de las garantías económicas, dibujó un contexto institucional asociado al tráfico de influencias con los decisores de política, permeable a presiones y atenciones de los poderosos. Un mercado poco competido, sujeto a prioridades cambiantes, estimuló prácticas especulativas que premiaban, no el esfuerzo productivo, sino a las conexiones personales que podía tener un hombre de negocio y la astucia para sacarle provecho a estos cambios. Junto a las prácticas clientela-

---

10 Para una explicación de esta reacción y sus implicaciones, véase, M. Rivero, *La rebelión de los náufragos*, Alfa, Caracas, 2010.

res hacia los sectores vulnerables, se forjó un ambiente maleable a la forja de favoritismos y de otros privilegios desde el poder. Fue un caldo de cultivo favorable a la cosecha de rentas, propio de un marco institucional de naturaleza extractiva.

Conforme a la perspectiva examinada por el padre Raúl González Fabre (2015), fueron adquiriendo mayor beligerancia las transacciones basadas en relaciones personales, cuyo resultado depende de que quién sea la contraparte cumpla con su compromiso, que aquellas basadas en el trato impersonal que dimana de la igualdad ante la ley. En tal ambiente, el estar bien conectado devino en fuente de prerrogativas no compartidas. Este tipo de reglas de juego –instituciones– basadas en lazos personales, suelen ser de naturaleza extractiva, vulnerables a la imposición del más fuerte. A diferencia, cuando rige el imperio de la ley, las instituciones son inclusivas, ya que, al no estar sujeto al arbitrio de alguien en particular, proveen un ámbito de seguridad y de confianza que estimula la iniciativa personal y la acción ciudadana. No es menester conocer en detalle la naturaleza de la(s) persona(s) con que se interactúa(n) para acometer una transacción o un emprendimiento, dado el respaldo de un sistema de premiación o castigo que incentiva el respeto, en igualdad de condiciones, por los intereses en juego. En la medida en que en una colectividad se asientan reglas basadas en relaciones impersonales, se fortalece el llamado *capital social*. Éste se refiere a las capacidades asociativas fundamentadas en la confianza para la prosecución de intereses comunes. Las Instituciones inclusivas favorecen redes de cooperación, que redundan en menores costos de transacción y mayor eficiencia, por lo que promueven el desarrollo.

Un importante artículo de North, Wallis y Weingast (2009), coincide en señalar, desde una perspectiva histórica, la importancia de las instituciones "impersonales" para la emergencia de lo que ellos llaman, sociedades de acceso abierto. A diferencia de las primeras sociedades que, al crecer, se dotaban de jerarquías excluyentes basadas en relaciones personales de dominio, en éstas –sobre todo a partir del siglo XIX– se fueron asentando derechos y deberes fundamentados en características impersonales, dando lugar a una ciudadanía. La interacción entre individuos que no requerían conocerse en detalle fomentó organizaciones abiertas, basadas en la confianza, base del capital social.

En Venezuela, una institucionalidad económica extractiva, forjada en torno a la explotación petrolera, dejó un margen de discrecionalidad en su usufructo por parte del Estado, que inhibió el desarrollo de una ciudadanía fuerte. Ello repercutió, a su vez, en gobiernos que, a pesar de la vocación democrática profesada, instrumentalizaron la erogación de los proventos del crudo para sus propios fines político-partidistas, alimentando reglas de juego basadas en favoritismos personales. Se perpetuó, así, una relación paternalista perversa entre Estado y población, que fue pasto de prédicas populistas. En la situación crítica por la que atravesó el país en los 80', devino en una mayor restricción de las libertades económicas, con sus consecuentes implicaciones en términos del deterioro de la calidad de vida de los venezolanos.

Como lo reveló el rechazo a los intentos de corrección de estas aberraciones por parte del segundo gobierno de CAP, los venezolanos prefirieron inclinarse por un vengador justiciero, llamado a enderezar las cargas a favor de quienes se sentían relegados, tanto por la crisis del modelo proteccionista anterior, como por las reformas que buscaban asignarle un papel más protagónico al mercado. Clamaban por un mayor intervencionismo a expensas de las instituciones impersonales del Estado de Derecho y de la competencia mercantil, con la esperanza de salir favorecidos. Eso era "su derecho".

Estas características dibujan un clima institucional poco favorable al desarrollo vigoroso de una economía de mercado basada en la competencia y la iniciativa privada. Se asocian, más bien, a un desapego a la norma, al bajo respeto por la propiedad ajena y a una expectativa de que el Estado debe cumplir con lo que cada quien considere son sus derechos, pero sin que medie, para ello, el cumplimiento de sus deberes. Es decir, no están los elementos de la institucionalidad inclusiva, impersonal, con base en la cual los autores comentados explican el desarrollo exitoso de los países avanzados.

En el plano político, la cultura rentista llevó al venezolano a creer que el avance del país dependía de la voluntad y del arrojo de líderes predestinados. Fomentó una cultura que privilegia los "atajos", en contraposición a la consolidación de instituciones democráticas. Prevaleció la idea de la provisionalidad de muchas ejecutorias, ya que éstas podrían ser superadas por alguien más "comprometido". Complementa el panorama un igualitarismo basado en el desprecio por la meritocracia, la irreverencia ante las normas (impersonales) como una virtud en sí misma –independientemente del contexto en que ocurre– y la valoración de quienes la exhiben, como muestra de carácter, valentía y/o personalidad.

Tal cuadro favorece a regímenes de fuerza que enarbolan banderas "revolucionarias" y prometen barrer las "estructuras podridas" que, en nombre de preceptos "neoliberales", sustentarían privilegios e injusticias que atentan contra las aspiraciones del pueblo y son fuente de corrupción. Cultivan una relación personal, afectiva, entre el líder y "su" pueblo, puesta en escena deliberadamente para captar simpatías, y por la vinculación emotiva despertada por su retórica apasionada. El triunfo de Chávez, si bien produjo rupturas importantes en el plano político con la democracia, también representó la continuidad de muchas actitudes o formas de ser de su cultura rentista y populista, pero llevadas a extremos. Confirma la tendencia "trayectoria dependiente" con que evolucionan las instituciones, señalada por el economista Douglass North (*ob. cit.*).

El "Socialismo del Siglo XXI" resuelve la contradicción institucional

Chávez llega al poder capitalizando la incapacidad de lo que llamó, "régimen puntofijista"[11], en cumplir sus promesas de bienestar. Había fallado en honrar su parte del contrato social implícito que tenía con la población, a cambio del cual obtenía su apoyo electoral. El exteniente coronel que había dirigido el golpe militar contra el gobierno de Carlos Andrés Pérez en 1992, se erigió como el líder independiente –un verdadero "outsider"– que haría realidad las expectativas de mejora inculcadas, aunque no satisfechas, por las prédicas de Acción Democrática y Copei. Sería un cruzado contra la corrupción instaurada por las cúpulas de ambos partidos, culpables, en su retórica, de que los venezolanos no hubiesen podido disfrutar de la ventura que les correspondía. El país sólo lograría enderezarse, conquistando mayor justicia, castigando a estos culpables. El resentimiento y la sed de venganza fueron los combustibles para su reclamo por el poder.

Inspirado en una mitología épica construida en torno a la lucha independentista, se proyectó como el líder capaz de hacer realidad las glorias que El Libertador soñó para su pueblo, pero que fueron traicionadas por la oligarquía que controló al país desde que se separó de Colombia. El culto a Bolívar, mencionado arriba, contribuyó a proyectar una imagen de Chávez como militar providencial, siguiendo las huellas del héroe, dispuesto a "jugárselas" por el bien de la nación. Encarnaba la voluntad del pueblo. Por tanto, la falsa democracia "puntofijista" debería ser desplazada por una democracia "participativa y protagónica" (directa) que le diera expresión genuina a la voluntad popular. Armado de este ideario, procedió a desmantelar las instituciones inclusivas que, en el plano político, habían dado soporte a 40 años de democracia.

Su primer acto de gobierno fue convocar a una Asamblea Constituyente para que redactase una nueva constitución, base para "refundar la República", como había prometido. Aprobada el 15 de diciembre de 1999, la Constitución de la República Bolivariana de Venezuela (CRBV) incorporó algunas modificaciones a los poderes públicos –extensión del período presidencial a 6 años, con reelección inmediata, poder legislativo unicameral, creación de la Vicepresidencia de la República y de la Defensoría del Pueblo–, y cambió nombres y/o la ubicación de otros. Eliminó la potestad del Poder Legislativo para aprobar ascensos militares por encima del rango de coronel, lo cual quedó como atribución de la Fuerza Armada Nacional (FAN), a ser normada en una ley respectiva. Al aprobarse luego ésta, quedó como facultad del Presidente de la República, en tanto comandante en

---

11 Se refería a los gobiernos de Acción Democrática y de Copei entre 1959 y 1998, incluyendo el segundo de Rafael Caldera, que se alternaron en el poder avalados por el "Pacto de Punto Fijo", firmado por estos partidos y por URD en 1958. Con este acuerdo, se comprometían a respetar los resultados de las elecciones, una vez caída la dictadura de Marcos Pérez Jiménez.

jefe –ahora también operativo– de la FAN. Ésta fue adjetivada, además, de "bolivariana", una identificación política que anunciaba la sumisión militar al proyecto de Chávez, vulnerando lo establecido en el artículo 328 de la (entonces) nueva Carta Magna. En lo que respecta a la economía, introdujo cambios sutiles. Destaca la reserva, por parte del Estado, de la explotación del petróleo y de algunos recursos naturales de interés estratégico. Paradójicamente, la CRBV formalizó más claramente los derechos políticos y civiles con los cuales se había comprometido el país en las últimas décadas como signatario de acuerdos internacionales sobre la materia.

Puede afirmarse, en retrospectiva, que los cambios introducidos, algunos aparentemente inocuos, resultaron en el fortalecimiento del Poder Ejecutivo, propiciando una relación más directa entre el caudillo y "su" pueblo, bajo el pretexto de erigir una democracia participativa. Con ello, Chávez quiso anular la intermediación de los partidos políticos de oposición y de organizaciones sociales autónomas. Fue socavando, así, factores centrales a la democracia representativa para imponer una perspectiva única, la de él.

Las apetencias de poder del nuevo presidente lo fueron llevando, progresivamente, a confrontar el orden prevaleciente, y a propiciar la centralización y concentración de atribuciones en sus manos. Fue cercenando la autonomía de institutos descentralizados, de alcaldías y gobernaciones y, de manera cada vez más abierta, de los demás poderes públicos –legislativo, judicial y moral–, para someterlos a su voluntad. Chávez no dejaba de mostrarse molesto por el comportamiento independiente y autónomo de sindicatos, universidades y organizaciones gremiales de diverso tipo, reacios a someterse, sin más, a sus designios y recelosos de sus intentos por controlarlos. Cabe recordar sus tempranos intentos de apoderarse del movimiento obrero organizado, forzando un proceso electoral ahí para que ganara su candidato, Aristóbulo Istúriz. Al perder, creó una organización gremial paralela a la central sindical mayoritaria, pero bajo su control personal.

Su empeño en controlar directamente a instituciones, otrora autónomas, propició situaciones de abierto conflicto. De consecuencias muy perniciosas para el país, fue su apoderamiento de Petróleos de Venezuela, S.A. (PDVSA). Para ello se valió del ambiente de conflicto y de polarización política extrema que el mismo había alimentado con base en una retórica de odio y de descalificación de sus oponentes. Como se recordará, desembocó en la represión sangrienta de la gigantesca protesta del 11 de abril de 2002, su consecuente destitución y posterior reposición como presidente por acción de los militares y, antes de que finalizara ese año, en una huelga prolongada demandando su salida del poder. La derrota de ésta le puso en bandeja de plata la excusa para botar de PDVSA a cerca de la mitad de sus empleados, incluyendo a la gerencia máxima. Alardeando haber hecho a la empresa "roja, rojita" (colores con los que identificó su proyecto) y que, ahora, "el petróleo es de todos", eliminó una gerencia altamente calificada y muchos trabajadores experimentados para apersonarse de una fuente inmensa de recursos. Su asignación discrecional lo afirmaría a él como centro del poder. En particular, le permitiría dispensar, durante su mandato, amplias oportunidades de lucro a muchos de sus colaboradores, través de contratos ficticios, sobreprecios, comisiones y demás irregularidades, que depredaban el flujo de caja de PDVSA.

Con el tiempo, el sistema de regulaciones, controles y prohibiciones del llamado, "Socialismo del Siglo XXI", se traduciría en enormes incentivos para la corrupción, más cuando ocurría ante la ausencia, deliberada, de transparencia y de rendición de cuentas. Encontró asidero en el desmantelamiento de los resguardos legales sobre la administración de la cosa pública, que permitió la existencia de fuertes intereses apertrechados en los nodos de decisión del Estado para esquilmar a la nación, conformando una oligarquía militar – civil, que manejaría los asuntos económicos a discreción. El régimen aseguró, además, la impunidad a los perpetradores de estas corruptelas, por la anuencia de un poder judicial abyecto.

Además, Chávez instrumentó con la renta petrolera diversos mecanismos de reparto a sectores de bajos ingresos –las llamadas misiones–, que constituyeron su base política de apoyo por excelencia, asegurándose el respaldo electoral que lo ratificaría, sucesivamente, en el mando. Cabe señalar que entre 2008 y el tercer trimestre de 2014, el gobierno de Chávez y los primeros dos años del de Maduro, se beneficiaron de los mayores incrementos vistos en los precios internacionales del crudo, en torno a los 100 USD por barril. No es de sorprender, por tanto, que, para el cierre del gobierno del primero, con base en prácticas populistas exacerbadas contrarias a la ética productiva, el consumo privado por habitante haya crecido en un 55,3%. Pero, mientras el ingreso petrolero por habitante se multiplicó por 6, la productividad sólo creció en un 2,9%, en esos 14 años[12] y el salario real apenas en un 20,3% (1,4% anual).

La plétora de ingresos convenció a Chávez de que PDVSA debía ampliar su portafolio de gastos, apartándola de su misión corporativa fundamental, que es la extracción, refinación y venta de crudo. Fueron adscritas a la estatal petrolera empresas agrícolas, de alimentos, de servicios, de salud, gas comunal, desarrollo urbano, transporte y otras, que inflaron drásticamente su nómina. Junto a iniciativas como la Gran Misión Vivienda Venezuela, y los aportes de PDVSA, al Fondo de Desarrollo Nacional (FONDEN) y a los fondos establecidos con la República Popular China, privaron a la empresa del flujo de caja requerido para mantenerse competitiva. En total, durante los catorce años que estuvo Chávez en el poder, dispuso de casi 700 millardos de USD por exportación de petróleo que, lamentablemente, no dejaron mayores rastros. El colapso económico posterior, urdido por sus políticas y por la pésima conducción del gobierno de Maduro, aunado a la caída en los precios del crudo, redujo el consumo privado per cápita drásticamente, hasta alcanzar, para finales de 2021, la cuarta parte, apenas, del nivel disfrutado en 2013.

---

12 La productividad laboral no rentística (sin incluir la renta petrolera) apenas varió en un 0,6% durante ese período.

El afán de Chávez por concentrar el poder lo llevó también a confrontar a los medios de comunicación independientes, muchos de ellos críticos de su gestión. Cerró emisoras nacionales y locales, restringió el papel para los periódicos de la oposición y cerró –al no renovarle la concesión– la principal televisora del país, Radio Caracas Televisión. Su retórica contra "periodistas enemigos del pueblo", propició ataques contra éstos y destrozos de sedes de algunos medios por parte de bandas fascistas, atemorizándolos para que, por cuenta propia, se autocensuraran. Imbuido de un discurso socialista, procedió a estatizar empresas de todo tipo, muchas veces sin indemnización, sin que se pudiese discernir una razón económica válida para ello. La inmensa mayoría de estas empresas expropiadas quebraron o pasaron a gravar, aún más, el presupuesto público (incluyendo PDVSA)[13].

Finalmente, cabe mencionar la propuesta de cambio en el ordenamiento constitucional para instaurar un Estado Comunal que afianzaría su control sobre la población, que fue llevada a referendo en 2007. Entre otras cosas, buscaba suplantar las alcaldías y gobernaciones, legítimamente electas, por instancias de un poder paralelo que "*no nace del sufragio ni de elección alguna, sino de la condición de los grupos humanos organizados como base de la población*"[14]. Aunque fue derrotado por la voluntad mayoritaria de los venezolanos, Chávez logró aprobar por decreto y con la anuencia de una Asamblea Nacional bajo su control total por el boicot de las fuerzas opositoras a participar en las elecciones parlamentarias de 2005, muchos de sus preceptos, violando la ley y la decisión del soberano. Asimismo, logró, contra lo dispuesto en la CRBV, convocar un segundo referendo que aprobó la reelección indefinida de su mandato. La inviabilidad tanto política como económica de la propuesta comunal, junto a la muerte de Chávez, han impedido mayores avances en esta quimera.

La dictadura

El desmantelamiento de instituciones de naturaleza inclusiva erigidas durante la democracia representativa en Venezuela terminó con la edificación de una institucionalidad paralela bajo la presidencia de Nicolás Maduro, sometida a su control directo. Significó el quiebre definitivo del ordenamiento constitucional y la imposición, abierta, de un régimen dictatorial. El golpe decisivo se ejecutó con

---

13 La base de datos de Transparencia Venezuela registra unas 905 empresas en manos del Estado (89 fuera del país), disponible en: https://vendata.org/site/empresas2/,consultado en fecha 21 de junio de 2022. El gobierno de Maduro intenta desde hace dos años la venta total o parcial de algunas de estas empresas por procedimientos no del todo claros, alegando razones de confidencialidad, bajo el amparo de una "ley Antibloqueo".

14 Artículo 136 de la CRBV enmendada propuesta, que fue derrotada en fecha 2-12-2007.

una serie de medidas tomadas por un Tribunal Supremo de Justicia (TSJ) obsecuente con el Ejecutivo[15] que le arrebató a la Asamblea Nacional, dominada por las fuerzas democráticas a raíz de las elecciones de diciembre, 2015, sus atribuciones constitucionales. Ese TSJ se arrogó funciones de la Asamblea, incluyendo la aprobación del presupuesto nacional y de los créditos adicionales, convalidó *Estados de Emergencia Económica* sucesivos para entregarle a Maduro potestades arbitrarias en el manejo de la economía, como también la convocatoria de elecciones para una asamblea constituyente, al margen de los requisitos constitucionales, con la intención de usurpar las funciones de la Asamblea Nacional legítima para el momento.

Como sabemos, el oficialismo, valiéndose de su control del poder electoral, logró que Nicolás Maduro fuese "reelecto" a través de unos comicios que, por su falta de garantías y por las irregularidades cometidas, fueron desconocidos por la mayoría de los países democráticos del mundo occidental. Ello dio lugar a la asunción del presidente de la Asamblea Nacional, Juan Guaidó, como presidente interino, con base en lo dispuesto en el artículo 233 de la CRBV, que fue reconocido por la mayoría de los gobiernos que habían rechazado la farsa que "reeligió" a Maduro. Asimismo, por decisión respectiva del gobierno de los Estados Unidos y del de la Unión Europea, fueron extendidas y ampliadas las sanciones impuestas a jerarcas del régimen de Maduro por el fraude cometido y por violar derechos humanos, lavar dinero y por tráfico de drogas.

Por otro lado, con prácticas ventajistas y aprovechando la dispersión y desilusión del voto opositor, el oficialismo volvió a lograr el control de la Asamblea Nacional para el período 2021-2025, a través de un proceso electoral también condicionado por el ventajismo. Una Misión de Observación Electoral de la Unión Europea pudo asistir a estos comicios y dejó constancia, en su informe de que, a pesar de observar algunas mejoras con relación a procesos anteriores, subsistían una serie de irregularidades que deberían subsanarse para conquistar la debida confianza en que pudiera expresarse la voluntad política de los venezolanos[16].

Al momento de escribir estas líneas, la situación en Venezuela presenta un alto grado de incertidumbre con relación a la posibilidad de conquistar en un plazo corto o para las elecciones presidenciales que deberían realizarse en 2024, una transición pacífica y ordenada que permitiese la recuperación de las libertades democráticas sofocadas por el actual régimen.

---

15 Confeccionado con magistrados oficialistas, muchos de los cuales incumplían los requerimientos establecidos para ello en la Carta Magna.

16 Disponible en: https://reliefweb.int/report/venezuela-bolivarian-republic/uni-n-europea-misi-n-de-observaci-n-electoral-venezuela-2021, consultado en fecha20-de junio2022.

Comentarios finales

Puede que al comienzo Chávez realmente creyese que, al pasar por encima de las instituciones, redimía a un pueblo oprimido y sus partidarios izquierdosos, que el sistema socialista fuese superior. No importa. El hecho cierto es que la ausencia de controles sobre la gestión pública y su sometimiento a la voluntad personal de un caudillo condujo a un proceso para el disfrute de los recursos de la nación cada vez más discrecional y arbitrario. Al imponer una serie de leyes punitivas, con regulaciones y controles de precio que desafiaban las fuerzas de mercado y castigaban la iniciativa privada, surgieron incentivos perversos para lucrarse, arbitrando precios con el mercado "negro" y/o extorsionando a comerciantes y empresarios. Cabe recordar, además, que la captación de formidables rentas por la venta de crudo en los mercados internacionales había dado lugar a prácticas populistas y clientelares en años de democracia. Chávez las llevó a extremos, ampliando sus bases de apoyo político a través de variados programas de reparto. Minó, así, el desarrollo autónomo de un poder ciudadano que pudiera luchar por sus derechos y servir de contrapeso a su poder personal. Asimismo, su gestión se caracterizó por amplias corruptelas, alimentadas por la vulneración del Estado de Derecho, sea por la no aplicación de leyes, por su desvirtuación por parte de policías y jueces abyectos o por la aprobación de las leyes punitivas antes referidas. Dio lugar a intereses consustanciados con una situación de anomia, de ausencia de normas y de resguardos, en la que reina el arbitrio de los que tienen poder.

El manejo personalista y discrecional de la renta, sin estar sujeta a rendiciones de cuenta, ni a la necesidad de forjar consensos políticos, conformó la base de la gestión del presidente Chávez y, posteriormente, de Maduro. Al desaparecer el equilibrio de poderes, la institucionalidad que debía regir su usufructo se volvió aún más vulnerable a modificaciones en los precios internacionales del crudo, como a las extravagancias en la conducción del Estado. Fue dominada por una dinámica claramente extractivista. La excesiva personalización del mando, en manos del presidente, a la vez que burlaba la normativa existente, modificó a discreción los canales a través de los cuales se distribuía la renta petrolera, propiciando todo tipo de anomalías e incrementando la inestabilidad.

El socialismo petrolero pregonado por Chávez resultó en un reparto de la renta. Reemplazó la normativa autónoma e impersonal del Estado de Derecho, por mecanismos políticos, basados en las lealtades personales hacia él y a su grupo, forjadas a cambio de oportunidades para el provecho pecuniario. Eso propició la aparición de facciones o grupos de interés, en disputa por parcelas de poder o por los favores de quienes las controlaban, en detrimento de la institucionalidad pública. Esta incertidumbre hizo que la decisión sobre quién recae la participación en la renta y por qué vías se aprovecha, se fuese estrechando aún más en torno a la presidencia, en la medida en que se reducían los proventos del crudo. Se marginaron procesos descentralizados y participativos de toma de decisiones (inclusividad) y se sofocaron las iniciativas económicas autónomas, base de los procesos de *destrucción creativa* a que se refería J.A. Schumpeter (1974), fundamentos del desarrollo competitivo. Se profundizaron "reglas de juego" extractivas, en el plano económico, consustanciales con una institucionalidad política autoritaria, sin control por parte de poderes independientes.

El "Socialismo del siglo XXI" que se quiso instalar en Venezuela, no se distinguió por sus propuestas o alcances productivos, sino por las formas de participación en el ingreso y/o en el consumo que puso en ejecución, fundamentadas de manera directa en las relaciones de poder que se fueron consolidando a la par que se destruían las instituciones del Estado de Derecho. En particular, las nefastas consecuencias del clientelismo, al sujetar los favores del Estado a una acción de "compraventa", inculcó conductas obsecuentes, subordinadas a la voluntad de los gobernantes, de parte de quienes aspiraban a recibir ayudas. Esta práctica se reforzó con la discriminación abierta de aquellos que profesaban oposición al gobierno, especie de "efecto demostración" conducente a sostener lealtades clientelares a través del chantaje y el miedo de quedar excluidos. Se fue conformando, subrepticiamente, una nueva institucionalidad *–de facto-*, en la que el valor o conducta que se premia es el de la sumisión al poderoso; de ninguna manera la independencia de criterio, ni la preparación para afrontar desafíos de manera autónoma, en un marco de garantías resguardadas por un Estado de Derecho. El ciudadano fue hipotecando su condición de tal, al ver que sus *derechos* tomaban la forma de *favores* otorgados a discreción por el gobierno, siempre que se plegase a lo que éste decidía. Se convirtió, por tanto, en pasivo *súbdito,* diluyéndose en *masa* informe.

La proyección de un "Socialismo del Siglo XXI" justiciero, sin duda contribuyó a legitimar entre sus creyentes la cruzada de demolición institucional de una "revolución" que abatiría las iniquidades que se interponían al disfrute "popular" de la plétora petrolera. Invocando los deseos del Padre –el celestial y el nacional (Bolívar)–, se les ofreció a los venezolanos el propio paraíso terrenal: "*Consumid sin tener que verter el sudor de tu frente*". Es éste, el escenario por excelencia del populismo y del clientelismo dispendioso, instrumentos para la conversión de ciudadanos autónomos en masa inorgánica, sometida a la voluntad de un autócrata, al estilo del Estado Corporativo fascista. Mientras crecieran año a año los ingresos petroleros, tal arreglo era manejable: un juego suma-positivo, de reparto discrecional entre élites y adeptos, hecho posible porque la torta "engordaba" de manera sostenida. Sin embargo, la voracidad con que se expolió la riqueza social, la destrucción de capacidades productivas y la caída del ingreso petrolero, resultaron finalmente en un juego suma-cero (o suma-negativo) en lo económico, que desnudó notorias inequidades. Resultó en el trágico retroceso de los indicadores económicos y sociales reseñados al comienzo del presente trabajo.

Al amparo de la prédica socialista, se fue destruyendo el Estado de Derecho "burgués", para acomodar prácticas delictivas, en torno a los cuales se forjaron lealtades a cambio de participación. A su vez, se vulneraron las líneas de mando y de presentación de cuentas de los funcionarios, entrecruzándolas con lealtades de grupo, para conformar mafias sectorizadas. La cultura de obediencia en la Fuerza Armada facilitó la introducción de estas prácticas en el ámbito castrense. Alentado por demandas de lealtad a la persona del presidente Chávez para asegurar sus ascensos y/o para ser asignados en puestos considerados claves, sus contingentes fueron caldo de cultivo especialmente propicio para tales prácticas. Hoy, puede afirmarse que el alto mando militar se asemeja más a una confederación de intereses entrecruzada por mafias, que a componentes de una estructura monolítica con una disciplina única de mando. Su creciente protagonismo en el manejo de la cosa pública revivió la institución del militarismo, tan presente en el pasado decimonónico y de principios del siglo XX, pero cobijado ahora bajo una retórica socialista. Su impronta desnudó la inviabilidad política de pretender conducir la llamada revolución bolivariana en democracia.

El sostén actual del régimen se debe a componentes que tomaron el control de la FAN, ente que debería monopolizar los medios de violencia. Su incursión inicial en irregularidades fue con el Plan Bolívar 2000, luego aparecieron las corruptelas del Central Azucarero Ezequiel Zamora (CAEZ), con asesoría cubana, y, progresivamente, una sucesión de escándalos relacionados con dinero para obras públicas, procuras, importaciones y, sobre todo, para la adquisición de dólares preferenciales. Además, se dedicaron con cada vez mayor libertad a la matraca y la extorsión de ciudadanos y negocios. Más notorio aún fue su participación en el narcotráfico, recogida en la figura del "cartel de los soles" y en la expoliación de la riqueza mineral de Guayana, junto a bandas delictivas. Estas irregularidades fueron generando un entramado cada vez más denso de complicidades que torcían a su favor la toma o instrumentación de todo tipo de medidas.

Chávez no enfrentó la corrupción militar. Utilizó su conocimiento de ella como *Espada de Damocles* para asegurar la lealtad de los oficiales involucrados. Para ello armó un sistema judicial sumiso que castigara a los rebeldes o echase un manto de impunidad sobre los que le eran fieles. Los criterios de justicia y de legitimidad de muchas acciones pasaron a ser determinadas, no por su apego al ordenamiento legal y/o al interés de la nación, sino por su funcionalidad para con el ejercicio de poder de Chávez.

Maduro llevó esto todavía más allá. Elevó a militares señalados de narcotráfico y violación de derechos humanos a cargos públicos importantes, y edificó una institucionalidad paralela –la asamblea constituyente y el TSJ secuaz antes comentados– que anuló la supervisión y el control sobre su gestión por la representación popular en la Asamblea Nacional. Terminó por corromper a altos oficiales, colocándolos al frente de ministerios e institutos del área económica, empresas públicas, contrataciones con el Estado, inversiones, servicios diversos y permitiendo trapisondas en la custodia de fronteras, puertos, aeropuertos y alcabalas, como la extorsión en general. La situación de anomia permitió extender sus tentáculos a todos los niveles, incorporando, por ejemplo, a consejos comunales de base y a colectivos chavistas, al reparto de comida o la exacción de "vacunas" a comerciantes.

Ello destruyó a la FAN como institución, suplantando la disciplina, obediencia interna, el respeto por la jerarquía y por la unidad de mando, por alianzas o componendas entre quienes estaban mejor posicionados para sacarle provecho a las oportunidades de depredación de la riqueza social emanadas de la destrucción de la legalidad. Dio lugar a un régimen de expoliación, culminación del proceso de imposición de instituciones extractivistas, comandado por una confederación de mafias que cooperan o rivalizan entre sí, por "cotos de caza" específicos. Además del componente militar, eje del sistema, participan funcionarios civiles, empresarios inescrupulosos –la llamada "boliburguesía"– y bandas criminales, muchas de origen extranjero como el Ejército de Liberación Nacional (colombiano), la disidencia de las Fuerzas Armadas Revolucionarias Colombianas y el Hezbolá, de oriente medio.

Como conclusión, puede decirse que Chávez "resolvió" la tensión entre la existencia de instituciones económicas extractivas e instituciones políticas inclusivas, que había caracterizado a la democracia venezolana. Como predijeran Acemoglu y Robinson, la concentración del poder económico en quienes detentaban el manejo de la renta petrolera –los que controlan, en nuestro caso, las palancas de decisión del Estado–, fue forjando un poder *de facto* que no tardó en "acomodar" a su favor la institucionalidad política. Como resultado, se perpetuó y amplió el usufructo discrecional de la renta por parte de una nueva oligarquía, una vez instalado Chávez como presidente. Con la demolición del Estado de Derecho, las instituciones políticas fueron alineadas, progresivamente, con la naturaleza extractiva de las instituciones económicas. Y Venezuela se retrotrajo, así, a una situación cuya superación fue siempre el desafío fundamental de la democracia. Los fantasmas del militarismo, alimentado por el culto a Bolívar, volvieron a manifestarse y, junto al nacionalismo estatista y del rentismo que habían pervertido la cultura política y económica bajo los gobiernos democráticos, facilitaron su labor destructiva.

Lamentablemente, las apetencias de poder, el celo en tenerlo todo bajo control y el uso dispendioso y personalista del gasto público para apuntalar este fin, terminaron con la abundancia de recursos que estaban a disposición del gobierno, ¡aun con precios del barril de crudo por encima de USD 100 en los mercados mundiales!

Quedaría para otro ensayo discutir el marco institucional que permitiera cambiar la cultura rentista que nos legó el petropopulismo por una cultura de emprendimiento congruente con el desarrollo de una economía competitiva. Se trata, entre otras cosas, de eliminar la tentación de erigir instituciones extractivas, tanto en lo político como en lo económico, provocada por la discrecionalidad con la que, en el pasado, el Estado pudo disponer de las rentas que le deparaba la venta del crudo en los mercados internacionales. Sustraer el manejo de la renta de manos de los gobiernos de turno para asignarla fondos blindados en sus atribuciones de forma de eliminar su usufructo discrecional, es una propuesta que puede encontrarse en el libro, *La ilusión de la Siembra del Petróleo*, publicado por la Universidad Central de Venezuela. Un desafío a afrontar por cualquier programa de transición a una democracia duradera.

REFERENCIAS BIBLIOGRÁFICAS

ACEMOGLU, Daron y ROBINSON, James, *Por qué fracasan los países,* Deusto, Barcelona, 2012.

____ *El pasillo estrecho. Estados, sociedades y cómo alcanzar la libertad,* Deusto, España, 2019.

BAPTISTA, Asdrúbal, *Teoría Económica del Capitalismo Rentístico*, Ediciones IESA, Caracas, 1997.

BAPTISTA, A., y MOMMER B., *El petróleo en el pensamiento económico venezolano*, ediciones IESA, Caracas, 1992.

BETANCOURT, Rómulo, *Venezuela, Política y Petróleo*, Monte Ávila Editores, 1999.

CARRERA DAMAS, Germán, *El Culto a Bolívar,* Alfadil Editores, Caracas, 2003.

CASTRO LEIVA, Luis, *Obras, volumen I: Para pensar a Bolívar,* Fundación Polar y Universidad Católica Andrés Bello, Caracas, 2005.

COMISIÓN ECONÓMICA PARA AMÉRICA LATINA, *El pensamiento de la CEPAL*, Editorial Universitaria, Santiago de Chile, 1969.

CORONIL, Fernando, *El Estado mágico. Naturaleza, dinero y modernidad en Venezuela*, Editorial Alfa, 2013.

DE LA PLAZA, Salvador y MATTIÉ, Mailer , *Petróleo y soberanía nacional*, Universidad de los Andes, Consejo de Publicaciones, 1996.

GARCÍA LARRALDE, Humberto, *Venezuela, una nación devastada. Las nefastas consecuencias del populismo redentor,* Ediciones Kalathos, 2020.

____ *La ilusión de la "siembra del petróleo"*, CDCH, Universidad Central de Venezuela, Caracas, 2019.

GONZÁLEZ FABRE, Raúl, s.j., *La cultura pública en Venezuela*, Temas de Formación Sociopolítica # 43, UCAB, Caracas, 2015.

NORTH, Douglass, *Instituciones, cambio institucional y desempeño económico*, Fondo de Cultura Económica, México, 1993.

NORTH, Douglass, WALLIS, John J., WEINGAST, Barry, "Violence and the rise of open-access orders", *Journal of Democracy*, enero, 2009.

PLAZA, Elena, *El Patriotismo Ilustrado, o la Organización del Estado en Venezuela, 1830-1847*, Universidad Central de Venezuela, Facultad de Ciencias Jurídicas y Políticas, Caracas, 2007.

RIVERO, Mirtha, *La rebelión de los náufragos*, Editorial Alfa, Caracas, 2010.

SCHUMPETER, Joseph Alois, *Capitalism, socialism and democracy*, Unwin, 1974.

STRAKA, Tomás, *La Épica del Desencanto*, Editorial Alfa, Caracas, 2009.

UNIVERSIDAD CATÓLICA ANDRÉS BELLO, *Condiciones de vida de los venezolanos: entre emergencia humanitaria y pandemia*, ENCOVI 2021, Instituto de Investigaciones Económicas y Sociales, Caracas, 2021.

URBANEJA, Diego B., *La Renta y el Reclamo. Ensayo sobre petróleo y economía política en Venezuela*, Editorial Alfa, Caracas, 2013.

TEMAS SOBRE REESTRUCTURACIÓN DE LA DEUDA EXTERNA*

*Fulvio Leonardo Italiani Firrito***

*Carlos Rafael Omaña Andueza****

*Roland Tomas Pettersson Stolk*****

SUMARIO

Aprobación Legislativa. a. La República. Excepción para Refinanciamientos y Reestructuraciones. b. PDVSA. Régimen de Reestructuración de PDVSA. ¿Una nueva PDVSA?

---

* Para nosotros es un placer proponer el presente artículo para un libro en homenaje a nuestro amigo Humberto Romero-Muci, gran estudioso y conocedor de los temas financieros de Venezuela. Agradecemos la ayuda de Isabel Duque en la preparación de este artículo.

** Fulvio Italiani se graduó como *summa cum laude* en la Universidad Católica Andrés Bello en 1990, trabajó como asociado en las oficinas de Nueva York de Skadden, Arps, Slate, Meagher & Flom de 1993 a 1996 y en 1997 se convirtió en socio de D'Empaire. Fulvio se especializa en adquisición, financiamiento y petróleo y gas, siendo clasificado constantemente como *Star Individual* en M&A/Corporativo y en la Banda 1 en Banca y Finanzas por Chambers Latin America. En 2013, fue galardonado con el premio a la "Contribución Sobresaliente a la Profesión Legal" en los Premios Chambers Latin America.

*** Carlos Omaña se graduó en la Universidad Católica Andrés Bello en 1992, recibió un MCJ de la Universidad de Nueva York en 1994 y fue admitido en Nueva York en 1995. Trabajó como pasante en las oficinas de Nueva York de Shearman & Sterling y se incorporó a D'Empaire en 1995, convirtiéndose en socio en 2001. Se especializa en emisiones de deuda soberana y cuasi soberana de Venezuela, derecho corporativo, proyectos de petróleo y gas y reestructuraciones corporativas, y ha participado en la mayoría de las operaciones de financiamiento venezolanas más importantes, incluyendo la emisión de bonos de PDVSA.

**** Roland Pettersson estudió Derecho en la Universidad Católica Andrés Bello (2006), obtuvo un diploma en finanzas por la Universidad de California-Berkeley y tiene un postgrado en negocios internacionales de la Universidad Metropolitana de Caracas. INSOL Fellow, además, de ser igualmente el único venezolano miembro del prestigioso International Insolvency Institute. Roland se incorporó a D'Empaire como socio en 2019, centrándose en las prácticas de finanzas, insolvencia, reestructuración y petróleo y gas.

Garantías. Un nuevo marco legal. Conversión de deuda. Reestructuración Integral. Referencias bibliográficas.

Venezuela ha venido atravesando en los últimos años una significativa crisis financiera. Se estima que el gran total de las acreencias en contra de la República, Petróleos de Venezuela, S.A. (PDVSA) y otros entes del sector público, asciende a alrededor de US$160 millardos,[1] excluyendo intereses devengados y no pagados e intereses moratorios. El monto mencionado anteriormente incluye deuda externa financiera, tal como bonos quirografarios *(senior unsecured)* emitidos por Venezuela y por PDVSA, bonos garantizados emitidos por PDVSA, pagarés, emitidos por PDVSA a proveedores y contratistas, préstamos con entes multilaterales, así como deuda comercial contraída con proveedores y contratistas locales e internacionales. Se estima que dicho monto incluye también los montos adeudados por concepto de laudos internacionales dictados en contra de Venezuela y PDVSA.

Una eventual reestructuración de la deuda venezolana presenta una considerable complejidad. Dicha complejidad, inherente a cualquier proceso de reestructuración de deuda de una economía emergente, se profundiza con elementos tales como las sanciones internacionales, la dinámica política interna y el contexto de tratarse del país con las reservas de hidrocarburos más grandes del mundo.

A continuación, encontrarán algunos apuntes sobre aspectos legales y de políticas públicas que muy probablemente surgirán en el contexto de una reestructuración.

Aprobación Legislativa

a. La República

El Ejecutivo Nacional requiere de la aprobación de la Asamblea Nacional para incurrir en cualquier tipo de endeudamiento.[2] En efecto, la aprobación mediante una ley anual de endeudamiento de las operaciones de crédito público está

---

1 Richard J. Cooper y Mark A. Walker, "Venezuela's Restructuring: A Path Forward", en *Cleary Gottlieb Emerging Markets Restructuring Journal*, No. 4, 2019, p. 12.

2 Los siguientes tipos de operaciones se califican como de endeudamiento (operaciones de crédito público) y por lo tanto están sujetas a la aprobación de la Asamblea Nacional (LOAFSP, Artículo 80): (1) la emisión y colocación de títulos valores, incluidas las letras del Tesoro, constitutivos de empréstitos o de operaciones de tesorería, exceptuando los destinados al reintegro de tributos; (2) la apertura de créditos de cualquier naturaleza; (3) el financiamiento de obras, servicios o adquisiciones, cuyo pago total o parcial se estipule realizar en el transcurso de uno o más ejercicios, posteriores a aquel en que se haya causado el objeto del contrato; (4) el otorgamiento de garantías; (5) la consolidación, conversión, unificación o cualquier forma de refinanciamiento o reestructuración de deuda pública existente; y (6) las demás operaciones destinadas a obtener recursos que impliquen financiamiento reembolsable.

establecida en la Ley Orgánica de la Administración Financiera del Sector Público (la "LOAFSP").[3] Por su parte, la Constitución requiere que anualmente se someta a la aprobación de la Asamblea Nacional el proyecto de ley anual de endeudamiento conjuntamente con el proyecto de ley de presupuesto.[4]

La Asamblea Nacional autoriza al Ejecutivo Nacional a incurrir en endeudamientos, es decir, aprueba que celebre operaciones de crédito público, mediante la aprobación de la ley anual de endeudamiento correspondiente a cada ejercicio fiscal. Específicamente, dichas leyes contienen (1) el monto máximo de endeudamiento en el cual puede incurrir la República durante el ejercicio fiscal para el cual fue aprobada la ley, (2) una aprobación del uso de los fondos que se obtengan mediante los antedichos financiamientos, y (3) la autorización del monto máximo o *stock* de letras del tesoro que pueden ser emitidas durante el ejercicio fiscal en cuestión.[5]

La LOAFSP también establece que antes de ejecutar convenios de endeudamiento en nombre de la República, el Ejecutivo debe consultar al Banco Central de Venezuela sobre el impacto monetario y las condiciones de financiamiento de la operación, aunque esta opinión no es vinculante (LOAFSP, Artículo 96). También se requiere la aprobación al Presidente de la República e Consejo de Ministros (LOAFSP, Artículo 17, Reglamento No. 2 de la LOAFSP sobre el Sistema de Crédito Público), así como la recepción de un dictamen no vinculante de la Procuraduría General de la República sobre el contrato que acredita el endeudamiento (Ley Orgánica de la Procuraduría General de la República, Artículo 12 y Reglamento No. 2 de la LOAFSP sobre el Sistema de Crédito Público, Artículo 29).

3 Venezuela, Ley Orgánica de la Administración Financiera del Sector Público, publicada en Gaceta Oficial No. 6.210 Extraordinario, del 30 de diciembre de 2016.

4 Constitución de la República Bolivariana de Venezuela, Artículo 312: "La ley fijará límites al endeudamiento público de acuerdo con un nivel prudente en relación con el tamaño de la economía, la inversión reproductiva y la capacidad de generar ingresos para cubrir el servicio de la deuda pública. Las operaciones de crédito público requerirán, para su validez, una ley especial que las autorice, salvo las excepciones que establezca la ley orgánica. La ley especial indicará las modalidades de las operaciones y autorizará los créditos presupuestarios correspondientes en la respectiva ley de presupuesto. La ley especial de endeudamiento anual será presentada a la Asamblea Nacional conjuntamente con la Ley de Presupuesto. El Estado no reconocerá otras obligaciones que las contraídas por órganos legítimos del Poder Nacional, de acuerdo con la ley".

5 LOAFSP, Artículos 82 y 83: Las letras del Tesoro se definen como títulos de deuda emitidos por la República que vencen dentro del año fiscal en el que fueron emitidos. Otro aspecto que puede ser incluido en leyes anuales de endeudamiento es la posibilidad de pagar tributos nacionales con títulos de deuda.

De conformidad con la LOAFSP, el Ejecutivo Nacional no requiere de la autorización de cada contrato de endeudamiento en la medida en que estos no constituyan contratos de interés público nacional a ser celebrados con otros estados, autoridades extranjeras o entidades no domiciliadas en Venezuela.[6]

En principio, el Ejecutivo Nacional no puede incurrir en endeudamientos ni celebrar ningún tipo de operaciones de crédito público sin la aprobación previa de la Asamblea Nacional, la cual otorga su autorización mediante las leyes anuales de endeudamiento. Este principio, sin embargo, tiene algunas excepciones.

Excepción para Refinanciamientos y Reestructuraciones

El proceso legislativo para la aprobación del presupuesto anual y de las leyes anuales de endeudamiento es complicado y puede sufrir las demoras inherentes al mismo. Sin embargo, la LOAFSP (artículo 99) exime de la aprobación legislativa a las operaciones de refinanciamiento o reestructuración[7] que tengan como consecuencia la extensión de los vencimientos de deuda existente, la reducción de los intereses, la conversión de deuda interna en externa o para operaciones que generen ahorros en la salida de flujos de efectivo para la República.[8]

---

6 LOAFSP, Artículo 97. Hasta la aprobación de la actual LOAFSP por parte de la Asamblea Nacional el 30 de diciembre de 2015, el Poder Ejecutivo también requería la aprobación de la Comisión Permanente de Finanzas de la Asamblea Nacional para cada operación específica de endeudamiento, incluyendo la aprobación de los términos y condiciones de cada operación específica, además de requerir la aprobación del monto máximo de endeudamiento aprobado por la Asamblea Nacional a través de la Ley Anual de Endeudamiento.

7 El Artículo 3 (33) del Reglamento No. 2 de la LOAFSP sobre el Sistema de Crédito Público define el término "reestructuración" como una "operación de crédito público por el cual la República y/o los demás entes facultados por la Ley Orgánica de la Administración Financiera del Sector Público suscriben con sus acreedores financieros acuerdos para extinguir una deuda, incluyendo los intereses, en el mismo acto en que se contrata una nueva deuda". Según el antedicho Reglamento, refinanciamiento significa: "[el] conjunto de operaciones de crédito público realizadas por la República y/o los demás entes facultados por la Ley Orgánica de la Administración Financiera del Sector Público mediante las cuales se emite nueva deuda pública para pagar, canjear, cancelar, rescatar o recomprar deuda pública preexistente".

8 LOAFSP, Artículo 99: "No requerirán ley especial que las autorice, las siguientes operaciones:

1. La emisión y colocación de letras del Tesoro con la limitación establecida en el artículo 82 de este Decreto con Rango, Valor y Fuerza de Ley, así como cualesquiera otras operaciones de tesorería cuyo vencimiento no trascienda el ejercicio presupuestario en el que se realicen.
2. Las obligaciones derivadas de la participación de la República en instituciones financieras internacionales en las que ésta sea miembro".

En consecuencia, si la República celebra un conjunto de operaciones de crédito público mediante las cuales se extiendan plazos de la deuda preexistente, minimizando los tipos de intereses (cupones, en caso de bonos) o se obtengan ahorros en el costo del financiamiento para la República, dichas transacciones están exentas de aprobación legislativa.

En nuestra opinión, los requisitos del artículo 99 de la LOAFSP no son acumulativos, sino alternativos, de allí la utilización de la conjunción disyuntiva "o" al final del texto del artículo. Es decir, una operación de reestructuración o financiamiento que logre uno de los cometidos listados en el artículo 99 no requiere de aprobación legislativa, salvo que se incremente el capital de la deuda refinanciada o reestructurada como consecuencia de la operación.

Por ejemplo, una operación mediante la cual la República levante fondos mediante la emisión de un bono con un cupón de 8% anual en el mercado de capitales internacional, cuyos fondos son utilizados para recomprar un bono con un cupón de 13.675% anual, no requeriría de la aprobación de la Asamblea Nacional, ni requeriría estar contemplada en la ley anual de endeudamiento correspondiente al ejercicio anual en el que se lleva a cabo la recompra. Igualmente, si los fondos del antedicho bono nuevo son utilizados para pagar el capital al vencimiento del bono viejo con el cupón de 13.625% anual, tampoco sería requerida de la aprobación por parte de la LOAFSP. Nótese que en esta hipótesis se estaría rebajando el cupón de la deuda existente (de 13,625% anual al 8% anual) y además se estaría logrando extender el plazo de la deuda si vemos la transacción integralmente. En este segundo ejemplo se estaría cumpliendo con dos de los requisitos establecidos en el artículo 99. Como vimos, para calificar dentro de la excepción, solo es necesario que se cumpla o se obtenga uno de los varios requisitos allí establecidos alternativamente.

En nuestra opinión, también es posible obtener ahorros en el financiamiento para la República si como consecuencia de un refinanciamiento[9], el "valor presente neto"[10] del servicio de la deuda nueva es menor al de la deuda reemplazada, refinanciada o reestructurada.

---

9 El Artículo 3 (34) del Reglamento No. 2 de la LOAFSP sobre el Sistema de Crédito Público define el término "refinanciamiento" como un "conjunto de operaciones de crédito público realizadas por la República y/o cualquier otro ente facultado conforme a la Ley Orgánica de Administración Financiera del Sector Público, mediante las cuales se emite nueva deuda pública para pagar, canjear, cancelar, rescatar o recomprar deuda pública preexistente".

10 Brigham y Ehrhardt definen valor presente neto como el valor actual de los flujos de caja proyectados, descontados a una tasa ajustada en función del riesgo (Eugene F. Brigham y Michael Ehrhardt, "Financial Management: Theory and Practice", en *Cengage Learning*, 15va edición, 2017, p. 417).

Esta opinión está reforzada en el Reglamento No. 2 de la LOAFSP sobre el Sistema de Crédito Público, el cual establece que las operaciones de refinanciamiento o reestructuración de deuda no requieren de la aprobación por parte de la Asamblea Nacional.[11]

La experiencia internacional en esta materia resulta muy valiosa para el análisis de una posible reestructuración de la deuda externa de Venezuela y PDVSA. Dado que la misma está representada, en su mayoría, por bonos regidos bajo ley del Estado de Nueva York, EE.UU., no es inconcebible pensar que la reestructuración de dicha deuda se lleve a cabo mediante un canje de bonos nuevos a cambio de todo o parte de los bonos en circulación.

Pensamos que el canje de bonos existentes por bonos nuevos que extienda la fecha de vencimiento de los bonos existentes, pero que mantenga iguales los cupones de los bonos existentes, probablemente calificaría dentro de la excepción de aprobación legislativa del artículo 99 de la LOAFSP. Asimismo, el canje de bonos existentes por bonos nuevos con un descuento sobre el valor nominal de los bonos existentes no requeriría de aprobación legislativa, incluso si los bonos nuevos son emitidos con un cupón mayor al de los bonos existentes.

La excepción de refinanciamiento plantea diversas dudas. Esto puede hacer políticamente deseable la aprobación legislativa de un refinanciamiento o reestructuración, específicamente para despejar algunas dudas, a saber:

(a) ¿Aplicaría dicha excepción a una transacción que reduce los costos de financiamiento, considerando que esto disminuye los cupones de la deuda existente, pero aumenta el *stock* de la deuda porque la República recibiría dinero fresco?;

(b) ¿Aplicaría la excepción de refinanciamiento a una transacción que extienda los vencimientos de la deuda existente, pero que incrementa el costo del servicio de la deuda al aumentar los cupones o tipos de interés que devenga la deuda refinanciada?; o

(c) ¿Aplicaría dicha excepción a una transacción en la cual no aumente el *stock* de deuda existente antes del refinanciamiento porque la República no recibiría dinero fresco, pero donde los nuevos bonos son emitidos conjunta-

---

11 Reglamento No. 2 de la LOAFSP sobre el Sistema de Crédito Público, Artículo 58: "Las operaciones de refinanciamiento o reestructuración de la deuda realizadas conforme a lo previsto en el artículo anterior, no requerirán de la Ley autorizatoria especial conforme al artículo 88 de la Ley Orgánica de la Administración Financiera del Sector Público. Para la ejecución de cualquier operación de refinanciamiento o reestructuración de deuda pública se efectuarán los trámites de aprobación ante el Presidente de la República en Consejo de Ministros y de autorización ante la Comisión Permanente de Finanzas de la Asamblea Nacional, en los términos establecidos en la Ley."

mente con derechos (*i.e.*, *warrants*) bajo los cuales los tenedores tendrían derecho a pagos adicionales si el PIB del país crece por sobre unos umbrales establecidos contractualmente o el valor de las exportaciones de crudo de Venezuela aumenta por sobre un umbral determinado?

b) PDVSA

PDVSA y sus empresas filiales no requieren de aprobación de la Asamblea Nacional para endeudarse: PDVSA sólo requiere publicar un balance de su deuda financiera en un periódico de circulación nacional, el cual debe haber sido auditado por una firma de contadores públicos inscrita en el registro que al efecto lleve la Superintendencia Nacional de Valores.[12]

Régimen de Reestructuración de PDVSA

En Venezuela existen dos regímenes concursales aplicables a comerciantes: el atraso y la quiebra. El diseño teórico de ambos regímenes debería permitirle a una empresa reorganizarse y emerger del proceso concursal luego de reestructurar sus pasivos, sin tener que estar necesariamente sometida a liquidación. Sin embargo, la experiencia práctica ha demostrado que cuando una empresa insolvente es aún viable económicamente, las partes involucradas (incluyendo típicamente a los acreedores financieros y comerciales) prefieren realizar una reestructuración judicial de pasivos.

---

12 LOAFSP, Artículo 101(4): Artículo 101: "Se exceptúan de lo dispuesto en este Título:

(...)

4. Las sociedades mercantiles creadas o que se crearen de conformidad con la Ley Orgánica de Hidrocarburos y las creadas o que se crearen de conformidad con el artículo 10 del Decreto Ley N° 580 del 26 de noviembre de 1974, mediante el cual se reservó al Estado la industria de la explotación del mineral del hierro.

Los sujetos a los que se refieren los numerales 3 y 4 de este artículo, certificarán su capacidad de pago mediante balance debidamente suscrito por contador público inscrito en el Registro de Contadores Públicos en Ejercicio Independiente de la Profesión que lleva la Superintendencia Nacional de Valores, el cual será publicado en un diario de circulación nacional y, por lo menos, en un diario de la zona donde tenga su sede principal, dentro de los quince (15) días hábiles siguientes a la terminación de su ejercicio económico.

El balance publicado será remitido de manera electrónica a través del correspondiente órgano de adscripción, a la Oficina Nacional de Crédito Público, con fines informativos, acompañado de indicadores y análisis financieros que demuestren la capacidad de pago, dentro de los quince (15) días continuos siguientes al fin de cada trimestre".

En efecto, los procesos concursales en Venezuela tienden a ser excesivamente onerosos para el deudor y suelen acarrear incluso, en nuestra opinión, un estigma en contra de los empresarios que se acogen o son declarados voluntaria o involuntariamente (en el caso de la quiebra) a algún proceso de insolvencia.[13]

Existe un debate académico en torno a si es posible para PDVSA acogerse al beneficio de atraso o ser sometida voluntaria o involuntariamente a un proceso de quiebra. En efecto, PDVSA y sus filiales en Venezuela están constituidas como sociedades anónimas y la lógica sugiere que, en principio, las normas concursales de nuestro Código de Comercio les deberían ser aplicables.

Sin embargo, debe advertirse que, por ejemplo, la infraestructura de transporte y distribución de petróleo y gas de PDVSA está protegida de medidas judiciales por ciertas prerrogativas procesales establecidas en la legislación venezolana. Específicamente, cualquier medida preventiva o de ejecución de sentencias que puedan afectar la infraestructura de distribución de petróleo y gas de PDVSA, mientras esté ubicada en Venezuela, debe ser suspendida automáticamente por 45 días mientras el Ministerio de Energía y Petróleo diseña y despliega un plan que asegure el suministro ininterrumpido de petróleo, gas y sus derivados al mercado.[14] Esta protección contra embargos y medidas preventivas o ejecutivas ha sido considerada por algunos como un tipo de inmunidad que complicaría la aplicación a PDVSA de las normas sobre atrasos y quiebras del Código de Comercio venezolano[15].

---

13 Fulvio Italiani y Carlos Omaña, "Insolvency Proceedings in Venezuela: A 19th Century Statute is Ill-Equipped to Navigate Current Times", en *Cleary Gottlieb Emerging Markets Restructuring Journal*, No. 4, 2017, p. 7.

14 Según el Artículo 111 de la Ley Orgánica de la Procuraduría General de la República Bolivariana de Venezuela, cualquier recurso provisional o de ejecución de sentencia, dictado sobre bienes ubicados en Venezuela que se utilicen para la prestación de un servicio público, como la distribución y el transporte de petróleo y gas, debe suspenderse durante 45 días después de la notificación al Procurador General. La entidad gubernamental venezolana encargada de la prestación del servicio público puede tomar cualquier medida para evitar la interrupción de los servicios, incluida, según los comentaristas, la toma de posesión de los bienes si tales recursos ponen en peligro la continuidad, la calidad o la seguridad de los servicios públicos prestados. Si el Procurador General no notifica al tribunal sobre las medidas provisionales adoptadas por la Administración para evitar la interrupción de los servicios de la entidad dentro del plazo de notificación de 45 días, el tribunal podrá continuar con la ejecución.

15 En contra de la aplicación de las normas de quiebra a PDVSA ver: José Muci-Abraham, "¿Son aplicables a Petróleos de Venezuela S.A., y a sus empresas filiales, las disposiciones del Código de Comercio relativas a la quiebra?", en Revista de la Facultad de Ciencias Jurídicas y Políticas, No. 79, 1991, pp. 126-134.

Algunos podrían sostener que la insolvencia de PDVSA requeriría que las normas concursales procesales vigentes en Venezuela se adapten, en favor de evitar que se afecte la prestación de un servicio público de interés general.[16] Pero, aunque otros comentaristas jurídicos han adoptado una opinión diferente, ninguna de las dos posiciones relacionadas con la industria del petróleo y gas ha sido probada por los tribunales venezolanos.[17]

Lo cierto es que, si el régimen concursal del Código de Comercio no es aplicable a PDVSA, no habría otro conjunto de normas específicas que regulen la insolvencia de esta empresa del Estado. Cabe destacar que por un lado están los intereses del Estado en la industria más importante de Venezuela y, por el otro lado, están los intereses del país en retomar el acceso a los mercados internacionales de capital.[18]

Para complicar las cosas, la República es propietaria de todos los yacimientos de hidrocarburos mientras estén bajo tierra. La titularidad de los hidrocarburos pasa al titular de una concesión o licencia (es decir, PDVSA, PDVSA Petróleo, S.A., Corporación Venezolana del Petróleo, S.A., u otra empresa mixta) en la "boca del pozo", en concordancia con los términos de la licencia correspondiente.[19]

---

16 Richard Levin y Roland Pettersson, "The transfer of Venezuela's oil assets to a successor entity and fraudulent conveyance", en *Capital Markets Law Journal*, Tomo 14, Tema 4, Oxford Academic, Oxford, 2019, p. 547.

17 En 1996, una empresa eléctrica del sur de Venezuela (CA La Electricidad de Bolívar) fue declarada en quiebra mientras era de propiedad privada; posteriormente, la empresa fue absorbida por el gobierno en virtud de una ley que nacionalizaba el sector eléctrico. La empresa permaneció en quiebra mientras era técnicamente propiedad del gobierno y la decisión final sobre la validez de un acuerdo similar a un acuerdo de reestructuración está todavía pendiente en el Tribunal Supremo de Justicia de Venezuela.

18 "Cuando una pluralidad de acreedores se encuentra en conflicto con un deudor común que no puede (o no quiere) pagar sus deudas regularmente por cualquier causa, excusable o no, fortuita o culposa la situación de peligro para la paz social es más grave que la que ocurre cuando solo se trata de incumplimientos aislados." Ver: Hernán Jiménez Anzola, "*El Juicio de Atraso*", Librería A. Moderna, Caracas, 1963, p. 8.

19 La República es propietaria de todos los hidrocarburos ubicados en Venezuela mientras se encuentren en el subsuelo (Ley Orgánica de Hidrocarburos de Venezuela, Artículo 3). De acuerdo con la Ley Orgánica de Hidrocarburos venezolana, la exploración, la producción, el transporte y el almacenamiento inicial de los hidrocarburos están reservados al Estado (Artículo 9). Las mencionadas "actividades primarias", tal como se definen en la Ley Orgánica de Hidrocarburos, pueden ser realizadas por el Estado directamente, a través de entidades de su propiedad o a través de empresas mixtas, que son controladas por la República mediante una participación del 50 por ciento o más (60 por ciento o más si estas actividades se realizan en la cuenca del crudo extrapesado del Orinoco).

Podría sostenerse que la República (propietaria de las reservas) y acreedora de regalías de PDVSA, estaría actuando como juez (a través del tribunal de quiebras) y, al mismo tiempo, como acreedor de PDVSA en cualquier procedimiento de insolvencia.

Dadas estas incertidumbres, podría resultar conveniente que Venezuela modernizara su régimen legal de insolvencias, incluyendo normas específicas que regulen la situación de empresas del estado, así como los mecanismos de reconocimiento y coordinación entre procedimientos de insolvencia transfronterizos previstos en la Ley Modelo de la CNUDMI sobre la Insolvencia Transfronteriza; todo lo cual podría facilitar el eventual reconocimiento de un proceso doméstico de insolvencia de PDVSA en jurisdicciones extranjeras, incluyendo bajo el Capítulo 15 del Código de Bancarrotas de Estados Unidos.[20]

¿Una nueva PDVSA?

La República podría crear una nueva entidad y concederle todas o algunas de las licencias de petróleo y gas que actualmente explota PDVSA y sus filiales operativas, a saber, PDVSA Petróleo, S.A. y las empresas mixtas.

PDVSA y la República han elegido que sus bonos internacionales se rijan por la ley del estado de Nueva York. Resultaría interesante determinar si la cesión del grueso de los activos y negocios a una "nueva PDVSA" (incluido el derecho a realizar actividades petroleras primarias y a llevar a cabo la comercialización internacional de crudo y derivados) constituye una transferencia de fondo de comercio, bajo el Código de Comercio venezolano, o si, por el contrario, se trataría de una cesión sujeta a normas de *common law* aplicables en el Estado de Nueva York (*e.g.*, el *successor liability* que implica la responsabilidad solidaria del adquiriente).

Garantías

De acuerdo con los términos de los bonos de Venezuela, el otorgamiento de gravámenes sobre petróleo o cuentas por cobrar originadas por la venta de petróleo (distintos de los "*Permitted Liens*", según se define en los términos y condiciones de los bonos) creados por Venezuela como colateral de su deuda pública, otorgados por el Banco Central de Venezuela o cualquier ente de la administración pública (una definición que incluye a PDVSA y sus filiales) dentro de ciertos umbrales (teniendo en cuenta las reservas operativas de Venezuela) obligarían a la República a garantizar de forma proporcional sus bonos en circulación.

---

[20] El Capítulo 15 es una sección del Código de Bancarrotas en la que se adaptó al ordenamiento jurídico norteamericano el contenido de las disposiciones de la Ley Modelo de la CNUDMI sobre la Insolvencia Transfronteriza.

Asimismo, Venezuela no puede otorgar garantías reales para garantizar su deuda o la deuda de terceros.[21]

Si Venezuela tuviera que garantizar los bonos emitidos en el contexto de una reestructuración, probablemente necesitaría de la aprobación de una ley especial de endeudamiento que le autorizara a otorgar garantías para asegurar los nuevos bonos a ser emitidos con motivo de la reestructuración. Una ley de este tipo fue aprobada para permitirle a la República garantizar con bonos del Tesoro de EE. UU. unas series de "Bonos Brady" emitidos por Venezuela en el contexto del Plan Brady.

PDVSA y sus filiales tienen pocas restricciones para conceder garantías sobre activos que no se utilicen para servicios públicos.

Un nuevo marco legal

Las enormes reservas del país tienen el potencial de generar el flujo de caja necesario para hacer frente a la actual crisis y honrar la deuda reestructurada. Cualquier intento de refinanciar la deuda de Venezuela y de PDVSA será infructuoso si no va acompañado de una recuperación de la industria petrolera y gasífera del país.

Conversión de deuda

Los procesos de conversión de deuda en inversión también deberían explorarse en el contexto de una reestructuración integral de la deuda de Venezuela. Los canjes de deuda por capital no aumentarán las reservas de divisas de Venezuela. Sin embargo, tienen el potencial de favorecer la reducción de la deuda total del país y de PDVSA. Un programa de conversión de deuda en inversión ejecutado de forma eficiente también podría ayudar a promover la inversión extranjera directa; esto, a su vez, aumentaría las reservas del país y la capacidad de exportación.[22]

Reestructuración Integral

No hay restricciones legales locales que prohíban a la República, a PDVSA y a todas las demás entidades gubernamentales llevar a cabo una reestructuración a gran escala que abarque a todos sus acreedores. Esto requeriría un compromiso político elevado, así como un papel importante de actores externos.

---

21 Ver José Muci-Abraham, "¿Son aplicables a Petróleos de Venezuela S.A., y a sus empresas filiales, las disposiciones del Código de Comercio relativas a la quiebra?", *Revista de la Facultad de Ciencias Jurídicas y Políticas*, No. 79, 1991, pp. 126-134.

22 Fulvio Italiani y Carlos Omaña, "Debt Equity Conversions in Venezuela", en *Global Restructuring Review*, diciembre 2020. Disponible en: https://globalrestructuringreview.com/review/restructuring-review-of-the-americas/2021/article/debt-equity-conversions-in-venezuela; consultado en fecha 28 de julio de 2022.

Como vimos, la deuda externa del sector público de Venezuela incluye todo tipo de acreencias tales como: deuda financiera representada en bonos, deuda financiera bancaria representada en contratos de crédito y pagarés, laudos arbitrales y deuda comercial representada en facturas comerciales y contratos, entre otras.

El universo de acreedores es muchísimo más diverso que el que existió en las reestructuraciones de deuda de países latinoamericanos de los años ochenta (acreedores bancarios) y noventa (tenedores de bonos).

En la actualidad no existe un marco institucional internacional para reestructurar la deuda externa de Venezuela y las experiencias recientes de Argentina, Ecuador, entre otras, no proveen precedentes que nos sirvan de guía. Debemos remontarnos a la reestructuración de deuda externa llevada a cabo por Iraq en 2005 para ver un proceso que involucró un universo tan variopinto de acreedores.

Más específicamente, los mecanismos que facilitan la negociación de manera colectiva de instrumentos financieros tales como bonos globales, por ejemplo, las "cláusulas de acción colectiva" que permiten acordar modificaciones a los términos y condiciones de pago de bonos por un régimen de mayorías, no abarcan a los acreedores comerciales ni a los acreedores titulares de laudos arbitrales, entre otros.

Además, en el caso de Venezuela, las cláusulas de acción colectiva solo abarcan una serie de bonos y no permiten acumular diversas series de bonos.

REFERENCIAS BIBLIOGRÁFICAS

BRIGHAM, Eugene F. y EHRHARDT, Michael, "Financial Management: Theory and Practice", *Cengage Learning*, 15va edición, 2017.

COOPER, Richard J. y WALKER, Mark A., "Venezuela's Restructuring: A Path Forward", *Cleary Gottlieb Emerging Markets Restructuring Journal*, No. 4, 2019.

ITALIANI, Fulvio y OMAÑA, Carlos, "Debt Equity Conversions in Venezuela", *Global Restructuring Review*, diciembre 2020. Disponible en: https://globalrestructuringreview.com/review/restructuring-review-of-the-americas/2021/article/debt-equity-conversions-in-venezuela; consultado en fecha 28 de julio de 2022.

____ "Insolvency Proceedings in Venezuela: A 19th Century Statute is Ill-Equipped to Navigate Current Times", *Cleary Gottlieb Emerging Markets Restructuring Journal*, No. 4, 2017.

JIMÉNEZ ANZOLA, H., *El Juicio de Atraso*, Librería A. Moderna, Caracas, 1963.

LEVIN, Richard y PETTERSSON, Roland, "The transfer of Venezuela's oil assets to a successor entity and fraudulent conveyance", *Capital Markets Law Journal*, Tomo 14, Tema 4, Oxford Academic, Oxford, 2019.

MUCI-ABRAHAM, José, "¿Son aplicables a Petróleos de Venezuela S.A., y a sus empresas filiales, las disposiciones del Código de Comercio relativas a la quiebra?", *Revista de la Facultad de Ciencias Jurídicas y Políticas*, No. 79, 1991.

Venezuela, Constitución de la República Bolivariana de Venezuela, publicada en Gaceta Oficial No. 36.860, del 30 de diciembre de 1999.

____ Ley Orgánica de Hidrocarburos, publicada en Gaceta Oficial No. 38.493, del 4 de agosto de 2006.

____ Ley Orgánica de la Administración Financiera del Sector Público, publicada en Gaceta Oficial No. 6.210 Extraordinario, del 30 de diciembre de 2015.

____ Ley Orgánica de la Procuraduría General de la República, publicada en Gaceta Oficial No. 6.220 Extraordinario, del 15 de marzo de 2016.

____ Reglamento No. 2 de la Ley Orgánica de la Administración Financiera del Sector Público sobre el Sistema de Crédito Público, publicada en Gaceta Oficial No. 38.117, del 28 de enero de 2005.

EL ESTADO FALLIDO EN VENEZUELA Y LA ANOMIA DEL DERECHO TRIBUTARIO[*]

José Ignacio Hernández G.[**]

SUMARIO

Introducción

El proceso gradual de desmantelamiento del Estado de derecho en Venezuela, que inició en febrero de 1999, no solo ha afectado los pilares de la democracia constitucional, sino que, además, ha incidido negativamente en la funcionalidad del ordenamiento jurídico venezolano como resultado del colapso estatal.

En efecto, y a grandes rasgos, el desmantelamiento gradual del Estado de derecho, en una *primera etapa* (1999-2004), se orientó a consolidar la concentración de poderes en el Poder Ejecutivo, especialmente, a través de la intervención política del Tribunal Supremo de Justicia. Esta concentración de funciones, en una *segunda etapa* (2003-2013), permitió la adopción de políticas predatorias que destruyeron los mecanismos de mercado, promovieron el sobreendeudamiento y destruyeron la capacidad de Petróleos de Venezuela, S.A. (PDVSA), todo lo cual derivó en una creciente crisis económica y social. En una *tercera etapa* (2013-2018), las políticas predatorias continuaron, al tiempo que la capacidad estatal colapsaba, transformando a Venezuela en un Estado frágil. Finalmente, en una

---

* Homenaje al profesor Humberto Romero-Muci.

** Profesor de Derecho Administrativo y Constitucional en la Universidad Católica Andrés Bello. Profesor invitado, Universidad Castilla-La Mancha. Fellow, Growth Lab-Harvard Kennedy School.

cuarta etapa (2018-2020) el colapso estatal llevó al colapso de los controles centralizados y a un proceso de dolarización *de facto*, caracterizado por el surgimiento de instituciones informales para la transacción de bienes y servicios, lo que en todo caso llevó al inicio del fin de la hiperinflación[1].

La creciente crisis económica también incidió sobre el Derecho Tributario, debido al ímpetu autoritario de la política tributaria, marcada por la sistemática violación de las garantías básicas de los contribuyentes y la adopción de medidas predatorias. De acuerdo con el profesor Humberto Romero-Muci, en cuyo merecido homenaje se escriben estas palabras[2]:

> "La desinstitucionalización tributaria se ha hecho especialmente evidente con la degradación de la reserva legal tributaria, garantía esencial a la creación y modificación de los tributos. El principio fundacional según el cual "no hay tributación, sin representación", ha sido ilegítimamente desaplicado mediante los Decretos Ley, por las constantes delegaciones legislativas en el Ejecutivo Nacional, a través del expediente de Leyes habilitantes, más recientemente con la declaratoria de "emergencia económica", las llamadas "leyes o decretos constitucionales" emanados de la inconstitucional asamblea nacional constituyente (ANC), todos cohonestados por la Sala Constitucional de Tribunal Supremo de Justicia".

La desviación autoritaria, junto con el colapso económico, afectó la racionalidad económica del sistema tributario, pues, como escribe el profesor Romero-Muci, "*hay un sólo sistema tributario, en una sola economía, pero también una sola capacidad contributiva que es incidida por los distintos tributos y por los distintos tos poderes tributarios. Se opone a toda contradicción o antinomias y hasta las lagunas axiológicas, así como la contradicción tributaria sistémica cuya expresión más patológica es la múltiple imposición interna*"[3].

Las políticas predatorias del socialismo del siglo XXI destruyeron los mecanismos de mercado y, con ello, los pilares del sistema de economía social de mercado, generándose así la distopía del sistema tributario, como explica el profesor Romero-Muci. Pero el cuadro es mucho más complejo, pues la destrucción de los mecanismos de mercado también arrastró la destrucción de la capacidad estatal, a resultas de lo cual Venezuela pasó a ser un Estado fallido o frágil, todo lo cual

---

1 Seguiremos lo expuesto en nuestro libro José Ignacio Hernández G., *El control de precio y de cambio en Venezuela. Auge y colapso institucional*, Editorial Jurídica Venezolana, Caracas, 2021.

2 Humberto Romero-Muci, "Desinstitucionalización tributaria en Venezuela. Entre la distopía y la anomia social", en Allan Brewer-Carías y Humberto Romero-Muci (editores), *El falseamiento del Estado de Derecho,* Academia de Ciencias Políticas y Sociales, Caracas, 2021, pp. 567 y ss.

3 *Ídem.*

derivó en una situación de anomia. Como suele suceder en casos de colapso estatal, el ordenamiento jurídico formal (*de iure*) comenzó a ceder ante el surgimiento de instituciones informales (*de facto*). Ello quedó reflejado en 2018, con el colapso de los controles de cambio y de precio, y el auge de instituciones informales que llevaron a la dolarización transaccional o dolarización *de facto*. Tal informalización fue, además, una respuesta a la hiperinflación que comenzó a registrarse hacia fines de 2017, y que habría culminado, según incipientes datos analizados por los economistas, hacia fines de 2021[4].

Esa informalidad repercute especialmente sobre el Derecho Tributario, al menos, por dos razones. En *primer lugar*, el poder tributario no puede ejercerse efectivamente en la economía informal, especialmente ante transacciones en divisas -e incluso, en efectivo- que no mantienen registros contables básicos para el correcto ejercicio de tal poder. En *segundo lugar*, el Derecho Tributario, que debe basarse en la realidad económica más allá de las formas jurídicas, se encuentra sin embargo ante una contradicción insalvable, pues sus presupuestos económicos no reflejan la realidad de la economía informal.

Aun cuando esta es una crisis novedosa en el Derecho Tributario venezolano –nunca Venezuela había sido un Estado frágil– es una situación bastante común en Estados que han perdido su capacidad estatal, especialmente reflejada en la capacidad de percibir ingresos tributarios, como hemos podido analizar incidentalmente[5].

De manera tal que el primer obstáculo al cual se enfrenta el Derecho Tributario venezolano es que, debido al colapso estatal, el ordenamiento jurídico venezolano también está colapsando, lo que ha dado lugar a instituciones informales para la transacción de bienes y servicios que no necesariamente reflejan las instituciones formales en vigor. De acuerdo con el artículo 7 del Código Civil, esas instituciones informales -surgidas como resultado de la inobservancia de las instituciones formales- no afectan la vigencia de las Leyes y demás reglas del ordenamiento jurídico. Pero debido al colapso estatal, el artículo 7 precitado no puede aplicar en la práctica, pues la inobservancia de la Ley no responde a prácticas *contra-legem*, sino al colapso estatal.

Este es el tema del presente trabajo, escrito en merecido homenaje al profesor Humberto Romero-Muci. Para abordarlo, hemos dividido el presente trabajo en

---

4 De Tamara Herrera, véase "El adiós a la hiperinflación en medio de la hipoxia económica", *Prodavinci,* 30 de diciembre de 2020. Disponible en: https://prodavinci.com/el-adios-a-la-hiperinflacion-en-medio-de-la-hipoxia-economica-a/.

5 José Ignacio Hernández G., "Estado fallido y recaudación tributaria en Venezuela", en Leonardo Palacios Márquez y Serviliano Abache Carvajal (coords.), *Derecho tributario contemporáneo. Libro homenaje a los 50 años de la Asociación Venezolana de Derecho Tributario,* AVDT-Editorial Jurídica Venezolana, Caracas, 2019, pp. 423 y ss.

dos partes. La primera resume, en apretada síntesis, el auge y colapso de los controles centralizados con especial referencia a las políticas predatorias tributarias. La segunda parte explica cómo el colapso estatal ha derivado en una creciente informalidad que contribuye a la irracionalidad del sistema tributario, pues mal puede existir un sistema orientado a captar riqueza en la moneda de curso legal, cuando la riqueza que se genera responde, preponderantemente, a instituciones informales que hacen inaplicable las instituciones formales tributarias. Como resultado de ello, y a resultas del colapso estatal, las instituciones formales tributarias devienen inaplicables en la práctica, todo lo cual determina que el artículo 7 del Código Civil no puede regir, en el sentido que la inobservancia de las instituciones formales tributarias responde al colapso estatal. Todo lo anterior contribuye a la anomia del sistema tributario.

I. Los controles centralizados y la destrucción de los mecanismos de mercado

Como resultado del desmantelamiento gradual del Estado de Derecho iniciado en 1999, a partir del 2003 comenzaron a adoptarse políticas públicas contrarias a las cláusulas económicas de la Constitución, y que, bajo un sistema funcional de pesos y contrapesos, han debido ser anuladas por el Poder Judicial. Pero tal sistema era inexistente, como por lo demás quedó demostrado en 2004 cuando se aprobó la Ley Orgánica del Tribunal Supremo de Justicia para aumentar el control político sobre la Sala Constitucional. Debido a ello, la Sala Constitucional abdicó de su rol de guardián de la Constitución y convalidó las políticas que, violando la Constitución económica, destruyeron los mecanismos de mercado.

1. Los controles centralizados sobre la economía y el autoritarismo populista

Chávez puede ser estudiado a la luz del concepto en el que ha venido trabajando la profesora Pippa Norris: ***autoritarismo populista***. El populismo puede ser definido como la retórica basada en la exaltación del pueblo frente a las -así consideradas- élites. Los riesgos frente al populismo surgen cuando esa retórica es empleada para justificar medidas autoritarias que pueden llevar a un proceso de desmantelamiento del Estado de Derecho en "cámara lenta", especialmente, a través de procesos electorales[6].

Precisamente, la estrategia implementada por Chávez durante su campaña presidencial de 1998, e implementada a partir de febrero de 1999, fue apelar a la protección del pueblo para justificar la "demolición" del Estado de Derecho, lo que logró a través de la asamblea nacional constituyente electa en 1999, la cual

---

6 Pippa Norris y Ronald Inglehart, *Cultural Backlash. Trump, Brexit and authoritarian populism,* Cambrige Universy Press, Cambridge, 2019, pp. 3 y ss.

asumió poderes absolutos. Con ello se alcanzó el objetivo trazado con las intentonas golpistas del año 1992: deponer a las instituciones democráticas de la Constitución de 1961 y concentrar todo el poder. Como en el mito de Saturno, la asamblea nacional constituyente devoró a su primogénita, pues lo cierto es que la Constitución de 1999 fue violada al día siguiente de su promulgación por la propia asamblea, quien concentró poderes en torno a la Presidencia de la República[7].

Ahora bien, entre 1999 y 2002 el modelo económico promovido, más allá de sus defectos, fue en cierto modo favorable a los mecanismos de mercado. Así, se dictaron Decretos-Leyes y Leyes que liberalizaron el sector eléctrico, de telecomunicaciones y de gas natural no asociado, al tiempo que se redujo el alcance de la reserva sobre el sector de los hidrocarburos (que se concentró solo en actividades aguas arriba, abriendo el resto de las actividades a la inversión privada). De igual manera, se dictó una Ley de protección de la inversión que siguió los estándares más avanzados de protección de inversiones. La Sala Constitucional del Tribunal Supremo de Justicia, por su parte, interpretó las cláusulas económicas de la Constitución de 1999 en el mismo sentido que las cláusulas de la Constitución de 1961, concluyendo que la Constitución garantizaba la institución de la economía de mercado, bajo la modalidad de la economía social de mercado. Con lo cual, en realidad, el balance que podría hacerse del modelo económico venezolano para 2002 era favorable a los mecanismos de mercado[8].

Un ejemplo práctico permitirá comprender mejor esta conclusión. Cuando se creó la Sala Constitucional del Tribunal Supremo de Justicia en la Constitución de 1999, estaba en curso la demanda de nulidad en contra de la *Ley del Régimen Cambiario* de 1995, bajo el argumento según el cual esa Ley permitía imponer restricciones administrativas (o sea, sub-legales) a la libertad de cambio, a pesar de que esa libertad solo puede ser restringida de acuerdo con la Ley. La demanda de nulidad fue resuelta por la Sala Constitucional luego de la entrada en vigor de la Constitución de 1999, en sentencia 21 de noviembre de 2001. La Sala declaró

---

7 Allan Brewer-Carías, *Golpe de Estado y proceso constituyente en Venezuela,* Universidad Autónoma de México, México, 2001, pp. 32 y ss.

8 En cuanto al análisis de las medidas de liberalización, nos remitimos a nuestro artículo José Ignacio Hernández G., "Intervención económica y liberalización de servicios esenciales en Venezuela", *Revista de Derecho Administrativo,* N° 10, Caracas, 2000, pp. 61 y ss. Esto quiere decir que las cláusulas económicas de la Constitución de 1999, o "Constitución económica", no sufrieron ninguna modificación sustancial en relación con la Constitución de 1961. Ello contrasta con idea de la "refundación del Estado" bajo la cual la Constitución de 1999 fue dictada, y sugiere que al menos en 1999, Chávez no tenía la intención de introducir un cambio sustancial en el sistema de economía de mercado. Por ello, la interpretación judicial de las cláusulas económicas de la Constitución, en sus inicios, protegió las garantías jurídicas de la economía de mercado. Véase también lo que explicamos, con mayor detalle, en José Ignacio Hernández G., *La libertad de empresa y sus garantías jurídicas. Estudio comparado del Derecho español y venezolano,* IESA-FUNEDA, Caracas, 2004.

con lugar la demanda, al considerar que la Ley habilitaba genéricamente a la Administración para acordar restricciones a la libertad cambiaria cuya contravención daría lugar a la imposición de penas y sanciones. En pocas palabras, interpretando la Constitución de 1999, la Sala Constitucional concluyó que era inconstitucional restringir administrativamente la libertad cambiaria para imponer un control de cambio, tanto más si ello daba lugar a la imposición de penas y sanciones. Esta es, como puede observarse, una lectura favorable a la institución de la economía de mercado, y que sin embargo sería abandonada por la misma Sala Constitucional en sentencia de 17 de agosto de 2004, en el caso *Henry Pereira Gorrín*, al avalar la constitucionalidad del control de cambio adoptado en enero de 2003.

De esa manera, a partir de 2001 el conflicto entre el Gobierno y el sector privado comenzó a aumentar. Tras tres años de gestión, y luego de algunos cambios en sus alianzas políticas iniciales, el Gobierno enfrentó un conjunto de protestas y cuestionamientos que escalaron a propósito de la Ley Habilitante que, en 2001, llevó a dictar de manera inconsulta decenas Decretos-Leyes. Este conflicto generó protestas masivas, que fueron reprimidas en los confusos eventos del 11 de abril de 2002, en los cuales Chávez fue brevemente depuesto de la Presidencia. Pocos meses después, las organizaciones empresariales y gremiales convocaron a un paro, al cual se unió la industria petrolera, generándose con ello un importante derrumbe de la producción petrolera. La intensidad de la conflictividad no pudo mantenerse más tiempo, y en enero de 2003 era evidente que tal conflictividad estaba decayendo. Fue precisamente en ese momento cuando el Gobierno decidió imponer el control de cambio centralizado y el control de precios, iniciando con ello una larga cadena de regulaciones que, a la postre, destruyeron los mecanismos de mercado[9].

A la distancia, hay que advertir que los Decretos-Leyes dictados en 2001, en su apreciación general, no suponían una grave alteración del orden constitucional ni tampoco implicaban un cambio sustancial del modelo económico que para entonces se implementaba, y que había conducido a la liberalización de sectores económicos tradicionalmente sometidos a un intenso control estatal. Sin embargo, la arbitrariedad con la que los Decretos-Leyes fueron dictados aupó la polarización y las protestas.

En nuestra opinión, los conflictos y la polarización presentes en Venezuela, especialmente entre 2001 y 2002, demostraron al Gobierno la conveniencia de avanzar en su modelo autoritario, lo que le llevó a imponer controles centralizados sobre la economía en enero de 2003, los cuales resultaban contrarios a la Constitución. Con lo cual, la primera motivación que impulsó a cambiar el modelo económico mediante controles centralizados fue la necesidad de diezmar al sector empresarial privado -al tiempo que la concentración de poderes le permitía avanzar en la violación de la autonomía política de PDVSA-.

---

9 Sobre estos conflictos, vid. Javier Corrales y Michael Penfold, *Dragon in the Tropics: The Legacy of Hugo Chávez*, Brookings Latin America Initiative Book, Washington, D.C., 2015, pp. 5 y ss.

La imposición de controles centralizados a partir de 2003, junto con arbitrarias medidas de intervención económica, generaron la reacción del sector privado, que defendió sus derechos económicos por medio de acciones judiciales. Estas acciones eran conocidas no solo por el Tribunal Supremo de Justicia sino en especial, por la Corte Primera de lo Contencioso Administrativo, pues ese tribunal conoce de demandas en contra de órganos descentralizados o desconcentrados del Poder Ejecutivo Nacional, que eran los que solían imponer las medidas autoritarias. Así, por ejemplo, en 2003 funcionarios de la Guardia Nacional tomaron, por vías de hecho, instalaciones de una empresa privada de alimentos, lo que derivó en una medida cautelar de protección dictada por la Corte Primera de lo Contencioso Administrativo[10].

Esta experiencia impulsó al Gobierno a avanzar en el control político del Poder Judicial, y con ello, reducir los medios de defensa de los derechos económicos del sector privado. De esa manera, el 30 de octubre de 2003 los magistrados de la Corte Primera de lo Contencioso Administrativo fueron ilegítimamente removidos, lo que llevó al cierre *de facto* de ese tribunal, en un hecho que fue posteriormente censurado por la Corte Interamericana de Derechos Humanos[11]. Posteriormente, el 20 de mayo de 2004 la Asamblea Nacional, bajo control del Gobierno, aprobó la inconstitucional Ley Orgánica del Tribunal Supremo de Justicia, que, entre otros aspectos, aumentó el número de magistrados de la Sala Constitucional, facilitando así su control político[12].

El control político de la Sala Constitucional fue el paso decisivo para avanzar en el modelo autoritario, pues esa Sala es el último tribunal que puede decidir sobre la constitucionalidad de las Leyes y otros actos de similar rango, todo lo cual llevó a esa Sala a convertirse, *de facto*, en el máximo tribunal, incluso, por encima del propio Tribunal Supremo de Justicia[13]. Con la Sala Constitucional a su favor, y en especial, luego de su reelección en 2006, Chávez pudo adelantar su estrategia de desmantelamiento progresivo del Estado de Derecho, minando

---

10 Véase: "Se agrava el conflicto entre Chávez y la oposición: embestida oficial contra el sector privado. Los militares toman empresas en Venezuela", *La Nación*, 18 de enero de 2003. Disponible en: https://www.lanacion.com.ar/el-mundo/los-militares-toman-empresas-en-venezuela-nid467098/

11 Corte Interamericana de Derechos Humanos, caso *Apitz Barbera y otros ("Corte Primera de lo Contencioso Administrativo") vs. Venezuela,* sentencia de 5 de agosto de 2008 (Excepción preliminar, Fondo, Reparaciones y Costas).

12 En general, vid. Rafael Chavero, *La justicia revolucionaria*, Editorial Aequitas, Caracas, 2011, pp. 103 y ss. y Laura Louza, *La revolución judicial en Venezuela*, FUNEDA, Caracas, 2011, pp. 28 y ss.

13 Allan Brewer-Carías, *Crónica sobre la "In" Justicia Constitucional. La Sala Constitucional y el autoritarismo en Venezuela*, Editorial Jurídica Venezolana, Caracas, 2007, pp. 52 y ss.

la autonomía del Poder Judicial, del Poder Ciudadano, del Banco Central de Venezuela (BCV) y de PDVSA[14].

Asimismo, el Gobierno avanzó en la imposición de controles centralizados sobre la producción, importación, exportación, distribución y comercialización, con indeterminadas potestades de supervisión, incluso, de la Fuerza Armada, lo que propendió a la "militarización" del sector económico. Además, la infracción de cualquiera de esos controles fue severamente sancionada con penas privativas de libertad, en una clara política de criminalización del sector económico privado, muy similar al llamado "Derecho Penal del enemigo", pues formalmente -en las Leyes, Decretos y demás actos dictados- el sector privado fue señalado como responsables de ilícitos económicos.

Finalmente, se adelantó una política de nacionalizaciones, expropiaciones y otras arbitrarias medidas de efecto equivalente, incluso, en el sector petrolero. En su mayoría, esta política se tradujo en medidas con efecto expropiatorio, por ejemplo, medidas "temporales" de ocupación de establecimientos de empresas, que en la práctica implicaron la *expropiación de hecho* de la actividad ejercida, que era típicamente asumida por empresas del Estado, cuyo número aumentó considerablemente.

Como resultado de todo lo anterior, las políticas autoritario-populistas destruyeron los mecanismos de mercado y con ellos, la capacidad de la sociedad civil para satisfacer sus propias necesidades. En adición, se emplearon las políticas sociales para crear vínculos clientelares de dependencia, por medio de estructuras paralelas al Estado que fomentaron la corrupción, como las misiones y luego, los consejos comunales y estructuras del así llamado Poder Popular, todo ello financiado por el *boom* petrolero y los ingresos del sobreendeudamiento[15].

Estas políticas fueron denominadas, a partir de 2005, como "transición al socialismo" o "socialismo del siglo XXI". La denominación, en realidad, no incidió en el modelo que había comenzado a implementarse desde 2003, consistente en la abolición de las garantías jurídicas de los derechos económicos previstos en la Constitución. Así, y aun cuando nunca se hicieron esfuerzos por precisar el contenido de ese modelo -más allá de genéricas referencias en el *Plan de Desarrollo Económico y Social*- el elemento esencial de tal modelo era la hegemonía del Poder Nacional como actor económico, tanto en su rol de oferente de bienes y servicios como de regulador de la economía.

---

14 Manuel Rachadell, *Evolución del Estado venezolano 1958-2015. De la conciliación al populismo autoritario*, Editorial Jurídica Venezolana-FUNEDA, Caracas, 2015, pp. 20 y ss.

15 Desde el punto de vista del Estado de Derecho, vid. Allan Brewer-Carías, *Dismantling Democracy in Venezuela*, Cambridge University Press, Nueva York, 2010, pp. 35 y ss. En general, vid. *Ibíd.*

A tales efectos, incluso se avanzó en la creación de figuras jurídicas paralelas a los derechos económicos previstos en la Constitución, como sucedió con la "propiedad social"[16].

La destrucción de los mecanismos de mercado fue silenciada por el *boom petrolero*, como explica Miguel Ángel Santos. Así, los ingresos petroleros administrados por el Gobierno podrían haber superado los setecientos (700) millardos de dólares, descontado los subsidios al sector energético, lo que le permitió promover un auge artificial de consumo, financiado con las importaciones y luego, con el sobreendeudamiento del Gobierno Nacional y de PDVSA. Además, esos ingresos fueron administrados por mecanismos paralelos, como la empresa del Estado "Fondo para el Desarrollo Nacional" (FONDEN), propiciando con ello la corrupción[17].

Pero lo cierto es que, tras esa ilusión de bienestar, subyacían los signos claros de la destrucción causada por las políticas autoritario-populistas. La capacidad del sector privado económico estaba muy mermada como resultado de la destrucción de los mecanismos de mercado, todo lo cual elevó la dependencia a las importaciones (favorecidas, por lo demás, por la distorsión cambiaria). Por su parte, la capacidad de producción petrolera -fuente casi única de las divisas de exportación- estaba colapsando, al tiempo que el servicio de la pesada deuda pública contraída limitaba -más todavía- la disponibilidad de divisas para financiar las importaciones[18].

---

16 En el *Plan de Desarrollo Económico y Social de la Nación 2007-2013,* tal cambio quedó resumido en la genérica expresión "modelo productivo socialista". A partir de 2013 tal Plan pasó a denominarse "Plan de la Patria" o "Plan Socialista". *Vid.*: José Ignacio Hernández G., *Reflexiones sobre la Constitución económica y el modelo socioeconómico,* FUNEDA, Caracas, 2008.

17 Miguel Ángel Santos, "Venezuela: Running on Empty", *LASAFORUM,* Volume XLVIII: Issue 1, 2017.

18 Sobre la destrucción de la producción petrolera, *vid.*: Francisco Monaldi y Igor Hernández, *Weathering Collapse: An Assessment of the Financial and Operational Situation of the Venezuelan Oil Industry*, Center for International Development Working Paper N° 327, noviembre de 2016 y Francisco Monaldi, *The collapse of the Venezuelan oil Industry and its global consequences*, The Atlantic, 2018. En cuanto a su dimensión jurídica, véase a Allan Brewer-Carías, *Crónica de una destrucción,* Editorial Jurídica Venezolana, Caracas, 2018.

2. La destrucción de los mecanismos de mercado y las medidas tributarias predatorias

Los controles centralizados impuestos en contra de la Constitución desde 2003 destruyeron los mecanismos de mercado. Desde una perspectiva económica, conviene tener en cuenta lo afirmado por Miguel Ángel Santos[19]:

> "El mecanismo de mercado permite a las sociedades organizarse de manera espontánea para satisfacer sus necesidades haciendo el mejor uso posible de los recursos disponibles. Ese mecanismo depende de una red de instituciones y regulaciones que empezaron a ser desmontadas hace dos décadas, y cuyos impactos fueron disimulados durante algún tiempo por la bonanza petrolera y el endeudamiento acelerado de la república. Entender este proceso es esencial no solo para identificar las razones por las cuales el país ha sido incapaz de producir una transición política en medio de la catástrofe, sino también para pensar en las bases de un programa orientado a producir una recuperación acelerada".

Desde el punto de vista jurídico, los mecanismos de mercado son las reglas jurídicas -o instituciones- que garantizan el libre intercambio de bienes y servicios a través del reconocimiento de derechos económicos previstos en la Constitución de 1999, lo que también puede denominarse "economía de mercado". Los mecanismos de mercado no se oponen a la intervención pública del Estado en la economía. En realidad, tales mecanismos presuponen la intervención del Estado, para paliar fallos de mercado y, en especial, proveer bienes y servicios que solo el Estado puede ofrecer, desde el monopolio legítimo de la violencia, como es el caso de la implementación de mecanismos de solución de controversias que permitan, mediante la coacción, la ejecución de la decisión de esas controversias.

En tal sentido, tal y como lo afirmó la Sala Constitucional del Tribunal Supremo de Justicia, especialmente antes de 2004, el sistema económico reconocido en la Constitución de 1999 es la ***economía social de mercado***. De esa manera, y, por un lado, la Constitución reconoce derechos económicos referidos a la libertad de empresa, propiedad privada, libre competencia y acceso y selección a bienes y servicios (artículos 112, 113, 115 y 117). Por otro lado, reconoce que el Estado debe intervenir en la economía para garantizar condiciones efectivas de competencia (artículo 117) y para promover condiciones reales de igualdad, en especial, promoviendo el acceso equitativo a derechos económicos, sociales, culturales y ambientales, considerados como derechos prestacionales (artículo 299). Con lo cual, el Estado, a través de sus Administraciones Públicas, puede desplegar dos

---

19 Miguel Ángel Santos, "La Venezuela del día después (y del día antes)" en Alejandro Fajardo y Alejandra Vargas (eds.), *Comunidad Venezuela. Una agenda de investigación y acción local,* Centro de los Objetivos de Desarrollo Sostenible para América Latina y el Caribe (CODS)-International Development Research Centre (IDRC), Bogotá, 2021, p. 46.

tipos de técnicas: la ordenación y limitación de los derechos económicos y la actividad prestacional orientada a satisfacer necesidades esenciales asociadas a derechos prestacionales[20].

No existe oposición entre la economía social de mercado y la economía de mercado, pues en realidad una y otra responden al mismo sistema, que pivota en torno al libre intercambio de bienes y servicios. En realidad, lo opuesto a la economía de mercado es la economía centralizada, en la cual el intercambio no descansa en la autonomía privada. Lo que caracteriza a la economía social de mercado, por lo anterior, es que el Estado promueve condiciones de igualdad, pero siempre a partir del reconocimiento de los mecanismos de mercado.

Cabe recordar que los derechos económicos tienen un contenido doble. Por un lado, son derechos subjetivos que empoderan a las personas a dedicarse a la actividad económica de su preferencia, y a acceder y seleccionar autónomamente bienes y servicios. Pero a la vez, esos derechos tienen una dimensión institucional, que se traduce en las reglas jurídicas que garantizan el libre intercambio de bienes y servicios. Por ello, el sistema de economía social de mercado debe expresarse en reglas jurídicas que faciliten ese intercambio, y con ello, la eficiencia económica[21].

Las reglas jurídicas de la economía de mercado tienen dos propósitos. Así, esas reglas deben definir derechos económicos y asegurar su ejercicio, en especial, a través de mecanismos de solución de controversias que, en concreto, garanticen el cumplimiento de contratos. Además, esas reglas deben atender a los fallos de mercado que restringen o impiden el libre intercambio de bienes y servicios y, con ello, la eficiencia económica, incluyendo en especial aquellos que derivan de la

---

20 Sobre la Constitución económica en el Texto de 1999, puede verse entre otros a Rafael Badell Madrid, "La Constitución económica", *Revista del Banco Central de Venezuela número,* Volumen XIV, número 1, Caracas, 2000, pp. 151 y ss.; Allan Brewer-Carías, *La Constitución de 1999: Estado democrático y social de Derecho,* Colección Tratado de Derecho Constitucional, Tomo VII, Fundación de Derecho Público, Editorial Jurídica Venezolana, Caracas, 2014, pp. 858 y ss.; Henrique Meier, "La Constitución económica", *Revista de Derecho Corporativo,* N° 1, Caracas, 2001, pp. 9 y ss.; y Ana Cristina Núñez, "Los principios económicos de la Constitución de 1999", *Revista de Derecho Constitucional,* N° 6, Caracas, 2006, pp. 215 y ss. Nuestro análisis puede verse en José Ignacio Hernández G., *Derecho Administrativo y Regulación Económica*, Editorial Jurídica Venezolana, Caracas, 2006, pp. 123 y ss.

21 José Ignacio Hernández G., *Derecho Administrativo y Regulación Económica, ob. cit.*

provisión de "bienes públicos". El primer tipo de reglas se conoce como "regulación civil" y las segundas como "regulación económica"[22]. Con lo cual, los mecanismos de mercado pueden ser definidos como reglas jurídicas que, mediante la regulación civil y económica, facilitan el libre intercambio de bienes y servicio y con ello, el derecho de la sociedad para organizarse libremente y satisfacer sus propias necesidades de acuerdo con el principio de subsidiariedad[23]. Es por lo anterior que los mecanismos de mercado presuponen el Estado, y más en concreto, presuponen la existencia de un Estado con capacidad para proveer "bienes públicos" y, en general, atender los fallos de mercado[24].

Ahora bien, la destrucción de los mecanismos de mercado, como explicamos, fue resultado de dos políticas, a saber, la arbitraria política de expropiaciones y otras medidas similares, y la imposición de controles centralizados que violaron los derechos económicos reconocidos en la Constitución (libertad de empresa, propiedad privada, libertad de contratos, libre competencia y libertad de acceso y selección a bienes y servicios). Dos componentes claves de esos controles centralizados fueron los controles de cambio y de precios implementados en contra de la Constitución[25].

Los controles centralizados que destruyeron la economía de mercado estuvieron acompañados de una política tributaria que, igualmente, contribuyó a esa destrucción. De esa manera, y siguiendo al profesor Humberto Romero-Muci, puede observarse que la política tributaria *(i)* se apartó del principio de legalidad, no solo por las ilegítimas habilitaciones legislativas al Ejecutivo sino, además, por la deslegalización del Derecho Tributario. Además, *(ii)* la racionalidad tributaria se desdibujó, lo que llevó a obviar la capacidad contributiva, en especial, mediante reglas contables arbitrarias. Como resultado de lo anterior *(iii)* la potestad tributaria

---

22 Juan de la Cruz Ferrer, *Principios de regulación económica en la Unión Europea,* Instituto de Estudios Económicos, Madrid, 2002, pp. 217 y ss. Del autor, más recientemente, *vid.* "Fundamentos jurídicos de la regulación económica: el modelo de la unión europea", en *VII Jornadas Internacionales de Derecho Administrativo "Allan Randoplh Brewer-Carías". El principio de legalidad y el ordenamiento jurídico-administrativo de la libertad económica,* Tomo II, Caracas, 2005, pp. 95 y ss.

23 Es posible identificar un tercer tipo de regulación, llamada "regulación administrativa", que no responde a la atención de fallos de mercados sino a la protección del orden público. Puede verse en general a José Carlos Laguna de Paz, *Derecho Administrativo Económico,* Thomson Reuters-Civitas, Madrid, 2016, 27 y ss., y Nuria Ruiz, *Regulación económica y Estado de Derecho,* Tirant Lo Blanch, Valencia, 2018, pp. 88 y ss.

24 Joseph Singer, *No freedom without regulation: the hidden lesson of the subprime crisis*, Yale University Press, New Haven, 2015, pp. 59 y ss.

25 Douglas Barrios y Miguel Ángel Santos, "¿Cuánto puede tomarle a Venezuela recuperarse del colapso económico y qué debemos hacer?", en *Fragmentos de Venezuela. 20 escritos sobre economía*, Fundación Konrad-Adenauer-Stiftung, Caracas, 2019, pp. 91 y ss.

generó efectos confiscatorios, lo fue parte de las políticas que destruyeron las garantías de la propiedad privada. Además *(iv)* la naturaleza de los tributos se distorsionó al crearse exacciones arbitrarias en forma de contribuciones especiales, que, además, servían de controles centralizados sobre la economía. Por último *(v)* las normas penales y sancionadoras fueron empleadas para reprimir a los contribuyentes, en una modalidad del Derecho Penal del enemigo. Desde el punto de vista económico, esta política tributaria refleja al llamado ***Estado predatorio***[26], en el sentido que el poder tributario no se ejerció para procurar racionalmente ingresos fiscales sino para satisfacer las apetencias de la élite gobernante, a costa de la destrucción de la riqueza[27].

II. El colapso estatal y la anomia del Derecho Tributario venezolano

En la sección anterior explicamos el auge de los controles centralizados y medidas tributarias predatorias que destruyeron los mecanismos de mercado. En esta sección corresponde ampliar las consecuencias de ese colapso sobre el Derecho Tributario, lo que haremos desde el concepto de Derecho Público fallido. Pero antes, conviene dar una imagen cuantitativa de los efectos ocasionados por estos controles centralizados.

---

26 James Robinson, "When is a State Predatory?", 2001.

27 Dentro de la obra del profesor Humberto Romero-Muci, podemos mencionar los siguientes trabajos: "Capacidad contributiva y el sistema de corrección monetaria", *Revista de Derecho Financiero,* Nº 1, Caracas, 2004 pp. 33 y ss.; "Desinstitucionalización del concepto deducción en el impuesto sobre la renta", *Revista de Derecho Tributario,* Nº 142, Caracas, 2014, pp. 7 y ss.; "(In)moralidad tributaria en Venezuela. Entre la distopía y la anomia social", *Revista de Derecho Público,* Nº 153-154, Caracas, 2018, pp. 85 y ss.; "Desinstitucionalización del concepto deducción en el impuesto sobre la renta: un caso de manipulación semántica en el lenguaje jurídico", en *Libro homenaje a la Academia de Ciencias Políticas y Sociales en el centenario de su fundación,* Tomo II, Caracas, 2015; "Sobre la deducibilidad de la pérdida monetaria por inflación en el impuesto sobre la renta. Un caso de resistencia constitucional", *Boletín de la Academia de Ciencias Políticas y Sociales,* Nº 158, Caracas, 2019, pp. 1.000 y ss.; y "La mentira contable: crónica de incomunicación y engaño. Aspectos jurídicos de la liberación del tipo de cambio según el Convenio Cambiario N.º 1 y de la publicación extemporánea de los INPC por el BCV para los años 2016, 2017, 2018 hasta septiembre 2019", *Revista Venezolana de Legislación y Jurisprudencia,* Nº 13, Editorial Revista Venezolana de Legislación y Jurisprudencia, 2020, pp. 385 y ss. Entre sus libros, puede verse *El derecho y el revés de la contabilidad,* Academia de Ciencias Políticas y Sociales, Caracas, 2011; y *Uso, abuso y perversión de la unidad tributaria: una reflexión sobre tributación indigna*, Editorial Jurídica Venezolana-Asociación Venezolana de Derecho Tributario, Caracas, 2016. De manera especial, véase su discurso de incorporación a la Academia de Ciencias Políticas y Sociales *Razón práctica y capacidad contributiva,* Caracas, 2006.

Empleando cifras del Fondo Monetario Internacional, el producto interno bruto (PIB) de Venezuela, en dólares (precios corrientes) estimado en 2020 implicaría una caída de cerca del 51% del PIB para 1999, cuando Hugo Chávez fue electo presidente, y una pérdida de cerca del 81% respecto del PIB de 2013, cuando Nicolás Maduro fue electo presidente. Como ha señalado Ricardo Hausmann, esta caída es muy superior a la Gran Depresión en Estados Unidos y a la Guerra Civil en España[28].

Este colapso no fue causado por desastres naturales ni guerras civiles. En realidad, este colapso fue ocasionado por las políticas autoritario-populistas impuestas, en especial, desde 2003, y luego continuadas por Nicolás Maduro desde 2013. Siguiendo las investigaciones del *Growth Lab* de la *Harvard Kennedy School*[29], las políticas autoritarias impuestas desde el 2003 derivaron en tres restricciones vinculantes al crecimiento económico en Venezuela.

- Así, hasta 2017, el crecimiento económico encontraba como restricción principal las medidas regulatorias autoritarias dictadas principalmente a través del Poder Ejecutivo, que destruyeron el marco jurídico que garantiza y protege los derechos económicos, esto es, la libertad económica, la propiedad privada, la libre competencia, la libertad de contratos y el derecho de acceso y selección a bienes y servicios.

- Además, e igualmente hasta el 2017, la segunda limitación al crecimiento derivaba del déficit de divisas, como resultado de *(i)* la destrucción de la producción petrolera, como consecuencia de medidas autoritarias que minaron la autonomía de Petróleos de Venezuela, S.A. (PDVSA) y expropiaron arbitrariamente derechos de la inversión privada, y *(ii)* el crecimiento irresponsable de la deuda pública externa, además, en el contexto de graves desórdenes macroeconómicos.

- A partir de 2017 comenzó a surgir otra restricción al crecimiento económico, que terminó siendo la restricción más vinculante: la destrucción de la capacidad estatal. De esa manera, las medidas autoritarias impuestas desde 2003 minaron gradualmente la capacidad del Estado para cumplir con sus cometidos públicos, en especial, a través de las Administraciones Públicas. El resultado de ello es que el Estado fue perdiendo control de diversas áreas, lo que permitió el surgimiento de arreglos informales para cumplir aquellas tareas que el Estado no podía

---

28 Las cifras se toman de: https://www.imf.org/en/Publications/SPROLLs/world-economic-outlook-databases. El PIB de 1999 se calcula en 97.517 millones de dólares y el de 2013 en 258.993 millones. La estimación del PIB para 2020 es de 48.610 millones. Las cifras se emplean solo a efectos referenciales, para dar una idea de la magnitud de la caída. Véase en general a Ricardo Hausmann, "El colapso de Venezuela no tiene precedentes", *Prodavinci*, 31 de julio de 2017, tomado de: https://historico.prodavinci.com/2017/07/31/actualidad/el-colapso-de-venezuela-no-tiene-precedentes-por-ricardo-hausmann/.

29 Véase en: https://growthlab.cid.harvard.edu/applied-research/venezuela.

atender. Tal es el caso de los mercados negros, e incluso, del crimen organizado. La muestra más palpable del colapso de la capacidad estatal es la emergencia humanitaria compleja en evolución desde el 2017, en el marco de la hiperinflación y la dolarización *de facto*. Esa emergencia, junto con las sistemáticas violaciones a derechos humanos, han ocasionado la primera crisis humanitaria de desplazados en la región -y la segunda a nivel mundial-.

Lo anterior fue más evidente luego de 2018, cuando los controles de centralizados de cambio y de precio comenzaron a derrumbarse como resultado del colapso estatal. Esto dio lugar a una anárquica "apertura económica", que, en realidad, no es más que el resultado de "espacios de tolerancia económica", en los cuales el Estado tolera el intercambio de bienes y servicios por medio de instituciones informales y paralelas a los controles centralizados[30].

El impacto del colapso del Estado venezolano sobre el sector económico privado ha quedado muy bien reflejado en el estudio del Banco Interamericano de Desarrollo sobre las condiciones actuales de la empresa privada, tomando en cuenta los resultados de dos encuestas implementadas entre 2019 y 2020, a saber, *Enterprise Survey* y *World Management Survey*. De acuerdo con José Luis Saboín, los principales obstáculos percibidos por las empresas en Venezuela se relacionan con inestabilidad macroeconómica, inestabilidad política y fallas de suministro eléctrico, que son síntomas del colapso del Estado[31]. Como ha sido resumido desde el Banco Interamericano de Desarrollo[32]:

> "El colapso en que se encuentra la economía venezolana no tiene precedentes. Desde su pico en diciembre de 2013 y hasta el primer trimestre de 2020, el tamaño de la economía se ha reducido un 86%1 (…) esta es la mayor crisis registrada en la región latinoamericana (…) y una de las mayores del mundo en países fuera de zonas de conflicto armado (Saboin, 2020a). Esta caída se debe tanto a un desplome de la producción petrolera como a una

30 Como ha concluido Asdrúbal Oliveros, "*…lo primero que hay que entender es la destrucción del Estado como proveedor de bienes y servicios públicos. Eso es un elemento muy importante que no hemos internalizado del todo. El papel del Estado todopoderoso, que era rico, que se metía en todo, hoy no existe. Desde el punto de vista financiero, es un Estado colapsado. Eso, por supuesto, cambia la dinámica de relaciones entre el Estado y el sector privado. Ese hecho explica, por ejemplo, que hoy el Estado le permita operar al sector privado con autonomía, con independencia. De lo contrario, la situación se haría más inviable de lo que ya es. Se hace, incluso, por supervivencia política*". Hugo Pietro "Asdrúbal Oliveros: "La economía negra reduce la tensión social", *Prodavinci*, 27 de junio de 2021, tomado de: https://prodavinci.com/asdrubal-oliveros-la-economia-negra-reduce-la-tension-social/.

31 José Luis Saboín, *The Venezuelan Enterprise. Current situation, challenges and opportunities,* Banco Interamericano de Desarrollo, Washington D.C., 2021, p. 32.

32 Emmanuel Abuelafia y José Luis Saboin, *Una mirada a futuro para Venezuela*, Banco Interamericano de Desarrollo, Washington D.C., 2020, p. 1.

profundización del deterioro de la actividad no petrolera en el país. El producto interno bruto (PIB) no petrolero se encuentra ya un 17% por debajo de sus niveles de 1998 y el petrolero, un 53% por debajo de lo observado 20 años atrás"

La recuperación de la economía venezolana que pudo haberse registrado en 2021 no es resultado de un crecimiento económico estable e incluso, sino de las actividades económicas que han surgido al socaire del colapso estatal[33]. Esas actividades responden a legítimos emprendimientos privados que estaban representados por los controles centralizados, pero también a actividades económicas ilícitas, en especial, relacionadas con el lavado del dinero. Esto permite explicar por qué esta recuperación no responde a un crecimiento estable, ni mucho menos inclusivo. En realidad, este es un crecimiento precario que solo beneficia a unos pocos. Es en este contexto en el cual debe valorarse la incidencia del concepto de Derecho Público fallido en el Derecho Tributario.

1. El colapso gradual de los controles centralizados y el surgimiento de instituciones informales que inciden en la vigencia efectiva del Derecho Tributario

Diversas condiciones económicas vigentes desde 2014 modificaron el alcance de los controles centralizados que destruyeron los mecanismos de mercado. Así, la destrucción de la producción petrolera como consecuencia de las políticas predatorias sobre el sector afectó severamente los ingresos fiscales petroleros –mucho más que la afectación derivada de la caída de los precios del petróleo-. Además, la masiva política de endeudamiento público limitó el acceso de Venezuela a los mercados financieros, al tiempo que elevaba la presión sobre las limitadas divisas disponibles a los fines de pagar esa pesada deuda pública. Por su parte, el inconstitucional desvío de los ingresos petroleros a fondos extra-presupuestarios, como el caso del FONDEN, junto al desmantelamiento del fondo de estabilización macroeconómica, también contribuyeron a la crisis de ingresos fiscales[34]. Frente a estos cambios, el régimen de Maduro optó por recortar dramáticamente las importaciones, a los fines de mantener el servicio de la deuda pública, todo lo cual agravó el colapso de la economía venezolana[35].

---

[33] De Tamara Herrera, véase "El adiós a la hiperinflación en medio de la hipoxia económica", *Prodavinci,* 30 de diciembre de 2020. Disponible en: https://prodavinci.com/el-adios-a-la-hiperinflacion-en-medio-de-la-hipoxia-economica-a/.

[34] José Manuel Puente y Jesús Adrián Rodríguez, "Venezuela: radiografía de un colapso macroeconómico (1980-2019)", en Gratius, Sussane y Puente, José Manuel (coordinadores) *Venezuela en la encrucijada. Radiografía de un colapso,* AB Ediciones-IESA-Konrad Adenauer Stiftung, Caracas, 2021, p. 128.

[35] Douglas Barrios y Miguel Ángel Santos, "Anatomía de un colapso", 2018, disponible en: http://miguelangelsantos.net/presentations/.

Para 2014 era evidente que ambos controles se habían agotado. Diversas propuestas se formularon en el seno del Gobierno del entonces presidente Nicolás Maduro para flexibilizar el alcance de estos controles, e incluso llegó a promulgarse ese año la *Ley del Régimen Cambiarios y sus Ilícitos*, que sentó las bases para desmontar el control de cambio centralizado. Empero, la debilidad del Gobierno de Maduro (electo en un cuestionado proceso en abril de 2013) y las protestas civiles organizadas en ese año 2014, agravaron las discrepancias internas e impidieron que estas reformas avanzaran. Por el contrario, el Gobierno mantuvo, e incluso, agravó los controles centralizados de cambio y de precio.

Desde entonces se ha considerado como condición necesaria para promover la recuperación económica el desmontaje de los controles centralizados, en especial, de cambio y de precios[36]. Por desmontaje se entiende la derogatoria de los controles centralizados de cambio y de precio que destruyeron los mecanismos de mercado, y su sustitución por el marco jurídico que promueva el libre intercambio de bienes y servicios[37]. Claro está, el alcance de esta reforma institucional se condicionaba a una reforma de mayor aliento, marcada por otras tres premisas, a saber, *(i)* la reforma macroeconómica, llamada a restablecer la unidad del tesoro y promover el equilibrio macroeconómico; *(ii)* la reforma institucional orientada a remover los obstáculos a la inversión privada en el sector de hidrocarburos para crear condiciones propicias para la recuperación de la industria y, con ello, de los ingresos en divisas derivadas de exportaciones petroleras, y *(iii)* la renegociación ordenada y consensuada de la deuda pública externa, para reducir el peso del pago de esa deuda[38].

Las reformas institucionales, o sea, reformas del marco jurídico aplicable, presuponen condiciones económicas favorables, en términos de captación y generación de ingresos en divisas[39]. Para ello resultaba fundamental detener el colapso

---

36 Por ejemplo, vid. Richard Obuchi, *et al.*, "Microeconomic binding constraints on private investment and growth in Venezuela", Growth Lab-Center of International Development at Harvard, 2016, pp. 12 y ss. Véase también Claudia Curiel, "Sector privado", en Nikken, Pedro (ed.), *Elementos de una transición integral e incluyente en Venezuela: una visión desde lo local,* Institute for Integrated Transition, Caracas, 2020, pp. 430 y ss. Véase igualmente a Ronald Balza *et al*., "Economía", en *La consolidación de una transición democrática. El desafío venezolano III,* AB Ediciones-Universidad Católica Andrés Bello, Caracas, 2018, pp. 61 y ss.

37 Ronald Balza, "Antes y después de levantar el control de cambios", en Fernando Spiritto (coord.), *La nueva economía venezolana. Propuestas ante el colapso del socialismo rentista,* Editorial Alfa, Caracas, 2017, pp. 281 y ss.

38 Estas reformas, en su conjunto, quedaron delimitadas en la propuesta aprobada por la Asamblea Nacional y conocida como *Plan País*. Véase: https://www.planpaisvzla1.com.

39 Sobre este punto, veáse a Henkel García, "La importancia de un sistema jurídico funcional", *La Gran Aldea,* 2 de junio de 2021, tomado de: https://www.lagranaldea.com/2021/06/02/la-importancia-de-un-sistema-juridico-funcional/.

de la producción petrolera, en tanto de ésta deviene la práctica totalidad de divisas de exportación de Venezuela[40]. A todo evento, desde el punto de vista jurídico, una condición necesaria -pero no suficiente- era desmontar los controles de cambio y de precio, sustituyéndolos por una regulación acorde con los mecanismos de mercado.

Hacia 2017, sin embargo, el avance de la crisis económica y del colapso del Estado venezolano modificó la realidad económica, al margen de la vigencia formal del control de cambio y de precio. Así, hacia fines de 2017 la inflación degeneró en hiperinflación, como resultado de las políticas que destruyeron la autonomía del BCV y con ello, las funciones económicas de la moneda de curso legal, el bolívar. El Gobierno de entonces optó por introducir políticas que no resolvían el problema de fondo. Así, en 2018 se implementó -inconstitucionalmente- una nueva reconversión monetaria, al mismo tiempo que se promovió el uso de una "moneda" paralela, el "petro"[41]. Ninguna de esas reformas solucionaba los problemas de fondo e, inevitablemente, el bolívar perdió sus atributos económicos como dinero, más allá del marco jurídico aplicable. El resultado de ello fue un proceso de dolarización *de facto*[42].

En agosto de 2018, el entonces Gobierno implementó dos políticas con el propósito de "desmontar" el régimen cambiario, y alentar así el proceso de dolarización en ciernes. Así, el 2 de agosto la ilegítima y fraudulenta asamblea nacional constituyente "derogó" la *Ley del Régimen Cambiario y sus Ilícitos*, con el propósito de desmontar el control de cambio[43]. Luego, el 17 de agosto adoptó la

---

40 Ramón Espinasa y Carlos Sucre, *La caída y el colapso de la industria petrolera venezolana,* agosto de 2017, consultado en original, y Francisco Monaldi e Igor Hernández, *Weathering Collapse: An Assessment of the Financial and Operational Situation of the Venezuelan Oil Industry, ob. cit.*

41 *Vid.*: Rafael Badell Madrid, "Inconstitucionalidad del decreto de reconversión monetaria", *Boletín de la Academia de Ciencias Políticas y Sociales,* N° 157, Caracas, 2019, pp. 1.556 y ss. En resumen, esta reconversión eliminó tres ceros al bolívar (que era el "bolívar fuerte" luego del proceso de reconversión de 2008), y que ahora, pasó a denominarse "bolívar soberano". *Vid.* Anabella Abadi y Carlos García, "De la reconversión monetaria de 2008 a la del 2018", *Prodavinci,* 28 de marzo de 2018, tomado de: https://prodavinci.com/de-la-reconversion-monetaria-de-2008-a-la-del-2018/. Asimismo, en 2018 se promovió la creación de una "criptomoneda", denominada petro. *Vid.*: Juan Cristóbal Carmona, *Mundo Jurídico de las Criptomonedas,* Academia de Ciencias Políticas y Jurídicas, Caracas, 2019.

42 Humberto Romero-Muci, "La disfunción del bolívar y la dolarización de facto en la economía. Aspectos legales y fiscales", *Boletín de la Academia de Ciencias Políticas y Sociales,* Nº 161, Caracas, 2020, pp. 995 y ss. José Ignacio Hernández G., "Aspectos jurídicos de la dolarización en Venezuela", *Revista de Derecho Público,* N° 153-154, Caracas, 2018, pp. 312 y ss.

43 Esta derogatoria solo operó en los hechos, vista la naturaleza *de facto* de tal asamblea.

"convergencia cambiaria" (o "unificación cambiaria")[44], esto es, la supresión del régimen de cambios diferenciales y, lo que es más importante, la fijación de la tasa de cambio oficial en condiciones similares a la tasa de cambio derivada del -así llamado- "mercado paralelo", o sea, la tasa producto de transacciones privadas fuera de los mecanismos centralizados. Todo ello quedó plasmado en el nuevo Convenio Cambiario N° 1[45].

Estas reformas solucionaron algunos problemas, en especial, derivados de la existencia de tipos de cambio diferenciados. Pero no lograron atender a la causa raíz de la crisis, esto es, el déficit de divisas y, en general, la destrucción de los mecanismos de mercado. Como se explicó, el desmontaje del control de cambio debía ser consecuencia de reformas institucionales de mayor envergadura, que requerían en todo caso una adecuada capacidad institucional y, además, condiciones de legitimidad democrática para acrecentar la confianza en las reformas. Pero ninguna de esas condiciones se cumplió, pues el "desmontaje" del control cambio se adoptó de manera aislada, en el marco del régimen *de facto* imperante desde 2017 con la instalación de la asamblea nacional constituyente.

Por su parte, el control de precio no ha sido desmontado formalmente, pues se mantienen en vigor las regulaciones de control de precio, aun cuando con el tiempo, el número de productos sometidos a precio controlado fue disminuyendo. Incluso en abril de 2020, y más recientemente, en febrero de 2021, el régimen autoritario de Venezuela anunció nuevos controles de precio. En la práctica, sin embargo, el marco jurídico formal del control de precio resultó inaplicable como consecuencia de la hiperinflación y la dolarización *de facto*, a resultas de lo cual los bienes cuyo precio está regulado, en la práctica, se transan al precio "libremente" fijado (incluso, en divisa).

Con lo cual, más que desmontaje de los controles o liberalización económica, lo que puede apreciarse es que ***los controles centralizados de cambio y de precio colapsaron y devinieron en inaplicables en los hechos***, como resultado del colapso económico y estatal. Esto ha marcado una brecha entre el marco jurídico que formalmente está vigente y las reglas que aplican en la práctica.

---

[44] Richard Obuchi y Anabella Abadi, "Todo lo que usted debe saber sobre la unificación cambiaria", *Prodavinci*, 7 de julio de 2014, tomado de: https://historico.prodavinci.com/2014/07/07/economia-y-negocios/todo-lo-que-usted-debe-saber-sobre-la-unificacion-cambiaria-por-anabella-abadi-y-richard-obuchi/.

[45] El 17 de agosto de 2018 el BCV fijó la tasa de cambio a nivel similar a la tasa paralela, con lo cual, la tasa de cambio pasó de 2,49 bolívares soberanos a 60 bolívares soberanos. *Vid.*: "BCV oficializa devaluación de 95,8% y tasa de cambio pasa a 60 bolívares soberanos", *Efecto Cocuyo,* 21 de agosto de 2018, tomado de: https://efectococuyo.com/economia/bcv-oficializa-devaluacion-de-958-y-tasa-de-cambio-pasa-a-60-bolivares-soberanos/. *Vid.* Pedro Palma, *La política cambiaria en Venezuela,* IESA-Editorial Jurídica Venezolana, Caracas, 2020, pp. 160 y ss.

El marco jurídico vigente sigue basándose en el control de precios e incluso, en el control de cambio. En la práctica, sin embargo, ese marco jurídico no es implementado por el Estado.

Esta diferencia entre el ámbito *de iure* y el ámbito *de facto* de las instituciones económicas contradice el principio general del artículo 7 del Código Civil:

> "Las leyes no pueden derogarse sino por otras leyes; y no vale alegar contra su observancia el desuso, ni la costumbre o practica en contrario, por antiguos y universales que sean"

Las instituciones informales que rigen en el marco de la dolarización *de facto* han llevado a inobservar las instituciones formales del control de cambio y el control de precio, lo que viola el principio general enunciado en el citado artículo. Ello es consecuencia del colapso de la capacidad estatal, y del surgimiento de áreas en las cuales el Estado -típicamente por medio de sus Administraciones Públicas- no tiene capacidad para implementar las reglas jurídicas en vigor. Ante esa situación, y en el marco de la emergencia humanitaria compleja, el régimen autoritario optó tolerar el intercambio de bienes y servicios por medio de instituciones informales.

Pero no se trata del libre intercambio conducido bajo instituciones diseñadas para garantizar los derechos económicos, que son los mecanismos de mercado que promueven la eficiencia económica. Más bien se trata del intercambio promovido por medio de instituciones informales, derivadas de arreglos formulados desde la sociedad civil para cumplir con tareas que el frágil Estado tuvo que abandonar[46].

Hasta ahora, el régimen autoritario ha tolerado este intercambio informal, aun cuando esporádicamente, como vimos, rescata la aplicación del control de precio. En octubre de 2020 la asamblea nacional constituyente aprobó la llamada "Ley constitucional anti-bloqueo", que, con el supuesto propósito de reaccionar frente a las sanciones impuestas por la comunidad internacional, concentra los poderes en la Presidencia de la República, permitiendo al régimen autoritario adoptar cualquier medida económica al margen del control parlamentario, incluso, para la cesión de bienes del Estado y reorganización de empresas públicas. Esta decisión, que es un acto político *de facto*, reconoció que la Asamblea Nacional ilegítimamente electa en diciembre de 2020, y que se instaló el 5 de enero de 2021, no podrá ejercer ninguna de las funciones de control que derivan del artículo 187

---

[46] El colapso estatal impidió a las Administraciones Públicas implementar las instituciones formales o reglas jurídicas que implementan los controles centralizados. Esto generó un vacío que fue suplido por arreglos informales procurados directamente por la sociedad civil. Estos arreglos son "tratos sociales", surgidos a la sombra de las instituciones formales. *Vid.* Lant Pritchett, *et al., Deals and Development,* Oxford University Press, Oxford, 2018, pp. 24 y ss. Sobre el colapso del Estado venezolano y sus implicaciones para la transición económica, vid. José Ignacio Hernández G., *Bases fundamentales de la transición en Venezuela,* Editorial Jurídica Venezolana, Caracas, 2020.

constitucional, como tampoco pudo hacerlo la legítima Asamblea Nacional electa en 2015[47]. Al amparo de esta decisión *de facto*, el régimen autoritario ha anunciado su intención de "formalizar" la dolarización *de facto*[48].

En realidad, la dolarización *de facto* es síntoma del colapso estatal, con lo cual su "formalización" no atendería la causa de ese colapso. Además, debe recordarse que cualquier dolarización *de iure* pasaría por una reforma constitucional a los fines de cambiar al bolívar como unidad monetaria[49].

La "ley constitucional anti-boqueo" no tiene como propósito rescatar los derechos económicos, sino concentrar -más todavía- los poderes *de facto*. Además, ante la debilitada capacidad del Estado venezolano, cualquier intento por formalizar el intercambio económico derivará, nuevamente, en brechas entre las nuevas reglas jurídicas y las instituciones *de facto*, lo que degenerará en nuevos mercados paralelos y, en suma, mayor informalidad y precariedad del intercambio económico.

En similar sentido, en agosto de 2021 se anunció una nueva reconversión monetaria, ahora, para la eliminación de seis ceros en el bolívar, con vigencia a partir del 1 de octubre[50]. Esta reconversión, además de inconstitucional[51], no re-

---

47 La *Ley Constitucional Antibloqueo para el Desarrollo Nacional y la Garantía de los Derechos Humanos*, conocida como "Ley constitucional anti-bloqueo", fue publicada en la Gaceta Oficial N° 6.583 de 12 de octubre de 2020. Véase, de Juan Manuel Raffalli, "El insólito proyecto de Ley Antibloqueo", *Prodavinci,* 7 de octubre de 2020, tomado de: https://prodavinci.com/el-insolito-proyecto-de-ley-antibloqueo/. Véase nuestra opinión en *Las Gran Aldea,* 15 de octubre de 2020: "La "Ley Constitucional Antibloqueo" y el avance de la economía criminal en Venezuela", disponible en: https://lagranaldea.com/2020/10/15/la-ley-constitucional-antibloqueo-y-el-avance-de-la-economia-criminal-en-venezuela/. En el capítulo IV ampliaremos algunas consideraciones.

48 El régimen autoritario ha formulado erráticos anuncios a favor de la dolarización *de facto,* que incluyen propuestas de regularizar las transacciones en divisas, incluso, con fines tributarios. Así, en noviembre de 2019 Maduro declaró que la dolarización era una válvula de escape (CNN en español, 17 de noviembre de 2019, tomado de: https://cnnespanol.cnn.com/2019/11/17/alerta-maduro-la-dolarizacion-informal-es-una-valvula-de-escape/). Véase en general, en *El País*, "Maduro profundiza la dolarización con la digitalización de las transacciones en Venezuela", 13 de enero de 2021, tomado de: https://elpais.com/internacional/2021-01-13/maduro-profundiza-la-dolarizacion-con-la-digitalizacion-de-las-transacciones-en-venezuela.html

49 Existe una discusión económica sobre las ventajas y desventajas de avanzar en un proceso de dolarización *de iure* en Venezuela, pero lo cierto es que ello implicaría una modificación constitucional y un complejo procedimiento transitorio. *Vid.*: José Ignacio Hernández G., "Aspectos jurídicos de la dolarización en Venezuela", *ob. cit.*

50 Decreto No. 4.553, publicado en la Gaceta Oficial No. 42.185 de 6 de agosto de 2021.

51 Solo la Ley puede regular sobre la moneda de curso legal.

suelve los problemas de fondo asociados a la destrucción de las funciones económicas de la moneda de curso legal. Por ello, en nada contribuirá a desplazar las instituciones de *facto* que han formado[52].

Ahora bien, el surgimiento de estas instituciones económicas informales como resultado del colapso de los controles de cambio, ha llevado a considerar que el régimen autoritario está adoptando un giro económico hacia el capitalismo, mediante una liberalización económica que supondría el abandono del modelo socialista de Chávez. Tal apreciación la estimamos errada[53].

En economía suele aludirse a las "instituciones económicas inclusivas" para describir a las reglas que facilitan el libre intercambio de bienes y servicios por medio de los mecanismos de mercado, lo que en términos jurídicos se expresa en el reconocimiento y garantía de los derechos económicos[54]. Estas instituciones requieren, en condiciones ideales, de "instituciones políticas inclusivas", basadas en la democracia constitucional. Por el contrario, las "instituciones económicas extractivas" son aquellas que impiden el libre intercambio extrayendo ilegítimamente riqueza de la sociedad. Estas instituciones suelen coexistir con "instituciones políticas extractivas", o sea, con regímenes no-democráticos.

De esa manera, la liberalización requiere adoptar, cumplir y hacer cumplir reglas jurídicas que garantizan los derechos económicos, esto es, "instituciones económicas inclusivas". Como demuestra la experiencia de China, estas instituciones podrían eventualmente adoptarse en regímenes no-democráticos, o sea, con "instituciones políticas extractivas"[55]. En Venezuela, sin embargo, no solo no se han dictado formalmente instituciones económicas inclusivas, sino que además se mantiene la aplicación de instituciones económicas extractivas, como el control de precio. A ello se le agrega que el régimen autoritario mantiene, en general,

---

52 Esta nueva e inconstitucional reconversión podrá tener algunas consecuencias prácticas en cuanto al incremento el efectivo y, por ende, la facilitación de las transacciones en moneda de curso legal. Pero no resuelve ninguno de los problemas de fondo. Véase: "Asdrúbal Oliveros: Con la reconversión "probablemente haya una mejora del efectivo", *Finanzas Digital*, 20 de septiembre de 2021, tomado de: https://www.finanzasdigital.com/2021/09/asdrubal-oliveros-con-la-reconversion-probablemente-haya-una-mejora-del-efectivo/.

53 Véase el resumen de este debate en el trabajo de Víctor Salmerón, "Maduro se aleja del socialismo: ¿quiénes ganan y quiénes siguen en el foso? *Runrunes*, 10 de febrero de 2021, tomado de: https://runrun.es/rr-es-plus/435855/maduro-se-aleja-del-socialismo-quienes-ganan-y-quienes-siguen-en-el-foso/.

54 DaronAcemoglu y James Robinson, *Why Nations Fail,* Crown Business, Nueva York, 2012, pp. 335 y ss.

55 Rhys Jenkis, *How China is reshaping the global economy: development impacts in Africa and Latin America,* Oxford University Press, Oxford, 2019, pp. 20-32, y Ang Yuen, *How China escaped the poverty trap,* Cornell University Press, Nueva York, 2016, pp. 26 y ss.

instituciones políticas extractivas que se traducen en violaciones sistemáticas de derechos humanos, incluso, de organizaciones no gubernamentales que gestionan ayuda humanitaria[56]. Con lo cual, en realidad, lo que ha sucedido en Venezuela desde 2018, es que el régimen autoritario ha tolerado el intercambio de bienes y servicios por medio de instituciones informales y, por ende, precarias[57], en el medio de colapsadas instituciones extractivas.

Quizás el mejor ejemplo de la ausencia de mecanismos de mercado y de la pervivencia de instituciones extractivas en medio del colapso estatal, son los "tributos" que ha creado la ilegitima quinta legislatura de la Asamblea Nacional electa por Nicolás Maduro, y que inició funciones en 2021. Así, en diciembre de 2021 se dictó la *Ley de Registros y Notarías*[58] mientras que en febrero de 2022 se dictó la *Ley de Impuesto a las Grandes Transacciones Financieras*[59]. Las críticas

---

56 Hay que recordar que las Leyes penales basadas en el Derecho Penal del enemigo se mantienen en vigor, mientras que el Poder Judicial, incluso en la jurisdicción penal, carece de autonomía. Maduro puede, por ello, implementar a discreción medidas autoritarias represivas, incluso, mediante detenciones arbitrarias. En enero de 2021, por ejemplo, fueron detenidos arbitrariamente representes de la *ONG Azul Positivo*, lo que incluso generó un reclamo de la Organización de las Naciones Unidas. *Vid.*: "ONU le pide a Venezuela la liberación de miembros de la ONG humanitaria Azul Positivo", *DW*, 29 de enero de 2021, tomado de: https://www.dw.com/es/onu-le-pide-a-venezuela-la-liberación-de-miembros-de-la-ong-humanitaria-azul-positivo/a-56388933.

57 Rosales y Jiménez insisten en aludir a las políticas de "liberalización parcial" para describir los cambios implementados desde 2018, incluso, sugiriendo que la dolarización responde a una política económica. Discrepamos de esta conclusión, pues en realidad lo que sucedió en Venezuela -como se explica en el texto principal- es que el colapso del Estado arrastró el colapso de los controles centralizados, lo que el régimen reconoció con el Convenio Cambiario N° 1 de 2018 ("Venezuela: Autocratic Consolidation and Splintered Economic Liberalization", en *Revista de Ciencia Política, Versión Electrónica*, Santiago de Chile, 2021, tomado de: https://www.scielo.cl/scielo.php?script=sci_arttext&pid=S0718-090X2021005000113).

58 Gaceta Oficinal N° 6.68 extraordinario de 16 de diciembre de 2021. Véanse los comentarios de Juan Cristóbal Carmona y Luis Fraga Pittaluga, disponible en https://www.youtube.com/watch?v=1Ifkmz01f7k. Véase también la videoconferencia del profesor Romero-Muci "Ley de Registros y Notarías en Consideraciones constitucionales y legales", en la Academia de Ciencias Políticas y Sociales en https://www.acienpol.org.ve/eventos/videoconferencia-ley-de-registros-y-notarias-consideraciones-constitucionales-y-tributarias-manana-martes-22-de-febrero-hora-1000-a-m/. Igualmente, véase el pronunciamiento de la Academia de 1 de marzo de 2022, disponible en https://www.acienpol.org.ve/pronunciamientos/pronunciamiento-sobre-la-ley-de-registros-y-notarias/.

59 Gaceta Oficial N° 6.687 de fecha 25 de febrero de 2022. Pueden verse las reflexiones recogidas en el foro organizado por la Academia "Impuesto a las grandes transaccio-

a esas medidas coinciden con las críticas a la distopía del Derecho Tributario a la cuales se ha referido el profesor Romero-Muci, en especial, en materia de deslegalización de la potestad tributaria y desconocimiento de la capacidad tributaria. A ello se le agrega la intención de pechar transacciones en divisas bajo el impuesto a las grandes transacciones financieros, todo lo cual supone ejercer la potestad tributaria formal sobre actividades económicas informales o *de facto*.

Esas críticas, válidas por lo demás, no pueden pasar por alto, sin embargo, dos condiciones interrelacionadas. La primera es que, vista la ilegitimidad de la quinta legislatura, estos textos no pueden ser considerados como Leyes, y mucho menos puede aceptarse la existencia del poder tributario ejercido por legítimos representantes populares. En realidad, estos textos no son más que exacciones *de facto* que el régimen autoritario ha establecido para satisfacer sus propias apetencias, como rasgo típico del Estado predatorio. La segunda condición es que, debido al colapso estatal, todo intento de pechar transacciones en divisas fracasará, pues esas transacciones responden a instituciones informales o de *facto*, que surgieron como resultado del colapso estatal. Si el Estado, con su fragilidad institucional, intenta formalizar esas transacciones para pecharlas, estará creando incentivos para profundizar la informalidad de la economía venezolana.

2. El Derecho Público fallido y la anomía del Derecho Tributario

De acuerdo con lo que hemos venido exponiendo, los controles centralizados y demás políticas predatorias contribuyeron al colapso estatal, que comenzó a ser evidente hacia el 2017. Precisamente, la emergencia humanitaria compleja, la hiperinflación y la dolarización *de facto* son síntomas que permiten concluir que Venezuela es un Estado fallido o frágil. Conviene, por ello, efectuar algunas precisiones conceptuales y de análisis de la data disponible, para poder analizar el impacto de tal fragilidad sobre el Derecho Tributario[60].

Así, el colapso de la Unión de Repúblicas Socialistas Soviéticas y el surgimiento de nuevos Estados hacia finales del siglo XX puso en evidencia que el concepto de Estado como la organización política que ejerce el monopolio de la violencia no siempre se aplica en la práctica, y que un Estado puede tener existencia jurídica -basada en la Constitución- pero no existencia práctica. Para describir estos casos se acuñó la expresión “Estado fallido” Así, de acuerdo con Helman y Ratner, el Estado-nación fallido es aquel incapaz de mantenerse por sí mismo como miembro de la comunidad internacional. Las causas que llevan a esa situación, en la aproximación inicial de este fenómeno, abarcan guerras civiles,

---

nes financieras. Análisis económico y legal”, disponible en: https://www.acienpol.org.ve/eventos/impuesto-a-las-grandes-transacciones-financieras-analisis-economico-y-legal-proximo-miercoles-23-de-febrero-de-2022-hora-6-p-m-ve/.

60 Seguiremos lo expuesto en José Ignacio Hernández G., “Derecho Público fallido y emergencias humanitarias complejas”, *Revista y Sociedad,* N° 18, Facultad de Ciencias Jurídicas y Políticas de la Universidad Monteávila, Caracas, 2021, pp. 217 y ss.

rupturas de gobierno y otros conflictos internos que degeneran en caos, violencia y anarquía, generalmente asociados a violaciones graves de derechos humanos[61]. Posteriormente, a mediados de la década de los noventa, el estudio de este fenómeno se realzó en el marco de la lucha global en contra del terrorismo[62].

El concepto de Estado fallido fue luego ampliado, en parte, gracias a los trabajos de Robert Rotberg[63], quien apuntó que los Estados (o Estados-Naciones) fallan cuando se consumen en violencia interna, y en general, cuando dejan de atender las necesidades esenciales, o como lo denomina el autor, bienes políticos, particularmente, la garantía de la seguridad ciudadana, el derecho a la libre participación en asuntos públicos y, en ciertos casos, servicios médicos y educativos, entre otros. Con lo cual, se reconoce que el concepto de Estado fallido no se limita únicamente a casos de violencia interna, como guerras civiles, pues las fallas en la capacidad estatal pueden responder incluso a crisis políticas[64].

De allí que el concepto de Estado fallido ha sido reformulado a través del concepto de Estado frágil. El cambio responde a tres propósitos. El primero, eludir la connotación peyorativa que tiene la expresión "Estado fallido", asociada usualmente a graves desórdenes que justifican la intervención internacional, incluso militar. La segunda, es evitar el error de considerar que todo Estado que presenta

---

61 Dentro del grupo de Estados fallidos se mencionaron los casos de Bosnia, Liberia y Somalia. Dentro de los Estados en vías de ser Estados fallidos se incluyeron a Etiopia, Georgia y Zaire. La última categoría comprende a los nacientes Estados del desmembramiento de la Unión de República Socialistas Soviéticas y Yugoeslavia. *Cfr.*: Gerald B. Helman y Steven R. Ratner,"Saving Failed States", *Foreign Policy,* No. 89, Invierno de 1992-1993, pp. 3 y ss.

62 Daniel Esty *et al, Working papers. State Failure Task Force Report,* 1995, p. vii y ss.

63 Robert Rotberg, "Failed States, Collapsed States, Weak States", en *State failure and State Weakness in a Time of Terror,* World Peace Foundation and Brookings Institution Press, Cambridge-Washington DC., 2003, pp. 1 y ss. Luego ampliado en "When States Fail", en *When State Fail: Causes and Consequences,* Princeton University Press, 2004, pp. 1 y ss. Posteriormente, vid. Robert Rotberg, "Odious and Failed States, Humanitarian Responses", en Trauschweizer, Ingo and Miner, Steven (ed), *Failed states and Fragile Societies. A New World Disorder?,* Ohio University Press, Ohio, 2014, pp. 119 y ss.

64 Robert Rotberg, "Failed States, Collapsed States, Weak States", *ob. cit.*, pp. 2 y ss. En todos esos casos, se identificó a la guerra civil como un elemento determinante. Posteriormente (2004), el autor identificó casos de Estados débiles cuya capacidad se venía agravando, sin pasar a ser, en todo caso, Estados Fallidos. Se citan, así, los ejemplos de Indonesia, Colombia, Zimbabue, Costa de Marfil y Tayikistán, entre otros ("When States Fail", cit., pp. 15 y ss.). Para la revisión de estos conceptos, vid. Susan Woodward, *The Ideology of failed States,* Cambridge University Press, Nueva York, 2017, pp. 12 y ss., y 34 y ss. Veáse también Tiffiany Howard, *Failed States and the Origins of Violence,* Ashgate, Surrey-Burlington, 2014, pp. 1 y ss.

fallas en su capacidad es por ello Estado fallido. Finalmente, este cambio recuerda que las fallas en la capacidad estatal responden a un amplio espectro entre dos extremos (el Estado con capacidad plena y el Estado sin capacidad), que, como tal, son claramente excepcionales. En la práctica, todos los Estados tienen fallas en la capacidad estatal con lo cual, todos los Estados son frágiles, o tanto mejor, tienen algún grado de fragilidad[65].

Por ello, el Estado frágil puede definirse como *aquel Estado que no cuenta con la capacidad suficiente para cumplir con sus cometidos, y que, por ello, presenta brechas de capacidad estatal*. Esta fragilidad incide sobre el Derecho, en tanto el Estado pierde capacidad para asegurar su cumplimiento coactivo. Pero a fines de este trabajo, interesa analizar la incidencia de la fragilidad sobre el Derecho Público, recordando que a éste corresponde organizar al Estado y sus actividades. Más en concreto, y bajo los postulados del constitucionalismo, el Derecho Público no solo previene los abusos de poder del Estado, sino que, además, fija reglas para realzar la eficiencia y eficacia de la actividad estatal[66].

La fragilidad del Estado impacta, en *primer* lugar, en la calidad de los controles sobre el Estado, de lo cual puede deducirse que los abusos estatales reflejan fallas del Derecho Público. Esas fallas, además, contribuyen a mermar la capacidad estatal. Tal es el caso de Venezuela, pues las fallas del Derecho Público permitieron que, desde las propias instituciones constitucionales, se desmontara el Estado de Derecho, lo que se tradujo en la destrucción de los mecanismos de mercado, según ya vimos[67].

En *segundo* lugar, la fragilidad estatal impacta en la eficacia del Derecho Público, que no puede ser implementado debido a la debilitada capacidad estatal. Esto produce lo que hemos llamado brechas de capacidad estatal, en las cuales se distingue entre el ámbito *de iure* del Derecho Público, y el ámbito *de facto*, en las áreas que el Estado frágil no puede atender, y que se denominan "áreas de limitada estatalidad"[68]. Tal brecha permite aludir a la fragilidad del Derecho Público, para

---

65 La organización *The Fund for Peace*, que mide la capacidad estatal, sustituyó el concepto de Estado fallido por Estado frágil, para evitar el contenido peyorativo de aquél. El Estado frágil describe las deficiencias en la capacidad estatal. *Vid.* en: http://fundforpeace.org/fsi/

66 Mark A. Graber, Sanford Levinson y Mark Tushnet, "Constitutional Democracy in Crisis?: Introduction", en *Constitutional Democracy in Crisis?*, Oxford University Press, New York, 2018, pp. 1, así como Tom Ginsburg y Aziz Huq, *How to Save a Constitutional Democracy*, University of Chicago Press, Chicago, 2018, pp. 7 y ss.

67 En general, vid. Andrew Taylor, *State Failure,* Palgrave Macmillan, Nueva York, 2013, pp. 133 y ss.

68 Thomas Risse, "Governance in Areas Of Limited Statehood", *The Oxford Handbook of Governance*, Oxford University Press, 2015, pp. 700 y ss. Ghani y Lockhart aluden

describir cómo sus reglas y principios, en especial asociadas a los cometidos públicos, no pueden ser efectivamente implementadas[69].

Tomando en cuenta todo lo anterior, *el Derecho Público fallido puede definirse como aquel en el cual las instituciones formales de la democracia constitucional no tienen aplicación efectiva debido a fallas en la capacidad estatal que afectan el cumplimiento de los cometidos estatales. Esto es, el Derecho Público fallido es el Derecho Constitucional del Estado fallido*. El Derecho Público fallido genera dos afectos adversos que conviene resumir: (i) debilita la calidad del sistema de pesos y contrapesos, todo lo cual propende a vicios en la actividad estatal, incluyendo la corrupción y (ii) afecta el grado de satisfacción de necesidades esenciales asociadas al derecho al desarrollo lo que puede dar lugar a emergencias humanitarias.

Precisamente, no solo en Venezuela el Derecho Público se vio afectado por el Derecho constitucional autoritario-populista, sino que, además, se vio afectado por el colapso estatal. Si seguimos el Índice de Estados Frágiles, podemos observar cómo la fragilidad estatal se redujo en el marco de la implementación del modelo socialista, hasta 2012. Esto es consistente con la ampliación de tareas que las Administraciones Públicas tuvieron que gestionaran la implementación de los controles centralizados. Pero a partir de 2013 esa fragilidad ha aumentado dramáticamente.

---

al Estado disfuncional a partir del concepto de "brecha en la soberanía" ("sovereignity gap"). *Cfr*. Ashraf Ghani y Claire Lockhart, *Fixing failed states,* Oxford University Press, Oxford, 2008, pp. 21 y ss.

69 Sobre el concepto de fragilidad institucional en el cual nos apoyamos, vid. Daniel Brinks *et al.*, *Understanding Institutional Weakness. Power and design in Latin American institutions,* Cambridge Elements. Political and Society in Latin America, Cambridge University Press, Cambridge, 2019, pp. 11 y ss.

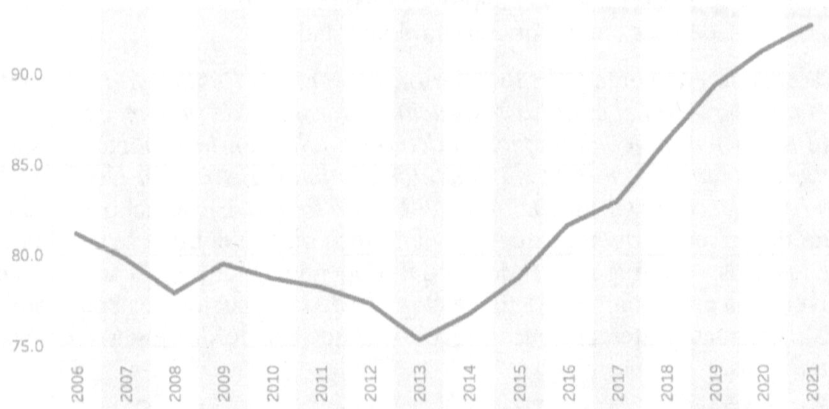

Cuadro N° 1. Fragilidad estatal de Venezuela 2006-2021

Fuente: Fund for Peace

El Derecho Público venezolano es fallido pues el Estado no tiene capacidad para implementar efectivamente sus cometidos, de lo cual resultan áreas de limitada estatalidad. Esto resulta particularmente sensible ante la fragilidad del monopolio legítimo sobre la violencia, lo que se ve reflejado por la pérdida del control de ciertas áreas del territorio y la proliferación de organizaciones criminales[70]. A efectos de este estudio interesa destacar el impacto de la fragilidad estatal sobre el Derecho Público Económico, mediante el surgimiento de instituciones informales a través de las cuales se realiza el intercambio de bienes y servicios, como de manera paradigmática sucede con la dolarización *de facto*.

Debido al Derecho Público fallido, por ende, hay reglas jurídicas relacionadas al intercambio que han sido inobservadas, lo que según el citado artículo 7 del Código Civil no puede incidir en su vigencia. Pero esa norma fue redactada para casos de anómalos en los cuales surgen ciertas prácticas sociales que desaplican ciertas reglas, cuya vigencia formal, sin embargo, no puede ponerse en duda. Pero el citado artículo 7 no fue diseñado para una situación de anomia, en la cual la inobservancia del Derecho responde al colapso estatal y el surgimiento de tratos sociales que, en los hechos, inciden sobre el intercambio de bienes y servicios.

El Derecho Tributario se ve especialmente afectado por la imposibilidad de aplicar el artículo 7 comentado. Tal y como ha explicado el profesor Humberto Romero-Muci, el Derecho Tributario responde al principio de realidad económica, a los fines de asegurar que el tributo refleje, lo más fidedignamente posible,

---

[70] Douglass North, John J. Wallis, Barry R. Weingast, *Violence and social order. A conceptual framework for interpreting recorded human history,* Cambridge University Press, Nueva York, 2012, pp. 11 y ss.

la capacidad contributiva, para lo cual resulta de extrema importancia la contabilidad, como la técnica que permite apreciar la realidad económica de la capacidad tributaria a los fines de la imposición del tributo de acuerdo con el hecho imponible[71]. Con lo cual, el Derecho Tributario es especialmente sensible a las brechas entre el ámbito *de iure* y el ámbito *de facto*, pues esa brecha se aparta del principio de realidad económica, todo lo cual imposibilita que el tributo responda a la capacidad contributiva, en términos de exacción sobre la riqueza[72].

Debido al colapso estatal, el Derecho Tributario venezolano no puede atenerse a la realidad económica. Este Derecho está diseñado para una economía en la cual existe una moneda de curso legal que, además, cumple funciones económicas como expresión de valor. Pero el colapso estatal llevó a que la moneda de curso legal perdiera todas sus funciones económicas como dinero, frente a lo cual el régimen autoritario optó por manipular conceptos contables, como la Unidad Tributaria[73]. Para estos fines, se creó de manera arbitraria al "petro", que de una supuesta cripto-moneda (o quizás, cripto-activo) pasó a ser una arbitraria unidad de cuenta, a los fines de poder expresar el valor en divisas, incluso, a fines tributarios[74].

Comentando las ilegítimas medidas tributarias dictadas por la asamblea nacional constituyente que permiten la corrección del valor de las sanciones de acuerdo con la tasa de cambio, el profesor Humberto Romero-Muci ha observado lo siguiente[75]:

> "Se trata de un expediente absolutamente indeterminado y desproporcionado que no solo deslegaliza, sino que desnaturaliza la obligación tributaria causada en bolívares, para convertirla en una obligación de valor medida en términos de la moneda extranjera que se utiliza como especie de corrección. La multa ya no se determinará en bolívares sino en la moneda extranjera que ventajosa y arbitrariamente se decida aplicar "como la de mayor valor", aunque se pague en bolívares. Económicamente un reconocimiento de la disfunción del bolívar como unidad monetaria y jurídicamente un subterfugio para desplazar el uso del bolívar".

---

71 Entre otros, vid. *El derecho y el revés de la contabilidad, ob. cit.*

72 Véase del professor Romero-Muci *Razón práctica y capacidad contributiva, ob. cit.*

73 Del profesor Humberto Romero-Muci, vid. *Uso, abuso y perversión de la unidad tributaria: una reflexión sobre tributación indigna, ob. cit.*

74 Juan Cristóbal Carmona, *Mundo Jurídico de las Criptomonedas,* Academia de Ciencias Políticas y Jurídicas, Caracas, 2019.

75 Humberto Romero-Muci, "Ilegitimidad de la dolarización de las sanciones tributarias", *Revista y Sociedad,* N° 18, Facultad de Ciencias Jurídicas y Políticas de la Universidad Monteávila, Caracas, 2021, p. 301.

Así, el colapso estatal y la ausencia de mecanismos de mercado impiden al Derecho Tributario cumplir con el artículo 312 constitucional, pues no es posible medir con objetividad la valoración económica de la capacidad contributiva. Comentando la reciente reforma tributaria en materia de registros y notarías, el profesor Humberto Romero-Muci ha observado que la fijación de tasas con base en el petro no es más que un intento de avanzar, de manera irregular, en la dolarización de la economía venezolana, con lo cual el régimen predatorio puede aumentar sus ingresos fiscales ante el colapso de la función económica del bolívar, pero al margen de la capacidad contributiva. El uso del petro, según estimaciones del profesor Romero-Muci, se "*traduce en un incremento hiperdesproporcionado, promedio, del 1.360.000,00 % sobre el mismo valor de la UT a valores actuales*", con lo cual, tal reforma es "*un pretexto para esconder la dolarización, la deslegalización y el expolio de las tasas registrales y notariales*"[76].

Esta arbitrariedad genera adicionales externalidades negativas al aumentarse los costos de las actividades económicas formales que precisan de los servicios de registros y notarías, todo lo cual un aliciente para el aumento de la informalidad económica. Lo que es incluso peor: se incrementa de manera desproporcional la tasa por servicios asociados a la seguridad jurídica, hoy inexistente debido al colapso estatal y el régimen *de facto* que impera en Venezuela desde, al menos, 2017.

Tal y como habíamos señalado al comentar las ilegítimas medidas tributarias en materia de registros, notarias y grandes transacciones financieras, que Venezuela sea un Estado frágil no implica que carezca en absoluto de capacidad. En realidad, la reducida capacidad es selectivamente empleada en aquellas áreas que interesan a la estabilidad del régimen. Precisamente, la dolarización *de facto* ha generado incentivos para que el régimen intente beneficiarse de ese proceso, capturando parte de los ingresos que derivan de la informalidad económica. Esto demuestra la pervivencia de las políticas predatorias, y, además, permite comprender mejor por qué se ha tolerado esta informalidad económica, que erradamente ha sido confundida como expresión de políticas pro-mercado.

Como Acemoglu y Robinson explican, la permanencia de regímenes cleptocráticos puede justificarse ante la estrategia de los regímenes autoritarios de desincentivar acciones colectivas de protesta, mediante represión (como castigo a quienes se oponen al régimen) y premios mediante el reparto de rentas (para desincentivar la oposición al régimen e incentivar su apoyo)[77]. Debido al colapso de los controles centralizados, ya no es posible utilizar esos controles para reprimir

---

76 Humberto Romero-Muci, "Dolarización, deslegalización y expolio por el uso del petro como unidad de cuenta de las tasas en la reforma de la Ley de Registros y Notarias", 2022, consultado en original por cortesía del profesor Romero-Muci.

77 "Alfred Marshall Lecture: Kleptocracy and Divide-and-Rule: A Model of Personal Rule", en *Journal of the European Economic Association,* no. 2/3, 2004, pp. 162 y ss.

o premiar. Pero ahora, el régimen autoritario se vale de la informalidad económica para reprimir -exacciones predatorias en divisas- o premiar -áreas de tolerancia económica en las cuales se decide no ejercer políticas predatorias. Esto permite explicar el contraste de un país que, en el medio de una emergencia humanitaria compleja, ha presenciado el auge de casinos[78].

En resumen, el Derecho Tributario venezolano puede ser catalogado como fallido, debido a que el Estado no cuenta con capacidad suficiente para ejecutar las reglas tributarias, de lo cual deriva una brecha entre esas reglas –ámbito *de iure*– y la realidad –ámbito *de facto*–. Pero es también fallido debido a que el Derecho Tributario ya no puede cumplir su función económica, en el sentido que la creciente informalidad económica hace, en los hechos, inaplicables muchas de las reglas de ese Derecho. Finalmente, cabe hablar en Venezuela del Derecho Tributario fallido pues, en el medio de la informalidad económica reinante, se mantienen políticas tributarias con exacciones que se apartan de la capacidad contributaria, y que reflejan el interés del régimen -y de sus representantes en la quinta legislatura de la Asamblea Nacional- de aprovecharse económicamente de la dolarización *de facto*.

---

78 "Venezuela bets on reopening casinos", *The Times*, 2 de septiembre de 2021, tomado de: https://www.thetimes.co.uk/article/venezuela-bets-on-reopening-casinos-hx39dqmvs.

LA DOLARIZACIÓN EN VENEZUELA: SU POSIBLE APLICACIÓN Y DESAFÍOS REGULATORIOS NACIONALES E INTERNACIONALES

*Ricardo A. Larrazábal Muro**

SUMARIO

1. Introducción

El dinero siempre debe cumplir con tres funciones: (a) ser un medio de intercambio; (b) ser un depósito de valor; y (c) ser una unidad de cuenta. Cuando el dinero pierde alguna de estas funciones, afecta negativamente la actividad comercial del país donde está en curso, y a su vez, la participación de ese país en la economía global. La actividad comercial venezolana se ha atenuado en los últimos años por muchos factores que influyen en su crisis económica. Una de las causas más importantes es la inflación, que por mucho tiempo evitó que los comerciantes lograran obtener el lucro deseado en sus actividades comerciales.

Según el Banco Central de Europa, la inflación es un fenómeno que se genera cuando aumenta el costo de los productos y servicios en términos generales. Este aumento afecta el poder adquisitivo de los flujos de caja producto de las inversiones que realizan agentes económicos en el tiempo. Cuando hay mucha inflación, se dejan de cumplir dos funciones del dinero, pues deja de ser un depósito de valor porque la moneda pierde su valor más rápidamente en el tiempo, y deja de ser una unidad de cuenta porque el valor de los bienes y servicios comercializados en la

* Abogado, Universidad Católica Andrés Bello. Candidato a Concentración Menor en Finanzas Empresariales, Universidad Católica Andrés Bello. Actualmente se desempeña como asociado en D'Empaire, en los departamentos de arbitraje y derecho corporativo. Correo: rlarrazabal@dra.com.ve.

economía se distorsiona basado en aumentos constantes de precio. La inflación es un concepto comúnmente conocido y utilizado por la población venezolana, debido a su presencia de forma pronunciada en la historia contemporánea del país.

A pesar de que la inflación es un proceso normal que ocurre en casi todos los países del mundo, así sea en tasas muy reducidas, Venezuela ha sufrido un proceso de inflación continuo desde el año 1983, y de manera más extrema desde el año 2016 cuando entró en hiperinflación.[1] Una de las consecuencias inevitables de la hiperinflación es que, debido a la inestabilidad del poder adquisitivo del bolívar en el corto plazo y su incapacidad de cumplir con las funciones del dinero, la población venezolana comenzó a usar otras monedas como principalmente el Dólar de los Estados Unidos ("dólar") o alternativa y subsidiariamente el euro para conservar el valor de sus patrimonios.

Incluso, la Junta de Normas Internacionales de Contabilidad establece que uno de los indicadores de la hiperinflación es que la población decida mantener su patrimonio en activos no-monetarios o en monedas extranjeras relativamente estables.[2] A pesar de que Venezuela ya no está en un proceso de hiperinflación en sentido técnico, sigue teniendo altos niveles de inflación que justifican el uso del dólar en lugar del bolívar. Según el Observatorio Venezolano de Finanzas, el año 2021 Venezuela alcanzó una inflación de 660%, y a la mitad del año 2022, Venezuela alcanzó una de 53,8%.[3] Para tener un punto de comparación, el promedio global de inflación según el Banco Mundial en el año 2021 fue de 3,42%.[4]

Como la mayoría de las personas en Venezuela usan el dólar para conservar sus patrimonios y flujos de caja, varios autores definen este indicador como la dolarización. No obstante, existe un proceso formal desde el punto de vista legal y macroeconómico de dolarización donde el dólar pasa a ser la moneda de curso legal. El presente trabajo intentará explicar la dolarización, su aplicación, distintas acepciones formales e informales, elementos y particularidades dentro del ordenamiento jurídico venezolano, las limitaciones para su aplicación, y otras consideraciones generales.

---

1 La página World Data lista las tasas de inflación en Venezuela desde el año 1980-2020. Disponible en: https://www.worlddata.info/america/venezuela/inflation-rates.php.

2 Junta de Normas Internacionales de Contabilidad, IAS 29 *Financial Reporting in Hyperinflationary Economies,* Londres, 1989. Disponible en: https://www.iasplus.com/en/standards/ias/ias29.

3 Las estimaciones del Observatorio Venezolano de Finanzas se encuentran disponibles en: https://observatoriodefinanzas.com/diciembre-2021-baja-la-inflacion-pero-todavia-en-hiperinflacion/ https://observatoriodefinanzas.com/la-inflacion-de-junio-es-la-mas-alta-en-lo-que-va-de-ano-ubicandose-en-145/.

4 El promedio global de inflación anual lo contabiliza el Banco Mundial, y se encuentra disponible en la siguiente página web: https://data.worldbank.org/indicator/FP.CPI.TOTL.ZG.

Entender el estatus actual y posibilidades futuras para la dolarización es necesario para entender cómo reactivar la economía y continuar el normal desenvolvimiento de la actividad comercial.

2. Definición de la dolarización

Cuando hablamos de dolarización, existen confusiones acerca de su significado, pues como mencioné anteriormente, hay dos tipos de acepciones: un concepto en sentido amplio e informal y otro en sentido estricto y formal. La diferencia entre cada uno recae en la fijación de una divisa dentro del ordenamiento jurídico, pues la dolarización amplia no lo incluye, mientras que la dolarización estricta sí.

El economista Kurt Schuler define la dolarización en sentido amplio, escribiendo que es un fenómeno que ocurre "*cuando los residentes de un país usan extensamente el dólar de los Estados Unidos u otra moneda extranjera junto a o en vez de la moneda local.*"[5] Este concepto en sentido amplio coincide con el indicador definido por la Junta de Normas Internacionales de Contabilidad, y además representa la realidad actual en Venezuela donde una gran proporción de la población decide usar el dólar en lugar del bolívar.

Por otro lado, José Ignacio Hernández ofrece un concepto en sentido estricto para la dolarización, argumentando que se define como el "*proceso a través del cual la moneda de curso legal de determinado país es sustituida por una divisa, o sea, la moneda de curso legal de otro país.*"[6] Esta definición representa no solo el uso habitual de una moneda extranjera, sino que además implica la sustitución plena del bolívar como moneda de curso legal por una moneda extranjera. No todos los ejemplos de la dolarización estricta implican el desuso completo de la moneda nacional, como veremos posteriormente. Existen ordenamientos jurídicos como el de Panamá que permiten una coexistencia entre su moneda nacional (el balboa) y el dólar como monedas de curso legal, aunque el balboa solo exista en monedas y su uso sea limitado en la práctica.

Según el Observatorio Económico Legislativo de Cedice Libertad, existen en la práctica dos maneras de implementar la dolarización en sentido estricto: la dolarización unilateral y bilateral.[7] La primera consiste en la implementación de la divisa como moneda de curso legal sin acuerdo previo con el banco central que la emite (en el caso del dólar, la Reserva Federal). Ejemplos de dolarización unilateral son todos los países que han adoptado el dólar como moneda de curso legal,

---

5 Karl Schuler, "*Some Theory and History of Dollarization*", en *Cato Journal,* Tomo 25, No. 1, Cato Institute, Washington, D.C., 2005, pp. 115-125.

6 José Ignacio Hernández, "Aspectos jurídicos de la dolarización en Venezuela", *Revista de Derecho Público,* No. 153/154, Editorial Jurídica venezolana, Caracas, 2018, pp. 312-319.

7 Oscar Torrealba, *La dolarización como opción de política monetaria en Venezuela*, Observatorio Económico-Legislativo, Caracas, 2015, p. 1.

incluyendo Ecuador, El Salvador y Panamá. La segunda consiste en participar en negociaciones y suscribir un acuerdo con el banco central que emite la divisa para acordar el alcance y condiciones para la adopción de ésta como moneda de curso legal. Los ejemplos más claros de dolarización bilateral son varios países europeos que celebraron acuerdos con la Unión Europea para adoptar el Euro, sin pertenecer a la Eurozona.

Cedice Libertad también destaca una tercera forma de adoptar otra moneda como de curso legal, que es la integración monetaria. Ésta consiste en suscribir un acuerdo entre varios países para adoptar una moneda regional, y crear un Banco Central regional. El ejemplo más claro de integración monetaria es el de la Unión Europea, que desde el año 1999 adoptó el euro como moneda de curso legal para la mayoría de los países en el continente.[8]

Volviendo a la dolarización estricta, esta concepción no se plantea como un indicador o consecuencia de la hiperinflación, sino más bien como una posible solución para la crisis que esta pueda generar, ya que atarse a una moneda relativamente estable incentiva el desarrollo del comercio y la confianza por parte de inversionistas en apostar por negocios en Venezuela. No obstante, al adoptar una divisa como moneda de curso legal, el país en cuestión pierde la potestad de emitir la moneda para cumplir sus objetivos de política monetaria, y en general deja de tener una política monetaria independiente.

En los estudios de macroeconomía y finanzas internacionales, se entiende que cada país tiene tres objetivos de los cuales solo puede cumplir dos (*e.g.*, el trilema macroeconómico). Esos objetivos son: (a) mantener un tipo de cambio fijo; (b) permitir el libre flujo de capitales; y (c) llevar una política monetaria independiente.[9] Cuando un país decide dolarizar formalmente, pierde la potestad de llevar una política monetaria independiente porque el valor de la divisa que adopte como moneda de curso legal cambia dependiendo de los ciclos económicos del país emisor y de los flujos en el mercado internacional de divisas, dinero y capitales.

A pesar de que la dolarización en sentido formal puede representar cierto nivel de estabilidad para el comerciante, ante circunstancias extremas, el banco central de un país dolarizado no podrá utilizar la emisión de la moneda para responder directamente a ciertas circunstancias. Por ejemplo, en una recesión, un país dolarizado no va a poder emitir más monedas para reactivar la economía, como usualmente sucede. Además, deja de percibir ingresos por señoreaje, que presenta un incentivo para varios países de mantener su moneda local. Por lo tanto, dolarizar una economía es un *trade-off* que cada país debe analizar extensivamente antes de tomar su decisión. Aun así, el banco central dolarizado todavía puede ejercer diversas funciones que se explicarán más adelante.

---

8 *Ibíd.*, p. 2.

9 Zbigniew Kozikowski, *Finanzas Internacionales*, 3ra Edición, McGraw-Hill Education, México, 2013, pp. 34-35.

En breve, la dolarización se puede entender de varias maneras, pero en todo caso implica el uso habitual de una moneda extranjera por parte de la generalidad de la población en sus vidas cotidianas y en sus transacciones comerciales. Ese uso habitual de la moneda extranjera puede ser en lugar de la moneda nacional o junto a ella en un rol más limitado, y puede estar acompañado de una manifestación del Estado que declare esa moneda extranjera como una de curso legal. Por último, esa manifestación del Estado puede ser de forma unilateral o acompañado de un acuerdo bilateral con el banco central emisor de la moneda extranjera.

Las próximas preguntas que nos debemos hacer son: ¿Existen ejemplos de dolarización? ¿Cuáles son los pasos para su aplicación en Venezuela, de ser necesario? ¿Que implicaría la dolarización estricta para la política monetaria de Venezuela?

3. La dolarización en el derecho comparado

Ya hay varios países que han integrado una divisa como su moneda de curso legal. En Latinoamérica, hay tres países (Ecuador, El Salvador y Panamá) que dolarizaron formalmente su economía, sobre las cuales vale la pena analizar su modo de adoptar la divisa y las consecuencias que acarreó el proceso. Aparte de esos países, también vale la pena analizar otros países en el mundo que utilizan una divisa como moneda de curso legal.

En cuanto a Ecuador, en el año 2000 sancionó la Ley para la Transformación Económica de Ecuador, que esencialmente aprobó la dolarización de la economía del país en sentido estricto.[10] El gobierno de Ecuador lo propuso ante una situación de hiperinflación[11] y de mucha volatilidad en el mercado cambiario. La ley fijó oficialmente al dólar como la moneda de curso legal, y estableció un procedimiento para la sustitución del sucre, la moneda de Ecuador en aquel momento, por el dólar a través de una tasa fija de cambio de 25.000 sucres por un dólar.

Adicionalmente, Ecuador reformó su Ley de Régimen Monetario y Banco del Estado, modificando sus objetivos en el artículo 1 a la plena circulación de divisas

---

10 Ecuador. Ley para la Transformación Económica de Ecuador, publicada en Registro Oficial Suplemento 34 de 13 de marzo del 2000. Art. 1: *"Esta Ley establece el régimen monetario de la República, cuya ejecución corresponde al Banco Central del Ecuador. El régimen monetario se fundamenta en el principio de plena circulación de las divisas internacionales en el país y su libre transferibilidad al exterior.*

A partir de la vigencia de esta Ley, el Banco Central del Ecuador canjeará los sucres en circulación por dólares de los Estados Unidos de América a una relación fija e inalterable de veinticinco mil sucres por cada dólar. En consecuencia, el Banco Central del Ecuador canjeará los dólares que le sean requeridos a la relación de cambio establecida, retirando de circulación los sucres recibidos. (...)."

11 Según el Banco Mundial, la hiperinflación en Ecuador superó el 99% anual en el año 1999. La información está disponible en: https://data.worldbank.org/indicator/FP.CPI.TOTL.ZG?locations=EC.

internacionales en el país y su libre transferibilidad al exterior.[12] Además, también se modificó el Código Orgánico Monetario y Financiero de Ecuador, donde en el artículo 36, listó 40 funciones que cumple el Banco Central de Ecuador, sin incluir la emisión de monedas.[13]

Después de implementar la dolarización en Ecuador, existen distintas posiciones respecto de su efectividad para resolver sus problemas. La Asociación de Bancos privados de Ecuador (Asobanca) argumenta positivamente sobre la dolarización, diciendo que este proceso obligó al país a tener mucha disciplina fiscal, eliminó la posibilidad de devaluaciones y prohibió la impresión de moneda.[14] Aparte de eso, el Banco Mundial estimó que Ecuador bajó sus niveles de inflación drásticamente después de dolarizar su economía. Desde el año 2003, ha logrado mantener niveles de inflación por debajo del 10% anual e incluso por debajo del 1% desde el año 2017.

A su vez, el profesor John Cajas de la Universidad Central de Ecuador argumentó en contra, diciendo que, al haber dolarizado, Ecuador ahora es muy propenso a sufrir choques externos (e.g., caídas en el precio del petróleo) que a su vez afectan la liquidez de la economía. También argumentó que basado en lo anterior, la economía de Ecuador es informal y poco bancarizada, por lo que esos choques afectan más la actividad comercial del país.[15]

El Salvador adoptó el dólar como moneda de curso legal de una forma similar a Ecuador. En el año 2000 sancionó la Ley de Integración Monetaria, cuyo artículo 3 dice que "*El dólar tendrá curso legal irrestricto con poder liberatorio ilimitado para el pago de obligaciones en dinero en el territorio nacional.*"[16] El Salvador no adoptó la dolarización basado en una crisis económica, sino más por sus intereses comerciales, dado que buscaba firmar un tratado de libre comercio con los Estados Unidos para eliminar aranceles aduaneros entre ambos, y adoptar el dólar como moneda de curso legal era una condición importante para firmar el mismo.[17]

---

12 Ecuador. Ley de Régimen Monetario y Banco del Estado, publicada en Registro Oficial Suplemento 40 del 5 de octubre de 2009.

13 Ecuador. Código Orgánico Monetario y Financiero, publicado en Registro Oficial Suplemento 332 del 12 de septiembre de 2014.

14 Fernando Arroyo León, "Dolarización, el modelo de una crisis que no termina de entenderse en Ecuador", en *Agencia EFE*, Quito, 2022. Disponible en: https://www.efe.com/efe/america/economia/dolarizacion-el-modelo-de-una-crisis-que-no-termina-entenderse-en-ecuador/20000011-4738274.

15 *Ídem.*

16 El Salvador. Ley de Integración Monetaria, publicada en Diario Oficial No. 241 Tomo 349, del 22 de diciembre de 2000.

17 Cecilia Barría, "Cómo les ha ido con el dólar a Ecuador, Panamá y El Salvador, las tres economías dolarizadas de América Latina", *BBC News Mundo*, Miami, 2020. Disponible en: https://www.bbc.com/mundo/noticias-54483030.

El siguiente paso que se tomó fue modificar la Ley Orgánica del Banco Central de Reserva de El Salvador, donde se derogó el artículo 35 que regulaba la emisión de moneda. Aun así, la mencionada ley listó 11 atribuciones más que tiene el Banco Central de Reserva, incluyendo la vigilancia sobre el sistema de pagos y velar mantener la liquidez y estabilidad del sistema financiero.[18]

Tal como pasa en Ecuador, hay distintas posiciones respecto de su efectividad. El investigador Pedro Argumedo del Departamento de Estudios Económicos de la Fundación Salvadoreña para el Desarrollo Económico y Social (FUSADES) comentó que sí se cumplieron los objetivos de la Ley de Integración Monetaria, al existir estabilidad de precios y mayores incentivos y facilidades para la inversión extranjera.[19] A su vez, otros argumentaron que al no tener una política monetaria independiente, la dolarización estancó el crecimiento económico y que en todo caso, El Salvador no tenido los niveles de inversión extranjera como otros países centroamericanos, según la Comisión Económica para América Latina (CEPAL).[20] Por último, muchos argumentan que existe una correlación entre la dolarización y la fuga de talento humano del país, por lo que actualmente una porción grande de la economía de El Salvador depende de remesas.[21]

El último ejemplo en América Latina es el de Panamá, que tiene una historia más compleja de dolarización. En Panamá se admitió el dólar como moneda de curso legal en el año 1904 mientras los Estados Unidos estaban presentes por la construcción del canal. Desde entonces, el Código Fiscal de Panamá[22] integró la dolarización en el ordenamiento jurídico del país, pero hizo la aclaratoria de que el dólar no iba a sustituir al balboa, la moneda panameña, sino que más bien iban a coexistir. Aun a pesar de que legalmente coexisten las dos monedas en Panamá, en la práctica no se imprimen billetes de balboa y su uso es muy limitado, por lo que la población utiliza el dólar primordialmente.[23]

---

18 El Salvador. Ley Orgánica del Banco Central de Reserva de El Salvador, publicado en Diario Oficial No. 241, Tomo 349, del 22 de diciembre de 2000.

19 Irma Cantizzano, "El Salvador cumple 20 años dolarizado", *El Economista*, San Salvador, 2021. Disponible en: https://www.eleconomista.net/economia/El-Salvador-cumple-20-anos-dolarizado-20210102-0001.html.

20 *Ídem.*

21 Cecilia Barría, *ob. cit.*

22 Panamá. Código Fiscal de Panamá, publicado en Gaceta Oficial 12.995, del 29 de junio de 1956. Artículo 1.171: *"La unidad monetaria de la República de Panamá, será el Balboa, o sea una moneda de oro con un valor de novecientos ochenta y siete y medio miligramos (0.9875) de peso, ochocientos veintinueve milésimos (0.829) de fino, divisible en cien centésimos (100/100). El actual dólar de los Estados Unidos de América y sus múltiplos y divisiones serán de curso legal en la República de Panamá, por su valor nominal igualmente a la moneda panameña respectiva."*

23 Cecilia Barría, *ob. cit.*

Aparte de estos países que dolarizaron formalmente en Latinoamérica, existen otros ejemplos de países en el mundo que adoptaron divisas como moneda de curso legal. Andorra, Mónaco, San Marino y el Vaticano adoptaron el euro como moneda de curso legal sin ser parte de la Eurozona, y celebraron acuerdos formales con la Unión Europea para adoptar el euro (siendo estos países ejemplos de dolarización bilateral). Montenegro y Kosovo, otros países europeos, adoptaron el euro unilateralmente. Respecto del proceso bilateral, tiene un poco más de credibilidad y estos cuatro países incluso tienen la potestad de emitir sus propias monedas, logrando mantener alguna posibilidad de ejercer política monetaria. Mientras tanto, Montenegro y Kosovo no tienen esa posibilidad.[24]

Un último ejemplo que vale la pena destacar es Zimbabwe, que también tuvo un proceso complejo de dolarización debido a una crisis de hiperinflación. Debido a decisiones de emitir más moneda local a la economía y otras decisiones del gobierno, Zimbabwe llegó a tener una tasa de hiperinflación mensual en noviembre de 2008 de 7.960.000.000%.[25] A principios del año 2009, el gobierno de Zimbabwe autorizo la libre circulación de otras divisas y permitió el pago de obligaciones en esas monedas extranjeras, sin eliminar su moneda local.[26]

Sin embargo, solo tres meses después, el Banco de Reserva de Zimbabwe dejó de imprimir su moneda local por completo, y en junio de 2015, el mismo decidió desmonetizar su moneda local, es decir, reducir el valor de su moneda a cero.[27] Esto es un ejemplo de dolarización híbrido entre el amplio y estricto, ya que no contiene menciones expresas en leyes, realizó cambios a través de la normativa cambiaria, y desmonetizó de su moneda local.

En fin, la dolarización estricta en estos casos implicó una mención expresa de la adopción del dólar como moneda de curso legal en una norma jurídica del país en cuestión. Además, se acompañaron cambios a la normativa de los bancos centrales de los países para eliminar competencias de emisión de monedas y enfatizar los otros instrumentos que tienen disponibles para cumplir sus objetivos. Para el caso venezolano, Ecuador puede resultar el caso de estudio de mayor referencia, pues las circunstancias por las que pasó Ecuador antes de dolarizar fueron similares a la situación reciente en Venezuela.

---

24 La Comisión Europea el uso del euro fuera de la Eurozona en la siguiente página: https://economy-finance.ec.europa.eu/euro/use-euro/euro-outside-euro-area_en.

25 Steve Hanke y Alex Kwok, "*On the Measurement of Zimbabwe's Hyperinflation*", en *Cato Journal*, Tomo 29, No. 2, Cato Institute, Washington D.C., 2009, p. 355.

26 DR J P Mangudya, *Press Statement: Demonetization of the Zimbabwe Dollar*, *Reserve Bank of Zimbabwe,* Harare, 2015. Disponible en: https://www.rbz.co.zw/documents/publications/press/demonetisation-press-statement-9-june-2015.pdf.

27 *Ídem.*

El expresidente de Ecuador Jamil Mahuad que dicho incluso que "*No caben dudas de que la dolarización evitó que Ecuador llegara a la situación que hoy vive Venezuela (...).*"[28]

Si se busca la aplicación de una divisa como moneda de curso legal en Venezuela, no solo es necesario evaluar cómo lo han hecho otros países ya dolarizados, sino también evaluar los aspectos internos del ordenamiento jurídico venezolano que hacen referencia a su política monetaria, limitaciones y otros elementos relevantes.

4. La posible dolarización formal en Venezuela

El ordenamiento jurídico venezolano reconoce en su Constitución al Bolívar como única moneda de curso legal, y aun así ya pasó por una dolarización en sentido amplio gracias a las modificaciones amplias en la normativa cambiaria. Dicho esto, la dolarización estricta implicaría que el Banco Central de Venezuela (BCV) pierda la posibilidad de ejercer una política monetaria independiente.

Si el Ejecutivo Nacional llegase a decidir adoptar el dólar como moneda de curso legal, debe realizar un amplio proceso legislativo, pero además debe superar unos desafíos respecto de las sanciones internacionales, de los que hablaremos más adelante.

A. Marco legal de la moneda de curso legal y la política monetaria en Venezuela

La Constitución de Venezuela establece en su artículo 318[29] que: (i) la moneda de curso legal es únicamente el Bolívar; y (ii) el BCV es el único ente facultado para ejercer la política monetaria de Venezuela. Únicamente hace una excepción en el apartado primero del mismo artículo, estableciendo que, en caso de instituirse una moneda común en el marco de una integración latinoamericana, Venezuela podría adoptar esa moneda común. Sin embargo, como la dolarización implica el uso de una moneda de curso legal de otro país, no podemos decir que la dolarización entra en esta excepción. Podemos llegar a la conclusión inicial de

---

28 Nicolás Cachanosky, "Dolarización: algunas lecciones internacionales", *Infobae*, Denver, 2022. Disponible en: https://www.infobae.com/opinion/2022/04/10/dolarizacion-algunas-lecciones-internacionales/.

29 Venezuela. Constitución de la República Bolivariana de Venezuela, publicada en Gaceta Oficial No. 36.860 Extraordinaria, del 30 de diciembre de 1999). Artículo 318: *"(...) La unidad monetaria de la República Bolivariana de Venezuela es el Bolívar. (...) El Banco Central de Venezuela es [una] persona jurídica de derecho público con autonomía para la formulación y el ejercicio de las políticas de su competencia. El Banco Central de Venezuela ejercerá sus funciones en coordinación con la política económica general, para alcanzar los objetivos superiores del Estado y la Nación. (...)."*

que, en Venezuela, cualquier cambio a la moneda de curso legal debe estar acompañado de una enmienda a la Constitución, donde se debe hacer mención a la divisa que será de curso legal.

Adicionalmente, la Ley del Banco Central de Venezuela (Ley BCV) hace amplias referencias al Bolívar como la moneda de curso legal e incluso hace menciones de que las obligaciones en moneda extranjera se pagan con la cantidad equivalente en Bolívares, y establece que las oficinas públicas y privadas deben expresar su contabilidad en Bolívares.[30] En general, existen muchos ejemplos en el ordenamiento jurídico venezolano de menciones del Bolívar como moneda de curso legal y como la única posible para realizar ciertas operaciones. Hay ejemplos claros como la Ley de Instituciones del Sector Bancario, que establece como requisito para la constitución de bancos que tengan un monto específico en Bolívares. La decisión de dolarización debe implicar hacer modificaciones de estas disposiciones para reflejar la moneda vigente o simplemente referirse a la moneda de curso legal en sentido general.

Ahora bien, entendiendo que, si se aplica la dolarización, una enmienda a la Constitución de Venezuela es necesaria, también debe cambiar la segunda parte del artículo 318, pues el BCV ya no sería capaz de ejercer plenamente la política monetaria. Para entender el rol del BCV en la actualidad, es necesario revisar la Ley BCV para entender sus objetivos y potestades. El artículo 5 de la Ley BCV establece que su objetivo es lograr la estabilidad de precios y preservar el valor de la moneda.

A partir de eso, la Ley BCV desarrolla una serie de funciones que tiene el BCV para cumplir esos objetivos, listados en el artículo 7. En breve, esas funciones son: (i) formular y ejecutar la política monetaria (incluyendo emitir Bolívares) y la política cambiaria; (ii) regular las tasas de intereses en el sistema financiero; (iii) promover la liquidez en el sistema financiero; (iv) administrar y estimar el nivel adecuado de las reservas internacionales de Venezuela; (v) vigilar, regular y participar en el mercado de divisas y el mercado de oro; (vi) velar por el funcionamiento del sistema de pagos en Venezuela; y (vi) otras funciones relacionadas a la publicación de estadísticas, ejercer derechos y obligaciones de Venezuela ante el Fondo Monetario Internacional y efectuar servicios propios de los bancos centrales.[31]

Si Venezuela dolariza formalmente su economía, el BCV pierde la capacidad de formular y ejecutar su política monetaria de forma autónoma y pierde de forma definitiva la capacidad para ejercer la política cambiaria. No obstante, su rol en las otras funciones crece en importancia para promover una economía estable.

---

30 Venezuela. Ley del Banco Central de Venezuela, publicada en Gaceta Oficial No. 6.211 Extraordinaria, del 30 de diciembre de 2015. Esta ley hace mención expresa al Bolívar en los artículos 21 (17), 106, 118, 127, 129, 130 y 131.

31 *Ibíd.,* artículo 7.

Jürgen Sterlepper establece que, sin la política monetaria, los bancos centrales siguen teniendo la responsabilidad de ejercer varias funciones más visibles para el ciudadano común, listando todas las otras funciones listadas en el artículo 7 de la Ley BCV. Como ejemplo sobre esta idea, Sterlepper desarrolló que "*[s]i un Banco Central no tiene poder monetario, algunos ciudadanos no se darán cuenta de esto por algún tiempo. Pero si el sistema de pagos deja de funcionar o si la supervisión bancaria no es exitosa para proteger a los inversionistas, la gente se daría cuenta inmediatamente de aquello.*"[32]

B. Dolarización en sentido amplio: el Convenio Cambiario No. 1

El artículo 34 de la Ley BCV hace referencia al régimen cambiario, estableciendo que "*será regulado por medio de los correspondientes convenios cambiarios que acuerden el Ejecutivo Nacional, a través del Ministro o Ministra del Poder Popular con competencia en materia de finanzas y el Banco Central de Venezuela, por intermedio de su Presidente o Presidenta.*" Por muchos años, el Ministerio con competencia en materia de finanzas y el BCV publicaron múltiples convenios cambiarios para regular ampliamente la adquisición y uso de divisas en Venezuela. Dicho eso, el BCV limitó el flujo de capitales y mantuvo un tipo de cambio fijo para gozar de una política monetaria independiente. Además, el Bolívar era la única moneda válida para cumplir obligaciones.

Sin embargo, a partir de la publicación del Convenio Cambiario No. 1 en el año 2018, en Venezuela se autorizó el pago de obligaciones en moneda extranjera, permitiendo la flexibilidad que necesitaron los comerciantes venezolanos para mantener el valor de sus inversiones y flujos de caja en el tiempo.[33] A partir de este Convenio Cambiario No. 1, Venezuela comenzó su proceso de dolarización en sentido amplio.

El nuevo Convenio Cambiario No. 1: (i) declaró la libre convertibilidad del Bolívar, es decir, permitió que el precio de cambio entre divisas y Bolívares estuviera determinado por el mercado y no fijado por el gobierno; (ii) permitió el pago de obligaciones en moneda extranjera; y (iii) derogó la mayoría de los convenios cambiarios anteriores, esencialmente eliminando una gran parte de la regulación cambiaria en Venezuela.[34]

---

32 Jürgen Sterlepper, "El papel de un Banco Central sin responsabilidades de políticas monetarias", *Cuestiones Económicas*, Tomo 19, Banco Central de Ecuador, Ecuador, 2003, p. 211.

33 Venezuela. Convenio Cambiario No. 1, publicada en Gaceta Oficial No. 6.405 Extraordinaria, del 7 de septiembre de 2018. Esta normativa permite el pago de obligaciones en moneda extranjera en su artículo 8.

34 Carlos Acedo, "El Control de Cambios en Venezuela a Fines del Año 2019," *Revista de la Facultad de Ciencias Jurídicas y Políticas de la Universidad Monteávila,* No. 15, Universidad Monteávila, Caracas, 2019, pp. 104, 107.

Este cambio en la legislación cambiaria no es muy distinto al primer paso que dio Zimbabwe hacia la dolarización, pues con estas medidas el gobierno permitió la libre circulación y uso de monedas extranjeras en Venezuela. Sin embargo, no podemos hablar en principio de una dolarización estricta sino de una en el sentido amplio pues a pesar de que se permite el uso de divisas para diversas transacciones en Venezuela, todavía existen ciertas limitaciones, y más importante, la moneda de curso legal sigue siendo únicamente el Bolívar.

A partir de esta libertad cambiaria, muchos bancos, incluyendo los bancos públicos como Banco de Venezuela, ofrecen la posibilidad de abrir cuentas en divisas, permitiendo el acceso al ahorro en divisas a más personas para mantener el valor de sus patrimonios en el tiempo. Sin embargo, según un estudio privado realizado por Ecoanalítica en julio de 2021, el 91,3% de personas encuestadas respondieron que no poseen una cuenta en divisas. Además, actualmente muchos bancos locales no permiten transferencias desde las cuentas en divisas por una circular de suspensión "temporal" de la Superintendencia de Instituciones del Sector Bancario. Como último punto, el gobierno venezolano sigue desincentivando el uso de divisas como medio de pago a través del impuesto a las grandes transacciones financieras (IGTF) que cobra el 3% por todas las transacciones hechas en dólares,[35] a pesar de su aparente inconstitucionalidad.

Los argumentos a favor de una dolarización en sentido estricto se basan estos problemas listados arriba que subsisten a pesar de la libertad cambiaria, y también en un problema de liquidez de efectivo, particularmente de monedas de baja denominación (*i.e.,* billetes de un dólar y monedas), que restringen la actividad comercial. El BCV en una economía dolarizada debería velar por introducir suficiente liquidez y monedas de baja denominación en la economía, atendiendo a su potestad de velar por el funcionamiento de los medios de pago y de asegurar suficiente liquidez. Sin embargo, al enfocarse en mantener el Bolívar como moneda de curso legal, no está cumpliendo sus otros objetivos bajo el artículo 7 de la Ley BCV.

C. Retos para implementar la dolarización estricta: sanciones de los Estados Unidos a Venezuela

El último punto que vale la pena acotar sobre la posible dolarización estricta en Venezuela es que las sanciones internacionales impuestas por los Estados Unidos representan una limitante importante para su implementación. Desde el año 2017, el gobierno de los Estados Unidos ha emitido órdenes ejecutivas declarando sanciones económicas a Venezuela. Estas sanciones prohíben a personas de los Estados Unidos realizar transacciones con el gobierno de Venezuela y entidades dependientes o relacionadas a ella. De acuerdo con las órdenes ejecutivas, el go-

---

35 Venezuela. Ley de Impuesto a las Grandes Transacciones Financieras, publicada en Gaceta Oficial No. 6.887 Extraordinaria del 25 de febrero de 2022.

bierno de Venezuela es el Poder Público Nacional, cualquier subdivisión o agencia dentro del gobierno, incluyendo el BCV, y cualquier persona jurídica controlada por el gobierno.[36]

La orden ejecutiva que más vale la pena destacar es la No. 13884, que prohíbe todas las operaciones con el gobierno de Venezuela, salvo las operaciones ya autorizadas por licencias generales o particulares. Estas sanciones no solo han resultado en cierres de cuentas bancarias estadounidenses de venezolanos, sino que además representa una limitación para el gobierno si decide realizar un proceso de dolarización.

Para implementar exitosamente un proceso de dolarización en sentido estricto, el BCV debe tomar los pasos necesarios para tener liquidez en la divisa que adopte como moneda de curso legal. En el caso de una dolarización bilateral, celebrar el acuerdo con la Reserva Federal, como hicieron Andorra, Mónaco, San Marino y el Vaticano con la Unión Europea, parece ser un paso razonable para obtener y circular liquidez más fácilmente. No obstante, dado que el BCV es considerado como parte del gobierno de Venezuela de acuerdo con las órdenes ejecutivas No. 13827 y 13884, la Reserva Federal no puede suscribir acuerdo con el BCV.[37] Aun así, sabemos que la Reserva Federal no ha celebrado acuerdos bilaterales de dolarización, por lo que en ningún caso esta solución es viable.

Si Venezuela quiere dolarizar su economía de forma unilateral, debe participar en el mercado de dinero y en el comercio internacional para obtener liquidez.[38] En el primer caso, Venezuela puede obtener bonos del tesoro de los Estados Unidos, que, al funcionar como instrumentos de corto plazo, permiten a los tenedores obtener liquidez rápidamente al fin de cada plazo. Por otro lado, Venezuela puede participar más activamente en el comercio internacional para obtener liquidez, a través de la exportación de *commodities* como el petróleo (como hace Ecuador) o generando la estructura financiera para recibir montos mayores en remesas (como hace El Salvador).

A pesar de que en el mercado de dinero y en el comercio internacional, el BCV no tiene que interactuar directamente con personas de los Estados Unidos, implementar la dolarización de estas formas pueden resultar difíciles. La orden ejecutiva No. 13884 dispone que cualquier persona del mundo puede ser sujeto a sanciones por realizar operaciones con entes del gobierno de Venezuela.

---

36 Eugenio Hernández-Breton, "Haciendo negocios con el Gobierno de Venezuela y otras personas de nacionalidad venezolana bajo las sanciones económicas dictadas por las autoridades de los Estados Unidos de América", *Revista Venezolana de Derecho Mercantil,* Primera Edición, Sociedad Venezolana de Derecho Mercantil, Caracas, 2018, p. 10.

37 *Ídem.*

38 Jürgen Sterlepper, *ob. cit.*, p. 211.

Este paso drástico que dio el gobierno de los Estados Unidos dificulta cualquier proceso que pueda intentar Venezuela para obtener y custodiar liquidez en dólares para inyectarlas a la economía venezolana.

Sabiendo que existen limitaciones logísticas para realizar un proceso de dolarización en Venezuela, la alternativa lógica sería adoptar otra divisa como moneda de curso legal, como el euro. El problema en este caso consiste en que la población venezolana ya tiene sus activos en dólares y confían en la fuerza del dólar, por lo que puede resultar impráctico.

5. Pasos para la implementación de la dolarización en Venezuela

En dado caso que ya las sanciones no representen una limitación para dolarizar la economía, o que se decida utilizar otra divisa como moneda de curso legal, la próxima pregunta es: ¿cuáles son los pasos para dolarizar la economía? Como hemos visto ya en el derecho comparado, los países dolarizados comenzaron este proceso sancionando leyes de dolarización que cambiaron la moneda de curso legal, seguido de procesos de implementación, donde cambiaron las denominaciones de las monedas en los bancos y establecieron un tipo de cambio fijo para realizar canjes en los Bancos Centrales, sacar las monedas locales de circulación e incluso desmonetizar el valor de las monedas locales. Adicionalmente, estos cambios vienen acompañados de modificaciones de las competencias de los bancos centrales para eliminar en sus competencias la posibilidad de emitir monedas.

José Ignacio Hernández destacó que, si Venezuela se dolariza de manera estricta, antes de sancionar una ley o realizar los canjes, primero hay que hacer una enmienda en la Constitución de Venezuela.[39] Es necesaria la enmienda pues, a diferencia de los países dolarizados, la Constitución de Venezuela sí hace referencia al Bolívar como moneda única de curso legal. Por lo tanto, cualquier intento a una dolarización debe comenzar con una enmienda que cambie a los artículos 318 y 156.11, sustituyendo las menciones del bolívar a favor de la divisa que entre como moneda de curso legal.

El segundo paso sería aprobar una ley de dolarización, como hicieron los demás países dolarizados, que ratifique el reconocimiento de la divisa como moneda de curso legal. Lo más importante de esta ley en todo caso sería sus disposiciones transitorias y derogatorias, donde debe eliminar menciones del Bolívar en normas como la Ley BCV o la Ley de Instituciones del Sector Bancario. También se debe modificar el artículo 7 de la Ley BCV y otras para cambiar el esquema de competencias del BCV, pues al dolarizar la economía, este pierde la capacidad de emitir moneda. Hernández también menciona que la ley de dolarización debe disponer que la nueva moneda tendrá poder liberatorio.[40] Sin embargo, al estar vigente el Convenio Cambiario No. 1, que establece que cualquier moneda puede tener poder liberatorio, esta disposición no es necesaria.

---

[39] José Ignacio Hernández G., *ob. cit.*, p. 316.

[40] *Ídem.*

El siguiente paso para la dolarización que siguieron los otros países fue la implementación, que Hernández estableció en estos pasos: (a) el canje del bolívar por la divisa, realizado por el BCV; (b) la introducción de la divisa como moneda de cuenta en el sistema bancario y financiero; y (c) la supresión del bolívar como moneda de curso legal y su subsecuente desmonetización. Por último, como destacamos en el punto anterior, el BCV dentro de su nuevo esquema de competencias, debe obtener liquidez suficiente para que la nueva moneda de curso legal pueda circular de manera regular en el país.

Si hablamos del dólar como nueva moneda de curso legal, este paso es complejo por las sanciones de los Estados Unidos a Venezuela, por lo que puede ser más viable logísticamente adoptar otra divisa como moneda de curso legal. Las dos opciones que pueden resultar más probables para el gobierno de Venezuela podrían ser el euro o el yuan, dada las menciones que tienen estas dos divisas en diversos instrumentos normativos como la Ley Constitucional de Inversión Extranjera Productiva.[41]

Implementar otra moneda de curso legal representa otro tipo de problema logístico, pues la población venezolana seguirá utilizando dólares como moneda de confianza, a menos de que el BCV utilice instrumentos no tradicionales como aplicar encajes mayores en dólares, aplicar impuestos mayores a transacciones en dólares o incluso eliminar el poder liberatorio del dólar para cumplir obligaciones en Venezuela.

Aparte de eso, en el caso particular del yuan, su implementación sería aún más complicado. A menos de que Venezuela celebre un acuerdo bilateral con China, puede resultar impráctico adoptar el yuan porque las limitaciones fuertes a los flujos de capitales pueden impedir la obtención de liquidez necesaria en Venezuela para mantener la economía activa. Por esas restricciones de capital es que el yuan no es la moneda más utilizada en el continente asiático sino el yen japonés.[42] En todo caso, adoptar otra divisa que no sea el dólar como moneda de curso legal puede llegar a cumplir objetivos de dolarizar, que es brindar estabilidad de precios y liquidez a la economía, pero sin confianza del público hacia la moneda, su implementación puede resultar como mínimo impráctico y, en el peor de los casos, contraproducente.

---

[41] Venezuela. Ley Constitucional de Inversión Extranjera Productiva, publicada en Gaceta Oficial No. 41.310 de 29 de diciembre de 2017. Contiene menciones del euro y el yuan (Remninbi) específicamente en el artículo 19 que establece los montos mínimos para obtener el registro de inversión extranjera.

[42] Kathy Lien, "*Here's why the Japanese yen is a currency to watch*", en *Business Insider,* CME Group, Chicago, 2019. Disponible en: https://www.businessinsider.com/sc/why-the-japanese-yen-matters-2019-12.

6. Conclusiones

En respuesta a la hiperinflación, Venezuela cambió drásticamente su política cambiaria para permitir el uso de divisas para cumplir obligaciones, resultando en una dolarización en sentido amplio. Esto ha resultado en una reactivación de la economía venezolana pero no ha estabilizado la inflación lo suficiente y además los precios en divisas siguen subiendo por las apreciaciones del tipo de cambio real que ocurren en el mercado. Además, la falta de liquidez en efectivo y de monedas de baja denominación impiden que se desarrolle el comercio de manera regular.

Para poder resolver todos estos problemas, Venezuela podría decidir adoptar el dólar como moneda de curso legal, de una manera similar a como lo hizo Ecuador, y acompañando de las respectivas enmiendas a la Constitución y las leyes relevantes. A pesar de que el BCV deja de poder emitir monedas y se ve más vulnerables a choques externos sobre precios de los *commodities* que exporta como el petróleo, puede brindar estabilidad de precios y de la inflación, y obligar a la Administración Pública a tener políticas fiscales más responsables. Sin embargo, por ahora este proceso por ahora es muy difícil de implementar, pues las sanciones de los Estados Unidos limitan las posibilidades del BCV para obtener la liquidez necesaria para circular en la economía venezolana.

Si Venezuela realmente quiere decidir a favor de la dolarización en sentido estricto, debe negociar con el gobierno de los Estados Unidos para levantar las sanciones económicas y adoptar otra divisa como el euro como moneda de curso legal. Como el dólar sigue siendo la moneda de confianza para muchos venezolanos, adoptar otra divisa del euro debe estar acompañado de instrumentos monetarios y fiscales no tradicionales para desincentivar el uso del dólar a favor de la otra divisa. Aun así, el gobierno de Venezuela se ha negado a la posibilidad de dolarizar la economía, prefiriendo mantener el control de la política monetaria más allá de impulsar el comercio y la economía.

INDEXACIÓN DE LA OBLIGACIÓN TRIBUTARIA. VIABILIDAD JURÍDICA Y ÉTICA

Juan Cristóbal Carmona Borjas[*]

SUMARIO

I. Consideraciones preliminares

Resulta un verdadero privilegio, participar en el homenaje que a través de esta publicación se le rinde al Doctor Humberto Romero Muci, uno de los juristas que mayores aportes ha realizado al derecho contemporáneo nacional. Su disciplina, sentido de responsabilidad, laboriosidad, rectitud, don de gente y generosidad, son algunas de las muchas razones por las que se ha hecho merecedor de este tributo.

Al amigo, abogado y académico, Humberto Romero Muci, dedico este estudio, con la intención de contribuir al esclarecimiento de uno de los temas a los que él ha dedicado buena parte de sus esfuerzos intelectuales; el impacto de la inflación y la devaluación monetaria en la obligación tributaria.

[*] Abogado, egresado de la Universidad Católica Andrés Bello (UCAB); LL.M. en Derecho Comparado de Georgetown University; Especialista en Derecho Financiero de la UCAB. Profesor de Postgrado de la UCAB, e Individuo de Número de la Academia de Ciencias Políticas y Sociales, Sillón N° 30.

Frente al envilecimiento que puede experimentar cualquier obligación pecuniaria por efecto de la inflación y la devaluación de la moneda de curso legal, a lo largo de la historia se han diseñado e instrumentado diversos mecanismos dirigidos a preservar la misión del pago como medio para honrarla.

De los efectos perversos de la inflación y la devaluación no escapa la materia tributaria, trátese de la obligación tributaria principal (tributo), de sus accesorios o de su régimen sancionatorio. La complejidad que encierra la materia que nos ocupa, obedece no sólo a su amplio espectro y significativo impacto, sino también, su debido tratamiento.

Sobre el tema aquí a ser analizado mucho se ha escrito hasta el presente en Venezuela, aunque, fundamentalmente orientado al régimen sancionatorio y a la causación de intereses moratorios a la luz de las diversas versiones del Código Orgánico Tributario (COT) que han estado vigentes desde 1982 e incluso antes en la Ley Orgánica de Hacienda Pública Nacional (LOHPN). En esta oportunidad, nos centraremos fundamentalmente en la obligación tributaria principal, sobre la que muy poco se ha dicho en el foro nacional, probablemente por haberse asumido un capítulo cerrado con la declaratoria de nulidad parcial por razones de inconstitucionalidad del artículo 59 de la versión del COT de 1994, mediante sentencia dictada por la Corte Suprema de Justicia (CSJ) en Pleno, el 7 de diciembre de 1999, con ponencia de la Magistrada Hildegard Rondón de Sansó.

A los fines de evaluar tan sensible tema debe comenzar por aclararse la distinción y relación que existe entre inflación y devaluación, para posteriormente adentrarse en la naturaleza jurídica de la obligación tributaria, el impacto que aquellos flagelos tienen en su determinación, liquidación y pago, los mecanismos adoptados por las distintas ramas del Poder Público para enfrentar el tema que nos ocupa y, la posibilidad de instrumentar algunos otros en el futuro inmediato.

II. Inflación y devaluación

Por inflación se entiende "(...) un aumento general del nivel de precios que obedece a la pérdida de valor del dinero. Las causas concretas e inmediatas de la inflación son diversas, pero, en esencia, se produce inflación cuando la oferta monetaria crece más que la oferta de bienes y servicios..."[1].

La inflación implica así un aumento continuo y generalizado en el nivel de los precios y servicios que se producen y se prestan en una economía, lo cual evidentemente conlleva a una merma en el poder adquisitivo del dinero.

---

1 Carlos Sabino, *Diccionario de Economía y Finanzas,* Editorial Panapo, Caracas, 1991, p 133, como se citó en: José Toro Hardy, *Fundamentos de Teoría Económica: Un análisis de la política económica venezolana,* Editorial Panapo, Caracas, 2005, p. 463.

Junto a la inflación se encuentra estrechamente asociada la devaluación, entendida esta última, no sólo como la pérdida del poder de compra de bienes y servicios que experimenta una moneda, sino también, como la **pérdida o disminución del valor nominal en comparación con otros billetes o monedas extranjeras. En ocasiones, la devaluación se registra formalmente a través de actos oficiales, en otras, resulta, simplemente, de la oferta y la demanda.**

Si bien la inflación y la devaluación son fenómenos económicos distintos, existe entre ellas, sin lugar a duda, una directa correlación que, valga señalar, es bidireccional ya que, bajo ciertas condiciones, se retroalimentan. Al aumentar la inflación el dinero se devalúa, pero, al devaluarse el dinero, por ejemplo, por efecto de políticas cambiarias impuestas por el Estado (Bancos Centrales/Ministerio de Finanzas - controles de cambios y devaluaciones oficiales-), puede también incrementarse la inflación.

> "Entre los elementos que contribuyen a explicar la inflación se encuentran los comportamientos de la demanda y de la oferta de bienes y servicios, los cambios en los costos de producción (causados por el desenvolvimiento de los precios de insumos importados y los precios y tarifas públicas e impuestos), las variaciones en los costos de nómina, las expectativas de los agentes económicos, los desbalances macroeconómicos (fiscales, monetarios y cambiarios) y las modificaciones en la estructura no competitiva de los mercados. El elemento principal que facilita el incremento de los precios es la existencia de un exceso en la cantidad de dinero en comparación con la cantidad de bienes y servicios que se ofrecen en la economía"[2].

En el caso de Venezuela, es de dominio público el padecimiento sostenido y creciente del fenómeno inflacionario que, valga señalar, adquirió carácter estructural desde 1983. A partir de noviembre de 2017 y hasta 2021, la inflación escaló en el país niveles que la condujeron a hiperinflación[3], todo ello alimentado, entre otras, por la irresponsable política instrumentada por el Estado venezolano en connivencia con el BCV de financiar el déficit fiscal, durante años y en cantidades exorbitantes, mediante la emisión de dinero inorgánico y la devaluación del bolívar.

Especialmente en lo que va del siglo XXI,

> "... a través del mecanismo de la devaluación, el sistema económico venezolano se [ha visto] inundado por una enorme masa de bolívares, que por no encontrar ubicación en la economía ni generar un incremento paralelo en la producción de bienes y servicios, no hace otra cosa que ejercer una doble presión sobre el nivel general de los precios y sobre el tipo de cambio.

---

2 Omar A. Mendoza Lugo, *Inflación en dólares: ¿expresión atinada o innecesaria denominación?* Debates IESA, 16 de agosto de 2019. Disponible en: http://www.debatesiesa.com/inflacion-en-dolares-expresion-atinada-o-innecesaria-denominacion/, consultado en fecha 29 de abril de 2021.

3 Entre noviembre de 2017 y septiembre de 2020, los niveles acumulados de inflación ascendieron a 185.175.451%.

En un intento por paliar tales "consecuencias secundarias" de la devaluación, el Banco Central de Venezuela ha intentado recoger los excedentes de liquidez mediante la emisión de bonos Cero Cupón, incrementos en los encajes legales y otras medidas de política monetaria. No obstante, cabe señalar, que las medidas de política monetaria son un mal substituto de la disciplina fiscal, la única forma de frenar la inflación en Venezuela, al igual que ocurre en todas partes, es reduciendo el gasto público. De nada valdrán todas las medidas de ajuste que intenten aplicar nuestros gobiernos, si no atacan de frente el problema fundamental que padece nuestra economía: la inflación"[4].

Acertadamente señala el académico venezolano Humberto Romero Muci que la hiperinflación que ha desarrollado la política gubernamental es uno de los problemas económicos más acuciantes que aquejan hoy a los venezolanos. Muestra palmaria de lo cual es la pulverización que ha producido del salario y de todos los corolarios económicos asociados a la relación laboral[5].

Continúa afirmando Romero Muci que la inflación registrada en Venezuela, ha tenido consecuencias directas en la destrucción del sistema monetario que se han puesto en evidencia, entre otras, en las reconversiones monetarias que han sido implementadas en el país, una, en 2008 (eliminación de 3 ceros), otra, en 2018 (eliminación de cinco ceros) y, una tercera, ocurrida en 2021 (eliminación de seis ceros), de las que resultaron el bolívar "fuerte" (Bs.F), el bolívar "soberano" (Bs.S), y el bolívar "digital", respectivamente. En cuanto a estas medidas sostiene el jurista venezolano que

> "… sólo son eufemismos mendaces para encubrir que el curso legal perdió significado, que no genera confianza, que no tiene poder de compra ni convertibilidad externa. Estas fracasadas iniciativas, sólo encubren que el signo monetario que lleva el apellido del Libertador, indignamente, ahora es nada. Simplemente, nada, al punto de pretender ser sustituido inconstitucionalmente por el llamado Petro, carente de validez y confianza o ser desplazado por el dólar de los Estados Unidos de Norteamérica[6]", como en efecto terminó de ocurrir a partir de 2020.

A la par que en Venezuela la hiperinflación se mantuvo por casi cuatro años, ubicándose entre las más longevas y altas del mundo, el bolívar reconocido como moneda nacional en la Constitución de la República Bolivariana de Venezuela (CRBV), tras un proceso de devaluación feroz, ha perdido las funciones propias

---

4 José Toro Hardy, *Fundamentos de Teoría Económica: Un análisis de la política económica venezolana,* Editorial Panapo, Caracas, 2005, p. 480.

5 *Cfr.* Humberto Romero Muci, *Discurso de contestación al discurso de incorporación del Profesor Juan Cristóbal Carmona Borjas a la Academia de Ciencias Políticas y Sociales*, Caracas, 6 de noviembre de 2018.

6 *Ídem.*

del dinero. La correlación entre el bolívar y el dólar pasó así entre el 21 de agosto de 2018 y el 9 de abril de 2021 de Bs. 60/US$1 a Bs. 2.467.460,70/US$1, lo que implicó que la cotización del dólar aumentó, en poco más de dos años, en 4.112.434,50% respecto de la moneda de curso legal. Si bien tras la más reciente reexpresión monetaria del bolívar, efectiva a partir del 1° de octubre de 2021, la moneda de curso legal se ha estabilizado medianamente, lo ha sido, en virtud de un recorte en el gasto público y en el suministro de divisas por parte del BCV a efecto de su venta al público que ha estado por el orden de los US$ 1.300 millones en el primer semestre de 2022[7]. No obstante, la devaluación del bolívar, aunque contenida, no ha dejado de avanzar, por cuanto en los primeros cinco meses del año 2022 el dólar se ha apreciado en aproximadamente 9,04% respecto del bolívar.

Aquel peligroso *coctel* se ha visto complementado con la práctica masivamente adoptada por los venezolanos de sustituir al bolívar por el dólar o por alguna otra divisa como medio de pago. Es así como, según la ubicación geográfica en que se opere, varía la divisa y su proporción de uso respecto del bolívar. En ciudades fronterizas como San Cristóbal, Maracaibo y Mérida, el peso colombiano es el más utilizado, llegando a alcanzar en 2021, en la primera de ellas, un promedio de 90%. En ciudades centrales como Maracay y Barquisimeto el uso del dólar llegó a rondar el 50%, mientras que en Caracas el 60%, todo lo cual arrojó, hasta diciembre de 2021, un promedio de 59,8% de operaciones pagadas en divisas a nivel nacional, según la Consultora Ecoanalítica[8].

Frente a aquella realidad y con la supuesta intención de incentivar el uso del bolívar y del Petro como medios de pago, el 25 de febrero de 2022 fue publicada en Gaceta Oficial de la República Bolivariana de Venezuela N° 6.687 Extraordinario la Ley de Reforma del Decreto con Rango, Valor y Fuerza de Ley de Impuesto a las Grandes Transacciones Financieras (LIGTF), en la que se "encarecen" los consumos y transacciones que involucren divisas o criptomonedas distintas a las emitidas por la República, dentro o fuera del sistema financiero, mediante la aplicación del tributo a una alícuota de 3%, en tanto que, las que involucran a la moneda de curso legal o al "criptoactivo soberano", a una alícuota de 2%. Producto de la implementación del Impuesto a las Grandes Transacciones Financieras (IGTF), el uso del dólar descendió aproximadamente 20%, llegando, al menos, en la ciudad capital a 39,9%[9] para el mes de junio de 2022.

Respecto del grave escenario descrito, no puede dejarse de lado la política de controles de cambios iniciada en 2003 por el gobierno de Hugo Chávez Frías con claros fines de dominación que, lejos de restablecer los equilibrios monetarios, se

---

7 Síntesis Financiera. 28 de junio de 2022 (Twitter).

8 EVTV. Nov 17, 2021.

9 Ariadna García, *Crónica Uno*. 27 de junio de 2022.

convirtió en el mayor de los focos de corrupción en el país[10]. Su supuesto desmontaje en 2018 continúa sin estar del todo claro, generando serias limitaciones en cuanto al acceso a las divisas, severas distorsiones en la fijación de los tipos de cambio (referencia y paralelo) y una enorme incertidumbre que impacta la determinación de las estructuras de costos en la fijación de precios y tributos, impulsando, aún más, a la inflación.

Precisamente por esa explosiva mezcla de hiperinflación/inflación, sistema multimoneda - en el que coexisten diversos tipos de cambio (oficiales y paralelos) – controles en la fijación de tasas de intereses e incluso la adopción de unidades de cuenta ajenas al sistema monetario (Petro), se dificulta enormemente la medición del impacto erosivo del poder de compra y el valor de la moneda de curso legal venezolana.

La política cambiaria instrumentada desde 2003 en Venezuela ha servido de combustible de alto octanaje en la llamada por Carlos Rodríguez, Profesor Invitado de *Columbia University*, "espiral inflacionario-cambiario", a la que también alude el economista venezolano Omar A. Mendoza Lugo, para quien

> "Las variaciones del tipo de cambio nominal de una moneda pueden encontrarse entre los elementos explicativos de la inflación; en lo fundamental, porque contribuyen a explicar el desempeño de los costos de los insumos en moneda nacional y de los precios de bienes finales que se comercializan en el mercado interno.
>
> (...*omissis*...)
>
> En economías cuyas estructuras productivas – o el conjunto de acciones de política económica – facilitan que los agentes económicos perciban el tipo de cambio nominal como elemento fundamental para explicar el desempeño de los precios, otros factores pueden contribuir de manera significativa para comprender la inflación"[11].

El tipo de cambio nominal, trátese de tipos de cambios oficiales o paralelos, puede influir en los precios, independientemente de que tal impacto no necesariamente sea completo.

En definitiva, la relación entre la devaluación e inflación es evidente. Al devaluar se produce un excedente temporal en la balanza de pagos, cuya monetiza-

---

10 *CADIVISMO.*

11 Omar A. Mendoza Lugo., *ob. cit.*

ción se traduce en más inflación. Se conforma así una espiral inflación-devaluación, cuyo principal combustible es la monetización del déficit fiscal y la devaluación[12], fórmula predilecta de la revolución chavista-madurista.

Ciertamente, la devaluación del bolívar causa inflación (Ej. componente importado), pero, cuando los gobiernos devalúan lo hacen debido a los males causados por la acumulación previa de inflación en el componente interno – i.e. la escasez de divisas, la pérdida de competitividad y las necesidades financieras de tesorería causadas por la inflación acumulada[13], lo que también eleva los precios.

Dada la simbiosis registrada entre inflación y devaluación de la moneda, al medir a la primera, de alguna manera también queda recogido el impacto de la segunda. Factor este que, como más adelante veremos, resulta fundamental en el papel que puede llegar a tener en el tema central que aquí nos ocupa, la indexación de la obligación tributaria principal.

Bajo aquella premisa, sin embargo, no puede dejarse de lado la poca credibilidad que suponen las conductas registradas por las instituciones gubernamentales a cuyo cargo está la medición de aquellas variables, específicamente, el BCV y el Instituto Nacional de Estadísticas (INEA).

Estadísticamente, el comportamiento de la relación entre la inflación y la devaluación ha variado, en unos casos la primera supera a la segunda, en tanto que en otros ocurre lo contrario. Ello, sin embargo, no afecta la pertinencia de la afirmación antes comentada de que entre ellos existe una interacción, cuya magnitud, lamentablemente, no cuenta con mediciones oficiales creíbles. A nivel estadístico, lo niveles alcanzados por aquellas variables quedan plasmados en la siguiente infografía, elaborada por la Firma PWC-Venezuela.

12 *Cfr.* Carlos Rodríguez, "A Stylized Model of Devaluation Inflation Spiral", *IMF Papers.*

13 Disponible en: http://www.econometrica.com.ve/blog/que-es-primero-la-devaluacion-o-la-inflacion-por-angel-garcia-banchs/#:~:text=La%20inflaci%C3%B3n%20va%20siempre%20primero%2C%20y%20la%20devaluaci%C3%B3n%20despu%C3%A9s.&text=Tambi%C3%A9n%2C%20gastar%C3%A1%20la%20totalidad%20del,cual%20causar%C3%A1%20inflaci%C3%B3n%20de%20demanda.

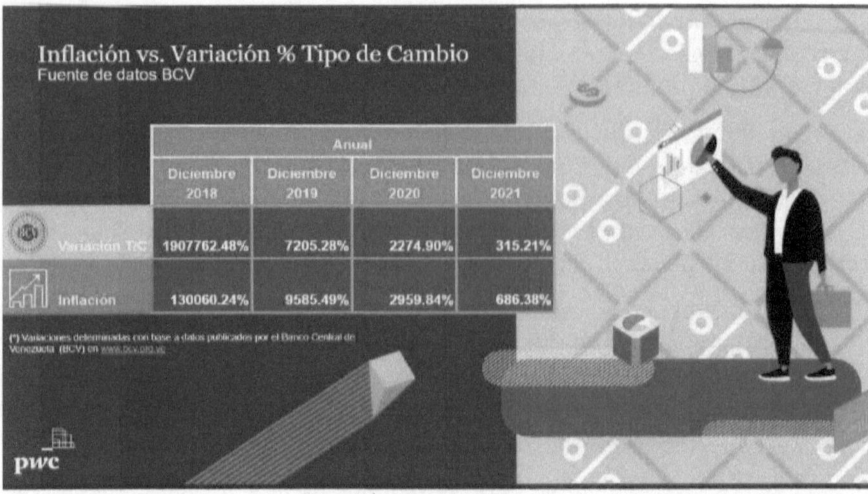

	Anual			
	Diciembre 2018	Diciembre 2019	Diciembre 2020	Diciembre 2021
Variación T/C	1907762.48%	7205.28%	2274.90%	315.21%
Inflación	130060.24%	9585.49%	2959.84%	686.38%

Es precisamente de la comentada simbiosis que deviene en Venezuela el curioso incremento del costo de la vida en dólares, que resulta para muchos paradójico e inexplicable. Al respecto, señala Econanalítica que "Las variaciones del costo de vida en dólares pueden entenderse como aumento, o caída, en la cantidad de dólares requeridos para adquirir una misma canasta respecto a su costo equivalente en divisas en el período anterior"[14]. Sostiene así la referida consultora que, para el mes de noviembre de 2021 el costo de vida en dólares había crecido 80,6%. Más recientemente, específicamente, entre octubre de 2021 y abril de 2022, frente a una inflación acumulada de aproximadamente 45%, el dólar si bien registró un incremento respecto del bolívar de tan sólo 7%, no por ello dejó de producir el llamado aumento del costo de la vida en dólares"[15].

En resumen, puede sostenerse que en una economía como la venezolana, la espiral inflación-devaluación se alimenta vorazmente producto de: i) el alto nivel de importación de bienes y servicios que impactan el costo de los bienes ofrecidos en el mercado interno, dado el comportamiento del bolívar respecto de las divisas; ii) la alta dependencia que tiene la Hacienda Pública respecto de los ingresos provenientes de los sectores petrolero y minero en los que las divisas son las monedas funcionales; iii) los regímenes cambiarios irracionales e ineficientes que a pesar de su supuesto levantamiento en 2018, siguen generando dudas y surtiendo efectos restrictivos en el acceso a las divisas; iv) la creciente "dolarización"[16], aunque sin

---

14 Inflación subyacente y tipo de cambio canasta de consumo. Noviembre 2021. Econanalítica.

15 *Ídem.*

16 "... uso en un territorio nacional de una moneda extranjera [dólar], en al menos una de las tres funciones del dinero: unidad de cuenta, medio de pago y depósito de valor. Una economía está dolarizada cuando los agentes económicos poseen una importante

dejar de lado que, junto a la divisa norteamericana coexisten formal e informal en el mercado nacional el bolívar, el euro, el peso colombiano y las criptomonedas, como medios de pago, unidades de cuenta, y mecanismos de reserva de valor, cada una operando al tipo de cambio oficial, para unas cosas y, al paralelo, para otras[17]; v) la constante impresión inorgánica de ingentes sumas de bolívares por parte del BCV; vi) la devaluación del bolívar como política de Estado, recientemente moderada mediante la colocación de divisas provenientes del BCV en la banca comercial para su venta a los particulares; vii) el impacto de la corrupción galopante en todos los trámites a ser cumplidos ante el Estado, que entran a formar parte de la estructura de costos de los bienes y servicios y, más recientemente; viii) el efecto plurifásico acumulativo del IGTF.

En un escenario distópico como el imperante en el país, cualquier obligación pecuniaria pagada a destiempo, sujeta exclusivamente al principio nominalístico previsto en el artículo 1.737 del Código Civil Venezolano (CCV), entendido como identidad numérica y de unidad monetaria, se torna injusto, insuficiente e inaceptable, de allí que deba ser complementado con mecanismos correctivos. Esa es la lógica dentro del campo del Derecho Civil y que aquí corresponderá precisar si resulta extensiva, en idénticos términos, respecto de la obligación tributaria.

III. Indexación

A. Consideraciones previas

Antes de proceder al análisis del tema central que aquí nos ocupa, abordaremos la experiencia que en líneas generales ha registrado la indexación de las obligaciones pecuniarias en el contexto jurídico y económico venezolano, para posteriormente centrarnos en el tratamiento recibido en ese ámbito por la obligación tributaria.

En ese sentido debe señalarse que para que el pago de una obligación pecuniaria cumpla con su cometido, debe efectuarse en los términos acordados contractualmente o establecidos por la ley o una sentencia. El pago, debe así, ser completo, es decir, por la cantidad íntegramente adeudada, debe efectuarse, además,

---

proporción de activos o pasivos denominados en moneda extranjera [dólares]", Omar A. Mendoza Lugo., *ob. cit.*

17 Venezuela es claro ejemplo de ese fenómeno lo que se evidencia en el hecho de que, para el mes de febrero de 2020, el 65% de las operaciones comerciales en eran pagadas en dólares de los Estados Unidos de Norteamérica. Para noviembre de ese mismo año en Maracaibo el 86% de las transacciones se pactaban y pagaban en la referida divisa. Véase en: https://www.infobae.com/america/venezuela/2020/02/20 /casi-el-65-de-las-transacciones-en-venezuela-son-hechas-en-moneda-extranjera/.

en la oportunidad y lugar correspondientes y por la vía o mecanismo igualmente pactado o establecido por la fuente de la obligación (norma/contrato/sentencia).

Prevé así el CCV el ya comentado principio nominalístico, al que se ha definido como la obligación de entregar al acreedor oportunamente y en lugar acordado, una suma de dinero idéntica a la numéricamente expresada como deuda y en la moneda convenida o legalmente aplicable. Bajo ese principio, en un caso en el que "A" debe a "C" Bs. 100, para pagar correctamente, "A" debe entregar a "C", Bs. 100 y no Bs. 80 o Bs. 120. Tampoco podrá liberarse válidamente "A", entregando a "C", el equivalente de Bs. 100 adeudados, su equivalente en dólares (US$ 20), salvo que "C" así lo haya aceptado.

Superada la fecha en la que el pago debió efectuarse, sin que el acreedor haya visto satisfecho su derecho, el importe numérico debido puede terminar representando en términos reales un valor menor al que tenía para la fecha en que debió haber tenido lugar el pago, si esa obligación jurídica se ha visto impactada por la inflación o la devaluación. En otras palabras, el monto de la obligación puede ver mermada su capacidad de compra (inflación) o de conversión en otras monedas (devaluación), con lo que deja materialmente de satisfacer plenamente el derecho del que es titular el acreedor. Así, los Bs. 100 que debieron pagarse, por ejemplo, el 20-05-22 que, permitían comprar 12 naranjas, si terminan pagándose el 20-05-23, permitirían comprar sólo 6 naranjas. Los Bs. 100 el 20-05-22 que equivalían a US$ 20, al ser pagados el 20-05-23, terminan equivaliendo US$ 10. Esa menor cantidad de naranjas susceptible de ser comprada o esa inferior cantidad de dólares equivalente, hacen que en términos reales los Bs. 100 pagados no sean los mismos Bs. 100 adeudados, poniendo en evidencia que, en ciertas circunstancias, el principio nominalístico no es suficiente para preservar la efectividad del pago como medio de extinción de las obligaciones dinerarias.

La pregunta que vale formularse en ese escenario es sí, por tratarse, en principio, la obligación tributaria de una pecuniaria *ex lege,* que responde, además, a una serie de principios constitucionales, queda al margen de los mecanismos ideados para atender los efectos de la inflación y de la devaluación respecto de cualquier obligación dineraria ordinaria o sí, por el contrario, debe someterse a las mismas reglas correctivas de las obligaciones civiles y mercantiles o a otras especiales. Antes de abordar este tema, continuaremos profundizando la experiencia venezolana en materia de indexación de obligaciones pecuniarias en el ámbito civil y mercantil.

B. Experiencia venezolana

Frente a lo que se ha dado en denominar "Efecto Olivera-Tanzi", este es, la pérdida de valor real de la recaudación tributaria debido a la erosión de la inflación entre el momento en que se hace exigible la obligación tributaria y aquél en el que se produce la recaudación efectiva, el Legislador venezolano de manera constante y, a veces hasta desesperada, comenzó a reaccionar de manera convulsa, adoptando medidas no necesariamente acertadas y coherentes, entre las que destacan:

i) los intereses moratorios; ii) los intereses compensatorios; iii) la actualización de las deudas con base en índices de inflación; iv) la adopción normativa de unidades de valor (U.T. – Petro, divisas, etc.) y mecanismos de indexación (Ajuste por Inflación); v) exacerbación del expediente de los anticipos (ISR, IVA, ISAE y algunas exacciones parafiscales).

Respecto de esta amplia gama de reacciones registradas por el Poder Público Nacional frente a la inflación y la devaluación, procuraremos efectuar un análisis exhaustivo de buena parte de ellas, manteniéndonos, sin embargo, por lo pronto, en el ámbito del Derecho Civil.

b.1. Conceptos y tratamiento legal, judicial y doctrinal

Señala el académico venezolano James Otis Rodner, que

> La indexación, indización o corrección monetaria es considerada como la sustitución **(impuesta por el Estado)** de la moneda de curso legal, o el ajuste **(igualmente impuesto por el Estado)** al valor nominal de las obligaciones pecuniarias.
>
> (...*omissis*...)
>
> La corrección monetaria consiste en el correctivo que establece el propio Estado a las obligaciones de pagar sumas de dinero; el correctivo se impone ya sea modificando la moneda de curso legal a través de la **desmonetarización** de la moneda, **o modificando el nominalismo a través de un cambio, impuesto por la ley**, en la cantidad de múltiplos de moneda de curso necesaria para cumplir las obligaciones de dinero.
>
> La corrección monetaria se ha utilizado en países que tienen situaciones de inflación crónica donde, de haberse conservado el rigor nominalístico para todas las obligaciones sin establecer un remedio a la inflación, hubiera hecho prácticamente imposible la vida económica"[18]. (Negrillas nuestras)

Recordemos que el principio nominalístico previsto en el artículo 1.737 del CCV, si bien está contenido en el Título XIV relativo al "Mutuo", se ha considerado aplicable a las obligaciones pecuniarias en general. Conforme a dicha norma, en caso de aumentos o disminución en el valor de la moneda, antes de que esté vencido el término del pago, el deudor debe devolver la cantidad dada en préstamo o simplemente adeudada. Desde hace muchas décadas atrás, ha existido polémica en cuanto a si encontrándose el deudor en mora, por argumento en contrario a lo previsto en la comentada norma, aquel incremento o pérdida en el valor de la moneda, tiene algún impacto y, si el daño causado al acreedor por el incumplimiento debe limitarse a la causación y pago de intereses de mora en los términos previstos en el artículo 1.277 *eiusdem*.

---

[18] James Otis Rodner, *El Dinero La Inflación y las deudas de valor*, Editorial Arte, Caracas, 1995, p. 286.

De acuerdo con aquella norma, a falta de convenio en las obligaciones que tienen por objeto una cantidad de dinero, los daños y perjuicios resultantes del retardo en su cumplimiento, consisten siempre en el pago del interés legal (3% Artículo 1746), salvo que medien disposiciones en otro sentido (interés convenido conforme a leyes especiales). Dichos intereses de deben desde el día de la mora, sin que el acreedor esté obligado a comprobar ninguna pérdida o daño.

Señala la Académica Hildegard Rondón de Sansó que lo dispuesto por el CCV respecto del principio nominalístico, se ve reafirmado por Ley del Banco Central de Venezuela (LBCV), al consagrar el concepto de curso legal de la moneda y establecer que toda persona está obligada a recibir a la par y sin limitación alguna las monedas de curso legal, como cancelación del pago de una obligación sin que pueda negarse a recibirlo.

De allí que el que se obliga al pago de una cantidad de dinero se libera entregando la misma cantidad pactada.

Esta dualidad de normas constituye un bloque de principios, aun cuando la primera [CCV] se ubique en el sistema regular de la relación obligacional y la otra [LBCV], en la impositiva del control monetario. Tales postulados fueron absolutos e indiscutibles en los tiempos en que mantuvimos una moneda con un valor casi invariable (…)"[19], no pareciendo posible sostener lo mismo, cuando ese escenario cambió.

En torno al principio nominalístico la doctrina nacional y extranjera se ha dividido tradicionalmente entre quienes consideran que éste aplica de manera irrestricta mientras no medie mora y quienes estiman que, aun sin mediar aquélla, el nominalismo debe admitir ajustes de presentarse escenarios caracterizados por la inflación, incluso, sin necesidad de que medie pacto expreso entre las partes al respecto.

Oswaldo Padrón Amaré, citando al Profesor F.A. Mann, en su obra "Los Aspectos Legales del Dinero", destaca que

> "(…) **la cuestión del valor externo de la moneda, es decir, la del valor adquisitivo de la moneda o valor de orden jurídico, es una cuestión, en principio absolutamente extraña al orden jurídico**. Sería necesario, para que pudiera excluirse el principio nominalista en el régimen de las obligaciones dinerarias, **que las partes hubiesen acordado alguna modificación del principio**, lo que por regla general se traduce en cláusulas de ajuste de valor o cláusulas oro, pero, evidentemente, en estos casos, se admite la validez de estas cláusulas porque de su incorporación al texto de los convenios entre

[19] Hildegard Rondón de Sansó, "El Derecho Público frente a la Inflación", en *XIX Jornadas J.M. Domínguez Escovar*, Instituto de Estudios Jurídicos del Estado Lara, Barquisimeto, 1994, p. 178.

particulares, se desprende que los particulares han otorgado un sentido específico y decisivo a la relación de cambio y no a la simple expresión dineraria de las obligaciones, lo cual no puede ni debe ser presumido por el intérprete ni por el Juez"[20].

Según F.A. Mann, es un tema económico el del poder de compra de la moneda.

El valor funcional del dinero está en la mente de aquellos escritores en materias legales que, bajo la influencia de los problemas monetarios, han avanzado una teoría legal del "Valorismo". El intento más destacado en esta dirección fue obra de Eckstein, quien junto con otros representantes de esa escuela de pensamiento descansan con mucho en una supuesta o alegada intención de las partes en el sentido de asegurar el valor económico y quienes excluyendo algunos casos bien definidos desarrollan un sistema de valorización aplicable en cualquier caso en que la moneda pierda la relativa estabilidad de su valor. Sin embargo, la Ley monetaria no puede prestar atención al valor funcional de la moneda o aceptar alguna "teoría valorista" fundada en dicho criterio. Esto es así por dos razones que necesitan explicación. En primer lugar, la Ley debe rechazar firmemente la idea de permitir ajustes a cuenta de cambios en el precio de los bienes, porque tal riesgo debe ser soportado y es impuesto claramente sobre las partes. Consecuencialmente, un cambio en el nivel de precios solo puede tener importancia material a fines legales si fuera posible atribuir tal cambio a razones distintas de las comerciales, como son las escasez o abundancia de tales bienes.

(...Omissis...)

La segunda razón que impide a los juristas permitir que la extensión o el monto de las obligaciones dinerarias sean determinadas por el valor funcional de la moneda, radica en el hecho de que los economistas no pueden suministrar a los juristas métodos apropiados para la medición de los cambios monetarios.

Los índices, cuando están disponibles, no están desprovistos desde un punto de vista legal de arbitrariedades e inconsistencias"[21].

En una línea muy parecida a la de Maan encontramos al jurista venezolano José Melich Orsini, para quien

---

20 Oswaldo Padrón Amaré, "Inflación y Tributación. Un reto a la racionalidad de los sistemas tributarios", en *XIX Jornadas Domínguez Escovar*, Instituto de Estudios Jurídicos del Estado Lara, Barquisimeto, 1994, p. 221.

21 F.A. Mann, *The Legal Aspect of Money, Oxford University Press*, 1982, pp. 80 y ss. Citado por Oswaldo Padrón Amaré, *ob. cit.*, pp. 222-223.

"No cabe en nuestro ordenamiento positivo concebir el incumplimiento definitivo de una obligación pecuniaria, pues la obligación pecuniaria se caracteriza por su indestructibilidad. El deudor siempre podrá cumplirla en especie. Esto es una consecuencia del artículo 1737 del Código Civil que establece el principio nominalista, según el cual **debe hacerse abstracción del valor intrínseco de la moneda y, para determinar si el deudor ha cumplido su obligación de restituir una prometida cantidad numérica de monedas, solo hay que atender al curso legal de tal clase de moneda, no quedando el deudor sujeto a dar sino la misma cantidad de la calidad de monedas que el Estado haya investido para el momento del pago como de equivalente curso legal**. Dicho en otros términos: por lo mismo que la sujeción del deudor de una obligación pecuniaria no consiste en poner una conducta dirigida a la transferencia de una potencialidad patrimonial determinada por la voluntad del Estado en términos numéricos nominales con abstracción de toda referencia a la materialidad o al valor real de la cosa utilizada como moneda, no es posible concebir una imposibilidad de cumplimiento mientras el Estado en ejercicio de su soberanía invista alguna cosa como moneda de curso legal"[22].

Según Mélich Orsini, en caso de mora, el tratamiento de la materia es distinta. Señala así, el jurista patrio que

"… la obligación de resarcimiento del deudor de una obligación pecuniaria (…) se reputaría abandonada a la apreciación por el juez de las circunstancias existentes al tiempo de la celebración del contrato, **de manera que, en tiempos de frecuentes cambios en el valor de la moneda, de creciente inflación, alzas en las tasas de interés y de universal posibilidad de acceso a las oportunidades del comercio internacional, resultaría fácil aseverar que el deudor que no paga una cierta cantidad de dinero puede prever que el daño que causa a su acreedor más allá de la simple privación de los intereses de la suma debida, tales como el daño derivado de la pérdida del valor adquisitivo de la moneda entre el momento de la mora y el momento del pago, el alza de las tasas de interés bancarios que su acreedor hubo de soportar por no contar a tiempo con la suma debida, la privación al acreedor de la pérdida de la oportunidad de cambiar la suma a que tenía derecho por otra representada en una moneda mejor cotizada en el mercado monetario internacional**[23]. (Negrillas nuestras)

A nivel jurisprudencial, destaca la sentencia de la SCC de la CSJ de fecha 30 de septiembre de 1992 en el juicio seguido por Inversiones Franklin y Paul S.R.L. contra Rómulo Osorio Montilla con ponencia del Magistrado doctor Aníbal

---

22 José Melich Orsini, "La Inflación y La Mora", en *XIX Jornadas J.M. Domínguez Escovar*, Instituto de Estudios Jurídicos del Estado Lara, Barquisimeto, 1994, pp. 50-51.

23 *Ídem.*

Rueda. Antes de referirnos a esa decisión vale recordar que el artículo 1.737 luego de enunciar el principio nominalista reza en su aparte así: "En caso de aumento o disminución del valor de la moneda, antes de que esté vencido el término del pago...". Con base, pues, en la literalidad de esta última expresión, concluye dicha sentencia que cuando el deudor entra en mora ya no se aplica el principio nominalista, sino que la cantidad numéricamente expresada en el contrato como su deuda, con los intereses moratorios ex art. 1.277 que hay que entender como formando parte de la misma obligación, debe ser reajustada de conformidad con el aumento o disminución del valor adquisitivo de la moneda operado desde el momento de la mora. Debe señalarse todavía que este criterio fue reiterado por una sentencia de la SPA de la CSJ de fecha 16 de septiembre de 1993, en juicio seguido por Ayala y Plaza S.A. contra el Instituto Autónomo Aeropuerto Internacional de Margarita (I.A.A.I.M) con ponencia de la Magistrada Cecilia Sosa Gómez[24].

En posición contraria, encontramos al jurista venezolano José Luis Aguilar Gorrondona, para quien

> "(...) la adecuada solución de los problemas exige que el propio legislador consagre la tesis de que el rechazo del principio nominalista en períodos de inflación, lejos de contrariar la tradición del derecho de los contratos, no es sino consecuencia de las normas vigentes (C. Civ., arts. 1.159 y 1.160), que establecen las fuerza obligatoria de los contratos, el deber de cumplirlos de buena fe y el hecho de que no sólo obligan a cumplir lo expresado en ellos sino a todas las consecuencias que se derivan de los mismos según la equidad"[25].

Continúa señalando Aguilar Gorrondona, frente a la concepción que algunos han sostenido respecto del nominalismo que, asumirlo

> "(...) en esas condiciones es atender a la intención de las partes sólo de manera formal o aparente, que permitirá al deudor de una obligación pecuniaria liberarse mediante un pago puramente ilusorio. En efecto, el pago sería de una suma que apenas tiene una fracción del valor adquisitivo que tenía en el momento en que se expresó la voluntad real de las partes, o sea, cuando al celebrar el correspondiente contrato se fijó una suma determinada que entonces tenía un poder adquisitivo superior al que tiene cuando llega la época del pago.
>
> Como ya enseñaba Savigny, en los contratos donde se pacta una obligación pecuniaria lo que realmente interesa a las partes no es la cantidad de unidades monetarias fijadas, sino el poder adquisitivo que representa esa suma [Valor económico]"[26].

---

24 *Cfr. Ibíd.*, p. 60.

25 José Luis Aguilar Gorrondona, "La inflación y los contratos que no la prevén", en *Jornadas Domínguez Escovar*, Instituto de Estudios Jurídicos del Estado Lara, Barquisimeto, 1994, p. 42.

26 *Ídem.*

La polémica en torno al alcance del principio nominalista va incluso más allá, por cuanto se debate la idea de si encontrándose en mora el deudor, el resarcimiento del daño causado debe limitarse al pago de intereses moratorios o debe este ser complementado por otra fórmula.

Señala el abogado venezolano Ángel Gabriel Viso que mucho se ha debatido en la doctrina nacional sobre si puede o no el acreedor exigir daños y perjuicios adicionales a los establecidos en precitado artículo 1.277 del CCV. Reseña Viso que, según la interpretación tradicional de dicho texto legal, muchos autores, entre ellos, Gert Kummerov, José Alberto Zambrano Velazco, Víctor Pulido Méndez han señalado que ello no es posible.

Otros juristas, como José Mélich Orsini, Enrique Lagrange, James Otis Rodner y Luis Ángel Gramcko, son de la opinión que el acreedor puede exigir el pago de cantidades de dinero adicionales a los simples intereses moratorios previstos por la ley, en la hipótesis de depreciación de la moneda[27].

Es así como, Luis Ángel Gramcko, frente a la posición adoptada en la comentada sentencia de la SCC de la extinta Corte Suprema de Justicia (CSJ) (Inversiones Franklin & Paul, S.R.L. Vs. Rómulo Osorio Montilla del 30 de septiembre de 1992), en la que se sostuvo que el principio nominalístico deja de tener vigencia una vez ocurrida la mora del deudor, señala que ese criterio, es compartido por la doctrina extranjera, especialmente la colombiana y argentina, coincidentes en considerar que una vez que el deudor de una obligación dineraria entre en mora, ésta se convierte en una deuda de valor.

Bajo aquella visión, existe la posibilidad de aplicar el método indexatorio, aun en aquellos casos de deudas dinerarias, siempre que el deudor haya entrado en mora[28], indexación esta que por tanto no se agota en el interés de mora legal.

Al respecto, Mélich Orsini y Lagrange, consideran que el acreedor tiene derecho al resarcimiento del mayor daño sufrido como consecuencia de la mora del deudor, aplicándose las reglas ordinarias de responsabilidad civil, lo que debe necesariamente consistir, según algunos, en la aplicación de la actualización monetaria para corregir la pérdida del valor adquisitivo de la moneda.

El académico venezolano Pedro Nikken, por su parte, fundamenta una tesis distinta, para llegar a un resultado semejante. Dicho autor considera que el dinero se comporta como un cuerpo cierto al sufrir el deterioro causado por la inflación y, de conformidad con una interpretación de las disposiciones del CCV con respecto a la pérdida y deterioro de la cosa debida, especialmente de los artículos

---

27 Ángel Gabriel Viso, *Naturaleza Jurídica de la Obligación Tributaria y su influencia sobre la vigencia temporal de los artículos 59 y 60 del Código Orgánico Tributario*, p. 358. Consultado en: http://www.ulpiano.org.ve/revistas/bases/artic/texto/RDUCV/115/rucv_1999_115_349-384.pdf

28 *Ibíd.*, p. 360.

1.277, 1.344 y 1.293[29], concluye que la mora del deudor de una obligación pecuniaria traslada el riesgo de la depreciación al propio deudor moroso.

> "En conclusión, el deterioro del valor real de la moneda ocurrido mientras el deudor está en mora representa un daño al acreedor, que es consecuencia del incumplimiento del deudor y que se traduce en el deterioro de la cualidad esencial de la cosa debida, que es su poder adquisitivo. El restablecimiento de la situación jurídico-económica infringida no puede alcanzarse sino a través de una corrección monetaria que permita al acreedor recuperar el valor real de lo debido en términos idénticos a los que hubiera obtenido si el deudor hubiera cumplido puntualmente con su obligación. Esa corrección monetaria, en consecuencia, es el vehículo para el restablecimiento del daño causado por el incumplimiento, y en nada afecta al principio nominalista, al ser ejecutadas tal como ha sido contraídas, no pueden generar ajustes por razones inflacionarias que no hayan sido contempladas en el contrato"[30].

La pérdida del valor adquisitivo de la moneda en épocas de inflación constituye un hecho notorio; por lo que una rígida adhesión al principio nominalista y producto de una estricta aplicación del artículo 1.277 CCV., tal como hemos visto que lo interpreta la doctrina ortodoxa, se nos presenta como algo inequitativo, como la consolidación legal de un empobrecimiento de los acreedores de sumas de dinero en beneficio de sus deudores, tanto más injusto todavía después de que estos últimos han caído en estado de mora. No sorprende pues que, tanto en la doctrina como en la jurisprudencia, se hayan hecho esfuerzos para construir una solución aparentemente más justa, aunque sujeta a pacto expreso de cláusulas de valor.

Para atender el rigor de la tesis nominalista, surge la tesis valorista o del valorismo jurídico, en virtud de la cual, al deudor le corresponde pagar el mismo valor intrínseco que tenía la moneda en el momento en que asume la obligación.

Se ha distinguido, por lo anterior, entre la deuda de dinero sometida al principio nominalista y la deuda de valor que exige el pago de la obligación en su valor intrínseco, aun cuando siempre sujeto a acuerdo entre acreedor y deudor.

> "El principio nominalista, cuando se enfrenta a la inflación se constituye en una gran injusticia para el acreedor, por cuanto el monto que permite la liberación del deudor es una cifra que está por debajo de lo que originalmente percibiría"[31].

---

29 Art. 1.293.- El deudor de una cosa cierta y determinada se libera entregándola en el estado en que se encuentra al tiempo de la entrega, con tal que los deterioros que la hayan sobrevenido no provengan de culpa o hecho del deudor o de las personas de que de él sea responsable, y que no se hayan constituido en mora antes de haber sobrevenido los deterioros.

30 Pedro Nikken, "Mora e inflación", *Revista de Derecho Público*, N° 43, julio-septiembre 1990, EJV, Caracas, p. 22.

31 Hildegard Rondón de Sansó, *ob. cit.*, p. 180.

A nivel judicial resulta bastante revelador el tratamiento conferido por la SCC del TSJ en sentencia N° 517 de fecha 8 de noviembre del 2018 al tema que aquí nos ocupa. En dicha decisión se establecieron una serie de postulados rectores, debiendo advertirse, sin embargo, la distinción que al respecto hace entre la indexación de la indemnización del daño moral y la corrección monetaria aplicable al resto de los daños.

Lo primero que debe observarse al respecto es que la SCC, con la finalidad de resguardar el derecho del acreedor, cambia su criterio y señala que, a partir de la publicación del fallo en cuestión, **la indexación deberá ser declarada de oficio sobre el monto condenado, independientemente de que haya sido solicitado o no en juicio**.

En términos generales, las siguientes premisas fueron establecidas por la SCC, respecto de la indexación de obligaciones pecuniarias:

"I.- El poder adquisitivo de la moneda es algo inherente o intrínseco a ella, y representa su real valor".

"II.- Quien pretende cobrar una acreencia **y no recibe el pago al momento del vencimiento de la obligación**, tiene derecho a recibir el pago en proporción al poder adquisitivo que tiene la moneda para la fecha del mismo. Sólo así, recupera lo que le correspondía recibir cuando se venció la obligación y ella se hizo exigible".

"III.- (…) los jueces no pueden, sin base alguna, declarar y reconocer que se está ante un estado inflacionario, cuando económicamente los organismos técnicos no lo han declarado".

"IV.- De igual forma, no pueden los órganos jurisdiccionales, sin declaratoria previa de los entes especializados, reconocer un estado inflacionario y sus consecuencias, sin conocer si se estaba ante un ajuste coyuntural de precios, un desequilibrio temporal en los mercados específicos (determinados productos), un brote especulativo, o un pasajero efecto de la relación del bolívar con monedas extranjeras".

"V.- El efecto inflacionario radica en que la moneda pierde su poder adquisitivo".

"VI.- Resulta injusto, que el acreedor reciba años después del vencimiento, el monto exigible de la acreencia en dinero devaluado, lo que lo empobrece y enriquece al deudor".

"VII.- En un sistema de derecho y de justicia, resulta un efecto de derecho, que el acreedor demandante está pidiendo se le resarza su acreencia, con el poder adquisitivo de la moneda para la fecha del pago real, que a los fines de la ejecución no es otro que el de fijación o liquidación de la condena".

"VIII.- Esa necesidad de pedir, invariable, sin embargo, en un **Estado social de derecho y de justicia, puede sufrir excepciones**, en materia de interés social y de orden público, donde el valor justicia y el de protección de la calidad de vida impera, y por ello en materia **laboral y de expropiación** -por ejemplo- se aplica de **oficio** la indexación, sin necesidad de alegación, aunque lo que se litiga son derechos subjetivos.

"IX.- El Estado social de derecho, implica que la interpretación y aplicación del derecho tenga en cuenta la realidad social a fin de no agravar más la condición de vulnerabilidad en que se encuentran algunos sectores de la sociedad en relación a otros, o a su calidad de vida".

"X.- El Estado social de derecho exige una visión del derecho compenetrada con la sociedad (el derecho sociológico), a fin de minimizar en lo posible y mediante la interpretación jurídica, los desajustes sociales; pero ello no puede atentar contra la seguridad jurídica, ni contra los principios claves que conducen a esa seguridad".

"XI.-Lo importante es el valor real de la moneda para la época judicial del pago".

En todo caso, este numeral XI debe complementarse con lo señalado por la SCC en la misma decisión, según lo cual, el propósito de la condena:

"no es a pagar una suma idéntica a la exigida, sino en la de pagar una cantidad equivalente al valor de la suma exigida originalmente a la fecha del pago, que tenga el mismo valor adquisitivo y que represente el mismo valor de la cantidad de dinero objeto del litigio a su comienzo y que en consecuencia sea suficiente para satisfacer una acreencia o adquirir un bien en las mismas condiciones que se podía en años anteriores, sin que la pérdida del valor adquisitivo de la moneda le impida realizar la misma operación comercial".

"XII.- Sin estar autorizado explícitamente por la ley, pero siempre como un resultado de la aplicación del principio constitucional de justicia, se ha ajustado la deuda contractual de sumas de dinero al valor real de la moneda al momento del pago, que no es otro que el momento de la ejecución".

"XIII.- El monto del pago se encuentra determinado por el monto de la ejecución, y por lo tanto la indexación debe ser anterior a tal determinación, de manera que la ejecución de la sentencia la abarque".

"XIV.- La indexación debe ser practicada y liquidada en su monto antes de que se ordene el cumplimiento voluntario".

"XV.- La indexación es procedente desde la fecha de la admisión de la demanda hasta la fecha en que el fallo que la acordó quede definitivamente firme".

Vistas las disposiciones legales y las posiciones adoptadas tanto por la doctrina como por la jurisprudencia nacional, puede sostenerse que ha sido aceptado de manera medianamente uniforme que:

- el principio nominalístico impera mientras el deudor de la obligación pecuniaria no incurra en mora;

- una vez en mora el deudor se causan intereses moratorios a la tasa legal de 12%, salvo que exista disposición normativa especial que establezca una distinta;

- en opinión de un sector, una vez en mora el deudor, aun sin que medie pacto entre las partes, el importe adeudado debe ser susceptible de indexación hasta que ocurre su pago efectivo;

- es perfectamente posible que, por convención entre las partes, disposiciones legales o decisiones judiciales, las obligaciones pecuniarias se sometan a cláusulas de valor o a mecanismos indexatorios, gracias a las cuales su importe original se va ajustando en el transcurso del tiempo hasta el momento de su pago.

b.2. Modalidades indexatorias

Es de gran importancia distinguir los procesos dirigidos a la corrección monetaria ordenados por ley o instrumentados por el Estado (Ej. sentencias), a que alude el académico Rodner, de los convenidos entre las partes a través de las llamadas "cláusulas de valor", a las que también se refiere el jurista venezolano y a las que concibe como aquella convención en la que se utiliza una moneda extranjera como parámetro para fijar un índice de valor adquisitivo de una obligación en moneda de curso legal[32].

Cuando la corrección monetaria es impuesta por el Estado, la actuación del Poder Público a ella dirigida se ha de circunscribir únicamente a la aplicación de índices oficiales en las fórmulas previstas en la norma para ser aplicadas a una cantidad expresada en la moneda de curso legal. Por el contrario, en el caso de las cláusulas de valor, las partes son libres de convenir lo que estimen pertinente, resultando más flexibles los criterios a ser aplicados a esos fines, siempre dentro de la racionalidad.

Según Rodner, dos son las modalidades que puede adoptar la instrumentación de la indexación, una, la desmonetarización y, otra, la corrección monetaria propiamente dicha.

---

32 James Otis Rodner, *ob. cit.*, p. 79.

Según el académico venezolano:

> La desmonetarización consiste en el cambio que realiza un Estado de su moneda de curso legal (Bs.). En el caso de la desmonetarización, se trasladan matemáticamente los valores de la moneda de curso legal existente a la fecha de la desmonetarización [Bs. 100], en valores de una nueva moneda [US$1]. Con la desmonetarización se busca, en primer lugar, cambiar el símbolo monetario por la pérdida de confianza que ha tenido el símbolo anterior y, en segundo lugar, utilizar el cambio de símbolos monetarios para los efectos de ajustar, en algunos casos, prestaciones u obligaciones pecuniarias [Bs. por US$].
>
> La corrección monetaria propiamente dicha va dirigida a ajustar los valores nominales de las obligaciones pecuniarias, pero, conservando el mismo símbolo monetario, o sea, conservando la misma moneda de curso legal [Bs.]. El mecanismo de la corrección monetaria propiamente dicha obliga a incrementar en casos de inflación, los valores de las obligaciones pecuniarias de manera que éstas se reajusten en base a tasas de inflación oficialmente reconocidos por el Estado[33]" [Ej. Vs. 100 x Índice indexatorio].

Una cosa es entonces, por ejemplo, reemplazar al bolívar por el dólar, tanto como unidad de cuenta como unidad de pago (desmonetarización)[34] y, otra, muy distinta, sustituir al bolívar por el dólar como unidad de cuenta, conservando a la moneda de curso legal como unidad de pago (corrección monetaria). En este último caso, que es el que nos interesa, el bolívar mantiene su carácter de unidad de cuenta y de pago, sólo que sometido a ajustes con base en un índice.

Por su parte, contractualmente pueden instrumentarse las llamadas cláusulas de valor, en los que respetándose el principio nominalístico, las obligaciones de dinero cuya exigibilidad se encuentra diferida en el tiempo se van ajustando a través de una fórmula o mecanismo que refleje el impacto de la pérdida del poder adquisitivo de la moneda en que se encuentra cuantificada. Es así como, sin necesidad de incurrir en mora, resulta posible reconocer aquel efecto erosivo. Ello, sin embargo, ha sido admitido por la doctrina mayoritaria, únicamente cuando media pacto expreso entre acreedor y deudor, aunque es frecuente como fórmula en numerosas normas jurídicas de rango legal.

Ya volveremos a este tema cuando nos refiramos a la indexación de la obligación tributaria.

---

33 *Ibíd.,* p. 292.

34 Artículo 318.- "… La unidad monetaria de la República Bolivariana de Venezuela es el bolívar…".

b.3. Índices tradicionalmente utilizados en Venezuela

El objetivo último de la indexación es la apropiada reexpresión de un importe dinerario, de manera que se recoja en ella el impacto producido por ciertos factores en un período de tiempo, específicamente en cuanto a su poder de: i) compra de bienes y servicios; y/o, ii) intercambio por monedas distintas de aquellas en la que dicha suma de dinero está expresada.

La indexación o actualización de una obligación pecuniaria debe instrumentarse a través de fórmulas contentivas de índices que guarden relación lógica con el fin que persigue, por una parte, el importe dinerario que constituye su objeto (principio nominalístico) y, por la otra, la unidad en que está expresado y será pagado (moneda de cuenta y de pago). De perderse esa lógica y racionalidad, la indexación lejos de preservar los principios propios de la obligación y de sus medios de extinción (pago), terminará desnaturalizándolos, conduciendo, según se trate, a supuestos de novación, enriquecimientos sin causa (arts. 1.157, 1.178 y 1.185 CCV), daños adicionales o, simplemente, abandonando su fin resarcitorio para asumir uno sancionatorio.

La medición de la inflación y los índices que ella arroja, han sido considerados acertadamente como las bases de la metodología más apropiada para lograr los objetivos de justicia jurídica y económica que encierra la indexación, más aún cuando se trata de una corrección monetaria impuesta unilateralmente por el Estado. Al respecto, bien señala el jurista venezolano James Otis Rodner, que

> "Por cuanto la corrección monetaria nace de un acto del Estado, el propio Estado exige que la misma se aplique en base a los porcentajes de inflación determinados por el propio Estado. En la corrección monetaria, cuando se ajusta el valor nominal de las obligaciones de dinero, se aplica usando un índice matemático; ordinariamente, las tasas de crecimiento de los precios reportados por la autoridad monetaria de un país – el Banco Central"[35].

Para que la indexación opere correctamente se requiere obviamente que los índices seleccionados se ciñan a estrictos protocolos técnico-científicos, que las estadísticas con base en los cuales se calculan sean confiables, actualizadas y accesibles y que el ente u órgano encargado de medirlas actúe con seriedad, objetividad y transparencia.

En el caso de Venezuela, el artículo 319 de la Carta Magna establece como obligación principal del BCV la rendición de informes periódicos "sobre el comportamiento de las variables macroeconómicas del país y sobre los demás asuntos que le soliciten, e incluirán los análisis que permitan su evaluación".

---

[35] James Otis Rodner, *ob. cit.*, p. 289.

En desarrollo de aquella norma, la Ley del Banco Central de Venezuela (LBCV), publicada en *Gaceta Oficial de la República Bolivariana de Venezuela* N° 6.211 Extraordinario de fecha 30 de diciembre de 2015, reitera la obligación que recae sobre el ente emisor de publicar de manera oportuna y confiable la información actualizada sobre los distintos indicadores económicos del país, necesarios para contribuir al desarrollo armónico de la economía nacional. Dispone así el comentado instrumento legal que

> "**Artículo 7.** Para el adecuado cumplimiento de su objetivo, el Banco Central de Venezuela tendrá a su cargo las siguientes funciones: (...) 13. Acopiar, producir y publicar las principales estadísticas económicas, monetarias, financieras, cambiarias, de precios y balanza de pagos. (...)".

> "**Articulo 31.** La gestión del Banco Central de Venezuela se guía por el principio de transparencia. En tal sentido, sin perjuicio de sus responsabilidades institucionales y en los términos dispuestos en la Ley, debe mantener informado, de manera oportuna y confiable al Ejecutivo Nacional y demás instancias del Estado, a los agentes económicos públicos y privados, nacionales y extranjeros y a la población acerca de la ejecución de sus políticas, las decisiones y acuerdos de su Directorio, los informes, publicaciones, investigaciones, así como de las estadísticas pertinentes de acuerdo con prácticas aceptadas por la banca central, que permitan disponer de la mejor información sobre la evolución de la economía venezolana, sin menoscabo de las normas de confidencialidad que procedan, conforme a la Constitución de la República Bolivariana de Venezuela y a lo previsto en este Decreto con Rango, Valor y Fuerza de Ley (...)".

En el caso específico de la inflación, corresponde al BCV su medición y publicación en un todo conforme con los principios rectores contenidos en la normativa antes citada.

Al respecto, mediante Providencia Administrativa N° 8 del Ministerio del Poder Popular para la Planificación y Desarrollo e Instituto Nacional de Estadística (INE) y Resolución N° 08-04-01 del BCV, se dictan las "Normas que Regulan el Índice Nacional de Precios al Consumidor (INCP)[36], en la que se afirma la importancia que este indicador, junto al Índice de Precios al Consumidor (IPC) representan como elementos esenciales para la cuantificación y análisis del poder adquisitivo a escala nacional.

De acuerdo con dichos actos, lo siguiente puede decirse respecto de tan relevantes indicadores:

---

36 Gaceta Oficial N° 38.902 de fecha3 de abril de 2008.

- Índice de Precios al Consumidor (IPC)

El IPC es un indicador estadístico que mide los cambios ocurridos en los precios de una canasta de bienes y servicios representativa del consumo familiar, respecto a los precios vigentes para un período que es seleccionado como base de referencia.

Según Alfredo Toro Hardy:

"(...) a través del IPC se pueden medir las variaciones que experimentan los precios de un conjunto de bienes y servicios incluidos en una "cesta", que (...) se considera representativa del conjunto total de gastos en que deben incurrir los consumidores típicos.

Para determinar el IPC, se le atribuye a cada bien incorporado a la "cesta" un peso fijo proporcional a su importancia relativa en los presupuestos de gastos de los consumidores. Posteriormente, se calcula lo que vale la mencionada "cesta" en un momento dado, con respecto a un año base en el cual se asume que su valor es 100"[37].

- Índice Nacional de Precios al Consumidor (INPC)

El INPC se concibe como un indicador estadístico que mide los cambios ocurridos en los precios de una canasta de bienes y servicios representativa del consumo familiar, respecto a los precios vigentes para un período que es seleccionado como base de referencia. Este indicador coexiste con el IPC, variando uno y otro fundamentalmente en cuanto al ámbito geográfico que cubre la muestra con base en los cuales se determinan. Mientras el IPC se circunscribe al Área Metropolitana de Caracas, el INPC, es un índice de precios al consumidor con cobertura geográfica nacional, pudiendo desagregarse respecto de las siguientes ciudades: Caracas, Maracaibo, Maracay, Valencia, Barquisimeto, Mérida, San Cristóbal, Barcelona-Puerto La Cruz, Maturín y Ciudad Guayana.

De acuerdo con el artículo 4 de las "Normas que Regulan el Índice Nacional de Precios al Consumidor (INCP), este debe ser divulgado mensualmente, dentro de los primeros diez (10) días de cada mes".

Por su parte, el artículo 5 de esas mismas normas establece que

"A partir de la primera divulgación oficial de los resultados del Índice Nacional de Precios al Consumidor, este se utilizará como referencia en todas aquellas Leyes, Reglamentos, Decretos, Resoluciones, Providencias, Circulares, instrumentos normativos, actos administrativos de efectos generales y decisiones judiciales, que se dicten, estipulen u ordenen, según corresponda,

---

37 José Toro Hardy, *ob. cit.*, p. 480.

la aplicación de un indicador estadístico para afectar, escalar, indexar o actualizar todos aquellos valores que deban ser modificados con base en la evolución de los precios al consumidor durante un período determinado".

La normativa reguladora de la materia establece que la publicación que haga el BCV servirá de "**referencia**" a todo cálculo de corrección monetaria o ajuste que prevean las leyes o que ordenen los órganos administrativos o judiciales. Es importante entender que esta previsión no declara – pues el BCV no podría pretender asumir una función que no tiene asignada constitucional o legalmente – que tales índices son "obligatorios", simplemente los califica como una "referencia". Cosa distinta es que en una ley o acto administrativo les dé a esos índices otro carácter, como ocurría, por ejemplo, con la Unidad Tributaria (UT), que se calculó primero, con base en el IPC (Art. 121.15 - COT 1994) y, luego, en función del INPC (Art. 131.15 - COT 2014), aun cuando a partir de la vigencia del COT 2020, se suprimió toda referencia a su modalidad de cálculo.

Si bien el IPC y el INPC tienen carácter referencial, salvo que medie disposición normativa o convención en sentido contrario, no deberían existir dudas en cuanto a su efectividad indexatoria de obligaciones pecuniarias en la medida en que también recojan el impacto de la devaluación monetaria. Ello obedece no solo a la fuente oficial de esos indicadores (BCV/INE), sino que al medir la inflación y en ella quedar reflejada, teóricamente, el impacto de la devaluación, se convierten en efectivas herramientas para lograr el propósito perseguido (reexpresión equitativa, justa y real del importe pecuniario) en pleno respeto al principio de integridad del daño, es decir, que se repare el perjuicio sufrido en su exacta medida. Es precisamente en ello que radica la importancia de la racionalidad que debe guardar la fórmula indexatoria con la obligación a indemnizar y la razón por la que, sin duda, en el caso venezolano la inflación es el indicador más apropiado a tales fines en la medida en que en ella también quede reflejado el impacto cambiario (espiral inflacionaria/cambiaria).

Tal es la relevancia y pertinencia que judicialmente tienen indicadores como el IPC y el INPC que en *Gaceta Oficial de la República Bolivariana de Venezuela* N° 40.616 del 9 de marzo de 2015 se publicó el Reglamento del Procedimiento Electrónico para la solicitud de Datos al Banco Central de Venezuela en el que se establece la normativa general y el procedimiento que deben seguir los jueces que requieran tramitar, por vía electrónica o mediante oficio, los cálculos que sean ordenados en las sentencias que dicten.

Precisamente a ese reglamento hace referencia la Sala de Casación Social (SCS) del TSJ en su decisión N° 12 del 6 de febrero de 2001, en el caso del ciudadano José Benjamín Gallardo González contra Andy de Venezuela, C.A., señalando al respecto que

> "… la Dirección Ejecutiva de la Magistratura mediante el convenio marco de cooperación suscrito con el Banco Central de Venezuela en desarrollo del principio de colaboración entre los órganos del Poder Público consagrado en

el artículo 136 de la Constitución de la República Bolivariana de Venezuela, la garantía de la tutela judicial efectiva y los principios de gratuidad de la justicia y celeridad procesal, estableció en el mencionado instrumento que las solicitudes de información requerida por los tribunales de la República Bolivariana de Venezuela con el objeto de procurar información estadística, financiera y económica en tiempo real y de manera confiable para la determinación de indicadores de precios, cálculos de correcciones monetarias, tasas de inflación, tasas de interés, tipos de cambio y conversión de moneda, entre otros, serán realizadas a través del "*Módulo de Información, Estadística, Financiera y Cálculos*" que a tal efecto administra el Banco Central de Venezuela.

Asimismo, se prevé en el artículo 10 el "*carácter preferente a cualquier otra experticia*", motivo por el cual y, estando en plena vigencia el Reglamento del Procedimiento Electrónico para la solicitud de Datos al Banco Central de Venezuela, los jueces están en la obligación de agotar el procedimiento previsto para la realización de los cálculos que requieran, bien sea por vía electrónica o de oficio (…)". (Negrillas nuestras)

Al respecto, es adicionalmente relevante lo establecido en la sentencia de la SCC del TSJ N° 517, de fecha 08 de noviembre del 2018, según la cual

"En tal sentido dicha INDEXACIÓN JUDICIAL debe ser practicada tomando en cuenta los Índices Nacionales de Precios al Consumidor (I.N.P.C.), publicados por el Banco Central de Venezuela, hasta el mes de diciembre del año 2015, y a partir del mes de enero de 2016, en adelante, se hará conforme a lo estatuido en el artículo 101 de la Ley Orgánica de la Procuraduría General de la República [LOPGR], vista la omisión del Banco Central de Venezuela de publicar los Índices Nacionales de Precios al Consumidor (I.N.P.C.), calculada sobre la base del promedio de la tasa pasiva anual de los seis (6) primeros bancos comerciales del país, a menos que dichos índices sean publicados con posterioridad, y a tal efecto el juez en fase de ejecución, podrá: 1.- Oficiar al Banco Central de Venezuela, con el objeto de que - por vía de colaboración - determine dicha corrección monetaria, u 2.- Ordenar que dicho cálculo se haga mediante una experticia complementaria del fallo, de conformidad con lo estatuido en el artículo 249 del Código de Procedimiento Civil, con el nombramiento de un (1) solo perito. Así se decide. (*Cfr.* Fallos de esta Sala N° RC-865, de fecha 7 de diciembre de 2016, expediente N° 2015-438 y N° RC-538, de fecha 7 de agosto de 2017, expediente N° 2017-190)".

Destaca de las citas anteriores que son los indicadores oficiales publicados por el BCV, en primera instancia, el INPC, el insumo al que debe recurrir un juez cuando se trate de instrumentar correcciones monetarias, acudiéndose de manera subsidiaria y alternativa, en ausencia de aquél, a la tasa pasiva de los seis (6) principales bancos comerciales del país, que es el indicador que ordena aplicar la Ley Orgánica de la Procuraduría General de la República (LOPGR) respecto de aquellos supuestos en los que la República sea parte.

Ahora bien, es el caso que desde hace algún tiempo la publicación periódica de las estadísticas e información económica, concretamente la de los índices de variación de precios que reflejan la inflación, con base en los cuales se determinan el IPC y el INPC, ha dejado de ser "periódica", "oportuna" y "confiable". En efecto, desde finales del año 2013 el ente emisor comenzó a retrasar la publicación de los que, hasta entonces, habían sido informes mensuales sobre el índice de precios. Esta situación se mantuvo – el retraso y la intermitencia o irregularidad en las publicaciones de estas cifras por parte del BCV – a todo lo largo del 2014 y el 2015. A finales del 2015, el ente emisor publicó las cifras correspondientes a ese año. En diciembre de 2016 se presentó en el seno de la Asamblea Nacional (AN) un informe que daba cuenta de "los retrasos por parte del ente emisor en la publicación de estadísticas actualizadas sobre los principales indicadores económicos y sociales de Venezuela" en el que se hacía constar – entre otros – que para ese momento "el núcleo inflacionario de los precios llevaba 36 meses sin publicar, en tanto que el INPC tenía 10 meses sin hacerse público.

Como hemos venido señalando, no sólo incumplió el BCV con la obligación de publicar, periódica y oportunamente, entre otros, el IPC y el INPC, sino que existen fuertes evidencias de que los cálculos efectuados por el ente emisor y el INE fueron manipulados para disimular la real magnitud de la crisis económica venezolana, generando por tanto "desconfianza".

Si bien los retrasos en el cumplimiento de la obligación que recae sobre el ente emisor y el INE han disminuido, no ha variado la falta de credibilidad en cuanto a la veracidad de las estadísticas por ellos publicadas.

Con lo anterior queda claro que, aun siendo el IPC y el INPC los índices naturales para la llamada indexación de obligaciones pecuniarias, las irregularidades que en torno a ellos se registran no pueden ser ignoradas por las autoridades, especialmente por los jueces de la República.

Como ha sido señalado, dadas las particularidades de la economía nacional, en la que pareciera no bastar con índices que midan la inflación en función de los incrementos en los costos de bienes y servicios en bolívares, sino también, en dólares, es fundamental que, en aquélla, no sólo, se refleje la inflación en sentido tradicional, sino también, la devaluación de la moneda de curso legal respecto de dicha divisa (espiral - inflacionario/cambiario).

- El Petro

Como se ha venido señalando, la problemática inflacionaria y de constante pérdida del valor de cambio del bolívar por efecto de la política monetaria y cambiara implementada por años por los "gobiernos revolucionarios", ha alcanzado todas las esferas del acontecer nacional, no pudiendo encontrarse solución eficaz por la vía de indexaciones basadas en indicadores, nada confiables y a veces inexistentes, como los que ha terminado publicando el BCV y el INE, específicamente, el IPC y el INPC.

Tras numerosos intentos fallidos por reflotar el bolívar, en un contexto signado por la caída constante del PIB; un incremento sostenido de la inflación; la imposición de una serie de medidas ejecutivas por parte de presidentes de los Estados Unidos de América (sanciones) y la imposibilidad de celebrar válidamente operaciones de crédito público producto de la pérdida del control de la AN electa en 2014 y su subsiguiente declaratoria en desacato por parte del TSJ, el gobierno de Nicolás Maduro creyó encontrar en el mundo de las criptomonedas un aliviadero, al punto de haber creado una versión *sui generis* de aquéllas, a la que llamó Petro[38].

Esta medida fue fundamentada por el Ejecutivo Nacional en la necesidad de liberar a la economía venezolana de los efectos perniciosos que habían producido la incertidumbre e inestabilidad propias de la imposición del dólar estadounidense como moneda internacional de respaldo y la sustitución del patrón oro por el modelo fiduciario.

En el transcurso del tiempo se han evidenciado desesperados esfuerzos por parte del gobierno nacional de utilizar al Petro como medio de inversión, intercambio, financiamiento público y unidad de valor, rol este último al que ha terminado prácticamente limitándose el uso del referido "criptoactivo" y en el que nos enfocaremos brevemente de seguidas.

A pesar de que el Petro nace como un criptoactivo en diciembre de 2017, a los pocos meses (17 de agosto 2018), Nicolás Maduro en cadena de radio y televisión anunció la creación de una Unidad de Cuenta Fluctuante (UCF) a él anclada, que sería utilizada para fijar, por una parte, los precios de los bienes y servicios que conformaban el llamado "Plan 50"[39] y, por la otra, la escala salarial.

Sobre el Petro como UCF, valga observar en primera instancia, nunca existió normativa que lo regulara. Lo único que se pudo conocer sobre su fórmula de cálculo fue lo anunciado en la referida alocución presidencial. En esa oportunidad, Nicolás Maduro explicó que el Petro estaba "anclado al petróleo", lo que no significaba otra cosa que en la fórmula para traducirlo a bolívares se partía del precio del barril en la cesta petrolera venezolana. A ese precio del barril se aplicaba el tipo de cambio de referencia del momento, publicado por el BCV y, se obtenía su importe en bolívares. En aquel entonces, el barril de petróleo en la cesta venezolana se encontraba en US$ 60 y el tipo de cambio oficial era de Bs.S. 60/1US$, lo que implicaba que 1 Petro valía US$ 60 o, lo que era lo mismo, Bs.S. 3.600. Con base a ese valor del Petro fueron fijados precios y salarios. Se decidió así que el salario mínimo equivaldría a medio Petro, es decir, a Bs.S. 1.800, iniciándose con

---

38 Venezuela. Decreto N° 3.196 del 8 de diciembre de 2017, publicado en Gaceta Oficial N° 6.346 de fecha 8 de diciembre de 2017.

39 Programa gubernamental diseñado en 2018 que abarca rubros básicos para la población.

ello la implementación de una nueva UCF a él atada. Se dejó así de lado a indicadores como la canasta alimentaria, IPC, INPC, UT y salario mínimo que se habían venido utilizando con idéntico propósito.

Si bien con la aparición del *Whitepaper* del 1° de octubre de 2018 cambió la fórmula de valoración del Petro como criptoactivo, en tanto pasó de su supuesto anclaje al precio del barril de petróleo al importe que arrojara una fórmula referenciada al valor de venta en los mercados internacionales de una serie de "*Commodities*", (petróleo, hierro, diamantes y oro), nada se indicó en esa oportunidad en cuanto a que esa nueva fórmula tuviera alguna incidencia sobre el Petro como UCF. En la práctica, ambas expresiones del Petro (criptoactivo y UCF) operaron bajo dos regímenes totalmente distintos apareciendo publicados simultáneamente sus valores, uno, en la Página Web del BCV (UCF) y, otro, en la de la SUNACRIP (criptoactivo). El Petro como UCF continuó siendo ajustado por Nicolás Maduro, a su total discreción, tanto en cuanto a su importe como en lo que respecta a su frecuencia. Por su parte, el valor del Petro como criptoactivo era ajustado diariamente por la SUNACRIP bajo la supuesta aplicación de la fórmula contenida en el *Whitepaper*.

A partir del mes de septiembre del año 2019, el valor del Petro dejó de aparecer en la Página Web del BCV, lo que aunado a que desde el mes de abril de ese mismo año Nicolás Maduro no volvió a ajustarlo, daban claras señales del abandono de la doble publicación que respecto de él se venía registrando (UCF y criptoactivo). A la fecha, el Petro continúa existiendo como UCF, valorado por la SUNACRIP, en principio, conforme a lo dispuesto en el *Whitepaper,* dejaron, sin embargo, de ajustarse en función de él, el salario mínimo y los productos del llamado Plan 50, aunque cobró fuerza en otros ámbitos como el tributario y el judicial, como más adelante veremos.

La manera en que la SUNACRIP ha venido aplicando la fórmula prevista en el *Whitepaper,* genera suspicacia y, un nivel de inseguridad jurídica que atenta contra su efectividad como herramienta indexatoria. Aquella fórmula está compuesta por una serie de *commodities* (X) cada una con un peso específico (P): petróleo 50%, oro 20%, hierro 20% y diamantes 10%. En virtud de que cada *commodity* cuenta con su propia unidad de medida, en el caso del petróleo, el barril; en el del oro, la onza troy; la tonelada métrica, respecto del hierro y; los quilates, en cuanto a los diamantes, se incorpora también a la fórmula un factor de corrección (Fc), dirigido a homogenizar las diferencias en dimensiones que tales unidades suponen[40].

Sin necesidad de ser un matemático avezado, puede deducirse que sea por variaciones en las cotizaciones de cada *commodity* o del tipo de cambio publicado por el BCV que ha de utilizarse para convertir a bolívares aquellos valores (expresados en divisas por provenir del mercado internacional), el importe del Petro

40 $PTR = (X_{1,t}.\ Fc_1.\ P_{1} + X_{2,t}.\ Fc_2.\ P_2 + X_{3,t}.\ Fc_3.\ P_{3} + X_{4t}.\ Fc_4.\ P_4)$

determinado y publicado por la SUNACRIP ha de variar forzosamente a diario. Si bien, a lo largo de los años, ello ha ocurrido claramente en bolívares, en dólares, se ha mantenido relativa y curiosamente estable.

La aparente complejidad de la fórmula de fijación del valor del Petro, el comportamiento del mercado petrolero durante el año 2019 y la falta de estadísticas confiables para conocer las cotizaciones utilizadas por la SUNACRIP respecto del resto de los *commodities* que integran la fórmula adoptada a partir del 1° de octubre de 2018, hicieron que los cuestionamientos a la valoración del criptoactivo no pasaran de simples especulaciones. Llegó, sin embargo, el año 2020, cargado de factores generadores de gran impacto, que terminaron de correr el tenue velo que aun amparaba la credibilidad en la fijación del valor del Petro conforme a la tantas veces mencionada fórmula. Entre los múltiples factores que hicieron del año 2020 uno de los más convulsos de la historia reciente, destacan la "guerra de precios del petróleo[41]" y la aparición de la COVID-19.

En abril de 2020 el exceso de oferta de crudo acentuada por la paralización económica ocasionada por la pandemia viral se tradujo en causa fundamental del descenso en los precios del petróleo que, aunado a limitaciones de almacenamiento, condujeron a escenarios en los que los compradores a futuro del crudo estuvieron dispuestos a pagar por liberarse de sus compromisos contractuales pendientes de ejecución o de los volúmenes ya adquiridos.

En aquel contexto, los efectos de la COVID-19 no se limitaron al descenso en el precio del barril de petróleo, sino que lo propio ocurrió con el precio de casi todos los demás *commodities* que integran la fórmula de cálculo del Petro, excepto por el del oro. Es el caso, sin embargo, que el precio del "criptoactivo soberano" publicado por la SUNACRIP durante el año 2020, se mantuvo insólitamente incólume en dólares, registrando un precio para el 20 de abril de US$ 58,90, es decir, 1,8% menos de su precio original de US$ 60 fijado el 1° de octubre de 2018 y para el 28 de septiembre de 2020 en Bs. 24.324.517,50, o lo que es lo mismo, US$ 58,70 (2,1%).

Lo anterior, nos conduce a una única conclusión posible: la fórmula de fijación del precio del Petro prevista en la última versión del *Whitepaper* emitida por la SUNACRIP, no ha sido cumplida.

---

41 Todo comenzó con la reunión de los miembros de la OPEP y Rusia, en la que los miembros del cartel proponían un recorte de 1,5 millones de barriles diarios para sostener los precios ante la caída de demanda en China. Las medidas tomadas por el gobierno chino para contener el Covid-19 significaron el cese de todas las actividades y, por ende, del consumo de petróleo. La reunión terminó sin ningún acuerdo, pues Rusia se negó a disminuir su producción, lo que suscitó la primera gran caída de precios de marzo de 2020. Consultado en: https://www.france24.com/es/20200402-petroleo-guerra-precios-economia-coronavirus.

En lo que respecta al valor del Petro en bolívares, resulta igualmente obvia su forzosa variación diaria, esta vez, por efecto de la constante devaluación que registra el bolívar respecto del dólar que es la divisa en la que generalmente están expresadas las cotizaciones de los *commodities* a nivel internacional.

Al Ejecutivo Nacional tal vez le había resultado manejable disimular el impacto de la variación de los precios del petróleo, el hierro, el oro y los diamantes en la fórmula de determinación del precio del Petro, pero no ocurría lo mismo en cuanto al impacto que en ella tiene el tipo de cambio oficial. Posiblemente, por ese motivo, en bolívares no le había sido posible alcanzar la anhelada o supuesta estabilidad del "criptoactivo soberano" o, quizá, ello poco importaba por poderle achacar tal efecto al bolívar y no al Petro, en sí mismo.

De acuerdo con la normativa hasta el momento dictada respecto del Petro, es posible sostener que al menos tres valores pueden registrarse simultáneamente respecto del criptoactivo. El primero, el que resulta de la aplicación de la fórmula contenida en el *Whitepaper* aprobado por la SUNACRIP. El segundo, el que promedien las operaciones de compra y venta canalizadas diariamente a través de las *exchanges* autorizadas por la SUNACRIP. El tercero, el que pueda ser convenido entre particulares en las llamadas operaciones P2P[42].

Tales valores pueden ser muy disímiles, como de hecho ha quedado demostrado en el corto tiempo que tiene el Petro en el mercado. Es así como se ha especulado que el precio al que se tranza el Petro en las *exchanges* llega a ser hasta 50% menor que el valor que del criptoactivo publica la SUNACRIP. En cuanto a las operaciones P2P, nada impide que lleguen a ser gratuitas y, si son onerosas, que lo sean a un valor distintos a los otros dos antes mencionados.

Lo señalado puede llegar a tener serias implicaciones de continuar imperando la opacidad que ha caracterizado a la emisión y comercialización del Petro, así como a su valoración oficial, más aún cuando la adopción normativa del Petro como UCF no es precisa en ese sentido, al limitarse a mencionarlo, sin indicar que el valor que del mismo ha de utilizarse es el publicado por la SUNACRIP.

En definitiva, pareciera que la adopción del PTR como UCF en el fondo no encierra otro propósito que disimular la adopción del dólar como unidad de cuenta, independientemente de que se mantenga el bolívar como moneda de pago. Lo anterior se hace palpable en numerosos casos en el ámbito tributario, como más adelante veremos, entre ellos, la cuestionable fijación de tasas registrales y notariales en Petros, así como las exigidas por la tramitación de pasaportes y prestación de servicios portuarios y aeroportuarios.

---

42 Operaciones celebradas directamente entre dos personas sin la intervención de las *exchanges*.

Más allá de la adopción del Petro como UCF por parte del Legislador venezolano, de un tiempo a esta parte varias han sido las decisiones judiciales en las que se ha adoptado al referido criptoactivo como factor indexatorio de obligaciones de toda naturaleza (laborales, daño moral, etc.). Una de esas sentencias, quizá, la más polémica fue la dictada por la SCC bajo el N° 81, en el caso Diosdado Cabello vs. El Nacional[43].

En dicha decisión la cuota condenatoria se fijó en 237.000 Petros, debiendo simplemente convertirse a bolívares al día del pago al valor que el criptoactivo tuviese en ese momento y honrarse en la moneda local.

A la luz de las metodologías de corrección monetaria antes comentadas, pareciera que la Sentencia N° 81 adoptó una especie de "desmonetarización relativa", por cuanto no se limitó a aplicar a una cifra en bolívares un índice corrector, sino que al liquidar la condena sustituyó *ab initio* al bolívar por el Petro como unidad de valor, conservando a la moneda de curso legal como la de pago.

Finalmente, debe señalarse que es perfectamente posible que el Petro sea adoptado por las partes en un contrato en el marco de cláusulas de valor, con lo que completaría su utilización en todos los ámbitos posibles, legal, judicial y contractual, con ello, sin embargo, no estamos pronunciándonos en favor de su pertinencia como factor indexatorio.

Si bien la valoración del Petro, al encerrar la traducción de cantidades en dólares a bolívares, al tipo de cambio de referencia publicado por el BCV (resultante de las operaciones en las mesas de dinero), recoge el efecto cambiario, no hace lo propio con el impacto inflacionario, propiamente dicho.

El poder de compra del bolívar, es decir, la posibilidad de con él adquirir bienes y servicios, nada tiene que ver con el comportamiento del mercado petrolero, aurífero, del hierro y los diamantes, todos reservados al Estado, por ende, ajenos a los acreedores ordinarios de obligaciones pecuniarias. Es el comportamiento de los precios de los bienes y servicios a los que tiene acceso la población en general, el que debe ser tenido en cuenta a fines indexatorios. Es por ello que, en los ámbitos legal y judicial, resulta altamente cuestionable la adopción del Petro como UCF, crítica que se atenúa en el ámbito contractual, aunque sin quedar exenta de cuestionamientos.

El que en la fórmula del Petro juegue un papel relevante el tema cambiario, no es despreciable a los fines indexatorios, menos cuando la economía nacional se ha dolarizado, pero en ese caso lo que se estaría haciendo con su adopción como

---

[43] Sentencia del 16 de abril de 2021 de la SCC del TSJ, en la que se condenó a la sociedad mercantil C.A., EDITORIAL EL NACIONAL a indemnizar al ciudadano Diosdado Cabello Rondón (DCR), por concepto de daño moral, la cantidad equivalente en bolívares de 237.000 Petros (PTR), calculada según el valor del "criptoactivo" para el momento del pago.

unidad de valor es la sustitución del bolívar por un bien patrimonial (Petro) que en el fondo encubre la adopción del dólar, aun cuando su pago sigue ocurriendo en la moneda de curso legal.

Más allá de las consideraciones anteriores, vale destacar esquemáticamente, las principales razones por las que consideramos que el Petro no es una herramienta apropiada a efectos de la indexación, entre ellas:

- Su inconstitucionalidad.

- La posibilidad que existe de modificar su fórmula de valoración a través de actos de rango sublegal (*Whitepaper*).

- La discrecionalidad ejercida por la SUNACRIP al aplicar su fórmula de valoración, lo que evidencia que su importe depende en definitiva de la voluntad del Ejecutivo Nacional y no del real comportamiento de los *commodities* a las que está atado.

- La absoluta ajenidad de los precios del oro, el hierro, el petróleo y los diamantes con la inflación y, por ende, con el poder adquisitivo del venezolano en general.

Como hemos señalado, para que la indexación cumpla su propósito, la formula a aplicar debe ser capaz de reexpresar cuantitativamente a la obligación pecuniaria a corregir, de manera que se logre un importe equivalente en cuanto al poder adquisitivo que ella tenía para el momento en que su pago debió ocurrir. Ese poder adquisitivo al que la indexación procura preservar pudiera limitarse al de la compra de bienes y servicios en moneda de curso legal, pero en una economía dolarizada como la venezolana, debiera también preservar en alguna medida el poder adquisitivo de esa divisa y el poder cambio del bolívar frente al dólar y otras divisas. Todo ello, claro está, queda supeditado a una actuación responsable, oportuna, técnica y confiable de las autoridades monetarias a cuyo cargo estén las estadísticas económicas del país.

- Divisas

Producto de la dolarización *de facto* que ha tenido lugar en el país en los últimos años, fenómeno este al que insistimos se ha dado en llamar así, aun cuando no involucra exclusivamente al dólar de los EE. UU, varias han sido las muestras de la adopción gubernamental de las monedas extranjeras con fines indexatorios, especialmente en el ámbito tributario.

Con la reforma del COT 2014 el Legislador contempló en su artículo 146 la posibilidad de que por ley o decisión del Ejecutivo Nacional se admitiera el pago de la obligación tributaria en moneda extranjera. Esa norma fue modificada en el COT 2020 y, si bien omitió la mención expresa que en ese sentido hacia en su versión previa, dejó abierta la puerta para que el pago de la obligación tributaria pudiera tener lugar, no sólo, en bolívares, sino también, en divisas y en especie.

Esa posibilidad, sin embargo, ya estaba contemplada en el artículo 116 de la LBCV de 2015.

En línea con aquella disposición se dictaron una serie de instrumentos normativos, entre ellos, el Convenio Cambiario N° 35 de fecha 9 de marzo de 2016 publicado en *Gaceta Oficial de la República Bolivariana de Venezuela N° 40.865* de igual fecha que, en su artículo 24, estableció la posibilidad de que las obligaciones tributarias previstas en divisas en las leyes especiales de su creación pudieran ser pagadas alternativamente en moneda extranjera o en su equivalente en bolívares.

Aquella medida, se tradujo en la adopción de una serie de reformas legales centradas fundamentalmente en los instrumentos reguladores de tasas exigidas con ocasión a la prestación de ciertos servicios públicos, entre ellos, los ofrecidos por el Servicio Autónomo de la Propiedad Intelectual (SAPI), Servicio Autónomo de Identificación, Migración y Extranjería (SAIME), Instituto Nacional de Espacios Acuáticos (INEA) y Bolivariana de Puertos, S.A. (BOLIPUERTOS), con la particularidad de haberse circunscrito el pago de las tasas y precios públicos por ellos exigidos o cobrados en moneda extranjera, únicamente a sujetos no nacionales o de naves y aeronaves de bandera extranjera.

La adopción de las divisas como unidades de cuenta y/o pago de las obligaciones tributarias encuentran también expresiones, aunque muy puntuales, en el Poder Judicial. Una de las sentencias más particulares y controvertidas que se han dictado en la materia que aquí nos ocupa es la emanada del Tribunal Superior de lo Contencioso Tributario de la Región Central de fecha 10 de julio de 2017 (Exp. N° 3281), según la cual, partiendo a su vez de la sentencia de la Sala Constitucional del TSJ del 14 de mayo de 2014 – Exp. N° 14-0281,

> "(…) el hecho de que no exista un dispositivo legal que ordene expresamente la indexación y corrección monetaria sobre conceptos derivados de una relación jurídico-tributaria, no puede ser justificación para no aplicarse la misma al monto de los reparos impuestos a los contribuyentes, únicamente respecto a tributos dejados de pagar, ya que las sanciones son expresadas en Unidades Tributarias cuyo valor se ajusta periódicamente, y en cuanto a los intereses moratorios, tampoco puede aplicarse ningún ajuste ya que se estaría incurriendo en una especie de anatocismo; ello así, por cuanto dicha indexación es la consecuencia de un hecho que consiste en la pérdida del valor adquisitivo de la moneda en el tiempo y el objetivo de ésta es alcanzar el mayor grado de justicia posible, garantizar un nivel de vida digna para todos por igual, promover la responsabilidad social y la distribución de las cargas públicas, como el medio más idóneo para el desarrollo de los individuos y de la sociedad.

Asimismo, en los casos de contrataciones u operaciones realizadas en moneda extranjera, el criterio imperante ha sido que el pago debe realizarse en bolívares que es la moneda de curso legal, sin embargo, deberá tomarse en cuenta la tasa de cambio oficial para el momento del pago (SC-TSJ Exp. N° 1.641 del 2 de noviembre de 2011).

Estableció así esa decisión de Primera Instancia que el importe de la obligación reparada y confirmado por el juzgador debía traducirse en dólares para luego convertirse en bolívares al tipo de cambio del día del pago, sin perjuicio de los intereses moratorios y de las sanciones actualizadas conforme al artículo 92 del COT.

Sobre tan polémica sentencia, el tributarista Juan Esteban Korody señala que

> "Por lo tanto, pareciera contrario al principio de favor libertatis indexar una obligación tributaria, aun cuando dicho procedimiento no está establecido en la Ley, cuando dicha decisión escapa del *thema decidendum* y cuando ello, lejos de restablecer o garantiza de forma alguna los derechos del particular que accede al sistema de justicia, lo pone en una posición desmejorada de la que tenía cuando accionó"[44].

Como más adelante veremos, independientemente de si la indexación procede o no respecto de la obligación tributaria principal y si puede serlo en función del dólar o de la inflación, una multiplicidad de factores relacionados con ella han de ser tenidos en cuenta adicionalmente, razón por la cual se mantiene como un tema altamente complejo y polémico.

Más recientemente la ANC y algunas leyes sancionadas por la AN instaurada el 05 de enero de 2021, continuaron avanzando en la adopción de las divisas como unidades de valor. Fue así como el COT 2020 sustituyó a la UT por el "tipo de cambio oficial de la moneda de mayor valor, publicado por el BCV. Aquella medida no sólo puso en evidencia que la UT no reflejaba los reales niveles de inflación, mucho menos, el impacto de la devaluación, sino también, que resultaba inevitable para el Poder Público Nacional someterse al impacto de la "dolarización", aunque no fuera precisamente el dólar la divisa que registrara el tipo de cambio más elevado respecto del bolívar.

En el fondo, una medida de este tipo, más que procurar un mecanismo indexatorio racional, con los tradicionales vicios denunciados en cuanto a su validez en materia penal, lo que persigue es un fin recaudatorio, totalmente inaceptable,

---

44 Juan Esteban Korody Tagliaferro, "¿Puede el juez contencioso tributario actualizar (indexar) las obligaciones tributarias debidas por los contribuyentes?", en Abache Carvajal, Serviliano y Caballero, Rosa (coordinadores), *Contribuciones a la construcción del Derecho Procesal Tributario en Venezuela en Homenaje al Profesor Alberto Blanco-Uribe Quintero*, AVDT, Caracas, año, 2020, p. 208.

como lo han denunciado numerosos tributaristas nacionales a cuyos valiosos trabajos y reflexiones nos remitimos, para no desviarnos del propósito aquí perseguido, este es, la indexación de la obligación tributaria principal.

IV. Naturaleza jurídica de la obligación tributaria

A efectos de llegar a algunas conclusiones respecto a la indexación de la obligación tributaria principal, debemos comenzar por precisar su naturaleza jurídica.

De acuerdo con el artículo 13 del COT

> "La obligación tributaria surge entre el Estado, en las distintas expresiones del Poder Público, y los sujetos pasivos en cuanto ocurra el presupuesto de hecho previsto en la ley. La obligación tributaria constituye un vínculo de carácter personal, aunque su cumplimiento se asegure mediante garantía real o con privilegios especiales".

En primera instancia, generalmente, se califica a la obligación tributaria de pecuniaria, es decir, cuantificada y pagadera en dinero. Si bien es cierto que esa es la regla, históricamente se ha admitido también la posibilidad de cuantificarla en unidades de valor (Ej. UT) y que su pago lo sea en su equivalente en dinero. Adicionalmente, ha existido la posibilidad de expresar su cuantía en función del valor de un bien y de pagarla entregando esa misma cantidad de bienes, caso en el cual, se está ante una obligación pagadera en especie.

Muestras de lo señalado se manifiestan en las definiciones que de la obligación tributaria nos ofrecen juristas de la talla del argentino Carlos Giuliani Fonrouge y del español César García Novoa, así como también sentencias emanadas del Tribunal Constitucional Español (TCE), y una serie de leyes y actos sublegales integradores del ordenamiento jurídico venezolano.

Para el jurista argentino, "El contenido de la obligación tributaria **es una prestación jurídica patrimonial**, es una obligación de dar sumas de dinero en la generalidad de los casos **o dar cantidades de cosas, en las situaciones poco frecuentes en que el tributo es fijado en especie**[45]". (Negrillas nuestras)

Para el tributarista español, "Es verdad que la juridificación del tributo lleva a que el vínculo entre el obligado a pagarlo y quien lo exige sólo pueda explicarse como una obligación jurídica *ex lege* **y pecuniaria que, no obstante, admite en casos singulares el *aliud pro alio*, a través del pago en especie. La nota distintiva del tributo será, más bien, su consideración de *cesión definitiva de riqueza***[46]". (Negrillas nuestras)

---

[45] Carlos M. Giuliani Fonrouge, *Derecho Financiero*, Volumen I, Cuarta Edición, Depalma, Buenos Aires, 1990, p. 417.

[46] César García Novoa, *El Concepto de Tributo*, Marcial Pons, Madrid, 2012, p. 207.

Por su parte, el TCE en sentencia 193/2004 del 4 de noviembre, apartándose de la calificación de los tributos como prestaciones pecuniarias contenida en el artículo 2 de la Ley General Tributaria[47], señaló que: "Desde una perspectiva estrictamente constitucional el tributo constituye **una prestación patrimonial** de carácter público que se satisface a los entes públicos con la finalidad de contribuir al sostenimiento de los gastos públicos, y grava un presupuesto de hecho o hecho imponible revelador de capacidad económica fijado en la Ley (STC 276/2000, de 16 de diciembre, FJ 4)"[48]. (Negrillas nuestras)

En el caso venezolano, la CRBV en su artículo 133 se limita a señalar que "Toda persona tiene el deber de coadyuvar a los gastos públicos mediante el pago de impuestos, tasas y contribuciones que establezca la ley", sin referirse en momento alguno a las modalidades de dicho pago.

A nivel constitucional, la única prohibición expresa que existe en cuanto al pago de la obligación tributaria es la contenida en el artículo 317, en la que se prohíbe establecer obligaciones tributarias pagaderas en servicios personales.

El COT, por su parte, al definir a la obligación tributaria no la califica de pecuniaria o patrimonial, sin embargo, su artículo 146 contempla como regla general su pago en bolívares, sin perjuicio de que el BCV, a requerimiento del ministro con competencia en finanzas, establezca algo distinto.

Respecto del tema que nos ocupa, en la década de los noventa del siglo pasado, el jurista Ángel Gabriel Viso, señaló que

> "En Venezuela a mi juicio no existe ningún impedimento para que la obligación tributaria pueda ser pagada por medio de la transmisión de la propiedad de bienes distintos del dinero. Sin embargo, para que ello pueda suceder es necesario que la ley lo permita expresamente y que el Fisco acepte dicha forma de extinción de la obligación"[49].

Varias son las evidencias de que lo sostenido por Viso es correcto, aun cuando deba sostenerse respecto de la obligación tributaria que la regla es la de su concepción y calificación como una de tipo pecuniario. En nuestro ordenamiento jurídico, han existido normas que desde antiguo han admitido la cuantificación de

---

[47] Artículo 2.- 1. Los tributos son los ingresos públicos **que consisten en prestaciones pecuniarias** exigidas por una Administración pública como consecuencia de la realización del supuesto de hecho al que la ley vincula el deber de contribuir, con el fin primordial de obtener los ingresos necesarios para el sostenimiento de los gastos públicos.

[48] Tribunal Constitucional de España, Sentencia No. 193/2004, 4 de noviembre de 2004. Disponible en: http://hj.tribunalconstitucional.es/es-ES/Resolucion/Show/5198#complete_resolucion&completa, consultado en fecha 20 de marzo de 2020.

[49] Ángel Gabriel Viso, *ob. cit.*, p. 354.

la obligación tributaria en moneda de curso legal y su pago en especie. Últimamente es cada vez más frecuente encontrar normas que regulan la cuantía de la obligación tributaria recurriendo a unidades de valor, aun cuando mantienen su pago en su equivalente en moneda de curso legal.

Entre los primeros casos mencionados destacan, por ejemplo, el artículo 99 de la Ley de Impuesto de Donaciones, Sucesiones y otros Ramos Conexos (LISD); el artículo 56 del Reglamento N° 2 de la Ley Orgánica de Administración Financiera del Sector Público, relativo al Crédito Público; la Ley de Timbre Fiscal y la Ley Orgánica de Aduanas.

Es de observar, que todos los casos señalados respecto de este grupo de leyes, además de ser excepcionales, persiguen fines extrafiscales, en el primero, fortalecer el acervo patrimonial del Estado, en el segundo, incentivar la adquisición de títulos valores públicos, en el tercero, implementar mecanismos de seguridad y control de actos y productos de alta sensibilidad (licores y cigarrillos), en el cuarto, la descongestión y agilización del sistema aduanero, así como el favorecimiento del interés social en casos especiales.

Es así como puede sostenerse que, si bien la obligación tributaria es esencialmente pecuniaria, no parecieran existir impedimentos insalvables para que su pago se efectúe en especie. De ahí que, más que pecuniaria deba catalogarse a la obligación tributaria de patrimonial, al siempre suponer la transferencia definitiva de una expresión de riqueza, trátese de dinero o de una especie.

La esencia de la obligación tributaria y el fin que persigue el Estado con la creación de tributos conduce, sin embargo, a la conclusión de que tal modalidad de pago debe ser excepcional.

Partiendo de la premisa de que la razón de ser de la tributación es fundamentalmente, la de financiar el gasto público (Art. 133 CRVB), aunque también puede encerrar fines dirigistas (Arts. 299 y 316 CRBV), ningún sentido tiene generalizar el pago de la obligación tributaria en especie, en tanto ello afectaría seriamente la liquidez e inmediata disponibilidad que demanda el Estado para cubrir a través de lo recaudado buena parte del gasto público. No es lo mismo para un Estado recibir la recaudación tributaria en dinero que percibirla en mercancías u obras de arte. De allí pues, que el pago en especie de la obligación tributaria deba ser excepcional y contar con una justificación válida y razonable.

Adicionalmente, debe señalarse que la adopción del pago en especie de la obligación tributaria no puede suponer cargas para el sujeto pasivo que encarezcan o pongan en peligro el cumplimiento de su deuda. Es así como, si para adquirir la especie el sujeto pasivo tiene que erogar una cantidad de bolívares superior a la del importe de la obligación tributaria, indudablemente la medida adoptada será inaceptable. Tal es el caso de lo que en principio ocurre respecto de los obligados a pagar tributos en Petros, en tanto su adquisición supone el pago de comisiones que encarecen el cumplimiento por esa vía de la deuda.

Finalmente, la modalidad de pago en especie no debe perseguir un propósito encubierto dirigido a indexar el importe de la obligación, por cuanto, dependiendo del tributo de que se trate, ello pudiera terminar afectando la garantía constitucionalmente consagrada de que el tributo atienda a la capacidad contributiva del obligado a su pago, más aún, si esa indexación no responde a indicadores pertinentes, tema este al que volveremos más adelante.

En ese mismo sentido deben operar las normas de rango legal en las que se establece las obligaciones tributarias integradoras de la segunda categoría mencionada, es decir aquellas en las que el importe de la obligación tributaria se establece en una determinada cantidad de unidades de valor de manera que se produzca automática y constantemente su indexación (Ej. Tramitación de pasaporte: X PTR). En esos casos, la adopción por el legislador de unidades de valor no altera el carácter pecuniario de la obligación tributaria convirtiéndola como algunos lo han considerado en obligaciones de valor. Hacemos tal afirmación, por cuanto una cosa es la norma y otra el nacimiento e importe de la obligación tributaria. Esta al nacer estará expresada, simplemente, en una cantidad de dinero que ha de pagarse igualmente en dinero. Desde su nacimiento es, por tanto, una obligación pecuniaria. Tal mecanismo, sin embargo, para ser admisible y efectivo, especialmente en materia tributaria debe reflejar únicamente la inflación y en cierta forma la devaluación, en los términos antes aludidos, de manera que los principios y parámetros constitucionales que deben ser atendidos por el Legislador al crear un tributo no se desnaturalicen con el paso del tiempo.

La cuantificación *ab initio* del importe de la obligación tributaria mediante el uso de unidades de valor, luce cónsona con la figura de la tasa, en tanto ésta debe guardar relación con los costos que suponen la prestación de servicios públicos o la utilización de ciertos bienes públicos que, como es lógico pensar, varían en el transcurso del tiempo y sólo a través de un mecanismo indexatorio de esta naturaleza atenúan el desfase que pueda producirse entre el importe de la tasa y el costo de la actividad estatal. Por el contrario, en el caso, por ejemplo, de impuestos, en los que la capacidad contributiva resulta crucial la adopción de mecanismos indexatorios de aquel tipo se tornan controversiales, aun cuando, como más adelante veremos cuenta con importantes precedente, entre ellos, el ajuste por inflación en materia de Impuesto sobre la Renta (ISR).

V. Indexación de la obligación tributaria

A. En caso de obligaciones tributarias que califican de pecuniarias

Antes de adentrarnos en el complejo tema de la indexación de la obligación tributaria, que es la parte esencial de este estudio, es importante insistir en que aquélla puede presentarse en diferentes contextos, registrándose, como es de imaginar, diversas implicaciones, según se trate. Es así como, puede pretenderse, la indexación de la obligación tributaria principal (importe del tributo) y sus accesorios (Ej. recargos). Pudiera por otra parte plantearse si la indexación de obligaciones tributarias en caso de mora se satisface con la sola causación de intereses moratorios. Si bien existe también la indexación de las multas, a este tema no nos referiremos en esta oportunidad, por haber sido exhaustivamente abordado por la doctrina patria. Finalmente, como ya comentamos, existe también la posibilidad de cuantificar el importe de la obligación a nivel normativo a través de unidades de valor, con el propósito, precisamente de irlas indexando.

A pesar de la amplia gama de escenarios que pueden presentarse sobre el tema, en lo adelante, nos dedicaremos únicamente a analizar la posibilidad de indexar a la obligación principal, por cuanto pudiera existir la creencia de que respecto de ella aquel mecanismo no encuentra cabida, por así haberlo decidido la CSJ en la referida sentencia que declaró la nulidad parcial del artículo 59 del COT.

B. Indexación normativa de la obligación tributaria a efectos de su determinación originaria

Así como la inflación y la devaluación impactan el valor real del importe adeudado por concepto de tributo, una vez el sujeto pasivo incurre en mora, el monto que pretende el legislador sea pagado originalmente por concepto de ciertos tributos puede verse incidido por efecto de aquellos flagelos. Frente a esa realidad, ha sido práctica constante del Legislador, la de regular normativamente a ciertos tributos en función de unidades de valor, de manera que, configurado el hecho imponible, su importe se corresponda con las circunstancias del momento. Como fue señalado, esa práctica pareciera totalmente aceptable para tributos como las tasas, cuyo importe generalmente es fijo, aunque ajustable en el tiempo, en términos reales, en función de un mecanismo indexatorio apropiado (unidades de valor). Existen, sin embargo, tributos de otra especie, como, por ejemplo, el ISR, que por contar con ejercicios fiscales de significativa extensión temporal (12 meses), ven claramente incidida la homogeneidad de los factores a computar con miras a su determinación, entre ellos, ingresos brutos, costos y gastos. Es así como, el devenir inflacionario y devaluacionistas puede causar significativos estragos en la veracidad de los importes matemáticos a incluir en la fórmula de determinación del tributo. La inflación y la devaluación conducen, en muchos casos a espejismos, correspondiéndole por tanto al Legislador, atenderlos para no perder el norte que marca el artículo 316 de la CRBV.

En ese sentido recuerda el jurista venezolano Eduardo Meier que

> "Los tributos solo pueden causarse y pagarse en función de la renta o el patrimonio como renta ahorrada. El problema se complica en tiempos de inflación, pues la apariencia nominal de la información cuantitativa que sirve de base para expresar el contenido, la medida económica y últimamente para cifrar los tributos queda absolutamente falseada. El abismo entre realidad y fantasías será mayor mientras más intensa sea, en **unidad de tiempo**, la desvalorización monetaria.

Por eso, en tiempos de inflación se pregunta, sobre qué medida de la riqueza es idónea para dimensionar cuantitativamente el "deber de contribuir" y su correlativo derecho de hacerlo limitadamente conforme a la "capacidad económica", pasa por neutralizar la "ilusión monetaria" (...)

En períodos de inestabilidad monetaria la información cuantitativa pierde su significado y pasa a exponer un conjunto heterogéneo de valores no comparables entre sí, que representan distintos poderes adquisitivos, idóneos para representar una capacidad contributiva "real", lo que normalmente degenera en actuaciones de indebida sobreimposición para algunos contribuyentes e incluso sub-imposición para otros, con los consiguientes reproches de inequidad sistemática"[50]. (Negrillas nuestras)

Como bien apunta Meier, "Hoy está completamente superada la visión, según la cual el legislador es libre de abstenerse de corregir los efectos deformantes de la inflación, so pena de proporcionar una ineficacia práctica del derecho constitucional"[51]. El sistema tributario, integralmente considerado, por tanto, debe procurar la racionalidad, razonabilidad y proporcionalidad, sin las cuales no se logra la justicia. En ello, ciertamente, es imposible ignorar los efectos distorsionantes de la inflación y la devaluación a efectos de la concepción, determinación y pago de la obligación tributaria, sin que ello, sin embargo, pueda atentar contra los principios rectores del Sistema Tributario.

Lo anterior ha sido reconocido por nuestros tribunales tributarios, razonado de la siguiente forma

> "En una economía inflacionaria, como la que padece Venezuela, donde los valores monetarios se han hecho inestables, no sería posible establecer realmente ese – poder económico- si la renta obtenida según valores monetarios históricos no fuera ajustada de acuerdo con la inflación, porque sólo de este modo podría saberse si ese -poder económico- se ha incrementado o ha disminuido, a pesar de la apariencia proyectada por los valores históricos. Hoy, más que nunca, no podría determinarse el incremento patrimonial sin la variable de los cambios de capacidad adquisitiva de la población que condicionan a ese "poder económico"[52].

---

50 Acción de nulidad por razones de inconstitucionalidad interpuesta contra la LISR por ante la SC del TSJ de fecha 10 de junio de 2015.

51 *Ídem.*

52 Sentencia del Tribunal Superior Cuarto de lo Contencioso Tributario, de fecha 11 de agosto de 2000. Bajo la coautoría de los Jueces asociados Gabriel Ruan Santos e Iván López. Caso: Cementos Caribe, C.A. vs. República de Venezuela. Consultada en:

http://www.avdt.org.ve/documentos/doctrina_jurisprudencia/imp_sobre_la_renta/cementos_caribe_11-08-00.doc.

Por su parte, la SPA del TSJ ha sostenido lo propio en sentencia de fecha 25 de septiembre de 2002, caso Metalúrgica Lerma, precisando que

> "Tal necesidad de tomar en consideración el ajuste por inflación, es consecuencia de una economía inflacionaria donde no es posible establecer realmente el poder económico del contribuyente, si la renta obtenida según valores monetarios históricos no es ajustada de acuerdo con la inflación. De esta manera, es posible determinar si la capacidad económica del contribuyente se ha incrementado o disminuido a pesar de la apariencia que proyecta el valor histórico. Con ello, se busca adecuar el gravamen de la renta a la efectiva capacidad económica del contribuyente, dando cumplimiento al mandato previsto en el artículo 316 de la Constitución de la República Bolivariana de Venezuela"[53].

Fue precisamente bajo esa concepción reconocida por nuestra Máximo Tribunal que el legislador nacional en materia de ISR procura gravar efectivamente el incremento neto del patrimonio medido en términos reales y obtenido durante el ejercicio, adoptó en la ley de 1991 el llamado Sistema Integral de Ajuste por Inflación (SIAI) que obraba sobre todas aquellas partidas del balance que incidían efectivamente en la determinación del incremento del patrimonio del período. Desde su origen, dicho sistema registro algunas fallas, varias de ellas atendidas en versiones subsiguientes de aquel instrumento normativo, en tanto que otras fueron apareciendo o agravándose en textos posteriores.

La Exposición de Motivos de la LISR de 1991, establecía así que

> "El proyecto propone la incorporación de la normativa referente a un ajuste integral por actualización de los elementos del Activo, Pasivo y Patrimonio, con el propósito de que los contribuyentes paguen sobre la base de ingresos reales y no nominales como hasta el presente ha ocurrido. No se persigue con este sistema un mayor ni menor ingreso de impuesto, sólo está dirigido a lograr la equidad, haciendo que las empresas tributen por sus verdaderos resultados económicos, reconociendo y aceptando las pérdidas por inflación, pero también sincerando las ganancias que se produzcan debido a tal proceso".

Por muchos años, aquella fue la práctica seguida por el Legislador venezolano, quien, sin embargo, a partir del año 2014, inconstitucional y progresivamente fue excluyendo del SIAI a ciertas categorías de sujetos pasivos de la obligación tributaria en materia de ISR, primero, los bancos, aseguradoras y demás empresas del sector financiero en general y, posteriormente, los sujetos pasivos especiales. Si bien este tema no será aquí abordado, lo que si queremos resaltar es

---

53 Sentencia de la SPA del TSJ de fecha 25 de septiembre de 2002, con ponencia del Magistrado Hadel Mostafá Paolini. Caso: Fundación Metalúrgica Lemos, C.A. vs. República de Venezuela (Fisco Nacional). Consultada en: http://historico.tsj.gob.ve /decisiones/spa/septiembre/01165-250902-01-0273.HTM.

la posibilidad y pertinencia de que se adopten a nivel legal mecanismos que, en escenarios inflacionarios y de problemas monetarios, contribuyan a determinar a los tributos lo más ajustado posible a la capacidad contributiva real de los obligados a su pago.

Dependiendo del tributo del que se trate, fórmulas como la fijación de tasas en Unidades de Valor (Ej. U.T.) o, de impuestos, con períodos fiscales de considerable magnitud temporal (Ej. ISR - SIAI), deben ser aceptados, siempre y cuando los índices y métodos para su implementación corrijan los efectos distorsionantes de los factores involucrados en su base imponible, conservándolos y/o homogeneizándolos en el tiempo, según se trate.

Lo anterior no debe confundirse con prácticas cuestionables, igualmente adoptadas por el Legislador en las que a través de mecanismos indexatorios lo que procuran es incrementar la recaudación (Art. 92 COT- indexación de sanciones) o, en los que se adoptan unidades de valor desvinculadas, total o parcialmente, con las manifestaciones de capacidad económicas gravadas (Petro – Tipo de cambio más alto, etc.) o que excluyen de manera discriminatoria e irracional a ciertos sectores.

C. Indexación de la obligación tributaria principal en caso de mora

c.1. Extremos para considerar configurada la mora en el ámbito tributario

Según Eloy Maduro Luyando, la mora se caracteriza por ser un incumplimiento de naturaleza temporal y culposo. Es así como para considerarla configurada respecto de una obligación, esta debe ser válida, cierta, líquida y exigible. Adicionalmente, un importante sector de la doctrina estima necesario que medie el cobro por parte del acreedor. Respecto de este tema, Humberto Romero Muci, señala que para que se produzca la mora, el incumplimiento de la deuda ha de ser también culposo[54].

En el ámbito tributario, es perfectamente posible que el Legislador considere al vencimiento del plazo concedido para cumplir la obligación para que, si ésta no ha sido satisfecha, se configure la mora, sin que sea para ello necesario la interpelación del acreedor al deudor (*diez interpellat pro homine*).

En cuanto a la culpabilidad, no puede haber daño por retraso en el cumplimiento de la obligación si éste es imputable al propio sujeto activo. Si bien en el caso de la obligación tributaria el contribuyente incurre en mora con el solo vencimiento del plazo concedido por ley para su pago, ello realmente aplica respecto de los tributos que el sujeto pasivo autoliquida. La culpa se concreta así, respecto de tributos autoliquidables, con el solo retraso en su declaración y pago, pero, mal puede considerarse extensivo ese tratamiento a tributos que han de ser liquidados por el sujeto activo de la relación jurídico-tributaria.

---

[54] Humberto Romero-Muci, *Lo racional e irracional de los intereses moratorios en el Código Orgánico Tributario*, AVDT, 2004, p. 17.

Compartimos la posición, según la cual, la determinación tributaria tiene efectos declarativos, ya que la obligación nace y queda cuantificada con la sola configuración del hecho imponible en un momento dado, independientemente de que en algunos casos sea necesario efectuar cálculos complejos que permitan arribar a ese importe. Tal es el caso del ISR, a diferencia de lo que se paga, por ejemplo, por concepto de peaje por el uso de una vía terrestre, cuyo importe es fijo y conocido de antemano por el obligado a su pago (Ej. 3 UT). Si, por el contrario, se trata de tributos cuya liquidación corresponde a la Administración Tributaria, cualquier retraso en el cumplimiento de su pago obviamente no puede ser imputado al sujeto pasivo, no mediando culpa, ni pudiéndose configurar, por ende, la mora.

En lo que respecta a la mora y, con ella, a los intereses moratorios, la SPA de la CSJ había venido aplicando los principios que derivan de aquel instituto como sanción civil (resarcitoria) para regular su procedencia en el campo tributario. Es así como se había establecido que la causación de los intereses moratorios radicaba en la falta de pago de la obligación tributaria y, por tanto, su procedencia dependía de:

1. La existencia de un crédito tributario líquido, es decir, cuantificado, fijado su monto de manera expresa en un instrumento de pago expedido al efecto.
2. La fijación de un plazo para su pago, indicando de manera cierta en el instrumento de pago.
3. La notificación legal del sujeto pasivo de esa obligación, de manera que éste pudiese conocer el monto y la fecha de vencimiento de esa obligación a su cargo.
4. La exigibilidad de la obligación, es decir, el vencimiento del plazo concedido para el pago, por haber transcurrido íntegramente sin haberse suspendido la eficacia del acto por la interposición de algún recurso o petición o bien porque de haberse impugnado legalmente, esta acción hubiese sido decidida y declarado firme el acto de liquidación cuestionado[55].

No obstante, años después, la Sala Especial Tributaria II de la SPA de la CSJ, en decisión de fecha 7 de abril de 1999, modificó su pacífica y reiterada jurisprudencia en materia de intereses moratorios, al concluir que conforme al derecho positivo y, específicamente, en base a las disposiciones del COT de 1982, la "… liquidez de la deuda principal no es un presupuesto necesario para la obligación de pagar intereses moratorios …"[56], posición esta que ha venido sosteniendo desde entonces la SPA.

---

[55] Sentencia de la SPA caso MADOSA de fecha 10-08-93.

[56] Decisión de la SPA de la CSJ en Sala Especial Tributaria II de fecha 7 de abril de 1999 citada en: Mendoza, Palacios, Acedo, Borjas, Páez Pumar & Cía.

En lo que respecta a la liquidez de la obligación tributaria como condición para la causación de intereses moratorios, la jurista española, Gema Díez-Picazo Giménez, señala que

> "Desde mi punto de vista, esta máxima no puede continuar siendo aplicada en sede de constitución en mora del deudor, sino que deberá ser tratada en relación a la responsabilidad contractual. O bien la deuda es absolutamente ilíquida y por tanto inexigible, en cuyo caso queda zanjada la cuestión, o bien la deuda es líquida, aunque lo sea parcialmente y deberá decidirse si el deudor tenía o no los medios adecuados a su alcance para hacerla líquida. Esto quiere aproximar la idea de que la liquidez de la deuda deber ser enjuiciada desde el criterio de la imputabilidad o no del deudor por el incumplimiento. Los deudores no pueden seguir escudándose en el requisito de la iliquidez de la deuda para exonerarse de su responsabilidad cuando contaban con todos los medios para determinar su cuantía o cualidad. Deberán por lo menos haber intentado liquidar o bien haber realizado el cumplimiento parcial de su obligación basándose en el conocimiento que tuvieron del montante base de su deuda. Será, por tanto, cuando se trate de la imputación del retraso al deudor cuando se analice el tema de la liquidez de la deuda"[57].

Sobre este mismo tema, María Dolores Gramunt Fombuena defiende ideas semejantes, al sostener que

> "...Se entiende que un crédito es líquido cuando su montante es determinado o determinable mediante una mera operación aritmética de cálculo. Por el contrario, la iliquidez del crédito pecuniario supone que la pretensión crediticia se fundamenta sobre un crédito cuya cuantía ha de determinarse realizando la valoración monetaria de bienes o de efectos patrimoniales. De este modo, la falta de exigibilidad se fundamenta en la ignorancia razonable del deudor de cuánto se debe prestar.
>
> (... omissis...)
>
> En cambio, no puede considerarse que el deudor incurra en mora cuando la liquidación del crédito deba ser realizada por el acreedor o un tercero, puesto que entonces el cumplimiento de la obligación se halla subordinada a un acto ajeno a él y sería injusto hacerle responsable"[58].

Inconstitucionalidades en el artículo 59 del Código Orgánico Tributario, Caracas, 2000, p. 89.

57 Gema Diez-Picazo, *La Mora y la Responsabilidad Contractual*, Editorial Civitas, S.A., 1996, p. 46.

58 María Dolores Gramunt Fombuena, *La Mora del Deudor en el Código Civil*, José María Bosch Editor, S.A., Barcelona, 1993, p. 19.

Sobre este punto, ha sido constante el alegato de que cuando media discrepancia en lo que respecta a la cuantía de la obligación tributaria, que es cosa distinta, a la existencia de la obligación y, el sujeto pasivo inicia procedimientos administrativos y/o judiciales para dirimirlas, no es posible considerar en mora al deudor, por cuanto la obligación es indeterminada.

Frente a ese argumento, hay quienes sostienen que, en todo caso, la obligación existe y es exigible, por lo cual deberá considerarse en mora al deudor, reclamando en la medida en que reconozca la obligación. Esta apreciación puede enlazarse con la afirmación de Scaevola de que en ocasiones la falta de liquidez encierra una cierta culpabilidad, en el sentido de imputabilidad de dicha falta de liquidez al deudor, en cuyo caso, si bien el acreedor no puede constituir en mora al deudor, si puede reclamar indemnizaciones por los daños ocasionados, no por mora, sino por incumplimiento de la obligación de liquidar"[59].

Con relación al tema aquí referido, la Procuraduría General de la República de Venezuela en los Informes presentados en el marco de la acción de nulidad interpuesta contra el artículo 59 del COT de 1994, señaló que

> "La determinación tributaria no tiene carácter constitutivo con respecto a la obligación, como alegan los recurrentes sino carácter declarativo. Por el contrario, '... el hecho imponible es un elemento constitutivo de esa obligación...' En tal sentido, '... la cantidad de dinero que puede ser objeto de reparo por la Administración Tributaria, tiene su génesis en la verificación del hecho generador de la obligación tributaria y no del acto determinativo...'[60]".

En ese mismo sentido se pronuncia Humberto Romero Muci, para quien

> "La liquidez y la exigibilidad de la obligación tributaria son consecuencia de la naturaleza legal de la obligación de especie. Son el resultado de la realización del hecho abstracto previsto por la Ley, tanto en sus aspectos cualitativos como cuantitativos. No son consecuencia de actuaciones concretas, atribuibles bien a la Administración o al contribuyente, que en su caso sólo vienen a documentar o exteriorizar la ocurrencia de tales hechos. La obligación tributaria nace, es líquida y exigible de pleno derecho. Las actuaciones dirigidas a determinar el crédito tributario sólo tienen virtualidad declarativa"[61].

Compartimos, en buena medida, la posición de la doctrina privada, nacional y española, así como la de la administrativa nacional antes expuestas y, estimamos que, de alguna manera, es la que recoge nuestro COT desde hace tiempo atrás,

---

59 *Ibíd.,* pp. 20 y 22.

60 Mendoza, Palacios, Acedo, Borjas, Páez Pumar & Cía. Inconstitucionalidades en el artículo 59 del Código Orgánico Tributario, Caracas, 2000, pp. 83 y 84.

61 Humberto Romero-Muci, *Lo racional e irracional de los intereses moratorios en el Código Orgánico Tributario, ob. cit.* pp. 87 y 88.

aunque no necesariamente con la precisión que tan delicada materia demanda. Decimos lo anterior, porque el artículo 66 del COT al regular la causación de los intereses moratorios, precisamente aplica la regla de la equiparación de la falta de cumplimiento al vencimiento del plazo para declarar y pagar a la exigibilidad, sin dejar de lado que ello aplica únicamente respecto de tributos autoliquidados.

Si la obligación tributaria nace con la configuración del hecho imponible, sólo que amerita su determinación, en unos casos, por el sujeto activo, pero en otros, por el sujeto pasivo (autoliquidable), en ambos escenarios su cuantificación queda definida en ese mismo momento, como si se tratara de una fotografía que, simplemente amerita ser revelada en algunas oportunidades, aunque, en otras no. El que esa imagen sea tomada con un rollo fotográfico que requiere ser revelado en un laboratorio (liquidación a cargo de la Administración Tributaria – Ej. Impuesto a las Transacciones Inmobiliarias-) o, que el fotógrafo, por sí mismo, pueda procesarla en su propio laboratorio (autoliquidable – ISR-) o, que por haber sido captada de manera digital a través de un teléfono inteligente esté inmediatamente disponible (Ej. X U.T.), es lo que hace relevante la condición de tributo autoliquidable en este punto concreto del tema que nos ocupa.

El importe de la obligación tributaria es uno solo. Que respecto de él se registre polémica, producto, entre otras, de interpretaciones adoptadas por el contribuyente o responsable y que ello termine traduciéndose eventualmente en la confirmación de un incumplimiento, en nada altera su cuantía originaria. Mientras el contribuyente o responsable, con base en la ley, pueda autoliquidar el tributo, el sólo vencimiento del plazo concedido por ley para ello, así como para pagarlo, debe considerarse suficiente para, no sólo considerar a la obligación exigible, sino también, configurada la mora, de aquél vencerse y el pago no producirse.

En cuanto a la exigibilidad de la obligación tributaria, el fallo de 1999 en el que se declaró la nulidad parcial del artículo 59 del COT de 1994 se alinea, en nuestra opinión, con lo hasta ahora expuesto. Es así como, el sentenciador sostiene al respecto que

> (…) la exigibilidad en materia tributaria, dentro de un marco generalizado de sistemas de autoliquidación, debe entenderse producida al verificarse el incumplimiento de "… los plazos y procedimientos que se establecen con el fin de no retardar indefinidamente la exigibilidad de la deuda tributaria y con el objeto de que para la hipótesis de que el sujeto pasivo no los cumpla no se haga necesario esperar la actuación de la administración para considerar 'exigible' el tributo"[62].

Concluye la decisión, señalando que en los sistemas en los que la liquidación no puede efectuarse sin el concurso del sujeto pasivo "… se elimina la liquidez de la deuda como presupuesto de la exigibilidad y se somete el cumplimiento de la obligación a un término durante el cual, aun cuando la obligación ya ha nacido, el

---

62 *Cfr. Ibíd.*, p. 90.

acreedor encuentra suspendido su derecho a cobrar el tributo causado y el deudor su obligación de pagarlo [Ej. ISR 1 d enero al 31 de marzo), pero, una vez cumplido el término, la obligación se hace exigible por el sólo vencimiento del mismo".

En cuanto al tratamiento de la exigibilidad de la obligación tributaria como condición para poder considerar configurada la mora, el COT de 1982 simplemente aludía a la falta de pago oportuno, sin que se requiriera actuación previa de la Administración Tributaria. El COT de 1994, por su parte, la sujetaba a que la obligación no hubiera sido pagada dentro del término establecido para ello, sin necesidad de actuación alguna de la Administración Tributaria, lo que no representaba cambios. En las versiones del COT de 2001, 2014 y 2020, palabras más, palabras menos, se mantuvo, en lo aquí comentado, el mismo tratamiento conferido a la materia desde 1982.

En lo que respecta a la aplicación en materia tributaria a la exigibilidad como presupuesto de causación de intereses de mora, la expresión "falta de pago dentro del término establecido" prevista para las obligaciones civiles, debe ser interpretada en el mismo sentido de las expresiones contenidas en las diversas versiones del COT, éstas son, "fuera del plazo" o "falta de pago oportuno" (Ej. 1° de abril respecto de las personas naturales en materia de ISR), de ahí que ese solo hecho haga automáticamente exigible la obligación tributaria, en caso de tributos autoliquidables.

c.2. Intereses de mora como herramienta indexatoria

c.2.1. Carácter resarcitorio o punitivo

Frente al tratamiento conferido a la obligación civil, en la que su incumplimiento oportuno causa intereses moratorios (legales) y admite, además, su indexación judicial como un medio dirigido a resarcir el daño causado, surge válidamente la interrogante de si es cierto lo sostenido por un sector de la doctrina patria de que la sola causación de intereses de mora por el vencimiento del plazo para declarar y pagar un tributo autoliquidable, se traduce en una medida de carácter punitivo y, por ende, violatoria del principio *non bis in idem,* dado que lleva consigo, además, la imposición de las sanciones pecuniarias previstas en el COT.

De acuerdo con aquel sector de la doctrina,

> "... la interpretación que vincula la exigibilidad al incumplimiento de la obligación tributaria, entendido tal incumplimiento como la infracción de una norma administrativa que obliga al pago de una suma dentro de un plazo, y no a la existencia de una obligación dineraria y al carácter resarcitorio del interés, lo convierte sin duda, en una **sanción pecuniaria**, y como tal sujeta a los límites y principios de la actividad sancionadora del Estado"[63]. (Negrillas nuestras)

---

63 *Ibíd.,* p. 93.

Los seguidores de aquella corriente, en pocas palabras, parten de la premisa de que ubicar el origen del interés en el sólo hecho del incumplimiento implicaría la adopción de la misma causa sancionatoria que la que da lugar a las multas previstas en el COT, todo lo cual representaría una violación del principio del *nos bis in idem*[64].

En nuestra opinión y, siempre refiriéndonos a los tributos autoliquidables, en la medida en que la fórmula de causación y cálculo de los intereses moratorios no los desnaturalice, el hecho de que se generen con el sólo vencimiento del plazo previsto para el cumplimiento de la obligación tributaria principal no tiene porqué considerarse una sanción, puesto que cada una cumple un propósito distinto, uno, el resarcimiento del daño y, el otro, la penalización por el ilícito material cometido. No obstante, debe precisarse cuál es el daño experimentado por el sujeto activo de la relación jurídico-tributaria en caso de mora del deudor y si los intereses moratorios son el medio único y suficiente para resarcirlo.

Según Humberto Romero Muci, los intereses moratorios tienen una función típicamente resarcitoria: significan la liquidación *forfetaria* del daño sufrido a causa de un retraso culposo de una obligación pecuniaria[65].

Producida la mora, el artículo 1.277 del CCV establece una presunción *iure et de iure* del daño, liquidado preventivamente en una medida fija, lo que excluye la prueba del daño por el retraso en cumplimiento tempestivo de la obligación pecuniaria.

Aquel daño se genera igual en caso de incumplimiento de la obligación tributaria, en tanto, la cantidad de dinero o la especie a que tenía derecho el sujeto activo se ve indudablemente incidida, entre otros, por factores como la inflación, la devaluación o pérdida de valor de la especie involucrada que se registra a partir del momento en que se configura la mora.

En materia civil, respecto de las obligaciones pecuniarias, el acreedor tiene derecho a exigir el pago de intereses al deudor por el retardo en su cumplimiento. Dichos intereses, a los que se denomina moratorios, representan la indemnización de daños y perjuicios, resultando, aplicables, salvo pacto en contrario, los previstos en la ley (Artículo 1.277 del CCV).

Frente al evidente efecto nocivo que se produce para el sujeto activo de la relación jurídico-tributaria, el Legislador ha de procurar herramientas y mecanismos idóneos que permitan subsanarlo o atenderlo de la mejor manera posible.

> "La solución jurídica **más socorrida** a este fin es la consagración legal de un tipo de interés que permita mantener el valor real del dinero durante el período de tiempo en que el acreedor ha sido privado injustamente del mismo.

---

64 *Ibíd.*, p. 94.

65 *Ibíd.*, p. 15.

Sin embargo, es de fuerza advertir que el interés moratorio no (…) es una fuente de ingreso autónomo en adición a la obligación tributaria que le sirve de fundamento. **Sus fines institucionales se reducen, tal como en el derecho común, a indemnizar al acreedor por el retraso culpable en el cumplimiento tempestivo de la obligación tributaria**. Desde un punto de vista fiscal es un expediente al servicio de la recaudación del tributo, esto es, con propósito limitadamente instrumentales[66].

Continúa señalando Romero-Muci que

"Esa síntesis dialéctica entre el derecho del acreedor tributario a recaudar tempestivamente y en términos reales, el ingreso que le es debido y el derecho del contribuyente a contribuir con lo que legalmente está obligado por el ordenamiento tributario material, refuerza nuestra visión de que el expediente técnico del **interés de mora en materia tributaria debe circunscribirse a un propósito limitadamente resarcitorio, en el cual la cuantía indemnizatoria deben proporcionarse al valor del daño sufrido y la extensión temporal de la reparación no debe afectar el ejercicio del derecho a la defensa del contribuyente frente al reclamo fiscal cuya existencia o cuantía se discute en el proceso**[67]. (Negrillas nuestras)

Con base a lo hasta ahora expuesto, pareciera perfectamente posible sostener que la indexación dirigida a cubrir el mayor daño si es compatible con cualquier obligación pecuniaria, incluida la tributaria y que los intereses de mora, dependiendo de cómo se causen pueden cumplir aquel propósito.

Si bien se puede estar conteste con aquella conclusión, son múltiples los temas, dudas y controversias que en torno a ella se genera y que ameritan ser reseñados, como en efecto lo haremos en lo adelante y a los que posiblemente obedezca el que este tema siga sin avances reales, válidos y efectivos, manteniendo un alto nivel de controversia.

c.2.3. Cuantía y suficiencia de los intereses de mora

A medida que el flagelo de la inflación se fue acentuando en Venezuela, especialmente a partir de los años 80 del siglo pasado y que alcanzó niveles de hiperinflación entre los años 2017 y 2021, los esfuerzos realizados por el Legislador para contrarrestar sus efectos distorsionantes en las diversas expresiones de la obligación tributaria fueron variando. Muestra de ello ha sido, precisamente, el tratamiento conferido a los intereses moratorios a lo largo de la historia, reflejo, cada uno, de la realidad financiera, monetaria e inflacionaria del momento.

---

66 Humberto Romero-Muci, *Lo racional e irracional de los intereses moratorios en el Código Orgánico Tributario*, *ob. cit.*, p. 30

67 *Ídem*.

Es así como en los Códigos de Hacienda de 1899 y 1912, se cobraba el interés legal de 6%. Igual ocurría con la Ley Orgánica de Hacienda Pública (1918), sólo que a la tasa de 12%. Es con el COT de 1982 en el que se adopta la "rata máxima autorizada para el descuento bancario de los efectos comerciales", como tasa para calcular los intereses de mora en materia tributaria. Bajo esa regla, la tasa alcanzó un nivel máximo de 18% (12% anual, adicional a la de redescuento que el BCV fijaba a los bancos e instituciones financieras, sin que pudiera exceder 18% anual) y se dejó claro que bastaba con que se venciera el plazo para el pago con miras a considerar en mora al contribuyente.

El constante incremento de la inflación, aunado a su efecto acumulativo, hicieron que el COT de 1992 adoptara un mecanismo basado en la aplicación de la tasa activa promedio de los seis (6) bancos comerciales del país con mayor volumen de depósitos, excluidas las carteras con intereses preferenciales.

Por su parte, el COT de 1994 elevó en tres (3) puntos porcentuales la tasa activa promedio de los seis (6) principales bancos comerciales; el COT de 2001 la fijó en 1.2. veces la tasa máxima activa bancaria, aplicable, respectivamente, por cada uno de los períodos en que dichas tasas estuvieron vigentes. A esos efectos, la tasa máxima activa bancaria a aplicar sería la fijada por el BCV para el mes calendario anterior. El Parágrafo Único del artículo 66 de esa versión del COT de 2001 enfatizaba el hecho de que los intereses moratorios continuarían causándose, aunque se hubieren suspendido los efectos del acto en vía administrativa o judicial.

El COT de 2014 mantuvo la misma regla, aunque especificando en qué consistía la tasa máxima bancaria activa, indicando a esos efectos que era aquélla que resultara del promedio de los seis (06) principales bancos comerciales y universales del país con mayor volumen de depósitos, excluidas las carteras con intereses preferenciales, calculada por el BCV para el mes calendario inmediato anterior. Esta versión del COT reiteró la regla, según la cual, los intereses moratorios continuarían causándose a pesar de haberse suspendido los efectos del acto en vía administrativa o judicial.

Finalmente, vale observar que, el COT de 2020 mantuvo inalterada la regla contenida en su predecesor en cuanto a la causación, cálculo y pago de intereses moratorios.

Una de las grandes dudas que encierran las diversas fórmulas adoptadas por el Legislador patrio en materia de intereses moratorios es la de su efectividad y suficiencia en la consecución del fin con ellos perseguidos (resarcitorio), para lo que nos referiremos en lo adelante, únicamente al tratamiento conferido a la materia bajo el COT 2020.

- Tasa de interés aplicable:

La tasa de interés a que alude el artículo 66 del COT 2020, es la activa promedio de los seis (6) principales bancos comerciales y universales de país con mayor volumen de depósitos, excluidas las carteras con intereses preferenciales, calculada por el BCV para el mes calendario inmediato anterior.

En cuanto a la suficiencia de los intereses de mora para cumplir con su misión resarcitoria y poderlos reconocer como mecanismo indexatorio efectivo, Humberto Romero Muci acoge lo señalado por la SPA en la sentencia que declaró la nulidad parcial del artículo 59 del COT de 1994, cuando señala que

> "Es conveniente observar que, si los intereses que el deudor paga a su acreedor son **reales positivos en términos financieros**, la indemnización de los mayores daños no es necesaria para reparar la pérdida del valor adquisitivo de la moneda que recibe ya que los intereses están compensando esa merma de valor".

Para que el interés de mora cumpla con su fin resarcitorio debe calificar como un interés real positivo, es decir, reflejar la variación de la inflación y de otras variables, tales como, la tasa de cambio, la rentabilidad de las empresas y la política monetaria del BCV.

Según Rodner, las tasas de interés son reales-positivas, cuando a corto plazo son sustancialmente más altas que la variación en el nivel general de precios publicada por el BCV. Indica el jurista venezolano que, lamentablemente, aquellas mediciones no necesariamente coinciden con la realidad, al no reflejar el nivel general de la inflación[68].

Resulta totalmente válida la denuncia tradicionalmente efectuada en cuanto a la pertinencia de la elevación en 1,2 veces la tasa activa bancaria promedio a aplicar para determinar el importe de los intereses moratorios que deben pagar los sujetos pasivos al sujeto activo de la relación jurídico-tributaria, por cuanto ello desnaturaliza su carácter resarcitorio, conduciéndolo al campo sancionatorio.

Es igualmente inadmisible que mientras respecto del interés de mora que ha de pagar la República a los sujetos pasivos por deudas resultantes del pago indebido o de recuperación de tributos, accesorios y sanciones se aplique la tasa activa bancaria promedio elevada en 1,2 veces (Art. 67 COT), el interés de mora que tiene que pagar el administrado, por ejemplo, en casos de recuperación de tributos indebidamente acordada, se eleva en 1,3 veces la tasa activa promedio bancaria (Art. 217 COT). No existe razón alguna para el tratamiento diferencial de esta materia.

b.2.3. Otros temas a considerar

- Resulta totalmente válida la denuncia tradicionalmente efectuada en cuanto a la pertinencia de la elevación en 1,2 veces la tasa activa bancaria promedio a aplicar para determinar el importe de los intereses moratorios que deben pagar los sujetos pasivos al sujeto activo de la relación jurídico-tributaria, por cuanto ello desnaturaliza su carácter resarcitorio, conduciéndolo al campo sancionatorio.

---

68 James Otis Rodner, *ob. cit.*, p. 371.

- Es igualmente inadmisible que mientras respecto del interés de mora que ha de pagar la República a los sujetos pasivos por deudas resultantes del pago indebido o de recuperación de tributos, accesorios y sanciones se aplique la tasa activa bancaria promedio elevada en 1,2 veces (Art. 67 COT), el interés de mora que tiene que pagar el administrado, por ejemplo, en casos de recuperación de tributos indebidamente acordada, se eleva en 1,3 veces la tasa activa promedio bancaria (Art. 217 COT). No existe razón alguna para el tratamiento diferencial de esta materia.

- La diversidad de factores, ajenos a la voluntad y actuación del sujeto pasivo de la relación jurídico-tributaria que impactan en la causación de intereses moratorios amerita ser reconocidas por el Legislador y tratada adecuadamente al momento de fijar la metodología y reglas bajo la cual se procurará el resarcimiento del daño ocasionado. Entre esos factores destacan: a) el tiempo que generalmente se toma la Administración Tributaria para llevar a cabo labores de verificación y fiscalización[69]; b) la causación de intereses moratorios a pesar de la suspensión de los efectos de los actos cuando habiéndose interpuesto un recurso administrativo

---

[69] Tribunal Superior Noveno de lo Contencioso Tributario: "(...) Se debe destacar además una situación relevante no imputable a la recurrente, que no es más que el hecho de que la Administración Tributaria, procedió a fiscalizar a la recurrente luego de 1 y medio año del ejercicio fiscal más antiguo y luego de aproximadamente 6 meses del ejercicio fiscal más reciente, que hace más gravosa la sanción en base a la norma antes citada. Esto se traduce en que mientras pasa el tiempo y aumenta la Unidad Tributaria, por cualquier causa se le está sancionando al infractor con un monto superior mientras la Administración Tributaria logra detectar la infracción, lo cual resulta a todas luces injusto, porque en base al Principio de Tipicidad, el infractor debe tener certeza de la sanción.

No se trata de restarle coercibilidad a la norma, se trata de que el infractor conozca tanto el tipo como la consecuencia jurídica, sin que se le pueda en virtud del tiempo una sanción más grave, que hace que la sanción sea violatoria al principio de irretroactividad.

De la Administración Tributaria se espera que proceda a controlar, verificar, determinar y fiscalizar, el cumplimiento de las prestaciones tributarias cualquiera que sea (dar o hacer), pero también se espera que ese control sea lo más diligentemente posible, de no ser así, se prolongaría en el tiempo, con la posibilidad de que prescriban tales obligaciones, la posibilidad de la correcta cuantificación del impuesto o no se corregirían oportunamente los incumplimientos por deberes formales.

Por lo tanto, no sería imputable al contribuyente o al sancionado sea en calidad de contribuyente o responsable, la inactividad de la Administración Tributaria, en sus facultades de control del impuesto y demás obligaciones de hacer, ya que, por la negligencia de la Administración Tributaria se estaría aumentando la pena, sin que esto sea imputable al presunto infractor, siendo en base a este razonamiento aplicable la Unidad Tributaria que se encontraba vigente para el momento de la comisión de la infracción."

o jurisdiccional la Administración Tributaria o el Juez declara con lugar la suspensión; c) el exagerado período de tiempo que consumen tanto la Administración Tributaria como los órganos jurisdiccionales en dar respuesta a las acciones interpuestas contra los actos administrativos o judiciales de contenido tributario.

- Otro factor de alta sensibilidad que ha venido incidiendo negativamente en el adecuado tratamiento de la compleja materia que aquí nos ocupa y, al que ya hemos hecho referencia suficientemente a lo largo del presente estudio, es el relativo a la credibilidad y oportunidad en la publicación de los índices con base en los cuales se calculan los intereses moratorios y se indexan las obligaciones. El correcto cumplimiento del papel que constitucional y legalmente le asigna la CRBV al BCV en ese sentido, se torna así en fundamental.

c.3. Más allá de los intereses de mora

No obstante que en el caso de obligaciones pecuniarias civiles y mercantiles ha sido pacíficamente aceptado que, aparte del interés legal, el acreedor puede demandar los mayores daños en los casos de incumplimiento doloso o culposo (grave) del deudor, siempre y cuando se cumplan algunos extremos adicionales (imprevisibilidad, culpa en la causación del daño)[70], respecto de la mora del sujeto pasivo de la relación jurídico tributaria, vale formularse la pregunta de si la única consecuencia que ella puede acarrear es la causación de intereses moratorios y la imposición de sanciones o, si a ellas debe encuentra cabida algún mecanismo resarcitorio adicional.

En el caso de la obligación tributaria, en principio, la situación no tiene por qué ser distinta, por cuanto está expuesta, como cualquier obligación pecuniaria, a la erosión del poder adquisitivo del ingreso correspondiente. De alguna manera, o mejor dicho de manera bastante explícita la CSJ en la tantas veces comentada sentencia de 1999 sostuvo aquella idea cuando señaló que

> "Por ello, esta Corte estima que, en efecto, **la indexación, no como figura per ser sino su mecanismo o aplicación, tal y como ha sido concebida en el artículo 59 del vigente Código Orgánico Tributario, infringe, por inconstitucional y sólo en cuanto a su mecanismo o forma de aplicación en materia tributaria** (…)" (Negrillas nuestras)

Cuando el COT de 1994 incluyó su artículo 59, intentó abordar la temática inflacionaria en el marco de la obligación tributaria bajo una óptica novedosa. Esa iniciativa, sin embargo, registró un balance muy negativo, al punto de haber sido declarada parcialmente nula la norma a través de la cual se instrumentó. El hecho de que ese haya sido el desenlace del artículo 59 de la ley general tributaria, como lo reconoció la propia CSJ en Sala Plena, no necesariamente conduce a descartar la pretensión del Legislador, en tanto, el fin perseguido puede que haya sido válido, aunque no los medios empleados.

---

70 José Mélich Orsini, *ob. cit.*, p. 26.

Por el significado que tuvo la declaratoria de nulidad parcial por razones de inconstitucionalidad del artículo 59 del COT de 1994, vale la pena adentrarnos al tratamiento conferido a la materia que nos ocupa por esa norma, con miras a derribar ciertos mitos en torno a ella "consolidados", destacando como primero, el ya señalado de que la CSJ no cerró la puerta a la indexación de la obligación tributaria por haber declarado la nulidad del artículo 59, simplemente consideró inconstitucional la manera en que pretendió hacerlo el legislador.

En todo caso, siguiendo la descripción evolutiva del tema que nos ocupa, debemos señalar esquemáticamente que el artículo 59 del COT de 1994 contemplaba lo siguiente:

a) Ante el incumplimiento de la obligación tributaria principal se preveía la causación y pago de intereses moratorios y de sanciones por ilícitos materiales.

b) No se requería para incurrir en mora del cobro previo efectuado por la Administración Tributaria.

c) Los intereses moratorios se causaban desde la fecha en que la obligación se hacía exigible hasta que se extinguía totalmente la deuda.

d) Los intereses moratorios se causaban a la tasa máxima activa bancaria incrementada en 3 puntos porcentuales, aplicable, respectivamente, por cada uno de los períodos en que dichas tasas hubieran estado vigentes

e) En caso de tributos <u>autoliquidables</u> respecto de los cuales se efectuaban ajustes como <u>resultado de reparos</u>:

- si el sujeto pasivo aceptaba el reparo, se ordenaba la actualización monetaria de la deuda y;
- se causaban intereses compensatorios de 12% anual, contados desde el momento en que se hubiera vencido el plazo para la autoliquidación y pago.
- tanto los intereses compensatorios como la actualización monetaria serían calculados por la Administración Tributaria según lo ordenado en el acto administrativo firme, se dictará sentencia que confirmara con carácter definitivo, total o parcialmente el ajuste proveniente del reparo o, el acto administrativo quedara firme.
- La actualización se calcularía ajustando la cantidad adeudada, considerando la diferencia entre el último IPC en el área metropolitana de Caracas que hubiera publicado el BCV, a la fecha de la determinación de la actualización, y el IPC correspondiente al mes inmediato anterior a la fecha de vencimiento general fijado para el pago de la obligación tributaria.

Si bien es cierto que la controversia suscitada en su momento por la referida norma continúa representando uno de los más importantes hitos de la tributación en Venezuela, es conveniente, 23 años después de dictada la sentencia que declaró su nulidad parcial, revisitar el tema y precisar el verdadero alcance de la decisión judicial, procurando en ello no excedernos del propósito de este estudio y alertando que este ejercicio fue efectuado muy acertadamente por Humberto Romero Muci en 2004.

Con relación al referido tema, debe recordarse que lo que se demandó en su momento fue la nulidad del artículo 59 del COT de 1994, dado que la norma contemplaba, en el caso de reparos, el cobro de intereses compensatorios, lo que en opinión de los accionantes eran en realidad intereses de mora. Es decir, se estaba duplicando el cobro de intereses moratorios, simplemente llamando de manera diferente a lo que tenía una misma causa. Antes de adentrarnos en este tema, debe recordarse que, hasta el COT de 2001, la sola interposición de recursos administrativos o judiciales interrumpía automáticamente la ejecución de los activos administrativos de contenido tributario. Bajo ese escenario, por muchos años se arraigó entre los sujetos pasivos de la relación jurídico-tributaria la práctica de recurrir las resoluciones culminatorias de sumario administrativo, aun a sabiendas de que no existía posibilidad alguna de obtener respuestas favorables. Tal proceder obedecía a los beneficios que encerraba desde el punto de vista financiero para el recurrente el detener la ejecución del acto, por cuanto transcurrido los años, las cantidades de dinero adeudadas por efecto de la inflación y devaluación ya no representaban lo mismo en términos reales.

Como fue indicado, bajo la versión del artículo 59 del COT de 1994, específicamente de su Parágrafo Único, en caso de ajustes provenientes de reparos tributarios (tributos autoliquidables y aceptación del reparo o que el ajuste hubiera quedado firme en vía administrativa o judicial), se procedía a: i) actualizar la deuda (diferencia entre el IPC anterior a la fecha de la actualización y el IPC de la fecha anterior a la fecha de vencimiento fijado para el pago de la obligación tributaria y; ii) exigir intereses compensatorios al 12 %.

Para una más clara y efectiva apreciación de los temas involucrados en la controversia que suscitó el artículo 59 del COT de 1994, procederemos a dividir su análisis en los siguientes aspectos:

Actualización monetaria:

Respecto de esta medida concreta contemplada en el artículo 59 del COT de 1994, los accionantes denunciaron, entre otros, que:

- Se producía un cambió de una obligación pecuniaria a una de valor: Frente a esa denuncia, compartimos la posición sostenida por el jurista Romero Muci, según la cual

"La obligación de contribuir con las cargas públicas previstas en la Constitución Nacional (...) y la existencia de un sistema tributario justo implica que los contribuyentes cumplan con sus obligaciones eficazmente, de manera que deben pagar el valor real y no el valor nominal. Por tanto, cuando la norma impugnada establece la actualización monetaria del monto de los tributos reparados, no está exigiendo más del tributo causado, ni está siendo más oneroso en su cumplimiento, no está aplicando una sanción (...) **lo que hace es reflejar los efectos de la inflación en el monto de los tributos reparados cuyo pago debió efectuarse en la oportunidad anterior** (...) (Negrillas nuestras).

El ajuste por inflación del monto reparado "... no implica cobrar más del monto del tributo causado, sino reexpresar el monto nominal de aquel al valor real que tenga la moneda al momento de quedar firme el reparo. **Este procedimiento, contrariamente a lo que afirman los recurrentes, no convierte la obligación tributaria en una obligación de valor..."**[71] **La obligación tributaria es una obligación dineraria, y por tal es susceptible de ser corregida**. (Negrillas nuestras).

Insistimos en que, si bien en principio la corrección monetaria luce razonable, son numerosos los temas que previamente deben ser atendidos y resueltos para que la instrumentación de una medida de este tipo cumpla su propósito y no termine deformando la obligación jurídico-tributaria.

Intereses compensatorios:

Reiteramos que bajo el COT de 1994 la interposición de recursos administrativos o judiciales suspendía automáticamente los efectos del acto impugnado. En ese contexto, quienes estimaban que la sola falta de pago oportuno de la obligación podía no ser suficiente para considerar cumplido el extremo de la exigibilidad de la obligación a la que se supedita la configuración de la mora, precisamente por poder quedar suspendidos los efectos del acto, se consideraba contrario a Derecho y, entre otros, al principio de la tutela judicial efectiva, el que se causaran intereses en ese particular momento. Frente a la decisión del legislador de exigir intereses "compensatorios" en lugar de moratorios mientras el acto se encontraba impugnado y, por ende, suspendido, se denunció un fraude por cuanto, en el fondo, se trataba de los mismos intereses de mora, arropado bajo el calificativo de "compensatorios", argumento este que fue acogido por la CSJ.

A los fines de la decisión la CSJ observó que:

"Como bien enseña Giuliani Fonrouge, citando a Myrbach-Reihnfeld, también en esta materia tributaria es necesario el distingo entre intereses moratorios y compensatorios y, apunta, los primeros, aplicables al pago tardía de impuestos y, los segundos, en caso de demora restitución de las demasías

[71] Humberto Romero-Muci, *ob. cit.*, pp. 84 y 85.

percibidas por el Estado. Tal diferenciación es producto de la naturaleza de estos dos tipos de intereses, en tanto que el primero es resarcitorio, los segundos constituyen una indemnización a la circunstancia de que los importes que en exceso de la obligación tributaria hayan sido injustamente detraídos durante cierto tiempo a la disposición de las partes. (Giuliani Forouge, Carlos María. *Derecho Financiero*, Volumen I, 3ª Edición, Depalma. Buenos Aires, 1984. p. 508).

El interés compensatorio no postula – señala Melich-Orsini- ni la exigibilidad de la deuda ni la mora del deudor, tienen como fundamento la necesidad de indemnizar al enriquecimiento sin causa que se produce para el vendedor al retener una cosa fructífera sin cumplir con el correspectivo que supone el contrato bilateral oneroso (Melich Orsini, José. "La Inflación y la Mora", en: Inflación y Derecho XIX Jornadas Domínguez Escovar. Tipografía Litografía Horizonte C.A., Barquisimeto, 1994, p. 54)"[72].

Bajo aquella concepción, el interés compensatorio aplica a las obligaciones con el objeto de recompensar o retribuir al acreedor por los frutos que se producen del bien que le ha sido entregado y durante el tiempo que éste lo mantiene en su poder (caso de un préstamo de dinero). En el caso de la obligación tributaria, se ha aceptado el interés compensatorio cuando lo que se persigue es la retribución a la detracción del importe que en demasía ha percibido el Estado. El interés compensatorio, no depende pues de la mora. Éste tiene un propósito retributivo, mientras que el moratorio, resarcitorio.

Bajo el COT 2020, independientemente del rechazo que ello ha supuesto, la interposición de recursos administrativos o judiciales no suspende automáticamente la ejecución del acto recurrido, por lo que, en principio pudiera considerarse superada aquella polémica. Sin embargo, debe tenerse presentarse que, a solicitud del administrado, la Administración Tributaria o el tribunal de la causa podrían acordar la suspensión del acto recurrido, caso en el cual, el Parágrafo Único del artículo 66 *eiusdem*, es explícito en señalar que aun en ese caso se continúan causando intereses moratorios. Siendo ello, así, llámense la denuncia efectuada en el pasado se mantiene vigente.

De especial significación resulta la siguiente afirmación contenida en la sentencia de 1999, aquí comentada, según la cual:

"Debe dogmáticamente señalar esta Corte en Pleno que lo que pudo haber previsto el legislador a través de la reforma del Código Orgánico Tributario de 1994 respecto a la creación de la figura de los intereses moratorios [compensatorios], sin desvirtuar su propia naturaleza y coexistir con los intereses moratorios, hubiese sido la previa causación de dichos intereses compensatorios desde el momento en que nace la obligación tributaria para el sujeto pasivo de la misma y la fecha de pago del tributo dentro del plazo o período

72 Mendoza, Palacios, Acedo, Borjas, Páez Pumar & Cía., *ob. cit.*, pp. 99-100.

concedido por la ley sin entrar en supuestos de retardo o mora, sino simplemente permitiendo el beneficio del plazo para pagar a dicho sujeto en contraprestación de unos intereses por el fruto de la cosa en manos del deudor que deja de ser percibido por el acreedor desde el momento en que deuda nace"[73].

En otras palabras y para graficarlo, la CSJ sugirió la idea de que se pudieran causar intereses compensatorios, por ejemplo, entre el 1 de enero y la fecha de pago del ISR, siempre previa al 1° de abril de cada año en materia de ISR, y si el contribuyente no pagaba oportunamente entonces se causaban intereses moratorios.

Tal idea luce controversial porque en ese caso la obligación no es exigible, el plazo para su pago se concede en favor del deudor y no tendría sentido concederse un plazo si ello irá acompañado de la causación de intereses moratorio. En el caso de la obligación tributaria, a diferencia de un contrato, por ejemplo, de préstamo, no media convención en ese sentido y el plazo se concede dada la dificultad que supone la determinación del tributo y no por conceder una beneficio o período de gracia.

D. Aspectos jurídicos vs. éticos

Para finalizar, retomaremos ahora, el necesario vínculo de causalidad que debe existir entre el daño sufrido a cuya reparación se aspira y la conducta o actuación del agente del daño a quien se reclama la reparación.

Al respecto señala Humberto Romero Muci que

> "**Conforme a las reglas que rigen la responsabilidad, se requiere que la acción del agente del daño sea la causa de la producción de éste**, es decir, en términos simples, que se le pueda imputar a la acción o inacción del agente la causa del daño producido, aun en la hipótesis donde se consagra la llamada responsabilidad objetiva, porque en las mismas sigue siendo alegable por el imputado a quien se reclama indemnización, la existencia de la causa extraña no imputable, una de cuyas especies es el hecho de la víctima. En la situación que analizamos, ¿Cuál es la causa del deterioro del poder adquisitivo de la moneda, cuyo daño padece el Estado?[74]"

Las consecuencias de la destrucción del poder adquisitivo del bolívar son radicalmente relevantes desde un punto de vista jurídico, pues, como hemos señalado, la responsabilidad por los daños de la hiperinflación y la hiperdepreciación del bolívar son directamente imputables al mal funcionamiento del BCV y del Poder Ejecutivo Nacional.

---

73 *Ibíd.*, p. 102.

74 *Ibíd.*, p. 43.

Al respecto ha sido bastante pacífica la doctrina al señalar que el ente emisor ha incumplido claramente con su deber institucional de "lograr la estabilidad de los precios y preservar el valor de la moneda".

"La falencia del BCV compromete la responsabilidad patrimonial de la República en la destrucción del sistema monetario y de todos los daños causados a la economía nacional, a los ciudadanos y a su nivel de vida, a su bienestar y prosperidad *ex* artículo 2, 6 y 140 constitucionales. De allí la ilegitimidad de cualquier medida de corrección o ajuste de obligaciones tributarias principales o accesorias **a favor de cualquier administración tributaria**, vinculadas al uso de otra moneda o referencia de valor como el dólar o del llamado Petro entre la fecha de la comisión del ilícito y la de su liquidación o pago. Se trataría de un provecho o lucro indebido a expensas del daño creado por el propio Estado, **pues nadie puede beneficiarse de un ilícito propio o ajeno**. Lo contrario implica el absurdo de tolerar una desigualdad adicional al daño causado por el Estado con la hiperinflación e hiperdepreciación del bolívar, que se convierte en un objeto jurídicamente protegido.

(...omissis...)

En efecto, si el Estado es responsable por los daños y perjuicios causados por su actividad ilícita, con mayor razón, *a fortiori*, no puede ni debe beneficiarse, enriquecerse o lucrarse de los daños causados por su actividad sea dolosa, culpable o no"[75]. (Negrillas nuestras)

Por su parte José Andrés Octavio señala, partiendo de los objetivos que legalmente debe perseguir el Banco Central de Venezuela, en su función de rectoría de la política monetaria del Estado que

"el surgimiento del fenómeno inflacionario representa el incumplimiento de esta obligación, lo cual lo transforma, por una cuestión de lógica elemental, en el agente causante de los daños generados por el aludido fenómeno económico. Por ello, resulta contrario a nociones jurídicas básicas que el legislador exija este "resarcimiento" (ajuste por inflación de las multas), a los sujetos pasivos de la relación tributaria, por un daño (pérdida de valor del dinero) cuya responsabilidad recae sobre el Estado.

---

75 Humberto Romero-Muci. "Ilegitimidad de la dolarización de las sanciones tributarias", *Derecho y Sociedad.* Revista de la Facultad de Ciencias Jurídicas y Políticas de la Universidad Monteávila N° 18-2021. Diciembre 2021, Caracas, p. 12.

Ello, no hay duda, se traduce en un enriquecimiento sin causa del ente acreedor y, en consecuencia, en una confiscación para el deudor, pues en definitiva los intereses moratorios es el mecanismo para resarcir al Fisco Nacional por la falta de cumplimiento oportuno de la obligación tributaria"[76].

Respecto de lo antes argumentado, surge la interrogante de su procedencia respecto de la relación jurídico-tributaria en la que los sujetos activos son distintos de la República, por ejemplo, los estados y municipios. Para dar respuesta a tal inquietud, algunos señalan que aquella máxima se extiende a cualquier otra administración pública, porque es igualmente ilegitimo el enriquecimiento de cualquiera a partir del hecho ilícito de otro. En otras palabras, la indexación sólo procede cuando el daño causado es atribuible a quien está obligado a repararlo. Frente a tal afirmación, nos preguntamos nosotros, cómo es entonces posible que un particular reclame a otro la indexación de la obligación en función de la inflación, si ésta es atribuible al BCV y al Poder Público Nacional y no al deudor moroso. Es que acaso, basta con incurrir en mora para causar el daño o éste es producto no sólo de la mora, sino también, de la inflación/devaluación. Dependen acaso, la respuesta a tan compleja interrogante, adicionalmente, a los criterios e índices con base en los cuales se procure resarcir el daño causado.

REFERENCIAS BIBLIOGRÁFICAS

AGUILAR GORRONDONA, José Luis, *La inflación y los contratos que no la prevén,* Jornadas Domínguez Escovar, Instituto de Estudios Jurídicos del Estado Lara, Barquisimeto, 1994.

DIEZ-PICAZO, Gema *La Mora y la Responsabilidad Contractual*, Editorial Civitas, S.A., 1996.

DUPOUY MENDOZA, Elvira, "Consideraciones sobre la inconstitucionalidad e ilegalidad de la actualización de las multas establecidos en el Código Orgánico Tributario y la Ley Orgánica de Aduanas de 2020", *Libro Homenaje al Doctor Luis Cova Arria*, Tomo III, ACIENPOL, Caracas, 2020.

F.A. MANN, *The Legal Aspect of Money*, Oxford University Press, 1982.

GARCÍA NOVOA, César, *El Concepto de Tributo,* Marcial Pons, Madrid, 2012.

GIULIANI FONROUGE, Carlos M., *Derecho Financiero*, Volumen I, Cuarta Edición, Depalma, Buenos Aires, 1990.

---

[76] José Andrés Octavio Leal, "El Ajuste por Inflación de las Sanciones en el Código Orgánico Tributario de 2001", *Revista de Derecho Tributario*, N° 115, órgano divulgativo de la Asociación Venezolana de Derecho Tributario, Legis Editores C.A, Caracas, 2007, p. 68.

GRAMUNT FOMBUENA, María Dolores, *La Mora del Deudor en el Código Civil*, José María Bosch Editor, S.A., Barcelona, 1993.

KORODY TAGLIAFERRO, Juan Esteban, "¿Puede el juez contencioso tributario actualizar (indexar) las obligaciones tributarias debidas por los contribuyentes?", en Abache Carvajal, Serviliano y Caballero, Rosa (coordinadores), *Contribuciones a la construcción del Derecho Procesal Tributario en Venezuela en Homenaje al Profesor Alberto Blanco-Uribe Quintero*, Asociación Venezolana de Derecho Tributario, Caracas, 2020.

MADURO LUYANDO, Eloy, *Curso de Obligaciones. Derecho Civil III*, UCAB - Manuales de Derecho – Caracas, 1967.

MELICH ORSINI, José, "La Inflación y La Mora", *XIX Jornadas J.M. Dominguez Escovar*, Instituto de Estudios Jurídicos del Estado Lara, Barquisimeto, 1994.

MENDOZA, PALACIOS, ACEDO, BORJAS, PÁEZ PUMAR & Cía., *Inconstitucionalidades en el artículo 59 del Código Orgánico Tributario*, Caracas, 2000.

NIKKEN, Pedro, "Mora e inflación", *Revista de Derecho Público,* N° 43, julio-septiembre Caracas, 1990.

OCTAVIO, José Andrés, "El Ajuste por Inflación de las Sanciones en el Código Orgánico Tributario de 2001", *Revista de Derecho Tributario*, N° 115, Asociación Venezolana de Derecho Tributario, Legis Editores C.A, Caracas, 2007.

RODNER, James Otis, *El Dinero La Inflación y las deudas de valor*, Editorial Arte, Caracas, 1995.

Romero Muci, Humberto, *Lo racional e irracional de los intereses moratorios en el Código Orgánico Tributario*, Asociación Venezolana de Derecho Tributario, Caracas, 2004.

____ "Discurso de contestación al discurso de incorporación del Profesor Juan Cristóbal Carmona Borjas a la Academia de Ciencias Políticas y Sociales", Academia de Ciencias Políticas y Sociales, Caracas, 6 de noviembre de 2018.

____ "Ilegitimidad de la dolarización de las sanciones tributarias". *Derecho y Sociedad,* Revista de la Facultad de Ciencias Jurídicas y Políticas de la Universidad Monteávila, N° 18-2021, diciembre 2021, Universidad Monteávila, Caracas, 2021.

RODRÍGUEZ, Carlos., "A Stylized Model of Devaluation Inflation Spiral", *IMF Papers*.

RONDÓN DE SANSÓ, Hildegard, "*El Derecho Público frente a la Inflación*", *XIX Jornadas J.M. Domínguez Escovar*, Instituto de Estudios Jurídicos del Estado Lara, Barquisimeto, 1994.

SABINO, Carlos, *Diccionario de Economía y Finanzas,* Editorial Panapo, Caracas, 1991.

TORO HARDY, José, *Fundamentos de Teoría Económica: Un análisis de la política económica venezolana,* Editorial Panapo, Caracas, 2005.

Referencias electrónicas

HERNÁNDEZ, María Camila "Guerra de precios y coronavirus: el doble golpe al mercado petrolero", *France24*, 2 de abril de 2020. Disponible en: https://www.france24.com/es/20200402-petroleo-guerra-precios-economia-coronavirus

GARCÍA BRANCHS, Ángel, "¿Qué es primero la devaluación o la inflación?", *Econometrica*, 23 de marzo de 2012. Disponible en: http://www.econometrica.com.ve/blog/que-es-primero-la-devaluacion-o-la-inflacion-por-angel-garcia-banchs/#:~:text=La%20inflaci%C3%B3n%20va%20siempre%20primero%2C%20y%20la%20devaluaci%C3%B3n%20despu%C3%A9s.&text=Tambi%C3%A9n%2C%20gastar%C3%A1%20la%20totalidad%20del,cual%20causar%C3%A1%20inflaci%C3%B3n%20de%20demanda.

MENDOZA LUGO, Omar A., *Inflación en dólares: ¿expresión atinada o innecesaria denominación?*, Debates IESA, 16 de agosto de 2019. Consultado en: http://www.debatesiesa.com/inflacion-en-dolares-expresion-atinada-o-innecesaria-denominacion/, consultado en fecha 29 de abril de 2021.

Inflación subyacente y tipo de cambio canasta de consumo. Noviembre 2021. Econanalítica.

Síntesis Financiera. 28 de junio de 2022 (Twitter). EVTV. Nov 17, 2021.

Ariadna García, Crónica Uno. 27 de junio de 2022.

Referencias jurisprudenciales

Sala de Casación Civil del Tribunal Supremo de Justicia, sentencia del 16 de abril de 2021, caso *Diosdado Cabello Rondón v. C.A., EDITORIAL EL NACIONAL.*

Sala Político Administrativa del Tribunal Supremo de Justicia, Sentencia de fecha 10 de agosto de 1993, caso *MADOSA.*

Tribunal Constitucional de España, Sentencia N° 193/2004, 4 de noviembre de 2004. Disponible en: http://hj.tribunalconstitucional.es/es-ES/Resolucion/Show /5198#complete_resolucion&completa, consultado en fecha 20 de marzo de 2020.

COMENTARIOS FISCALES SOBRE LA MONEDA FUNCIONAL DÓLAR, MONEDA FUNCIONAL BOLÍVAR, MONEDA DE PRESENTACIÓN EN BOLÍVARES, MONEDA DE PRESENTACIÓN EN DÓLARES

*Thomy. J. Céfalo Y.**

SUMARIO

Introducción. Análisis. I. Moneda funcional dólar. II. Moneda funcional bolívar. III. Moneda de presentación en bolívares. IV. Moneda de presentación en dólares. Conclusiones. Referencias bibliográficas.

INTRODUCCIÓN

En este trabajo queremos hacer una breve referencia, principalmente fiscal, a lo que se deriva de las cuatro situaciones que indicamos en el título.

No vamos a tocar el tema del test técnico-contable que debería cumplirse para la adopción del dólar como moneda funcional. Asumimos que ya la gerencia, junto con sus asesores (abogados, contadores, etc.) realizaron esas consideraciones y la entidad decidió que cumple con los requisitos técnicos al respecto[1].

Lo primero que podemos acotar, es lo que notamos está sucediendo en algunos sectores empresariales, y está siendo usado por parte de algunos voceros profesionales e *influencers* económicos, el empleo indistinto de la terminología de la

---

* Contador Público. Abogado. Especialista en derecho tributario. Socio de Mazars, firma de auditoría, impuestos y consultoría. Líder de la práctica de impuestos y precios de transferencia de Mazars Venezuela. Miembro de la Asociación Venezolana de Derecho Tributario (AVDT). Miembro del Comité de Impuestos de Venamcham. Miembro del Comité Permanente de Asuntos Tributarios de la Federación de Colegios de Contadores Públicos de Venezuela (FCCPV).

1 "NIC 21- Efectos de las variaciones de las tasas de cambio en la moneda extranjera", p.1339. Disponible en: https://www.mef.gob.pe/contenidos/conta_publ/con_nor_co/vigentes/nic/21_NIC.pdf

técnica contable para referirse a lo que pasa con el uso dólar para convenir y cerrar un gran número de operaciones en Venezuela.

En la situación, de *facto*, existente en el país con el uso de dólar, tanto como moneda de cuenta, como moneda de pago, creada por diversas razones que no viene al caso detallar y comentar, tenemos que se tiende a tomar la frase "moneda funcional" para referirse a la alta transaccionalidad en el manejo del dólar para acordar los negocios, cuando la misma reviste un carácter técnico-contable que implica una metodología relacionada con la moneda que asume una entidad para reconocer en la contabilidad sus actividades económicas y, posteriormente, elaborar sus estados financieros.

Con el manejo inadecuado de ciertos conceptos se induce a las empresas a la adopción del dólar como su moneda funcional para preparar los estados financieros, cuando lo correcto es reconocer que la moneda del entorno venezolano y, por tanto, la moneda funcional para el registro y preparación de estados financieros, en principio, debe ser el bolívar.

Existe un altísimo uso (transaccionalidad) del dólar visto como moneda de reserva de valor. Pero solo en los casos debidamente analizados y justificados conforme a los principios de contabilidad venezolanos es que se puede asumir el dólar como moneda funcional. No obstante, ello no implica que una entidad pueda presentar estados financieros en una moneda distinta a su moneda funcional.

Una cosa es decir que en Venezuela existe alta transaccionalidad en dólares (que es lo que está sucediendo en el día a día), y otra muy distinta decir que en Venezuela la moneda funcional es el dólar. Decir esto es definitivamente un error conceptual porque son nociones totalmente diferentes.

Basado en estas ideas iniciales, vemos que pueden presentarse, básicamente 4 situaciones, que son las que comentaremos en este trabajo, desde el punto de vista tributario, y las podemos mencionar así: i) Moneda funcional dólar; ii) Moneda funcional bolívar; iii) Moneda de presentación en bolívares y; iv) Moneda de presentación en dólares.

Análisis

Antes de continuar con nuestro análisis fiscal, debemos incluir al menos algunos conceptos contables básicos que contribuirán al respecto, en el siguiente tenor[2]:

- **Moneda funcional**, es la moneda del entorno económico principal en el que opera la entidad.

2 "NIC 21- Efectos de las variaciones de las tasas de cambio en la moneda extranjera", p.1340. Disponible en: https://www.mef.gob.pe/contenidos/conta_publ/con_nor_co/vigentes/nic/21_NIC.pdf

- **El entorno económico principal en el que opera la entidad** es, normalmente, aquél en el que ésta genera y emplea el efectivo.
- **Moneda de presentación**, es la moneda en que se presentan los estados financieros.
- **Tasa de cambio**, es la relación de cambio entre dos monedas.
- **Diferencia de cambio**, es la que surge al convertir un determinado número de unidades de una moneda a otra moneda, utilizando tasas de cambio diferentes.
- **Moneda extranjera (o divisa)**, es cualquier otra distinta de la moneda funcional de la entidad.
- **Partidas monetarias**, son unidades monetarias mantenidas en efectivo, así como activos y pasivos que se van a recibir o pagar, mediante una cantidad fija o determinable de unidades monetarias.
- **Partida no monetaria**, la característica esencial de una partida no monetaria es la ausencia de un derecho a recibir (o una obligación de entregar) una cantidad fija o determinable de unidades monetarias.

Las normas contables permiten que una entidad presente sus estados financieros en la moneda de su elección (moneda de presentación); no obstante, la selección de la moneda funcional implica una metodología contable que recoge los eventos económicos presentes en el entorno donde la entidad opera; por tanto, su correcta elección proporciona información financiera útil sobre la gestión de la entidad bajo ese entorno.

No se debe asumir el reconocimiento de las transacciones de una entidad, ni se deben elaborar sus estados financieros en dólares porque la entidad efectúe parte de sus operaciones en dólares. Se trata de la moneda que define la metodología contable a aplicar.

Existen unos parámetros técnicos establecidos en la normativa contable que deben cumplirse y evaluarse para elegir la moneda funcional. De hecho, una vez que se asume la moneda funcional, solo se debería revertir bajo ciertos supuestos contables bien concretos, y aun así puede que la entidad experimente efectos importantes en su información financiera. De allí que este asunto debe estudiarse profunda y detenidamente.

La entidad debe tomar en cuenta también que contablemente no podrá llevar dos contabilidades para propósitos generales. Para uso interno podrá llevar las contabilidades de gestión que desee, pero deberá llevar una sola contabilidad para uso general contable.

Lo que no puede hacer una entidad es dejar de cumplir con la presentación de su información contable en bolívares en los casos en que se lo exija la ley, por el hecho de que haya asumido el dólar como su moneda funcional.

Por tanto, deberá tener, adicionalmente, una contabilidad en bolívares (la oficial) como más adelante explicaremos.

Una cosa es la moneda funcional para fines gerenciales y toma de decisiones, y otra cosa es la moneda de presentación obligatoria para fines jurídicos.

La entidad podrá llevar sus operaciones en dólares, si así decidió por su moneda funcional, pero tendrá que llevar también tales operaciones en bolívares ya que puede suceder que en algún momento se lo requiera la autoridad o deba presentar información ante algún organismo oficial. Y la idea no es que tenga que hacerlo al momento del requerimiento.

Hay quienes sugieren que, en la práctica, esto sería igual a llevar dos contabilidades, una contabilidad en dólares para fines internos de la entidad, y la misma contabilidad, la legal, la oficial, la realmente procedente jurídicamente hablando, que será la que deberá presentar la entidad para fines de dar cumplimiento a la normativa jurídica existente en el país.

Aclaramos, técnicamente, esto no es correcto, ya que llevar dos juegos de contabilidad oficial podría ser tipificado como defraudación, como lo indica el Código Orgánico Tributario (COT)[3].

No obstante, puede perfectamente llevarse contabilidad en dólares, pero no será la información oficial-legal de la entidad, sino que lo será su equivalente en bolívares. Por ello, en la práctica nos hemos encontrado errores en una entidad que por una u otra razón lleva dos contabilidades sin considerar la metodología contable aplicable.

La circunstancia de la defraudación, en cuanto a llevar dos contabilidades, va más allá, por cuanto requiere la tipificación legal, así como la realización expresa (por parte del agente, interesado o usuario) de maquinaciones dolosas tendientes a causar un daño, simular u ocultar u omitir algo, o procurarse un beneficio, como, por ejemplo, sería el caso de tener dos contabilidades oficiales de una entidad, elaboradas expresamente persiguiendo un objetivo en concreto, vale decir, algunas de las situaciones señaladas.

Existen sistemas de información administrativa y contable que son muy aptos para cubrir la necesidad de llevar en paralelo los registros contables en distintas monedas, pero es importante asesorarse bien para evitar que se incurra en mantener dos contabilidades.

---

[3] Venezuela. Código Orgánico Tributario. G.O.E. N° 6.507, de fecha 29 de enero de 2020. Artículo 120: Constituyen ilícitos tributarios penales:

...*omissis*...

6. Llevar dos o más juegos de libros para una misma contabilidad, con distintos asientos.

En nuestra experiencia hemos visto los riesgos y errores que se producen cuando las entidades llevan la llamada "contabilidad local" que coincidiría con la contabilidad oficial o de moneda de presentación bolívar y la "contabilidad internacional", que coincidiría con la contabilidad interna o de reporte o de moneda funcional, o presentación dólar, sin tomar las medidas del caso para asegurar que se trata de una equivalencia en otra moneda y no una doble contabilidad, con los errores y riesgos que esta última implica.

i. Moneda funcional dólar

En esta situación, la entidad realiza sus pagos en dólares o bolívares, y hace sus registros en dólares (que es su moneda funcional), siendo los bolívares la moneda extranjera que le origina diferencia cambiaria.

Dicha diferencia en cambio estará en los resultados del ejercicio expresada en dólares una vez aplicado el correspondiente cambio oficial publicado por el Banco Central de Venezuela (BCV).

La entidad realiza pagos sujetos a retención de impuesto en la fuente, paga nómina en dólares, de igual modo adquiere compromisos, compra bienes y servicios en dólares, pudiendo hacerlo también en otra moneda, pero siendo esa moneda distinta al dólar la moneda extranjera.

Además, debe presentar en bolívares no solamente la declaración de impuesto a la renta, sino todas las demás que le exige la legislación venezolana según sus actividades (IAE, IGTF, IGP, LOCTI, DEPORTE, DROGAS, ADUANAS, entre otras). Ello está establecido en el artículo 146 del COT[4].

De manera que llevando toda su contabilidad en dólares deberá presentar esa información fiscal en bolívares, por lo cual, deberá también tener (sería lo más recomendable) todos los registros que respalda dicha información fiscal igualmente en bolívares.

En otras palabras, deberá tener la información tanto en moneda de registro como en moneda de presentación, en bolívares. Podemos esperar que si, por ejemplo, la empresa es revisada por la autoridad tributaria, seguramente no aceptará que le sea presentada en dólares la información necesaria para fines de las labores de fiscalización y control.

---

4 Venezuela. Código Orgánico Tributario. G.O.E. N°6.507, de fecha 29 de enero de 2020.

Artículo 146. Los montos de base imponible y de los créditos y débitos de carácter tributario que determinen los sujetos pasivos o la Administración Tributaria, en las declaraciones y planillas de pago de cualquier naturaleza, así como las cantidades que se determinen por concepto de tributos, accesorios o sanciones en actos administrativos o judiciales, se expresarán y pagarán en bolívares, sin perjuicio de las excepciones que establezca el Banco Central de Venezuela a requerimiento del Ministerio con competencia en materia de Finanzas.

De allí que digamos que llevar la contabilidad en dólares en una entidad que opera en Venezuela conlleva también a llevar su equivalente en bolívares, porque ésta es la información oficial y la que va a considerar la autoridad.

Llevar la contabilidad en dólares no enerva la obligatoriedad de llevarla también en moneda de curso legal, de conformidad con lo establecido en el artículo 129 de la Ley de Banco Central de Venezuela, como se discute más adelante en la sección iii) Moneda de Presentación en Bolívares.

En cuanto a los pagos de impuestos, deberá realizarse los cálculos en bolívares y pagarlos igualmente en bolívares a los organismos competentes. Es decir, podrá hacer los pagos a sus proveedores, acreedores, etc., en dólares (la aplicación de eso que se resume en: moneda de cuenta en bolívares y moneda de pago en dólares, o viceversa), pero los cálculos de los impuestos aplicables deberán realizarse en bolívares.

No tenemos información de que actualmente se puedan enterar los impuestos directamente en dólares; si bien la ley lo contempla[5], a la fecha no ha sido instrumentado. Existe cierta normativa fiscal de hace un par de años que estableció esta posibilidad, pero no se ha llevado a cabo por parte de la administración tributaria. En la actualidad, el contribuyente con divisas tiene que efectuar una operación cambiaria para obtener los bolívares necesarios para pagar sus impuestos.

Manteniéndonos en este escenario de moneda funcional dólar, si la entidad tiene la necesidad de estados financieros auditados, el proceso de auditoría y el informe con la opinión del auditor independiente sobre los estados financieros puede perfectamente efectuarse a los estados financieros expresados en dólares. Sin embargo, aunque el auditor está en capacidad de realizar y opinar sobre esos estados financieros en dólares, el uso de esa información estará limitada a ciertos propósitos específicos, puesto que si los estados financieros debe la empresa o el informe de auditoría debe consignarlos ante un organismo oficial, como por ejemplo, el registro de comercio, el registro nacional de contratistas, etc., será necesario que tales estados financieros sean convertidos a bolívares, y para esto último, debe realizarse un trabajo adicional.

Si este fuere el caso, el auditor, consiguientemente deberá efectuar pruebas adicionales y procedimientos complementarios para emitir su opinión sobre los estados financieros convertidos a bolívares como moneda de presentación.

Bajo el supuesto de que el entorno principal en el que opera la entidad es aquel donde la economía no es hiperinflacionaria y que su moneda funcional podría ser el dólar porque es la moneda del entorno económico en el que opera; la entidad convertiría sus estados financieros de la siguiente forma:

5 *Idem.*

- A las partidas de activo y pasivo monetarias, a la fecha determinada, la del reporte, se les aplicará la tasa de cambio oficial para la divisa según la información emitida por el BCV.
- A las partidas de activo y pasivo no monetarias, y del patrimonio, se les aplicará la tasa de cambio oficial existente al momento de su registro u origen[6] (tasa histórica).
- A las partidas del estado de resultado se les aplicará la tasa de cambio oficial histórica.

Por la aplicación de la metodología contable se genera un denominado comúnmente "ajuste en conversión" que se presenta en la sección del patrimonio del estado de situación financiera. En el estado de resultados no se observará cuenta de diferencia en cambio, ya que la economía donde opera la entidad no es hiperinflacionaria.

Es importante resaltar, nuevamente, que esta metodología es aplicable solo en aquellos casos donde el entorno principal en el que opera la entidad no es el venezolano, ya que, si opera en la economía venezolana, la entidad debe elegir la moneda venezolana como moneda funcional, es decir, el bolívar. Igualmente, si el entorno donde opera no es venezolano, pero es un entorno hiperinflacionario, el método de conversión anterior no sería el aplicable.

Ahora bien, lo que nos interesa en el ámbito fiscal de este breve resumen de la metodología contable, es dicho "ajuste en conversión", el que va en la sección de patrimonio en el estado de situación financiera.

Nótese que hemos tenido que resumir y explicar algunas cosas contables y legales para poder llegar a lo que es de nuestro interés fiscal y constituye uno de los objetivos del presente trabajo; el "ajuste en conversión".

En nuestra opinión, el mismo no tiene efecto fiscal, vale decir, el de crear alguna partida de conciliación gravable o deducible en la base gravable sometida al impuesto sobre la renta, puesto que se genera por la aplicación de una metodología contable.

Para el análisis de dicha partida deberá aplicarse otro "*test*", de tipo legal, el establecido en la ley de impuesto sobre la renta, a fin de establecer si se corresponde con una renta disponible que incrementa el patrimonio del contribuyente.

---

6 Es posible aplicar el promedio de la tasa oficial para un período determinado (del mes) en los casos de un gran volumen de operaciones.

En este sentido véase, por ejemplo, el excelente trabajo del abogado Jorge A. Jraige R., titulado: "Distorsiones en la interpretación del concepto de disponibilidad de la renta: El abono en cuenta y las ganancias cambiarias"[7]. Allí se expresa:

> "La disponibilidad de la renta implica que un enriquecimiento neto sólo podrá ser gravable cuando el contribuyente tenga la posibilidad de aprovechar los beneficios económicos que de él se derivan, lo que a su vez requiere que dicho enriquecimiento esté jurídica y económicamente a la disposición del receptor, bien porque lo ha recibido de manera directa o inmediata o porque tiene el derecho inequívoco a recibirlo".

De igual modo, puede observarse en el trabajo realizado por el abogado Félix Hernández Richars, titulado: "La Disponibilidad en el Impuesto sobre la Renta"[8], en el cual se cita el contenido de uno de los antiguos reglamentos de la Ley de Impuesto sobre la Renta (noción aun perfectamente aplicable y vigente), en los siguientes términos:

> "El reglamento de la Ley de Impuesto sobre la Renta definía la disponibilidad así: Se considera que una renta o enriquecimiento es disponible cuando su titular puede usar, gozar o disponer de él, porque no se lo impide ningún obstáculo de carácter jurídico o material"[9].

Como podrá observarse, la partida referida, causada por la aplicación de la metodología contable de conversión de los estados financieros, no guarda relación con la materia objeto de gravamen en el impuesto sobre la renta, ni cuando una renta se considera jurídica y económicamente gravable, sino que es una partida contable que recoge el efecto de la conversión y se coloca en el estado de situación financiera para balancearlo por las cuentas que han sido ajustadas.

Si la empresa, cuya moneda funcional es el dólar, requiere estados financieros bajo moneda de presentación bolívares, aplicará la tasa de cambio oficial del BCV del dólar con respecto al bolívar, según lo antes mencionado, para obtener el estado financiero en moneda de curso legal, y partir de este último, deberán realizarse los análisis correspondientes para cumplir con las reglas de determinación de la renta gravable establecidas en la Ley de Impuesto sobre la Renta (LISLR). Esto es lo ya sabido de la correspondiente conciliación entre la renta comercial y la renta fiscal sometida al impuesto.

---

7 Jorge A. Jraige R, "Distorsiones en la interpretación del concepto de disponibilidad de la renta", *70 años del impuesto sobre la renta. Homenaje al Dr. Armando Montilla*, Tomo I, AVDT, Caracas, pp. 213-248.

8 Félix Richards Hernández, "La Disponibilidad en el impuesto sobre la renta", *60 años de imposición a la renta*, AVDT, Caracas, p. 279.

9 José Muci Abraham, "Oportunidad en que se causa el Impuesto sobre Beneficios de Valoración de Inmuebles", *Revista de Derecho Tributario*, N° 78, julio-agosto, AVDT, Caracas, p. 7.

Una cosa que es también necesario apuntar es que, si la entidad lleva moneda funcional dólar, asumida conforme al "test" técnico contable (NIC 21), va a suceder que esos estados financieros en dólares, convertidos a bolívares, no generarán los mismos resultados que si la entidad hubiese llevado siempre su contabilidad en bolívares.

En este caso, si la entidad asumió justificada y técnicamente el dólar como su moneda funcional, conforme a principios contables de aceptación general en Venezuela[10] y en apoyo y aplicación de los artículos 155 del COT[11] y el artículo 88 de la LISLR[12], le debe ser aceptado dicho estado financiero bajo la moneda de presentación bolívares para propósito fiscales y, por tanto, deberían ser válidos ante una eventual fiscalización.

Es decir, ese estado financiero, al serle requerido en bolívares, ha sido obtenido conforme a la metodología contable, y debería considerarse para los análisis fiscales, aunque sea diferente al estado financiero que hubiere sido llevado siempre en bolívares.

---

10 "*NIC 21- Efectos de las variaciones de las tasas de cambio en la moneda extranjera*", p. 21. Disponible en: https://www.mef.gob.pe/contenidos/conta_publ/con_nor_co/vigentes/nic/21_NIC.pdf

11 Venezuela. Código Orgánico Tributario. G.O.E. N°6.210, de fecha 29 de enero de 2020.

Artículo 155. Los contribuyentes, responsables y terceros están obligados a cumplir con los deberes formales relativos a las tareas de fiscalización e investigación que realice la Administración Tributaria y, en especial, deberán: 1. Cuando lo requieran las leyes o reglamentos: a. Llevar en forma debida y oportuna los libros y registros especiales, conforme a las normas legales y los principios de contabilidad generalmente aceptados, referentes a actividades y operaciones que se vinculen a la tributación y mantenerlos en el domicilio o establecimiento del contribuyente y responsable.

12 Venezuela. Ley de Impuesto sobre la Renta. G.O.E. N°6.507, de fecha 30 de diciembre de 2015.

Artículo 88. Los contribuyentes están obligados a llevar en forma ordenada y ajustados a principios de contabilidad generalmente aceptados en la República Bolivariana de Venezuela, los libros y registros que este Decreto con Rango, Valor y Fuerza de Ley, su Reglamento y las demás Leyes especiales determinen, de manera que constituyan medios Integrados de control y comprobación de todos sus bienes activos y pasivos, muebles e Inmuebles, corporales e incorporales, relacionados o no con el enriquecimiento que se declara, a exhibirlos a los funcionarios fiscales competentes y a adoptar normas expresas de contabilidad que con ese fin se establezcan. Las anotaciones o asientos que se hagan en dichos libros y registros deberán estar apoyados en los comprobantes correspondientes y sólo de la fe que éstos merezcan surgirá el valor probatorio de aquellos.

En nuestra opinión, teniendo el contribuyente sus estados financieros convertidos a bolívares según los principios contables venezolanos aplicables y permitiéndolo la normativa legal antes señalada, no debe exigírsele que presente unos estados financieros en bolívares en cifras históricas, ya que ello conllevaría un retroceso y haría nugatorio el artículo 88 de la Ley de Impuesto sobre la Renta.

La base gravable para el impuesto sobre la renta, que sería lo obtenido y observado en el estado de resultados, como el resultado de sus actividades sometidas al tributo, más la aplicación complementaria de las normas legales de determinación de los ingresos brutos, costos imputables y deducciones admisibles, debería serle considerada como la base gravable correcta sometida al impuesto sobre la renta.

Esto es, que si el estado de resultados, junto con el estado de situación financiera, convertidos a bolívares, permiten el respectivo análisis, por ejemplo, de: i) Ingresos no gravables por estar exentos del pago del impuesto sobre la renta; ii) el estudio de la procedencia fiscal de alguna de las erogaciones incurridas por la entidad, como una deducción, por corresponder a un gasto, causado, realizado en el país, normal y necesario para la producción de la renta. O bien, iii) determinar a través del estado de situación financiera que alguna contribución parafiscal no está pagada al cierre del ejercicio fiscal, que por lo tanto, debe tomarse como una partida de conciliación fiscal no deducible en el ejercicio fiscal, sino deducible en aquel ejercicio en que sea pagada; que iv) una provisión observada en dicho reporte contable no es admisible en el impuesto a la renta por no corresponder a un gasto causado, en nuestra opinión, debería tener valor para concluir sobre sus deberes como contribuyente sometido al impuesto sobre la renta.

En resumen, para explicarlo de forma sencilla, es como si aplicación de la normativa técnica-contable, lo que le ha sucedido a los estados financieros es que las partidas contables que los integran se han desplazado por el efecto de la metodología aplicada, es decir, como si se le hubiera aplicado una constante (K) a los elementos de una ecuación, en este caso la tasa de cambio, a los elementos del estado de situación financiera y el estado de resultados (activo = pasivo + patrimonio, o , resultado de año = ingresos – costos – gastos) de manera que el análisis impositivo puede perfectamente llevarse a cabo sobre el resultado de dicha ecuación.

Surge aquí todo ese análisis, de antigua data, pero no por eso menos valedero, ya efectuado por la doctrina y jurisprudencia, de los principios de contabilidad de aceptación general, y su validez jurídica. Así como la facultad legal de la Federación de Colegios de Contadores Públicos de Venezuela (FCCPV) de emitir normas jurídicas que obliguen a contadores y terceros.

El hecho de que los estados financieros de una entidad hayan sido preparados conforme a la metodología o técnica contable y los principios de contabilidad de aceptación general logra, en nuestra opinión, que deban ser aceptados por la autoridad competente para la determinación tributaria o base gravable señalada en la ley de impuesto sobre la renta que estamos analizando en esta sección. La administración tributaria no estará impedida o limitada de realizar sus análisis legales, a partir de tales estados financieros.

El abogado Carlos Enrique Paredes analiza este interesante tema en su trabajo titulado: La Aplicación de la Normas Internacionales de Contabilidad[13] , señalando que:

> … "No obstante, lo previsto por la Federación las referidas normas técnicas no son jurídicamente obligatorias, pues ninguna ley nacional las establece como obligatorias para contadores y terceros en general, ni tampoco la FCCPV tiene la facultad legal de establecer o de prever normas técnicas de carácter obligatorio.
>
> Sin perjuicio de lo antes expuesto, las NIIF gozan de reconocimiento y aceptación internacional en la formación y presentación de los estados financieros, y asimismo el Código Orgánico Tributario (COT) como la Ley de Impuesto sobre la Renta (LISLR) prevén la obligación formal de los contribuyentes de llevar su contabilidad según los principios de contabilidad de aceptación general en el país, no obstante que en virtud de la reserva legal que priva en materia tributaria, los criterios técnicos que rigen la determinación de la base imponible del tributo, en el caso específico, el impuesto sobre la renta, vienen contenidos en la respectiva ley especial".
>
> "Las NIIF constituyen actualmente, según la Federación de Colegios de Contadores Públicos de Venezuela (FCCPV), los Principios de Contabilidad Generalmente Aceptados (PCGA) en el país, no obstante, los mismos no son jurídicamente obligatorios en Venezuela para los contadores ni para los terceros en general.
>
> Es de observar que, la Federación fundamenta la competencia de dictar los Principios de Contabilidad Generalmente Aceptados (PCGA) en Venezuela en el artículo 22 de la Ley del Ejercicio de la Contaduría Pública[14], norma que establece la facultad de dictar reglamentos internos a los fines de contribuir al desarrollo y protección de la profesión de contador público, y asimismo en el artículo 34 literal a) de los Estatutos de la Federación que señala como atribución de su Directorio Nacional Ampliado sancionar y promulgar los reglamentos que dicte la Federación en materia de principios de contabilidad.

---

13 Carlos Enrique Paredes, "La Aplicación de la Normas Internacionales de Contabilidad", *Manual Venezolano de Derecho Tributario*, Tomo II, AVDT, Caracas, pp. 231-237.

14 Venezuela. Ley del Ejercicio de la Contaduría Pública. G.O. N° 30.273, de fecha 05 de diciembre de 1973.

Sin embargo, la Federación de Colegios de Contadores Públicos de Venezuela (FCCPV) no tiene la facultad legal de emitir principios de contabilidad, circunstancia necesaria para predicar la obligatoriedad jurídica de los Principios de Contabilidad Generalmente Aceptados (PCGA).

En efecto, la Federación es una persona de derecho público de carácter corporativo, por lo que, en atención al principio de legalidad en materia administrativa, sus competencias requieren texto legal expreso."

Pero en otras materias sí existe tal facultad legal, como bien lo señala el mismo autor citado, el Dr. Paredes, cuando expresa que:

"Por excepción, en los sectores: financiero, seguros y mercado de valores, las leyes que rigen esas materias les otorgan competencias a los respectivos entes reguladores para dictar normas técnicas en el área contable orientadas por los principios de contabilidad de aceptación general".

Finalmente, en cuanto a este aspecto en comentarios de la validez de la técnica contable y su eficacia en el ámbito tributario, no podemos dejar de mencionar los extensos y excelentes trabajos realizados por el abogado Humberto Romero-Muci, en dos de sus muchos estudios, el primero de ellos titulado: "Aspectos jurídicos de los principios de contabilidad sobre presentación de estados financieros ajustados por exposición a la inflación (DPC N°10) y la publicación técnica sobre reestructuración del patrimonio, (PT-19)"[15], del año 1998. Así como su otra obra titulada: "La racionalidad del sistema de corrección monetaria fiscal"[16], en los cuales analiza la fuerza vinculante, que se puede dar en determinadas circunstancias, en las cuales los PCGA sí van a tener relevancia a través del uso de conceptos jurídicos indeterminados. El Dr. Muci-Abraham señala lo siguiente:

"Así mismo, para el caso de las entidades no sometidas al control de la Comisión Nacional de Valores u otro organismo regulador con normas contables particulares, es importante destacar que ciertos principios de contabilidad de aceptación general pueden tener eventual aplicación a través de conceptos jurídicos indeterminados consagrados por particulares normas legales que por vía indirecta activarían una eficacia vinculante respecto de aquellos. Este sería el caso de las nociones "valor real o que se presuma", respecto de las partidas del acervo social (artículo 304 del Código de Comercio) y "existencia real de los dividendos" de la información financiera del comerciante.

---

15 Humberto Romero-Muci, "Aspectos jurídicos de los principios de contabilidad sobre presentación de estados financieros ajustados por exposición a la inflación (DPC N°10) y la publicación técnica sobre reestructuración del patrimonio, (PT-19)", *Revista de Derecho Tributario*, N° 78, AVDT, Caracas, pp. 49-50.

16 Humberto Romero-Muci, *La racionalidad del sistema de corrección monetaria fiscal*, Editorial Jurídica Venezolana, Caracas, 2005, pp. 475-477.

Cuando el legislador del Código de Comercio funda las reglas de valoración del acervo social sobre los conceptos jurídicos indeterminados "valor real" o "el que se les presuma" y a la vez impone el límite según el cual los administradores deben responder por la "existencia real de los dividendos", sin establecer reglas rígidas de valoración, implícitamente, no oculta su confianza en el juicio honesto de los administradores, pero exigiendo que la garantía de los acreedores prevalezca a todo trance. El Código de Comercio no obliga a aplicar la metodología de la contabilidad convencional (basada en el principio del costo histórico) ni alguna otra en particular.

La ley no determina con exactitud los límites de esos conceptos porque se trata de un término que no admite una cuantificación o determinación rigurosa...pero que en todo caso es manifiesto que se está refiriendo a un supuesto de la realidad que no obstante la indeterminación del concepto permite ser precisado en el momento de la aplicación. Lo decisivo de la técnica normativa de los conceptos jurídicos indeterminados es que en razón de su carácter concreto (independientemente de su indeterminación), aplicación o la calificación de la circunstancia a que se refiere no admite más que una solución".

II. Moneda funcional bolívar

Esta situación no ofrece mayores comentarios puesto que partimos de unos estados financieros elaborados y expresados en bolívares por lo que para su análisis fiscal deberán seguirse las reglas contenidas en la LISLR.

Se asume que se ha aplicado el test contable y que la moneda que le corresponde utilizar a la entidad es el bolívar porque es el entorno económico principal en el cual opera, o sea, aquél en el que ésta genera y emplea el efectivo.

El contribuyente, conjuntamente con sus asesores legales y contadores fiscales o auditores, realizarán las evaluaciones pertinentes, fijarán los criterios impositivos a seguir y determinarán con base en tales parámetros la renta gravable sometida al impuesto.

En cuanto a la diferencia en cambio, se genera por la tenencia de moneda extranjera y esta se observará, en bolívares, en los resultados del período. Será válido evaluarla a la luz de los diferentes criterios legales existentes en el foro tributario y de especialistas, para tomar la decisión pertinente y más acorde a la normativa legal respectiva.

En el ISLR, si tal diferencia en cambio está realizada o no a los fines de la determinación de la renta gravable, deberá analizarse el origen (la partida o transacción que la generó) y fijarse el criterio para el respectivo tratamiento fiscal, ex – artículos, 5, 27, 32 y 186 de la LISLR. Sobre este respecto ya hemos escrito, así como otros especialistas, explicando las distintas posiciones sobre la diferencia cambiaria y su tratamiento en el impuesto sobre la renta.

En el caso de necesitar la empresa los estados financieros expresados en dólares, deberá cumplirse el procedimiento de conversión respectivo, pero estos para fines de presentación a alguna autoridad competente o registro oficial, no le serán de mucha ayuda puesto que deberán ser presentados los estados financieros existentes antes de efectuar el procedimiento de conversión, vale decir, los estados financieros que ya estaban elaborados en bolívares.

Bajo moneda funcional bolívar, el dólar es la moneda extranjera y la partida expresada en esta divisa es la que genera diferencia cambiaria, ya que las partidas expresadas en dólares deberán expresarse en bolívares a la tasa oficial de cambio establecida por el BCV, a la fecha del estado financiero.

Además, y muy importante es dejarlo claro, deberán los estados financieros elaborados en bolívares ser ajustados previamente por inflación[17] y después aplicarse la conversión a dólares. Para convertir estos estados financieros a dólares se les aplicará la tasa oficial de cambio del BCV de bolívares a dólares de la fecha de los estados financieros.

III. Moneda de presentación en bolívares

Sobre este respecto, debemos señalar lo establecido en la Constitución Nacional de que el bolívar es la moneda oficial de la República, así como lo establecido en la ley del BCV, en sus artículos 129 y 130[18], indicando, básicamente, que la contabilidad debe llevarse en bolívares.

> Artículo 129. En la contabilidad de las oficinas, públicas o privadas y en los libros cuyo empleo es obligatorio, de acuerdo con el Código de Comercio, los valores se expresarán en bolívares. No obstante, pueden asentarse operaciones de Intercambio Internacional contratadas en monedas extranjeras, cuya mención puede hacerse, aunque llevando a la contabilidad el respectivo contravalor en bolívares. Igualmente, pueden llevarse libros auxiliares para la misma clase de operación, con indicaciones y asientos en monedas extranjeras.
>
> Artículo 130. Todos los memoriales, escritos, asientos o documentos que se presenten a los tribunales y otras oficinas públicas relativos a operaciones de intercambio internacional en que se expresen valores en moneda extranjera, deberán contener al mismo tiempo su equivalencia en bolívares.

---

17 "NIC 29-Información Financiera en Economías Hiperinflacionarias", p. 1376. Disponible en: https://www2.deloitte.com/content/dam/Deloitte/cr/Documents/audit/documentos/niif-2019/NIC%2029%20-%20Informaci%C3%B3n%20Financiera%20en%20Econom%C3%ADas%20Hiperinflacionarias.pdf

18 Venezuela. Ley del Banco Central de Venezuela. G.O. N°6.211, de fecha 30 de diciembre de 2015.

Como podrá observarse, no cabe otra posible interpretación. Ello, al menos en lo que respecta al registro de las operaciones de una entidad y la elaboración de sus estados financieros si opera en Venezuela, siempre y cuando el reporte contable sea para propósitos legales o dar cumplimiento a alguna normativa legal, ya que, para fines internos, podrán llevarse los reportes contables que haya evaluado adoptar la gerencia de la entidad.

En el código de comercio no existe normativa legal que exija llevar la contabilidad en bolívares, sino los libros contables obligatorios de las transacciones que debe llevar todo comerciante, y los registros obligatorios, los actos, que debe necesariamente asentar en el registro mercantil. Pero sí exige que la contabilidad debe llevarse en idioma castellano[19].

Si el estado financiero de la entidad está elaborado o expresado en dólares, y le son requeridos por la autoridad, deberán convertirse a bolívares según la metodología contable[20].

Negarse, podría dar cabida a la aplicación de sanciones relacionadas con el deber llevar adecuadamente la información relacionada con el hecho imponible que pretenda fiscalizar la autoridad. Y tales sanciones, con el vigente COT, no son convenientes.

Entonces, un comerciante en Venezuela puede realizar operaciones en cualquier moneda, puede realizar o pactar en divisas y utilizarla como moneda de cuenta y moneda de pago, pero a los fines legales de lo que estamos tratando no cabe duda de que deberá presentar esas transacciones en bolívares.

Por ejemplo, tenemos el caso de la sentencia N° 084 de la Sala de Casación Social de fecha 08 de julio de 2022, en materia laboral en la cual se dice que se deberá hacer pagos de sueldos e indemnizaciones laborales en divisas si expresamente las partes así lo convinieron, en los siguientes términos:

> "En este sentido, cuando la doctrina y jurisprudencia se refieren a una determinada moneda extranjera como "moneda de pago", no se refieren a cómo se ha pagado o viene pagando una determinada obligación, o a cómo se lleva la contabilidad frente a una determinada operación (moneda de cuenta), sino a cómo el deudor está obligado a cancelar, total o parcialmente, según la "*convención especial*", su deuda o a ello puede ser constreñido por el acreedor".

---

19 Venezuela. Código de Comercio. G.O. N°475, de fecha 21 de diciembre de 1955.

Artículo 32. Todo comerciante debe llevar en idioma castellano su contabilidad, la cual comprenderá, obligatoriamente, el libro Diario, el libro Mayor y el de Inventarios. Podrá llevar, además, todos los libros auxiliares que estimará conveniente para el mayor orden y claridad de sus operaciones.

20 NIC 21.

"Con relación a las obligaciones en Venezuela expresadas en moneda extranjera, esta Sala de Casación Social dejó sentado en sentencia número 269 de fecha 8 de diciembre del año 2021, (caso: *Oscar Rafael Quiroz Bravo y otros, contra Baker Hughes de Venezuela, S.C.P.A.*), lo siguiente:

Asimismo, debe indicarse que en atención al artículo 128 en referencia, en principio las obligaciones en Venezuela expresadas en moneda extranjera y pagadera en el territorio, utilizan la divisa como moneda de cuenta, como referencia para el pago equivalente en bolívares aplicando el cambio o tasa oficial fijada por el Banco Central de Venezuela para el momento en que se realice el pago efectivo, salvo convención especial en contrario, entendida como contrato, cláusula o acuerdo, que consagre a la moneda extranjera como moneda de pago, siempre que lo permita el marco del sistema o régimen de operación con divisas existente para el momento del pago.

(*Omissis*)

Así las cosas, siendo el bolívar la moneda de curso legal (dinero), como lo refiere el artículo 123 citado no se permite el pago del salario en mercancías, vales, fichas o cualquier otro signo representativo con que quiera sustituirse la moneda; debiendo ser pagado en dinero efectivo, o mediante cheque bancario o por depósito en entidad de ahorro y préstamo u otra institución bancaria; más el bolívar no es de curso forzoso entre particulares, lo que permite que el salario, como remuneración, provecho o ventaja por los servicios prestados, pueda acordarse por las partes en todo o en parte en moneda extranjera como compensación por el servicio efectuado y forma de mantener el poder adquisitivo del salario, reflejándolo en el recibo de pago del trabajador (artículo 106 LOTTT), en el entendido, que el salario debe ser suficiente para satisfacer las necesidades materiales, morales e intelectuales del trabajador y de su familia, en relación con la actividad cumplida (artículo 111 LOTTT).

De esta manera, se acepta el pago del salario en moneda extranjera por convención especial y a la luz del nuevo marco cambiario, conforme a lo previsto en el artículo 128 mencionado concatenado con el Decreto Constituyente (2 de agosto de 2018) y el Convenio Cambiario N° 1, en su literal b), del artículo 8 mencionado y; en caso de pactarse lo devengado en salario en moneda extranjera como moneda de cuenta, se permite que el patrono pueda liberarse de su obligación efectuando el pago en dicha moneda o en bolívares, atendiendo al literal a) del artículo 8 del vigente Convenio Cambiario N° 1 (7 de septiembre de 2018)".

"En este sentido, la Sala de Casación Civil en sentencia N° 106 del 29 de abril de 2021 (caso: *Gabriela Coromoto Infante Gravina y otra, contra Alexander Santa María Ávila y otro*), señaló lo siguiente:

En cuanto a las obligaciones, la Sala ha establecido que debe distinguirse cuando la obligación en divisas está expresada en moneda de cuenta (moneda alternativa) o como moneda de pago *stricto sensu*. En el primer caso, la Sala ha establecido que la moneda extranjera funciona como una moneda de cuenta, es decir, de modo referencial del valor de las obligaciones asumidas en un momento determinado, en el segundo caso, la moneda extranjera se fija como moneda efectiva y exclusiva de pago.

En este sentido, cuando la moneda extranjera funciona como moneda de cuenta, implica que las partes la emplean como una fórmula de reajuste o estabilización de la obligación pecuniaria frente a eventuales variaciones del valor interno de la moneda de curso legal, que en nuestro caso es el Bolívar. Así, el deudor de una obligación estipulada en moneda extranjera, en principio, se liberará entregando su equivalente en bolívares a la tasa corriente a la fecha de pago, precisamente tanto la moneda de cuenta como la moneda de curso legal están in obligationem, pero una sola de ellas está in solutionem, en consecuencia salvo que exista pacto especial o cláusula de pago efectivo en moneda extranjera, conforme lo dispone el artículo 128 de la mencionada Ley del Banco Central, el deudor se liberará de la obligación nominada en moneda extranjera mediante la entrega de su equivalente en bolívares a la tasa de cambio corriente en el lugar de la fecha de pago".

Lo anteriormente transcrito no está en contradicción con lo que hemos venido expresando de que para asuntos de carácter legal o a ser presentados a la autoridad competente la moneda de presentación debe ser la de curso legal en Venezuela, es decir, el bolívar.

Por el contrario, las sentencias señaladas concluyen que deberá considerarse alguna otra moneda, distinta al bolívar, solo en aquellos casos en que así se haya pactado expresamente.

IV. Moneda de presentación en dólares

Esta situación es la que pensamos tiene menos interrogantes puesto que la contabilidad y los estados financieros expresados en dólares no son requeridos por la autoridad competente en Venezuela, sino que obedece más bien, al tipo de análisis que necesite realizar la gerencia para administrar la entidad de que se trate.

En este caso lo que puede resaltarse es que para cumplir con un estado financiero en moneda de presentación en dólares de una entidad que opera en Venezuela, definitivamente, no es conveniente, ni mucho menos técnico (puesto que contraviene la normativa técnica contable de conversión) llevar la contabilidad directamente en dólares, puesto que así se está obviando el elemento de la alta inflación existente en el país.

Según la técnica contable de conversión de un estado financiero elaborado en bolívares a dólares, debe primeramente considerarse la inflación, o sea, ajustarse por inflación tal estado financiero y posteriormente al haber recogido el efecto de la inflación y su afectación a las partidas de dicho estado financiero, es que se podrá realizar o aplicar la metodología de conversión a dólares. (NIC 29).

De esta manera la gerencia de la entidad podrá arribar a mejores análisis y decisiones en torno a la conducción de la entidad y sus operaciones y a la gestión de los eventos económicos propios del entorno donde opera.

Cuando se lleva a cabo la metodología de conversión, en el orden esbozado, tenemos que se toman las partidas del estado financiero, ya ajustada por inflación (usando los INPC), y se les aplica la tasa oficial del dólar publicada para la fecha del estado financiero.

Conclusiones

1) La partida denominada "ajuste en conversión" que debe registrarse en la sección del patrimonio del estado de situación financiera por la aplicación de lo explicado en el título Moneda Funcional dólar del presente trabajo, es decir, cuando se tiene dicha moneda funcional y debe aplicarse la metodología contable de conversión a bolívares, no tiene efecto en la base gravable del impuesto sobre la renta por no corresponder a una renta disponible desde el punto de vista fiscal.

2) Los estados financieros preparados con base en principios venezolanos de aceptación general (PCGA) deberían ser la base para los análisis fiscales, estos constituyen los reportes de la entidad, y si han sido obtenidos con base en la técnica contable correspondiente, puede perfectamente a partir de los mismos efectuarse todas las consideraciones establecidos en la normativa impositiva, lo que incluye, por ejemplo, aplicar la ley del tributo de que se trate preparado con la técnica de conversión analizada en este trabajo.

3) Debe tenerse cuidado con incurrir en doble contabilidad, más bien debe asegurarse la metodología de conversión de los estados financieros.

4) Según el método de registro que utilice la entidad, válidamente aplicado conforme a los PCGA, se deberán analizar los resultados obtenidos y criterios fiscales procedentes, por lo cual deberá buscarse la adecuada asesoría legal y contable.

5) La moneda del entorno económico venezolano es el bolívar, única moneda oficial del país y que sirve de referencia para la política monetaria fijada por el Gobierno. Por tanto, la moneda funcional para los estados financieros de una entidad que opera, principalmente, en Venezuela, es el bolívar.

6) La moneda de presentación de los estados financieros puede ser cualquiera que desee o necesite la entidad para sus fines particulares, pero la moneda de registro y la moneda de presentación para propósitos de registros oficiales, contables, y legales, es el bolívar, de conformidad con la legislación venezolana.

7) Debe tenerse cuidado con la utilización genérica de la terminología contable Moneda Funcional, cuando quiere a referirse a la transaccionalidad de la moneda de la entidad, ya que contablemente no son lo mismo y su uso inapropiado puede conducir a información engañosa.

REFERENCIAS BIBLIOGRÁFICAS

MUCI ABRAHAM, José (hijo), "Oportunidad en que se causa el Impuesto sobre Beneficios de Valoración de Inmuebles", *Revista de Derecho Tributario*, N° 78, julio-agosto, Asociación Venezolana de Derecho Tributario, Caracas.

NIC 21- Efectos de las variaciones de las tasas de cambio en la moneda extranjera.

NIC 29- Información Financiera en Economías Hiperinflacionarias".

Venezuela. Código Orgánico Tributario, publicado en Gaceta Oficial Extraordinaria N° 6.507, del 29 de enero de 2020.

_____ Ley de Impuesto sobre la Renta, publicada en Gaceta Oficial Extraordinaria N° 6.507, del 30 de diciembre de 2015.

_____ Ley del Ejercicio de la Contaduría Pública, publicada en Gaceta Oficial N° 30.273, del 05 de diciembre de 1973.

_____ Ley del Banco Central de Venezuela. publicada en Gaceta Oficial N° 6.211, del 30 de diciembre de 2015.

_____ Código de Comercio, publicado en Gaceta Oficial N° 475, del 21 de diciembre de 1955.

PAREDES, Carlos Enrique, "Aplicación de la Normas Internacionales de Contabilidad", *Manual Venezolano de Derecho Tributario*, Tomo II, Asociación Venezolana de Derecho Tributario, Caracas.

RICHARDS HERNÁNDEZ, Félix, "La Disponibilidad en el impuesto sobre la renta", *Libro 60 años de imposición a la renta,* Asociación Venezolana de Derecho Tributario, Caracas.

ROMERO-MUCI, Humberto, "Aspectos jurídicos de los principios de contabilidad sobre presentación de estados financieros ajustados por exposición a la inflación (DPC N°10) y la publicación técnica sobre reestructuración del patrimonio, (PT-19)", *Revista de Derecho Tributario*, N°78, Asociación Venezolana de Derecho Tributario, Caracas.

_____ *La racionalidad del sistema de corrección monetaria fiscal*, Editorial Jurídica Venezolana, Caracas, 2005.

EL VALOR PROBATORIO DE LOS ESTADOS FINANCIEROS A LOS FINES TRIBUTARIOS

Luis Fraga-Pittaluga[*]

SUMARIO

I. Introducción

La importancia de la contabilidad y de los estados financieros a los fines del Derecho Tributario es indiscutible, desde que ambos registros permiten informar en términos monetarios relevantes, fiables y periódicos sobre la posición y el comportamiento económico financiero de la empresa[1], lo cual determina en gran medida, huelga decirlo, su situación desde el punto de vista fiscal. La contabilidad y los estados financieros elaborados a partir de la misma son un registro confiable

* Abogado, ex profesor de Derecho Tributario en los postgrados de la UCAB, UCAT y UNIMET y de pregrado en Derecho Tributario en la UMA. Miembro de la Asociación Venezolana de Derecho Tributario, *Of Counsel* del Departamento de Impuestos en Despacho de Abogados miembros de DENTONS.

1 Juan Pérez-Carballo Veiga, *La contabilidad y los estados financieros,* ESIC Editorial, Madrid, 2013, versión Kindle, p. 125.

de la ocurrencia de diversos hechos imponibles previstos en las leyes tributarias tales como: La obtención de ingresos brutos por actividades económicas, la venta de bienes y servicios, la tenencia de un patrimonio neto de cierta magnitud, la obtención de una renta, el aumento del capital social, entre otros. Asimismo, este registro cronológico y sistemático exhibe diversos hechos económicos que afectan, por aumento o disminución, la cuantía de obligaciones tributarias de diversa índole: Pérdidas, rebajas por inversiones, ventas anuladas, obtención de rentas exentas o exoneradas, liberalidades, amortizaciones, entre otros.

Desde el punto de vista tributario la contabilidad y los estados financieros sirven a un doble propósito; por un lado, permiten al contribuyente tener un soporte documental de la ocurrencia de los diversos hechos imponibles previstos en las leyes tributarias que le son aplicables, a los fines de hacer las reservas y apartados correspondientes, para luego presentar las declaraciones impositivas, estimadas o definitivas, a que haya lugar, pagando los tributos resultantes o, de ser el caso, para dejar evidencia de que el hecho imponible no ha ocurrido.[2] Además, en el marco de una planificación fiscal legítima[3] el examen cuidadoso del balance y de un estado de resultados proyectado[4] posibilita que la entidad económica tome

---

2 Aunque en principio esto pareciera la posibilidad de probar un *hecho negativo*, lo cierto es que no se trata de un hecho negativo genérico o absoluto (que son los exentos de prueba), porque la contabilidad y los estados financieros pueden servir para probar, por ejemplo, que en un período determinado la compañía no ha realizado ventas, o que su patrimonio neto no alcanza al umbral definido en la Ley para que se cause el impuesto al patrimonio, o que no ha obtenido renta alguna. Como bien señala DEVIS ECHANDÍA, la negación o afirmación puede ser simple modalidad de redacción porque es lo mismo negar la existencia de un hecho que afirmar su inexistencia; en consecuencia, no es lógico distribuir la carga de la prueba atendiendo sólo a la formulación negativa o afirmativa de los hechos. Además, tan posible es probar que existe el hecho afirmado como el contrario que está implícito en su negación. De manera que sólo las negaciones indefinidas, como no haber ejecutado nunca un hecho, son las de imposible prueba. Así, será la naturaleza del hecho y no su negación o afirmación lo que determina si debe exigirse su prueba y en todo caso esto tampoco será determinante porque puede suceder que una de las partes esté en capacidad de probar los hechos afirmados o negados por ambas (Hernando Devis Echandía, *Teoría general de la prueba judicial,* Víctor de Zavalia Editor, Buenos Aires, 1981, T. I, pp. 456-457).

3 Sobre la *planificación fiscal* como un derecho constitucional en Venezuela véase: Luis Fraga-Pittaluga, *Principios Constitucionales de la Tributación,* EJV, Caracas, 2012, pp. 145 y ss.

4 Como bien afirman LÓPEZ y VITTO: "En la actualidad, la creciente inestabilidad del entorno plantea la exigencia de mejorar los elementos para la toma de decisiones, volviéndose insuficiente la información contenida en los estados contables tradicionales. Cada vez toman mayor relevancia los estados contables proyectados, exponentes de la situación que tendrá la empresa, siempre y cuando los pronósticos,

decisiones para reducir o moderar, siempre dentro del marco legal, su carga impositiva. Desde la perspectiva de las Administraciones Tributarias los estados financieros son una fuente de información importantísima que facilita la realización de los procedimientos fiscalización y determinación de las obligaciones tributarias sobre *base cierta*, así como la apertura y sustanciación de procedimientos sancionatorios, si a ello hubiere lugar.

De lo dicho se sigue que el establecimiento de cuál es el valor probatorio de los estados financieros es una tarea fundamental para entender la significación de los mismos como fuente de información relevante a los fines tributarios, particularmente en el caso de la determinación de las obligaciones tributarias, bien que esta determinación sea producto de una autoliquidación realizada por el sujeto pasivo, bien que se trate de una determinación administrativa llevada a cabo por la Administración Tributaria (*i.e.* de oficio) o bien que, finalmente, sea una determinación contenciosa realizada por el juez en la sentencia que culmina el proceso tributario respectivo.

También es relevante establecer la necesidad y el valor probatorio de los estados financieros para otros propósitos de singular importancia como, por ejemplo, para fundamentar el efecto confiscatorio que producen algunos tributos.

---

premisas e hipótesis del planeamiento se mantengan y cumplan. Así como se efectúa el análisis de información perteneciente a situaciones del pasado que nos permite determinar la situación financiera de una empresa, es posible evaluar también la solvencia y rentabilidad que le espera en el futuro. La doctrina contable internacional siempre ha destacado la ventaja que representa para los usuarios externos contar con información sobre el futuro de la empresa, que le permita reunir evidencia para asegurarse sobre el recupero de la inversión, y servir de guía para mejorar y disminuir el riesgo en la toma de decisiones. Los manuales de normas contables internacionales establecen la necesidad de revelar la evolución prospectiva de la entidad, en un plazo no menor al año posterior al cierre de ejercicio, ya que, constituye un requisito que permite establecer que la empresa está en marcha en el momento de presentar los estados financieros al cierre de ejercicio." Pablo López – Siomara Vitto. "Estados Contables Proyectados", *Thomson-Reuters*, disponible en: Estados-contables-proyectados.pdf (consejosalta.org.ar), consultado el 22 de abril de 2022.

II. La información financiera de la empresa

1. *La contabilidad*[5]

La contabilidad es *el lenguaje de los negocios*[6] o la *lengua nativa del dinero*. En el pasado este lenguaje, como los idiomas en general, era variado; pero hoy en día se ha universalizado y ya sólo existen dos ramificaciones de un lenguaje común[7]. Toda actividad económica sin importar el tamaño de la entidad, el ámbito donde ésta se desenvuelva, o incluso si hay o no un fin de lucro involucrado, requiere de un registro detallado y ordenado de operaciones, para administrar la entidad, cuantificar y proyectar sus resultados, conocer y controlar sus movimientos patrimoniales, gestionar sus activos y pasivos y ofrecer información relevante a socios, asociados, accionistas, administradores, acreedores, entes reguladores y terceros en general, según el caso.

En el campo empresarial la importancia de estos registros es superlativa y es un elemento esencial para que exista un intercambio económico regular, ordenado, transparente y seguro. No sólo el empresario tiene interés en conocer los resultados actuales y futuros de su negocio, sino que también están los terceros que contratan con él y el propio Estado, no sólo como titular de poderes, potestades y competencias tributarias, o regulador de ciertas actividades económicas (*e.g.* banca, seguros, mercado de capitales, etc.) sino además como ente encargado, en conjunto con la iniciativa privada, de promover el desarrollo armónico de la economía (*ex* artículo 299 de la Constitución[8]).

MORLES HERNÁNDEZ[9] ha sistematizado el interés de esta información, como sigue:

---

5 Sobre el Derecho Contable y la importancia de los libros de comercio, véase: Luis E. Fidhel González, "Derecho Contable. Los libros de comercio", *Revista Venezolana de Derecho Mercantil,* No. 4, SOVEDEM, Caracas, 2020.

6 Álvaro Javier Romero López, *Principios de Contabilidad*, Mc Graw Hill, México DF, 2010, p.204.

7 Horngren, Sundem, Elliott y Philbrick, *Introduction to Financial Accounting,* PEARSON, Boston, 2014, p. 2.

8 Artículo 299 Constitución. "(…) El Estado conjuntamente con la iniciativa privada, promoverá el desarrollo armónico de la economía nacional con el fin de generar fuentes de trabajo, alto valor agregado nacional, elevar el nivel de vida de la población y fortalecer la soberanía económica del país, garantizando la seguridad jurídica, solidez, dinamismo, sustentabilidad, permanencia y equidad del crecimiento de la economía, para lograr una justa distribución de la riqueza mediante una planificación estratégica democrática, participativa y de consulta abierta."

9 Alfredo Morles Hernández, *Curso de Derecho Mercantil,* UCAB, Caracas, 2002, T. I, pp. 389 y 390.

a) El interés del empresario en conocer la marcha de la empresa, de tener una visión económica de la misma y de sus resultados, de ejercer control sobre sus auxiliares y de preservar el papel de la contabilidad como instrumento de rendición de cuentas.

b) El interés de los acreedores y de los terceros, porque el empresario suele ser un administrador de capitales ajenos que está obligado a revelar los resultados de una actividad que está sujeta a diaria ponderación, por lo cual sus cuentas deben mostrar exactitud y corrección.

c) El interés del Estado, que necesita recopilar datos estadísticos para la elaboración de las cuentas nacionales, así como obtener información relevante para fines tributarios.

d) El interés general de que las empresas sean prósperas y contribuyan a la consolidación de la economía, para lo cual una contabilidad bien llevada y fidedigna es fundamental para la mejor y más eficiente gestión de los negocios.

Los registros especiales que se ocupan de dejar constancia de estas operaciones son los *libros contables*. La contabilidad es el registro ordenado de los movimientos económicos y financieros de una entidad, a través de la unidad básica de registro que es la denominada *cuenta*.[10] El propósito de la contabilidad es ofrecer información razonada, en base a registros técnicos, de las operaciones realizadas por un ente privado o público, en fechas y períodos determinados.[11] La contabilidad "se genera del llamado ciclo contable[12], que comienza con el registro de una determinada transacción. Ese registro afecta al menos dos cuentas (sistema contable de partida doble). Cada cuenta tiene un saldo que resume todos los movimientos realizados en ella. Esos saldos, a su vez, alimentan el libro mayor, que presenta los saldos de las cuentas del sistema."[13]

Como afirma JUAN PÉREZ CARBALLO-VEIGA, cualquier actividad mercantil, por sencilla o compleja que sea, precisa informar sobre el valor de los recursos

---

10 La cuenta es la representación contable que refleja la situación de cada uno de los elementos patrimoniales de una entidad económica. Arthur Andersen. *Diccionario Espasa Economía y Negocios.* Espasa, Madrid, 1997, p. 239, voz: "cuenta."

11 A. Redondo, *Curso práctico de contabilidad general y superior,* T. I, Centro Contable Venezolano, Caracas, 2004, pp. 1-2.

12 Las ocho etapas del ciclo contable son las siguientes: Identificación de las transacciones, registro de las transacciones en un diario, contabilización, balance de comprobación no ajustado, hoja de trabajo, asientos de ajuste, estados financieros y cierre de los libros. Horngren *et al*, *Financial Accounting,* PEARSON, Australia, 2013, pp. 170 y ss.

13 Urbi Garay y Maximiliano González, *Fundamentos de Finanzas. Con aplicaciones al mercado venezolano,* Ediciones IESA, Caracas, 2007, p. 52.

que emplea (bienes y derechos), cómo los financia (recursos propios o de terceros) y de los resultados económicos que produce su gestión (ganancias o pérdidas); de este modo, el objetivo de la contabilidad se resume en que debe ofrecer una imagen fiel de la situación económico financiera de la empresa y para ello la contabilidad identifica, organiza, valora, registra, resume y comunica fielmente los hechos económicos de la empresa, producidos en cada período.[14] No todos los hechos económicos requieren un registro contable, sino sólo aquellos que tienen el carácter de *hechos económicos contables*, es decir, aquellos que afectan en forma directa y significativa la situación financiera de la empresa, que son monetariamente mensurables y que pueden ubicarse o circunscribirse a un espacio temporal específico.

La contabilidad es pues un registro cronológico y ordenado de todos los eventos económicos contables que afectan la empresa, posibilitando la gestión, el control, la administración, la planificación y la rendición de cuentas frente a los accionistas y los terceros (*i.e.* entes reguladores, acreedores, auditores externos, entidades financieras, entre otros).

Según señala con acierto el profesor HUMBERTO ROMERO-MUCI: "La contabilidad es un medio de comunicación o de transmisión de información sobre aspectos de la situación patrimonial de un sujeto. Permite emitir y comprender un número ilimitado de mensajes al respeto (*universalidad semántica*). Tiene un propósito fundamentalmente práctico: ofrecer información útil para la toma de decisiones económicas. Concretamente, la toma de decisiones empresariales."[15] Puede definírsele en general como un sistema de registro, resumen, análisis, verificación y reporte de transacciones comerciales y financieras, de una entidad económica en un período determinado.

La legislación mercantil venezolana, que es heredera de la francesa, obliga a los comerciantes a llevar libros[16] durante todo el tiempo que realicen su actividad e incluso después de haber cesado en ella[17]. El Código de Comercio[18] impone a

---

14 Juan Pérez-Carballo Veiga, *La contabilidad... ob. cit.*, p. 47.

15 Humberto Romero-Muci, *El derecho y el revés de la contabilidad,* Academia de Ciencias Políticas y Sociales, Caracas, 2011, Serie Estudios No. 94, p. 9.

16 Artículo 32 Código de Comercio: "Todo comerciante debe llevar en idioma castellano su contabilidad…"

17 Artículo 44 Código de Comercio: "Los libros y sus comprobantes deben ser conservados durante diez años, a partir del último asiento de cada libro. La correspondencia recibida y las copias de las cartas remitidas serán clasificadas y conservadas durante diez años."

18 Gaceta Oficial Nº 475 Extraordinario del 21 de diciembre de 1955.

todo comerciante llevar tres libros que son el Diario, el Mayor y el Inventario[19], pudiendo llevar además otros libros que se califican como *auxiliares*, cuando ello sea necesario o prudente para el mejor registro de las operaciones comerciales.[20]

Un primer dato sobre la importancia de los libros de comercio lo ofrece el hecho de que no pueden ser llevados de cualquier forma, sino que, de entrada, están sujetos a una certificación previa por el Juez de Comercio o el Registrador Mercantil (o el juez ordinario de mayor jerarquía en la localidad si estos funcionarios no existen), que habilita con un sello cada folio de los libros de Diario e Inventario, para dejar constancia de su autenticidad y evitar que existan varios juegos de libros, con información no coincidente, con el fin engañar o defraudar a los terceros que se relacionan con el comerciante. Aunque el Código de Comercio no lo dice expresamente, también el libro de Mayor debe cumplir las formalidades establecidas en el artículo 33, es decir, ser sellado por la autoridad competente, pues de lo contrario no tendría valor probatorio en juicio, de conformidad con lo previsto en el artículo 39 del Código de Comercio.[21]

En principio la realización del asiento corresponde al comerciante y compromete su responsabilidad; pero nada obsta -y de hecho es lo que ocurre con más frecuencia- que sea un *dependiente*[22] quien lleve a cabo el asiento en los libros. Estos asientos, por mandato del artículo 102 del Código de Comercio, se reputan como hechos por el comerciante y por lo tanto tiene idéntico valor.

Los libros de comercio son una categoría especial de documentos que están sometidos a unas formalidades especiales y estrictas para su puesta en uso, así como para su adecuada llevanza y conservación. Los asientos realizados en estos libros tienen además soporte en los comprobantes de la contabilidad. Adicionalmente, los libros están sometidos a varios tipos de controles, uno cruzado con los

---

19 Artículo 32 Código de Comercio: "(...) [la contabilidad del comerciante] comprenderá, obligatoriamente, el libro Diario, el libro Mayor y el de Inventarios. Podrá llevar, además, todos los libros auxiliares que estimara conveniente para el mayor orden y claridad de sus operaciones".

20 De acuerdo con el artículo 260 de Código de Comercio: "Además de los libros prescritos a todo comerciante, los administradores de la compañía deben llevar: 1° El libro de accionistas, donde conste el nombre y domicilio de cada uno de ellos, con expresión del número de acciones que posea y de las sumas que haya entregado por cuenta de las acciones, tanto por el capital primitivo, como por cualquier aumento, y las cesiones que haga. 2° El libro de actas de la asamblea. 3° El libro de actas de la Junta de administradores.

21 Artículo 39: "Para que los libros auxiliares de contabilidad, llevados por los comerciantes, puedan ser aprovechados en juicio por éstos, han de reunir todos los requisitos que se prescriben con respecto de los libros necesarios."

22 Artículo 94, primer aparte: "Dependientes son los empleados subalternos que el comerciante tiene a su lado para que le auxilien en sus operaciones obrando bajo su dirección."

libros de otros comerciantes y con los libros especiales de compras y de ventas del Impuesto al Valor Agregado[23], y otro externo realizado por personas distintas a quienes los han elaborado (*i.e.* comisario y juez de comercio). Esto comporta de suyo que los libros de comercio no son simples documentos privados, sino documentos con un valor probatorio especial y superior, con una pretensión mayor de certeza que la que puede predicarse de otros instrumentos que no están sujetos a las mismas formalidades y controles.

La caracterización de los libros de comercio como simples documentos privados es una falacia de accidente inverso que omite considerar las características especiales y diferenciadoras de los libros de comercio. No entenderlo así supone desatender todas las normas que dotan a los libros de características singulares que apuntan, todas ellas, a su *fidelidad*, puesto que las formalidades para su llevanza y los controles a los que están sometidos no son obviamente fines en sí mismos, sino que claramente apuntan a ofrecer certidumbre sobre los registros contables.

También es una falacia *secundum quid* afirmar que los libros sólo hacen prueba contra el comerciante que los ha elaborado, porque si bien es verdad que el artículo 38 del Código de Comercio establece que los libros hacen prueba entre comerciantes por hechos de comercio y que respecto a otra persona que no fuere comerciante, los asientos de los libros sólo harán fe contra su dueño, resulta que la norma también señala que la otra parte no puede aceptar lo favorable que surge de los libros sin admitir también lo adverso que ellos contengan. Puede sostenerse, sin lugar a duda, que los libros de comercio son *la prueba fundamental de las operaciones del comerciante*.

2. *Los estados financieros*

a. *Noción*

El producto más importante de la contabilidad son los *estados financieros.* Los estados financieros son un resumen ordenado de la información contable de una entidad económica, acumulada mediante un proceso de identificación de los

---

23 Artículo 70 Reglamento de la Ley de Impuesto al Valor Agregado: "Los contribuyentes del impuesto además de los libros exigidos por el Código de Comercio, deberán llevar un Libro de Compras y otro de Ventas. En estos libros se registrarán cronológicamente y sin atrasos las informaciones relativas a sus operaciones en el mercado interno, importaciones y exportaciones, documentadas mediante facturas emitidas y recibidas, documentos equivalentes de venta bienes y servicios, así como, las notas de débito y de crédito modificatorias de las facturas originalmente emitidas y otros comprobantes y documentos por los que se comprueben las ventas o prestaciones de servicios y las adquisiciones de bienes o recepción de servicios." (G.O. Extraordinario 5.363 del 12 de julio de 1.999).

hechos contables, su valoración y su registro.[24] Son los registros que proporcionan el detalle de la información financiera de la entidad, incluyendo los activos, los pasivos, el patrimonio, los ingresos y los gastos, la contribución de los accionistas, el flujo de caja y otra información relacionada, durante un período de tiempo determinado. El profesor ROMERO-MUCI sostiene que: "...estos documentos contienen la información que es representación de la situación financiera, la actividad o rendimiento financiero y los flujos de fondos financieros de una entidad económica, que no debe ser confundido con un juicio de certeza sobre la misma, pues como se ha dicho, la información contable no es exclusivamente descriptiva, sino también valorativa de los hechos contables relevantes que allí se sintetizan."[25]

Nuestra legislación mercantil no se refiere a los *estados financieros* por cuanto esta es una denominación más moderna y probablemente de origen anglosajón: *financial statements*. El Código de Comercio venezolano influenciado por el derecho francés[26], alude al *balance,* equivalente al vocablo francés *bilan* que designa el estado financiero más importante, y que a su vez deriva su nombre del sistema contable de partida doble[27] y de los principios de causalidad y de equilibrio patrimonial o *balance* entre los asientos efectuados para cada transacción económica en el *deber* y el *haber*.[28]

---

24 Arthur Andersen, *Diccionario Espasa Economía y Negocios*, Espasa, Madrid, 1997, p. 239: "estados financieros."

25 Humberto Romero-Muci, *El derecho y el revés... ob. cit.*, p. 102.

26 Sobre este particular consúltese: Alfredo Morles Hernández, "Discurso del Dr. Alfredo Morles Hernández Individuo de Número de las Academia de Ciencias Políticas y Sociales", *Bicentenario del Código de Comercio Francés.* Academia de Ciencias Políticas y Sociales, Caracas, 2008 / Jaime Luis Anaya, "El legado del Código de Comercio Francés", *Bicentenario del Código de Comercio Francés.* Academia de Ciencias Políticas y Sociales, Caracas, 2008.

27 A través de este sistema: "(...) cada apunte se registra con una o varias anotaciones o cargos en el *debe* de una cuenta y con una o varias anotaciones o abonos en el *haber* de otra u otras cuentas por el mismo importe (...) Responde al principio contable por el que cada transacción económica tiene un origen de la inversión y un destino. Este sistema de representación, en el que el total del *debe* tiene que seguir al total del *haber*, garantiza el cuadre de las cuentas y su uso está generalmente aceptado." Arthur Andersen, *Diccionario Espasa Economía y Negocios*, Espasa, Madrid, 1997, p. 467: "partida doble.". Fue creado por el matemático y monje franciscano LUCA PACIOLI y publicado por primera vez, aunque sin la denominación de "partida doble", en 1494 en su tratado *Summa de Arithmetica, Geometria, Proportioni, et Proportionalita*: Maurice Cozian - Pierre-Jean Gaudel - Florence Deboissy, *La comptabilité racontée aux juristes*, LexisNexis, Paris, 2020, p. 35 y ss.

28 "Cualquier transacción, transformación interna o evento que afecte a la entidad siempre genera una causa y un efecto, que modifican la estructura de sus recursos y sus fuentes, registradas mediante cargos y abonos, sin alterar la igualdad numérica

El artículo 35 del Código de Comercio dice que el libro de Inventario debe cerrarse con el *balance* y la cuenta de ganancias y pérdidas; y que ésta debe demostrar con evidencia y verdad los beneficios obtenidos y las pérdidas sufridas. En general, el balance describe de manera separada los elementos del activo y del pasivo de la empresa y muestra los capitales propios. La cuenta de resultados recapitula los ingresos y los cargos del ejercicio económico, sin que se tenga en cuenta la fecha de su ingreso o su pago, según el caso. Esta cuenta revela por diferencia, después de la deducción de las amortizaciones, depreciaciones y provisiones, el beneficio o la pérdida del ejercicio.

Los estados financieros: "conforman la presentación de los datos financieros, incluidas las notas adjuntas, tomados de los registros de contabilidad o de sus documentos de soporte, diseñados para dar a conocer los recursos económicos o las obligaciones de una entidad a una fecha determinada o los ingresos y egresos o el flujo del efectivo durante un período definido, de acuerdo con principios de contabilidad de aceptación general."[29]

Desde el punto de vista jurídico el balance se define como el: "…resultado de una contabilidad, presupone la ordenada anotación de hechos patrimoniales relativos al negocio, acaecidos durante el período a que el balance se refiere."[30] HALPERIN y OTAEGUI afirman que el balance, que tiene importancia en cualquier empresa, cobra especial significación en la sociedad anónima para los socios y para los terceros, por su triple función de hacer conocer el estado patrimonial de la sociedad; asegurar la integridad del capital, con la realización de amortizaciones y la conformación de reservas; y dar a conocer los negocios sociales y sus consecuencias, como la distribución de utilidades o la publicación de las pérdidas.[31]

A primera vista pudiera pensarse que los estados financieros son documentos de naturaleza financiera y contable y nada más, pero la realidad es distinta. Los estados financieros son instrumentos que valoran, representan y registran en términos monetarios diversas relaciones y negocios jurídicos de la sociedad. De ellos es posible apreciar la existencia u ocurrencia de diversos hechos y actos con trascendencia jurídica para la entidad económica, como por ejemplo: (i) que la entidad económica es propietaria de bienes y derechos, tangibles e intangibles, que generan frutos bien por su afectación al proceso productivo o bien por ser fuentes productoras de rentas pasivas; (ii) que la entidad económica es parte de relaciones

---

de su balance". Álvaro Javier Romero López, *Principios de Contabilidad*, Mc Graw Hill, México DF, 2010, p. 380.

29 Colegio de Contadores Públicos del Distrito Capital. *Normas para la preparación de estados financieros.* Disponible en: https://www.ccpdistritocapital.org.ve/uploads/descargas/e9f4ae8e25b769aa2bba152fbe3dcf76b3f7e2dc.pdf.

30 Joaquín Garrigues, *Derecho Mercantil*, T. I, Temis, Bogotá, 1987, p. 205.

31 Isaac Halperin y Julio Otaegui, *Sociedades Anónimas*, Depalma, Buenos Aires, 2da. Ed, 1998, pp. 567-569.

obligacionales de diversa índole, en las cuales puede asumir la condición de acreedor o deudor; (iii) que se han producido movimientos en el patrimonio de la empresa que resultan en su aumento o disminución y que correlativamente aumentan o disminuyen la garantía de los acreedores de la empresa o que pueden dar lugar a que ésta deba reponer el patrimonio perdido o entre en liquidación; (iv) que hay riesgos por litigios u otros eventos con consecuencias jurídicas desfavorables para la sociedad que, por principio de *prudencia*, implican la necesidad de constituir provisiones y reservas; (v) que la entidad económica cuenta con activos superiores a sus pasivos, pero que por razones excusables y temporales no tiene flujo de caja suficiente para cumplir con sus acreedores, lo que tal vez suponga la necesidad de solicitar la protección judicial que brinda el procedimiento concursal de atraso para obtener un aplazamiento ordenado de los pagos; (vi) que la sociedad de comercio ha fracasado y se encuentra en estado de insolvencia, lo que amerita acudir al procedimiento concursal de quiebra y a la consecuente cesación de los negocios y la liquidación del patrimonio restante para satisfacer a los acreedores; (vi) y, desde luego, que han ocurrido o van a producirse en el futuro inmediato actos y hechos que son calificados por las leyes aplicables a la entidad económica respectiva, como hechos generadores o imponibles y que darán lugar a la obligación de pagar tributos. Todo lo anterior tiene una expresión en los estados financieros, aunque en un lenguaje numérico que debe ser valorado y traducido al lenguaje común.

Analizados en forma integral los estados financieros son sin duda alguna un punto de conexión entre el Derecho y la Economía, porque ellos contienen un registro numérico de diversos hechos, actos y relaciones jurídicas que afectan a la empresa, y permiten advertir además el comportamiento que ésta adopta en un espacio temporal determinado frente a las diferentes regulaciones legales, para adaptarse y tomar las decisiones más eficientes desde la perspectiva económica.[32]

---

[32] La relación cercana entre el Derecho y la Economía ha sido claramente establecida desde hace muchos años, pero sobre todo a partir de los estudios de la Escuela de Chicago en los años 60 del siglo pasado. Refiere Posner (Richard A. Posner. *Values and consequences: An introduction to economic analysis of law.* University of Chicago, Law School, disponible en: https://www.law.uchicago.edu/lawecon/index.html) que es a partir de la publicación del *Journal of Law and Economics* de la Universidad de Chicago cuando el movimiento comienza a tomar fuerza y extenderse a otros ámbitos del Derecho, como la propiedad intelectual con Arnold Plant, el derecho corporativo con Henry Manne, los contratos con Robert Hale y los impuestos con HENRY SIMMONS. Este movimiento adquiere mayor visibilidad a partir de 1961 con los famosos trabajos de Ronald Coase titulado "El Problema del Costo Social" y el de Guido Calabrese titulado "Algunas Reflexiones sobre la Distribución del Riesgo y el Derecho de Daños". La posibilidad de aplicar el análisis económico del Derecho a la totalidad de las disciplinas jurídicas queda definitivamente establecida con el trabajo de Gary Becker titulado "Crimen y Castigo: Una Aproximación Económica",

Los estados financieros cumplen diversas funciones según el rol que juega quien los consulta. Así, por ejemplo, desde la perspectiva de los acreedores, los estados financieros permiten controlar que las utilidades declaradas no reduzcan la garantía que representa el patrimonio de la sociedad con respecto a sus acreencias. De manera pues que estos instrumentos permiten a los acreedores medir la certeza o el riesgo de cobro de sus créditos. Para los accionistas, los balances son una fuente primordial de información que permite determinar con alto grado de certeza la situación patrimonial de la empresa y la rentabilidad de la inversión. Para los administradores, los estados financieros son el instrumento fundamental para medir el resultado de la gestión, tomar las decisiones necesarias para apuntalar el crecimiento de la empresa, remontar dificultades temporales de flujo de caja, prever las cargas fiscales del ejercicio y constituir las provisiones respectivas, controlar el nivel de los pasivos, evaluar la rotación de las cuentas por cobrar, entre muchas otras cosas.

---

que profundizó y perfeccionó los ancianos estudios utilitaristas y por lo tanto esencialmente económicos de Jeremías Bentham sobre los delitos y las penas. Así nació pues la Escuela de *Law and Economics* o de Análisis Económico del Derecho. Podemos definir el Análisis Económico del Derecho, citando a Rowley, como: "*La aplicación de la teoría económica y los métodos econométricos para examinar la formación, estructura, proceso e impacto del Derecho y las instituciones legales, de modo que estos no se consideran como fuera del sistema económico sino como parte del mismo.*" Charles Rowley, "Public Choice and the Economic Analysis of Law" , *Law and Economics*, Boston, Kluwer Academic Publishers, 1989, p. 65. Adriana García y Dirk Zavala señalan que no existe evidencia empírica que demuestre que los individuos actuamos en todo momento de forma racional; pero sí existe evidencia empírica de que los individuos nos comportamos en forma racional la mayor parte del tiempo; y entonces suponiendo que los comportamientos racionales se pueden predecir y los irracionales no, con que actuemos por lo menos la mitad del tiempo en forma racional entonces estaremos en capacidad de predecir el comportamiento de los individuos por lo menos la mitad del tiempo; entonces, desde esta perspectiva, la economía sirve para predecir el comportamiento de individuos racionales que, en respuesta a los costos impuestos a su actuación modifican sus conductas (disponible en: ¿Qué es el análisis económico del derecho? – Derecho en Acción (cide.edu)). Aquí entra entonces la economía a examinar la conducta de los individuos frente a las regulaciones legales, y las elecciones que hacen frente a esas regulaciones legales, bien para adaptarse y cumplirlas o bien para eludirlas. Robert Cootter de la Universidad de California y Thomas Ulen de la Universidad de Illinois, que han escrito uno de los más famosos manuales de Análisis Económico del Derecho, dicen que la Economía provee una teoría científica para predecir los efectos de las leyes en el comportamiento de las personas. Señalan que la Economía tiene teorías matemáticas precisas como la teoría de los precios y la teoría de los juegos y métodos empíricos bien fundados como las estadísticas y la econometría, para analizar los efectos de los precios implícitos que las leyes atan al comportamiento de las personas. Robert Cootter y Thomas Ulen, *Law & Economics*, Addison-Wesley, Boston, 2012, sexta edición, p. 3.

De acuerdo con la Norma Internacional de Contabilidad No. 1 (NIC 1), que forma parte de los Principios de Contabilidad Generalmente Aceptados en Venezuela, conforme al BA VEN-NIF No. 8, versión No. 7[33], los estados financieros constituyen una representación estructurada de la situación financiera y del rendimiento financiero de una entidad, cuyo objetivo es suministrar información acerca de la situación financiera, del rendimiento financiero y de los flujos de efectivo de una entidad, que sea útil a una amplia variedad de usuarios a la hora de tomar sus decisiones económicas. Asimismo, la norma indica que los estados financieros también muestran los resultados de la gestión realizada por los administradores con los recursos que les han sido confiados y que para este objetivo, los estados financieros deben suministrar información acerca de los siguientes elementos de una entidad: activos, pasivos, patrimonio, ingresos y gastos, en los que se incluyen las ganancias y pérdidas, aportaciones de los propietarios y distribuciones a los mismos en su condición de tales, y flujos de efectivo.

Los estados financieros de la empresa no son simples documentos privados como veremos más adelante al analizar su valor probatorio, sino documentos con especial relevancia que deben ser elaborados siguiendo las formalidades prescritas por la ciencia contable y conforme a los Principios de Contabilidad Generalmente Aceptados. Creemos que es un falso dilema asumir que por cuanto los estados financieros no son documentos públicos, entonces simplemente son documentos privados sin ninguna otra connotación especial. Podremos ver más adelante que los estados financieros, bajo ciertas condiciones, son una categoría especial de documentos privados que disfrutan de una presunción legal de veracidad.

Debe tenerse en cuenta además que los estados financieros están sujetos al escrutinio del Comisario[34], a la aprobación anual de la Asamblea de Ordinaria de Accionistas en las sociedades de comercio, como lo prescribe el artículo 275.1 del Código de Comercio, y al dictamen de auditores independientes, según el caso. Son documentos tan relevantes que la ley los instituye, junto con el Libro de Inventario, como la fuente de información fundamental para determinar la situación patrimonial de la empresa y establecer la necesidad de reponer el patrimonio, limitar el capital a la suma que queda o liquidar la sociedad, en los supuestos previstos en el artículo 264 del Código de Comercio.

---

33 Disponible en: VEN-NIF - BA VEN-NIF-8

34 *Vid.* Artículos 265, 275.1, 287, 304, 305, 309 y 311.1 del Código de Comercio. Los *comisarios* nombrados conforme a lo dispuesto en el artículo 287 del Código de Comercio tienen un *derecho ilimitado de inspección y vigilancia* sobre todas las operaciones de la sociedad y en concreto pueden examinar los *libros*, la correspondencia y, en general, todos los documentos de la compañía. El hecho de que en la práctica los comisarios no ejerzan esta facultad, no le resta importancia a lo que ella significa. Sobre el tema consúltese: Alfredo Morles Hernández, *Curso de Derecho Mercantil. Las sociedades mercantiles*, UCAB, Caracas, 2002, T. II, pp. 1421 y ss.

b. *Clases de estados financieros*

Existen diferentes estados financieros y estados financieros con diferentes objetivos o finalidades. Los estados financieros de *propósito general* son los dirigidos a atender las necesidades generales de información financiera de un amplio espectro de usuarios que no están en condiciones de exigir informes a la medida de sus necesidades específicas de información, estos son:

b.1. *Balance general*

El *balance general*, también denominado *balance de situación* o simplemente *balance* (*balance sheet*) es el estado financiero que presenta la relación entre los activos, los pasivos y el patrimonio de una entidad en una fecha específica.[35] ROMERO LÓPEZ define el balance general como: "…un estado financiero devengo-realizado que muestra los recursos de que dispone la entidad para la realización de sus fines (activo) y las fuentes externas e internas de dichos recursos (pasivo más capital contable) a una fecha determinada. De su análisis e interpretación podemos conocer, entre otros aspectos, la situación financiera y económica, la liquidez y la rentabilidad de una entidad."[36]

b.2. *Estado de resultados*

El estado de *resultados* o de *ganancias y pérdidas* (*income statement*) es el estado financiero que presenta todas las partidas de ingreso y gasto reconocidas en un periodo sobre el que se informa, excluyendo las partidas de otro resultado integral,[37] para determinar el beneficio de explotación, el cual a su vez es necesario para remunerar a los accionistas y financiar el crecimiento de la entidad económica. Como se comprende con facilidad, este es un estado financiero de suma importancia en el caso de la imposición a la renta, aunque el resultado financiero no necesariamente coincide con el resultado fiscal, que es producto de la *conciliación fiscal*.[38]

---

35 Disponible en: https://www.ven-nif.com/glosario/e/estado-de-cambios-en-el-patrimonio.html.

36 Álvaro Javier Romero López, *Principios de contabilidad, Normas de Información Financiera de la A-1 a la A-8 y B-2 y B-3, cuenta, estados financieros e IVA*, McGraw-Hill – Interamericana Editores, S.A. de C.V., México, 2010, p.214.

37 Disponible en: https://www.ven-nif.com/glosario/e/estado-de-cambios-en-el-patrimonio.html.

38 Como bien afirma Dugarte Lobo: "(…) la Conciliación Fiscal de la Renta busca simplemente poder mostrar visualmente [por qué] el Enriquecimiento Neto que el contribuyente declara, no es igual a la utilidad o pérdida contable obtenida en el ejercicio, y a su vez, le permite tener el control de las partidas de un ejercicio fiscal a otro, ya que las partidas que allí se consideran pueden simplemente no ser deducibles ni en ese ejercicio ni en otro posterior, como por el contrario, si pudieran

b.3. *Estado de cambios del patrimonio*

El estado de *cambios de patrimonio* es el estado financiero que presenta el resultado de un periodo, las partidas de ingresos y gastos reconocidas directamente en el patrimonio del periodo, los efectos de los cambios de políticas contables y las correcciones de errores reconocidas en el periodo, y (dependiendo del formato del estado de cambios en el patrimonio neto elegido por la entidad) los importes de las transacciones habidas en el período con los tenedores de instrumentos de participación en el patrimonio en su carácter de tales.[39]

b.4. *Estado de flujos de efectivo*

El estado de *flujos de efectivo* (*cash flow statement*) es el estado financiero que proporciona información sobre los cambios en el efectivo y equivalentes al efectivo de una entidad durante un periodo, mostrando por separado los provenientes de las actividades de operación, de inversión y de financiación.[40] Este estado financiero permite: "(...) conocer el origen y los usos de los fondos en efectivo de la empresa."[41]

b.5. *Las notas de los estados financieros*

Los estados financieros tienen además sus respectivas *notas*, que contienen información adicional a la presentada los estados financieros y suministran descripciones narrativas o desagregaciones de partidas presentadas en estos estados, así como información sobre las partidas que no cumplen las condiciones para ser reconocidas en dichos estados. Como señala ROMERO LÓPEZ: "(...) son explicaciones y análisis que amplían el origen y significado de los datos y cifras que se presentan en dichos estados, proporcionan información acerca de ciertos eventos económicos que han afectado o podrían afectar a la entidad y dan a conocer datos y cifras sobre la repercusión de ciertas políticas y procedimientos contables y de los cambios en los mismos."[42] Se trata en definitiva de aclaraciones que tienen como propósito fundamental facilitar a los usuarios la comprensión adecuada de la información contenida en los estados financieros, con una estructura que abarcaría: (i) información general sobre la empresa, la naturaleza de sus actividades y

---

serlo, dependiendo del tipo de costo o gasto del que se trate, ya que atendiendo a la razón técnica que genere su exclusión, tal condición puede ser permanente o temporaria". Antonio Dugarte Lobo, "Conciliación Fiscal de la renta y metodologías de determinación de la renta", *Manual de Derecho Tributario Venezolano*, T. II, AVDT, Caracas, 2013, p. 50.

39 Disponible en: https://www.ven-nif.com/glosario/e/estado-de-cambios-en-el-patrimonio.html

40 *Ídem.*

41 Urbi Garay y Maximiliano González, *Fundamentos..., ob. cit.*, p. 56.

42 Álvaro Javier Romero López, *Principios de Contabilidad*, Mc Graw Hill, México DF, 2010, p. 82.

sus principales operaciones; (ii) bases a partir de las cuales se han preparado los estados financieros; (iii) declaración de cumplimiento de las NIIF y excepciones si fuere el caso; (iv) políticas contables significativas aplicadas y resumen de otras políticas contables aplicadas si fuere el caso; (v) pasivos contingentes y pasivos contractuales no reconocidos; (vi) causas de incertidumbre en las estimaciones; (vii) revelación de información no financiera, como por ejemplo objetivos y políticas de gestión de riesgo; y (viii) cualquier otra información relevante para comprender mejor la información financiera presentada. Es preciso tener en cuenta que las notas forman parte integrante y deben leerse e interpretarse en conjunto con la información contenida en los estados financieros.

III. El valor probatorio de los estados financieros

a. *Prueba documental*

Los estados financieros forman parte del género de la *prueba documental*. En un sentido muy amplio, el *documento* es un objeto elaborado por el hombre que puede ser aprehendido mediante el uso de los sentidos y que tiene la capacidad de hacer una representación *histórica*[43] e *indirecta*[44] de un hecho. Los documentos pueden ser declarativos-representativos, cuando contengan una declaración de quien lo crea, lo otorga o lo suscribe (*e.g.* la prueba por escrito regulada en los artículos 1.355 y siguientes del Código Civil y 429 y siguientes del Código de Procedimiento Civil) o pueden ser únicamente representativos cuando no contienen ninguna declaración (*e.g.* planos arquitectónicos, fotografías, partituras musicales y cualquier otro documento que contenga imágenes, dibujos, cuadros, gráficos, etc.).

Los estados financieros son documentos declarativos-representativos que se elaboran a partir de la información contenida en los libros contables y sus comprobantes. De ello se sigue que la certidumbre de la información contenida en ellos depende de la fidelidad de la información que está en los libros. Pero interesa destacar que los estados financieros no pueden elaborarse de cualquier modo, sino que es preciso seguir una serie de reglas y procedimientos de aplicación universal que apuntan en general hacia el principio fundamental que rige a toda la contabilidad que es el de la *confiabilidad*, es decir, que la información es congruente con

---

43 La prueba histórica, por oposición a la prueba *crítica*, contiene la representación de un hecho acaecido en la realidad. Se le llama histórica porque el órgano decisor actúa como un historiador que reconstruye los hechos ocurridos a partir de la información que le suministra la prueba. *Vid.* Hernando Devis Echandía, *Teoría General de la Prueba Judicial*, T. I, Víctor de Zavalia Editor, Buenos Aires, 1981, p. 527.

44 La prueba indirecta es aquella en la cual el objeto que es percibido (en nuestro caso el documento) es distinto del hecho que se prueba (que, en el caso del documento, podría ser un contrato, un testamento, la declaración del hecho imponible). *Vid. Ibíd.*, p. 520.

las transacciones, transformaciones internas y eventos sucedidos en la entidad económica, por lo que el usuario la acepta y utiliza para tomar decisiones basándose en ella.[45] La confiabilidad requiere la satisfacción de una serie de presupuestos que la aseguran[46], a saber:

(i) La *veracidad*. No es el lugar apropiado para discutir si la contabilidad es una ciencia, una disciplina o una técnica[47]; pero lo que sí es cierto es que ésta persigue alcanzar el conocimiento de ciertos hechos económicos a través de la experiencia y de la aplicación de algunos conceptos abstractos e incluso de juicios valorativos, para luego representar estos hechos (*i.e.* los hechos contables) a través de la aplicación de una técnica especial y que tiene, desde luego, una aspiración de certeza muy superior a la ofrecida por el conocimiento común o vulgar. La veracidad entonces supone representar en forma comprensible todos los eventos, transacciones y operaciones relevantes de la entidad económica, con una valuación correcta y revelada conforme a las herramientas de medición generalmente aceptadas.

(ii) La *representatividad*. La información financiera es una *representación* contable de un hecho económico; por lo tanto, puede estar sujeta a desviaciones producto de sesgos cognitivos, prejuicios o dificultades asociadas a la incertidumbre que rodea el hecho económico. La confiabilidad exige el nivel más alto posible de correspondencia entre las operaciones y eventos económicos que afectan la entidad, y la representación que se hace de los mismos. Debe procurarse en todo caso una reproducción fiel o al menos, en los casos más complejos, una que exhiba en la forma *más razonable posible* el hecho representado.

(iii) La *objetividad*. En íntima conexión con el presupuesto anterior, los estados financieros deben ser el producto de una labor objetiva, es decir, independiente, imparcial, desinteresada, basada en las reglas y principios aplicables a cada caso; y que además no es guiada por otro propósito que el de reflejar con certeza el evento económico examinado. Por esa razón la *independencia* es una de las cualidades fundamentales que debe tener el contador público que dictamina los estados financieros (*Vid.* Artículo 11.2 de la Ley de Ejercicio de la Contaduría Pública).

(iv) La *verificabilidad*. Una de las grandes ventajas de la información financiera es que siempre está sujeta a un examen *cruzado*, es decir, siempre puede ser confrontada con la fuente de la cual se ha extraído -que en el caso de los estados

---

45 Álvaro Javier Romero López, *ob. cit.*, p. 196.

46 *Vid.* Álvaro Javier Romero López, *ob. cit.*, pp. 197-200.

47 Hay autores que incluso califican a la contabilidad como un "arte". Peter Eisen dice que: "La contabilidad es el arte de organizar, mantener, registrar y analizar las actividades financieras (…) El contador traduce la información contable en términos significativos que son utilizados por las partes interesadas." Peter Eisen, *Accounting*, Barron's, New York, 2013, Kindle Edition, loc. 230.

financieros es la contabilidad y sus comprobantes- pero además puede ser examinada por terceros distintos a quien ha elaborado el estado financiero respectivo. La verificación llega a su nivel más acabado cuando la misma es llevada a cabo por el auditor independiente, cuyo juicio no es afectado por una relación de subordinación y jerarquía frente a la entidad económica, y que además se supone que debe actuar siguiendo las reglas y principios que rigen su actividad.

(v) La *suficiencia* o el *principio de relevación suficiente*. Como afirma ROMERO LÓPEZ: "(...) la información contable presentada en los estados financieros debe contener en forma clara y comprensible todo lo necesario para juzgar los resultados de operación y la situación financiera de la entidad." Esto quiere decir que deben mostrarse todos los eventos económicos que son importantes para medir la real situación patrimonial y el resultado económico de la entidad; que esta revelación debe hacerse en términos claros y comprensibles, o sea, que debe ser consistente con el objetivo de *comunicar* la información financiera que permita a los usuarios tomar las decisiones a que haya lugar; y, finalmente, que si bien no debe omitirse información crucial, tampoco debe incluirse información irrelevante o innecesaria que desvíe la atención del usuario de aquello que debe ser el objeto específico de su interés.

Después de lo que ha quedado expuesto, es posible afirmar que sobre el valor probatorio de los libros y de los estados financieros se han hecho afirmaciones apresuradas que pasan por alto la conexión de estos entre sí, y su relación de comprobación recíproca con los soportes de la contabilidad, con los libros auxiliares y especiales, así como con los libros y registros de otros comerciantes. Alterar la realidad o simular actos, hechos y negocios a través de un simple documento privado es relativamente simple; pero alterar los asientos de un libro mercantil, de sus comprobantes, de los registros correspondientes en libros auxiliares y especiales, y en los libros y registros de la contraparte del negocio simulado, es una tarea tan compleja que es posible asumir que no es lo usual.

En el caso de los estados financieros, las afirmaciones anteriores adquieren mayor relevancia pues, como hemos visto, éstos son elaborados por profesionales especializados que examinan los libros y sus comprobantes, extraen de ellos información relevante, la clasifican y le otorgan una calificación particular, que es meticulosa y detalladamente guiada por los principios de contabilidad de aceptación general. En ocasiones y como veremos más adelante, estos profesionales no sólo elaboran los estados financieros, sino que los certifican y emiten una opinión sobre los mismos, de lo cual se sigue que emiten un juicio valorativo sobre la información financiera examinada y sobre la fuente de la que ésta ha sido extraída, haciendo las salvedades a que haya lugar en caso de incertidumbre o falta de información suficiente.

Aunque en principio los estados financieros son documentos privados, la realidad es que ningún otro documento privado en poder del contribuyente sufre un proceso de revisión, escrutinio, clasificación y calificación como éste. Pero además el profesional especializado que suscribe los estados financieros asume una responsabilidad, desde luego limitada, por su elaboración. No basta entonces con afirmar apresuradamente y sin mayor análisis que los estados financieros son simples documentos privados; es preciso hacer varias consideraciones muy importantes para conocer su verdadero valor probatorio.

Antes de entrar en ese análisis es propicio recordar que, en principio, los documentos privados no están sujetos a ninguna formalidad y para que tengan valor probatorio es necesario que sean reconocidos mediante su otorgamiento ante notario público, o en el proceso, de manera espontánea o requerida, por la parte contra la cual se oponen, o bien que se tengan legalmente por reconocidos, todo de acuerdo con los artículos 1.363 y siguientes del Código Civil.[48] Eso no es lo que ocurre con los estados financieros, como veremos seguidamente, cuando los mismos son firmados, certificados y dictaminados por contadores públicos independientes, según lo que dispone el artículo 8 de la Ley de Ejercicio de la Contaduría Pública.

b. *El valor probatorio que imprimen la elaboración, certificación y dictamen de los estados financieros por parte de los contadores públicos colegiados*

Los estados financieros son una categoría muy particular de documentos, y no se puede establecer una regla de valoración idéntica para todos ellos, porque los grados de certidumbre que los mismos representan depende de quién los haya *elaborado*, quién los ha *suscrito*, si cuentan con una *certificación* o si han sido *auditados*, y finalmente en qué *ámbito regulatorio* específico han sido emitidos.

Un balance general preparado por una persona sin la intervención de un contador público es un simple documento privado del cual la persona no puede aprovecharse sino en cuanto a aquello que le perjudica; es decir, hace prueba contra la persona que lo elabora, pero no a su favor por virtud del principio de que nadie puede procurarse una prueba a su favor (*nemo sibi adscribit*). Es un documento meramente informativo, que tiene un valor probatorio completamente relativo.

Pero si se trata de los estados financieros que han sido *firmados*, *certificados* y que cuentan con el *dictamen* de un *contador público colegiado independiente*, la situación cambia enteramente, porque entonces estos documentos son investidos de una presunción *juris tantum* de veracidad establecida en el artículo 8 de la Ley de Ejercicio de la Contaduría Pública[49], que recae sobre las circunstancias siguientes:

---

48 Allan R. Brewer-Carías, "Consideraciones acerca de la distinción entre documento público o auténtico, documento privado reconocido y autenticado, y documento registrado", *Revista del Ministerio de Justicia,* No. 41, Caracas, 1962, p. 207 y ss.

49 Gaceta Oficial N° 30.273 del 5 de diciembre de 1973.

i. Que el acto respectivo, es decir, la elaboración de los estados financieros se ha ajustado a las normas legales vigentes y a las estatutarias cuando se trate de personas jurídicas.

ii. Que el contador que ha dictaminado los estados financieros ha obtenido la información necesaria para fundamentar su opinión.

iii. Que el balance general representa la situación real de la empresa, para la fecha de su elaboración.

iv. Que los saldos se han tomado fielmente de los libros y que estos se ajustan a las normas legales.

v. Y que el estado de ganancias y pérdidas refleja los resultados de las operaciones efectuadas en el período examinado.

Lo establecido en el artículo 8 de la Ley de Ejercicio de la Contaduría es una presunción *legal*, y no debe olvidarse que la presunción legal dispensa de toda prueba a quien la tiene a su favor, conforme a lo preceptuado el artículo 1.397 del Código Civil. A este respecto señala DEVIS ECHANDÍA que: "Cuando un hecho goza de presunción legal, sea que admite o no prueba en contrario, está exento de prueba, y tal es precisamente el objeto de las presunciones. No es que el hecho no pueda ser entonces objeto idóneo de prueba (...) sino que no necesita prueba o que está excluido del tema de prueba."[50] En otras palabras, el contenido de un estado financiero que ha sido firmado, certificado y dictaminado por un contador público independiente, se presume cierto mientras no sea plenamente demostrado lo contrario a través de pruebas legítimas, legales, pertinentes y conducentes en un procedimiento administrativo o en un proceso judicial rodeado de todas las garantías para las partes intervinientes, es decir, hasta tanto no sea totalmente desvirtuada la presunción legal establecida en el artículo 8 de la Ley de Ejercicio de la Contaduría Pública.

Obsérvese, por otra parte, la amplitud y la importancia de lo que *declara* el contador que firma, certifica y dictamina los estados financieros, lo que evidencia que no estamos frente a una tarea que pueda tomarse a la ligera o a la cual no quepa conceder relevancia y excepcional valor.

(i) El cumplimiento de las normas

En primer lugar, el auditor debe consultar y conocer las normas legales y sublegales aplicables a la entidad económica cuyos estados financieros audita, para asegurarse de que la entidad ha cumplido con las regulaciones respectivas; algo que es muy relevante, por ejemplo, en el caso de las instituciones financieras y de seguros, donde existen numerosas normas que prescriben cómo deben elaborarse los estados financieros, y donde se aplica una extensa normativa que regula la contabilidad de estas instituciones.

---

50 Hernando Devis Echandía, *ob. cit.*, p. 204.

Para destacar la magnitud de esta tarea, tenemos el caso de las regulaciones de carácter técnico-contable que deben ser observadas por las instituciones financieras autorizadas para operar en el país y que se encuentran conformadas por las "normativas prudenciales" dictadas por la Superintendencia de las Instituciones del Sector Bancario ("SUDEBAN") mediante *resoluciones* de carácter general y *circulares* enviadas a las personas naturales o jurídicas sometidas a su control[51] y, como una especie de éstas, los "Manuales de Contabilidad", aplicables a: (i) las instituciones bancarias, (ii) las casas de cambio y (iii) para el sistema nacional de garantías recíprocas para la pequeña y mediana empresa, que tienen como objeto uniformar el registro contable de las operaciones que realizan dichas instituciones con la finalidad de "obtener estados financieros que reflejen de forma transparente la situación económica financiera y los resultados de la gestión de las mismas, y que constituyan un instrumento útil para el análisis de la información y la toma de decisiones por parte de los administradores, directores y propietarios de las instituciones; así como los entes responsables de la regulación y fiscalización de éstas, los clientes, usuarios y usuarias de los servicios financieros y de otras partes interesadas"[52] que en su conjunto suman al menos ciento diecisiete (117) normas emitidas desde 1985.[53]

(ii) El requerimiento exhaustivo de información

Luego el auditor deja constancia de que ha hecho todos los requerimientos de información necesarios a los administradores de la entidad económica; esto es muy importante porque delimita la responsabilidad del auditor. En su informe, el auditor va a declarar que su revisión está circunscrita a la información que ha sido entregada o puesta a su disposición por la entidad económica respectiva y su responsabilidad queda delimitada precisamente por el alcance y la confiabilidad de esa información.

Por otro lado, los requerimientos de información hechos por el auditor le dan sustancia al informe auditado, en tanto el mismo no se basa en simples percepciones o conjeturas del auditor, sino en información existente, disponible y verificable que fundamenta el dictamen de auditoría. Cualquier interesado puede confrontar el informe de auditoría con la información que le ha servido de sustento, que es en principio la contabilidad y sus comprobantes.

---

51 *Cf.* "Normativas Prudenciales", SUDEBAN, disponible en: http://www.sudeban.gob.ve/index.php/gnp_normas-prudenciales/,acceso el 2 de agosto de 2020.

52 *Cf.* "Manuales Contables", SUDEBAN, disponible en: http://www.sudeban.gob.ve/index.php/gnp_manuales-contables/, acceso el 2 de agosto de 2020.

53 De acuerdo con el buscador de normativas prudenciales disponible en "Normativas Prudenciales", SUDEBAN, disponible en: http://www.sudeban.gob.ve/index.php/gnp_normas-prudenciales/, acceso el 24 de junio de 2022

(iii) La revelación suficiente y la situación real de la empresa

La certificación del auditor va aún más allá, porque de acuerdo con el texto expreso de la Ley, el auditor *certifica* que el balance general representa la situación *real* de la empresa, para la fecha de su elaboración. Esto no es una afirmación que pueda tomarse a la ligera, ni se trata de una simple declaración de conocimiento; es en realidad un verdadero juicio de valor que implica que el auditor, haciendo uso de sus conocimientos profesionales y con base en la información que la ha sido suministrada y ha revisado, puede certificar que el balance es fidedigno. Para arribar a una conclusión como esta, el auditor debe proceder con una especial diligencia empleando al máximo las herramientas que le provee su formación académica y su experiencia, y asegurándose, muy especialmente, de que ha requerido y revisado toda la información disponible que puede convencerlo de que el balance general contiene información confiable. Esa es la razón por la cual el auditor suele declarar que su dictamen se fundamenta en la información que le ha sido entregada por la unidad económica auditada porque, en definitiva, si existe un falseamiento u ocultamiento de las cifras y datos reales, esa circunstancia es responsabilidad de los representantes de la entidad auditada.

(iv) La certeza y regularidad de la información

Si lo anterior no fuera ya suficiente, la Ley impone al auditor que emite el dictamen certificar aspectos más específicos de su trabajo, como lo es dejar constancia de que los saldos se han tomado fielmente de los libros y que éstos (los libros) se ajustan a las normas legales; y, por otro lado, que el estado de ganancias y pérdidas refleja los resultados de las operaciones efectuadas en el período examinado.

Como ya señalamos, los libros contables no pueden ser llevados de cualquier forma, sino que están sujetos a una serie de requisitos formales que deben ser inexcusablemente cumplidos. El Código de Comercio establece requisitos específicos de *forma* que atañen a la correcta llevanza de los libros, y además prevé las consecuencias, incluso penales, cuando tales formalidades son omitidas, cuando no se llevan libros, o cuando se mutilan, falsifican u ocultan los libros y el comerciante es fallido.[54] Los auditores deben verificar que estas formalidades han sido respetadas.

---

[54] Artículo 917: "Podrá ser declarada culpable la quiebra: (*omissis*) 6º Si no hubiere llevado libros de contabilidad o de correspondencia, o no conservare la correspondencia que se le hubiere dirigido, o no hubiere hecho inventario, o si sus libros y correspondencia estuvieren incompletos o defectuosos, o no apareciere de ellos el verdadero estado de sus negocios, sin que haya fraude." Artículo 918: "Será declarada fraudulenta la quiebra, si el quebrado ha ocultado, falsificado o mutilado sus libros, o sustraído u ocultado el todo o parte de sus bienes, o si por sus libros o apuntes, o por documentos públicos o privados, se ha reconocido fraudulentamente deudor de cantidades que no debe."

Así, el artículo 34 del Código de Comercio dispone que en el libro Diario deben asentarse, día por día, las operaciones que haga el comerciante, de modo que cada partida exprese claramente quién es el acreedor y quién el deudor, en la negociación a que se refiere, o se resumirán mensualmente, por lo menos, los totales de esas operaciones siempre que, en este caso, *se conserven todos los documentos que permitan comprobar tales operaciones, día por día.*

El libro de Mayor agrupa las cuentas en forma sistemática y no en orden cronológico, como lo hace el libro de Diario. En cuanto al libro de Inventarios, el artículo 35 del Código de Comercio dispone que todo comerciante, al comenzar su giro y al fin de cada año, debe hacer una descripción estimatoria de todos sus bienes, tanto muebles como inmuebles y de todos sus créditos, activos y pasivos, vinculados o no a su comercio. Este libro debe cerrarse con el balance y la cuenta de ganancias y pérdidas; y ésta debe demostrar con *evidencia* y *verdad* los beneficios obtenidos y las pérdidas sufridas, haciendo mención expresa de las fianzas otorgadas, así como de cualesquiera otras obligaciones contraídas bajo condición suspensiva con anotación de la respectiva contrapartida.

No hay duda de que el libro de Inventario no es un registro del "inventario" del comerciante, es decir, de sus bienes que no son activos fijos, sino que están destinados a la venta. En realidad, se trata del libro mercantil más importante, como bien afirman HEVIA y GIGANTI: "Solo queda que el comerciante revele mediante el libro de inventarios, la totalidad de sus bienes, derechos y obligaciones como estructura de su situación patrimonial, incluido el valor corriente de su participación. Tal informe contable es una revelación estimatoria de la situación financiera de la entidad en marcha el cual debe incluir bienes, tanto muebles como inmuebles y de todos los créditos, activos y pasivos, vinculados o no a la actividad de comercio. Esta representación debe concluirse con la elaboración del balance general o estado de situación financiera el cual debe indicar todas las partidas contables representativas de los activos, pasivos y estructura de capital, además del resultado operacional bien se trate de ganancia o pérdida como consecuencia de los ingresos, las inversiones y los gastos operativos (...) en el libro de inventarios se estampa la situación financiera de la entidad mercantil a una fecha determinada. Su preparación y revelación al comienzo y final del ejercicio económico permite evaluar la evolución del patrimonio y la aplicación de las fuentes de financiamiento en el transcurrir operativo de la actividad económica. Al comienzo del ejercicio económico se devela un patrimonio frente a los planes de los dueños del negocio y su acrecentamiento o disminución por ejecución del objeto económico solo se determinará y mostrará al final del mismo. En consecuencia, al final del ejercicio económico el libro de inventarios debe incluir tanto el balance general como el efecto proveniente de las partidas contables integrantes del estado de resultados. Es decir, tanto el patrimonio como su afectación positiva o negativa por los beneficios obtenidos o las pérdidas sufridas durante el ejercicio económico. La revelación del estado de situación financiera y del estado de resultados en el libro de inventarios debe ser posterior a su presentación por los administradores al comisario para su revisión en concreción de sus labores de vigilancia y control."[55]

La fiabilidad de los libros es garantizada además por las características extrínsecas de los asientos respectivos y la forma en que la ley ordena que tales asientos sean efectuados. De acuerdo con el artículo 36 del Código de Comercio, está prohibido alterar el *orden cronológico* y la *fecha* de los asientos, con lo cual se asegura un registro temporal diacrónico y fidedigno que impide la manipulación u ocultamiento de la oportunidad en que los actos de comercio han tenido lugar.

Esta prohibición, como se comprende, es muy importante a los fines tributarios, pues los libros correctamente llevados arrojan información muy útil sobre la ocurrencia del hecho imponible a los fines de diversos tributos, en particular para establecer tanto el elemento *material* como el *temporal* del hecho imponible, es decir, el momento del nacimiento exacto de la obligación tributaria. Si bien el comerciante no puede oponer a la Administración Tributaria como prueba de la ocurrencia del hecho imponible en determinada fecha, los asientos que él mismo ha hecho, resulta que la Administración Tributaria tampoco puede utilizar los libros como prueba sólo de aquello que perjudica al contribuyente; es decir, desde el instante en que la Administración Tributaria utiliza el libro de comercio como prueba, tiene que aceptar de él lo que beneficia a su pretensión recaudatoria, pero también lo que no, por aplicación de la regla establecida en el artículo 38 del Código de Comercio y los principios de *unidad* y *comunidad* de la prueba. Además, si la Administración Tributaria rechaza como válido el asiento en los libros a los fines de establecer la verificación del hecho imponible, debe contar entonces con una prueba que infirme el asiento, es decir, que contradiga su certeza.

También la ley prohíbe dejar espacios en *blanco* en el cuerpo de los asientos o a continuación de los mismos, para evitar inserciones o agregados maliciosos que ofrezcan una versión alterada o falsa de la operación llevada a cabo. De igual forma y con el objeto de que el asiento sea pulcro y diáfano, y presente información inteligible que no se preste a confusión alguna, está proscrita la posibilidad de realizar anotaciones al margen, interlineaciones, raspaduras y enmendaduras o borrar en un todo o en parte el asiento correspondiente. Por último, a los fines de preservar la diacronía de los libros, se prohíbe a los comerciantes que arranquen hojas, alteren la encuadernación o foliatura o mutilen alguna parte de los libros.

Si bien es cierto que la digitalización de la contabilidad podría en principio facilitar su manipulación, debe tenerse en cuenta que los asientos se soportan en

---

55 Burt Hevia y Enrico Giganti, "La ruptura normativa entre el Código de Comercio y el Impuesto sobre la Renta. Una propuesta de interpretación evolutiva", *XVIII Jornadas Venezolanas de Derecho Tributario. Patologías del Sistema Tributario Venezolano*, AVDT, Caracas, 2019, pp. 389-390.

comprobantes y que, además existe un control cruzado con respecto a la información registrada en los libros, porque esa misma información consta en otras fuentes (*e.g.* estados de cuenta bancarios, facturas emitidas por terceros). Por ejemplo, el comerciante puede alterar la información en sus libros, pero no puede alterar la contrapartida de esa información que está en manos de un tercero.

Es evidente que tanto el valor probatorio de los estados financieros como el de los libros contables y sus comprobantes, que son su fundamento, depende de la *regularidad o conformidad con las normas* con la cual estos últimos han sido llevados y los primeros han sido elaborados. Sobre este particular la jurisprudencia francesa ha establecido con claridad que los libros no pueden hacer prueba entre comerciantes por hechos de comercio, y mucho menos entre un comerciante y un no comerciante, si dichos libros no han sido llevados en forma *regular*, y ha definido la *regularidad* como: "*(...) la conformidad con las reglas y procedimientos en vigor. El alcance de la regularidad proviene de las fuentes de las normas contables, es decir, del cuerpo de reglas del Derecho Contable. La regularidad se apegará al contenido del sistema convencional contable imponiendo su respeto, aquí imponiendo el respeto de las normas que rigen los libros contables.*"[56]

Aun cuando pueda discutirse si las *normas* y *principios* contables constituyen o no *normas* en el sentido jurídico del término[57], lo cierto es que sin la menor duda *guían* el modo, el tiempo y el lugar en que deben hacerse los asientos contables. Pero, además, es el artículo 155.1 del Código Orgánico Tributario el que incorpora estos principios y reglas dentro de los deberes formales que deben ser cumplidos por los contribuyentes y el incumplimiento de ese específico deber constituye un ilícito tributario, de modo que resulta evidente que se trata de una norma coercible. Coincidimos con HEVIA ORTIZ en el sentido de que cuando el artículo 304 del Código de Comercio establece que: "El balance demostrará con evidencia y exactitud los beneficios realmente obtenidos y las pérdidas experimentadas, fijando las partidas del acervo social por el valor que realmente tengan o se les presuma", es necesario asumir una posición evolutiva, para entender que el *valor real* del acervo social al que se refiere el Código de Comercio, se identifica como la *representación fiel del patrimonio, la situación financiera y los resultados del negocio*, lo cual reclama la aplicación de VEN-NIF en el: "...registro y valoración

---

56 Cour d'appel de Poitiers 6 janv. 1982, *Juris-Data* No. 043061.

57 Humberto Romero-Muci, "Naturaleza jurídica de los principios de contabilidad de aceptación general en Venezuela y su incidencia en la determinación de la renta financiera para el cálculo del Impuesto sobre la Renta de Dividendos", *VI Jornadas Venezolanas de Derecho Tributario. Impuesto sobre la Renta e Ilícitos Tributarios*, Caracas, 2002.

de los hechos económicos durante todo el proceso contable hasta la revelación de los estados financieros y notas explicativas a los mismos."[58]

Aunque la certeza absoluta de la información contable es una aspiración poco realista, porque en muchos casos el asiento lo que revela son las mejores estimaciones posibles, un cálculo de probabilidades, prospecciones y otras apreciaciones con alto grado de subjetividad e incertidumbre, no es posible desdeñar la importancia de los principios de contabilidad generalmente aceptados.

Es necesario reconocer que la Contaduría Pública ha logrado un grado de desarrollo remarcable, que se ha proyectado especialmente en la unificación y universalización de reglas, procedimientos y mejores prácticas. Estas reglas, procedimientos y mejores prácticas no son arbitrarios o carentes de racionalidad, es decir, no se han impuesto por la fuerza o la voluntad de un grupo, sino que derivan de un consenso profesional que se basa en la mejor experiencia acumulada durante muchos años de praxis; en la corrección de los errores cometidos y las desviaciones ocurridas en el pasado, así como en los aciertos alcanzados a través del ensayo de nuevas y más depuradas técnicas de representación y registro; en el estudio de los fenómenos económicos y financieros desde múltiples perspectivas y a partir de un enfoque global, pero que ha sido nutrido por la información proveniente de las particularidades de cada país, y adaptado a estas realidades a través las organizaciones gremiales locales, que de acuerdo con las normas respectivas, deban cumplir tales funciones; y finalmente, modulándose en función del tamaño, la naturaleza y la actividad de las entidades económicas cuya información debe ser procesada y representada contablemente.

Es importante advertir en este punto, que existen diferencias significativas entre *preparar* los estados financieros, hacer una *revisión limitada* de los mismos y *auditar* los estados financieros. La *preparación* supone que la información extraída de los libros de contabilidad, si se trata de una entidad mercantil, o de los documentos de soporte, si se trata de una persona natural no comerciante, ha sido sistematizada en forma de estados financieros.

La *revisión limitada* significa la aplicación de procedimientos de averiguación y análisis que requieren el juicio profesional del contador público, para expresar su apreciación restringida sobre los principios de contabilidad aplicados por el emisor de los estados financieros.

Finalmente, la *auditoría* requiere de la aplicación de las Normas Internacionales de Auditoría para poder emitir una opinión de los estados financieros tomados en conjunto, conforme a las normas internacionales de información financiera aplicables, orientadas hacia la emisión de una opinión acerca de la razonabilidad

---

58 Burt Hevia Ortiz, "Régimen jurídico de la contabilidad mercantil en Venezuela", *Revista Venezolana de Derecho Mercantil. Homenaje al Dr. Pedro Pablo Aguilar*, No. 4, SOVEDEM, Caracas, 2020, p. 344.

de los estados financieros tomados en conjunto, lo cual compromete la responsabilidad profesional del contador público que emite el dictamen.[59]

Nótese que para que la presunción establecida en el artículo 8 de la Ley de Ejercicio de la Contaduría opere, no basta con que los estados financieros estén firmados, o que estén firmados y certificados, sino que se requiere que estén *dictaminados*, es decir, que hayan sido objeto de una auditoría por un contador público colegiado que no tiene conflicto de intereses con la empresa que emite dichos estados financieros.

Para aportar mayor claridad sobre este punto, es relevante recordar aquí lo que la Declaración de Normas y Procedimientos de Auditoría No. 11 (la "DNA-11")[60], hoy en día derogada[61], establecía, al señalar que: "*el dictamen de auditoria es el documento que describe la naturaleza y alcance del examen de los estados financieros de una entidad y presenta la opinión del contador público independiente (auditor) sobre los estados financieros que ha examinado*", y que la función primaria y principal responsabilidad del contador público en su actuación como profesional independiente, es expresar una opinión sobre los estados financieros que ha examinado.

Pero como se ha dicho, esta tarea de dictaminar sobre los estados financieros no se puede llevar a cabo según el leal saber y entender del contador. El auditor debe asegurarse de lo siguiente:

a) Que los estados financieros cumplen aquellas Normas Internacionales de Información Financiera (NIIF) emitidas por el Consejo de Normas Internacionales de Contabilidad, que han sido incorporadas como PCGA en Venezuela, por decisión de la Federación de Colegios de Contadores Públicos de Venezuela ("FCCPV"), y que son las llamadas VEN-NIF.

---

59 Estos conceptos fueron tomadas principalmente de la SEPC-1 - "Normas Sobre Preparación de Estados Financieros", Parágrafo 8, con la finalidad (académica) de destacar las diferencias existentes entre ellos. No obstante, aclaramos que las reglas contenidas en dicho cuerpo normativo resultaron aplicables hasta el 1° de abril de 2015, momento a partir del cual fueron reemplazadas por las Normas Internacionales de Auditoría y Revisión de Estados Financieros, así como también las Declaraciones Internacionales de Prácticas de Auditoría y las Normas sobre Control de Calidad emitidas por la Federación Internacional de Contadores Públicos ("IFAC", por sus siglas en inglés), de acuerdo con la Resolución del Directorio de la Federación de Colegios de Contadores Públicos N° 25 del 5 de diciembre de 2014.

60 DNA-11 "El Dictamen del Contador Público sobre los Estados Financieros", FCCPV.

61 Vigente hasta el 1° de enero de 2014 de acuerdo con la Resolución del Directorio de la Federación de Colegios de Contadores Públicos N° 15 del 13 de diciembre de 2013.

b) Que la auditoría sobre los estados financieros en sí misma, debe realizarse de acuerdo con los estándares internacionales establecidos a través de las Normas Internacionales de Auditoría ("NIA") emitidas por la Federación Internacional de Contadores ("IFAC", por sus siglas en inglés), que también han sido adoptadas en nuestro país por la FCCPV. Las NIA, en sentido amplio, comprenden a las Normas Internacionales de Auditoria (NIA), las Normas Internacionales de Encargos de Revisión (NIER), las Normas Internacionales de Encargos de Aseguramiento (NIEA) y las Normas Internacionales de Servicios Relacionados (NISR).[62]

Así tenemos que la "NIA 700: Formación de la opinión y emisión del informe de auditoría sobre los estados financieros" (la "NIA 700")[63], que sustituyó a la DNA-11 y es aplicable a las auditorías de estados financieros cuyos períodos se iniciaron el o después del 1° de enero de 2019[64] contiene la estructura para la elaboración del dictamen. Como hemos dicho arriba, impone al auditor el deber de formarse una opinión sobre si los estados financieros han sido preparados en todos los aspectos materiales, de conformidad con el marco de información financiera aplicable. Con el fin de formarse esa opinión, el auditor debe concluir si ha obtenido una seguridad razonable sobre si los estados financieros en su conjunto están libres de incorrección material, debida a fraude o error y establece el marco de responsabilidad al que se encuentra sujeto una vez emitida su opinión.

En definitiva, los estados financieros que han sido firmados, certificados y dictaminados por un contador público no son simples documentos privados, sino documentos privados cuyo valor probatorio deriva de una presunción legal; es decir, cuentan con un valor probatorio especial que deriva del artículo 8 de la Ley de Ejercicio de la Contaduría Pública, de acuerdo con el cual se presume, salvo prueba en contrario, que el acto respectivo se ha ajustado a las normas legales vigentes y a las estatutarias cuando se trate de personas jurídicas; que se ha obtenido la información necesaria para fundamentar la opinión del contador; que el balance general representa la situación real de la empresa, para la fecha de su

---

62 *Vid.* "Portal de Auditoría de Venezuela. Información relevante acerca de las Normas Internacionales de Auditoría.", Instituto Venezolano de Contabilidad Financiera (IVECOFI), disponible en: https://www.nia-ve.com/

63 *Vid.* IAASB, "NIA 700: Formación de la opinión y emisión del informe de auditoría sobre los estados financieros", en Manual de Pronunciamientos Internacionales de Control de Calidad, Auditoría, Revisión, Otros Encargos de Aseguramiento, y Servicios Relacionados. Volumen I, pp. 816-876, disponible en: https://www.iaasb.org/publications/manual-de-normas-internacionales-de-control-de-calidad-auditor-revisi-n-otros-encargos-de-12?utm_medium=social&utm_source=facebook&utm_campaign=web_share#.XXJ4XPoPml8.facebook

64 De acuerdo con directorio de la FCCPV N° 21 re-emitida el 13 de diciembre de 2018, disponible en: https://fccpv.org/index.php/2019/09/26/resolucion-21-de-la-fccpv-re-emitida/

elaboración; que los saldos se han tomado fielmente de los libros y que éstos se ajustan a las normas legales, y que el estado de ganancias y pérdidas refleja los resultados de las operaciones efectuadas en el período examinado.

Teniendo en cuenta todas los principios, reglas y garantías que derivan de normas legales y de los principios y reglas que rigen la contaduría, no tiene nada de extraño que la contabilidad y sus comprobantes y en particular los estados financieros firmados, certificados y dictaminados por contadores públicos independientes, tengan un lugar *preponderante* entre los medios de prueba tanto en el Derecho Tributario formal como en el Derecho Procesal Tributario.[65]

IV. La importancia de los estados financieros en el ámbito del Derecho Tributario Formal y del Derecho Procesal Tributario

a. *La determinación tributaria sobre base cierta y los estados financieros*

La determinación tributaria sobre base cierta es la metodología de estimación tributaria *principal*, a la cual siempre debe acudirse como primera opción. Esta se hace con fundamento en todas las fuentes de información que permiten conocer de manera directa e inmediata, es decir, sin acudir a indicios o presunciones, los hechos que dan lugar al nacimiento de la obligación tributaria y que permiten establecer de manera más cercana su cuantía real. El artículo 141.1 del Código Orgánico Tributario, dice que es la que se lleva a cabo: "…con apoyo en todos los elementos que permitan conocer en forma directa los hechos imponibles."

Se trata entonces de revisar la información del sujeto pasivo que tiene relevancia a los fines tributarios, como es el caso de la contabilidad y sus comprobantes (*i.e.* facturas, notas de débito y crédito, estados de cuenta y conciliaciones bancarias, comprobantes de emisión de cheques, etc.), los libros especiales y auxiliares, la información suministrada por terceros y por supuesto los estados financieros.

La determinación sobre base cierta[66] es la metodología a la cual debe acudirse por defecto, porque es la única que permite cumplir con el mandato constitucional de que los tributos recaigan sobre las manifestaciones *reales* de capacidad contributiva seleccionadas por el legislador, al definir el hecho generador respectivo. Es en la información relevante o con trascendencia a los fines tributarios donde puede constatarse que en un caso concreto ocurrió el hecho imponible y ha nacido en-

---

65 En general sobre el valor probatorio de la información contable, véase: Christian de Lauzainghein – Jean-Louis Navarro – Dominique Nechelis, *Droit Comptable,* Dalloz, París, 2004, p. 308.

66 Véase al respecto: Luis Fraga-Pittaluga, *La Defensa del Contribuyente*, Academia de Ciencias Políticas y Sociales-Asociación Venezolana de Derecho Tributario-Editorial Jurídica Venezolana, Caracas, 2021, pp. 129 y ss.

tonces la obligación tributaria; donde pueden encontrarse los elementos que integran la base imponible, con el objeto de cuantificarla con el mayor grado de certeza posible; donde queda la evidencia de quién es el sujeto pasivo obligado; y en definitiva, donde se hallan todos los datos necesarios para precisar la existencia y cuantía de la obligación tributaria. Cuando se acude a una estimación indirecta, en defecto de la información relevante o con trascendencia a los fines tributarios, se corre siempre el riesgo de establecer una obligación en mayor o menor cuantía de la debida, y resulta que el contribuyente no debe pagar más de lo que debe de acuerdo con la ley, pero tampoco menos.

Como ha quedado expuesto en los apartados precedentes, los estados financieros, y su base que es la contabilidad, contienen ingente información relevante a los fines tributarios, de modo que son parte de aquellos *elementos* que permiten conocer en forma *directa* los hechos imponibles, y que por lo tanto son de inexcusable revisión y apreciación durante el procedimiento de determinación tributaria sobre base cierta.

b. *Los estados financieros en el proceso tributario*

b.1. *Los principios de prueba libre y de libertad de admisión en el proceso tributario*

A partir de la modificación del Código de Procedimiento Civil ocurrida en 1987, en nuestro sistema procesal impera el principio de la prueba libre -por oposición a la prueba tasada- conforme al cual se admiten no sólo los medios de prueba previstos en el Código Civil y en el Código de Procedimiento Civil, sino los que estén regulados en otras leyes y cualquier otro que no esté expresamente prohibido y que se considere conducente a la demostración de las pretensiones de las partes (artículo 395 Código de Procedimiento Civil). Este principio es recogido por el artículo 296 del Código Orgánico Tributario, según el cual son admisibles todos los medios de prueba, con excepción del juramento y de la confesión de funcionarios públicos cuando ella implique la prueba confesional de la Administración.

El principio de la prueba libre es reforzado por el de la libertad de admisión. El juez debe, dentro de lo posible, admitir en el proceso la mayor cantidad de pruebas para ilustrar su convicción sobre el asunto debatido, salvo que el medio aportado sea *manifiestamente* ilegal o impertinente, es decir, abiertamente contrario al ordenamiento jurídico o absolutamente desvinculado o sin relación con los hechos debatidos en el proceso. Este principio, que puede ser calificado como de la *libertad de admisión*, hace posible que la labor reconstructiva e historificadora del juez sobre los hechos ocurridos y que han dado origen al litigio, se haga no sólo más fácil sino también más certera, vale decir, en mayor grado cercana a la verdad material. En todo caso, siempre quedará una oportunidad ulterior -la sentencia- para valorar el mérito probatorio de los medios traídos al juicio.

Sobre el particular la jurisprudencia ha expresado que: "Es un hecho unánime y pacíficamente aceptado que la negativa de una prueba causa o puede causar un daño grave, en veces irreparable, mientras que su admisión, así resulte a la postre errada, es susceptible de rectificación. Consecuente con esa realidad, el legislador sancionó el principio de la libre admisibilidad de las pruebas con la sola excepción de que sean manifiestamente ilegales o impertinentes, y exigió en lo estrictamente procesal, la legitimidad o capacidad para actuar de la promovente y la oportunidad de la promoción. En acatamiento de esa enseñanza los jueces deben actuar muy estrictamente ante la petición de negativa de una prueba, ya que para considerarla ilegal es menester que no se encuentre expresamente consagrada como tal por la ley, o que se pretende utilizarla en juicios donde está expresamente prohibida su admisión, o que esté subordinada a la presencia de determinado supuesto o circunstancia."[67]

Asimismo, ha expresado que: "La regla que rige en esta materia (artículo 292 del Código de Procedimiento Civil) ordena que sean desechadas las pruebas cuando aparezcan manifiestamente impertinentes e ilegales. Cuando no sea patente ese presupuesto, debe el juez obrar con la mayor prudencia 'a fin de no exponerse a desechar una prueba que más tarde pudiera ser necesaria para el esclarecimiento de la verdad, en tanto que admitiéndola, con la forma como usualmente se hace, esto es cuanto ha lugar en derecho, el juez queda en libertad de apreciarlas o no cuando llegue el momento de dictar la sentencia correspondiente' (G.F. No. 2, p. 61, 1949). Esta síntesis expresa el criterio pacífico, uniforme y reiterado que informa nuestra jurisprudencia en la materia."[68]

Se ha señalado asimismo que: "...tal como lo ha aconsejado nuestra jurisprudencia, en razón del significado que las pruebas tienen para el ejercicio del derecho a la defensa, y lo confirma el artículo 292 del Código de Procedimiento Civil, las pruebas que son inadmisibles son aquellas manifiestamente ilegales o impertinentes', o sea, que aparezca sin lugar a dudas y con claridad la impertinencia e ilegalidad de las pruebas; de modo que no sea necesario esfuerzo alguno que implique, aunque sea superficialmente, rozar las cuestiones de fondo. Por esta razón, la doctrina y la jurisprudencia han sostenido que la regla es la admisión y que la negativa sólo puede acordarse en casos excepcionales y perfectamente claros de ilegalidad e impertinencia."[69]

---

67 *Cf.* S. CSJ/SPA, 19 de marzo de 1981, *Revista de Derecho Público*, No. 6, EJV, Caracas, p. 173.

68 *Cf.* S. CSJ/SPA, 02 de junio de 1983, *Revista de Derecho Público*, No. 15, EJV, Caracas, pp. 178-179.

69 *Cf.* S CPCA, 27 de junio de 1985, *Revista de Derecho Público*, No. 23, EJV, Caracas, pp. 174-175.

En fecha más reciente y con referencia específica al ámbito tributario la jurisprudencia ha dicho que: "En atención a lo expuesto, se considera que la recurrida, en aplicación del principio de libertad de admisión de pruebas, previsto en el artículo 269 del vigente Código Orgánico Tributario, en concordancia con el artículo 398 del Código de Procedimiento Civil, reconocido de manera reiterada por la jurisprudencia de esta Sala (Vid. entre otras la sentencia número 00693 del 21 de mayo de 2002), debió admitir la experticia promovida al no ser manifiestamente ilegal ni impertinente; más aún, si se considera que siempre podría el juez de la causa, en su oportunidad procesal, valorar los resultados de las pruebas promovidas y debidamente evacuadas y, apreciar, si fuere el caso, que éstas no demuestran los hechos debatidos por la contribuyente, y por tal razón desestimarlas o desecharlas, una vez obtenida la convicción sobre la verdad de los hechos que se pretenden demostrar, lo cual deberá reflejarse en la sentencia definitiva. Por ello, estima la Sala que cualquier rechazo o negativa *a priori* a admitir una prueba que no aparezca y fuese calificada como manifiestamente ilegal o impertinente, violenta el principio o sistema de libertad de los medios de prueba, así como la normativa regulatoria del procedimiento probatorio que debe acatarse en el curso de un proceso y que incluso impide la efectividad del contradictorio, pudiendo lesionar en definitiva el derecho a la defensa de la parte promovente, tal y como juzga la Sala ocurre en el caso de autos, como consecuencia de la errónea apreciación en que incurrió la recurrida."[70]

b.2. *Estados financieros y prueba del testigo experto*

Los estados financieros, como documentos que son, pueden promoverse siguiendo las reglas previstas para la prueba instrumental, establecidas en los artículos 429 y siguientes del Código de Procedimiento Civil. El problema, sin embargo, es que la lectura e interpretación de los estados financieros requiere conocimientos especializados que no forman parte de aquellos que normalmente posee el juez contencioso tributario. Por esa razón, aunque es perfectamente legítimo, legal y pertinente promover los estados financieros para demostrar hechos vinculados a la situación patrimonial pasada, actual o proyectada de la entidad económica de que se trate, las dificultades pueden surgir con respecto a la *conducencia* del medio probatorio para ilustrar la convicción del juzgador.

Esa es la razón por la cual los estados financieros, al igual que ocurre con la contabilidad que le sirve de fuente de información, pueden ser *objeto* de prueba. Como puede entenderse con facilidad estamos frente a un problema de *conducencia* y no de legitimidad, legalidad o pertinencia de la prueba. Lo usual (o al menos lo *estratégicamente conveniente* desde el punto de vista probatorio), es que los estados financieros sean sometidos a una prueba de testigo experto, razón por la cual conviene analizar la importancia de este medio de prueba en el ámbito tributario.

---

70 *Cf.* S. TSJ/SPA, No. 02564 de 15 de noviembre de 2006, caso: *Industria Azucarera Santa Clara, C.A.*

En ocasiones la determinación de los hechos controvertidos a los fines de aplicar el derecho objetivo al caso concreto se hace particularmente compleja porque son necesarios conocimientos especializados que el órgano decisor no posee. No debe olvidarse que en las disputas que se resultan de la aplicación de las leyes tributarias, sea que esas disputas se diluciden en un procedimiento administrativo o en un proceso contencioso tributario, quien adopta la decisión es un abogado, porque se trata de aplicar enunciados normativos a situaciones de hecho particulares. Pero los asuntos que se debaten pueden ser de diversa índole e implicar la determinación de cuestiones cuya debida calificación jurídica, requiere de conocimientos especiales que escapan del conocimiento del abogado.

Además, es necesario señalar que en el caso específico de las decisiones que debe adoptar el juez contencioso tributario, en virtud de la remisión hecha por los artículos 300 y 340 del Código Orgánico Tributario, y según se sigue del artículo 12 del Código de Procedimiento Civil, el juez puede fundar su decisión en los conocimientos de hecho que se encuentren comprendidos en la experiencia común o las máximas de experiencia, pero no puede basarse en su conocimiento privado. Por ejemplo, si el juez es abogado y médico, puede decidir el caso como abogado, pero no haciendo uso de su formación como médico.

La prueba del testigo experto o perito puede ser necesaria, por ejemplo: (i) si se trata de determinar la correcta calificación arancelaria de un bien; (ii) de establecer el valor de mercado de una propiedad inmobiliaria; (iii) de evaluar las circunstancias económicas, tales como la localización geográfica, el tamaño de los mercados, el nivel de competencia en los mercados, las posiciones competitivas relativas a los compradores y vendedores, la posición de las empresas en el ciclo de producción o distribución, la disponibilidad de bienes y servicios sustitutivos, los niveles de insumos y de demanda en el mercado, el poder de compra de los consumidores, la naturaleza y la extensión de las regulaciones gubernamentales del mercado, los costos de producción, etc., todo esto a los fines de determinar el grado de comparación de los mercados en los que operan las partes independientes y las partes vinculadas, a los fines de aplicar regulaciones sobre precios de transferencia; (iv) si es preciso cuantificar cuál es la cantidad razonable imputable al costo para atender la amortización de inversiones capitalizadas o que vayan a capitalizarse en el caso de contribuyentes que se dediquen a la explotación de minas, de hidrocarburos y de actividades conexas, como la refinación y el transporte; (v) si se trata debe establecer cuál es la cantidad razonable para atender la depreciación de activos permanentes y la amortización del costo de otros elementos invertidos en la producción de la renta; (vi) si existe discusión en torno a la naturaleza de un producto como material base para la reproducción animal o insumos biológicos para el sector agrícola y pecuario, a los efectos de la aplicación de una exención de Impuesto al Valor Agregado, entre otros.

En estos supuestos y en muchos otros casos previstos en las leyes tributarias, así como cuando es necesaria la revisión e interpretación de la información contenida en la contabilidad y en los estados financieros, el juez o la Administración, según el caso, necesitan ilustrar, complementar o corroborar su entendimiento sobre el asunto, auxiliándose para ello con la opinión de expertos.

El testigo experto o perito es una persona que por su educación formal, por su entrenamiento especializado, por ser titular de una certificación o título que lo acredita como especialista en determinada área o por las habilidades especiales que ha desarrollado luego de muchos años de experiencia dedicados a ejercer una profesión u oficio, está capacitado para emitir una opinión sobre determinado asunto, que debe ser considerada y valorada como prueba en virtud de la autoridad y certidumbre que reviste el juicio emitido. Desde el punto de vista *epistemológico* la opinión del experto se ubica en un estado superior a la *doxa*, es decir, al conocimiento común o vulgar del ser humano, para ubicarse en la *episteme* que es el conocimiento reflexivo elaborado a partir del rigor y la disciplina científica, y de allí la autoridad o peso que se confiere al criterio del experto.

El testimonio del experto puede consistir en: (i) un *juicio de conocimiento sobre ciertos hechos*, que es un juicio objetivo, contrastable empíricamente y que recae normalmente sobre el estado y las propiedades reales de ciertas cosas; o (ii) un *juicio de valor sobre esos mismos hechos*, que es una apreciación subjetiva, que interpreta los hechos y que no es verificable mediante la experimentación. En este caso se trata de hechos que, por su gran complejidad, o su carácter especulativo, no pueden ser comprobados experimentalmente de manera concluyente, porque o bien no existe en el presente la posibilidad de contrastarlos empíricamente, o bien existen distintos modelos empíricos de contrastación, que dan resultados distintos. Lo que ocurre es que, en estos casos de incertidumbre, se pueden definir distintos grados de certidumbre.

Un contador experto en auditoría financiera puede opinar que, conforme al análisis de los estados financieros de una empresa, ésta no cuenta con los recursos necesarios para honrar sus obligaciones tributarias en el corto plazo. Esa afirmación es un juicio de *conocimiento* que es contrastable con información objetiva. Pero si el mismo experto opina, con base en el análisis de estos mismos estados financieros y atendiendo a otra serie de variables económicas y ciertas externalidades negativas, que la actividad económica de la empresa devendrá inviable en el mediano plazo, ya estamos frente a juicio de *valor* que en principio no es experimentalmente verificable.

Lo importante aquí es que estamos frente un análisis que sólo puede hacer un experto y no el juez ni la Administración, y donde la prueba del testimonio de experto o perito es necesaria, pertinente y conducente para demostrar los hechos debatidos y aplicar el derecho objetivo al caso concreto.

Ni el Código Civil, ni el Código de Procedimiento Civil, ni por supuesto el Código Orgánico Tributario se refieren a este medio de prueba. El testimonio de experto o de perito está regulado en los artículos 337 y 339 del Código Orgánico Procesal Penal. Este instrumento legal no explica en qué casos puede acudirse al testimonio de expertos ni en qué consiste el mismo, pero de la regulación se deduce que los expertos son terceros que comparecen al juicio para declarar sobre hechos que se someten a su consideración o a ratificar un informe que han emitido sobre los mismos, pudiendo ser interrogados por las partes y por el juez. Los expertos deben expresar la razón de sus informaciones y el origen de su conocimiento, según en el artículo 339 del Código Orgánico Procesal Penal.

De cualquier manera, con fundamento en el principio de libertad de prueba previsto en los artículos 49.1 de la Constitución, 395 del Código de Procedimiento Civil, y 166 y 296 del Código Orgánico Tributario, este medio de prueba es perfectamente admisible en el ámbito tributario, tal cal como o ha señalado tanto la jurisprudencia[71], como la doctrina.[72]

Aunque este medio de prueba se califica como *testimonio*, en virtud de la forma en que se incorpora al proceso, no es realmente una prueba testimonial y debe distinguirse claramente de la declaración del testigo calificado. El *testigo calificado* es un testigo que relata los hechos de una forma distinta al *testigo ordinario*, porque posee una *calificación especial* que le permite apreciar esos hechos desde una perspectiva distinta. Pero su declaración no es una *opinión*, el testigo calificado sólo puede relatar los hechos que percibió sensorialmente, sólo que lo hace con una capacidad distinta que proviene de los conocimientos que posee. Por ejemplo, si un abogado presencia el momento en que una persona es desposeída de manera violenta por parte de un delincuente de un bien que le pertenece, el abogado podrá relatar el hecho como un *robo*, que desde el punto de vista legal es diferente a un *hurto* o a la *apropiación indebida*, que también son formas ilícitas de privación de la propiedad. El testigo no está emitiendo una opinión legal sobre el robo en el ámbito del Derecho Penal, sino que califica el hecho que pre-

---

71 TSJ/SPA, No. 6140, 09.11.05, caso: *Venecian Neptum Towing Offshore and Salvage*, C.A. *Revista de Derecho Tributario*, No. 109, AVDT.

72 Lilia María Casado, "La prueba del testigo experto en el marco del proceso tributario", *Revista de Derecho Tributario*, No. 116, AVDT, Caracas, 2007. Jesús Eduardo Cabrera Romero, "Algunos comentarios sobre los medios de prueba de la Ley Orgánica de sobre Sustancias Estupefacientes y Psicotrópicas", *III Jornadas Penales y Criminológicas del estado Aragua. Homenaje al Dr. José Agustín Méndez*, Colegio de Abogados del estado Aragua, Instituto de Estudios Jurídicos, Centro de Investigaciones Penales y Criminológicas, 1999. Jesús Sol Gil, "La Prueba del Testigo Experto y su Valoración en el Proceso Contencioso Tributario", *Memorias de las VII Jornadas Nacionales de Derecho Tributario*, AVDT, Caracas, 2004. R. Weil – D. Lentz – E. Evans. *Litigation Services Handbook: The Role of the Financial Expert*, sexta edición, WILEY, 2017.

sencia de manera distinta a como lo haría un no abogado, que podría hablar indistintamente de *robo* o *hurto* o utilizar expresiones coloquiales no tipificadas como *atraco* o *asalto*.

Existen algunas confusiones sobre la prueba del testigo experto que es importante aclarar. La primera tiene que ver con la confusión entre este medio de prueba y la prueba de testigos. La segunda tiene se relaciona con el grado de importancia de esta prueba frente a la prueba de experticia. Es un error confundir el testimonio de experto o de perito, con la prueba testimonial y valorarlo como se valora a esta última. El testigo relata hechos que le constan por haberlos percibido sensorialmente. El testigo no emite ni juicios de conocimiento, ni juicios de valor basados en sus cualidades profesionales o técnicas; simplemente relata y describe un hecho o un acto que ocurrió en su presencia. El objeto de la prueba es estrictamente historificador, su propósito es establecer la ocurrencia de unos hechos sobre los cuales se discute.

El testigo experto no relata hechos que ha presenciado, sino que opina sobre hechos que se someten a su consideración en razón, única y exclusivamente, de sus cualidades profesionales o técnicas para examinar y evaluar esos hechos y emitir un juicio de conocimiento o de valor sobre los mismos. El objeto de la prueba del testigo experto no es historificador; no se trata de reconstruir los hechos ocurridos, sino de evaluarlos y calificarlos desde una perspectiva *científica* o *técnica* que permita o facilite la aplicación de la norma jurídica al caso concreto por parte del juez o de la administración.

Ambas pruebas son totalmente distintas aun cuando ambas lleguen al proceso a través de un interrogatorio y de la declaración respectiva. Valorar esta prueba como un simple testimonio que reconstruye o relata hechos, es desconocer su causa o justificación y privarla completamente de su objetivo.

Tampoco es correcto restar valor a esta prueba frente a la prueba de experticia en razón de la finalidad de ambos medios de prueba, es decir, asumiendo que la experticia es más técnica, o más profesional, o que puede versar sobre asuntos que requieran un conocimiento más especializado, más profundo o más técnico. Esa asunción es completamente falaz. La realidad es que ambos medios de prueba tienen en común el hecho de que personas con conocimientos especializados, evalúan y califican ciertos hechos desde la perspectiva de sus especiales habilidades y emiten al respecto un juicio de conocimiento o de valor. Ninguno de los dos profiere calificaciones jurídicas, sino juicios objetivos o subjetivos, según el caso, dentro del ámbito de su respectiva especialidad. La diferencia entre ambos medios de prueba no es *sustantiva* sino *adjetiva*, y se materializa en la forma en que son designados los expertos en cada caso, cómo emiten sus opiniones, y cómo es el control y contradicción de esta prueba.

El juez podría dar mayor valor probatorio a una experticia al considerar, por ejemplo, que, si hay un dictamen unánime emitido por los tres miembros de la terna pericial, y si ese dictamen no ha sido objeto de observaciones o solicitudes de ampliación por las partes, las conclusiones del mismo merecen una valoración mayor que la opinión de un testigo experto promovido por una sola de las partes, que además ha sido repreguntado, observándose cierta debilidad en sus conclusiones. Pero restar valor al testimonio de experto frente a la experticia, porque esta última prueba tiene por definición un mayor grado de certeza que la primera o es más técnica, o se asume que el conocimiento de los expertos en una prueba de experticia es mayor o más especializado que la opinión del testigo experto es una gran equivocación.

Un testigo experto con vista a los estados financieros de una entidad económica, puede opinar, si el estado de flujo de efectivo de una empresa, revela la imposibilidad de esta de cumplir con obligaciones a corto y mediano plazo; o si en general la información financiera de una empresa muestra un alto grado de riesgo de entrar en cesación de pagos debido a la combinación de factores como inactividad prolongada, falta de acceso al crédito, inamovilidad laboral, aumento de pasivos laborales, gastos imprevistos para atender medidas preventivas en materia de medio ambiente de trabajo, diferimiento de ingresos y cuentas incobrables debido a la situación de cesación de pagos de clientes, etc. Los límites dentro de los cuales se puede emitir un testimonio pericial, los definen, por una parte, los hechos controvertidos en el procedimiento o en el proceso judicial, según el caso, y por la otra, la calificación profesional o técnica del experto.

La prueba del testigo experto o perito no tiene una regla específica de valoración, de modo que debe valorarse según el sistema de la *sana crítica*, es decir, atendiendo a razonamientos lógicos y a las llamadas máximas de experiencia, que son conclusiones empíricas basadas en la observación o juicios hipotéticos generales producto de la experiencia.

En todo caso, para su valoración el juez debe tomar en cuenta: (i) la pertinencia de la prueba con los hechos debatidos, es decir, si existe una relación directa e inequívoca entre el asunto discutido y el objeto de la prueba; (ii) la conducencia de la prueba, es decir, su capacidad para demostrar lo que se ha definido como objeto de la prueba; (iii) las cualidades profesionales o técnicas del experto designado, sus credenciales académicas, su experiencia general y su experiencia específica en el asunto que se le consulta; (iv) la forma en que el testigo ha expuesto su punto de vista sobre los hechos que se han sometido a su dictamen; (v) la forma en que el experto ha respondido las repreguntas, si es que éstas han sido formuladas, y hasta qué punto estas repreguntas arrojan dudas o alguna incertidumbre razonable sobre la opinión del testigo experto; (vi) la dificultad cognoscitiva que plantea el asunto sometido al dictamen del experto, es decir, si el asunto sobre el que opina, tiene antecedentes, cuenta con el respaldo de otras opiniones con la misma autoridad, o si es una tesis novedosa que no tiene apoyo académico o si, en el peor escenario, el experto opina en contra del criterio más generalizado.

La prueba del testimonio pericial puede llegar al proceso de dos formas básicamente: (i) mediante un dictamen extraprocesal, es decir, una opinión o informe emitido fuera del juicio o del procedimiento administrativo, que luego debe ser ratificado mediante una declaración testimonial emitida por quien lo elaboró, con fundamento en el artículo 431 del Código de Procedimiento Civil, (ii) a través de la promoción misma del testimonio de experto dentro del proceso, con fundamento en los artículos 49.1 de la Constitución, 395 del Código de Procedimiento Civil, 166 o 296 del Código Orgánico Tributario, según se trate de un procedimiento administrativo o un juicio contencioso tributario, en concordancia con los artículos 337 y 339 del Código Orgánico Procesal Penal.

Tanto en el primer supuesto de ratificación de la autoría y contenido del dictamen u opinión extraprocesal del experto, mediante su declaración testimonial, como en el segundo caso de la declaración directa del testigo experto dentro del procedimiento o del proceso judicial, la parte contra la cual obra esta prueba puede formular repreguntas para tratar de desvirtuar la opinión del experto. Estas repreguntas pueden formularse con el apoyo de un consultor técnico designado por la parte que hace las repreguntas, por aplicación supletoria del artículo 150 de Código Orgánico Procesal Penal que regula la figura del consultor técnico, cuya traslación al procedimiento administrativo o al proceso contencioso tributario, nos parece perfectamente posible a través del principio de libertad probatoria, porque si bien el consultor técnico no es un medio de prueba, su función principal es colaborar con las partes y con el juez en el esclarecimiento de los hechos a los fines de aplicar rectamente el derecho objetivo al caso concreto y de este modo ese consultor técnico actúa como un facilitador de la actividad probatoria.

Además de las repreguntas, la parte contra quien se promueve la prueba del testigo experto, puede *tachar* al testigo experto dentro de los cinco días de despacho o hábiles siguientes a la admisión de la prueba, según se trate de un procedimiento administrativo o un juicio contencioso tributario, pero debe tenerse en cuenta que aun cuando el testigo experto sea tachado, el mismo puede rendir su declaración si la parte que ha promovido la prueba insiste en ello, todo de acuerdo con los artículos 499 y siguientes del Código de Procedimiento Civil.

En conclusión, la prueba del testigo experto es una prueba extremadamente útil para las partes y para el órgano decisor, sea la Administración o el juez contencioso tributario, cuando los hechos debatidos revisten características especiales que requieren, para su adecuada calificación jurídica, una calificación técnica previa. Además, es una prueba mucho menos costosa que una experticia y más fácil de evacuar que ésta porque no se requiere reunir tres expertos con las mismas calificaciones técnicas para analizar determinado asunto.

b.3. *Los estados financieros como prueba en el incidente cautelar o cuando se exige probar el derecho y el daño antes de que transcurra el proceso*

El artículo 290 del Código Orgánico Tributario establece que la medida cautelar de suspensión de efectos del acto administrativo de contenido tributario accionado, procede: "(...) en el caso que su ejecución pudiera causar graves perjuicios al interesado, <u>o</u> si la impugnación se fundamentare en la apariencia de buen derecho (…)" (Subrayado y cursiva nuestros). En una de las sentencias más peculiares que se han dictado en toda la historia del Máximo Tribunal del país, con ponencia del Magistrado IGNACIO LEVIS ZERPA y el voto favorable de los Magistrados HADEL MOSTAFÁ PAOLINI y YOLANDA JAIMES GUERRERO, se sostuvo, en resumen, que donde el legislador colocó una "o" debe entenderse que va una "y", por lo que debía constatarse la presencia de ambos presupuestos procesales –presunción de buen derecho y peligro de daño- para acordar la medida. A esto la Sala Político-Administrativa del Tribunal Supremo de Justicia lo llamó eufemísticamente *interpretación correctiva*, aunque en realidad a esto se le denomina en Derecho *legislar*.

En efecto, en sentencia de fecha 03 de junio de 2004, la Sala Político Administrativa del Tribunal Supremo de Justicia, mediante sentencia No. 607, caso: *Deportes El Marquez, C.A.*, sostuvo que la simple interpretación gramatical del texto parcialmente transcrito (refiriéndose al artículo 263 del Código Orgánico Tributario de 2001, que en este aspecto es equivalente al 290 del Código Orgánico Tributario de 2020) permitiría afirmar, en principio, la posibilidad de que los requisitos para decretar la referida medida cautelar en el contencioso tributario no sean concurrentes, pero que en las interpretaciones de los textos normativos, el juez no puede limitarse a sólo apreciar el sentido literal que a primera vista el texto ofrece, sino que, además, en ella debe realizar una comprensión integral del mismo, lo cual le impone tomar en consideración los otros elementos o métodos interpretativos, elaborando así una interpretación sistemática de la disposición legal en relación a todo el ordenamiento jurídico. En cuanto a la exigencia del *fumus boni iuris*, es decir, de la probable existencia de un derecho, del cálculo o verosimilitud de que la pretensión principal será favorable al accionante, dicho requisito no puede derivar únicamente de la sola afirmación del accionante, sino que debe *acreditarse en el expediente* y que el acto administrativo tributario cuya suspensión se pide ante el órgano jurisdiccional, se presume dictado con apego a la ley, es decir, que el acto administrativo tributario goza de una presunción de legalidad, al ser dictado por órganos o entes públicos que poseen competencias y atribuciones contempladas en la ley para el ejercicio de la actividad administrativa tributaria.

Con fundamento en esta decisión, en el ámbito de la tutela cautelar en el contencioso tributario se ha instaurado desde hace muchos años una tendencia que estimamos desacertada por ser violatoria del derecho constitucional a la tutela judicial efectiva y contraria a la teoría general de las medidas cautelares.

No es la oportunidad para analizar todos los aspectos relevantes de la sentencia en comentarios, lo cual ya hemos hecho en profundidad en otro lugar[73]. Pero

---

[73] Luis Fraga-Pittaluga, "La tutela cautelar en el contencioso tributario y la presunción de legitimidad del acto administrativo", *El mito de la presunción de legitimidad del acto administrativo y la tutela judicial en el contencioso tributario*, EJV-FUNEDA, Caracas, 2016.

sí viene muy al caso comentar el punto relativo a la *actividad probatoria* durante el incidente cautelar y el absurdo requerimiento de *información contable* y de *estados financieros auditados* para probar el peligro de daño.

Dice que la sentencia que: "(...) el juez contencioso tributario debe tener presente que, para dictar el decreto cautelar, no bastan las simples alegaciones sobre la apariencia de un derecho, o sobre la existencia de un peligro grave que lesione los intereses del impugnante; sino que dichos requisitos *deben acreditarse* en el expediente a través de hechos concretos *que permitan verificar la certeza del derecho y que el peligro sea grave, real e inminente*." (Subrayados y cursivas nuestras).

A partir de estas afirmaciones, tanto los Juzgados Superiores de lo Contencioso Tributario (que conocen en primera instancia de las acciones contencioso-tributarias), como la Sala Político Administrativa del Tribunal Supremo de Justicia (que actúa como tribunal de alzada en dichos procesos), exigen la plena prueba del derecho que se reclama (*certeza del derecho*) así como del daño (*grave, real e inminente*) que causaría la ejecución del acto administrativo.

Dada la naturaleza del tema debatido en los procesos contencioso-tributarios, el perjuicio invocado por los solicitantes de las medidas cautelares es normalmente de naturaleza económica (*rectius*: patrimonial). A partir de esta circunstancia, la Sala Político Administrativa del Tribunal Supremo de Justicia y los tribunales de instancia, en su afán equivocado de llegar a la certeza del daño y apartándose con ello del texto de la ley, no sólo exigen *información contable y financiera* que permita probar el daño que se teme, sino que han llegado incluso a establecer como una exigencia estándar que se presenten *estados financieros auditados*[74] para comprobar la lesión económica de imposible o difícil reparación que comportará la ejecución del acto.

Aun cuando el texto del artículo 290 del Código Orgánico Tributario, al aludir al daño a ser considerado por el juez contencioso tributario utiliza la expresión "...*pudiera*..." que evoca simplemente la posibilidad de que ocurra un hecho, mas no la certeza de que ese hecho efectivamente ocurrirá, la jurisprudencia exige *plena prueba* de los perjuicios irreparables o de difícil reparación.[75]

---

[74] *Cf.* S. TSJ/SPA, No. 00940, 25.06.2009, caso: *Promociones 4133, C.A.*

[75] "Ante tal alegato, observa esta Sala que la contribuyente no promovió, a los fines de demostrar el cumplimiento del requisito del *periculun in damni*, *prueba fehaciente* de la cual se constate el peligro inminente que pudiera sufrir con la posible ejecución del acto administrativo, y que colocaría en riesgo su estabilidad patrimonial -tales como el *balance general auditado* correspondiente a la fecha en que fue solicitada la medida, el estado de ganancias y pérdidas, y cualquier otro *estado financiero demostrativo de su real situación patrimonial*-limitándose a afirmar que no sería necesario consignar otras pruebas, porque consideró suficiente advertir sobre el

Es decir, en adición a que el régimen moderado establecido por el legislador tributario fue modificado por vía pretoriana para exigir la concurrencia de presupuestos procesales que son alternativos según el texto expreso de la norma, los presupuestos en sí mismos han sido deformados para convertir el examen preliminar, sumario y probabilístico propio de la tutela cautelar, en un juicio de *certeza* sobre el fondo del asunto, que sólo puede corresponder a la sentencia definitiva.

Lo anterior es verdaderamente sorprendente porque supone una violación directa del Parágrafo Primero del artículo 290 del Código Orgánico Tributario, de acuerdo con el cual: "*La decisión del Tribunal que acuerde o niegue la suspensión de los efectos en vía judicial, no prejuzga el fondo de la controversia*". Pero, además, es contrario a la propia jurisprudencia de la Sala, que ha reiterado en innumerables ocasiones –incluso en la sentencia No. 607 comentada- que, para dictar la medida cautelar, el juez no puede prejuzgar sobre el fondo del debate procesal.

Ahora bien, resulta que si se exige a la parte que acredite la *certeza del derecho*, entonces es obvio que si el juez otorga la tutela cautelar solicitada, estaría reconociendo la procedencia de la pretensión procesal deducida y si no la concede, estaría avanzando igualmente el sentido que tendrá la decisión definitiva. El problema en realidad no es avanzar de alguna manera la decisión definitiva, sino pedirle a la parte solicitante de la medida que *pruebe el derecho que le asiste*, como si en vez de una tutela cautelar, anticipada y provisional fuera a otorgarse una tutela judicial definitiva.

En este sentido la Sala ha llegado al extremo de afirmar que: "(...) el *fumus boni iuris* se erige como el fundamento de la protección cautelar, dado que *en definitiva sólo a la parte que tiene la razón en juicio puede causársele perjuicios irreparables que deben ser evitados*" (Subrayado y cursivas nuestros). [76] Nos preguntamos: ¿Cómo saber quién tiene la razón cuando apenas comienza el proceso? ¿No es esto avanzar la decisión de fondo *in limine litis*?

En otras decisiones la jurisprudencia ha declarado abiertamente que la tutela cautelar no puede otorgarse a partir de *presunciones*, cuando justamente y muy por el contrario de lo que se trata precisamente es de evaluar la *presunción de buen derecho* y el *peligro de daño* que sustenta la petición de la medida.[77]

---

posible daño patrimonial que provendría del solo hecho de que la Administración exija el pago de la sanción contenida en la resolución impugnada y su planilla correlativa." (Subrayados y cursibvas nuestros) *Cf.* S. TSJ/SPA, No. 01478, 14.10.2009, caso: *Malabar Group, C.A.*

76 *Cf.* TSJ/SPA, No. 01433, 12.11.2008, caso: *Venezolana de Pavimentos y Canteras, C.A.*

77 Así, la Sala Político Administrativa del Tribunal Supremo de Justicia ha sostenido que: "En consecuencia, difiere esta Sala de lo decidido por el tribunal *a quo*, al verificar la existencia del *periculum in damni*, con base en meras presunciones, referidas

Otra decisión de la misma Sala es reveladora de esta tendencia, cuando sostiene que: "(…) sin duda alguna que la valoración y determinación de la existencia de un perjuicio irreparable o de difícil reparación por la sentencia definitiva, derivado de la ejecución del acto administrativo impugnado, configura una de las situaciones más álgidas dentro del proceso de cognición del juzgador para llegar a la conclusión de otorgar o no la medida cautelar solicitada, pues si bien la prudencia en la evaluación y análisis de los requisitos antes citados y a su vez la necesaria ponderación y equilibrio del interés general y particular constituyen reglas válidas y fundamentales para llegar a tal conclusión, no obstante ellas *deben estar acompañadas de otros elementos que aporten al sentenciador la plena convicción de un daño o perjuicio irreparable o de difícil reparación*." (Cursivas y subrayado nuestros).[78]

En sentido contrario, la Sala Constitucional del Tribunal Supremo de Justicia ha perfilado más apropiadamente cómo debe evaluar el juez los presupuestos procesales de las medidas cautelares, al sostener que: "La norma hace suyo el primero de los requisitos de procedencia propios de toda medida cautelar: la apariencia de buen derecho (*fumus boni iuris*). Además, y aunque no lo establezca con la misma claridad, exige el segundo de los requisitos inmanente a toda medida cautelar, como lo es la verificación del riesgo manifiesto de que quede ilusoria la ejecución del fallo (*periculum in mora*), desde que dispone que la cautela no tiene otra finalidad que la garantía de las resultas del juicio. De allí que puede afirmarse que el juez dictará la medida preventiva cuando *exista presunción del derecho que se reclama* (*fumus boni iuris*) y *riesgo manifiesto de que quede ilusoria la ejecución del fallo* (*periculum in mora*), si el solicitante acompañó *un medio de prueba que constituya presunción grave* de tales circunstancias, ya que, en función de la tutela judicial efectiva, las medidas cautelares en este ámbito no son meramente discrecionales de los jueces, sino que, una vez que se verifique el cumplimiento de los requisitos que preceptúa la norma para su otorgamiento, el órgano jurisdiccional debe dictarlas. Tales extremos deben cumplirse de manera concurrente, por lo que, si falta alguno de estos elementos, el juez no podría decretar la medida preventiva.

---

a que '*...existe en los autos elementos que sugieren, de producirse la ejecución del acto recurrido, una difícil o imposible reparación con la sentencia definitiva*', por lo que mal pudo declarar la procedencia de la medida cautelar de suspensión de efectos solicitada, toda vez que de las actas procesales no se desprende con certeza la existencia de un riesgo real que dificulte el cumplimiento de las obligaciones tributarias de las cuales es titular la empresa recurrente, en razón de la carencia de medio probatorio alguno que lleve a la convicción de la existencia de tal riesgo (*Vid.* sentencia de esta Sala N° 01536 del 3 de diciembre de 2008, caso: *Quintero & Ocando, C.A. QUINTOCA*, criterio ratificado en el fallo N° 00718 del 20 de junio de 2012, caso: *Exterran Venezuela, C.A.*)." (Subrayados nuestros). *Cf.* TSJ/SPA, No.00060, 30.01.2013, caso: *Oster de Venezuela, C.A.*

78 *Cf.* S. TSJ/SPA, No. 00551, 16.06.2010, caso: *Redescomm, C.A. vs. Municipio Chacao del Estado Miranda.*

En este orden de ideas, debe agregarse que, en materia de Derecho Público, donde necesariamente están en juego intereses generales, el juez deberá también realizar una ponderación de los intereses en conflicto para que una medida particular no constituya una lesión de intereses generales en un caso concreto…". (Cursivas y subrayados nuestros).[79]

La Sala Constitucional deja claramente establecido que lo que ha de determinar el juez en el incidente cautelar, es una presunción de buen derecho y un riesgo manifiesto de que la ejecución del fallo se haga ilusoria (*periculum in mora*) o lo que sería equivalente para el caso del artículo 290 del Código Orgánico Tributario, un riesgo manifiesto de que la parte solicitante sufra un daño irreparable o de difícil reparación, y para ello exige la presentación de un medio de prueba que constituya *presunción grave*, no plena certeza, de tales circunstancias.

Así entonces, es evidente que la jurisprudencia de la Sala Político-Administrativa del Tribunal Supremo de Justicia y de algunos Juzgados Superiores en lo Contencioso Tributario, yerra en sus apreciaciones, pues mientras el texto expreso del artículo 263 del Código Orgánico Tributario exige al juez evaluar la simple *apariencia* del derecho y el daño que *pudiera* causarse, la jurisprudencia pretende la *certeza* o la *plena convicción* en torno al derecho y el daño. Dentro del contexto de la norma en comentarios el legislador utiliza la expresión *apariencia de buen derecho* para denotar la *verosimilitud* o *probabilidad* del derecho, jamás su certeza, pues ello sólo puede establecerlo la sentencia de fondo. Por la misma razón lo que hay que acreditar es esa apariencia, lo que se logra a partir de un examen preliminar de los argumentos del solicitante de la medida, bastando que los mismos sean plausibles, razonables, lógicos y congruentes, y a través del examen sumario de las pruebas que ya obren en el expediente, si fuere el caso, pues si se trata de una discusión de mero derecho obviamente no hay prueba alguna que revisar. En todo caso, en el incidente cautelar no puede exigirse al solicitante de la medida que pruebe su derecho, pues tal exigencia es absolutamente intempestiva y le está vedado al juez entrar a conocer el fondo del asunto, de acuerdo con el Parágrafo Primero del artículo 290 del Código Orgánico Tributario.

En cuanto al daño se refiere, el verbo "poder" utilizado por el legislador significa la *contingencia* o la *posibilidad* de que algo ocurra. Pero resulta que el legislador ha querido ser aún más preciso, en tanto conjuga el verbo en el tiempo pretérito imperfecto del subjuntivo, con lo cual claramente alude a una *hipótesis* que el juez se va a formular, pero obviamente sin tener la certeza de que la misma va a ocurrir. Entonces, un daño que *pudiera* ocurrir y la *plena certeza* de un daño, son dos realidades totalmente distintas, una hipotética y la otra indubitable, una posible y la otra segura.

---

[79] *Cf.* S. TSJ/SPA, No.395, 13-03-2007.

Por lo que concierne a la dimensión del daño que autoriza la protección cautelar, se ha desestimado reiteradamente que cuantiosas diferencias de impuesto a pagar o multas exorbitantes, pueden invocarse como fundamento de la medida cautelar solicitada, entendiéndose que tales perjuicios económicos siempre pueden ser reparados. Pareciera entonces que el contribuyente debe aportar plena prueba de que la ejecución del acto lo llevará la ruina económica.

Si se sigue *ad pedem literae* el criterio de la jurisprudencia, resulta que en el contencioso tributario, salvo algunas excepciones, el perjuicio siempre será reparable por la sentencia definitiva pues el accionante siempre tendrá el derecho de recuperar, al menos formalmente, lo que ha pagado indebidamente por concepto de tributos, multas e intereses.[80] Es lamentable que la jurisprudencia haga un examen aséptico del asunto, colocándose de espaldas a la realidad de la Administración Pública venezolana. Es un hecho notorio que obtener un reintegro la Administración Tributaria Nacional es una tarea titánica, frustrante y en muchos casos imposible. No sólo es necesario esperar muchos años para obtenerlo, sino que no se reconoce jamás el pago de los intereses de mora, que el propio Código Orgánico Tributario contempla, y mucho menos el resarcimiento de los daños patrimoniales, anormales y especiales, causados por el mal funcionamiento del servicio.

De modo pues que este tipo de declaraciones confirman el viejo brocardo según el cual *la jurisprudencia es el arte de desconocer sistemáticamente lo que todo el mundo sabe.*

En todo caso, aunque una empresa no quiebre o no solicite el estado de atraso por la ejecución forzosa de un acto de determinación tributaria e imposición de sanciones, puede sin embargo sufrir un daño irreparable o de difícil reparación si, por ejemplo, la ejecución absorbe la totalidad o una parte sustancial de la utilidad del ejercicio anterior porque, dependiendo de las circunstancias del caso, semejante contrariedad económica puede suponer: a) la pérdida de oportunidades de negocio proyectadas que tal vez no se presenten de nuevo, causando el estancamiento o la paralización de la empresa; b) la deslocalización de la actividad económica en búsqueda de mejores condiciones de trabajo en otras jurisdicciones, con la consecuente pérdida de empleos directos e indirectos y, obviamente, la

---

80 En este sentido la Sala Político-Administrativa del Tribunal Supremo de Justicia ha dicho que: "(…) independientemente de las dificultades que en la práctica pueda conseguir la recurrente para obtener del Estado el reintegro del dinero erogado, el carácter coactivo de las decisiones jurisdiccionales obliga a la Administración, en el caso de declararse con lugar el recurso incoado, a devolver el monto percibido por concepto del pago indebidamente efectuado. En este sentido, la devolución del monto pagado por la parte actora no constituye una potestad discrecional de la Administración, por el contrario, es un verdadero deber jurídico derivado de una sentencia cuyos efectos son de obligatorio cumplimiento y cuya inobservancia genera responsabilidades personales y directas a los funcionarios públicos". *Cf.* S. TSJ/SPA, No. 01817, 14-11-2007, caso: *Terminales Maracaibo, C.A.*

desaparición de la fuente generadora de capacidad contributiva; c) la inviabilidad de la empresa por la decisión de los socios de cesar en sus actividades, vista la merma drástica de las utilidades obtenidas del negocio, etc.

Es importante insistir en que el examen que corresponde efectuar al juez en el incidente cautelar es un *cálculo de probabilidades* dirigido, por una parte, a verificar la *verosimilitud* de la pretensión procesal deducida y, por el otro, a establecer la presunción de un potencial daño que, como expresamente dice el artículo 290 del Código Orgánico Tributario, *pudiera* producirse. Recuérdese que *presunción* y *certeza* no son sinónimos y ni siquiera conceptos equivalentes o relacionados. En el caso de la tutela cautelar y aun asumiendo que los presupuestos procesales de procedencia de la medida son concurrentes, el juez contencioso-tributario sólo debe establecer que la pretensión de nulidad del acto administrativo de contenido tributario es *razonable, posible, verosímil*; y que la ejecución del mismo *pudiera* comportar un daño irreparable o de difícil reparación.

La propia jurisprudencia del Tribunal Supremo de Justicia en Sala Político-Administrativa, ha sostenido que la labor del juez consiste en un *cálculo preventivo o juicio de probabilidad y verosimilitud.*[81] Lo anterior significa que el juez no tiene y no debe prejuzgar sobre el fondo del asunto, sino que simplemente debe realizar una evaluación superficial sobre el tema debatido, es decir, un *juicio de verosimilitud.* Lo verosímil, como dice el Diccionario de la Real Academia Española, es lo que "*tiene apariencia de verdadero*" lo que es "*creíble por no ofrecer carácter alguno de falsedad*"; y lo que tiene *apariencia* de verdadero no necesariamente es verdadero, de suerte que lo que se le pide al juez en el incidente cautelar no es que se pronuncie sobre el fondo, sino que constate la existencia de un *derecho aparente*.

En el caso del contencioso tributario, en el cual el objeto de la *litis* es un acto administrativo, ese conocimiento sumario se alcanza confrontando dicho acto con los vicios que le endilga el accionante en el libelo respectivo. Pero el juez no debe ni puede pronunciarse sobre si los vicios existen o no, porque ello sería adelantar la decisión de fondo, sino que debe intuir si es factible, razonable o probable que dichos vicios existan; es decir, tiene que verificar que los alegatos del accionante sean razonables, serios, congruentes y que estén debidamente

81 "Respecto al primero de los requisitos, esto es, el *fumus boni iuris* o la presunción grave del derecho que se reclama, como antes se señaló, su verificación consiste en apreciar de las actas que conforman el expediente que haya una apariencia de buen derecho, pues cuando se acuerda la tutela cautelar no puede prejuzgarse sobre el fondo del asunto planteado. En efecto, se trata de un cálculo preventivo o juicio de probabilidad y verosimilitud sobre la pretensión del demandante correspondiéndole al Juez analizar los recaudos o elementos presentados junto con el libelo de la demanda, a los fines de indagar sobre la existencia del derecho que se reclama". *Cf.* TSJ/SPA, 02.11.05, caso: *Edui Nicomedes Alfonso y otros con Ministerio de Interior y Justicia.*

fundamentados, de modo que no sean temerarios y a todas luces improcedentes o, mejor dicho, que sean "*creíbles por no ofrecer carácter alguno de falsedad*" (*i.e.* verosímiles).

Lo anterior, que es de la esencia de la tutela cautelar, ha sido desconocido sistemáticamente por la jurisprudencia acudiendo al argumento de que los actos administrativos de contenido tributario disfrutan de una cualidad exorbitante por la cual se presumen legítimos, salvo prueba en contrario, y por ello son ejecutivos y ejecutorios. Esa presunción, que ha sido objeto de una profunda y acertada revisión en la doctrina patria, encabezada en este caso por SERVILIANO ABACHE CARVAJAL[82], en la cual se destaca la ausencia de base constitucional y legal de la misma y por ende su incapacidad para invertir la carga de la prueba en el proceso contencioso tributario, no sirve en todo caso para deformar los presupuestos procesales de la tutela cautelar en el contencioso tributario.

La exigencia de estados financieros auditados para demostrar el *periculum in damni* como presupuesto de medidas cautelares en el contencioso tributario, es irracional y contraria a derecho, porque el incidente cautelar no es la etapa procesal para establecer si la presunción de legitimidad del acto administrativo ha sido o no desvirtuada, pues la causa no se ha abierto a pruebas, las partes no han presentado sus conclusiones finales y, en definitiva, no ha transcurrido el *iter* procesal en todas sus etapas hasta el estado de sentencia. Aun asumiendo los criterios tradicionales sobre el contenido, el alcance y los efectos de la presunción de legitimidad de los actos administrativos, es únicamente la sentencia definitiva y no la interlocutoria cautelar, a la que corresponde decidir si dicha presunción fue desvirtuada o no por el accionante. Sostener otra cosa implica violar el Parágrafo Primero del artículo 290 del Código Orgánico Tributario y contradecir el criterio reiterado y pacífico de la propia jurisprudencia –acertado por lo demás- en cuanto a que el juez no puede *prejuzgar* sobre el fondo del asunto al dictar medidas cautelares. No se trata de que los estados financieros no sean pertinentes para probar un daño económico, pues ya hemos visto que sí lo son, sino que el incidente cautelar *no es* bajo ninguna circunstancia la etapa procesal destinada a aportar plena prueba de nada, desde que lo requerido es promover un medio de prueba que sustente una presunción grave del perjuicio que la medida cautelar pretender conjurar.

b.4. *Los estados financieros y la prueba de los efectos confiscatorios de los tributos*

(i) Un brevísimo apunte sobre la prohibición constitucional de que los tributos tengan efectos confiscatorios y el caso del Impuesto a los Grandes Patrimonios

82 Serviliano Abache Carvajal, *La atipicidad de la presunción de legitimidad del acto administrativo y la carga de la prueba en el proceso tributario*, FUNEDA, Caracas, 2012.

La Constitución venezolana protege la propiedad privada y la libertad de empresa, y una y otra garantía confluyen en que todos los ciudadanos tienen la lógica expectativa de prosperar través del producto de su trabajo, de sus actividades económicas legítimas y lucrativas y de los frutos generados por los bienes que integran su patrimonio. El reconocimiento y la protección del derecho de propiedad no son antagónicos con el deber de los ciudadanos de contribuir al sostenimiento de las cargas públicas, según su capacidad contributiva y en el marco de la Constitución y la ley. La salvaguarda del derecho de propiedad no alcanza para rechazar el pago de los tributos; y al mismo tiempo, el interés general que explica la necesidad de aplicar los tributos no es suficiente para justificar la lesión del derecho de propiedad. Una convivencia armoniosa y equilibrada entre esta potestad y este derecho, no sólo es conveniente, sino absolutamente indispensable.

De acuerdo con el artículo 133 de la Constitución, *toda persona tiene el deber de coadyuvar a los gastos públicos mediante el pago de los impuestos, tasas y contribuciones que establezca la ley*. Este es el principio cardinal sobre el cual descansa el poder del Estado de crear tributos y las potestades y competencias para determinarlos y recaudarlos; porque, como hemos dicho en otra parte[83], el poder tributario no es, desde hace mucho tiempo, un privilegio del cual disfrutan los gobernantes para saquear el patrimonio de las personas; no es siquiera un poder inherente al Estado. Antes bien, se trata de un poder delegado que proviene del *consentimiento* de los ciudadanos, que dimana de la conformidad y aceptación de éstos del deber de contribuir al sostenimiento de los gastos públicos mediante el pago de impuestos, tasas y contribuciones, pero siempre que el cumplimiento de ese deber se exija de conformidad con la Constitución y la ley, pues cuando no es así el poder tributario se degrada para convertirse en *vulgar pillaje* y por lo tanto se hace ilegítimo.

La Constitución modula y delimita el deber de contribuir en la misma norma que lo consagra, al usar la esclarecedora expresión *coadyuvar*, de la que se sigue con facilidad que el pacto constitucional no impone a los ciudadanos la obligación *soportar* los gastos públicos en su totalidad, sino sostener una *parte* de la demanda de ingresos públicos del Estado. Para darle coherencia y racionalidad al sistema tributario, la Constitución lo hace orbitar sobre varios principios, de los cuales hay dos que son cardinales para el asunto que se analiza: (i) el principio de la *capacidad contributiva*, como límite cuantitativo y cualitativo de la tributación (artículo 316), y (ii) el principio de *interdicción de los efectos confiscatorios de los tributos* o de *preservación de la fuente*, que protege la riqueza privada que proviene del trabajo, el capital o la renta (que ingresa o que se gasta), de modo que la tributación tenga un objeto sobre el cual recaer. Este postulado proscribe la extinción o

---

[83] Luis Fraga-Pittaluga, *Principios Constitucionales de la Tributación*, EJV, Caracas, 2012, pp. 47-48.

merma excesiva de la propiedad como consecuencia de una tributación desproporcionada (*i.e.* excesiva) o que no recae sobre verdaderas manifestaciones de capacidad económica (artículo 317).

De modo pues que, por mandato de la Carta Fundamental, el sistema tributario debe procurar la justa distribución de las cargas públicas según la capacidad económica del contribuyente, atendiendo al principio de progresividad, así como la protección de la economía nacional y la elevación del nivel de vida de la población, quedando prohibido que la aplicación de los tributos limite en exceso o extinga el derecho de propiedad. Lo anterior es, además, una exigencia lógica impuesta por el sentido común, pues si el caudal de donde se nutren los tributos se extingue como consecuencia de una *fiscalidad excesiva o confiscatoria*, de igual modo se extingue la posibilidad de recaudar tributos.

Es posible afirmar, a partir de una interpretación conjunta de las normas constitucionales que vertebran el sistema tributario venezolano, que la tributación no puede ser un mecanismo destructor de la propiedad privada y de las lógicas y razonables expectativas que se derivan de ésta, así como tampoco de la libertad de empresa y del legítimo deseo de prosperar económicamente en una sociedad que persigue el progreso de todos. No debe olvidarse, según la genial formulación del *Chief Justice* MARSHALL de la Corte Suprema de los Estados Unidos, que *un poder ilimitado para gravar envuelve, necesariamente, un poder para destruir*.[84]

Según apunta con razón NAVEIRA DE CASANOVA: "No hay tributación sin reconocimiento del derecho de propiedad, lo cual es una verdad demostrada por la definición, cualquiera sea, de lo que se entiende por tributación, en tanto detracción de riqueza de mano de los particulares hacia manos estatales. Y no podría haber reconocimiento y protección de este derecho sin un Estado que viva alimentado por los tributos recaudados, recortados (*sic*), obtenidos merced al fruto de la vigencia efectiva de ese derecho a nivel individual".[85]

Sobre este particular conviene citar una elocuente sentencia suiza de 1981, de acuerdo con la cual: "La idea básica de la garantía de la institución de la propiedad (...) prohíbe a la colectividad pública el sustraer a los propietarios su patrimonio privado o algunos de sus elementos mediante una fiscalidad excesiva...La protección de la propiedad obliga así al legislador a conservar la sustancia del patrimonio existente y a mantener la posibilidad de constituir un nuevo capital y prohíbe

---

84 United States Supreme Court of Justice, 17 U.S. 316, 4 L. Ed. 579, 4 Wheat. 316, M'CULLOCH V. STATE OF MARYLAND *et al.*, February Term, 1819.

85 Gustavo José Naveira de Casanova, *El principio de no confiscatoriedad. Estudio en España y Argentina,* Mc Graw Hill, Madrid, 1997, pp. 31-32.

al legislador cuestionar la propiedad como institución jurídica accesible a todos y agotar el patrimonio de manera continua".[86]

También es muy conocida a este respecto la sentencia del Tribunal Constitucional Alemán que instituyó la famosa regla del 50/50 (*Halbteilungsgrundsatz*). A partir de un recurso elevado a su conocimiento por el Tribunal de Finanzas de Renania-Westfalia, el Tribunal Constitucional[87] anuló el impuesto al patrimonio alemán (*Vermögensteuer*) con fundamento especialmente en la protección del derecho a la propiedad, reconocido en el artículo 14 de la Constitución alemana (*Grundgesetz*). El Tribunal Constitucional definió el impuesto al patrimonio como un tributo: "...permanente que debe ser pagado con el ingreso obtenido del patrimonio y no debe conducir a una amputación de ese patrimonio." En una declaración muy relevante para el tema que aquí tratamos, el Tribunal expresa que: "(...) el impuesto al patrimonio no puede ser establecido sino en la medida en que en su vinculación con otros impuestos deja intacta la sustancia de la cosa y puede ser pagado gracias a los ingresos que pueden obtenerse habitualmente de la misma. Si no el impuesto al patrimonio conducirá a una confiscación progresiva y gravará al contribuyente de manera exorbitante." Luego el Tribunal Constitucional profundiza en su razonamiento y formula la conocida regla 50/50, el indicar que: "(...) el impuesto al patrimonio no se puede adicionar a los otros impuestos que impactan el patrimonio sino en la medida en que la carga fiscal total que pesa sobre los ingresos se mantenga próxima a una distribución de por mitad entre la destinación pública y la privada." A partir de esta doctrina judicial, se supone que la carga fiscal en Alemania no debería sobrepasar el umbral del 50% de los ingresos del contribuyente.[88]

---

86 ATF 1051 a 220, JT 1981. 1555 y 1556, citada por Allan R. Brewer-Carías, "Las protecciones constitucionales y legales contra las tributaciones confiscatorias", *Revista de Derecho Público,* N° 57/58 Enero-Junio, Editorial Jurídica Venezolana, 1994, p. 15.

87 *Cf.* Bundesverfassungsgericht, 22 de junio de 1995, 2da. Cámara – 2BvR 37/9.

88 Un magnífico análisis de esta decisión y su proyección en la fiscalidad francesa, donde la regla del 50/50 no es en lo absoluto respetada, puede verse en: Pierre-Léonard Rouzaud. *L'impôt confiscatoire. Notion et jurisprudence.* Larcier, Bruxelles, 2016, pp. 61 y ss. En lo que podemos calificar como una muy desafortunada contramarcha ROUZAUD refiere que la decisión de la Corte Constitucional alemana ha tenido una fortuna limitada, pues la misma Corte ha dicho en decisión del 18 de junio de 2006 (BvR 2194/99) que la regla de la división por mitad no debe ser vista como un *principio constitucional* y que la garantía de la propiedad no debe conducir a ver esta regla como "general, obligatoria y absoluta." Pierre-Léonard Rouzaud, *L'impôt confiscatoire..., ob. cit.*, p. 64.

Ahora bien, como afirma con acierto el profesor GAUDEMET, un impuesto es confiscatorio desde que la elevación de su tarifa obliga al contribuyente a amputar su patrimonio para pagarlo, porque su ingreso disponible no es suficiente.[89]

Hasta la Constitución de 1999, no existía en nuestro ordenamiento jurídico una norma constitucional que de manera expresa consagrara la interdicción de los efectos confiscatorios de los tributos. Sin embargo, la doctrina encontraba reflejada esta prohibición en la interpretación concordada de otras normas, específicamente la que reconocía el derecho de propiedad, la que prohibía las confiscaciones en general y la que consagraba el principio de capacidad contributiva y justicia tributaria.[90] A partir de la Constitución vigente y de acuerdo con el artículo 317, *in fine*, "*ningún tributo puede tener efecto confiscatorio*". Esta norma proviene del proyecto redactado por la Asociación Venezolana de Derecho Tributario conjuntamente con el constituyente ALLAN R. BREWER-CARÍAS.[91]

---

89 Paul-Marie Gaudemet. « Les protections constitutionnelles et légales contre les impositions confiscatoires ». *RIDC,* Vol 42, avril-juin 1990, No. 2, pp. 805-813.

90 El maestro JOSÉ ANDRÉS OCTAVIO, luego de citar los artículos 99, 100, 101, 102 y 250 de la Constitución de 1961, señaló en su momento lo que sigue: "Obviamente que las normas transcritas no contienen precisiones que definan la presencia del carácter confiscatorio de un tributo. Pero ello es sólo un problema de dificultad para el Poder Legislativo cuando dicta leyes tributarias, así como para que el Poder Judicial se pronuncie en un caso determinado. Sin embargo, es evidente que cuando la Constitución garantiza la propiedad, pero la somete a contribuciones legales, ello implica que tales contribuciones no pueden llegar a confiscarla, porque se desnaturalizaría la finalidad de la norma, amén que violaría la disposición especial del art. 102 que prohíbe la confiscación (...)". Más adelante, Octavio cita el artículo 223 de la Constitución de 1961 y señala que: "Esta norma, aunque se considera de naturaleza programática, refuerza la conclusión de que los tributos confiscatorios violan la Constitución, pues si llegara a establecerse alguno con ese carácter, o el conjunto de los tributos produjera efecto confiscatorio, es evidente que ellos no estarían dentro de la norma constitucional citada, al contrariar 'la justa distribución de las cargas públicas según la capacidad económica del contribuyente." José Andrés Octavio, "Las garantías constitucionales ante la presión del conjunto de tributos que recaen sobre el sujeto contribuyente", *Temas Tributario, Compilación de estudios y sentencias publicadas en las Revistas de Derecho Tributario N° 1 a la N° 50*, AVDT-Livrosca, Caracas, 1999, pp. 423 y ss.

91 En el proyecto presentado por el profesor BREWER-CARÍAS a la consideración de la Comisión de lo Económico y Social de la Asamblea Nacional Constituyente, se incluían dos normas que eran mucho más ricas en su dimensión dogmática y tal vez más fáciles de interpretar y aplicar por los jueces, que el texto que finalmente fue aprobado. El referido proyecto establecía en las partes pertinentes, lo que sigue: "Artículo: La carga fiscal que deberán soportar los contribuyentes por causa del pago de los tributos atenderá al disfrute general de los servicios públicos, a la preservación del ingreso mínimo vital, a la preservación de la fuente de riqueza, así como también

Se ha dicho que el sistema tributario no puede *destruir la propiedad privada* pues de lo contrario se destruye a sí mismo al asfixiar las fuentes de riqueza sobre las que deben recaer los tributos. BREWER CARÍAS señala que: "La más importante limitación constitucional al ejercicio del poder tributario que se aprecia en el derecho comparado, es la garantía de la propiedad privada, en el sentido de que el impuesto no puede significar la destrucción de la propiedad, pues si así fuere, sería confiscatorio e inconstitucional."[92] Algunos autores señalan que cuando el impuesto grava el capital es confiscatorio porque el mismo lo que debe pechar son los ingresos o los frutos que éste produce, pues de lo contrario el capital se extingue.[93] Como decía la célebre frase del revolucionario francés HONORÉ GABRIEL RIQUETTI (Conde de MIRABEAU): "*Derechos sobre los frutos son impuestos, derechos sobre los fondos son pillaje.*"[94]

La jurisprudencia de la Sala Constitucional del Tribunal Supremo de Justicia ha establecido que la prohibición de los efectos confiscatorios de los tributos es una garantía de *eficacia del derecho de propiedad*: "(…) observa esta Sala Constitucional que el principio de no confiscación se encuentra consagrado en el ordenamiento constitucional venezolano como una garantía de eficacia del derecho a la propiedad, derecho éste, también de configuración constitucional. Así, en la Constitución de la República Bolivariana de Venezuela, se estableció dentro del Capítulo VII "De los derechos económicos", en los arts. 115 y 116 el derecho a la propiedad y la correlativa garantía de no confiscación, en los términos que a continuación se exponen: *(...omissis...)*. Asimismo, dicho derecho se encuentra igualmente consagrado en normas legales preconstitucionales. Tal es el caso del Código Civil, que regula el derecho de propiedad en los términos que a continuación se exponen: "Art. 545.- La propiedad es el derecho de usar, gozar y disponer de una cosa de manera exclusiva, con las restricciones y obligaciones establecidas por la Ley". Por su parte, el art. 317 constitucional consagra la no confiscación

---

a la multiplicidad de tributos y al carácter global del sistema tributario, con el objeto de no exceder la capacidad contributiva. (*omissis*) Artículo: Se prohíbe: (*omissis*) 2.- Dar efectos confiscatorios a los tributos, a los accesorios de los tributos y a las sanciones. Allan R. Brewer-Carías, *Debate Constituyente (Aportes a la Asamblea Nacional Constituyente)*, T. III, Fundación de Derecho Público-Editorial Jurídica Venezolana, Caracas, 1999, pp. 269-271.

92 Allan R. Brewer-Carías, "Las protecciones constitucionales y legales contra las tributaciones confiscatorias", *Revista de Derecho Público,* N° 57/58 Enero-Junio, Editorial Jurídica Venezolana, 1994, p. 13.

93 Héctor Villegas, "El principio constitucional de no confiscatoriedad en materia tributaria", *Estudios de Derecho Constitucional Tributario en homenaje al prof. Juan Carlos Luqui*, Depalma, Buenos Aires, 1994, pp. 240 y ss.

94 Este brocardo es atribuido a Mirabeau por Joseph-Antoine Walwein en su trabajo titulado: «Considérations sur l'impôt ou Essai analytique sur les principales manières d'établir la contribution nécessaire à la défense et au maintien de l'Etat.» Londres, 1.789.

como postulado expreso que todo legislador tributario debe atender, es decir, todo órgano titular de la potestad de legislar en materia tributaria se encuentra en el deber de respetar, en sus actos normativos, ese principio de no confiscación contemplado en la Carta Magna. Resulta casi innecesario advertir que aun cuando el comentado art. 317 señale que "ningún tributo tendrá efectos confiscatorios", tal desiderátum se hace extensivo a las sanciones o mecanismos coercitivos empleados por el legislador a los efectos de obtener, por parte de los sujetos pasivos o deudores tributarios, el exacto cumplimiento de su obligación fiscal, de lo contrario, se perdería la armonía existente con el resto de la normativa constitucional. *(...omissis...)* Con base a las normas anteriormente expuestas, contempladas en la Máxima Ley nacional, se observa que si bien la propiedad es un derecho sujeto a determinadas limitaciones que deben encontrarse acorde con ciertos fines, tales como la función social, la utilidad pública y el interés general, tales limitaciones deben ser establecidas con fundamento en un texto legal, siempre y cuando las referidas restricciones no constituyan un menoscabo absoluto o irracional del aludido derecho de propiedad. Esto es, que imposibilite de tal forma la capacidad patrimonial de los particulares que termine extinguiéndola. En el ámbito tributario, la vulneración del derecho de propiedad se pone de manifiesto cuando tal como asienta el tratadista Héctor Villegas, "el Estado se apropia indebidamente de los bienes de los contribuyentes, al aplicar un gravamen en el cual el monto llega a extremos insoportables, desbordando así la capacidad contributiva de la persona, vulnerando por esa vía indirecta la propiedad privada, e impidiéndole ejercer su actividad". (Villegas, Héctor, "Relatoría General de las XIV Jornadas Latinoamericanas de Derecho Tributario celebradas en Buenos Aires del 4 al 7 de septiembre de 1989". Tema: "Las Garantías Constitucionales ante la Presión del Conjunto de Tributos que Recaen sobre el Sujeto Contribuyente", p. 27). En tal sentido, esta Sala observa que la vulneración del derecho de propiedad como consecuencia del pago de un tributo confiscatorio, ha sido expresamente proscrito por el Constituyente de 1999, en el ya citado art. 317 constitucional que establece –se reitera- que "ningún tributo puede tener efecto confiscatorio" y tiene su fundamento directo en la norma consagrada en el art. 316 de la Constitución de la República Bolivariana de Venezuela, que dispone que "el sistema tributario procurará la justa distribución de las cargas públicas según la capacidad económica del o de la contribuyente, atendiendo al principio de progresividad, así como la protección de la economía nacional y la elevación del nivel de vida de la población". Siendo esto así, surge evidente la conclusión de que a los Poderes Públicos les está prohibido el establecimiento de tributos o sanciones tributarias –siendo que estas últimas son formas coercitivas de procurar la efectiva recaudación de las contribuciones de los particulares a las cargas públicas- que puedan amenazar con absorber una parte sustancial del derecho a la propiedad del contribuyente, con la negativa consecuencia que tal situación conlleva, al extinguir la fuente generadora del tributo y posterior daño que tal situación ejerce en la ya mermada economía del país."[95]

---

95 *Cf.* S. TSJ/SC, 03-06-2001, caso: *Cervecería Polar del Centro.*

La Sala Constitucional ha dicho que la prohibición de confiscación en la aplicación de los tributos funciona como una verdadera interdicción de imposición por el legislador de cargas fiscales exorbitantes que hagan nugatorio el libre y *efectivo ejercicio del derecho a la propiedad* de los sujetos obligados a cumplir con el pago del tributo: "Es en ese sentido, que se ha sostenido en la doctrina especializada que dicho principio funciona como un verdadero límite a la potestad tributaria del Estado al momento de imponer gravámenes a la capacidad económica de los particulares, como el propósito de obtener recursos para financiar la actividad de los órganos que integran el sector público y garantizar la prestación eficiente de servicios de interés público, que funciona como una verdadera interdicción de imposición por el legislador de cargas fiscales exorbitantes que hagan nugatorio el libre y efectivo ejercicio del derecho a la propiedad de los sujetos obligados a cumplir con el pago del tributo establecido en la ley; de allí que se afirme (sin que exista un regla precisa para la determinación del límite que no puede ser rebasado por el Estado en ejercicio de su potestad tributaria, correspondiendo la determinación del mismo en cada caso concreto) que un tributo es confiscatorio de la propiedad cuando absorbe una parte sustancial de ésta o de la renta, es decir, cuando priva al sujeto pasivo de la relación tributaria de la posibilidad de usar, gozar, disfrutar y disponer de cualquiera de sus bienes, en desconocimiento de su real capacidad contributiva (ver, Rafael Calvo Ortega, *Curso de Derecho Financiero*, I Derecho Tributario (parte general), 3$^{ra.}$ edición, Madrid, Civitas, 1999, pp. 83 y 84)."[96]

El uso en la decisión citada de la frase "*efectivo ejercicio del derecho de propiedad*", es de trascendental importancia, porque de ella resulta que los efectos confiscatorios de los tributos no sólo están prohibidos cuando conducen a una *privación* del derecho, sino también cuando resulta afectado alguno de sus atributos (*i.e. ius utendi*, *ius fruendi* y *ius abutendi*) o cuando el ejercicio del derecho es en tal medida menguado que resulta vaciado de contenido.[97]

---

96 *Cf.* S. TSJ/SC, 19-02-2004, caso: *Caribe Motors, C.A.*

97 La jurisprudencia argentina sobre este tema es muy rica. Pueden verse entre otras, las siguientes decisiones: C.S.J.N Fallos 23:647, del 19/11/1882. "La sucesión de Doña Tomasa Vélez Sarsfield v. el Consejo de Educación de la Provincia de Buenos Aires, sobre inconstitucionalidad de impuesto"; 3C.S.J.N Fallos 115:111, del 16/12/1911. "Doña Rosa Melo de Cané, su testamentaria; sobre inconstitucionalidad del impuesto a las sucesiones en la provincia de Buenos Aires"; C.S.J.N Fallos 160:247, del 27/04/1930. "Don Andrés Gallino (su sucesión), incidente sobre inconstitucionalidad de la ley nro. 11.287, arts. 3° y 2°"; C.S.J.N Fallos 186:421, del 19/04/1940 "Carlos Julio Bunge"; C.S.J.N Fallos 153:46, del 26/10/1928, "Doña Graciana Etchessahar de Lastra s/ protocolización de testamento"; C.S.J.N Fallos 191:61, del 18/06/1943. "Bemvinda de Castro Azevedo de da Camara Lomelino v/ Provincia de Buenos Aires"; C.S.J.N Sentencia del 31/10/1945. "Harilaos de Olmos, Adelia M. v. Provincia de Córdoba"; C.S.J.N Fallos 206:247, del 22/11/1946. "Sara Pereyra Iraola v. Provincia de Córdoba".

La interdicción de los efectos confiscatorios de los tributos y del sistema tributario integralmente considerado[98], no exige solamente, y ello es obvio, que un tributo *no* tenga un tipo del ciento por ciento, sino que tenga unos tipos reales que afecten sólo aquella parte de la riqueza del sujeto pasivo que puede ser entregada sin que se afecte el *mínimo vital* necesario para subsistir decorosamente (*primum vivere dende tributum solvere*)[99]; pero además, sin que se frustren las lógicas y razonables expectativas que se derivan de la *propiedad privada*, de la *libertad de empresa* y del legítimo deseo de *prosperar económicamente* en una sociedad que persigue el progreso de todos. Por esa razón es posible afirmar que el principio comporta una doble limitación, es decir, una base mínima inmune a toda forma de imposición, y un umbral máximo de gravamen que no puede ser superado.

Habida cuenta de las dificultades prácticas que plantea la prohibición de que los tributos tengan alcance confiscatorio, la jurisprudencia ha tratado también el asunto como una violación de la *libertad económica*, cuando un tipo impositivo es desproporcionado.[100] Lo cierto es que el tributo confiscatorio no sólo es como hemos visto un atentado a la garantía de la propiedad privada y una violación flagrante al principio de capacidad contributiva, sino que también comporta una lesión al derecho que tienen todos los ciudadanos de dedicarse libremente a la actividad económica de su preferencia, sin más limitaciones que las previstas en la Constitución y en la ley, por razones de desarrollo humano, seguridad, sanidad, protección del ambiente y otras de interés social (art. 112 de la Constitución). Del mismo modo en que el poder tributario no puede destruir el derecho de propiedad, tampoco puede impedir el ejercicio de la libertad de industria y comercio, porque de esa forma también se quebranta una garantía constitucional fundamental.

Así, el costo que suponen los tributos para el desarrollo de una actividad lucrativa debe ser soportable para una empresa que trabaja en condiciones normales y debe dejarle al propietario un beneficio justo, acorde con las expectativas asociadas a la creación de riqueza y al libre ejercicio de la industria y el comercio legítimos. Por el contrario, si un tributo no es soportable para una empresa porque

---

[98] El control del carácter confiscatorio de un impuesto puede hacerse *impuesto por impuesto* o considerando el conjunto de todos los tributos que recaen sobre una misma manifestación de capacidad contributiva, o lo que los franceses denominan el método *milhojas* («mille-feuille»). Este método consiste en sumar el conjunto de tributos que pesan sobre una misma base imponible. *Vid.* Bastien Lignereux, *Précis de Droit Constitutionnel Fiscal*, LexisNexis, Paris, 2020, p. 214 / Pierre-Léonard Rouzaud, *L'impôt confiscatoire... cit.*, pp. 70-72.

[99] Sobre el mínimo vital como límite de la tributación: Betty Andrade, *Inmunidad Tributaria de los Derechos Humanos, Capacidad Contributiva y Mínimo Vital*, Thomson Reuters, Ciudad de México, 2018.

[100] *Cf.* S. JS1ro.CMCARC, 24-1-90, caso *Inversiones Confinanzas, C.A. vs. Concejo Municipal del Distrito Guaicaipuro del Estado Miranda*, Consultada en: Humberto Romero-Muci, *Jurisprudencia tributaria municipal y la autonomía local (1936-1996),* T.I, Editorial Jurídica Venezolana, Caracas, 1997, p. 429 y ss.

impide llevar a cabo la actividad económica en condiciones que permitan la generación de utilidad, no cabe la menor duda que los efectos del mismo son confiscatorios.

Un tributo con efectos confiscatorios produce un quebranto de la relación proporcional que debe existir entre el hecho imponible y la obligación tributaria, porque en el caso concreto la hipótesis de incidencia prevista por la ley va a desencadenar la merma excesiva de la riqueza gravada. Repugna todo ideal de justicia (bien en su sentido *lato* o en el sentido técnico-tributario) el que los contribuyentes deban tolerar el ejercicio de un poder tributario empobrecedor que paulatinamente merma el patrimonio del sujeto pasivo hasta extinguirlo. No hace falta un notable esfuerzo intelectual para entender que es injusto, por definición, el sistema tributario que como consecuencia de los efectos confiscatorios generados por el conjunto de los gravámenes que aplica, empuja al ciudadano común hacia la precariedad, quiebra o reduce el tamaño de las empresas, desestimula y hace desaparecer las actividades económicas productivas y fomenta el exilio fiscal y la evasión.

El principio de justicia tributaria exige que cada quien soporte la carga tributaria que tiene la posibilidad de asumir de acuerdo con su capacidad económica, y por ello, todo tributo con efectos confiscatorios es sin duda alguna contrario a este principio. De acuerdo con ARÍSTIDES HORACIO CORTI: "...la específica razonabilidad en trato reconduce la cuestión al tema de la equidad, entendida en materia tributaria como principio de no confiscatoriedad, en la medida en que la tributación confiscatoria excede el equilibrio entre antecedente (hecho imponible) y consecuente (obligación tributaria), al imponer una tributación desproporcionada (expoliatoria, asfixiante) en relación con la riqueza gravada".[101]

En Venezuela el sistema tributario produce efectos confiscatorios porque muchos contribuyentes se ven obligados a desprenderse de su patrimonio para poder cumplir con las obligaciones tributarias respectivas.[102] El problema no sólo toca a los tributos, sino también al régimen sancionatorio tributario a partir de la reforma del Código Orgánico Tributario de 2020, y conviene advertir que no se trata de un

---

[101] Arístides Horacio Corti, "De los principios de justicia que gobiernan la tributación (igualdad y equidad)". *Estudios de Derecho Constitucional Tributario en homenaje al prof. Juan Carlos Luqui.* Depalma, Buenos Aires, 1994, p. 294-295.

[102] Un importante asesor tributario venezolano ha denunciado que: "Lo que estamos viendo con la carga tributaria actual es que las empresas se ven obligadas a desprenderse de parte de sus activos, cuando deberían formar parte normal de su funcionamiento". José Javier García. "Empresas venden activos para pagar impuestos: carga tributaria absorbe 60% de los ingresos", *Banca y Negocios,* 3 de junio de 2022. Disponible en: www.bancaynegocios.com.

asunto de *percepción,* sino que ya existen cálculos aritméticos irrefutables al respecto.[103] Pero existe además un caso especial que bien merece una consideración individualizada, pues allí los efectos confiscatorios son manifiestos.

El impuesto a los grandes patrimonios que se ha instaurado en Venezuela es resueltamente *confiscatorio*. A diferencia de lo que ocurre en la gran mayoría de los países que aplican este tipo de tributos, el impuesto que se aplica en Venezuela no tiene por objeto gravar las *verdaderas grandes fortunas* de las personas *naturales o físicas*, sino que se exige también a las *personas jurídicas* (con o sin fines de lucro), con lo cual queda manifiestamente desvirtuada la vocación natural de esta categoría de exacciones, que se dirigen normalmente a pechar las *grandes fortunas particulares.* Se ha creado pues un impuesto al patrimonio empresarial e incluso al patrimonio de personas morales sin ningún fin de lucro.

Las personas jurídicas son sujetos pasivos del impuesto a los grandes patrimonios por los bienes y derechos que conforman su patrimonio neto, donde quiera que estos bienes y derechos estén ubicados o se ejerzan. Una persona jurídica se considera domiciliada en el país, cuando ocurre *alguna* de las siguientes condiciones: (i) ha sido constituida conforme a las leyes venezolanas; (ii) tenga su domicilio fiscal o estatutario en el país; (iii) tenga su sede de dirección efectiva en el país. Las personas jurídicas no domiciliadas son sujetos pasivos sólo por los bienes y derechos ubicados en el país. Sin embargo, en el caso de las personas jurídicas y entidades no domiciliadas, hay que tomar en cuenta las regulaciones sobre el establecimiento permanente que contiene la ley y si existe un convenio para evitar la doble imposición que regule el impuesto al patrimonio y se aplique al caso concreto, en cuyo caso son las reglas de distribución del poder tributario entre los estados contratantes que contenga ese convenio, las que se van a aplicar.

Como ya hemos avanzado, a contrapelo de la tendencia mundial donde los impuestos al patrimonio son coyunturales o temporales y se aplican a las personas naturales o físicas porque en este caso la posesión de riqueza podría eventualmente -no necesariamente- ser un índice de capacidad contributiva; en Venezuela se ha decidido aplicar este tributo indefinidamente y no sólo a las personas naturales sino también, y aquí es donde está el problema grave, a las personas jurídicas (con fines empresariales o no), cuyo patrimonio se grava esté o no generando renta.

El problema es que la tenencia de un patrimonio en una empresa o en una entidad sin fines de lucro, *no es un índice de capacidad contributiva*, sino un elemento indispensable para que la empresa exista y pueda tener la *potencialidad* de llevar a cabo una actividad económica lucrativa; y en el caso de las entidades sin fines de lucro, para que puedan sufragar sus actividades altruistas. Las empresas

103 Ana Azevedo Paixao en Twitter: https://twitter.com/azevedopaixao/status/1537573310057353216?s=21&t=yQsLELKHvRSfFaFvPHKAtw

no poseen un patrimonio porque persigan *acumular riqueza*; lo hacen para cumplir su objeto social, es decir, para alcanzar el fin empresarial que han definido y, naturalmente, para distribuir beneficios a sus accionistas.[104] Pero la tenencia de un patrimonio en sí mismo no es el objetivo usual de las sociedades de comercio, salvo aquellas que se crean dentro de ciertas estructuras empresariales como simples tenedoras de activos. En el caso de las entidades sin fines de lucro la situación es aún peor, pues el patrimonio de éstas está afectado al cumplimiento de un fin que nada tiene que ver con la acumulación de riqueza, sino con un propósito altruista, sea este religioso, asistencial, deportivo, cultural, educativo, científico o de sano esparcimiento. De modo pues que someter estas entidades al impuesto al patrimonio, cuyo objeto es gravar la acumulación de riqueza, es absolutamente contrario a la naturaleza de este tributo.

Lo pernicioso de este tributo es que grava la simple tenencia del patrimonio sin atender al dato de si el mismo efectivamente está generando renta. La situación en nuestro país es que una porción muy considerable de pequeñas, medianas y grandes empresas, tanto locales como extranjeras, están paralizadas o trabajan a un porcentaje ínfimo de su capacidad total, gracias a una combinación siniestra de factores que le impiden emplear todo su potencial (*V.gr.* hiperinflación, desvalorización de la moneda de curso legal; inexistencia de financiamiento bancario; inseguridad jurídica y ausencia de estabilidad en el marco regulatorio de las actividades económicas; una larga historia de ocupaciones, expropiaciones y nacionalizaciones de la propiedad privada; trabas burocráticas y administrativas de toda índole para la obtención de permisos, autorizaciones y licencias; un sistema de administración de justicia lento e ineficaz; inseguridad para las personas y sus bienes por una acción delictiva permanente; corrupción desbordada; servicios públicos en ruinas; dificultades para la obtención de combustible, entre otras). Si de las entidades sin fines de lucro se trata, en su mayoría éstas subsisten en condiciones limítrofes con la precariedad.

Refiriéndose al impuesto al patrimonio español, que se aplica a las personas naturales o físicas y no a las personas jurídicas, GARCÍA DORADO[105] se pregunta qué es lo que debe gravar un impuesto sobre el patrimonio, si el patrimonio mismo, o más bien, los rendimientos que dicho patrimonio pueda proporcionar al sujeto; y para responder cita a HERRERA MOLINA, quien afirma con razón que: "(...) el patrimonio constituye renta ahorrada que, en principio, ha tributado en el momento de su obtención. Por tanto, su sometimiento a un impuesto específico

---

104 Sobre la función del capital social y el patrimonio en las sociedades de comercio, véase: Rodrigo Uría - Aurelio Menéndez – Javier García de Enterría, "La Sociedad Anónima: Principios Fundamentales", *Curso de Derecho Mercantil*, Thomson-Civitas, Navarra, 2006, pp. 816 y ss.

105 Francisco García Dorado, *Prohibición Constitucional de Confiscatoriedad y Deber de Tributación*, Dykinson, Madrid, 2002, p. 230.

debe justificarse en la existencia de una especial capacidad económica, o en motivos extrafiscales. El mero hecho de que aún quede algo que gravar no supone una justificación."[106] GARCÍA DORADO termina de dar un adecuado contorno a su argumento señalando que: "No parece razonable, en nuestra opinión, que, para hacer frente al pago del Impuesto sobre el Patrimonio, en condiciones normales, el sujeto se vea obligado a enajenar parte del mismo porque la cuota exceda la cuantía de los rendimientos que ese patrimonio en condiciones normales pudiera producir. Esta es una idea bastante común en la doctrina, expresada en forma diversa."[107]

La realidad es que un tributo que obliga al sujeto pasivo a sacrificar parte de su patrimonio para poder cumplir la obligación tributaria no sólo es irrazonable, sino que es un caso *clásico* de *efectos confiscatorios de la imposición*. En el supuesto de nuestro impuesto sobre los grandes patrimonios la situación es, precisamente, que las empresas paralizadas o con una capacidad extremadamente reducida como consecuencia del colapso económico del país no pagan el impuesto al patrimonio con los rendimientos que éste genera, pues dicho tributo no sólo se adiciona y no es complementario con el impuesto sobre la renta, sino que además no toma en cuenta en forma alguna si el patrimonio empresarial está o no generando algún rendimiento. En cuanto a las entidades sin fines de lucro, éstas no hacen otra cosa que amputar el patrimonio que deberían destinar al cumplimiento de sus fines altruistas, para pagar este tributo, de modo que en este supuesto los efectos confiscatorios de este tributo son manifiestos e indiscutibles. Como señala con acierto LEOPOLDO GONZALO GONZÁLEZ, un Impuesto sobre el Patrimonio que excediera del importe de los rendimientos producidos por el propio patrimonio sería en sí mismo confiscatorio.[108]

No hay duda pues que el impuesto a los grandes patrimonios es confiscatorio en el caso de las empresas que no están generando utilidad alguna o que incluso tienen *pérdidas*, y también en el supuesto de las entidades sin fines de lucro que tiene que entregar al Fisco los fondos que requieren para cumplir sus objetivos altruistas. En ambos casos, las personas tienen que liquidar parte de sus activos, es decir, entregar parte de su patrimonio, para poder pagar el tributo; estamos pues ante un tributo *depredador de la base imponible* que sirve para su cálculo, lo que es un absoluto despropósito. Además, es un impuesto antieconómico, porque desestimula la inversión y el crecimiento económico, tan necesarios en una economía

106 Pedro Manuel Herrera Molina, *Capacidad Económica y Sistema Fiscal. Análisis del Ordenamiento Español a la luz del Derecho Alemán*, Marcial Pons, 1998, p. 369.

107 Francisco García Dorado, *Prohibición Constitucional..., ob. cit.*, p. 230.

108 Leopoldo Gonzalo González, "El principio constitucional de no confiscatoriedad tributaria", *El sistema económico en la Constitución Española*, Ministerio de Justicia. Madrid, 1994, p. 1558.

depauperada, con lo cual resulta frontalmente violatorio de los principios que gobiernan el sistema tributario venezolano, establecidos en los artículos 299 y 316 de la Constitución.

(ii) La prueba de los efectos confiscatorios de los tributos

Los estados financieros firmados, certificados y dictaminados por un contador público independiente son una prueba idónea para demostrar cómo la aplicación del Impuesto a los Grandes Patrimonios tiene, en un caso concreto, efectos confiscatorios. El objeto de la prueba en este caso es llevar a la convicción del juez que para poder cumplir con el pago del tributo la empresa contribuyente se ha visto forzada a enajenar parte de su activo fijo; es decir, que para pagar el impuesto la entidad económica contribuyente ha debido amputar parte del patrimonio que le permitiría seguir realizando su actividad económica en condiciones normales. Ya hemos advertido que la información contenida en los estados financieros debe ser *traducida* a un lenguaje que permita al juez contencioso tributario entender la situación económica del contribuyente, y hemos señalado que la experticia contable y el testimonio pericial serían los medios idóneos para tal fin.

A muy grandes rasgos podemos afirmar que, para probar los efectos confiscatorios de un tributo como el Impuesto a los Grandes Patrimonios, los tres estados financieros principales ofrecen información muy relevante. En primer lugar, un *balance general* con distintas fechas de cierre dejará constancia de los cambios que se han producido en un período determinado en la composición del activo de la empresa cuando ésta ha tenido que desprenderse de bienes afectados a su actividad económica para poder pagar el impuesto. La merma en el patrimonio de la entidad económica es perfectamente demostrable con el balance general. A su vez, el *estado de ganancias y pérdidas* o de *resultados* dejaría evidencia de que antes y durante el período considerado, la empresa no ha generado ingresos suficientes o que incluso ha tenido pérdidas, lo que la ha obligado a salir de activos indispensables para su actividad con el propósito de honrar el pago del Impuesto sobre los Grandes Patrimonios. El estado de resultados, la contabilidad y los comprobantes respectivos, dejan constancia del desempeño económico de la empresa y evidencian el impacto de la carga fiscal soportada por la entidad en el resultado neto. Por su parte, el *estado de flujo de efectivo* ofrecería la información requerida para comprobar que el ingreso obtenido por la entidad económica como producto de la enajenación de bienes de su activo fijo en el período considerado, o al menos una parte sustancial de dicho ingreso, habría sido destinado al pago del Impuesto sobre los Grandes Patrimonios. Finalmente, y aunque en este caso no estaríamos ante una prueba concluyente, sino sólo una estimación razonable, un estado de ganancias y pérdidas *proyectado* podría complementar la información de los estados contables principales antes mencionados para revelar la evolución prospectiva de la entidad, permitiendo observar cómo, *ceteris paribus*, el Impuesto a los Grandes Patrimonios podría continuar mermando el patrimonio neto y degradando la situación financiera de la empresa hasta hacerla fracasar.

Para desvirtuar las conclusiones que pueden extraerse de los estados financieros, la Administración Tributaria tendría que probar que la entidad económica no ha enajenado bienes del activo fijo necesarios para su operación o que si lo ha hecho no ha sido con el objetivo de pagar el Impuesto a los Grandes Patrimonios. Así, debería probar entonces que la empresa ha obtenido un resultado económico que le permite cumplir todas sus obligaciones tributarias sin necesidad de desprenderse de bienes de su activo fijo o que, aun habiendo llevado a cabo alguna enajenación, el producto de la venta no ha sido empleado para el pago del Impuesto a los Grandes Patrimonios, sino con otra finalidad de la que deberá aportar entonces evidencia suficiente. Si esta demostración no se produce, el juez contencioso tributario debería presumir que la información contenida en los estados financieros firmados, certificados y dictaminados por el contador público independiente es cierta, en los términos del artículo 8 de la Ley de Ejercicio de la Contaduría Pública, otorgando pleno valor probatorio a los mismos y a la prueba de experticia o de testimonio pericial a través de la cual dichos documentos hayan sido llevados al proceso, quedando por lo tanto plenamente probados los efectos confiscatorios del tributo.

b.5. *Control y contradicción de la prueba*

Los estados financieros, como toda prueba, pueden ser atacados para desvirtuar su valor probatorio. Nuevamente nos parece oportuno citar *in extenso* al profesor HUMBERTO ROMERO-MUCI, que es quien mejor ha tratado el problema:

Señala ROMERO-MUCI que en el caso de los *estados financieros*, por tratarse de documentos o instrumentos privados (han sido formados por particulares sin intervención *ab initio* en dicha formación por funcionarios público alguno), deben ser atacados por tacha de falsedad, por lo que respecta a las falsedades materiales (alteraciones de la escritura capaces de variar el sentido original de lo que se transcribió o falsificaciones de firma de los profesionales de la contaduría pública, que opinen o certifiquen los estados financieros de que se trate) o por *simulación* en lo que respecta a falsedades ideológicas (referidas las menciones inventadas o tergiversadas que hace constar la persona actuante al momento de documentar el instrumento, dando fe de hechos que no ocurrieron o que no lo fueron como lo dice quien documenta [simulaciones]).[109]

Por su parte, la *falsedad material del acto de documentación* está prevista en los artículos 1381 y siguientes del Código Civil, y para los casos de los actos de documentación contable se configurarían, sin ser los únicos, por ejemplo, en los casos de (i) falsificación de firmas, números de colegiación, sellos en dictámenes y certificaciones de estados financieros emanados de contadores públicos, (ii) cuando el acto se haya extendido maliciosamente y sin conocimiento de quien aparezca como otorgante encima de una firma en blanco suya, y (iii) cuando en el

---

109 Humberto Romero-Muci, *El derecho y el revés...*, *ob. cit*, p. 102.

cuerpo del estado financiero se hayan hecho alteraciones materiales capaces de variar el sentido de lo que firmó el otorgante. Todos estos casos representan falsedades materiales.[110]

Además, coincidimos con ROMERO-MUCI cuando afirma que de: (i) la *información en cuanto tal* sólo puede predicarse su corrección o su incorrección. Nada más. De allí la pretensión de corrección de la información financiera que se expresa como "razonabilidad de la situación contenida en los estados financieros", en cuanto medida o garantía de confiabilidad, utilidad y comprensibilidad de estos, (ii) las falsedades y alteraciones materiales sólo son predicables de la representación de dicha información en los documentos u objetos que la contienen, esto es, las que afectan el documento y su forma y se conectan con la autoría y demás condiciones de documentación (libros y registros especiales de contabilidad y los estados financieros) y (iii) las ideológicas sólo se referirían a los hechos económicos a que se refieren las anotaciones y registros. Las falsedades ideológicas no son predicables de la información contenida en los estados financieros. Tan sencillo que la esencia de dicha información no consiste en enunciados sobre hechos empíricos o simples descripciones sobre hechos. *Son enunciados de valor u opiniones.*[111]

Finalmente explica que, alternativamente, las falsedades sobre la representación de los hechos contables en los estados financieros, esto es, las referencias a las anotaciones de los hechos contables (registro de operaciones ficticias o simuladas, ocultamiento de hechos, anotaciones de operaciones por montos distintos, doble contabilidad), también son susceptibles de impugnación mediante prueba en contrario.[112]

Reiteramos que cuando los estados financieros han sido firmados, certificados y dictaminados por un contador público independiente, todos los hechos a que se refiere el artículo 8 de la Ley de Ejercicio de la Contaduría Pública se presumen ciertos hasta que no se produzca *plena prueba* en contrario, pues se trata de una presunción legal de veracidad.

REFERENCIAS BIBLIOGRÁFICAS

ABACHE CARVAJAL, S., *La atipicidad de la presunción de legitimidad del acto administrativo y la carga de la prueba en el proceso tributario*, FUNEDA, Caracas, 2012.

---

110 *Ibíd.*, pp. 102-103.

111 *Ibíd.*, p. 103.

112 *Ibíd.*, p. 104.

ANAYA, J.L., "El legado del Código de Comercio Francés", *Bicentenario del Código de Comercio Francés*, Academia de Ciencias Políticas y Sociales, Caracas, 2008.

ANDRADE, B., *Inmunidad Tributaria de los Derechos Humanos, Capacidad Contributiva y Mínimo Vital*, Thomson Reuters, Ciudad de México, 2018.

ARTHUR ANDERSEN, *Diccionario Espasa Economía y Negocios*, Espasa, Madrid, 1997.

BREWER-CARÍAS, A.R, "Consideraciones acerca de la distinción entre documento público o auténtico, documento privado reconocido y autenticado, y documento registrado", *Revista del Ministerio de Justicia*, No. 41, Caracas, 1962.

CABRERA ROMERO, J.E., "Algunos comentarios sobre los medios de prueba de la Ley Orgánica de sobre Sustancias Estupefacientes y Psicotrópicas", *III Jornadas Penales y Criminológicas del estado Aragua. Homenaje al Dr. José Agustín Méndez*, Colegio de Abogados del estado Aragua, Instituto de Estudios Jurídicos, Centro de Investigaciones Penales y Criminológicas, 1999.

CASADO, L.M. "La prueba del testigo experto en el marco del proceso tributario", *Revista de Derecho Tributario*, No. 116, Asociación Venezolana de Derecho Tributario, Caracas, 2007.

COOTTER, R. y ULEN, T., *Law & Economics*, Sixth Edition, Addison-Wesley, Boston, 2012.

CORTI, A.H., "De los principios de justicia que gobiernan la tributación (igualdad y equidad)". *Estudios de Derecho Constitucional Tributario en homenaje al prof. Juan Carlos Luqui*, Depalma, Buenos Aires, 1994.

COZIAN, M., GAUDEL, P.J. y DEBOISSY, F., *La comptabilité racontée aux juristes*, LexisNexis, Paris, 2020.

DE LAUZAINGHEIN, C., NAVARRO, J. L. y NECHELIS, D., *Droit Comptable*, Dalloz, Paris, 2004.

DEVIS ECHANDÍA, H., *Teoría general de la prueba judicial*, Víctor de Zavalia Editor, Buenos Aires, 1981.

DUGARTE LOBO, A., "Conciliación Fiscal de la renta y metodologías de determinación de la renta", *Manual de Derecho Tributario Venezolano*, Asociación Venezolana de Derecho Tributario, Caracas, 2013.

EISEN, P., *Accounting*, Kindle Edition, Barron's, New York, 2013.

FIDHEL GONZÁLEZ, L., "Derecho Contable. Los libros de comercio", *Revista Venezolana de Derecho Mercantil*, No. 4, Sociedad Venezolana de Derecho Mercantil, Caracas, 2020.

FRAGA-PITTALUGA, L., *Principios Constitucionales de la Tributación*, Editorial Jurídica Venezolana, Caracas, 2012.

____ "La tutela cautelar en el contencioso tributario y la presunción de legitimidad del acto administrativo", *El mito de la presunción de legitimidad del acto administrativo y la tutela judicial en el contencioso tributario*, Editorial Jurídica Venezolana -FUNEDA, Caracas, 2016.

____ *La Defensa del Contribuyente*, Academia de Ciencias Políticas y Sociales-Asociación Venezolana de Derecho Tributario-Editorial Jurídica Venezolana, Caracas, 2021.

GARAY, U. y GONZÁLEZ, M., *Fundamentos de Finanzas. Con aplicaciones al mercado venezolano*, Ediciones IESA, Caracas, 2007.

GARCÍA DORADO, F., *Prohibición Constitucional de Confiscatoriedad y Deber de Tributación*, Dykinson, Madrid, 2002.

GARRIGUES, J., *Derecho Mercantil*, Temis, Bogotá, 1987.

GONZÁLEZ, L.G., "El principio constitucional de no confiscatoriedad tributaria", *El sistema económico en la Constitución Española*, Ministerio de Justicia, Madrid, 1994.

HALPERIN, I y OTAEGUI, J., *Sociedades Anónimas*, 2da. Ed, Depalma, Buenos Aires, 1998.

HERRERA MOLINA, P. M., *Capacidad Económica y Sistema Fiscal. Análisis del Ordenamiento Español a la luz del Derecho Alemán*, Marcial Pons, 1998.

HEVIA ORTIZ, B., "Régimen jurídico de la contabilidad mercantil en Venezuela", *Revista Venezolana de Derecho Mercantil. Homenaje al Dr. Pedro Pablo Aguilar*, No. 4, Sociedad Venezolana de Derecho Mercantil, Caracas, 2020.

HEVIA, B. y GIGANTI, E., "La ruptura normativa entre el Código de Comercio y el Impuesto sobre la Renta. Una propuesta de interpretación evolutiva", *XVIII Jornadas Venezolanas de Derecho Tributario. Patologías del Sistema Tributario Venezolano*, Asociación Venezolana de Derecho Tributario, Caracas, 2019.

HORNGREN, HARRISON, OLIVER, BEST, FRASER, TAN y WILLETT, *Financial Accounting*, Pearson, Australia, 2013.

HORNGREN, SUNDEM, ELLIOTT y PHILBRICK, *Introduction to Financial Accounting*, Pearson, Boston, 2014.

LIGNEREUX, B., *Précis de Droit Constitutionnel Fiscal*, LexisNexis, Paris, 2020.

LÓPEZ, P. – VITTO, S., *Estados Contables Proyectados*, Thomson-Reuters. Disponible en: Estados-contables-proyectados.pdf (consejosalta.org.ar); consultado en fecha 22 de abril de 2022.

MORLES HERNÁNDEZ, A., *Curso de Derecho Mercantil*, UCAB, Caracas, 2002.

____ "Discurso del Dr. Alfredo Morles Hernández Individuo de Número de las Academia de Ciencias Políticas y Sociales.", *Bicentenario del Código de Comercio Francés*, Academia de Ciencias Políticas y Sociales, Caracas, 2008.

PÉREZ-CARBALLO VEIGA, J., *La contabilidad y los estados financieros*, Edición Kindle, ESIC Editorial, Madrid, 2013.

POSNER, R., *Values and consequences: An introduction to economic analysis of law*. University of Chicago, Law School. Disponible en: https://www.law.uchicago.edu/lawecon/index.html.

REDONDO, A., *Curso práctico de contabilidad general y superior*, Centro Contable Venezolano, Caracas, 2004.

ROMERO LÓPEZ, A. J., *Principios de Contabilidad*, Mc Graw Hill, México DF, 2010.

____ *Principios de contabilidad, Normas de Información Financiera de la A-1 a la A-8 y B-2 y B-3, cuenta, estados financieros e IVA*, McGraw-Hill–Interamericana Editores, S.A. de C.V., México, 2010.

ROMERO-MUCI, H., "Naturaleza jurídica de los principios de contabilidad de aceptación general en Venezuela y su incidencia en la determinación de la renta financiera para el cálculo del Impuesto sobre la Renta de Dividendos", *VI Jornadas Venezolanas de Derecho Tributario. Impuesto sobre la Renta e Ilícitos Tributarios*, Asociación Venezolana de Derecho Tributario, Caracas, 2002.

____ *El derecho y el revés de la contabilidad*, Serie Estudios No. 94, Academia de Ciencias Políticas y Sociales, Caracas, 2011.

ROWLEY, C., "Public Choice and the Economic Analysis of Law", *Law and Economics*, Kluwer Academic Publishers, Boston, 1989.

SOL GIL, J., "La Prueba del Testigo Experto y su Valoración en el Proceso Contencioso Tributario", *Memorias de las VII Jornadas Nacionales de Derecho Tributario*, Asociación Venezolana de Derecho Tributario, Caracas, 2004.

URÍA, R., MENÉNDEZ, A. y GARCÍA DE ENTERRÍA, J., "La Sociedad Anónima: Principios Fundamentales", *Curso de Derecho Mercantil*, Thomson-Civitas, Navarra, 2006.

WEIL, R., LENTZ, D. y EVANS, E., *Litigation Services Handbook: The Role of the Financial Expert*, sexta edición, WILEY, 2017.

www.ingramcontent.com/pod-product-compliance
Lightning Source LLC
LaVergne TN
LVHW090209051026
849517LV00001B/12